2022年12月30日，人力资源社会保障部党组书记、部长王晓萍出席全部领导干部会议并讲话。

2022年10月24日，人力资源社会保障部党组召开传达学习贯彻党的二十大精神扩大会议。

2022年1月20日，人力资源社会保障部党组书记、部长张纪南出席全国人力资源社会保障工作会议暨优质服务窗口和优质服务先进个人表彰大会并讲话。

2022年2月23日，人力资源社会保障部党组书记、部长张纪南在安徽省金寨县调研技能人才培养和乡村振兴工作。

2022 年 7 月 14 日，人力资源社会保障部部长周祖翼主持第八届金砖国家劳工就业部长会议并发言。

2022 年 8 月 2 日，人力资源社会保障部党组书记、部长周祖翼在山西省大同市京东物流（大同）客户服务中心调研数字经济发展、年轻人就业收入情况。

2022 年 4 月 12 日，人力资源社会保障部党组成员、副部长汤涛出席全国人力资源和社会保障规划财务工作视频会。

2022 年 7 月 8 日，人力资源社会保障部党组成员、副部长汤涛在雄安新区出席京津冀人力资源社会保障事业协同发展第四次部省（市）联席会并调研。

2022 年 3 月 28 日，人力资源社会保障部党组成员、副部长王少峰出席中国文联第五届全国中青年德艺双馨文艺工作者表彰大会并宣读表彰决定。

2022 年 7 月 26 日，人力资源社会保障部党组成员、副部长王少峰赴中国人民抗日战争纪念馆参加中国人事科学研究院主题党日活动。

2022 年 2 月 16 日，中央纪委国家监委驻人力资源社会保障部纪检监察组组长、部党组成员张敏出席部机关贯彻十九届中央纪委六次全会精神暨部党组理论学习中心组学习扩大会。

2022 年 9 月 28 日，中央纪委国家监委驻人力资源社会保障部纪检监察组组长、部党组成员张敏与中国人事报刊社、中国劳动保障报社、中国人力资源和社会保障出版集团领导班子开展监督谈话。

2022 年 4 月 25 日，人力资源社会保障部党组成员、副部长李忠参加国务院政策例行吹风会，介绍《国务院办公厅关于推动个人养老金发展的意见》相关情况，并答记者问。

2022 年 6 月 27 日，人力资源社会保障部党组成员、副部长李忠到美团、饿了么平台企业调研新就业形态就业人员职业伤害保障试点准备情况。

2022 年 9 月 20 日，人力资源社会保障部副部长俞家栋参加东盟与中日韩职业技能发展线上论坛。

2022 年 7 月 4 日，人力资源社会保障部党组成员、副部长俞家栋在福建省福州市调研基层公共就业服务情况。

中国人力资源和社会保障年鉴
（文献卷）

CHINA HUMAN RESOURCES AND SOCIAL SECURITY YEARBOOK

2023

中国劳动社会保障出版社
中国人事出版社

图书在版编目(CIP)数据

中国人力资源和社会保障年鉴. 2023. 文献卷、工作卷/人力资源和社会保障部组织编写. -- 北京：中国劳动社会保障出版社：中国人事出版社，2023

ISBN 978-7-5167-6251-6

Ⅰ.①中… Ⅱ.①人… Ⅲ.①人力资源管理-中国-2023-年鉴②社会保障-中国-2023-年鉴 Ⅳ.①F249.21-54②D632.1-54

中国国家版本馆CIP数据核字(2023)第248501号

中国劳动社会保障出版社
中国人事出版社 **出版发行**

（北京市惠新东街1号 邮政编码：100029）

*

北京华联印刷有限公司印刷装订　　新华书店经销

880毫米×1230毫米 16开本 70.25印张 0.5彩色印张 1688千字

2023年12月第1版　　2023年12月第1次印刷

定价：498.00元

营销中心电话：400-606-6496

出版社网址：http://www.class.com.cn

《中国人力资源和社会保障年鉴》
编辑委员会成员

《中国人力资源和社会保障年鉴》
编辑部成员

编辑说明

一、《中国人力资源和社会保障年鉴（2023）》是关于人力资源和社会保障工作的专业性史料工具书。本年鉴收录了2022年度我国人力资源社会保障工作重要文献、资料和数据，记录了2022年度我国人力资源社会保障事业发展概况，客观反映了人力资源社会保障工作改革发展成就、经验以及今后需要继续研究解决的问题。本年鉴是对党政机关领导干部和各部门工作人员、人力资源社会保障系统工作者、企业领导和人力资源管理者，以及人力资源社会保障科研理论工作者有价值的参考用书和工具书。

二、本年鉴分文献卷、工作卷两卷。文献卷包括人力资源和社会保障重要文献、工作大事记。工作卷包括人力资源和社会保障工作概览、全国人力资源和社会保障工作、地方人力资源和社会保障工作、人力资源和社会保障统计资料。

三、本年鉴中，全国人力资源和社会保障工作分为27个部分：促进就业，人力资源流动管理，职业能力建设，专业技术人员管理，事业单位人事管理，城镇职工养老保险，失业保险，工伤保险，城乡居民基本养老保险，社会保险经办管理，中央国家机关事业单位养老保险经办管理，社会保险基金监管，劳动关系，劳动人事争议调解仲裁，事业单位工资福利，农民工工作、促进家政服务业提质扩容和乡村振兴，人力资源和社会保障法治建设，劳动保障监察，国家表彰奖励，规划财务，信息化建设，科学研究，干部教育培训和系统评比表彰，行风建设，新闻宣传政务信息报刊与出版，国际交流合作及涉港澳台工作，社团活动；

地方人力资源和社会保障工作47篇。

《中国人力资源和社会保障年鉴（2023）》的编辑出版是在全国人力资源社会保障系统的共同努力下完成的。在此，向所有参加编辑出版工作的领导和同志表示衷心的感谢。

《中国人力资源和社会保障年鉴》编辑部

2023年12月

目　录

文献卷

人力资源和社会保障重要文献

一、党和国家领导人关于人力资源和社会保障工作的活动和重要指示批示

二、相关法律

三、中共中央、国务院文件

四、人力资源社会保障部领导的讲话和文章

五、人力资源社会保障部文件

六、联合发文

工作大事记

工作卷

人力资源和社会保障工作概览

全国人力资源和社会保障工作

地方人力资源和社会保障工作

人力资源和社会保障统计资料

文献卷

人力资源和社会保障重要文献

一、党和国家领导人关于人力资源和社会保障工作的活动和重要指示批示

习近平：高举中国特色社会主义伟大旗帜 为全面建设社会主义现代化国家而团结奋斗
——在中国共产党第二十次全国代表大会上的报告

同志们：

现在，我代表第十九届中央委员会向大会作报告。

中国共产党第二十次全国代表大会，是在全党全国各族人民迈上全面建设社会主义现代化国家新征程、向第二个百年奋斗目标进军的关键时刻召开的一次十分重要的大会。

大会的主题是：高举中国特色社会主义伟大旗帜，全面贯彻新时代中国特色社会主义思想，弘扬伟大建党精神，自信自强、守正创新，踔厉奋发、勇毅前行，为全面建设社会主义现代化国家、全面推进中华民族伟大复兴而团结奋斗。

中国共产党已走过百年奋斗历程。我们党立志于中华民族千秋伟业，致力于人类和平与发展崇高事业，责任无比重大，使命无上光荣。全党同志务必不忘初心、牢记使命，务必谦虚谨慎、艰苦奋斗，务必敢于斗争、善于斗争，坚定历史自信，增强历史主动，谱写新时代中国特色社会主义更加绚丽的华章。

一、过去五年的工作和新时代十年的伟大变革

十九大以来的五年，是极不寻常、极不平凡的五年。党中央统筹中华民族伟大复兴战略全局和世界百年未有之大变局，召开七次全会，分别就宪法修改，深化党和国家机构改革，坚持和完善中国特色社会主义制度、推进国家治理体系和治理能力现代化，制定“十四五”规划和二〇三五年远景目标，全面总结党的百年奋斗重大成就和历史经验等重大问题作出决定和决议，就党和国家事业发展作出重大战略部署，团结带领全党全军全国各族人民有效应对严峻复杂的国际形势和接踵而至的巨大风险挑战，以奋发有为的精神把新时代中国特色社会主义不断推向前进。

五年来，我们坚持加强党的全面领导和党中央集中统一领导，全力推进全面建成小康社会进程，完整、准确、全面贯彻新发展理念，着力推动高质量发展，主动构建新发展格局，蹄疾步稳推进改革，扎实推进全过程人民民主，全面推进依法治国，积极发展社会主义先进文化，突出保障和改善民生，集中力量实施脱贫攻坚战，大力推进生态文明建设，坚决维护国家安全，防范化解重大风险，保持社会大局稳定，大力度推进国防和军队现代化建设，全方位开展中国特色大国外交，全面推进党的建设新的伟大工程。我们隆重庆祝中国共产党成立一百周年、中华人民共和国成立七十周年，制定第三个历史决议，在全党开展党史学习教育，建成中国共产党历史展览馆，号召全党学习和践行伟大建党精神，在新的征程上更

加坚定、更加自觉地牢记初心使命、开创美好未来。特别是面对突如其来的新冠肺炎疫情，我们坚持人民至上、生命至上，坚持外防输入、内防反弹，坚持动态清零不动摇，开展抗击疫情人民战争、总体战、阻击战，最大限度保护了人民生命安全和身体健康，统筹疫情防控和经济社会发展取得重大积极成果。面对香港局势动荡变化，我们依照宪法和基本法有效实施对特别行政区的全面管治权，制定实施香港特别行政区维护国家安全法，落实“爱国者治港”原则，香港局势实现由乱到治的重大转折，深入推进粤港澳大湾区建设，支持香港、澳门发展经济、改善民生、保持稳定。面对“台独”势力分裂活动和外部势力干涉台湾事务的严重挑衅，我们坚决开展反分裂、反干涉重大斗争，展示了我们维护国家主权和领土完整、反对“台独”的坚强决心和强大能力，进一步掌握了实现祖国完全统一的战略主动，进一步巩固了国际社会坚持一个中国的格局。面对国际局势急剧变化，特别是面对外部讹诈、遏制、封锁、极限施压，我们坚持国家利益为重、国内政治优先，保持战略定力，发扬斗争精神，展示不畏强权的坚定意志，在斗争中维护国家尊严和核心利益，牢牢掌握了我国发展和安全主动权。五年来，我们党团结带领人民，攻克了许多长期没有解决的难题，办成了许多事关长远的大事要事，推动党和国家事业取得举世瞩目的重大成就。

同志们！十八大召开至今已经十年了。十年来，我们经历了对党和人民事业具有重大现实意义和深远历史意义的三件大事：一是迎来中国共产党成立一百周年，二是中国特色社会主义进入新时代，三是完成脱贫攻坚、全面建成小康社会的历史任务，实现第一个百年奋斗目标。这是中国共产党和中国人民团结奋斗赢得的历史性胜利，是彪炳中华民族发展史册的历史性胜利，也是对世界具有深远影响的历史性胜利。

十年前，我们面对的形势是，改革开放和社会主义现代化建设取得巨大成就，党的建设新的伟大工程取得显著成效，为我们继续前进奠定了坚实基础、创造了良好条件、提供了重要保障，同时一系列长期积累及新出现的突出矛盾和问题亟待解决。党内存在不少对坚持党的领导认识模糊、行动乏力问题，存在不少落实党的领导弱化、虚化、淡化问题，有些党员、干部政治信仰发生动摇，一些地方和部门形式主义、官僚主义、享乐主义和奢靡之风屡禁不止，特权思想和特权现象较为严重，一些贪腐问题触目惊心；经济结构性体制性矛盾突出，发展不平衡、不协调、不可持续，传统发展模式难以为继，一些深层次体制机制问题和利益固化藩篱日益显现；一些人对中国特色社会主义政治制度自信不足，有法不依、执法不严等问题严重存在；拜金主义、享乐主义、极端个人主义和历史虚无主义等错误思潮不时出现，网络舆论乱象丛生，严重影响人们思想和社会舆论环境；民生保障存在不少薄弱环节；资源环境约束趋紧、环境污染等问题突出；维护国家安全制度不完善、应对各种重大风险能力不强，国防和军队现代化存在不少短板弱项；香港、澳门落实“一国两制”的体制机制不健全；国家安全受到严峻挑战，等等。当时，党内和社会上不少人对党和国家前途忧心忡忡。面对这些影响党长期执政、国家长治久安、人民幸福安康的突出矛盾和问题，党中央审时度势、果敢抉择，锐意进取、攻坚克难，团结带领全党全军全国各族人民撸起袖子加油干、风雨无阻向前行，义无反顾进行具有许多新的历史特点的伟大斗争。

十年来，我们坚持马克思列宁主义、毛泽东思想、邓小平理论、“三个代表”重要思想、科学发展观，全面贯彻新时代中国特色社会主义思想，全面贯彻党的基本路线、基本方略，采取一系列战略性举措，推进一系列变革性实践，实现一系列突破性进展，取得一系列标志性成果，经受住了来自政治、经济、意识形态、自然界等方面的风险挑战考验，党和国家事业取得历史性成就、发生历史性变革，推动我国迈上全面建设社会主义现代化国家新征程。

——我们创立了新时代中国特色社会主义思想，明确坚持和发展中国特色社会主义的基本方略，提出一系列治国理政新理念新思想新战略，实现了马克思主义中国化时代化新的飞跃，坚持不懈用这一创新理论武装头脑、指导实践、推动工作，为新时代党和国家事业发展提供了根本遵循。

——我们全面加强党的领导，明确中国特色社会主义最本质的特征是中国共产党领导，中国特色社会主义制度的最大优势是中国共产党领导，中国共产党是最高政治领导力量，坚持党中央集中统一领导是最高政治原则，系统完善党的领导制度体系，全党增强“四个意识”，自觉在思想上政治上行动上同党中央保持高度一致，不断提高政治判断力、政治领悟力、政治执行力，确保党中央权威和集中统一领导，确保党发挥总揽全局、协调各方的领导核心作用，我们这个拥有九千六百多万名党员的马克思主义政党更加团结统一。

——我们对新时代党和国家事业发展作出科学完整的战略部署，提出实现中华民族伟大复兴的中国梦，以中国式现代化推进中华民族伟大复兴，统揽伟大斗争、伟大工程、伟大事业、伟大梦想，明确“五位一体”总体布局和“四个全面”战略布局，确定稳中求进工作总基调，统筹发展和安全，明确我国社会主要矛盾是人民日益增长的美好生活需要和不平衡不充分的发展之间的矛盾，并紧紧围绕这个社会主要矛盾推进各项工作，不断丰富和发展人类文明新形态。

——我们经过接续奋斗，实现了小康这个中华民族的千年梦想，我国发展站在了更高历史起点上。我们坚持精准扶贫、尽锐出战，打赢了人类历史上规模最大的脱贫攻坚战，全国八百三十二个贫困县全部摘帽，近一亿农村贫困人口实现脱贫，九百六十多万贫困人口实现易地搬迁，历史性地解决了绝对贫困问题，为全球减贫事业作出了重大贡献。

——我们提出并贯彻新发展理念，着力推进高质量发展，推动构建新发展格局，实施供给侧结构性改革，制定一系列具有全局性意义的区域重大战略，我国经济实力实现历史性跃升。国内生产总值从五十四万亿元增长到一百一十四万亿元，我国经济总量占世界经济的比重达百分之十八点五，提高七点二个百分点，稳居世界第二位；人均国内生产总值从三万九千八百元增加到八万一千元。谷物总产量稳居世界首位，十四亿多人的粮食安全、能源安全得到有效保障。城镇化率提高十一点六个百分点，达到百分之六十四点七。制造业规模、外汇储备稳居世界第一。建成世界最大的高速铁路网、高速公路网，机场港口、水利、能源、信息等基础设施建设取得重大成就。我们加快推进科技自立自强，全社会研发经费支出从一万亿元增加到二万八千亿元，居世界第二位，研发人员总量居世界首位。基础研究和原始创新不断加强，一些关键核心技术实现突破，战略性新兴产业发展壮大，载人航天、探月探火、深海深地探测、超级计算机、卫星导航、量子信息、核电技术、新能源技术、大飞机制造、生物医药等取得重大成果，进入创新型国家行列。

——我们以巨大的政治勇气全面深化改革，打响改革攻坚战，加强改革顶层设计，敢于突进深水区，敢于啃硬骨头，敢于涉险滩，敢于面对新矛盾新挑战，冲破思想观念束缚，突破利益固化藩篱，坚决破除各方面体制机制弊端，各领域基础性制度框架基本建立，许多领域实现历史性变革、系统性重塑、整体性重构，新一轮党和国家机构改革全面完成，中国特色社会主义制度更加成熟更加定型，国家治理体系和治理能力现代化水平明显提高。

——我们实行更加积极主动的开放战略，构建面向全球的高标准自由贸易区网络，加快推进自由贸易试验区、海南自由贸易港建设，共建“一带一路”成为深受欢迎的国际公共产品和国际合作平台。我国成为一百四十多个国家和地区的主要贸易伙伴，货物贸易总额居世界第一，吸引外资和对外投资居世界前列，形成更大范围、更宽领域、更深层次对外开放格局。

——我们坚持走中国特色社会主义政治发展道路，全面发展全过程人民民主，社会主义民主政治制度化、规范化、程序化全面推进，社会主义协商民主广泛开展，人民当家作主更为扎实，基层民主活力增强，爱国统一战线巩固拓展，民族团结进步呈现新气象，党的宗教工作基本方针得到全面贯彻，人权得到更好保障。社会主义法治国家建设深入推进，全面依法治国总体格局基本形成，中国特色社会主义法治体系加快建设，司法体制改革取得重大进展，社会公平正义保障更为坚实，法治中国建设开创新局面。

——我们确立和坚持马克思主义在意识形态领域指导地位的根本制度，新时代党的创新理论深入人心，社会主义核心价值观广泛传播，中华优秀传统文化得到创造性转化、创新性发展，文化事业日益繁荣，网络生态持续向好，意识形态领域形势发生全局性、根本性转变。我们隆重庆祝中国人民解放军建军九十周年、改革开放四十周年，隆重纪念中国人民抗日战争暨世界反法西斯战争胜利七十周年、中国人民志愿军抗美援朝出国作战七十周年，成功举办北京冬奥会、冬残奥会，青年一代更加积极向上，全党全国各族人民文化自信明显增强、精神面貌更加奋发昂扬。

——我们深入贯彻以人民为中心的发展思想，在幼有所育、学有所教、劳有所得、病有所医、老有所养、住有所居、弱有所扶上持续用力，人民生活全方位改善。人均预期寿命增长到七十八点二岁。居民人均可支配收入从一万六千五百元增加到三万五千一百元。城镇新增就业年均一千三百万人以上。建成世界上规模最大的教育体系、社会保障体系、医疗卫生体系，教育普及水平实现历史性跨越，基本养老保险覆盖十亿四千万人，基本医疗保险参保率稳定在百分之九十五。及时调整生育政策。改造棚户区住房四千二百多万套，改造农村危房二千四百多万户，城乡居民住房条件明显改善。互联网上网人数达十亿三千万人。人民群众获得感、幸福感、安全感更加充实、更有保障、更可持续，共同富裕取得新成效。

——我们坚持绿水青山就是金山银山的理念，坚持山水林田湖草沙一体化保护和系统治理，全方位、全地域、全过程加强生态环境保护，生态文明制度体系更加健全，污染防治攻坚向纵深推进，绿色、循环、低碳发展迈出坚实步伐，生态环境保护发生历史性、转折性、全局性变化，我们的祖国天更蓝、山更绿、水更清。

——我们贯彻总体国家安全观，国家安全领导体制和法治体系、战略体系、政策体系不断完善，在原则问题上寸步不让，以坚定的意志品质维护国家主权、安全、发展利益，国家安全得到全面加强。共建共治共享的社会治理制度进一步健全，民族分裂势力、宗教极端势力、暴力恐怖势力得到有效遏制，扫黑除恶专项斗争取得阶段性成果，有力应对一系列重大自然灾害，平安中国建设迈向更高水平。

——我们确立党在新时代的强军目标，贯彻新时代党的强军思想，贯彻新时代军事战略方针，坚持党对人民军队的绝对领导，召开古田全军政治工作会议，以整风精神推进政治整训，牢固树立战斗力这个唯一的根本的标准，坚决把全军工作重心归正到备战打仗上来，统筹加强各方向各领域军事斗争，大抓实战化军事训练，大刀阔斧深化国防和军队改革，重构人民军队领导指挥体制、现代军事力量体系、军事政策制度，加快国防和军队现代化建设，裁减现役员额三十万胜利完成，人民军队体制一新、结构一新、格局一新、面貌一新，现代化水平和实战能力显著提升，中国特色强军之路越走越宽广。

——我们全面准确推进“一国两制”实践，坚持“一国两制”、“港人治港”、“澳人治澳”、高度自治的方针，推动香港进入由乱到治走向由治及兴的新阶段，香港、澳门保持长期稳定发展良好态势。我们提出新时代解决台湾问题的总体方略，促进两岸交流合作，坚决反对“台独”分裂行径，坚决反对外部势力干涉，牢牢把握两岸关系主导权和主动权。

——我们全面推进中国特色大国外交，推动构建人类命运共同体，坚定维护国际公平正义，倡导践行真正的多边主义，旗帜鲜明反对一切霸权主义和强权政治，毫不动摇反对任何单边主义、保护主义、霸凌行径。我们完善外交总体布局，积极建设覆盖全球的伙伴关系网络，推动构建新型国际关系。我们展现负责任大国担当，积极参与全球治理体系改革和建设，全面开展抗击新冠肺炎疫情国际合作，赢得广泛国际赞誉，我国国际影响力、感召力、塑造力显著提升。

——我们深入推进全面从严治党，坚持打铁必须自身硬，从制定和落实中央八项规定开局破题，提出和落实新时代党的建设总要求，以党的政治建设统领党的建设各项工作，坚持思想建党和制度治党同向发力，严肃党内政治生活，持续开展党内集中教育，提出和坚持新时代党的组织路线，突出政治标准选贤任能，加强政治巡视，形成比较完善的党内法规体系，推动全党坚定理想信念、严密组织体系、严明纪律规矩。我们持之以恒正风肃纪，以钉钉子精神纠治“四风”，反对特权思想和特权现象，坚决整治群众身边的不正之风和腐败问题，刹住了一些长期没有刹住的歪风，纠治了一些多年未除的顽瘴痼疾。我们开展了史无前例的反腐败斗争，以“得罪千百人、不负十四亿”的使命担当祛疴治乱，不敢腐、不能腐、不想腐一体推进，“打虎”、“拍蝇”、“猎狐”多管齐下，反腐败斗争取得压倒性胜利并全面巩固，消除了党、国家、军队内部存在的严重隐患，确保党和人民赋予的权力始终用来为人民谋幸福。经过不懈努力，党找到了自我革命这一跳出治乱兴衰历史周期率的第二个答案，自我净化、自我完善、自我革新、自我提高能力显著增强，管党治党宽松软状况得到根本扭转，风清气正的党内政治生态不断形成和发展，确保党永远不变质、不变色、不变味。

在充分肯定党和国家事业取得举世瞩目成就的同时，必须清醒看到，我们的工作还存在一些不足，面临不少困难和问题。主要有：发展不平衡不充分问题仍然突出，推进高质量发展还有许多卡点瓶颈，科技创新能力还不强；确保粮食、能源、产业链供应链可靠安全和防范金融风险还须解决许多重大问题；重点领域改革还有不少硬骨头要啃；意识形态领域存在不少挑战；城乡区域发展和收入分配差距仍然较大；群众在就业、教育、医疗、托育、养老、住房等方面面临不少难题；生态环境保护任务依然艰巨；一些党员、干部缺乏担当精神，斗争本领不强，实干精神不足，形式主义、官僚主义现象仍较突出；铲除腐败滋生土壤任务依然艰巨，等等。对这些问题，我们已经采取一系列措施加以解决，今后必须加大工作力度。

同志们！新时代的伟大成就是党和人民一道拼出来、干出来、奋斗出来的！在这里，我代表中共中央，向全体中国共产党员，向全国各族人民，向各民主党派、各人民团体和各界爱国人士，向香港特别行政区同胞、澳门特别行政区同胞和台湾同胞以及广大侨胞，向关心和支持中国现代化建设的各国朋友，表示衷心的感谢！

新时代十年的伟大变革，在党史、新中国史、改革开放史、社会主义发展史、中华民族发展史上具有里程碑意义。走过百年奋斗历程的中国共产党在革命性锻造中更加坚强有力，党的政治领导力、思想引领力、群众组织力、社会号召力显著增强，党同人民群众始终保持血肉联系，中国共产党在世界形势深刻变化的历史进程中始终走在时代前列，在应对国内外各种风险和考验的历史进程中始终成为全国人民的主心骨，在坚持和发展中国特色社会主义的历史进程中始终成为坚强领导核心。中国人民的前进动力更加强大、奋斗精神更加昂扬、必胜信念更加坚定，焕发出更为强烈的历史自觉和主动精神，中国共产党和中国人民正信心百倍推进中华民族从站起来、富起来到强起来的伟大飞跃。改革开放和社会主义现代化建设深入推进，书写了经济快速发展和社会长期稳定两大奇迹新篇章，我国发展具备了更为坚实的物质基础、更为完善的制度保证，实现中华民族伟大复兴进入了不可逆转的历史进程。科学社会主义在二十一世纪的中国焕发出新的蓬勃生机，中国式现代化为人类实现现代化提供了新的选择，中国共产党和中国人民为解决人类面临的共同问题提供更多更好的中国智慧、中国方案、中国力量，为人类和平与发展崇高事业作出新的更大的贡献！

二、开辟马克思主义中国化时代化新境界

马克思主义是我们立党立国、兴党兴国的根本指导思想。实践告诉我们，中国共产党为什么能，中国特色社会主义为什么好，归根到底是马克思主义行，是中国化时代化的马克思主义行。拥有马克思主义科学理论指导是我们党坚定信仰信念、把握历史主动的根本所在。

推进马克思主义中国化时代化是一个追求真理、揭示真理、笃行真理的过程。十八大以来，国内外形势新变化和实践新要求，迫切需要我们从理论和实践的结合上深入回答关系党和国家事业发展、党治国理政的一系列重大时代课题。我们党勇于进行理论探索和创新，以全新的视野深化对共产党执政规律、社会主义建设规律、人类社会发展规律的认识，取得重大理论创新成果，集中体现为新时代中国特色社会主义思想。十九大、十九届六中全会提出的“十个明确”、“十四个坚持”、“十三个方面成就”概括了这一思想的主要内容，必须长期坚持并不断丰富发展。

中国共产党人深刻认识到，只有把马克思主义基本原理同中国具体实际相结合、同中华优秀传统文化相结合，坚持运用辩证唯物主义和历史唯物主义，才能正确回答时代和实践提出的重大问题，才能始终保持马克思主义的蓬勃生机和旺盛活力。

坚持和发展马克思主义，必须同中国具体实际相结合。我们坚持以马克思主义为指导，是要运用其科学的世界观和方法论解决中国的问题，而不是要背诵和重复其具体结论和词句，更不能把马克思主义当成一成不变的教条。我们必须坚持解放思想、实事求是、与时俱进、求真务实，一切从实际出发，着眼解决新时代改革开放和社会主义现代化建设的实际问题，不断回答中国之问、世界之问、人民之问、时代之问，作出符合中国实际和时代要求的正确回答，得出符合客观规律的科学认识，形成与时俱进的理论成果，更好指导中国实践。

坚持和发展马克思主义，必须同中华优秀传统文化相结合。只有植根本国、本民族历史文化沃土，马克思主义真理之树才能根深叶茂。中华优秀传统文化源远流长、博大精深，是中华文明的智慧结晶，其中蕴含的天下为公、民为邦本、为政以德、革故鼎新、任人唯贤、天人合一、自强不息、厚德载物、讲信修睦、亲仁善邻等，是中国人民在长期生产生活中积累的宇宙观、天下观、社会观、道德观的重要体现，同科学社会主义价值观主张具有高度契合性。我们必须坚定历史自信、文化自信，坚持古为今用、推陈出新，把马克思主义思想精髓同中华优秀传统文化精华贯通起来、同人民群众日用而不觉的共同价值观念融通起来，不断赋予科学理论鲜明的中国特色，不断夯实马克思主义中国化时代化的历史基础和群众基础，让马克思主义在中国牢牢扎根。

实践没有止境，理论创新也没有止境。不断谱写马克思主义中国化时代化新篇章，是当代中国共产党人的庄严历史责任。继续推进实践基础上的理论创新，首先要把握好新时代中国特色社会主义思想的世界观和方法论，坚持好、运用好贯穿其中的立场观点方法。

——必须坚持人民至上。人民性是马克思主义的本质属性，党的理论是来自人民、为了人民、造福人民的理论，人民的创造性实践是理论创新的不竭源泉。一切脱离人民的理论都是苍白无力的，一切不为人民造福的理论都是没有生命力的。我们要站稳人民立场、把握人

民愿望、尊重人民创造、集中人民智慧，形成为人民所喜爱、所认同、所拥有的理论，使之成为指导人民认识世界和改造世界的强大思想武器。

——必须坚持自信自立。中国人民和中华民族从近代以后的深重苦难走向伟大复兴的光明前景，从来就没有教科书，更没有现成答案。党的百年奋斗成功道路是党领导人民独立自主探索开辟出来的，马克思主义的中国篇章是中国共产党人依靠自身力量实践出来的，贯穿其中的一个基本点就是中国的问题必须从中国基本国情出发，由中国人自己来解答。我们要坚持对马克思主义的坚定信仰、对中国特色社会主义的坚定信念，坚定道路自信、理论自信、制度自信、文化自信，以更加积极的历史担当和创造精神为发展马克思主义作出新的贡献，既不能刻舟求剑、封闭僵化，也不能照抄照搬、食洋不化。

——必须坚持守正创新。我们从事的是前无古人的伟大事业，守正才能不迷失方向、不犯颠覆性错误，创新才能把握时代、引领时代。我们要以科学的态度对待科学、以真理的精神追求真理，坚持马克思主义基本原理不动摇，坚持党的全面领导不动摇，坚持中国特色社会主义不动摇，紧跟时代步伐，顺应实践发展，以满腔热忱对待一切新生事物，不断拓展认识的广度和深度，敢于说前人没有说过的新话，敢于干前人没有干过的事情，以新的理论指导新的实践。

——必须坚持问题导向。问题是时代的声音，回答并指导解决问题是理论的根本任务。今天我们所面临问题的复杂程度、解决问题的艰巨程度明显加大，给理论创新提出了全新要求。我们要增强问题意识，聚焦实践遇到的新问题、改革发展稳定存在的深层次问题、人民群众急难愁盼问题、国际变局中的重大问题、党的建设面临的突出问题，不断提出真正解决问题的新理念新思路新办法。

——必须坚持系统观念。万事万物是相互联系、相互依存的。只有用普遍联系的、全面系统的、发展变化的观点观察事物，才能把握事物发展规律。我国是一个发展中大国，仍处于社会主义初级阶段，正在经历广泛而深刻的社会变革，推进改革发展、调整利益关系往往牵一发而动全身。我们要善于通过历史看现实、透过现象看本质，把握好全局和局部、当前和长远、宏观和微观、主要矛盾和次要矛盾、特殊和一般的关系，不断提高战略思维、历史思维、辩证思维、系统思维、创新思维、法治思维、底线思维能力，为前瞻性思考、全局性谋划、整体性推进党和国家各项事业提供科学思想方法。

——必须坚持胸怀天下。中国共产党是为中国人民谋幸福、为中华民族谋复兴的党，也是为人类谋进步、为世界谋大同的党。我们要拓展世界眼光，深刻洞察人类发展进步潮流，积极回应各国人民普遍关切，为解决人类面临的共同问题作出贡献，以海纳百川的宽阔胸襟借鉴吸收人类一切优秀文明成果，推动建设更加美好的世界。

三、新时代新征程中国共产党的使命任务

从现在起，中国共产党的中心任务就是团结带领全国各族人民全面建成社会主义现代化强国、实现第二个百年奋斗目标，以中国式现代化全面推进中华民族伟大复兴。

在新中国成立特别是改革开放以来长期探索和实践基础上，经过十八大以来在理论和实践上的创新突破，我们党成功推进和拓展了中国式现代化。

中国式现代化，是中国共产党领导的社会主义现代化，既有各国现代化的共同特征，更有基于自己国情的中国特色。

——中国式现代化是人口规模巨大的现代化。我国十四亿多人口整体迈进现代化社会，规模超过现有发达国家人口的总和，艰巨性和复杂性前所未有，发展途径和推进方式也必然具有自己的特点。我们始终从国情出发想问题、作决策、办事情，既不好高骛远，也不因循守旧，保持历史耐心，坚持稳中求进、循序

渐进、持续推进。

——中国式现代化是全体人民共同富裕的现代化。共同富裕是中国特色社会主义的本质要求，也是一个长期的历史过程。我们坚持把实现人民对美好生活的向往作为现代化建设的出发点和落脚点，着力维护和促进社会公平正义，着力促进全体人民共同富裕，坚决防止两极分化。

——中国式现代化是物质文明和精神文明相协调的现代化。物质富足、精神富有是社会主义现代化的根本要求。物质贫困不是社会主义，精神贫乏也不是社会主义。我们不断厚植现代化的物质基础，不断夯实人民幸福生活的物质条件，同时大力发展社会主义先进文化，加强理想信念教育，传承中华文明，促进物的全面丰富和人的全面发展。

——中国式现代化是人与自然和谐共生的现代化。人与自然是生命共同体，无止境地向自然索取甚至破坏自然必然会遭到大自然的报复。我们坚持可持续发展，坚持节约优先、保护优先、自然恢复为主的方针，像保护眼睛一样保护自然和生态环境，坚定不移走生产发展、生活富裕、生态良好的文明发展道路，实现中华民族永续发展。

——中国式现代化是走和平发展道路的现代化。我国不走一些国家通过战争、殖民、掠夺等方式实现现代化的老路，那种损人利己、充满血腥罪恶的老路给广大发展中国家人民带来深重苦难。我们坚定站在历史正确的一边、站在人类文明进步的一边，高举和平、发展、合作、共赢旗帜，在坚定维护世界和平与发展中谋求自身发展，又以自身发展更好维护世界和平与发展。

中国式现代化的本质要求是：坚持中国共产党领导，坚持中国特色社会主义，实现高质量发展，发展全过程人民民主，丰富人民精神世界，实现全体人民共同富裕，促进人与自然和谐共生，推动构建人类命运共同体，创造人类文明新形态。

全面建成社会主义现代化强国，总的战略安排是分两步走：从二〇二〇年到二〇三五年基本实现社会主义现代化；从二〇三五年到本世纪中叶把我国建成富强民主文明和谐美丽的社会主义现代化强国。

到二〇三五年，我国发展的总体目标是：经济实力、科技实力、综合国力大幅跃升，人均国内生产总值迈上新的大台阶，达到中等发达国家水平；实现高水平科技自立自强，进入创新型国家前列；建成现代化经济体系，形成新发展格局，基本实现新型工业化、信息化、城镇化、农业现代化；基本实现国家治理体系和治理能力现代化，全过程人民民主制度更加健全，基本建成法治国家、法治政府、法治社会；建成教育强国、科技强国、人才强国、文化强国、体育强国、健康中国，国家文化软实力显著增强；人民生活更加幸福美好，居民人均可支配收入再上新台阶，中等收入群体比重明显提高，基本公共服务实现均等化，农村基本具备现代生活条件，社会保持长期稳定，人的全面发展、全体人民共同富裕取得更为明显的实质性进展；广泛形成绿色生产生活方式，碳排放达峰后稳中有降，生态环境根本好转，美丽中国目标基本实现；国家安全体系和能力全面加强，基本实现国防和军队现代化。

在基本实现现代化的基础上，我们要继续奋斗，到本世纪中叶，把我国建设成为综合国力和国际影响力领先的社会主义现代化强国。

未来五年是全面建设社会主义现代化国家开局起步的关键时期，主要目标任务是：经济高质量发展取得新突破，科技自立自强能力显著提升，构建新发展格局和建设现代化经济体系取得重大进展；改革开放迈出新步伐，国家治理体系和治理能力现代化深入推进，社会主义市场经济体制更加完善，更高水平开放型经济新体制基本形成；全过程人民民主制度化、规范化、程序化水平进一步提高，中国特色社会主义法治体系更加完善；人民精神文化生活更加丰富，中华民族凝聚力和中华文化影响力不断增强；居民收入增长和经济增长基本同步，劳动报酬提高与劳动生产率提高基本同步，基本公共服务均等化水平明显提升，多层次社会保障体系更加健全；城乡人居环境明显改善，美丽中国建设成效显著；国家安全更为巩固，建军一百年奋斗目标如期实现，平安中国建设扎实推进；中国国际地位和影响进一步提高，在全球治理中发挥更大作用。

全面建设社会主义现代化国家，是一项伟大而艰巨的事业，前途光明，任重道远。当前，世界百年未有之大变局加速演进，新一轮科技革命和产业变革深入发展，国际力量对比深刻调整，我国发展面临新的战略机遇。同时，世纪疫情影响深远，逆全球化思潮抬头，单边主义、保护主义明显上升，世界经济复苏乏力，局部冲突和动荡频发，全球性问题加剧，世界进入新的动荡变革期。我国改革发展稳定面临不少深层次矛盾躲不开、绕不过，党的建设特别是党风廉政建设和反腐败斗争面临不少顽固性、多发性问题，来自外部的打压遏制随时可能升级。我国发展进入战略机遇和风险挑战并存、不确定难预料因素增多的时期，各种“黑天鹅”、“灰犀牛”事件随时可能发生。我们必须增强忧患意识，坚持底线思维，做到居安思危、未雨绸缪，准备经受风高浪急甚至惊涛骇浪的重大考验。前进道路上，必须牢牢把握以下重大原则。

——坚持和加强党的全面领导。坚决维护党中央权威和集中统一领导，把党的领导落实到党和国家事业各领域各方面各环节，使党始终成为风雨来袭时全体人民最可靠的主心骨，确保我国社会主义现代化建设正确方向，确保拥有团结奋斗的强大政治凝聚力、发展自信心，集聚起万众一心、共克时艰的磅礴力量。

——坚持中国特色社会主义道路。坚持以经济建设为中心，坚持四项基本原则，坚持改革开放，坚持独立自主、自力更生，坚持道不变、志不改，既不走封闭僵化的老路，也不走改旗易帜的邪路，坚持把国家和民族发展放在自己力量的基点上，坚持把中国发展进步的命运牢牢掌握在自己手中。

——坚持以人民为中心的发展思想。维护人民根本利益，增进民生福祉，不断实现发展为了人民、发展依靠人民、发展成果由人民共享，让现代化建设成果更多更公平惠及全体人民。

——坚持深化改革开放。深入推进改革创新，坚定不移扩大开放，着力破解深层次体制机制障碍，不断彰显中国特色社会主义制度优势，不断增强社会主义现代化建设的动力和活力，把我国制度优势更好转化为国家治理效能。

——坚持发扬斗争精神。增强全党全国各族人民的志气、骨气、底气，不信邪、不怕鬼、不怕压，知难而进、迎难而上，统筹发展和安全，全力战胜前进道路上各种困难和挑战，依靠顽强斗争打开事业发展新天地。

同志们！今天，我们比历史上任何时期都更接近、更有信心和能力实现中华民族伟大复兴的目标，同时必须准备付出更为艰巨、更为艰苦的努力。全党必须坚定信心、锐意进取，主动识变应变求变，主动防范化解风险，不断夺取全面建设社会主义现代化国家新胜利！

四、加快构建新发展格局，着力推动高质量发展

高质量发展是全面建设社会主义现代化国家的首要任务。发展是党执政兴国的第一要务。没有坚实的物质技术基础，就不可能全面建成社会主义现代化强国。必须完整、准确、全面贯彻新发展理念，坚持社会主义市场经济改革方向，坚持高水平对外开放，加快构建以国内大循环为主体、国内国际双循环相互促进的新发展格局。

我们要坚持以推动高质量发展为主题，把实施扩大内需战略同深化供给侧结构性改革有机结合起来，增强国内大循环内生动力和可靠性，提升国际循环质量和水平，加快建设现代化经济体系，着力提高全要素生产率，着力提升产业链供应链韧性和安全水平，着力推进城乡融合和区域协调发展，推动经济实现质的有效提升和量的合理增长。

（一）构建高水平社会主义市场经济体制。坚持和完善社会主义基本经济制度，毫不动摇巩固和发展公有制经济，毫不动摇鼓励、支持、引导非公有制经济发展，充分发挥市场在资源配置中的决定性作用，更好发挥政府作用。深化国资国企改革，加快国有经济布局优化和结构调整，推动国有资本和国有企业做强做优做大，提升企业核心竞争力。优化民营企业发展环境，依法保护民营企业产权和企业家权益，促进民营经济发展壮大。完善中国特色现代企业制度，弘扬企业家精神，加快建设世界一流企业。支持中小微企业发展。深化简政放权、放管结合、优化服务改革。构建全国统一大市场，深化要素市场化改革，建设高标准市场体系。完善产权保护、市场准入、公平竞争、社会信用等市场经济基础制度，优化营商环境。健全宏观经济治理体系，发挥国家发展规划的战略导向作用，加强财政政策和货币政策协调配合，着力扩大内需，增强消费对经济发展的基础性作用和投资对优化供给结构的关键作用。健全现代预算制度，优化税制结构，完善财政转移支付体系。深化金融体制改革，建设现代中央银行制度，加强和完善现代金融监管，强化金融稳定保障体系，依法将各类金融活动全部纳入监管，守住不发生系统性风险底线。健全资本市场功能，提高直接融资比重。加强反垄断和反不正当竞争，破除地方保护和行政性垄断，依法规范和引导资本健康发展。

（二）建设现代化产业体系。坚持把发展经济的着力点放在实体经济上，推进新型工业化，加快建设制造强国、质量强国、航天强国、交通强国、网络强国、数字中国。实施产业基础再造工程和重大技术装备攻关工程，支持专精特新企业发展，推动制造业高端化、智能化、绿色化发展。巩固优势产业领先地位，在关系安全发展的领域加快补齐短板，提升战略性资源供应保障能力。推动战略性新兴产业融合集群发展，构建新一代信息技术、人工智能、生物技术、新能源、新材料、高端装备、绿色环保等一批新的增长引擎。构建优质高效的服务业新体系，推动现代服务业同先进制造业、现代农业深度融合。加快发展物联网，建设高效顺畅的流通体系，降低物流成本。加快发展数字经济，促进数字经济和实体经济深度融合，打造具有国际竞争力的数字产业集群。优化基础设施布局、结构、功能和系统集成，构建现代化基础设施体系。

（三）全面推进乡村振兴。全面建设社会主义现代化国家，最艰巨最繁重的任务仍然在农村。坚持农业农村优先发展，坚持城乡融合发展，畅通城乡要素流动。加快建设农业强国，扎实推动乡村产业、人才、文化、生态、组织振兴。全方位夯实粮食安全根基，全面落实粮食安全党政同责，牢牢守住十八亿亩耕地红线，逐步把永久基本农田全部建成高标准农田，深入实施种业振兴行动，强化农业科技和装备支撑，健全种粮农民收益保障机制和主产区利益补偿机制，确保中国人的饭碗牢牢端在自己手中。树立大食物观，发展设施农业，构建多元化食物供给体系。发展乡村特色产业，拓宽农民增收致富渠道。巩固拓展脱贫攻坚成果，增强脱贫地区和脱贫群众内生发展动力。统筹乡村基础设施和公共服务布局，建设宜居宜业和美乡村。巩固和完善农村基本经营制度，发展新型农村集体经济，发展新型农业经营主体和社会化服务，发展农业适度规模经营。深化农村土地制度改革，赋予农民更加充分的财产权益。保障进城落户农民合法土地权益，鼓励依法自愿有偿转让。完善农业支持保护制度，健全农村金融服务体系。

（四）促进区域协调发展。深入实施区域协调发展战略、区域重大战略、主体功能区战略、新型城镇化战略，优化重大生产力布局，构建优势互补、高质量发展的区域经济布局和国土空间体系。推动西部大开发形成新格局，推动东北全面振兴取得新突破，促进中部地区加快崛起，鼓励东部地区加快推进现代化。支持革命老区、民族地区加快发展，加强边疆地区建设，推进兴边富民、稳边固边。推进京津冀协同发展、长江经济带发展、长三角一体化发展，推动黄河流域生态保护和高质量发展。高标准、高质量建设雄安新区，推动成渝地区双城经济圈建设。健全主体功能区制度，优化国土空间发展格局。推进以人为核心的新型城镇化，加快农业转移人口市民化。以城市群、都市圈为依托构建大中小城市协调发展格局，推进以县城为重要载体的城镇化建设。坚持人民城市人民建、人民城市为人民，提高城市规划、建设、治理水平，加快转变超大特大城市发展方式，实施城市更新行动，加强城市基础设施建设，打造宜居、韧性、智慧城市。发展海洋经济，保护海洋生态环境，加快建设海洋强国。

（五）推进高水平对外开放。依托我国超大规模市场优势，以国内大循环吸引全球资源要素，增强国内国际两个市场两种资源联动效应，提升贸易投资合作质量和水平。稳步扩大规则、规制、管理、标准等制度型开放。推动货物贸易优化升级，创新服务贸易发展机制，发展数字贸易，加快建设贸易强国。合理缩减外资准入负面清单，依法保护外商投资权益，营造市场化、法治化、国际化一流营商环境。推动共建“一带一路”高质量发展。优化区域开放布局，巩固东部沿海地区开放先导地位，提高中西部和东北地区开放水平。加快建设西部陆海新通道。加快建设海南自由贸易港，实施自由贸易试验区提升战略，扩大面向全球的高标准自由贸易区网络。有序推进人民币国际化。深度参与全球产业分工和合作，维护多元稳定的国际经济格局和经贸关系。

五、实施科教兴国战略，强化现代化建设人才支撑

教育、科技、人才是全面建设社会主义现代化国家的基础性、战略性支撑。必须坚持科技是第一生产力、人才是第一资源、创新是第一动力，深入实施科教兴国战略、人才强国战略、创新驱动发展战略，开辟发展新领域新赛道，不断塑造发展新动能新优势。

我们要坚持教育优先发展、科技自立自强、人才引领驱动，加快建设教育强国、科技强国、人才强国，坚持为党育人、为国育才，全面提高人才自主培养质量，着力造就拔尖创新人才，聚天下英才而用之。

（一）办好人民满意的教育。教育是国之大计、党之大计。培养什么人、怎样培养人、为谁培养人是教育的根本问题。育人的根本在于立德。全面贯彻党的教育方针，落实立德树人根本任务，培养德智体美劳全面发展的社会主义建设者和接班人。坚持以人民为中心发展教育，加快建设高质量教育体系，发展素质教育，促进教育公平。加快义务教育优质均衡发展和城乡一体化，优化区域教育资源配置，强化学前教育、特殊教育普惠发展，坚持高中阶段学校多样化发展，完善覆盖全学段学生资助体系。统筹职业教育、高等教育、继续教育协同创新，推进职普融通、产教融合、科教融汇，优化职业教育类型定位。加强基础学科、新兴学科、交叉学科建设，加快建设中国特色、世界一流的大学和优势学科。引导规范民办教育发展。加大国家通用语言文字推广力度。深化教育领域综合改革，加强教材建设和管理，完善学校管理和教育评价体系，健全学校家庭社会育人机制。加强师德师风建设，培养高素质教师队伍，弘扬尊师重教社会风尚。推进教育数字化，建设全民终身学习的学习型社会、学习型大国。

（二）完善科技创新体系。坚持创新在我国现代化建设全局中的核心地位。完善党中央对科技工作统一领导的体制，健全新型举国体制，强化国家战略科技力量，优化配置创新资源，优化国家科研机构、高水平研究型大学、科技领军企业定位和布局，形成国家实验室体系，统筹推进国际科技创新中心、区域科技创新中心建设，加强科技基础能力建设，强化科技战略咨询，提升国家创新体系整体效能。深化科技体制改革，深化科技评价改革，加大多元化科技投入，加强知识产权法治保障，形成支持全面创新的基础制度。培育创新文化，弘

扬科学家精神，涵养优良学风，营造创新氛围。扩大国际科技交流合作，加强国际化科研环境建设，形成具有全球竞争力的开放创新生态。

（三）加快实施创新驱动发展战略。坚持面向世界科技前沿、面向经济主战场、面向国家重大需求、面向人民生命健康，加快实现高水平科技自立自强。以国家战略需求为导向，集聚力量进行原创性引领性科技攻关，坚决打赢关键核心技术攻坚战。加快实施一批具有战略性全局性前瞻性的国家重大科技项目，增强自主创新能力。加强基础研究，突出原创，鼓励自由探索。提升科技投入效能，深化财政科技经费分配使用机制改革，激发创新活力。加强企业主导的产学研深度融合，强化目标导向，提高科技成果转化和产业化水平。强化企业科技创新主体地位，发挥科技型骨干企业引领支撑作用，营造有利于科技型中小微企业成长的良好环境，推动创新链产业链资金链人才链深度融合。

（四）深入实施人才强国战略。培养造就大批德才兼备的高素质人才，是国家和民族长远发展大计。功以才成，业由才广。坚持党管人才原则，坚持尊重劳动、尊重知识、尊重人才、尊重创造，实施更加积极、更加开放、更加有效的人才政策，引导广大人才爱党报国、敬业奉献、服务人民。完善人才战略布局，坚持各方面人才一起抓，建设规模宏大、结构合理、素质优良的人才队伍。加快建设世界重要人才中心和创新高地，促进人才区域合理布局和协调发展，着力形成人才国际竞争的比较优势。加快建设国家战略人才力量，努力培养造就更多大师、战略科学家、一流科技领军人才和创新团队、青年科技人才、卓越工程师、大国工匠、高技能人才。加强人才国际交流，用好用活各类人才。深化人才发展体制机制改革，真心爱才、悉心育才、倾心引才、精心用才，求贤若渴，不拘一格，把各方面优秀人才集聚到党和人民事业中来。

六、发展全过程人民民主，保障人民当家作主

我国是工人阶级领导的、以工农联盟为基础的人民民主专政的社会主义国家，国家一切权力属于人民。人民民主是社会主义的生命，是全面建设社会主义现代化国家的应有之义。全过程人民民主是社会主义民主政治的本质属性，是最广泛、最真实、最管用的民主。必须坚定不移走中国特色社会主义政治发展道路，坚持党的领导、人民当家作主、依法治国有机统一，坚持人民主体地位，充分体现人民意志、保障人民权益、激发人民创造活力。

我们要健全人民当家作主制度体系，扩大人民有序政治参与，保证人民依法实行民主选举、民主协商、民主决策、民主管理、民主监督，发挥人民群众积极性、主动性、创造性，巩固和发展生动活泼、安定团结的政治局面。

（一）加强人民当家作主制度保障。坚持和完善我国根本政治制度、基本政治制度、重要政治制度，拓展民主渠道，丰富民主形式，确保人民依法通过各种途径和形式管理国家事务，管理经济和文化事业，管理社会事务。支持和保证人民通过人民代表大会行使国家权力，保证各级人大都由民主选举产生、对人民负责、受人民监督。支持和保证人大及其常委会依法行使立法权、监督权、决定权、任免权，健全人大对行政机关、监察机关、审判机关、检察机关监督制度，维护国家法治统一、尊严、权威。加强人大代表工作能力建设，密切人大代表同人民群众的联系。健全吸纳民意、汇集民智工作机制，建设好基层立法联系点。深化工会、共青团、妇联等群团组织改革和建设，有效发挥桥梁纽带作用。坚持走中国人权发展道路，积极参与全球人权治理，推动人权事业全面发展。

（二）全面发展协商民主。协商民主是实践全过程人民民主的重要形式。完善协商民主体系，统筹推进政党协商、人大协商、政府协商、政协协商、人民团体协商、基层协商以及

社会组织协商，健全各种制度化协商平台，推进协商民主广泛多层制度化发展。坚持和完善中国共产党领导的多党合作和政治协商制度，坚持党的领导、统一战线、协商民主有机结合，坚持发扬民主和增进团结相互贯通、建言资政和凝聚共识双向发力，发挥人民政协作为专门协商机构作用，加强制度化、规范化、程序化等功能建设，提高深度协商互动、意见充分表达、广泛凝聚共识水平，完善人民政协民主监督和委员联系界别群众制度机制。

（三）积极发展基层民主。基层民主是全过程人民民主的重要体现。健全基层党组织领导的基层群众自治机制，加强基层组织建设，完善基层直接民主制度体系和工作体系，增强城乡社区群众自我管理、自我服务、自我教育、自我监督的实效。完善办事公开制度，拓宽基层各类群体有序参与基层治理渠道，保障人民依法管理基层公共事务和公益事业。全心全意依靠工人阶级，健全以职工代表大会为基本形式的企事业单位民主管理制度，维护职工合法权益。

（四）巩固和发展最广泛的爱国统一战线。人心是最大的政治，统一战线是凝聚人心、汇聚力量的强大法宝。完善大统战工作格局，坚持大团结大联合，动员全体中华儿女围绕实现中华民族伟大复兴中国梦一起来想、一起来干。发挥我国社会主义新型政党制度优势，坚持长期共存、互相监督、肝胆相照、荣辱与共，加强同民主党派和无党派人士的团结合作，支持民主党派加强自身建设、更好履行职能。以铸牢中华民族共同体意识为主线，坚定不移走中国特色解决民族问题的正确道路，坚持和完善民族区域自治制度，加强和改进党的民族工作，全面推进民族团结进步事业。坚持我国宗教中国化方向，积极引导宗教与社会主义社会相适应。加强党外知识分子思想政治工作，做好新的社会阶层人士工作，强化共同奋斗的政治引领。全面构建亲清政商关系，促进非公有制经济健康发展和非公有制经济人士健康成长。加强和改进侨务工作，形成共同致力民族复兴的强大力量。

七、坚持全面依法治国，推进法治中国建设

全面依法治国是国家治理的一场深刻革命，关系党执政兴国，关系人民幸福安康，关系党和国家长治久安。必须更好发挥法治固根本、稳预期、利长远的保障作用，在法治轨道上全面建设社会主义现代化国家。

我们要坚持走中国特色社会主义法治道路，建设中国特色社会主义法治体系、建设社会主义法治国家，围绕保障和促进社会公平正义，坚持依法治国、依法执政、依法行政共同推进，坚持法治国家、法治政府、法治社会一体建设，全面推进科学立法、严格执法、公正司法、全民守法，全面推进国家各方面工作法治化。

（一）完善以宪法为核心的中国特色社会主义法律体系。坚持依法治国首先要坚持依宪治国，坚持依法执政首先要坚持依宪执政，坚持宪法确定的中国共产党领导地位不动摇，坚持宪法确定的人民民主专政的国体和人民代表大会制度的政体不动摇。加强宪法实施和监督，健全保证宪法全面实施的制度体系，更好发挥宪法在治国理政中的重要作用，维护宪法权威。加强重点领域、新兴领域、涉外领域立法，统筹推进国内法治和涉外法治，以良法促进发展、保障善治。推进科学立法、民主立法、依法立法，统筹立改废释纂，增强立法系统性、整体性、协同性、时效性。完善和加强备案审查制度。坚持科学决策、民主决策、依法决策，全面落实重大决策程序制度。

（二）扎实推进依法行政。法治政府建设是全面依法治国的重点任务和主体工程。转变政府职能，优化政府职责体系和组织结构，推进机构、职能、权限、程序、责任法定化，提高行政效率和公信力。深化事业单位改革。深化行政执法体制改革，全面推进严格规范公正文明执法，加大关系群众切身利益的重点领域执法力度，完善行政执法程序，健全行政裁量基准。强化行政执法监督机制和能力建设，严

格落实行政执法责任制和责任追究制度。完善基层综合执法体制机制。

（三）严格公正司法。公正司法是维护社会公平正义的最后一道防线。深化司法体制综合配套改革，全面准确落实司法责任制，加快建设公正高效权威的社会主义司法制度，努力让人民群众在每一个司法案件中感受到公平正义。规范司法权力运行，健全公安机关、检察机关、审判机关、司法行政机关各司其职、相互配合、相互制约的体制机制。强化对司法活动的制约监督，促进司法公正。加强检察机关法律监督工作。完善公益诉讼制度。

（四）加快建设法治社会。法治社会是构筑法治国家的基础。弘扬社会主义法治精神，传承中华优秀传统法律文化，引导全体人民做社会主义法治的忠实崇尚者、自觉遵守者、坚定捍卫者。建设覆盖城乡的现代公共法律服务体系，深入开展法治宣传教育，增强全民法治观念。推进多层次多领域依法治理，提升社会治理法治化水平。发挥领导干部示范带头作用，努力使尊法学法守法用法在全社会蔚然成风。

八、推进文化自信自强，铸就社会主义文化新辉煌

全面建设社会主义现代化国家，必须坚持中国特色社会主义文化发展道路，增强文化自信，围绕举旗帜、聚民心、育新人、兴文化、展形象建设社会主义文化强国，发展面向现代化、面向世界、面向未来的，民族的科学的大众的社会主义文化，激发全民族文化创新创造活力，增强实现中华民族伟大复兴的精神力量。

我们要坚持马克思主义在意识形态领域指导地位的根本制度，坚持为人民服务、为社会主义服务，坚持百花齐放、百家争鸣，坚持创造性转化、创新性发展，以社会主义核心价值观为引领，发展社会主义先进文化，弘扬革命文化，传承中华优秀传统文化，满足人民日益增长的精神文化需求，巩固全党全国各族人民团结奋斗的共同思想基础，不断提升国家文化软实力和中华文化影响力。

（一）建设具有强大凝聚力和引领力的社会主义意识形态。意识形态工作是为国家立心、为民族立魂的工作。牢牢掌握党对意识形态工作领导权，全面落实意识形态工作责任制，巩固壮大奋进新时代的主流思想舆论。健全用党的创新理论武装全党、教育人民、指导实践工作体系。深入实施马克思主义理论研究和建设工程，加快构建中国特色哲学社会科学学科体系、学术体系、话语体系，培育壮大哲学社会科学人才队伍。加强全媒体传播体系建设，塑造主流舆论新格局。健全网络综合治理体系，推动形成良好网络生态。

（二）广泛践行社会主义核心价值观。社会主义核心价值观是凝聚人心、汇聚民力的强大力量。弘扬以伟大建党精神为源头的中国共产党人精神谱系，用好红色资源，深入开展社会主义核心价值观宣传教育，深化爱国主义、集体主义、社会主义教育，着力培养担当民族复兴大任的时代新人。推动理想信念教育常态化制度化，持续抓好党史、新中国史、改革开放史、社会主义发展史宣传教育，引导人民知史爱党、知史爱国，不断坚定中国特色社会主义共同理想。用社会主义核心价值观铸魂育人，完善思想政治工作体系，推进大中小学思想政治教育一体化建设。坚持依法治国和以德治国相结合，把社会主义核心价值观融入法治建设、融入社会发展、融入日常生活。

（三）提高全社会文明程度。实施公民道德建设工程，弘扬中华传统美德，加强家庭家教家风建设，加强和改进未成年人思想道德建设，推动明大德、守公德、严私德，提高人民道德水准和文明素养。统筹推动文明培育、文明实践、文明创建，推进城乡精神文明建设融合发展，在全社会弘扬劳动精神、奋斗精神、奉献精神、创造精神、勤俭节约精神，培育时代新风新貌。加强国家科普能力建设，深化全民阅读活动。完善志愿服务制度和工作体系。弘扬诚信文化，健全诚信建设长效机制。发挥

党和国家功勋荣誉表彰的精神引领、典型示范作用，推动全社会见贤思齐、崇尚英雄、争做先锋。

（四）繁荣发展文化事业和文化产业。坚持以人民为中心的创作导向，推出更多增强人民精神力量的优秀作品，培育造就大批德艺双馨的文学艺术家和规模宏大的文化文艺人才队伍。坚持把社会效益放在首位、社会效益和经济效益相统一，深化文化体制改革，完善文化经济政策。实施国家文化数字化战略，健全现代公共文化服务体系，创新实施文化惠民工程。健全现代文化产业体系和市场体系，实施重大文化产业项目带动战略。加大文物和文化遗产保护力度，加强城乡建设中历史文化保护传承，建好用好国家文化公园。坚持以文塑旅、以旅彰文，推进文化和旅游深度融合发展。广泛开展全民健身活动，加强青少年体育工作，促进群众体育和竞技体育全面发展，加快建设体育强国。

（五）增强中华文明传播力影响力。坚守中华文化立场，提炼展示中华文明的精神标识和文化精髓，加快构建中国话语和中国叙事体系，讲好中国故事、传播好中国声音，展现可信、可爱、可敬的中国形象。加强国际传播能力建设，全面提升国际传播效能，形成同我国综合国力和国际地位相匹配的国际话语权。深化文明交流互鉴，推动中华文化更好走向世界。

九、增进民生福祉，提高人民生活品质

江山就是人民，人民就是江山。中国共产党领导人民打江山、守江山，守的是人民的心。治国有常，利民为本。为民造福是立党为公、执政为民的本质要求。必须坚持在发展中保障和改善民生，鼓励共同奋斗创造美好生活，不断实现人民对美好生活的向往。

我们要实现好、维护好、发展好最广大人民根本利益，紧紧抓住人民最关心最直接最现实的利益问题，坚持尽力而为、量力而行，深入群众、深入基层，采取更多惠民生、暖民心举措，着力解决好人民群众急难愁盼问题，健全基本公共服务体系，提高公共服务水平，增强均衡性和可及性，扎实推进共同富裕。

（一）完善分配制度。分配制度是促进共同富裕的基础性制度。坚持按劳分配为主体、多种分配方式并存，构建初次分配、再分配、第三次分配协调配套的制度体系。努力提高居民收入在国民收入分配中的比重，提高劳动报酬在初次分配中的比重。坚持多劳多得，鼓励勤劳致富，促进机会公平，增加低收入者收入，扩大中等收入群体。完善按要素分配政策制度，探索多种渠道增加中低收入群众要素收入，多渠道增加城乡居民财产性收入。加大税收、社会保障、转移支付等的调节力度。完善个人所得税制度，规范收入分配秩序，规范财富积累机制，保护合法收入，调节过高收入，取缔非法收入。引导、支持有意愿有能力的企业、社会组织和个人积极参与公益慈善事业。

（二）实施就业优先战略。就业是最基本的民生。强化就业优先政策，健全就业促进机制，促进高质量充分就业。健全就业公共服务体系，完善重点群体就业支持体系，加强困难群体就业兜底帮扶。统筹城乡就业政策体系，破除妨碍劳动力、人才流动的体制和政策弊端，消除影响平等就业的不合理限制和就业歧视，使人人都有通过勤奋劳动实现自身发展的机会。健全终身职业技能培训制度，推动解决结构性就业矛盾。完善促进创业带动就业的保障制度，支持和规范发展新就业形态。健全劳动法律法规，完善劳动关系协商协调机制，完善劳动者权益保障制度，加强灵活就业和新就业形态劳动者权益保障。

（三）健全社会保障体系。社会保障体系是人民生活的安全网和社会运行的稳定器。健全覆盖全民、统筹城乡、公平统一、安全规范、可持续的多层次社会保障体系。完善基本养老保险全国统筹制度，发展多层次、多支柱养老保险体系。实施渐进式延迟法定退休年龄。扩大社会保险覆盖面，健全基本养老、基本医疗保险筹资和待遇调整机制，推动基本医

疗保险、失业保险、工伤保险省级统筹。促进多层次医疗保障有序衔接，完善大病保险和医疗救助制度，落实异地就医结算，建立长期护理保险制度，积极发展商业医疗保险。加快完善全国统一的社会保险公共服务平台。健全社保基金保值增值和安全监管体系。健全分层分类的社会救助体系。坚持男女平等基本国策，保障妇女儿童合法权益。完善残疾人社会保障制度和关爱服务体系，促进残疾人事业全面发展。坚持房子是用来住的、不是用来炒的定位，加快建立多主体供给、多渠道保障、租购并举的住房制度。

（四）推进健康中国建设。人民健康是民族昌盛和国家强盛的重要标志。把保障人民健康放在优先发展的战略位置，完善人民健康促进政策。优化人口发展战略，建立生育支持政策体系，降低生育、养育、教育成本。实施积极应对人口老龄化国家战略，发展养老事业和养老产业，优化孤寡老人服务，推动实现全体老年人享有基本养老服务。深化医药卫生体制改革，促进医保、医疗、医药协同发展和治理。促进优质医疗资源扩容和区域均衡布局，坚持预防为主，加强重大慢性病健康管理，提高基层防病治病和健康管理能力。深化以公益性为导向的公立医院改革，规范民营医院发展。发展壮大医疗卫生队伍，把工作重点放在农村和社区。重视心理健康和精神卫生。促进中医药传承创新发展。创新医防协同、医防融合机制，健全公共卫生体系，提高重大疫情早发现能力，加强重大疫情防控救治体系和应急能力建设，有效遏制重大传染性疾病传播。深入开展健康中国行动和爱国卫生运动，倡导文明健康生活方式。

十、推动绿色发展，促进人与自然和谐共生

大自然是人类赖以生存发展的基本条件。尊重自然、顺应自然、保护自然，是全面建设社会主义现代化国家的内在要求。必须牢固树立和践行绿水青山就是金山银山的理念，站在人与自然和谐共生的高度谋划发展。

我们要推进美丽中国建设，坚持山水林田湖草沙一体化保护和系统治理，统筹产业结构调整、污染治理、生态保护、应对气候变化，协同推进降碳、减污、扩绿、增长，推进生态优先、节约集约、绿色低碳发展。

（一）加快发展方式绿色转型。推动经济社会发展绿色化、低碳化是实现高质量发展的关键环节。加快推动产业结构、能源结构、交通运输结构等调整优化。实施全面节约战略，推进各类资源节约集约利用，加快构建废弃物循环利用体系。完善支持绿色发展的财税、金融、投资、价格政策和标准体系，发展绿色低碳产业，健全资源环境要素市场化配置体系，加快节能降碳先进技术研发和推广应用，倡导绿色消费，推动形成绿色低碳的生产方式和生活方式。

（二）深入推进环境污染防治。坚持精准治污、科学治污、依法治污，持续深入打好蓝天、碧水、净土保卫战。加强污染物协同控制，基本消除重污染天气。统筹水资源、水环境、水生态治理，推动重要江河湖库生态保护治理，基本消除城市黑臭水体。加强土壤污染源头防控，开展新污染物治理。提升环境基础设施建设水平，推进城乡人居环境整治。全面实行排污许可制，健全现代环境治理体系。严密防控环境风险。深入推进中央生态环境保护督察。

（三）提升生态系统多样性、稳定性、持续性。以国家重点生态功能区、生态保护红线、自然保护地等为重点，加快实施重要生态系统保护和修复重大工程。推进以国家公园为主体的自然保护地体系建设。实施生物多样性保护重大工程。科学开展大规模国土绿化行动。深化集体林权制度改革。推行草原森林河流湖泊湿地休养生息，实施好长江十年禁渔，健全耕地休耕轮作制度。建立生态产品价值实现机制，完善生态保护补偿制度。加强生物安全管理，防治外来物种侵害。

（四）积极稳妥推进碳达峰碳中和。实现碳达峰碳中和是一场广泛而深刻的经济社会系

统性变革。立足我国能源资源禀赋，坚持先立后破，有计划分步骤实施碳达峰行动。完善能源消耗总量和强度调控，重点控制化石能源消费，逐步转向碳排放总量和强度“双控”制度。推动能源清洁低碳高效利用，推进工业、建筑、交通等领域清洁低碳转型。深入推进能源革命，加强煤炭清洁高效利用，加大油气资源勘探开发和增储上产力度，加快规划建设新型能源体系，统筹水电开发和生态保护，积极安全有序发展核电，加强能源产供储销体系建设，确保能源安全。完善碳排放统计核算制度，健全碳排放权市场交易制度。提升生态系统碳汇能力。积极参与应对气候变化全球治理。

十一、推进国家安全体系和能力现代化，坚决维护国家安全和社会稳定

国家安全是民族复兴的根基，社会稳定是国家强盛的前提。必须坚定不移贯彻总体国家安全观，把维护国家安全贯穿党和国家工作各方面全过程，确保国家安全和社会稳定。

我们要坚持以人民安全为宗旨、以政治安全为根本、以经济安全为基础、以军事科技文化社会安全为保障、以促进国际安全为依托，统筹外部安全和内部安全、国土安全和国民安全、传统安全和非传统安全、自身安全和共同安全，统筹维护和塑造国家安全，夯实国家安全和社会稳定基层基础，完善参与全球安全治理机制，建设更高水平的平安中国，以新安全格局保障新发展格局。

（一）健全国家安全体系。坚持党中央对国家安全工作的集中统一领导，完善高效权威的国家安全领导体制。强化国家安全工作协调机制，完善国家安全法治体系、战略体系、政策体系、风险监测预警体系、国家应急管理体系，完善重点领域安全保障体系和重要专项协调指挥体系，强化经济、重大基础设施、金融、网络、数据、生物、资源、核、太空、海洋等安全保障体系建设。健全反制裁、反干涉、反“长臂管辖”机制。完善国家安全力量布局，构建全域联动、立体高效的国家安全防护体系。

（二）增强维护国家安全能力。坚定维护国家政权安全、制度安全、意识形态安全，加强重点领域安全能力建设，确保粮食、能源资源、重要产业链供应链安全，加强海外安全保障能力建设，维护我国公民、法人在海外合法权益，维护海洋权益，坚定捍卫国家主权、安全、发展利益。提高防范化解重大风险能力，严密防范系统性安全风险，严厉打击敌对势力渗透、破坏、颠覆、分裂活动。全面加强国家安全教育，提高各级领导干部统筹发展和安全能力，增强全民国家安全意识和素养，筑牢国家安全人民防线。

（三）提高公共安全治理水平。坚持安全第一、预防为主，建立大安全大应急框架，完善公共安全体系，推动公共安全治理模式向事前预防转型。推进安全生产风险专项整治，加强重点行业、重点领域安全监管。提高防灾减灾救灾和重大突发公共事件处置保障能力，加强国家区域应急力量建设。强化食品药品安全监管，健全生物安全监管预警防控体系。加强个人信息保护。

（四）完善社会治理体系。健全共建共治共享的社会治理制度，提升社会治理效能。在社会基层坚持和发展新时代“枫桥经验”，完善正确处理新形势下人民内部矛盾机制，加强和改进人民信访工作，畅通和规范群众诉求表达、利益协调、权益保障通道，完善网格化管理、精细化服务、信息化支撑的基层治理平台，健全城乡社区治理体系，及时把矛盾纠纷化解在基层、化解在萌芽状态。加快推进市域社会治理现代化，提高市域社会治理能力。强化社会治安整体防控，推进扫黑除恶常态化，依法严惩群众反映强烈的各类违法犯罪活动。发展壮大群防群治力量，营造见义勇为社会氛围，建设人人有责、人人尽责、人人享有的社会治理共同体。

十二、实现建军一百年奋斗目标，开创国防和军队现代化新局面

如期实现建军一百年奋斗目标，加快把人民军队建成世界一流军队，是全面建设社会主义现代化国家的战略要求。必须贯彻新时代党的强军思想，贯彻新时代军事战略方针，坚持党对人民军队的绝对领导，坚持政治建军、改革强军、科技强军、人才强军、依法治军，坚持边斗争、边备战、边建设，坚持机械化信息化智能化融合发展，加快军事理论现代化、军队组织形态现代化、军事人员现代化、武器装备现代化，提高捍卫国家主权、安全、发展利益战略能力，有效履行新时代人民军队使命任务。

全面加强人民军队党的建设，确保枪杆子永远听党指挥。健全贯彻军委主席负责制体制机制。深化党的创新理论武装，开展“学习强军思想、建功强军事业”教育实践活动。加强军史学习教育，繁荣发展强军文化，强化战斗精神培育。建强人民军队党的组织体系，推进政治整训常态化制度化，持之以恒正风肃纪反腐。

全面加强练兵备战，提高人民军队打赢能力。研究掌握信息化智能化战争特点规律，创新军事战略指导，发展人民战争战略战术。打造强大战略威慑力量体系，增加新域新质作战力量比重，加快无人智能作战力量发展，统筹网络信息体系建设运用。优化联合作战指挥体系，推进侦察预警、联合打击、战场支撑、综合保障体系和能力建设。深入推进实战化军事训练，深化联合训练、对抗训练、科技练兵。加强军事力量常态化多样化运用，坚定灵活开展军事斗争，塑造安全态势，遏控危机冲突，打赢局部战争。

全面加强军事治理，巩固拓展国防和军队改革成果，完善军事力量结构编成，体系优化军事政策制度。加强国防和军队建设重大任务战建备统筹，加快建设现代化后勤，实施国防科技和武器装备重大工程，加速科技向战斗力转化。深化军队院校改革，建强新型军事人才培养体系，创新军事人力资源管理。加强依法治军机制建设和战略规划，完善中国特色军事法治体系。改进战略管理，提高军事系统运行效能和国防资源使用效益。

巩固提高一体化国家战略体系和能力。加强军地战略规划统筹、政策制度衔接、资源要素共享。优化国防科技工业体系和布局，加强国防科技工业能力建设。深化全民国防教育。加强国防动员和后备力量建设，推进现代边海空防建设。加强军人军属荣誉激励和权益保障，做好退役军人服务保障工作。巩固发展军政军民团结。

人民军队始终是党和人民完全可以信赖的英雄军队，有信心、有能力维护国家主权、统一和领土完整，有信心、有能力为实现中华民族伟大复兴提供战略支撑，有信心、有能力为世界和平与发展作出更大贡献！

十三、坚持和完善“一国两制”，推进祖国统一

“一国两制”是中国特色社会主义的伟大创举，是香港、澳门回归后保持长期繁荣稳定的最佳制度安排，必须长期坚持。

全面准确、坚定不移贯彻“一国两制”、“港人治港”、“澳人治澳”、高度自治的方针，坚持依法治港治澳，维护宪法和基本法确定的特别行政区宪制秩序。坚持和完善“一国两制”制度体系，落实中央全面管治权，落实“爱国者治港”、“爱国者治澳”原则，落实特别行政区维护国家安全的法律制度和执行机制。坚持中央全面管治权和保障特别行政区高度自治权相统一，坚持行政主导，支持行政长官和特别行政区政府依法施政，提升全面治理能力和管治水平，完善特别行政区司法制度和法律体系，保持香港、澳门资本主义制度和生活方式长期不变，促进香港、澳门长期繁荣稳定。

支持香港、澳门发展经济、改善民生、破解经济社会发展中的深层次矛盾和问题。发挥

香港、澳门优势和特点，巩固提升香港、澳门在国际金融、贸易、航运航空、创新科技、文化旅游等领域的地位，深化香港、澳门同各国各地区更加开放、更加密切的交往合作。推进粤港澳大湾区建设，支持香港、澳门更好融入国家发展大局，为实现中华民族伟大复兴更好发挥作用。

发展壮大爱国爱港爱澳力量，增强港澳同胞的爱国精神，形成更广泛的国内外支持“一国两制”的统一战线。坚决打击反中乱港乱澳势力，坚决防范和遏制外部势力干预港澳事务。

解决台湾问题、实现祖国完全统一，是党矢志不渝的历史任务，是全体中华儿女的共同愿望，是实现中华民族伟大复兴的必然要求。坚持贯彻新时代党解决台湾问题的总体方略，牢牢把握两岸关系主导权和主动权，坚定不移推进祖国统一大业。

“和平统一、一国两制”方针是实现两岸统一的最佳方式，对两岸同胞和中华民族最有利。我们坚持一个中国原则和“九二共识”，在此基础上，推进同台湾各党派、各界别、各阶层人士就两岸关系和国家统一开展广泛深入协商，共同推动两岸关系和平发展、推进祖国和平统一进程。我们坚持团结广大台湾同胞，坚定支持岛内爱国统一力量，共同把握历史大势，坚守民族大义，坚定反“独”促统。伟大祖国永远是所有爱国统一力量的坚强后盾！

两岸同胞血脉相连，是血浓于水的一家人。我们始终尊重、关爱、造福台湾同胞，继续致力于促进两岸经济文化交流合作，深化两岸各领域融合发展，完善增进台湾同胞福祉的制度和政策，推动两岸共同弘扬中华文化，促进两岸同胞心灵契合。

台湾是中国的台湾。解决台湾问题是中国人自己的事，要由中国人来决定。我们坚持以最大诚意、尽最大努力争取和平统一的前景，但决不承诺放弃使用武力，保留采取一切必要措施的选项，这针对的是外部势力干涉和极少数“台独”分裂分子及其分裂活动，绝非针对广大台湾同胞。国家统一、民族复兴的历史车轮滚滚向前，祖国完全统一一定要实现，也一定能够实现！

十四、促进世界和平与发展，推动构建人类命运共同体

当前，世界之变、时代之变、历史之变正以前所未有的方式展开。一方面，和平、发展、合作、共赢的历史潮流不可阻挡，人心所向、大势所趋决定了人类前途终归光明。另一方面，恃强凌弱、巧取豪夺、零和博弈等霸权霸道霸凌行径危害深重，和平赤字、发展赤字、安全赤字、治理赤字加重，人类社会面临前所未有的挑战。世界又一次站在历史的十字路口，何去何从取决于各国人民的抉择。

中国始终坚持维护世界和平、促进共同发展的外交政策宗旨，致力于推动构建人类命运共同体。

中国坚定奉行独立自主的和平外交政策，始终根据事情本身的是非曲直决定自己的立场和政策，维护国际关系基本准则，维护国际公平正义。中国尊重各国主权和领土完整，坚持国家不分大小、强弱、贫富一律平等，尊重各国人民自主选择的发展道路和社会制度，坚决反对一切形式的霸权主义和强权政治，反对冷战思维，反对干涉别国内政，反对搞双重标准。中国奉行防御性的国防政策，中国的发展是世界和平力量的增长，无论发展到什么程度，中国永远不称霸、永远不搞扩张。

中国坚持在和平共处五项原则基础上同各国发展友好合作，推动构建新型国际关系，深化拓展平等、开放、合作的全球伙伴关系，致力于扩大同各国利益的汇合点。促进大国协调和良性互动，推动构建和平共处、总体稳定、均衡发展的大国关系格局。坚持亲诚惠容和与邻为善、以邻为伴周边外交方针，深化同周边国家友好互信和利益融合。秉持真实亲诚理念和正确义利观加强同发展中国家团结合作，维护发展中国家共同利益。中国共产党愿在独立自主、完全平等、互相尊重、互不干涉内部事务原则基础上加强同各国政党和政治组织交流合作，积极推进人大、政协、军队、地方、民间等各方面对外交往。

中国坚持对外开放的基本国策，坚定奉行互利共赢的开放战略，不断以中国新发展为世界提供新机遇，推动建设开放型世界经济，更好惠及各国人民。中国坚持经济全球化正确方向，推动贸易和投资自由化便利化，推进双边、区域和多边合作，促进国际宏观经济政策协调，共同营造有利于发展的国际环境，共同培育全球发展新动能，反对保护主义，反对“筑墙设垒”、“脱钩断链”，反对单边制裁、极限施压。中国愿加大对全球发展合作的资源投入，致力于缩小南北差距，坚定支持和帮助广大发展中国家加快发展。

中国积极参与全球治理体系改革和建设，践行共商共建共享的全球治理观，坚持真正的多边主义，推进国际关系民主化，推动全球治理朝着更加公正合理的方向发展。坚定维护以联合国为核心的国际体系、以国际法为基础的国际秩序、以联合国宪章宗旨和原则为基础的国际关系基本准则，反对一切形式的单边主义，反对搞针对特定国家的阵营化和排他性小圈子。推动世界贸易组织、亚太经合组织等多边机制更好发挥作用，扩大金砖国家、上海合作组织等合作机制影响力，增强新兴市场国家和发展中国家在全球事务中的代表性和发言权。中国坚持积极参与全球安全规则制定，加强国际安全合作，积极参与联合国维和行动，为维护世界和平和地区稳定发挥建设性作用。

构建人类命运共同体是世界各国人民前途所在。万物并育而不相害，道并行而不相悖。只有各国行天下之大道，和睦相处、合作共赢，繁荣才能持久，安全才有保障。中国提出了全球发展倡议、全球安全倡议，愿同国际社会一道努力落实。中国坚持对话协商，推动建设一个持久和平的世界；坚持共建共享，推动建设一个普遍安全的世界；坚持合作共赢，推动建设一个共同繁荣的世界；坚持交流互鉴，推动建设一个开放包容的世界；坚持绿色低碳，推动建设一个清洁美丽的世界。

我们真诚呼吁，世界各国弘扬和平、发展、公平、正义、民主、自由的全人类共同价值，促进各国人民相知相亲，尊重世界文明多样性，以文明交流超越文明隔阂、文明互鉴超越文明冲突、文明共存超越文明优越，共同应对各种全球性挑战。

我们所处的是一个充满挑战的时代，也是一个充满希望的时代。中国人民愿同世界人民携手开创人类更加美好的未来！

十五、坚定不移全面从严治党，深入推进新时代党的建设新的伟大工程

全面建设社会主义现代化国家、全面推进中华民族伟大复兴，关键在党。我们党作为世界上最大的马克思主义执政党，要始终赢得人民拥护、巩固长期执政地位，必须时刻保持解决大党独有难题的清醒和坚定。经过十八大以来全面从严治党，我们解决了党内许多突出问题，但党面临的执政考验、改革开放考验、市场经济考验、外部环境考验将长期存在，精神懈怠危险、能力不足危险、脱离群众危险、消极腐败危险将长期存在。全党必须牢记，全面从严治党永远在路上，党的自我革命永远在路上，决不能有松劲歇脚、疲劳厌战的情绪，必须持之以恒推进全面从严治党，深入推进新时代党的建设新的伟大工程，以党的自我革命引领社会革命。

我们要落实新时代党的建设总要求，健全全面从严治党体系，全面推进党的自我净化、自我完善、自我革新、自我提高，使我们党坚守初心使命，始终成为中国特色社会主义事业的坚强领导核心。

（一）坚持和加强党中央集中统一领导。党的领导是全面的、系统的、整体的，必须全面、系统、整体加以落实。健全总揽全局、协调各方的党的领导制度体系，完善党中央重大决策部署落实机制，确保全党在政治立场、政治方向、政治原则、政治道路上同党中央保持高度一致，确保党的团结统一。完善党中央决

策议事协调机构，加强党中央对重大工作的集中统一领导。加强党的政治建设，严明政治纪律和政治规矩，落实各级党委（党组）主体责任，提高各级党组织和党员干部政治判断力、政治领悟力、政治执行力。坚持科学执政、民主执政、依法执政，贯彻民主集中制，创新和改进领导方式，提高党把方向、谋大局、定政策、促改革能力，调动各方面积极性。增强党内政治生活政治性、时代性、原则性、战斗性，用好批评和自我批评武器，持续净化党内政治生态。

（二）坚持不懈用新时代中国特色社会主义思想凝心铸魂。用党的创新理论武装全党是党的思想建设的根本任务。全面加强党的思想建设，坚持用新时代中国特色社会主义思想统一思想、统一意志、统一行动，组织实施党的创新理论学习教育计划，建设马克思主义学习型政党。加强理想信念教育，引导全党牢记党的宗旨，解决好世界观、人生观、价值观这个总开关问题，自觉做共产主义远大理想和中国特色社会主义共同理想的坚定信仰者和忠实实践者。坚持学思用贯通、知信行统一，把新时代中国特色社会主义思想转化为坚定理想、锤炼党性和指导实践、推动工作的强大力量。坚持理论武装同常态化长效化开展党史学习教育相结合，引导党员、干部不断学史明理、学史增信、学史崇德、学史力行，传承红色基因，赓续红色血脉。以县处级以上领导干部为重点在全党深入开展主题教育。

（三）完善党的自我革命制度规范体系。坚持制度治党、依规治党，以党章为根本，以民主集中制为核心，完善党内法规制度体系，增强党内法规权威性和执行力，形成坚持真理、修正错误，发现问题、纠正偏差的机制。健全党统一领导、全面覆盖、权威高效的监督体系，完善权力监督制约机制，以党内监督为主导，促进各类监督贯通协调，让权力在阳光下运行。推进政治监督具体化、精准化、常态化，增强对“一把手”和领导班子监督实效。发挥政治巡视利剑作用，加强巡视整改和成果运用。落实全面从严治党政治责任，用好问责利器。

（四）建设堪当民族复兴重任的高素质干部队伍。全面建设社会主义现代化国家，必须有一支政治过硬、适应新时代要求、具备领导现代化建设能力的干部队伍。坚持党管干部原则，坚持德才兼备、以德为先、五湖四海、任人唯贤，把新时代好干部标准落到实处。树立选人用人正确导向，选拔忠诚干净担当的高素质专业化干部，选优配强各级领导班子。坚持把政治标准放在首位，做深做实干部政治素质考察，突出把好政治关、廉洁关。加强实践锻炼、专业训练，注重在重大斗争中磨砺干部，增强干部推动高质量发展本领、服务群众本领、防范化解风险本领。加强干部斗争精神和斗争本领养成，着力增强防风险、迎挑战、抗打压能力，带头担当作为，做到平常时候看得出来、关键时刻站得出来、危难关头豁得出来。完善干部考核评价体系，引导干部树立和践行正确政绩观，推动干部能上能下、能进能出，形成能者上、优者奖、庸者下、劣者汰的良好局面。抓好后继有人这个根本大计，健全培养选拔优秀年轻干部常态化工作机制，把到基层和艰苦地区锻炼成长作为年轻干部培养的重要途径。重视女干部培养选拔工作，发挥女干部重要作用。重视培养和用好少数民族干部，统筹做好党外干部工作。做好离退休干部工作。加强和改进公务员工作，优化机构编制资源配置。坚持严管和厚爱相结合，加强对干部全方位管理和经常性监督，落实“三个区分开来”，激励干部敢于担当、积极作为。关心关爱基层干部特别是条件艰苦地区干部。

（五）增强党组织政治功能和组织功能。严密的组织体系是党的优势所在、力量所在。各级党组织要履行党章赋予的各项职责，把党的路线方针政策和党中央决策部署贯彻落实好，把各领域广大群众组织凝聚好。坚持大抓基层的鲜明导向，抓党建促乡村振兴，加强城市社区党建工作，推进以党建引领基层治理，持续整顿软弱涣散基层党组织，把基层党组织建设成为有效实现党的领导的坚强战斗堡垒。全面提高机关党建质量，推进事业单位党建工作。推进国有企业、金融企业在完善公司治理中加强党的领导，加强混合所有制企业、非公有制企业党建工作，理顺行业协会、学会、商会党建工作管理体制。加强新经济组织、新社会组织、新就业群体党的建设。注重从青年和产业工人、农民、知识分子中发展党员，加强和改进党员特别是流动党员教育管理。落实党内民主制度，保障党员权利，激励党员发挥先锋模范作用。严肃稳妥处置不合格党员，保持党员队伍先进性和纯洁性。

（六）坚持以严的基调强化正风肃纪。党风问题关系执政党的生死存亡。弘扬党的光荣传统和优良作风，促进党员干部特别是领导干部带头深入调查研究，扑下身子干实事、谋实招、求实效。锲而不舍落实中央八项规定精神，抓住“关键少数”以上率下，持续深化纠治“四风”，重点纠治形式主义、官僚主义，坚决破除特权思想和特权行为。把握作风建设地区性、行业性、阶段性特点，抓住普遍发生、反复出现的问题深化整治，推进作风建设常态化长效化。全面加强党的纪律建设，督促领导干部特别是高级干部严于律己、严负其责、严管所辖，对违反党纪的问题，发现一起坚决查处一起。坚持党性党风党纪一起抓，从思想上固本培元，提高党性觉悟，增强拒腐防变能力，涵养富贵不能淫、贫贱不能移、威武不能屈的浩然正气。

（七）坚决打赢反腐败斗争攻坚战持久战。腐败是危害党的生命力和战斗力的最大毒瘤，反腐败是最彻底的自我革命。只要存在腐败问题产生的土壤和条件，反腐败斗争就一刻不能停，必须永远吹冲锋号。坚持不敢腐、不能腐、不想腐一体推进，同时发力、同向发力、综合发力。以零容忍态度反腐惩恶，更加有力遏制增量，更加有效清除存量，坚决查处政治问题和经济问题交织的腐败，坚决防止领导干部成为利益集团和权势团体的代言人、代理人，坚决治理政商勾连破坏政治生态和经济发展环境问题，决不姑息。深化整治权力集中、资金密集、资源富集领域的腐败，坚决惩治群众身边的“蝇贪”，严肃查处领导干部配偶、子女及其配偶等亲属和身边工作人员利用影响力谋私贪腐问题，坚持受贿行贿一起查，惩治新型腐败和隐性腐败。深化反腐败国际合作，一体构建追逃防逃追赃机制。深化标本兼治，推进反腐败国家立法，加强新时代廉洁文化建设，教育引导广大党员、干部增强不想腐的自觉，清清白白做人、干干净净做事，使严厉惩治、规范权力、教育引导紧密结合、协调联动，不断取得更多制度性成果和更大治理效能。

同志们！时代呼唤着我们，人民期待着我们，唯有矢志不渝、笃行不怠，方能不负时代、不负人民。全党必须牢记，坚持党的全面领导是坚持和发展中国特色社会主义的必由之路，中国特色社会主义是实现中华民族伟大复兴的必由之路，团结奋斗是中国人民创造历史伟业的必由之路，贯彻新发展理念是新时代我国发展壮大的必由之路，全面从严治党是党永葆生机活力、走好新的赶考之路的必由之路。这是我们在长期实践中得出的至关紧要的规律性认识，必须倍加珍惜、始终坚持，咬定青山不放松，引领和保障中国特色社会主义巍巍巨轮乘风破浪、行稳致远。

团结就是力量，团结才能胜利。全面建设社会主义现代化国家，必须充分发挥亿万人民的创造伟力。全党要坚持全心全意为人民服务的根本宗旨，树牢群众观点，贯彻群众路线，尊重人民首创精神，坚持一切为了人民、一切依靠人民，从群众中来、到群众中去，始终保持同人民群众的血肉联系，始终接受人民批评和监督，始终同人民同呼吸、共命运、心连心，不断巩固全国各族人民大团结，加强海内外中华儿女大团结，形成同心共圆中国梦的强大合力。

青年强，则国家强。当代中国青年生逢其时，施展才干的舞台无比广阔，实现梦想的前景无比光明。全党要把青年工作作为战略性工作来抓，用党的科学理论武装青年，用党的初心使命感召青年，做青年朋友的知心人、青年工作的热心人、青年群众的引路人。广大青年要坚定不移听党话、跟党走，怀抱梦想又脚踏实地，敢想敢为又善作善成，立志做有理想、敢担当、能吃苦、肯奋斗的新时代好青年，让青春在全面建设社会主义现代化国家的火热实践中绽放绚丽之花。

同志们！党用伟大奋斗创造了百年伟业，也一定能用新的伟大奋斗创造新的伟业。全党全军全国各族人民要紧密团结在党中央周围，牢记空谈误国、实干兴邦，坚定信心、同心同德，埋头苦干、奋勇前进，为全面建设社会主义现代化国家、全面推进中华民族伟大复兴而团结奋斗！

（习近平总书记 2022 年 10 月 16 日在中国共产党第二十次全国代表大会上的报告，新华社北京 2022 年 10 月 25 日电）

习近平：更好把握和运用党的百年奋斗历史经验

党中央举办这次专题研讨班，目的是深入研读和领会党的十九届六中全会决议，更好把握和运用党的百年奋斗历史经验，弘扬伟大建党精神，动员全党全国各族人民坚定信心、勇毅前行，为实现党的第二个百年奋斗目标而不懈努力。

关于学习贯彻全会精神，我在很多场合已经提了要求。在党的十九届六中全会第一次全体会议上，我讲了党中央对全会议题的考虑，强调制定党的第三个历史决议的必要性、重要性和需要把握的重点问题。在全会第二次全体会议上，我强调要以学习全会精神为重点巩固党史学习教育成果，深刻认识总结党的百年奋斗重大成就和历史经验的重大意义，深刻认识党的百年奋斗的初心使命，深刻认识中国特色社会主义进入新时代的历史性成就和历史性变革，深刻认识党的百年奋斗历史经验，深刻认识以史为鉴、开创未来的重要要求，引导广大干部群众准确把握党的历史发展的主题主线、主流本质，从党的奋斗历程中汲取智慧和力量，坚定历史自信、自觉坚守理想信念，坚持党的政治建设、始终保持党的团结统一，坚定担当责任、不断增强进行伟大斗争的意志和本领，坚持自我革命、确保党不变质不变色不变味。不久前，中央政治局举行党史学习教育专题民主生活会，我强调开展党史总结、学习、教育、宣传就是为了增加历史自信、增进团结统一、增强斗争精神，特别强调中央政治局的同志要做到自觉践行初心使命、坚定理想信念、维护党中央权威和集中统一领导、确保党的理论和路线方针政策符合实际、带头贯彻执行党中央决策部署。

这次办的是专题研讨班，既然是研讨，我想在同大家一起研读全会决议的基础上，重点讲5个问题。

第一个问题：推进马克思主义中国化时代化

一个民族要走在时代前列，就一刻不能没有理论思维，一刻不能没有正确思想指引。中国共产党为什么能，中国特色社会主义为什么好，归根到底是因为马克思主义行。马克思主义之所以行，就在于党不断推进马克思主义中国化时代化并用以指导实践。

这次全会决议，对百年奋斗历程中党不断推进马克思主义中国化时代化作了全面总结，强调毛泽东思想是马克思列宁主义在中国的创造性运用和发展，是马克思主义中国化的第一次历史性飞跃；强调在改革开放实践中创立了邓小平理论、形成了“三个代表”重要思想和科学发展观，形成了中国特色社会主义理论体系，实现了马克思主义中国化新的飞跃；强调进入新时代党提出一系列原创性的治国理政新理念新思想新战略，创立了新时代中国特色社会主义思想，实现了马克思主义中国化新的飞跃。全会决议在总结党的百年奋斗历史经验时强调，党之所以能够领导人民在一次次求索、一次次挫折、一次次开拓中完成中国其他各种政治力量不可能完成的艰巨任务，根本在于坚持把马克思主义基本原理同中国具体实际相结合、同中华优秀传统文化相结合，坚持实践是检验真理的唯一标准，坚持一切从实际出发，及时回答时代之问、人民之问，不断推进马克思主义中国化时代化。注重分析研究和总结党在百年奋斗历程中对马克思主义的中国化时代化，是贯穿全会决议的一个重要内容，我们一定要深入学习、全面领会。

我们必须认识到，马克思主义为人类社会发展进步指明了方向，是我们认识世界、把握规律、追求真理、改造世界的强大思想武器。在人类思想史上，没有一种思想理论像马克思主义那样对人类产生了如此广泛而深刻的影响。从《共产党宣言》发表到今天，无论时代如何变迁、科学如何进步，马克思主义依然占据着真理和道义的制高点。所以我们说，马克思主义是我们立党立国的根本指导思想，是党的灵魂和旗帜。同时，我们必须认识到，马克思主义理论不是教条，而是行动指南，必须随着实践的变化而发展。马克思主义能不能在实践中发挥作用，关键在于能否把马克思主义基本原理同中国实际和时代特征结合起来。

旧中国是一个半殖民地半封建的经济科技文化十分落后且人口众多的东方大国，选择一条什么样的道路才能把中国革命引向胜利，是马克思主义发展史上前所未有的难题。年轻的中国共产党一度简单套用马克思列宁主义关于无产阶级革命的一般原理和照搬俄国十月革命城市武装起义的经验，没有充分考虑中国国情和中国革命实际，使中国革命遭受了严重挫折。毛泽东同志是马克思主义中国化的伟大开拓者，创造性地解决了马克思列宁主义基本原理同中国实际相结合的一系列重大问题。他在1938年党的扩大的六届六中全会上最早提出马克思主义中国化的命题："马克思主义的中国化，使之在其每一表现中带着中国的特性，即是说，按照中国的特点去应用它，成为全党亟待了解并亟须解决的问题。"新中国成立后，毛泽东同志提出要以苏为鉴，把马克思列宁主义基本原理同中国社会主义革命和建设的具体实际进行"第二次结合"，"从各方面考虑如何按照中国的情况办事"，独立探索适合中国国情的社会主义建设道路。进入改革开放新时期，党深刻总结新中国成立以来正反两方面经验，解放思想，实事求是，深刻揭示社会主义本质，确立社会主义初级阶段基本路线，确立社会主义市场经济体制的改革目标和基本框架，等等。改革开放之初，我们常说要"杀出一条血路"来，但杀出一条血路也是要有理论指引的。没有党的十一届三中全会以来党不断推进马克思主义中国化时代化，就没有改革开放和社会主义现代化建设的蓬勃局面。

党的十八大以来，党全面审视国际国内新的形势，从理论和实践结合上系统回答了新时代坚持和发展什么样的中国特色社会主义、怎样坚持和发展中国特色社会主义，建设什么样的社会主义现代化强国、怎样建设社会主义现代化强国，建设什么样的长期执政的马克思主义政党、怎样建设长期执政的马克思主义政党等重大时代课题，为推动党和国家事业取得历史性成就、发生历史性变革提供了科学理论指导。我们提出推进中国式现代化，提出我国经济发展进入新常态，提出立足新发展阶段、贯彻新发展理念、构建新发展格局，提出推动高质量发展，提出使市场在资源配置中起决定性作用、更好发挥政府作用，提出决战脱贫攻坚、决胜全面建成小康社会，提出发展全过程人民民主、推进全面依法治国、推进国家治理体系和治理能力现代化，提出推动人的全面发展、促进全体人民共同富裕，提出统筹发展和安全，提出新时代强军目标和战略，提出维护和落实中央对香港澳门的全面管治权，提出构建人类文明新形态，提出共建"一带一路"，提出推进中国特色大国外交、推动建设新型国际关系、推动构建人类命运共同体，提出坚持和加强党的全面领导、贯彻全面从严治党的战略方针、以伟大自我革命引领伟大社会革命，等等，都是从当代中国和当今世界发展变化出发，经过审时度势、科学判断、深入思考提出来的，为新时代坚持和发展中国特色社会主义提供了科学理论指导。

面对快速变化的世界和中国，如果墨守成规、思想僵化，没有理论创新的勇气，不能科学回答中国之问、世界之问、人民之问、时代之问，不仅党和国家事业无法继续前进，马克思主义也会失去生命力、说服力。马克思主义深刻改变了中国，中国也极大丰富了马克思主义。所以，在讲到中国共产党百年奋斗的历史意义时，全会决议强调，马克思主义中国化时代化不断取得成功，使马克思主义以崭新形象展现在世界上，使世界范围内社会主义和资本主义两种意识形态、两种社会制度的历史演进及其较量发生了有利于社会主义的重大转变。

实践发展永无止境，我们推进马克思主义中国化时代化也永无止境。对待马克思主义，不能采取教条主义的态度，也不能采取实用主义的态度，而是应该以科学的态度对待科学、以真理的精神追求真理。

当代中国正在经历人类历史上最为宏大而独特的实践创新，改革发展稳定任务之重、矛盾风险挑战之多、治国理政考验之大都前所未有，世界百年未有之大变局深刻变化前所未有，提出了大量亟待回答的理论和实践课题。推进马克思主义中国化时代化的任务不是轻了，而是更重了。我们要准确把握时代大势，勇于站在人类发展前沿，聆听人民心声，回应现实需要，坚持解放思想、实事求是、守正创新，更好把坚持马克思主义和发展马克思主义统一起来，坚持用马克思主义之“矢”去射新时代中国之“的”，继续推进马克思主义基本原理同中国具体实际相结合、同中华优秀传统文化相结合，使马克思主义呈现出更多中国特色、中国风格、中国气派，续写马克思主义中国化时代化新篇章。

“天以新为运，人以新为生。”我们要实事求是分析变和不变，与时俱进审视我们的理论，该坚持的坚持，该调整的调整，该创新的创新，决不能守株待兔、刻舟求剑。我们常说现在领导干部有个“本领恐慌”问题，其中最根本的本领不足是理论素养不够。毫无疑问，我们要坚持党的理论的基本原理、基本原则、基本观点，同时某一特定时期的具体理论论点也不可能一成不变，由其产生的具体方针政策也不可能一成不变。比如，发展是一个不断变化的进程，发展环境不会一成不变，发展条件不会一成不变，发展理念自然也不会一成不变。党提出了新发展理念，提出了推动高质量发展，全党就要以此来思考、谋划、推进发展工作，不要偏离，不要动摇。

总之，时代在发展，事业在前进，我们不能简单拿马克思、恩格斯、列宁当年所说的话来套今天的中国实际，也不能简单拿党过去提出的一些具体理论观点和由此产生的具体政策举措来套今天的工作。什么事情都要看一百多年前是怎么说的、几十年前是怎么说的，不能越雷池一步，只能亦步亦趋，那还怎么前进?!那不是真正的马克思主义！

第二个问题：正确把握社会主要矛盾和中心任务

古人说：“善为理者，举其纲，疏其网。”党的百年奋斗历程告诉我们，党和人民事业能不能沿着正确方向前进，取决于我们能否准确认识和把握社会主要矛盾、确定中心任务。什么时候社会主要矛盾和中心任务判断准确，党和人民事业就顺利发展，否则党和人民事业就会遭受挫折。

这次全会决议，对党善于抓住社会主要矛盾和中心任务带动全局工作作了全面分析，强调近代中国社会主要矛盾是帝国主义和中华民族的矛盾、封建主义和人民大众的矛盾，实现中华民族伟大复兴必须进行反帝反封建斗争；强调我国社会主义改造基本完成后，国内主要矛盾是人民对于经济文化迅速发展的需要同当时经济文化不能满足人民需要的状况之间的矛盾，全国人民的主要任务是集中力量发展社会生产力，实现国家工业化，逐步满足人民日益增长的物质和文化需要；强调改革开放后我国社会主要矛盾是人民日益增长的物质文化需要同落后的社会生产之间的矛盾，解决这个主要矛盾就是我们的中心任务；强调新时代我国社会主要矛盾是人民日益增长的美好生活需要和不平衡不充分的发展之间的矛盾，必须坚持以人民为中心的发展思想，贯彻新发展理念，构建新发展格局，推动高质量发展，推动人的全面发展、全体人民共同富裕取得更为明显的实质性进展。注重分析和总结党在百年奋斗历程中对我国社会主要矛盾和中心任务的研究和把握，是贯穿全会决议的一个重要内容，我们一定要深入学习、全面领会。

毛泽东同志在《矛盾论》中指出："对于矛盾的各种不平衡情况的研究，对于主要的矛盾和非主要的矛盾、主要的矛盾方面和非主要的矛盾方面的研究，成为革命政党正确地决定其政治上和军事上的战略战术方针的重要方法之一，是一切共产党人都应当注意的。"近代以后，中国社会矛盾错综复杂，有帝国主义和中华民族的矛盾、封建主义和人民大众的矛盾，有资产阶级和无产阶级的矛盾、反动统治阶级内部的矛盾，而帝国主义和中华民族的矛盾是各种矛盾中最主要的矛盾。大革命时期，党明确提出我国社会主要矛盾是帝国主义和中华民族的矛盾，确立了"打倒列强除军阀"的中心任务，领导人民兴起了大革命的洪流。土地革命战争时期，党认识到我国社会主要矛盾转化为国民党新军阀同人民大众的矛盾，及时调整中心任务，开展土地革命、武装斗争和根据地建设。抗日战争爆发后，党提出日本帝国主义同中华民族的矛盾上升为主要矛盾，围绕建立抗日民族统一战线、打倒日本帝国主义这个中心任务，指引中国抗战的前进方向，成为全民族抗战的中流砥柱。解放战争时期，党认识到中国人民同美帝国主义支持的国民党反动派的矛盾成为主要矛盾，提出"打倒蒋介石，解放全中国"，并在这个中心任务指导下夺取了解放战争伟大胜利，建立了新中国。新中国成立后，党根据党和国家事业发展变化，不断对我国社会主要矛盾作出新的判断，并在此基础上提出党的中心任务，推动党和人民事业不断向前发展。

党的十八大以来，经过科学分析，党认识到我国社会主要矛盾已转化为人民日益增长的美好生活需要和不平衡不充分的发展之间的矛盾。这是党根据我国社会主义初级阶段不断变化的新特点作出的重大战略判断。新时代我国社会主要矛盾的变化，虽然没有改变我们对我国社会主义所处历史阶段的判断，但却是关系全局的历史性变化，重点抓住了我国发展不平衡不充分这个新的特点。党深刻认识新时代我国社会主要矛盾变化带来的新要求，科学制定路线方针政策和工作部署，从各方面推动解决发展不平衡不充分问题，以更好满足人民日益增长的美好生活需要。

面对复杂形势、复杂矛盾、繁重任务，没有主次，不加区别，眉毛胡子一把抓，是做不好工作的。特别是如果对社会主要矛盾判断失误，就会对党和国家事业产生严重危害，甚至是颠覆性的危害。比如，当年对我国阶级形势以及党和国家政治状况作出完全错误的估计，发动了"文化大革命"，酿成十年内乱，使党、国家、人民遭到新中国成立以来最严重的挫折和损失。我们要有全局观，对各种矛盾做到了然于胸，同时又要紧紧围绕主要矛盾和中心任务，优先解决主要矛盾和矛盾的主要方面，以此带动其他矛盾的解决，在整体推进中实现重点突破，以重点突破带动经济社会发展水平整体跃升，朝着全面建成社会主义现代化强国的奋斗目标不断前进。

第三个问题：重视战略策略问题

战略问题是一个政党、一个国家的根本性问题。战略上判断得准确，战略上谋划得科学，战略上赢得主动，党和人民事业就大有希望。一百年来，党总是能够在重大历史关头从战略上认识、分析、判断面临的重大历史课题，制定正确的政治战略策略，这是党战胜无数风险挑战、不断从胜利走向胜利的有力保证。

这次全会决议，对百年奋斗历程中党高度重视战略策略问题、不断提出科学的战略策略作了全面总结，强调新民主主义革命时期党明确从进攻大城市转为向农村进军是中国革命具有决定意义的新起点，党实行正确的抗日民族统一战线政策、提出和实施持久战的战略总方针和一整套人民战争的战略战术，面对国民党反动派悍然发动的全面内战，党领导广大军民逐步由积极防御转向战略进攻；强调社会主义革命和建设时期党推动从新民主主义到社会主义的转变，从政治、经济、军事等方面提出一系列战略策略，提出过渡时期的总路线，审时度势调整外交战略，提出划分三个世界的战略，不断推进社会主义革命和建设，等等；强调改革开放历史新时期党领导实现了党和国家工作中心战略转移，制定了到21世纪中叶分三步走、基本实现社会主义现代化的发展战略，提出和平与发展是当今时代的主题；强调进入新时代党统筹把握中华民族伟大复兴战略全局和世界百年未有之大变局，明确要坚持党的基本理论、基本路线、基本方略，统揽伟大斗争、伟大工程、伟大事业、伟大梦想，提出增强“四个意识”、坚定“四个自信”、做到“两个维护”，提出统筹推进“五位一体”总体布局、协调推进“四个全面”战略布局，坚持稳中求进工作总基调，提出一系列原创性的治国理政新战略。注重分析和总结党在百年奋斗历程中对战略策略的研究和把握，是贯穿全会决议的一个重要内容，我们一定要深入学习、全面领会。

战略是从全局、长远、大势上作出判断和决策。毛泽东同志很形象地说过这个问题，他说：“坐在指挥台上，如果什么也看不见，就不能叫领导。坐在指挥台上，只看见地平线上已经出现的大量的普遍的东西，那是平平常常的，也不能算领导。只有当着还没有出现大量的明显的东西的时候，当桅杆顶刚刚露出的时候，就能看出这是要发展成为大量的普遍的东西，并能掌握住它，这才叫领导。”毛泽东同志讲的这种领导，就是战略领导。

日本发动全面侵华战争后，中华民族面临空前危机，全国人民最关心的问题是：这场战争能不能胜利？怎样争取胜利？是毛泽东同志科学地回答了这个问题，他在1938年发表的《论持久战》一文，分析了抗日战争的四个特点：敌强我弱、敌退步我进步、敌国土小人口少我国土大人口多、敌失道寡助我得道多助，准确地预见了抗日战争由防御到相持、最后到反攻的三个阶段，系统提出了争取抗战胜利的依靠力量和战略战术，使全国人民对抗战的进程和前途有了清晰的认识，极大坚定了全国军民坚持抗战的信心。

1945年党的七大期间讨论抗战胜利后党的发展前途时，毛泽东同志就说：“从我们党，从中国革命的最近将来的前途看，东北是特别重要的。如果我们把现有的一切根据地都丢了，只要我们有了东北，那末中国革命就有了巩固的基础。当然，其他根据地没有丢，我们又有了东北，中国革命的基础就更巩固了。”抗战胜利后，我们党迅速调集2万干部和11万军队抢占东北，七大选出的中央委员、候补中央委员总共77人，其中派往东北工作的就达20人。这是多么富有远见的战略决断！后来的发展也证明这个战略决断对解放战争胜利发挥了多么重要的作用。

我们是一个大党，领导的是一个大国，进行的是伟大的事业，绝不能犯战略性错误。小的方面有看不到的，出现这样那样的失误，是难以完全避免的，这样的失误牵涉的是一点一事的问题，影响面不大，纠正起来也比较容易。如果在战略上出现了偏差，那后果将是很严重的，付出的代价将会很大。党在早期有过惨痛的教训。中央革命根据地第五次反“围剿”就是在战略上判断错了，看不到敌我力量对比的悬殊性，要“御敌于国门之外”，结果付出了极大代价。所以，我一直强调，领导干部要善于进行战略思维，善于从战略上看问题、想问题。

古人说：“有一定之略，然后有一定之功。略者不可以仓卒制，而功者不可以侥幸成也。”正确的战略需要正确的策略来落实。要取得各方面斗争的胜利，我们不仅要有战略谋划，有坚定斗志，还要有策略、有智慧、有方法。策略是在战略指导下为战略服务的。战略和策略是辩证统一的关系，把战略的坚定性和策略的灵活性结合起来，站位要高，做事要实，既要把方向、抓大事、谋长远，又要抓准抓好工作的切入点和着力点，既要算大账总账，又要算小账细账。如果没有足够的战略定力和策略活力，就容易出现患得患失、摇摆不定、进退失据的问题，就会错失发展机遇。

解放战争后期，党领导进行土地改革，这是一个争取广大农民支持的战略举措，但怎样把它落到实践中执行，需要采取符合实际的政策措施。土地改革工作开始有些乱，一些地方有些“左”，后来及时纠正了。毛泽东同志提出，要根据不同的地区，采取不同策略。第一种是日本投降以前的老解放区，这种地区大体上早已分配土地，只须调整一部分土地。第二种是日本投降至 1947 年 8 月大反攻前解放的地区，这种地区完全适用土地法，普遍地彻底地分配土地。第三种是大反攻后新解放的地区，因群众尚未发动，不应当企图一下实行土地法，而应当分两个阶段实行土地法。正是实行了有区别的正确的策略，整个土地改革进行得很顺利，无论老解放区还是新解放区，党都赢得了广大农民的真诚拥护和支持。

各地区各部门确定工作思路、工作部署、政策措施，要自觉同党的理论和路线方针政策对标对表、及时校准偏差，党中央作出的战略决策必须无条件执行，确保不偏向、不变通、不走样。各地区各部门在贯彻党中央战略决策时应该根据本地区本部门的实际制定策略，这是必须的。同时也要注意，大家提出的各种策略，有的可能是符合中央战略的，有的则可能是偏离中央战略的。这就要注意及时总结评估，偏离了的要赶紧调整。

第四个问题：永葆党的马克思主义政党本色

在百年奋斗历程中，党领导人民取得一个又一个伟大成就、战胜一个又一个艰难险阻，历经千锤百炼仍朝气蓬勃，得到人民群众支持和拥护，原因就在于党敢于直面自身存在的问题，勇于自我革命，始终保持先进性和纯洁性，不断增强创造力、凝聚力、战斗力，永葆马克思主义政党本色。

这次全会决议，对百年奋斗历程中党高度重视管党治党、不断推进自我革命作了全面总结，强调新民主主义革命时期党实施和推进党的建设伟大工程，坚持着重从思想上建党的原则，努力建设全国范围的、广大群众性的、思想上政治上组织上完全巩固的马克思主义政党，使全党在思想上政治上组织上达到空前统一和团结；强调社会主义革命和建设时期党着重提出执政条件下党的建设的重大课题，从思想上组织上作风上加强党的建设、巩固党的领导，坚持“两个务必”，高度警惕并着力防范党员干部腐化变质；强调改革开放和社会主义现代化建设新时期党坚持治国必先治党、治党务必从严，开创和推进党的建设新的伟大工程，着力解决党内思想不纯、作风不纯、组织不纯问题，着力解决提高党的领导水平和执政水平、提高拒腐防变和抵御风险能力这两大历史性课题，推进党的执政能力建设和先进性建设；强调进入新时代党明确全面从严治党的战略方针，提出新时代党的建设总要求，全面推进党的政治建设、思想建设、组织建设、作风建设、纪律建设，把制度建设贯穿其中，落实管党治党政治责任，坚持反腐败无禁区、全覆盖、零容忍，把全面从严治党贯穿于党的建设各方面，以伟大自我革命引领伟大社会革命，如此等等。六中全会决议概括党的百年奋斗历史意义，第五条就是锻造了走在时代前列的中国共产党；总结党的百年奋斗历史经验，第十条就是坚持自我革命，强调勇于自我革命是中国共产党区别于其他政党的显著标志，自我革命精神是党永葆青春活力的强大支撑。注重分析和总结党在百年奋斗历程中对自我革命的研究和把握，是贯穿全会决议的一个重要内容，我们一定要深入学习、全面领会。

在新的历史条件下，要永葆党的马克思主义政党本色，关键还得靠我们党自己。所以，我在党的十九届六中全会上强调，我们党历史这么长、规模这么大、执政这么久，如何跳出治乱兴衰的历史周期率？毛泽东同志在延安的窑洞里给出了第一个答案，这就是只有让人民来监督政府，政府才不敢松懈。经过百年奋斗特别是党的十八大以来新的实践，我们党又给出了第二个答案，这就是自我革命。

我在庆祝中国共产党成立一百周年大会上讲到，中国共产党从来不代表任何利益集团、任何权势团体、任何特权阶层的利益。这次六中全会决议再次重申了这句话。在去年的中央政治局民主生活会上，我再次讲了这个问题，强调党的高级干部有相当的领导权、决策权、指挥权，如果立场不稳、“三观”不正、自律不严，很容易在政治上、政策上走偏，不知不觉甚至心甘情愿地成为各种利益集团、权势团体、特权阶层的代言人，那后果是十分严重的！在为谁执政、为谁用权、为谁谋利这个根本问题上，我们的头脑要特别清醒、立场要特别坚定。全党同志都要明大德、守公德、严私德，清清白白做人、干干净净做事，做到克己奉公、以俭修身，永葆清正廉洁的政治本色。

“为政者，莫善于清其吏也。”自我革命关键要有正视问题的自觉和刀刃向内的勇气。廉洁自律、反腐倡廉问题是我讲得最多的一个问题，原因就是腐败问题远未根绝。现在，反腐败斗争取得了压倒性胜利并全面巩固，但党内仍然存在搞“七个有之”、以权谋私、钱权交易、贪污贿赂、欺压百姓等问题。所以，我在党的十九届六中全会上特别强调，全党同志要永葆自我革命精神，增强全面从严治党永远在路上的政治自觉，决不能滋生已经严到位的厌倦情绪！党风廉政建设和反腐败斗争永远在路上，一刻也不能放松，要以抓铁有痕、踏石留印的坚韧和执着，继续打好党风廉政建设和反腐败斗争这场攻坚战、持久战。这里，我再用重槌敲一下响鼓！党中央的态度是非常鲜明的，不论谁在党纪国法上出问题，党纪国法决不饶恕！特别是对那些攫取国家和人民利益、侵蚀党的执政根基、动摇社会主义国家政权的人，对那些在党内搞政治团伙、小圈子、利益集团的人，要毫不手软、坚决查处！

第五个问题：推进党史学习教育常态化长效化

这次全会决议，对百年奋斗历程中党注重进行党史学习教育作了全面总结，强调全党要坚持唯物史观和正确党史观，从党的百年奋斗中看清楚过去我们为什么能够成功、弄明白未来我们怎样才能继续成功，从而更加坚定、更加自觉地践行初心使命，在新时代更好坚持和发展中国特色社会主义。这是六中全会提出的一项重要政治任务，我们要继续抓好落实。

对六中全会决议，不要觉得一看就懂，其实不然。关于党的十八大之前党的历史上的重大事件、重要会议、重要人物，前两个历史决议、党的一系列重要文献都有过大量论述，都郑重作过结论，这次全会决议坚持这些基本论述和结论。同时，党的第三个历史决议也体现了我们对党的百年奋斗历史的新认识。决议注重运用党史基本著作成果和党史界学术研究成熟成果，形成了一系列重要的新论断新表述。比如，完善了第一个历史决议和第二个历史决议对新民主主义革命时期党的历史分期的表述，把党在新民主主义革命时期的四个阶段界定为“建党之初和大革命时期”、“土地革命战争时期”、“抗日战争时期”、“解放战争时期”。而第二个历史决议表述是：新民主主义革命时期党“经历了国共合作的北伐战争，土地革命战争，抗日战争和全国解放战争这四个阶段”。比如，明确将“从进攻大城市转为向农村进军”标志为“中国革命具有决定意义的新起点”。比如，结合遵义会议具体组织安排和遵义会议的重大历史意义，实事求是地评价了会议“事实上确立了毛泽东同志在党中央和红军的领导地位”，增写了“开始确立以毛泽东同志为主要代表的马克思主义正确路线在党中央的领导地位，开始形成以毛泽东同志为核心的党的第一代中央领导集体，开启了党独立自主解决中国革命实际问题新阶段”，拓展了遵义会议重大意义的概括和总结。比如，贯通“14 年抗战”回顾和总结抗日战争的历史地位和历史贡献，修改了第二个历史决议关于抗日战争“八年之久”的说法，将抗日战争起点确定为 1931 年，以九一八事变为标志，全面回顾和总结党领导的 14 年抗战的历史贡献和历史意义。比如，首次在历史决议中写入“在革命斗争中，党弘扬坚持真理、坚守理想，践行初心、担当使命，不怕牺牲、英勇斗争，对党忠诚、不负人民的伟大建党精神”的观点。比如，将党的十九大报告概括的“八个明确”拓展为“十个明确”。将“中国共产党领导”列为第一个“明确”；增加了第七个“明确”：必须坚持和完善社会主义基本经济制度，使市场在资源配置中起决定性作用，更好发挥政府作用，把握新发展阶段，贯彻新发展理念，构建新发展格局等内容；第十个“明确”：全面从严治党的战略方针，提出新时代党的建设总要求，以伟大自我革命引领伟大社会革命。此外，第二个“明确”，增加了“以中国式现代化推进中华民族伟大复兴”的表述；第三个“明确”增加了“发展全过程人民民主”、“全体人民共同富裕取得更为明显的实质性进展”的表述。对这些新论断新表述，要深入学习领会，以利于更好认识和把握党的百年奋斗重大成就和历史经验。

我历来重视党史的学习教育宣传。党的十八大以来，我先后在纪念毛泽东同志诞辰 120 周年、邓小平同志诞辰 110 周年、红军长征胜利 80 周年、五四运动 100 周年、中国人民抗日战争暨世界反法西斯战争胜利 75 周年、中国人民志愿军抗美援朝出国作战 70 周年等座谈会和大会上，在庆祝中国共产党成立 95 周年、中国人民解放军建军 90 周年、改革开放 40 周年、中华人民共和国成立 70 周年、中国共产党成立 100 周年等大会上发表讲话，就党史、新中国史、改革开放史、社会主义发展史学习教育宣传提出了明确要求。

2019 年，我着眼于庆祝中国共产党成立一百周年这件大事，提前就加强党史总结、学习、教育、宣传进行思考和谋划，强调要引导广大党员、干部深入学习党史、新中国史、改革开放史、社会主义发展史，教育引导广大党员、干部永葆初心、勇担使命。2020 年，我就把开展党史学习教育同庆祝中国共产党成立一百周年、召开党的十九届六中全会统筹起来进行考虑，多次提出要求。2021 年 2 月，我在党史学习教育动员大会上发表讲话，讲了开展党史学习教育的重大意义、总体要求、目标任务，主要讲了为什么学习党史、党史学什么、怎样学党史的问题。之后，我又多次对党史总结、学习、教育、宣传提出了要求。

党的十八大以来，我到地方考察 70 余次，每到一个地方，我都要瞻仰对党具有重大历史意义的革命圣地、红色旧址、革命历史纪念场所，有的是专程去瞻仰革命旧址和纪念场所，主要的基本上都走到了。每到一地，我都是怀着崇敬之心，重温那一段段峥嵘岁月，回顾党一路走过的艰难历程，灵魂都受到一次震撼，精神都受到一次洗礼。我这样做的目的，就是要推动全党全国特别是广大青少年学习党史、铭记党史，勿忘昨天的苦难辉煌，无愧今天的使命担当，不负明天的伟大梦想，真正做到以史为鉴、开创未来，真正坚定历史自信。只要我们持之以恒这样做，就一定能收到明显成效。

推动全党学好党史、用好党史，靠一次集中学习教育是不够的，必须把党史学习教育融入日常、抓在经常。况且铁打的营盘流水的兵，对年轻干部的党史学习培训要不断进行下去。这次进行党史学习教育总结时，我专门作了批示，强调要认真总结这次党史学习教育的成功经验，建立常态化长效化制度机制，不断巩固拓展党史学习教育成果。全党要以学习贯彻党的十九届六中全会精神为重点，深入推进党史学习教育，进一步做到学史明理、学史增信、学史崇德、学史力行，教育引导全党同志学党史、悟思想、办实事、开新局，更好用党的创新理论把全党武装起来，把党中央决策部署的各项任务落实下去。要原原本本学习全会决议，学懂弄通党百年奋斗的光辉历程，学懂弄通党坚守初心使命的执着奋斗，学懂弄通党百年奋斗的历史意义和历史经验，学懂弄通以史为鉴、开创未来的重要要求。要用好党委（党组）理论学习中心组学习制度，推动领导班子、领导干部带头学党史、经常学党史。要用好干部教育培训机制，继续把党史作为党校（行政学院）、干部学院必修课、常修课。要用好学校思政课这个渠道，推动党的历史更好进教材、进课堂、进头脑，发挥好党史立德树人的重要作用。要用好红色资源，加强革命传统教育、爱国主义教育、青少年思想道德教育，引导全社会更好知史爱党、知史爱国。要用好“我为群众办实事”实践活动形成的良好机制，推动各级党组织和广大党员、干部满腔热情为群众办实事、解难事，走好新时代党的群众路线。

（习近平总书记 2022 年 1 月 11 日在省部级主要领导干部学习贯彻党的十九届六中全会精神专题研讨班上的讲话，《求是》杂志 2022 年第 13 期）

习近平：全面从严治党探索出依靠党的自我革命跳出历史周期率的成功路径

今年是党的十八大以来第十个年头，十年磨一剑，党中央把全面从严治党纳入“四个全面”战略布局，以前所未有的勇气和定力推进党风廉政建设和反腐败斗争，刹住了一些多年未刹住的歪风邪气，解决了许多长期没有解决的顽瘴痼疾，清除了党、国家、军队内部存在的严重隐患，管党治党宽松软状况得到根本扭转。没有全面从严治党的革命性锻造，就不会有今天这样一个高度团结、坚强有力的中国共产党，就不会有在困难面前万众一心、众志成城的党群关系，就不可能在国际风云变幻中赢得历史主动。党的十八大以来，全面从严治党取得了历史性、开创性成就，产生了全方位、深层次影响，必须长期坚持、不断前进。

古人说：“成其身而天下成，治其身而天下治。”党的十八大以来，我经常讲跳出历史周期率问题，这是关系党千秋伟业的一个重大问题，关系党的生死存亡，关系我国社会主义制度的兴衰成败。如何跳出历史周期率？党始终在思索、一直在探索。毛泽东同志在延安的窑洞里给出了第一个答案，这就是“让人民来监督政府”；经过百年奋斗特别是党的十八大以来新的实践，党又给出了第二个答案，这就是自我革命。自我革命就是补钙壮骨、排毒杀菌、壮士断腕、去腐生肌，不断清除侵蚀党的健康肌体的病毒，不断提高自身免疫力，防止人亡政息。勇于自我革命和接受人民监督是内在一致的，都源于党的初心使命。一百年来，党外靠发展人民民主、接受人民监督，内靠全面从严治党、推进自我革命，勇于坚持真理、修正错误，勇于刀刃向内、刮骨疗毒，保证了党长盛不衰、不断发展壮大。我将无我、不负人民，始终代表最广大人民根本利益，才能本着彻底的自我革命精神检视自身、常思己过，坚决同一切损害党的先进性和纯洁性的因素作斗争；才能摆脱一切利益集团、权势团体、特权阶层的“围猎”腐蚀，并向党内成为这些集团、团体、阶层同伙的人开刀，永葆党的生机活力；才能让人民信赖我们、支持我们，真心实意帮助我们改正缺点，坚定跟着党一起奋斗。全面从严治党是新时代党的自我革命的伟大实践，开辟了百年大党自我革命的新境界。

第一，坚持以党的政治建设为统领，坚守自我革命根本政治方向。历史反复证明，党的团结统一是党的生命，党中央坚强有力领导是我们战胜一切困难和风险的根本保证。党的团结统一首先是政治上的团结统一。我们坚持把党的政治建设摆在首位，把维护党中央权威和集中统一领导作为最高政治原则，把党的领导落实到管党治党、治国理政各领域各方面各环节，严明政治纪律和政治规矩，强化政治监督、深化政治巡视，坚决防止和治理“七个有之”，坚决清除对党中央阳奉阴违的两面人、两面派，不断净化党内政治生态。经过新时代全面从严治党的革命性锻造，从根本上扭转了落实党的领导弱化、党的观念淡漠状况，全党“四个意识”不断增强，“四个自信”日益坚定，“两个维护”更加自觉。

第二，坚持把思想建设作为党的基础性建

设，淬炼自我革命锐利思想武器。我们坚持用“革命理想高于天”的信仰强基固本、凝心铸魂，用党的创新理论武装全党、教育人民，要求全党牢记中国共产党是什么、要干什么这个根本问题，从党的百年奋斗中看清楚过去我们为什么能够成功、弄明白未来我们怎样才能继续成功，先后开展党的群众路线教育实践活动、“三严三实”专题教育、“两学一做”学习教育、“不忘初心、牢记使命”主题教育、党史学习教育等，推进学习教育制度化常态化，加强意识形态阵地建设和管理，不断去杂质、除病毒、防污染，锤炼共产党人信仰信念的钢筋铁骨。经过新时代全面从严治党的革命性锻造，一些领域长期存在的意识形态之乱、价值观之乱得以正本清源，全党自觉用党的创新理论滋养初心、引领使命，增强为党分忧、为国奉献、为民造福的政治担当，在风浪考验中立住脚，在诱惑“围猎”前定住神，在复杂严峻斗争中保持了政治本色。

第三，坚决落实中央八项规定精神、以严明纪律整饬作风，丰富自我革命有效途径。党性、党风、党纪是有机整体，党性是根本，党风是表现，党纪是保障。新时代全面从严治党以落实中央八项规定精神破题，党中央率先垂范，弘扬谦虚谨慎、艰苦奋斗等光荣传统，涵养求真务实、清正廉洁的新风正气，把纪律和规矩挺在前面，抓早抓小、防微杜渐，一个毛病一个毛病纠治，一个问题一个问题突破，一年接着一年坚守，坚决纠正形式主义、官僚主义、享乐主义和奢靡之风，坚决破除特权思想、特权行为，坚决整治群众身边的腐败和不正之风。经过新时代全面从严治党的革命性锻造，纪律松弛、作风飘浮状况显著改变，真管真严、敢管敢严、长管长严氛围基本形成，党风政风焕然一新，社风民风持续向好，重塑了党在人民心中的形象。

第四，坚持以雷霆之势反腐惩恶，打好自我革命攻坚战、持久战。古人说：“国家之败，由官邪也。”腐败是最容易颠覆政权的问题，反腐败是最彻底的自我革命。我们以“得罪千百人，不负十四亿”的使命担当去疴治乱，坚持无禁区、全覆盖、零容忍，坚持重遏制、强高压、长震慑，坚持受贿行贿一起查，坚持有案必查、有腐必惩，坚定稳妥、有力有效查处了一批新中国成立以来十分重大的案件，“打虎”、“拍蝇”、“猎狐”多管齐下，坚决消除腐败这个最大危险，坚决打赢反腐败这场输不起的斗争。经过新时代全面从严治党的革命性锻造，反腐败斗争取得压倒性胜利并全面巩固，不敢腐的震慑充分彰显，不能腐的笼子越扎越牢，不想腐的自觉显著增强。当今世界没有其他哪个政党、哪个国家能够像我们这样大规模、大力度、坚持不懈惩治腐败。我们成功走出一条依靠制度优势、法治优势反腐败之路，书写了人类反腐败斗争历史新篇章。

第五，坚持增强党组织政治功能和组织力凝聚力，锻造敢于善于斗争、勇于自我革命的干部队伍。我们贯彻新时代党的组织路线和好干部标准，以提升组织力为重点、强化政治功能，完善上下贯通、执行有力的组织体系，树立加强基层建设的鲜明导向，推动各级党组织全面进步、全面过硬。总结运用党积累的伟大斗争经验，教育引导党员、干部发扬斗争精神、掌握斗争策略、练就斗争本领，在决胜全面小康、决战脱贫攻坚、抗击疫情、防汛救灾、应对外部打压遏制等一线接受考验。经过新时代全面从严治党的革命性锻造，一些基层党组织虚化弱化边缘化问题得以坚决纠正，爱惜羽毛的“老好人”、推诿扯皮的“圆滑官”、得过且过的“太平官”失去市场，广大基层党组织的战斗堡垒作用和共产党员的先锋模范作用充分彰显，党的政治优势和组织优势不断转化为制胜优势。

第六，坚持构建自我净化、自我完善、自我革新、自我提高的制度规范体系，为推进伟大自我革命提供制度保障。我们健全党和国家监督制度，以党内监督为主导，发挥巡视监督利剑作用和派驻监督探头作用，推进纪律检查体制、国家监察体制、审计统计监督体制改革，推动各项监督贯通协同，实现党内监督全覆盖、对公职人员监察全覆盖。坚持制度治党、依规治党，健全党的组织法规、领导法规、自身建设法规、监督保障法规，让制度“长牙”、“带电”。经过新时代全面从严治党的革命性锻造，我们形成了比较完善的党内法规体系，构建起党统一领导、全面覆盖、权威高效的监督体系，营造了尊崇制度、遵守制度的良好氛围，推动各方面制度更加成熟定型，形成了中国共产党之治、中国之治的独特优势。

党的十八大以来，我们继承和发展马克思主义建党学说，总结运用党的百年奋斗历史经验，深入推进管党治党实践创新、理论创新、制度创新，对建设什么样的长期执政的马克思主义政党、怎样建设长期执政的马克思主义政党的规律性认识达到新的高度。

（一）坚持党中央集中统一领导。必须把全面从严治党作为重大而严肃的政治任务，在党中央集中统一领导下扎实有序推进，把坚持党的全面领导贯彻到管党治党全部工作之中，确保党牢牢把握反腐败斗争主动权，以党的永不变质确保红色江山永不变色。

（二）坚持党要管党、全面从严治党，以伟大自我革命引领伟大社会革命。推动全面从严治党必须既发挥政治保障作用、又发挥政治引领作用，把全面从严治党战略方针贯穿中国特色社会主义事业全过程和党的建设各方面，不断增强党的政治领导力、思想引领力、群众组织力、社会号召力，推动伟大事业不断向前。

（三）坚持以党的政治建设为统领，保证全党在政治立场、政治方向、政治原则、政治道路上同党中央保持高度一致。必须以坚定理想信念为根基，严肃政治生活，涵养政治生态，督促党员、干部把对党忠诚体现在贯彻党中央决策部署的具体行动上，确保党的理论和路线方针政策落地见效。

（四）坚持严的主基调不动摇，提高纪律建设的政治性、时代性、针对性。必须执行政治纪律，带动各项纪律全面从严、一严到底，坚持纪严于法、执纪执法贯通，深化运用“四种形态”政策策略，执纪必严、违纪必究，以严明的纪律确保全党目标一致、团结一致、步调一致。

（五）坚持发扬钉钉子精神加强作风建设，以优良党风带动社风民风向上向善。必须发扬党的优良作风，持之以恒落实中央八项规定精神，在常和长、严和实、深和细上下功夫，治“四风”树新风并举，坚决铲除腐败滋生的作风温床，坚决纠正形式主义、官僚主义问题，以好作风好形象创造新伟业。

（六）坚持以零容忍态度惩治腐败，坚定不移走中国特色反腐败之路。必须牢记全面从严治党永远在路上，严厉惩治这一手绝不能放松，坚持不敢腐、不能腐、不想腐一体推进，惩治震慑、制度约束、提高觉悟一体发力，以法治思维和法治方式惩治腐败，以系统施治、标本兼治理念管党治党，实现干部清正、政府清廉、政治清明。

（七）坚持纠正一切损害群众利益的腐败和不正之风，让人民群众感到公平正义就在身边。必须贯彻以人民为中心的发展思想，顺应群众所思所想所忧所盼，推动全面从严治党向基层延伸，解决群众反映强烈的突出问题，以全面从严治党实效筑牢党的执政根基。

（八）坚持抓住“关键少数”以上率下，压紧压实全面从严治党政治责任。必须落实领导干部管党治党责任，坚持抓领导、领导抓，从党中央做起、从高级干部严起，一级示范给一级看、一级带领着一级干，无私无畏、旗帜鲜明，敢于斗争、善于斗争，推动主体责任和监督责任一贯到底，巩固发展全党动手一起抓的良好局面。

（九）坚持完善党和国家监督制度，形成全面覆盖、常态长效的监督合力。必须依靠强化党的自我监督和人民监督推进党的自我革命，构建以党内监督为主导、各类监督贯通协调的机制，强化对权力运行的制约和监督，把监督制度优势更好转化为治理效能。

（习近平总书记 2022 年 1 月 18 日在十九届中央纪委六次全会上讲话的一部分，《求是》杂志 2023 年第 3 期）

习近平：坚定不移走中国人权发展道路 更好推动我国人权事业发展

今天，中央政治局进行第三十七次集体学习，内容是中国人权发展道路。安排这次学习，目的是总结新时代我国人权理论和实践发展的成就，分析国际人权领域斗争形势，坚定不移走中国人权发展道路，更好推动我国人权事业发展。

呵护人的生命、价值、尊严，实现人人享有人权，是人类社会的共同追求。中华文化历来强调对人的尊重和关怀，孔子的“古之为政，爱人为大”，孟子的“为天下得人者谓之仁”，荀子的人“最为天下贵”，墨子的“兼相爱”，都强调人的自身价值。古人还说：“万物之中，以人为贵。”“济大事者，必以人为本。”“理天下者，以人为本。”在西方资产阶级革命时期，启蒙思想家提出“天赋人权”等观点，强调人人生而平等，有不可剥夺的权利，推动了英国、美国、法国等国的资产阶级革命。

马克思、恩格斯对资产阶级人权理论的历史进步意义给予肯定，同时也对其否定人权的社会性、历史性、阶级性进行了彻底批判。马克思指出，“个体是社会存在物”，“权利决不能超出社会的经济结构以及由经济结构制约的社会的文化发展”。马克思、恩格斯强调，在资本主义社会里，“人已经不再是人的奴隶，而变成了物的奴隶”；“代替那存在着阶级和阶级对立的资产阶级旧社会的，将是这样一个联合体，在那里，每个人的自由发展是一切人的自由发展的条件”。

尊重和保障人权是中国共产党人的不懈追求。我们党自成立之日起就高举起“争民主、争人权”的旗帜，鲜明宣示了救国救民、争取人权的主张。党的百年奋斗史，贯穿着党团结带领人民为争取人权、尊重人权、保障人权、发展人权而进行的不懈努力。在新民主主义革命时期、社会主义革命和建设时期、改革开放和社会主义现代化建设新时期，我们党都牢牢把握为中国人民谋幸福、为中华民族谋复兴的初心使命，领导人民取得了革命、建设、改革的伟大胜利，中国人民成为国家、社会和自己命运的主人，中国人民的生存权、发展权和其他各项基本权利保障不断向前推进。

党的十八大以来，我们坚持把尊重和保障人权作为治国理政的一项重要工作，推动我国人权事业取得历史性成就。我们实现了第一个百年奋斗目标，全面建成小康社会，历史性地解决了绝对贫困问题，为我国人权事业发展打下了更为坚实的物质基础。我们不断发展全过程人民民主，推进人权法治保障，坚决维护社会公平正义，人民享有更加广泛、更加充分、更加全面的民主权利。我们推动实现更加充分、更高质量的就业，建成了世界上规模最大的教育体系、社会保障体系、医疗卫生体系，大力改善人民生活环境质量。我们坚持人民至上、生命至上，有力应对新冠肺炎疫情，最大限度保护了人民生命安全和身体健康。我们全面贯彻党的民族政策和宗教政策，坚持各民族一律平等，尊重群众宗教信仰，保障各族群众合法权益。我们深入推进司法体制改革，加强平安中国、法治中国建设，深入开展政法队伍教育整顿，全面开展扫黑除恶专项斗争，严厉打击各类违法犯罪，保持社会长期稳定，切实保护人民群众生命财产安全。我国是世界上唯一持续制定和实施四期国家人权行动计划的主要大国。我们积极参与全球人权治理，为世界人权事业发展作出了中国贡献、提供了中国方案。

在推进我国人权事业发展的实践中，我们把马克思主义人权观同中国具体实际相结合、同中华优秀传统文化相结合，总结我们党团结带领人民尊重和保障人权的成功经验，借鉴人类优秀文明成果，走出了一条顺应时代潮流、适合本国国情的人权发展道路。这条道路有以下主要特征。

一是坚持中国共产党领导。全心全意为人民服务是我们党的根本宗旨。中国共产党领导和我国社会主义制度，决定了我国人权事业的社会主义性质，决定了我们能够保证人民当家作主，坚持平等共享人权，坚持以系统性思维谋划人权建设，推进各类人权全面发展，不断实现好、维护好、发展好最广大人民根本利益。

二是坚持尊重人民主体地位。人民性是中国人权发展道路最显著的特征。人权不是一部分人或少数人享有的特权，而是广大人民群众享有的普惠性人权。我们保障人民民主权利，充分激发广大人民群众积极性、主动性、创造性，让人民成为人权事业发展的主要参与者、促进者、受益者，切实推动人的全面发展、全体人民共同富裕取得更为明显的实质性进展。

三是坚持从我国实际出发。各国人权发展道路必须根据各自国情和本国人民愿望来决定。我们把人权普遍性原则同中国实际结合起来，从我国国情和人民要求出发推动人权事业发展，确保人民依法享有广泛充分、真实具体、有效管用的人权。

四是坚持以生存权、发展权为首要的基本人权。生存是享有一切人权的基础，人民幸福生活是最大的人权。我们完整、准确、全面贯彻新发展理念，坚持以人民为中心的发展思想，坚持发展为了人民、发展依靠人民、发展成果由人民共享，着力解决人民最关心最直接最现实的利益问题，着力解决发展不平衡不充分问题，努力实现更高质量、更有效率、更加公平、更可持续、更为安全的发展，在发展中使广大人民的获得感、幸福感、安全感更加充实、更有保障、更可持续。

五是坚持依法保障人权。法治是人权最有效的保障。我们坚持法律面前人人平等，把尊重和保障人权贯穿立法、执法、司法、守法各个环节，加快完善体现权利公平、机会公平、规则公平的法律制度，保障公民人身权、财产权、人格权，保障公民参与民主选举、民主协商、民主决策、民主管理、民主监督等基本政治权利，保障公民经济、文化、社会、环境等各方面权利，不断提升人权法治化保障水平。

六是坚持积极参与全球人权治理。发展人权是全人类共同的事业。人权保障没有最好，只有更好。各国都有权利自主选择人权发展道路，不同文明、不同国家应该相互尊重、相互包容、相互交流、相互借鉴。我们弘扬全人类共同价值，践行真正多边主义，积极参与包括人权在内的全球治理体系改革和建设，推动构建人类命运共同体。

以上6条，既是中国人权发展的主要特征，又是我们在推进我国人权事业实践中取得的宝贵经验，要结合新的实践不断坚持好、发展好。

民主不是装饰品，不是用来做摆设的。人权也不是装饰品，也不是用来做摆设的。近年来，一些西方国家陷入政党恶斗、政府失信、社会失序、疫情失控的困境，政治极化、贫富分化、族群对立不断加剧，种族主义、民粹主义、排外主义大行其道，人权问题日益凸显。但是，他们还打着所谓“普世人权”、“人权高于主权”等旗号，在世界上强行推广西方民主人权观念和制度，利用人权问题大肆干涉他国内政，结果导致一些国家战乱频发、社会长期动荡、人民流离失所。

现在，我国开启了全面建设社会主义现代

化国家、向第二个百年奋斗目标进军的新征程。我们要统筹国内国际两个大局，深刻认识做好人权工作的重要性和紧迫性，更加重视尊重和保障人权，推动我国人权事业健康发展。要重点抓好以下几方面工作。

第一，促进人权事业全面发展。我说过，“实现中华民族伟大复兴中国梦的过程，本质上就是实现社会公平正义和不断推动人权事业发展的进程”。要坚持中国人权发展道路，顺应人民对高品质美好生活的期待，不断满足人民日益增长的多方面的权利需求，统筹推进经济发展、民主法治、思想文化、公平正义、社会治理、环境保护等建设，全面做好就业、收入分配、教育、社保、医疗、住房、养老、扶幼等各方面工作，在物质文明、政治文明、精神文明、社会文明、生态文明协调发展中全方位提升各项人权保障水平。

第二，加强人权法治保障。当前，我国人权法治保障还存在不少短板。要深化法治领域改革，健全人权法治保障机制，实现尊重和保障人权在立法、执法、司法、守法全链条、全过程、全方位覆盖，让人民群众在每一项法律制度、每一个执法决定、每一宗司法案件中都感受到公平正义。要系统研究谋划和解决法治领域人民群众反映强烈的突出问题，依法公正对待人民群众的诉求，坚决杜绝因司法不公而造成伤害人民群众感情、损害人民群众权益的事情发生。对一切侵犯群众合法权利的行为，对一切在侵犯群众权益问题上漠然置之、不闻不问的现象，都必须依纪依法严肃查处、坚决追责。

第三，弘扬正确人权观。要通过多种形式、多种渠道、多种场合广泛开展人权宣传和知识普及，在全社会营造尊重和保障人权的良好氛围。要在全体人民特别是广大青少年中开展人权知识教育，把马克思主义人权观、当代中国人权观教育纳入国民教育体系。要加强对公职人员特别是基层公务人员，如公安、法院、检察、民政、社保、卫健、税务、市场监管等部门人员的人权知识培训。要发挥群团组织优势，促进妇女儿童、老年人、残疾人等特定群体权益更有保障。要依托我国人权事业发展的生动实践，提炼原创性概念，发展我国人权学科体系、学术体系、话语体系。要加强人权智库和人权研究基地建设，着力培养一批理论扎实、学术精湛、熟悉国际规则、会讲中国人权故事的高端人权专家。

第四，积极推动全球人权治理。“德之所在，天下归之”，“义之所在，天下赴之”。我们要弘扬全人类共同价值，坚持平等互信、包容互鉴、合作共赢、共同发展的理念，推动全球人权治理朝着更加公平、公正、合理、包容的方向发展。要积极参与联合国人权事务，广泛同各国特别是发展中国家开展国际人权交流合作，发挥建设性作用。要充分发挥中国人权研究会、中国人权发展基金会等的作用，增强对联合国等多边人权机构的影响力。

第五，积极开展国际人权斗争。人权是历史的、具体的、现实的，不能脱离不同国家的社会政治条件和历史文化传统空谈人权。评价一个国家是否有人权，不能以别的国家的标准来衡量，更不能搞双重标准，甚至把人权当作干涉别国内政的政治工具。要把握战略主动。要着力讲好中国人权故事，运用形象化、具体化的表达方式，增强当代中国人权观的吸引力、感染力、影响力。要最大限度凝聚国际人权共识，占据人权道义制高点。要指导海外中国企业增强人权意识和自信，有效应对一些西方国家策划的人权滥诉。

各级党委（党组）要担负起推动我国人权事业发展的历史责任，加强组织领导，主动担当作为，切实把国家人权行动计划落实好。各级干部特别是领导干部要自觉学习马克思主义人权观、当代中国人权观，提高认识，增强自信，主动做好尊重和保障人权各项工作。各地区各部门各行业要增强尊重和保障人权意识，形成推动我国人权事业发展的合力。

（习近平总书记 2022 年 2 月 25 日在十九届中央政治局第三十七次集体学习时的讲话，《求是》杂志 2022 年第 12 期）

习近平：新时代党和人民奋进的必由之路

回顾新时代党和人民奋进历程，我们更加坚定了以下重要认识。一是坚持党的全面领导是坚持和发展中国特色社会主义的必由之路。只要坚定不移坚持党的全面领导、维护党中央权威和集中统一领导，我们就一定能够确保全党全国拥有团结奋斗的强大政治凝聚力、发展自信心，集聚起守正创新、共克时艰的强大力量，形成风雨来袭时全体人民最可靠的主心骨。二是中国特色社会主义是实现中华民族伟大复兴的必由之路。只要始终不渝走中国特色社会主义道路，我们就一定能够不断实现人民对美好生活的向往，不断推进全体人民共同富裕。三是团结奋斗是中国人民创造历史伟业的必由之路。只要在党的领导下全国各族人民团结一心、众志成城，敢于斗争、善于斗争，我们就一定能够战胜前进道路上的一切困难挑战，继续创造令人刮目相看的新的奇迹。四是贯彻新发展理念是新时代我国发展壮大的必由之路。只要完整、准确、全面贯彻新发展理念，加快构建新发展格局，推动高质量发展，加快实现科技自立自强，我们就一定能够不断提高我国发展的竞争力和持续力，在日趋激烈的国际竞争中把握主动、赢得未来。五是全面从严治党是党永葆生机活力、走好新的赶考之路的必由之路。办好中国的事情，关键在党、关键在全面从严治党。只要大力弘扬伟大建党精神，不忘初心使命，勇于自我革命，不断清除一切损害党的先进性和纯洁性的有害因素，不断清除一切侵蚀党的健康肌体的病原体，我们就一定能够确保党不变质、不变色、不变味。

（习近平总书记 2022 年 3 月 5 日在参加十三届全国人大五次会议内蒙古代表团审议时的讲话要点，《求是》杂志 2023 年第 5 期）

习近平看望参加政协会议的农业界社会福利和社会保障界委员（节选）

中共中央总书记、国家主席、中央军委主席习近平3月6日下午看望了参加全国政协十三届五次会议的农业界、社会福利和社会保障界委员，并参加联组会，听取意见和建议。他强调，实施乡村振兴战略，必须把确保重要农产品特别是粮食供给作为首要任务，把提高农业综合生产能力放在更加突出的位置，把"藏粮于地、藏粮于技"真正落实到位。要在推动社会保障事业高质量发展上持续用力，织密社会保障安全网，为人民生活安康托底。

习近平指出，我国已建成世界上规模最大的社会保障体系。要在推动社会保障事业高质量发展上持续用力，增强制度的统一性和规范性，发展多层次、多支柱养老保险体系，把更多人纳入社会保障体系。要健全灵活就业人员社保制度，扩大失业、工伤、生育保险的覆盖面，实现制度安排更加公平，覆盖范围更加广泛，为人民生活安康托底。要健全社会保障基金监管体系，严厉打击欺诈骗保、套保和挪用贪占各类社会保障资金的违法行为，守护好人民群众的每一分"养老钱"、"保命钱"。

习近平强调，民生无小事，枝叶总关情。对困难群众，我们要格外关注、格外关爱、格外关心，帮助他们排忧解难。要深化社会救助制度改革，形成以基本生活救助、专项社会救助、急难社会救助为主体，社会力量参与为补充，覆盖全面、分层分类、综合高效的社会救助格局。要针对特困人员的特点和需求精准施策，按时足额发放各类救助金，强化临时救助，确保兜住底、兜准底、兜好底。要补齐农村社会福利短板，加强对农村老年人、儿童、"三留守"人员等特殊和困难群体的关心关爱。要加大对因疫因灾遇困群众的临时救助力度，做好残疾人康复、教育、就业等工作，保障流浪乞讨人员人身安全和基本生活，关心关爱精神障碍人员，坚决杜绝欺凌虐待妇女儿童、老年人、残疾人等违法行为。

（新华社北京2022年3月6日电）

习近平在海南考察时强调 解放思想开拓创新团结奋斗攻坚克难 加快建设具有世界影响力的 中国特色自由贸易港（节选）

中共中央总书记、国家主席、中央军委主席习近平近日在海南考察时强调，要坚决贯彻党中央决策部署，坚持稳中求进工作总基调，完整、准确、全面贯彻新发展理念，全面深化改革开放，坚持创新驱动发展，统筹疫情防控和经济社会发展，统筹发展和安全，解放思想、开拓创新，团结奋斗、攻坚克难，加快建设具有世界影响力的中国特色自由贸易港，让海南成为新时代中国改革开放的示范，以实际行动迎接党的二十大胜利召开。

习近平指出，要实施更多有温度的举措，落实更多暖民心的行动，用心用情用力解决好人民群众的急难愁盼问题，积极探索共同富裕的实现途径。要继续实施减负稳岗扩就业政策，健全重要民生商品保供稳价机制。要全面贯彻党的教育方针，统筹推进义务教育均衡发展和城乡一体化。要全面做好社会治理工作，扎实做好安全生产工作，常态化开展扫黑除恶斗争，严厉打击各类涉海违法犯罪活动。

习近平强调，要坚持严的主基调，深入推进全面从严治党，以党的政治建设为统领推进党的各方面建设。要巩固拓展党史学习教育成果，弘扬伟大建党精神，用好海南琼崖纵队纪念场所、红色娘子军纪念园等红色资源，引导广大党员、干部坚定理想信念，传承红色基因，赓续红色血脉。要加强干部教育培训，引导广大党员、干部用党的创新理论武装头脑，自觉践行初心使命，着力解决“本领恐慌”、能力不足的问题，着力克服形式主义、官僚主义。要夯实基层基础，持续扩大党组织有效覆盖，把各领域基层党组织建设成为坚强战斗堡垒。要保持反腐败的高压态势，准确把握反腐败斗争新的阶段性特征，一体推进不敢腐、不能腐、不想腐，在土地批租、房地产开发、招商引资、项目建设等方面健全制度、堵塞漏洞，营造良好政治生态。

（新华社海口 2022 年 4 月 13 日电）

习近平致首届大国工匠创新交流大会的贺信

值此首届大国工匠创新交流大会召开之际，我向大会的举办表示热烈的祝贺！

技术工人队伍是支撑中国制造、中国创造的重要力量。我国工人阶级和广大劳动群众要大力弘扬劳模精神、劳动精神、工匠精神，适应当今世界科技革命和产业变革的需要，勤学苦练、深入钻研，勇于创新、敢为人先，不断提高技术技能水平，为推动高质量发展、实施制造强国战略、全面建设社会主义现代化国家贡献智慧和力量。各级党委和政府要深化产业工人队伍建设改革，重视发挥技术工人队伍作用，使他们的创新才智充分涌流。

“五一”国际劳动节即将到来，我代表党中央，向广大技能人才和劳动模范致以诚挚的问候，向广大劳动群众致以节日的祝贺！

（新华社北京 2022 年 4 月 27 日电）

习近平在四川考察时强调
深入贯彻新发展理念主动融入新发展格局
在新的征程上奋力谱写四川发展新篇章（节选）

中共中央总书记、国家主席、中央军委主席习近平近日在四川考察时强调，要坚决贯彻党中央决策部署，弘扬伟大建党精神，坚持稳中求进工作总基调，完整、准确、全面贯彻新发展理念，主动服务和融入新发展格局，统筹疫情防控和经济社会发展，保持经济稳定发展，保持社会大局稳定，推动治蜀兴川再上新台阶，在全面建设社会主义现代化国家新征程上奋力谱写四川发展新篇章，以实际行动迎接党的二十大胜利召开。

今年我国高校毕业生预计达 1 076 万人，同比增加 167 万人，创历史新高。习近平十分关心高校毕业生就业情况，来到宜宾学院考察调研，察看毕业生创新创业代表作品展示，了解学校开展就业创业指导服务工作。学校招聘大厅内，正在举行企业招聘宣讲会，习近平向教师、学生、企业负责人了解企业招工的需求和毕业生签约率等情况。习近平强调，党中央高度重视高校毕业生就业，采取了一系列政策措施。当前正是高校毕业生就业的关键阶段，要进一步挖掘岗位资源，做实做细就业指导服务，学校、企业和有关部门要抓好学生就业签约落实工作，尤其要把脱贫家庭、低保家庭、零就业家庭以及有残疾的、较长时间未就业的高校毕业生作为重点帮扶对象。习近平对同学们说，幸福生活是靠劳动创造的，大家要保持平实之心，客观看待个人条件和社会需求，从实际出发选择职业和工作岗位，热爱劳动，脚踏实地，在实践中一步步成长起来。他勉励同学们自觉践行社会主义核心价值观，努力做到德智体美劳全面发展。

（新华社成都 2022 年 6 月 9 日电）

习近平主持召开中央全面深化改革委员会第二十六次会议（节选）

中共中央总书记、国家主席、中央军委主席、中央全面深化改革委员会主任习近平6月22日下午主持召开中央全面深化改革委员会第二十六次会议，审议通过了《关于构建数据基础制度更好发挥数据要素作用的意见》、《关于加强和改进行政区划工作的意见》、《关于开展科技人才评价改革试点的工作方案》、《强化大型支付平台企业监管促进支付和金融科技规范健康发展工作方案》。

习近平在主持会议时强调，数据基础制度建设事关国家发展和安全大局，要维护国家数据安全，保护个人信息和商业秘密，促进数据高效流通使用、赋能实体经济，统筹推进数据产权、流通交易、收益分配、安全治理，加快构建数据基础制度体系。要加强党中央对行政区划工作的集中统一领导，做好统筹规划，避免盲目无序。要遵循科技创新规律和人才成长规律，以激发科技人才创新活力为目标，按照创新活动类型，构建以创新价值、能力、贡献为导向的科技人才评价体系，引导人尽其才、才尽其用、用有所成。要推动大型支付和金融科技平台企业回归本源，健全监管规则，补齐制度短板，保障支付和金融基础设施安全，防范化解系统性金融风险隐患，支持平台企业在服务实体经济和畅通国内国际双循环等方面发挥更大作用。

（新华社北京2022年6月22日电）

习近平向世界职业技术教育发展大会致贺信

8月19日，国家主席习近平向世界职业技术教育发展大会致贺信。

习近平指出，职业教育与经济社会发展紧密相连，对促进就业创业、助力经济社会发展、增进人民福祉具有重要意义。中国积极推动职业教育高质量发展，支持中外职业教育交流合作。中方愿同世界各国一道，加强互学互鉴、共建共享，携手落实全球发展倡议，为加快落实联合国2030年可持续发展议程贡献力量。

世界职业技术教育发展大会当日在天津开幕，主题为“后疫情时代职业技术教育发展：新变化、新方式、新技能”，由教育部、天津市人民政府共同主办。

（新华社北京2022年8月19日电）

信任·信心·力量

——习近平总书记参加党的二十大广西代表团讨论侧记（节选）

16日上午，举世瞩目的党的二十大隆重开幕。习近平总书记代表第十九届中央委员会向大会作报告，擘画了全面建设社会主义现代化国家、全面推进中华民族伟大复兴的宏伟蓝图。

17日上午，习近平总书记来到他所在的广西代表团，同大家一起讨论二十大报告。

在讨论中，大家谈成就、说体会、提建议，饱含着信任、充满了信心、凝聚起力量。

一身蓝色工装，说话干净利落，来自广西汽车集团的郑志明代表，是一名从钳工成长起来的国家级技能大师。

在发言中，他讲到，五菱汽车起步于学习日本。如今，日本开始研究我们的车。

总书记笑着说："这就是中国的发展变化。"

近年来，郑志明带领国家级技能大师工作室团队，不仅自主研制完成工艺装备515项，还通过传帮带培养了高级技工、高级技师、公司特聘专家等近20人。

总书记关心地问道："你的职称走的是哪个序列？"

郑志明回答："走了两个序列，既是特级技师，也是高级工程师。要不是国家政策好，像我这种职高毕业的钳工评上高级职称，想都不敢想。"

总书记又问道："现在收入怎么样？"

郑志明脱口而出："很好！"

全场发出了一阵会意的笑声。

习近平总书记指出："不能瞧不起产业工人。我们建设现代化，就要抓制造业，搞实体经济。一定要转变观念，大力培养产业工人。"

不知不觉，一个半小时过去了。会场内，气氛热烈，凝聚着共识，升腾着希望。

（新华社北京2022年10月18日电）

习近平：在二十届中央政治局第一次集体学习时的讲话

学习宣传贯彻党的二十大精神是当前和今后一个时期全党全国的首要政治任务。今天，我们以学习贯彻党的二十大精神为题，举行二十届中央政治局第一次集体学习，目的是为全党作示范。

党的二十大在政治上、理论上、实践上取得了一系列重大成果。毛泽东同志说："善于把党的政策变为群众的行动，善于使我们的每一个运动，每一个斗争，不但领导干部懂得，而且广大的群众都能懂得，都能掌握，这是一项马克思列宁主义的领导艺术。"中央政治局要带头抓好全党全国学习宣传贯彻党的二十大精神，推动党的二十大精神广泛深入为广大干部群众所了解和掌握。

每当党中央作出重大决策部署，我们就号召全党同志加强学习，以统一全党思想和行动，汇聚起攻坚克难、团结奋进的强大力量。这是党的一条成功经验。关于学习宣传贯彻党的二十大精神，我在党的二十届一中全会、中央政治局常委会第一次会议、中央政治局第一次会议上都提了要求，大家要抓好落实。今天，我从 3 个方面再讲些意见。

第一，在全面学习上下功夫。只有全面、系统、深入学习，才能完整、准确、全面领会党的二十大精神，对是什么、干什么、怎么干了然于胸，为贯彻落实打下坚实基础。首先要读原文、悟原理。领导干部要原原本本学习党的二十大报告，同时要把学习报告同学习大会系列讲话和相关文件结合起来，同学习党的十八大报告、十九大报告精神结合起来，联系着学。

学习不能仅停留在记住一些概念和提法。新时代以来，党的理论创新和实践创新是十分生动的，我们的学习也应该是生动的。要紧密联系党的十八大以来党和国家事业取得的历史性成就、发生的历史性变革，联系这些年来我们走过的极不寻常、极不平凡的历程，联系我们深化改革开放、推动高质量发展、有效应对重大风险挑战的具体实践，联系国际环境深刻变化，深刻领悟党的二十大关于党和国家事业发展大政方针和战略部署的历史逻辑、理论逻辑、实践逻辑。

第二，在全面把握上下功夫。党的二十大精神内容十分丰富，既有政治上的高瞻远瞩和理论上的深邃思考，也有目标上的科学设定和工作上的战略部署，这些是相互联系、有机统一的。只有坚持历史和现实、理论和实践、国际和国内相结合的办法，从整体到局部、再从局部到整体进行反复揣摩，才能全面掌握党的二十大精神，避免知其一而不知其二，知其然而不知其所以然。

比如，要全面把握新时代中国特色社会主义思想的世界观、方法论和贯穿其中的立场观点方法。党的二十大报告是在新时代中国特色社会主义思想指导下起草的。科学的世界观和方法论是我们研究问题、解决问题的"总钥匙"。党的二十大报告深刻阐明了把马克思主义基本原理同中国具体实际相结合、同中华优秀传统文化相结合的基本内涵和实践意义，系统阐述了新时代中国特色社会主义思想的世界观、方法论和贯穿其中的立场观点方法，强调以必须坚持人民至上、坚持自信自立、坚持守正创新、坚持问题导向、坚持系统观念、坚持胸怀天下来继续推进实践基础上的理论创新。只有深刻领会“两个结合”、“六个必须坚持”，才能深刻理解党的二十大精神，在面对各种矛盾问题和重大风险挑战时始终做到方向明确、头脑清醒、应对有方、行动有力。

比如，要全面把握新时代10年伟大变革的深刻内涵和重大意义。党的二十大报告从16个方面系统总结了新时代10年的伟大变革。实践证明，我们走的道路是正确的，我们创立的思想和作出的决策是科学的，我们的工作是有成效的。总结过去是为了开辟未来。学习党的二十大精神，要深刻理解新时代10年党和国家事业发生的伟大变革，深刻感悟这些伟大变革对党、对中国人民、对社会主义现代化建设、对科学社会主义在21世纪中国的发展的深远影响，深刻领会在新时代新征程上必须坚持新时代党的创新理论和战略布局、战略举措不动摇，坚定战略自信。要深化对中国共产党领导和我国社会主义制度优势的认识，充分认识中国特色社会主义的蓬勃生机和光明前景，坚持道不变、志不改，继续把中国特色社会主义事业推向前进。

比如，要全面把握中国式现代化的中国特色、本质要求和必须牢牢把握的重大原则。党的二十大报告对中国式现代化作出深刻阐释，包括中国特色、本质要求和必须牢牢把握的重大原则。对中国式现代化的理论阐述，要全面学习掌握，不能只及一点不及其余。要深刻理解中国式现代化理论和全面建设社会主义现代化国家战略布局的关系，认识到前者是后者的理论支撑，从而深刻理解全面建设社会主义现代化国家战略布局的科学性和必然性。要深刻理解中国式现代化理论是基于中国国情、中国现实的重大理论创新，体现了我国现代化发展方向，是对全球现代化理论的重大创新。只有这样，我们才能全面把握中国式现代化的理论体系和实践要求，也才能更加坚决地防范照搬照抄西方现代化模式的思维方式。

比如，要全面把握党的二十大作出的各项战略部署。党的二十大报告从12个方面对各领域各方面工作作出部署。这是根据“五位一体”总体布局、“四个全面”战略布局确定的，是一个有机整体，必须全面学习领会和全面贯彻落实。学习党的二十大精神，必须紧密联系我国发展面临的新的战略机遇、新的战略任务、新的战略阶段、新的战略要求、新的战略环境，深刻认识实现全面建设社会主义现代化国家各项目标任务的艰巨性和复杂性，增强贯彻落实的自觉性和坚定性。

第三，在全面落实上下功夫。空谈误国、实干兴邦，一分部署、九分落实。不注重抓落实，不认真抓好落实，再好的规划和部署都会沦为空中楼阁。贯彻落实党的二十大精神要有计划、有部署，在把握总目标、总方向、总要求的前提下，对各项目标和任务进行细化，有针对性地拿出落实的具体方案，制定明确的时间表、施工图，扎扎实实向前推进。政治局的同志要带头真抓实干，就分管的领域或主政的地方学习贯彻党的二十大精神工作作出部署，抓紧行动起来。

党的二十大所作出的决策部署涵盖改革发展稳定、内政外交国防、治党治国治军各方面，党中央已对贯彻落实作出统一部署，全国人大、国务院、全国政协、中央军委等各有关方面和有关部门要制定贯彻落实方案，提出明确要求，既要抓进度，更要重质量。

党的二十大确定的目标任务有近期的，有中期的，也有长期的，要分清轻重缓急，既要全面推进，又要突出重点；既要狠抓当前，又要着眼长远，多办打基础、利长远的事，防止搞形式主义、官僚主义。要保持工作连续性，过去已经定下来的规划、计划、工作安排，要进行认真研究，符合党的二十大精神的就继续执行，缺项的要抓紧研究制定。各地区各部门要结合自身实际，把党中央提出的战略部署转化为本地区本部门的工作任务。要牢固树立全国一盘棋思想，谋划和推动本地区本部门工作要以贯彻党中央决策部署为前提，创造性开展工作，做到既为一域增光、又为全局添彩。

特别要强调的是，治理我们这样的大党大国，如果没有党中央权威和集中统一领导，如果没有全党全国思想统一、步调一致，什么事也办不成。政治局的同志尤其要带头维护党中央权威和集中统一领导，带头贯彻党中央决策部署，带头顾全大局，在履行自身职责、抓好分管工作的同时，注意兼顾上下左右，加强协同配合。

在起草党的二十大报告之初，我就强调，报告要充分体现敢于斗争、敢于胜利的精神，引导全党增强斗争本领，激励全社会坚定信心，着力夯实防风险、迎挑战、抗打压的实力。要发扬斗争精神，勇于面对各种风险挑战，勇于克服各种困难，坚定不移把党中央决策部署落到实处。

党中央即将发出关于认真学习宣传贯彻党的二十大精神的决定，中央宣讲团也将赴各地进行宣讲。有关部门要细化工作方案，推动党的二十大精神进机关、进企事业单位、进城乡社区、进校园、进军营、进各类新经济组织和新社会组织、进网站。各级党校（行政学院）要把学习贯彻党的二十大精神作为干部培训的主要内容。按照惯例，党中央要举办新进中央委员会的委员、候补委员学习贯彻党的二十大精神专题研讨班。各地区各部门要抓紧组织干部集中轮训。各级领导干部要亲力亲为，既要做实干家，又要做宣传家，带头宣讲。宣传思想工作部门要精心组织、统筹安排，抓好宣传思想教育工作，加强对外宣介工作，引导国际社会全面了解党和国家的大政方针和发展战略。

（习近平总书记 2022 年 10 月 25 日在二十届中央政治局第一次集体学习时的讲话，《求是》杂志 2023 年第 2 期）

习近平：继承和发扬党的优良革命传统和作风 弘扬延安精神

党的七大在党的历史上具有重要里程碑意义，标志着我们党在政治上思想上组织上走向了成熟。在政治上，党通过延安整风，使全党团结在毛泽东的旗帜下，实现了党的空前统一和团结。在思想上，党确立了毛泽东思想在全党的指导地位，把毛泽东思想写入了党章。在组织上，党形成了一支高举毛泽东旗帜的久经考验的政治家集团。党的七大在党的历史上具有极其重要的地位，为党后来不断从胜利走向胜利指明了正确方向、开辟了正确道路。

延安革命旧址见证了我们党在延安时期领导中国革命、探索马克思主义中国化时代化的光辉历程，是一本永远读不完的书，每次来都温故而知新，受到深刻教育和启示。要管理好、研究好，结合现实讲好杨家岭的故事、讲好党的七大的故事。

延安是中国革命的圣地、新中国的摇篮。从1935年到1948年，党中央和毛泽东等老一辈革命家在延安生活和战斗了13年，领导中国革命事业从低潮走向高潮、实现历史性转折，扭转了中国前途命运。巍巍宝塔山，滚滚延河水。延安用五谷杂粮滋养了中国共产党发展壮大，支持了中国革命走向胜利。延安和延安人民为中国革命事业作出了巨大贡献，我们要永远铭记。

我在延安地区生活劳动了7年，我的父辈也是从这里走出去的，我对这里十分熟悉。当年在陕北插队的时候，每次路过延安，我都要来七大会址、杨家岭、枣园、凤凰山等革命旧址看一看。到中央工作后，先后3次来延安考察调研。这次和中央政治局常委同志一起来，就是要宣示新一届中央领导集体将继承和发扬延安时期党形成的优良革命传统和作风，弘扬延安精神。

在延安时期形成和发扬的光荣传统和优良作风，培育形成的以坚定正确的政治方向、解放思想实事求是的思想路线、全心全意为人民服务的根本宗旨、自力更生艰苦奋斗的创业精神为主要内容的延安精神，是党的宝贵精神财富，要代代传承下去。

坚定正确的政治方向是延安精神的精髓。1938年，毛泽东同志在延安抗日军政大学回答“在抗大应当学习什么”时指出，“首先是学一个政治方向”。全党同志要坚持正确政治方向，坚决贯彻党的基本理论、基本路线、基本方略，坚决落实党中央决策部署，把老一辈革命家开创的伟大事业继续推向前进。

延安时期，党提出全心全意为人民服务的根本宗旨并写入党章，强调共产党“这个队伍完全是为着解放人民的，是彻底地为人民的利益工作的”，要求党的干部“把屁股端端地坐在老百姓的这一面”，形成了“只见公仆不见官”的生动局面。全党同志要站稳人民立场，践行党的宗旨，贯彻党的群众路线，保持党同人民群众的血肉联系，自觉把以人民为中心的发展思想贯穿到各项工作之中，扎实推进共同富裕，让现代化建设成果更多更公平惠及全体人民。

党中央和红军安家延安后，由于敌人的军事包围和经济封锁，条件十分艰苦。延安军民积极响应毛泽东同志发出的“自己动手、丰衣足食”号召，开展了热火朝天的大生产运动，有力支持了抗日前线。全党同志要大力弘扬自力更生、艰苦奋斗精神，无论我们将来物质生活多么丰富，自力更生、艰苦奋斗的精神一定不能丢，脚踏实地、苦干实干，集中精力办好自己的事情，把国家和民族发展放在自己力量的基点上。

当年毛泽东同志等老一辈革命家在延安，住窑洞、吃粗粮、穿布衣，用“延安作风”打败了“西安作风”。全党同志要把老一辈革命家和共产党人留下的光荣传统和优良作风传承好发扬好，勇于推进党的自我革命，坚定不移推进全面从严治党，始终保持党的先进性和纯洁性，确保党始终成为中国特色社会主义事业的坚强领导核心。

延安时期，党以顽强的斗争精神和高超的斗争本领，有力开展了抗击日本军国主义侵略的斗争，有力应对了西安事变、七七事变、重庆谈判等一系列重大挑战，有力领导和指挥了全国革命斗争，有力应对了国民党军队对陕甘宁边区的重点进攻，靠小米加步枪打开了中国革命新局面。全党同志要发扬斗争精神、提高斗争本领，坚决战胜前进道路上的各种困难和挑战，依靠顽强斗争打开事业发展新天地。

党的二十大制定了当前和今后一个时期党和国家的大政方针，描绘了以中国式现代化全面推进中华民族伟大复兴的宏伟蓝图。让我们踏上新征程，向着新的奋斗目标，出发！

（习近平总书记2022年10月27日带领中共中央政治局常委李强、赵乐际、王沪宁、蔡奇、丁薛祥、李希瞻仰延安革命纪念地时的讲话要点，《求是》杂志2022年第24期）

习近平：当前经济工作的几个重大问题

明年经济工作千头万绪，需要从战略全局出发，抓主要矛盾，从改善社会心理预期、提振发展信心入手，抓住重大关键环节，纲举目张做好工作。

（一）着力扩大国内需求

总需求不足是当前经济运行面临的突出矛盾。必须大力实施扩大内需战略，采取更加有力的措施，使社会再生产实现良性循环。我国通过扩大内需有效应对了1998年亚洲金融危机、2008年国际金融危机、2020年以来新冠肺炎疫情冲击，积累了成功经验，要优化政策举措，充分发挥消费的基础作用和投资的关键作用。

一是把恢复和扩大消费摆在优先位置。我国新型工业化、信息化、城镇化、农业现代化深入推进，消费日益成为拉动经济增长的基础性力量。要增强消费能力，改善消费条件，创新消费场景，使消费潜力充分释放出来。消费是收入的函数，要多渠道增加城乡居民收入，特别是要提高消费倾向高、但受疫情影响大的中低收入居民的消费能力。要合理增加消费信贷，支持住房改善、新能源汽车、养老服务、教育医疗文化体育服务等消费。

二是通过政府投资和政策激励有效带动全社会投资。当前，民间投资预期较弱，政府投资必须发挥好引导作用，这是应对经济周期性波动的有力工具。政府投资要在打基础、利长远、补短板、调结构上加大力度，加快实施“十四五”重大工程，加强交通、能源、水利、农业、信息等基础设施建设，加强区域间基础设施联通。要支持城市群和都市圈建设现代化基础设施体系，实施城市更新行动、乡村建设行动。要加大科技和产业投资，超前开展重大科技基础设施和关键核心技术研发能力建设。政策性金融要发挥逆周期调节作用，加大对符合国家发展规划和产业政策导向重大项目的融资支持力度，兼顾好经济效益和社会效益。要放宽民间投资市场准入，鼓励和吸引更多民间资本参与国家重大工程和补短板项目建设。要加强项目储备和前期工作，强化要素保障。

要继续发挥出口对经济的支撑作用。要稳住对发达国家出口，扩大对新兴经济体出口，提升加工贸易水平，提高出口附加值，扩大服务贸易，发展数字贸易，巩固拓展新能源汽车等新产业出口优势，积极扩大先进技术、重要设备、能源资源等产品进口，发挥好中欧班列作用，加快建设贸易强国。

（二）加快建设现代化产业体系

我们要练好内功、站稳脚跟。我国有世界最完整的产业体系和潜力最大的内需市场，要切实提升产业链供应链韧性和安全水平，抓紧补短板、锻长板。

一是确保国民经济循环畅通。我国经济必须确保国家安全，确保基本民生，确保基础设施、基础产业总体正常运转。要大力提升粮食、能源资源安全保障能力，特别是要把粮食饭碗牢牢端在自己手上。要实施新一轮千亿斤粮食产能提升行动，向耕地和科技要产能，向国土资源要食物。要加强重要能源、矿产资源国内勘探开发和增储上产，统筹布局电力源网荷储，加快规划建设新型能源体系，支持企业

“组团出海”，加快进口多元化。要提升国家战略物资储备保障能力。

二是加快实现产业体系升级发展。要在重点领域提前布局，全面提升产业体系现代化水平，既巩固传统优势产业领先地位，又创造新的竞争优势。抓住全球产业结构和布局调整过程中孕育的新机遇，勇于开辟新领域、制胜新赛道。传统制造业是现代化产业体系的基底，要加快数字化转型，推广先进适用技术，着力提升高端化、智能化、绿色化水平。战略性新兴产业是引领未来发展的新支柱、新赛道。要加快新能源、人工智能、生物制造、绿色低碳、量子计算等前沿技术研发和应用推广，支持专精特新企业发展。要大力发展数字经济，提升常态化监管水平，支持平台企业在引领发展、创造就业、国际竞争中大显身手。

（三）切实落实“两个毫不动摇”

一段时间以来，社会上对我们是否还搞社会主义市场经济、是否坚持“两个毫不动摇”有一些不正确甚至错误的议论。我们必须亮明态度、决不含糊，始终坚持社会主义市场经济改革方向，坚持“两个毫不动摇”。

一是深化国资国企改革，提高国企核心竞争力。国企改革三年行动已见成效，要根据形势变化，以提高核心竞争力和增强核心功能为重点，谋划新一轮深化国有企业改革行动方案。我国经营性国有资产规模大，一些企业资产收益率不高、创新能力不足，同国有资本和国有企业做强做优做大、发挥国有经济战略支撑作用的要求不相适应。要坚持分类改革方向，处理好国企经济责任和社会责任关系，健全以管资本为主的国资管理体制，发挥国有资本投资运营公司作用，以市场化方式推进国企整合重组，打造一批创新型国有企业。要完善中国特色国有企业现代公司治理，真正按市场化机制运营，加快建设世界一流企业。

二是优化民营企业发展环境，促进民营经济发展壮大。民营经济对经济社会发展、就业、财政税收、科技创新等具有重要作用。要从制度和法律上把对国企民企平等对待的要求落下来，从政策和舆论上鼓励支持民营经济和民营企业发展壮大。要依法保护民营企业产权和企业家权益。要全面梳理修订涉企法律法规政策，持续破除影响平等准入的壁垒。要完善公平竞争制度，反对地方保护和行政垄断，为民营企业开辟更多空间。要加强中小微企业管理服务，支持中小微企业和个体工商户发展。各级领导干部要为民营企业解难题、办实事，构建亲清政商关系。国企、民企、外企都要依法合规经营。

（四）更大力度吸引和利用外资

今年我国利用外资继续保持较快增长。纵观全球，发达国家和新兴经济体都把吸引和利用外资作为重大国策，招商引资国际竞争更加激烈。我们要推进高水平对外开放，依托我国超大规模市场优势，以国内大循环吸引全球资源要素，既要把优质存量外资留下来，还要把更多高质量外资吸引过来，提升贸易投资合作质量和水平。

一是扩大市场准入。要合理缩减外资准入负面清单，加大现代服务业领域开放力度，发挥好自由贸易试验区、海南自由贸易港、各类开发区和保税区等开放平台的先行先试作用，已宣布的外资准入政策要抓紧落地见效。

二是全面优化营商环境。要落实好外资企业国民待遇，促进公平竞争，保障外资企业依法平等参与政府采购、招投标、标准制定，加大知识产权和外商投资合法权益的保护力度。要积极推动加入《全面与进步跨太平洋伙伴关系协定》（CPTPP）和《数字经济伙伴关系协定》（DEPA）等高标准经贸协议，并主动对照相关规则、规制、管理、标准，深化国内相关领域改革。

三是有针对性做好外资企业服务工作。要加强同外商沟通交流，为外商来华从事贸易投资洽谈提供最大程度的便利，同时也要推动经贸人员常态化走出去招商引资。

（五）有效防范化解重大经济金融风险

我们必须坚持标本兼治、远近结合，牢牢守住不发生系统性风险底线。

一是防范房地产业引发系统性风险。房地产对经济增长、就业、财税收入、居民财富、金融稳定都具有重大影响。要正确处理防范系统性风险和道德风险的关系，做好风险应对各项工作，确保房地产市场平稳发展。各地区和有关部门要扛起责任。要因城施策，着力改善预期，扩大有效需求，支持刚性和改善性住房需求，支持落实生育政策和人才政策，解决好新市民、青年人等住房问题，鼓励地方政府和金融机构加大保障性租赁住房供给，探索长租房市场建设。要坚持房子是用来住的、不是用来炒的定位，深入研判房地产市场供求关系和城镇化格局等重大趋势性、结构性变化，抓紧研究中长期治本之策，消除多年来“高负债、高杠杆、高周转”发展模式弊端，推动房地产业向新发展模式平稳过渡。

二是防范化解金融风险。金融事关发展全局。要统筹好防范重大金融风险和道德风险，压实各方责任，及时加以处置，防止形成区域性、系统性金融风险。要加强党中央对金融工作集中统一领导，深化金融体制改革。

三是防范化解地方政府债务风险。要压实省级政府防范化解隐性债务主体责任，加大存量隐性债务处置力度，优化债务期限结构，降低利息负担，稳步推进地方政府隐性债务和法定债务合并监管，坚决遏制增量、化解存量。要禁止各种变相举债行为，防范地方国有企事业单位“平台化”。要加强对融资平台公司的综合治理，推动分类转型。要深化财税体制改革，完善财政转移支付体系，健全省以下财政体制，稳步推进地方税体系建设，夯实地方基本财力和自我发展能力。

明年还有许多重要工作要做。要全面推进乡村振兴，稳定粮食生产，坚决防止出现规模性返贫，畅通城乡要素流动和循环，建设宜居宜业和美乡村。要围绕构建高水平社会主义市场经济体制、推进高水平对外开放，谋划新一轮全面深化改革。要筹备办好第三届“一带一路”国际合作高峰论坛，推动共建“一带一路”高质量发展。要深入实施区域重大战略和区域协调发展战略，促进优势互补、各展其长。要推动经济社会发展绿色转型，协同推进降碳、减污、扩绿、增长，创造条件加快能耗“双控”转向碳排放“双控”制度，持续深入打好蓝天、碧水、净土保卫战，建设美丽中国。

（习近平总书记 2022 年 12 月 15 日在中央经济工作会议上讲话的一部分，《求是》杂志 2023 年第 4 期）

习近平：谱写新时代中国宪法实践新篇章
——纪念现行宪法公布施行40周年

今年是我国现行宪法公布施行40周年。40年来，现行宪法有力推动和加强了社会主义法治建设，有力推动和保障了党和国家事业发展。我们要以纪念现行宪法公布施行40周年为契机，贯彻党的二十大精神，强化宪法意识，弘扬宪法精神，推动宪法实施，更好发挥宪法在治国理政中的重要作用，为全面建设社会主义现代化国家、全面推进中华民族伟大复兴提供坚实保障。

制定和实施宪法，是人类文明进步的标志，是人类社会走向现代化的重要支撑。近代以来，中国人民苦苦寻找改变中华民族前途命运的道路。一些政治势力试图按照西方政治制度模式对我国封建专制制度进行改良，都宣告失败。中国共产党登上中国历史舞台后，经过艰辛探索和实践，成功在中华大地上制定和实施具有鲜明社会主义性质的宪法、真正意义上的人民宪法，在我国宪法发展史乃至世界宪法制度史上都具有开创性意义，为人类法治文明进步贡献了中国智慧、中国方案。

我们党领导人民制定的宪法，集中了人民智慧，体现了全体人民共同意志，实现了党的主张和人民意志高度统一，克服了一切旧宪法只代表少数人意志、为少数人利益服务的弊端，因而得到最广大人民拥护和遵行，具有显著优势、坚实基础、强大生命力。

1982年我国现行宪法公布施行后，在党中央领导下，全国人大先后5次对这部宪法的个别条款和部分内容作出了必要的也是十分重要的修正。这些修改，对于完善发展我国宪法、推进社会主义法治建设、提高党的依法治国能力发挥了重要作用。

党的十八大以来，我们党高度重视全面依法治国，从关系党和国家长治久安的战略高度来定位法治、布局法治、厉行法治，把全面依法治国纳入“四个全面”战略布局中来谋划、来推进，推动我国宪法制度建设和宪法实施取得历史性成就。我们先后就全面依法治国、修改宪法部分内容等作出重大决策，设立中央全面依法治国委员会，健全党领导立法、保证执法、支持司法、带头守法的制度性安排，党对全面依法治国和宪法实施的领导得到全面加强。积极推进党的领导制度化、法治化，在宪法修正案中确立新时代中国特色社会主义思想在国家政治和社会生活中的指导地位，明确中国共产党领导是中国特色社会主义最本质的特征，党的领导的宪法保障更加健全。着力完善以宪法为核心的中国特色社会主义法律体系，健全宪法相关法律制度和机制，宪法实施更加有效。完善宪法监督制度，加强合宪性审查、备案审查制度和能力建设，宪法监督水平稳步提高。设立国家宪法日，建立宪法宣誓制度，广泛开展宪法宣传教育，全社会宪法意识和法治观念显著增强。依照宪法和基本法有效实施对特别行政区的全面管治权，制定实施香港特别行政区维护国家安全法，“一国两制”实践的法治保障更加有力。

事实表明，新时代十年我国宪法制度建设和宪法实施监督取得重大成效，全党全社会宪法意识明显提升，社会主义法治建设成果丰硕。

在新时代坚持和发展中国特色社会主义的进程中，我们党总结运用历史经验，全面贯彻实施宪法，勇于推进宪法理论和宪法实践创新，积累了许多新鲜经验，深化了对我国宪法制度建设的规律性认识。

一是必须坚持中国共产党领导。我国宪法确认了中国共产党的领导地位，这是我国宪法最显著的特征，也是我国宪法得到全面贯彻实施的根本保证。只有中国共产党才能坚持立党为公、执政为民，充分发扬民主，领导人民制定出体现人民意志的宪法，领导人民实施宪法，确保我国宪法发展的正确政治方向。

二是必须坚持人民当家作主。党领导人民制定和实施宪法，最根本的目的是维护人民利益、反映人民意愿、保障人民权益、增进人民福祉。只有坚持党的领导、人民当家作主、依法治国有机统一，发展全过程人民民主，把以人民为中心的发展思想贯穿立法、执法、司法、守法各个环节，加快完善体现权利公平、机会公平、规则公平的法律制度，保障公民人身权、财产权、人格权和基本政治权利不受侵犯，保障公民经济、文化、社会等各方面权利得到落实，才能确保法律面前人人平等。

三是必须坚持依宪治国、依宪执政。我国宪法是我们党长期执政的根本法律依据。只有坚持依宪治国、依宪执政，把党总揽全局、协调各方同人大、政府、政协、监察机关、审判机关、检察机关依法依章程履行职能、开展工作统一起来，把党领导人民制定和实施宪法法律同党坚持在宪法法律范围内活动统一起来，才能保证党领导人民依法有效治理国家。

四是必须坚持宪法的国家根本法地位。宪法集中体现了党和人民的统一意志和共同愿望，是国家意志的最高表现形式，具有根本性、全局性、稳定性、长期性。宪法规定的是国家的重大制度和重大事项，在国家和社会生活中具有总括性、原则性、纲领性、方向性。宪法是国家一切法律法规的总依据、总源头，具有最高的法律地位、法律权威、法律效力。只有坚持宪法的国家根本法地位，坚决维护和贯彻宪法规定、原则、精神，才能保证国家统一、法制统一、政令统一。

五是必须坚持宪法实施与监督制度化法规化。宪法的生命在于实施，宪法的权威也在于实施。必须用科学有效、系统完备的制度法规体系保证宪法实施，形成完备的法律规范体系、高效的法治实施体系、严密的法治监督体系、有力的法治保障体系，形成完善的党内法规体系，加强宪法监督，确保在法治轨道上推进国家治理体系和治理能力现代化、建设社会主义现代化国家。

六是必须坚持维护宪法权威和尊严。维护宪法权威，就是维护党和人民共同意志的权威；捍卫宪法尊严，就是捍卫党和人民共同意志的尊严；保证宪法实施，就是保证人民根本利益的实现。全国各族人民、一切国家机关和武装力量、各政党和各社会团体、各企事业组织，都必须以宪法为根本活动准则，并且负有维护宪法尊严、保证宪法实施的职责。任何组织和个人都不得有超越宪法法律的特权，一切违反宪法法律的行为都必须予以追究。

七是必须坚持与时俱进完善和发展宪法。宪法作为上层建筑，必须适应经济基础的变化，体现党和人民事业的历史进步，随着党领导人民建设中国特色社会主义实践的发展而不断完善发展。只有紧跟时代要求和人民意愿，遵循法治规律，在保持宪法连续性、稳定性、权威性的前提下，推动宪法不断适应新形势、吸纳新经验、确认新成果、作出新规范，才能永葆宪法生机活力。

党的二十大对新时代新征程党和国家事业发展作出全面部署，强调要更好发挥宪法在治国理政中的重要作用，更好发挥法治固根本、稳预期、利长远的保障作用，在法治轨道上全面建设社会主义现代化国家。我们要贯彻落实党的二十大精神，坚定不移走中国特色社会主义法治道路，增强宪法自觉，加强宪法实施，履行宪法使命，谱写新时代中国宪法实践新篇章。

第一，坚持和加强党对宪法工作的全面领导，更好发挥我国宪法制度的显著优势和重要作用。我国宪法是我们党领导人民长期奋斗历史逻辑、理论逻辑、实践逻辑的必然结果。没有中国共产党领导，就无法保证我国宪法得到全面贯彻和有效实施。

要坚持和加强党对宪法工作的全面领导，确保我国宪法发展的正确政治方向，确保我国宪法得到全面贯彻和有效实施，更好发挥宪法在坚持中国共产党领导，保障人民当家作主，促进改革开放和社会主义现代化建设，推动社会主义法治国家建设进程，促进人权事业全面发展，维护国家统一、民族团结、社会和谐稳定等方面的重要作用。要坚定政治制度自信，坚定不移走中国特色社会主义政治发展道路，坚持和完善中国特色社会主义制度，坚持宪法确定的中国共产党领导地位不动摇，坚持宪法确定的人民民主专政的国体和人民代表大会制度的政体不动摇，决不照抄照搬别国模式和做法。

第二，把宪法实施贯穿到治国理政各方面全过程，不断提高党依宪治国、依宪执政的能力。宪法是治国安邦的总章程，是我们党治国理政的根本法律依据，是国家政治和社会生活的最高法律规范。提高党依宪治国、依宪执政能力，必须把宪法实施贯彻到统筹推进"五位一体"总体布局、协调推进"四个全面"战略布局的全部实践中，贯彻到改革发展稳定、内政外交国防、治党治国治军各领域各方面，全面推进国家各方面工作法治化。

党领导人民制定宪法和法律，党首先要带头尊崇和执行宪法。要善于使党的主张通过法定程序成为国家意志，善于使党组织推荐的人选通过法定程序成为国家政权机关的领导人员，善于通过国家政权机关实施党对国家和社会的领导，支持国家权力机关、行政机关、监察机关、审判机关、检察机关依照宪法和法律独立负责、协调一致地开展工作。要把贯彻宪法法律落实到各级党委决策施策全过程，坚持依法决策、依法施策，守住不与宪法法律相抵触的底线，确保决策施策经得起历史和人民检验。

第三，加快完善以宪法为核心的中国特色社会主义法律体系，不断增强法律规范体系的全面性、系统性、协调性。坚持依法立法，最根本的是坚持依宪立法，坚决把宪法规定、宪法原则、宪法精神贯彻到立法中，体现到各项法律法规中。一切法律、行政法规和地方性法规都不得同宪法相抵触，一切违反违背宪法规定、原则、精神的法律法规规定必须予以纠正。

要完善立法体制机制，推进科学立法、民主立法、依法立法，统筹立改废释纂，增强立法系统性、整体性、协同性、时效性。要全面发挥宪法在立法中的核心地位功能，每一个立法环节都把好宪法关，努力使每一项立法都符合宪法精神、体现宪法权威、保证宪法实施。要落实宪法赋予人大及其常委会的职责，发挥其在立法工作中的主导作用，拓展人民有序参与立法途径。要加强重点领域、新兴领域、涉外领域立法，健全国家治理急需、满足人民日益增长的美好生活需要必备、维护国家安全所急的法律制度，加快我国法域外适用的法律体系建设。要坚持系统观念，全面完善法律、行政法规、军事法规、监察法规、地方性法规体系，使法律体系更加科学完备、统一权威，维护国家法治统一。

第四，健全保证宪法全面实施的制度体系，不断提高宪法实施和监督水平。健全保证宪法全面实施的制度体系，必须坚持宪法规定、宪法原则、宪法精神全面贯彻，坚持宪法实施、宪法解释、宪法监督系统推进，统筹推进法律规范体系、法治实施体系、法治监督体系、法治保障体系和党内法规体系建设，确保宪法得到完整准确全面贯彻。要完善宪法相关规定直接实施工作机制，充分发挥宪法在应对重大风险挑战、贯彻"一国两制"方针、推进祖国统一进程、维护国家安全和社会稳定中的重要作用。要完善宪法监督制度，推进宪法监督的规范化、程序化建设，提高合宪性审查、备案审查能力和质量，推进合宪性审查工作，落实宪法解释程序机制，积极回应社会各方面对涉宪问题的关切。

第五，加强宪法理论研究和宣传教育，不断提升中国宪法理论和实践的说服力、影响力。宪法的根基在于人民发自内心的拥护，宪法的伟力在于人民出自真诚的信仰。必须坚持宣传、教育、研究共同推进，坚持知识普及、理论阐释、观念引导全面发力，推动宪法深入人心，走进人民群众，推动宪法实施成为全体人民的自觉行动。

要完善宪法宣传教育工作格局，深化宪法宣誓、宪法纪念、国家象征和标志等制度的教育功能，推动宪法宣传教育常态化长效化。要抓住领导干部这个关键少数，抓住青少年、网民等重点群体，抓宪法纪念、宪法宣誓、宪法教材建设等重点载体，抓学校、社区、媒体等重点阵地，持续深入开展宪法宣传教育。要结合当代中国宪法制度和宪法实践，加强中国宪法理论研究，提炼标志性概念、原创性观点，加强中国宪法学科体系、学术体系、话语体系建设，巩固中国宪法理论在我国法治教育中的指导地位。要讲好中国宪法故事，有自信、有志气宣传中国宪法制度、宪法理论的显著优势和强大生命力，有骨气、有底气同一切歪曲、抹黑、攻击中国宪法的错误言行作斗争。

毛泽东同志在领导制定新中国第一部宪法时说过："我们现在要团结全国人民，要团结一切可以团结和应当团结的力量，为建设一个伟大的社会主义国家而奋斗。这个宪法就是为这个目的而写的。"我们要全面贯彻实施宪法，推进全面依法治国，推进法治中国建设，为全面建成社会主义现代化强国，实现第二个百年奋斗目标，以中国式现代化全面推进中华民族伟大复兴而团结奋斗！

（新华社北京 2022 年 12 月 19 日电）

李克强：政府工作报告——2022 年 3 月 5 日在第十三届全国人民代表大会第五次会议上（节选）

今年发展主要预期目标是：国内生产总值增长 5.5%左右；城镇新增就业 1 100 万人以上，城镇调查失业率全年控制在 5.5%以内；居民消费价格涨幅 3%左右；居民收入增长与经济增长基本同步；进出口保稳提质，国际收支基本平衡；粮食产量保持在 1.3 万亿斤以上；生态环境质量持续改善，主要污染物排放量继续下降；能耗强度目标在“十四五”规划期内统筹考核，并留有适当弹性，新增可再生能源和原料用能不纳入能源消费总量控制。

经济增速预期目标的设定，主要考虑稳就业保民生防风险的需要，并同近两年平均经济增速以及“十四五”规划目标要求相衔接。这是高基数上的中高速增长，体现了主动作为，需要付出艰苦努力才能实现。

完成今年发展目标任务，宏观政策要稳健有效，微观政策要持续激发市场主体活力，结构政策要着力畅通国民经济循环，科技政策要扎实落地，改革开放政策要激活发展动力，区域政策要增强发展的平衡性协调性，社会政策要兜住兜牢民生底线。各方面要围绕贯彻这些重大政策和要求，细化实化具体举措，形成推动发展的合力。

要保持宏观政策连续性，增强有效性。积极的财政政策要提升效能，更加注重精准、可持续。稳健的货币政策要灵活适度，保持流动性合理充裕。就业优先政策要提质加力。政策发力适当靠前，及时动用储备政策工具，确保经济平稳运行。

强化就业优先政策。大力拓宽就业渠道，注重通过稳市场主体来稳就业，增强创业带动就业作用。财税、金融等政策都要围绕就业优先实施，加大对企业稳岗扩岗的支持力度。各类专项促就业政策要强化优化，对就业创业的不合理限制要坚决清理取消。各地都要千方百计稳定和扩大就业。

落实落细稳就业举措。延续执行降低失业和工伤保险费率等阶段性稳就业政策。对不裁员少裁员的企业，继续实施失业保险稳岗返还政策，明显提高中小微企业返还比例。今年高校毕业生超过 1 000 万人，要加强就业创业指导、政策支持和不断线服务。做好退役军人安置和就业保障，促进农民工就业，帮扶残疾人、零就业家庭成员就业。深入开展大众创业万众创新，增强双创平台服务能力。加强灵活就业服务，完善灵活就业社会保障政策，开展新就业形态职业伤害保障试点。坚决防止和纠正性别、年龄、学历等就业歧视，大力营造公平就业环境。加强劳动保障监察执法，着力解决侵害劳动者合法权益的突出问题。增强公共就业服务针对性。继续开展大规模职业技能培训，共建共享一批公共实训基地。使用 1 000 亿元失业保险基金支持稳岗和培训，加快培养制造业高质量发展的急需人才，让更多劳动者掌握一技之长、让三百六十行行行人才辈出。

加快转变政府职能。加强高标准市场体系建设，抓好要素市场化配置综合改革试点，加快建设全国统一大市场。围绕打造市场化法治化国际化营商环境，持续推进“放管服”改革，对取消和下放审批事项要同步落实监管责任和措施。继续扩大市场准入。全面实行行政许可事项清单管理。加强数字政府建设，推动政务数据共享，进一步压减各类证明事项，扩大“跨省通办”范围，基本实现电子证照互通互认，便利企业跨区域经营，加快解决群众关切事项的异地办理问题。

提升科技创新能力。实施基础研究十年规划，加强长期稳定支持，提高基础研究经费占全社会研发经费比重。实施科技体制改革三年攻坚方案，强化国家战略科技力量，加强国家实验室和全国重点实验室建设，发挥好高校和科研院所作用，改进重大科技项目立项和管理方式，深化科技评价激励制度改革。支持各地加大科技投入，开展各具特色的区域创新。加强科普工作。推进国际科技合作。加快建设世界重要人才中心和创新高地，完善人才发展体制机制，弘扬科学家精神，加大对青年科研人员支持力度，让各类人才潜心钻研、尽展其能。

推动消费持续恢复。多渠道促进居民增收，完善收入分配制度，提升消费能力。推动线上线下消费深度融合，促进生活服务消费恢复，发展消费新业态新模式。继续支持新能源汽车消费，鼓励地方开展绿色智能家电下乡和以旧换新。加大社区养老、托幼等配套设施建设力度，在规划、用地、用房等方面给予更多支持。促进家政服务业提质扩容。

全面巩固拓展脱贫攻坚成果。完善落实防止返贫监测帮扶机制，确保不发生规模性返贫。支持脱贫地区发展特色产业，加强劳务协作、职业技能培训，促进脱贫人口持续增收。强化国家乡村振兴重点帮扶县帮扶措施，做好易地搬迁后续扶持，深化东西部协作、定点帮扶和社会力量帮扶，大力实施“万企兴万村”行动，增强脱贫地区自我发展能力。

扎实稳妥推进农村改革发展。开展好第二轮土地承包到期后再延长 30 年整县试点。深化供销社、集体产权、集体林权、国有林区林场、农垦等改革。积极发展新型农村集体经济。加强农村金融服务，加快发展乡村产业。壮大县域经济。严格规范村庄撤并，保护传统村落和乡村风貌。启动乡村建设行动，强化规划引领，加强水电路气信邮等基础设施建设，因地制宜推进农村改厕和污水垃圾处理。深入开展文明村镇建设。强化农民工工资拖欠治理，支持农民工就业创业，一定要让广大农民有更多务工增收的渠道。

促进教育公平与质量提升。落实立德树人根本任务。推动义务教育优质均衡发展和城乡一体化，依据常住人口规模配置教育资源，保障适龄儿童就近入学，解决好进城务工人员子女就学问题。全面落实义务教育教师工资待遇，加强乡村教师定向培养、在职培训与待遇保障。继续做好义务教育阶段减负工作。多渠道增加普惠性学前教育资源。加强县域普通高中建设。办好特殊教育、继续教育、专门教育，支持和规范民办教育发展。提升国家通用语言文字普及程度和质量。发展现代职业教育，改善职业教育办学条件，完善产教融合办学体制，增强职业教育适应性。

加强社会保障和服务。稳步实施企业职工基本养老保险全国统筹，适当提高退休人员基本养老金和城乡居民基础养老金标准，确保按时足额发放。继续规范发展第三支柱养老保险。加快推进工伤和失业保险省级统筹。做好军人军属、退役军人和其他优抚对象优待抚恤工作。积极应对人口老龄化，加快构建居家社区机构相协调、医养康养相结合的养老服务体系。优化城乡养老服务供给，支持社会力量提供日间照料、助餐助洁、康复护理等服务，稳步推进长期护理保险制度试点，鼓励发展农村互助式养老服务，创新发展老年教育，推动老龄事业和产业高质量发展。完善三孩生育政策配套措施，将 3 岁以下婴幼儿照护费用纳入个人所得税专项附加扣除，多渠道发展普惠托育服务，减轻家庭生育、养育、教育负担。强化未成年人保护和心理健康教育。提升残疾预防和康复服务水平。加强民生兜底保障和遇困群众救助，努力做到应保尽保、应助尽助。

（新华社北京 2022 年 3 月 12 日电）

李克强考察民政部和人力资源社会保障部并主持召开座谈会强调 以发展促就业以就业保民生 推动经济社会持续健康发展

6月27日，中共中央政治局常委、国务院总理李克强到民政部、人力资源社会保障部考察，并主持召开座谈会。他强调，要以习近平新时代中国特色社会主义思想为指导，落实党中央、国务院部署，全面贯彻新发展理念，高效统筹疫情防控和经济社会发展，以更强责任担当推动经济加快恢复发展，保市场主体，稳住就业基本盘，切实保障民生。

李克强十分关心稳就业。他来到人力资源社会保障部中国就业培训技术指导中心，负责人介绍通过开展“产生你的企业想法”、“创办你的企业”等培训辅导，设立基金提供贷款担保，培育不少初创企业，带动大量就业。李克强说，普通人有上上智，要鼓励更多人有敢闯敢创办企业的勇气，深入推进大众创业、万众创新，国家一视同仁支持创办和发展包括民营企业、个体工商户在内的各类所有制市场主体。李克强还详细了解职业培训方面开展的技术指导。他说，职业培训要适应市场需求，把我国人力资源丰富的优势更好发挥出来。

李克强听取了就业形势和工作汇报。他说，民生在勤，勤就得能就业，依靠劳动创造财富。就业稳是经济运行在合理区间的重要标志。受疫情等超预期因素影响，我国经济出现新的下行压力，当前稳经济一揽子政策措施正加快落地见效，经济总体有所恢复，但恢复的基础还不稳固，稳就业任务依然繁重。发展是解决我国一切问题的基础和关键。稳经济大盘政策措施很重要的是着力以保市场主体来稳就业。要进一步增强紧迫感，继续落实各项政策，推动经济运行尽快回归正常轨道，以发展促就业、以就业保民生，尽快把失业率降下来、控制住。用改革的办法拓展市场化社会化就业渠道、增加就业岗位，实现可持续。抓实抓细高校毕业生就业促进服务工作，扩大面向农民工的以工代赈规模。

李克强来到民政部社会救助司，察看低收入人口监测信息，了解救助政策实施情况。他说，社会救助是民生兜底保障，能够促公平、保安宁，也是一个缓冲带，可以让一时遇困人员渡过难关后再就业再创业。要把救助、社保政策与就业政策衔接起来，鼓励有能力的靠就业凭双手争取更好生活，使社会更有活力。

座谈会上，民政部作了汇报。李克强说，发展的根本目的是为了让人民过上好日子，越是有困难越要做好民生各领域工作。受疫情、灾情等影响，现在困难群众增多。要加强动态监测，及时发现失业人员和需纳入低保的对象、临时遇困人员等，在保障和救助上该扩围的扩围，应保尽保、应兜尽兜，防止发生冲击道德底线的事。确保不发生规模性返贫。保障养老金按时足额发放，做好义务教育、基本医疗、基本住房等民生工作。这些年全国财政支出70%以上用于民生，各级政府都要坚持过紧日子，负起责任着力保住基本民生。各地区各部门要在以习近平同志为核心的党中央坚强领导下，落实党中央、国务院部署，务实进取，推动经济社会持续健康发展。

王勇参加。

（新华社北京 2022 年 6 月 28 日电）

胡春华主持召开就业形势座谈会

中共中央政治局委员、国务院副总理胡春华7日在京主持召开就业形势座谈会。他强调，要坚决贯彻落实习近平总书记重要指示精神，加强就业形势分析研判，千方百计稳定和扩大就业，确保完成中央经济工作会议确定的稳就业目标任务。

胡春华指出，要按照党中央、国务院的决策部署，继续做好“六稳”、“六保”工作，把稳就业放在更加重要位置。当前，受疫情等因素影响，就业工作面临的形势复杂严峻。人社部门要会同有关部门，加快推进相关政策落地见效，及时解决企业面临的困难和问题。各类就业服务机构要充分发挥自身优势，加强信息推送、就业指导、职业介绍等服务，不断提高就业服务质量和水平。各类企业是稳就业的主体，在追求自身发展的同时要积极履行社会责任，努力稳定和扩大就业岗位。

胡春华强调，要加强就业形势跟踪分析，密切关注就业领域的苗头性、倾向性问题，认真听取研究机构、就业服务机构、企业等方面的意见，并根据形势变化提出新的政策建议，为稳就业大局多作贡献。

有关研究机构专家和部分就业服务机构、企业的代表参加座谈会并发言。

（新华社北京2022年4月7日电）

胡春华强调
以更大努力推动就业进一步回稳向好

中共中央政治局委员、国务院副总理胡春华19日在京出席全国就业工作电视电话会议暨国务院就业工作领导小组全体会议时强调，要深入学习贯彻习近平总书记重要指示精神，以更大努力推动就业形势进一步回稳向好，为经济社会发展大局作出积极贡献。

胡春华指出，要落实党中央、国务院部署，强化就业优先政策导向，千方百计拓展新的就业岗位，积极支持多渠道灵活就业，鼓励创业带动就业。要采取多种方式稳住已有岗位，进一步强化各项稳岗纾困政策，把职业技能培训和稳岗更好结合起来，鼓励企业和职工共同协商有效的稳岗办法。要调动各方面力量支持加强就业服务，充分发挥公共就业服务机构的作用，充分调动市场化机构的积极性。

胡春华强调，要切实稳定和扩大重点群体就业，持续用力抓好高校毕业生就业，想方设法拓宽就业渠道，强化对未就业毕业生的实名帮扶，做好困难毕业生的就业托底保障。要优先保障好脱贫劳动力就业，多措并举支持返乡农民工就地就近就业。要用心用情用力做好困难群体就业援助工作。

胡春华指出，要有效防范化解就业领域风险隐患，进一步加强劳动者权益保护，切实防范规模性失业风险，稳妥处理劳动关系矛盾纠纷，严格纠正各类就业歧视现象。

（新华社北京2022年8月19日电）

二、相关法律

中华人民共和国职业教育法

（1996年5月15日第八届全国人民代表大会常务委员会第十九次会议通过　2022年4月20日第十三届全国人民代表大会常务委员会第三十四次会议修订）

目　录

第一章　总　则

第一条　为了推动职业教育高质量发展，提高劳动者素质和技术技能水平，促进就业创业，建设教育强国、人力资源强国和技能型社会，推进社会主义现代化建设，根据宪法，制定本法。

第二条　本法所称职业教育，是指为了培养高素质技术技能人才，使受教育者具备从事某种职业或者实现职业发展所需要的职业道德、科学文化与专业知识、技术技能等职业综合素质和行动能力而实施的教育，包括职业学校教育和职业培训。

机关、事业单位对其工作人员实施的专门培训由法律、行政法规另行规定。

第三条　职业教育是与普通教育具有同等重要地位的教育类型，是国民教育体系和人力资源开发的重要组成部分，是培养多样化人才、传承技术技能、促进就业创业的重要途径。

国家大力发展职业教育，推进职业教育改革，提高职业教育质量，增强职业教育适应性，建立健全适应社会主义市场经济和社会发展需要、符合技术技能人才成长规律的职业教育制度体系，为全面建设社会主义现代化国家提供有力人才和技能支撑。

第四条　职业教育必须坚持中国共产党的领导，坚持社会主义办学方向，贯彻国家的教育方针，坚持立德树人、德技并修，坚持产教融合、校企合作，坚持面向市场、促进就业，坚持面向实践、强化能力，坚持面向人人、因材施教。

实施职业教育应当弘扬社会主义核心价值观，对受教育者进行思想政治教育和职业道德教育，培育劳模精神、劳动精神、工匠精神，传授科学文化与专业知识，培养技术技能，进行职业指导，全面提高受教育者的素质。

第五条　公民有依法接受职业教育的权利。

第六条　职业教育实行政府统筹、分级管理、地方为主、行业指导、校企合作、社会参与。

第七条　各级人民政府应当将发展职业教育纳入国民经济和社会发展规划，与促进就业创业和推动发展方式转变、产业结构调整、技术优化升级等整体部署、统筹实施。

第八条 国务院建立职业教育工作协调机制，统筹协调全国职业教育工作。

国务院教育行政部门负责职业教育工作的统筹规划、综合协调、宏观管理。国务院教育行政部门、人力资源社会保障行政部门和其他有关部门在国务院规定的职责范围内，分别负责有关的职业教育工作。

省、自治区、直辖市人民政府应当加强对本行政区域内职业教育工作的领导，明确设区的市、县级人民政府职业教育具体工作职责，统筹协调职业教育发展，组织开展督导评估。

县级以上地方人民政府有关部门应当加强沟通配合，共同推进职业教育工作。

第九条 国家鼓励发展多种层次和形式的职业教育，推进多元办学，支持社会力量广泛、平等参与职业教育。

国家发挥企业的重要办学主体作用，推动企业深度参与职业教育，鼓励企业举办高质量职业教育。

有关行业主管部门、工会和中华职业教育社等群团组织、行业组织、企业、事业单位等应当依法履行实施职业教育的义务，参与、支持或者开展职业教育。

第十条 国家采取措施，大力发展技工教育，全面提高产业工人素质。

国家采取措施，支持举办面向农村的职业教育，组织开展农业技能培训、返乡创业就业培训和职业技能培训，培养高素质乡村振兴人才。

国家采取措施，扶持革命老区、民族地区、边远地区、欠发达地区职业教育的发展。

国家采取措施，组织各类转岗、再就业、失业人员以及特殊人群等接受各种形式的职业教育，扶持残疾人职业教育的发展。

国家保障妇女平等接受职业教育的权利。

第十一条 实施职业教育应当根据经济社会发展需要，结合职业分类、职业标准、职业发展需求，制定教育标准或者培训方案，实行学历证书及其他学业证书、培训证书、职业资格证书和职业技能等级证书制度。

国家实行劳动者在就业前或者上岗前接受必要的职业教育的制度。

第十二条 国家采取措施，提高技术技能人才的社会地位和待遇，弘扬劳动光荣、技能宝贵、创造伟大的时代风尚。

国家对在职业教育工作中做出显著成绩的单位和个人按照有关规定给予表彰、奖励。

每年5月的第二周为职业教育活动周。

第十三条 国家鼓励职业教育领域的对外交流与合作，支持引进境外优质资源发展职业教育，鼓励有条件的职业教育机构赴境外办学，支持开展多种形式的职业教育学习成果互认。

第二章　职业教育体系

第十四条 国家建立健全适应经济社会发展需要，产教深度融合，职业学校教育和职业培训并重，职业教育与普通教育相互融通，不同层次职业教育有效贯通，服务全民终身学习的现代职业教育体系。

国家优化教育结构，科学配置教育资源，在义务教育后的不同阶段因地制宜、统筹推进职业教育与普通教育协调发展。

第十五条 职业学校教育分为中等职业学校教育、高等职业学校教育。

中等职业学校教育由高级中等教育层次的中等职业学校（含技工学校）实施。

高等职业学校教育由专科、本科及以上教育层次的高等职业学校和普通高等学校实施。根据高等职业学校设置制度规定，将符合条件的技师学院纳入高等职业学校序列。

其他学校、教育机构或者符合条件的企业、行业组织按照教育行政部门的统筹规划，可以实施相应层次的职业学校教育或者提供纳入人才培养方案的学分课程。

第十六条 职业培训包括就业前培训、在职培训、再就业培训及其他职业性培训，可以根据实际情况分级分类实施。

职业培训可以由相应的职业培训机构、职业学校实施。

其他学校或者教育机构以及企业、社会组织可以根据办学能力、社会需求，依法开展面向社会的、多种形式的职业培训。

第十七条 国家建立健全各级各类学校教育与职业培训学分、资历以及其他学习成果的认证、积累和转换机制，推进职业教育国家学分银行建设，促进职业教育与普通教育的学习成果融通、互认。

军队职业技能等级纳入国家职业资格认证和职业技能等级评价体系。

第十八条 残疾人职业教育除由残疾人教育机构实施外，各级各类职业学校和职业培训机构及其他教育机构应当按照国家有关规定接纳残疾学生，并加强无障碍环境建设，为残疾学生学习、生活提供必要的帮助和便利。

国家采取措施，支持残疾人教育机构、职业学校、职业培训机构及其他教育机构开展或者联合开展残疾人职业教育。

从事残疾人职业教育的特殊教育教师按照规定享受特殊教育津贴。

第十九条 县级以上人民政府教育行政部门应当鼓励和支持普通中小学、普通高等学校，根据实际需要增加职业教育相关教学内容，进行职业启蒙、职业认知、职业体验，开展职业规划指导、劳动教育，并组织、引导职业学校、职业培训机构、企业和行业组织等提供条件和支持。

第三章 职业教育的实施

第二十条 国务院教育行政部门会同有关部门根据经济社会发展需要和职业教育特点，组织制定、修订职业教育专业目录，完善职业教育教学等标准，宏观管理指导职业学校教材建设。

第二十一条 县级以上地方人民政府应当举办或者参与举办发挥骨干和示范作用的职业学校、职业培训机构，对社会力量依法举办的职业学校和职业培训机构给予指导和扶持。

国家根据产业布局和行业发展需要，采取措施，大力发展先进制造等产业需要的新兴专业，支持高水平职业学校、专业建设。

国家采取措施，加快培养托育、护理、康养、家政等方面技术技能人才。

第二十二条 县级人民政府可以根据县域经济社会发展的需要，设立职业教育中心学校，开展多种形式的职业教育，实施实用技术培训。

教育行政部门可以委托职业教育中心学校承担教育教学指导、教育质量评价、教师培训等职业教育公共管理和服务工作。

第二十三条 行业主管部门按照行业、产业人才需求加强对职业教育的指导，定期发布人才需求信息。

行业主管部门、工会和中华职业教育社等群团组织、行业组织可以根据需要，参与制定职业教育专业目录和相关职业教育标准，开展人才需求预测、职业生涯发展研究及信息咨询，培育供需匹配的产教融合服务组织，举办或者联合举办职业学校、职业培训机构，组织、协调、指导相关企业、事业单位、社会组织举办职业学校、职业培训机构。

第二十四条 企业应当根据本单位实际，有计划地对本单位的职工和准备招用的人员实施职业教育，并可以设置专职或者兼职实施职业教育的岗位。

企业应当按照国家有关规定实行培训上岗制度。企业招用的从事技术工种的劳动者，上岗前必须进行安全生产教育和技术培训；招用的从事涉及公共安全、人身健康、生命财产安全等特定职业（工种）的劳动者，必须经过培训并依法取得职业资格或者特种作业资格。

企业开展职业教育的情况应当纳入企业社会责任报告。

第二十五条 企业可以利用资本、技术、知识、设施、设备、场地和管理等要素，举办或者联合举办职业学校、职业培训机构。

第二十六条 国家鼓励、指导、支持企业和其他社会力量依法举办职业学校、职业培训机构。

地方各级人民政府采取购买服务，向学生提供助学贷款、奖助学金等措施，对企业和其他社会力量依法举办的职业学校和职业培训机构予以扶持；对其中的非营利性职业学校和职业培训机构还可以采取政府补贴、基金奖励、捐资激励等扶持措施，参照同级同类公办学校生均经费等相关经费标准和支持政策给予适当补助。

第二十七条 对深度参与产教融合、校企合作，在提升技术技能人才培养质量、促进就业中发挥重要主体作用的企业，按照规定给予奖励；对符合条件认定为产教融合型企业的，按照规定给予金融、财政、土地等支持，落实教育费附加、地方教育附加减免及其他税费优惠。

第二十八条 联合举办职业学校、职业培训机构的，举办者应当签订联合办学协议，约定各方权利义务。

地方各级人民政府及行业主管部门支持社会力量依法参与联合办学，举办多种形式的职业学校、职业培训机构。

行业主管部门、工会等群团组织、行业组织、企业、事业单位等委托学校、职业培训机构实施职业教育的，应当签订委托合同。

第二十九条 县级以上人民政府应当加强职业教育实习实训基地建设，组织行业主管部门、工会等群团组织、行业组织、企业等根据区域或者行业职业教育的需要建设高水平、专业化、开放共享的产教融合实习实训基地，为职业学校、职业培训机构开展实习实训和企业开展培训提供条件和支持。

第三十条 国家推行中国特色学徒制，引导企业按照岗位总量的一定比例设立学徒岗位，鼓励和支持有技术技能人才培养能力的企业特别是产教融合型企业与职业学校、职业培训机构开展合作，对新招用职工、在岗职工和转岗职工进行学徒培训，或者与职业学校联合招收学生，以工学结合的方式进行学徒培养。有关企业可以按照规定享受补贴。

企业与职业学校联合招收学生，以工学结合的方式进行学徒培养的，应当签订学徒培养协议。

第三十一条 国家鼓励行业组织、企业等参与职业教育专业教材开发，将新技术、新工艺、新理念纳入职业学校教材，并可以通过活页式教材等多种方式进行动态更新；支持运用信息技术和其他现代化教学方式，开发职业教育网络课程等学习资源，创新教学方式和学校管理方式，推动职业教育信息化建设与融合应用。

第三十二条 国家通过组织开展职业技能竞赛等活动，为技术技能人才提供展示技能、切磋技艺的平台，持续培养更多高素质技术技能人才、能工巧匠和大国工匠。

第四章 职业学校和职业培训机构

第三十三条 职业学校的设立，应当符合下列基本条件：

（一）有组织机构和章程；

（二）有合格的教师和管理人员；

（三）有与所实施职业教育相适应、符合规定标准和安全要求的教学及实习实训场所、设施、设备以及课程体系、教育教学资源等；

（四）有必备的办学资金和与办学规模相适应的稳定经费来源。

设立中等职业学校，由县级以上地方人民政府或者有关部门按照规定的权限审批；设立实施专科层次教育的高等职业学校，由省、自治区、直辖市人民政府审批，报国务院教育行政部门备案；设立实施本科及以上层次教育的高等职业学校，由国务院教育行政部门审批。

专科层次高等职业学校设置的培养高端技术技能人才的部分专业，符合产教深度融合、办学特色鲜明、培养质量较高等条件的，经国务院教育行政部门审批，可以实施本科层次的职业教育。

第三十四条 职业培训机构的设立，应当符合下列基本条件：

（一）有组织机构和管理制度；

（二）有与培训任务相适应的课程体系、教师或者其他授课人员、管理人员；

（三）有与培训任务相适应、符合安全要求的场所、设施、设备；

（四）有相应的经费。

职业培训机构的设立、变更和终止，按照国家有关规定执行。

第三十五条 公办职业学校实行中国共产党职业学校基层组织领导的校长负责制，中国共产党职业学校基层组织按照中国共产党章程和有关规定，全面领导学校工作，支持校长独立负责地行使职权。民办职业学校依法健全决策机制，强化学校的中国共产党基层组织政治功能，保证其在学校重大事项决策、监督、执行各环节有效发挥作用。

校长全面负责本学校教学、科学研究和其他行政管理工作。校长通过校长办公会或者校务会议行使职权，依法接受监督。

职业学校可以通过咨询、协商等多种形式，听取行业组织、企业、学校毕业生等方面代表的意见，发挥其参与学校建设、支持学校发展的作用。

第三十六条 职业学校应当依法办学，依据章程自主管理。

职业学校在办学中可以开展下列活动：

（一）根据产业需求，依法自主设置专业；

（二）基于职业教育标准制定人才培养方案，依法自主选用或者编写专业课程教材；

（三）根据培养技术技能人才的需要，自主设置学习制度，安排教学过程；

（四）在基本学制基础上，适当调整修业年限，实行弹性学习制度；

（五）依法自主选聘专业课教师。

第三十七条 国家建立符合职业教育特点的考试招生制度。

中等职业学校可以按照国家有关规定，在有关专业实行与高等职业学校教育的贯通招生和培养。

高等职业学校可以按照国家有关规定，采取文化素质与职业技能相结合的考核方式招收学生；对有突出贡献的技术技能人才，经考核合格，可以破格录取。

省级以上人民政府教育行政部门会同同级人民政府有关部门建立职业教育统一招生平台，汇总发布实施职业教育的学校及其专业设置、招生情况等信息，提供查询、报考等服务。

第三十八条 职业学校应当加强校风学风、师德师风建设，营造良好学习环境，保证教育教学质量。

第三十九条 职业学校应当建立健全就业创业促进机制，采取多种形式为学生提供职业规划、职业体验、求职指导等就业创业服务，增强学生就业创业能力。

第四十条 职业学校、职业培训机构实施职业教育应当注重产教融合，实行校企合作。

职业学校、职业培训机构可以通过与行业组织、企业、事业单位等共同举办职业教育机构、组建职业教育集团、开展订单培养等多种形式进行合作。

国家鼓励职业学校在招生就业、人才培养方案制定、师资队伍建设、专业规划、课程设置、教材开发、教学设计、教学实施、质量评价、科学研究、技术服务、科技成果转化以及技术技能创新平台、专业化技术转移机构、实习实训基地建设等方面，与相关行业组织、企业、事业单位等建立合作机制。开展合作的，应当签订协议，明确双方权利义务。

第四十一条 职业学校、职业培训机构开展校企合作、提供社会服务或者以实习实训为目的举办企业、开展经营活动取得的收入用于改善办学条件；收入的一定比例可以用于支付教师、企业专家、外聘人员和受教育者的劳动报酬，也可以作为绩效工资来源，符合国家规定的可以不受绩效工资总量限制。

职业学校、职业培训机构实施前款规定的活动，符合国家有关规定的，享受相关税费优惠政策。

第四十二条 职业学校按照规定的收费标

准和办法，收取学费和其他必要费用；符合国家规定条件的，应当予以减免；不得以介绍工作、安排实习实训等名义违法收取费用。

职业培训机构、职业学校面向社会开展培训的，按照国家有关规定收取费用。

第四十三条 职业学校、职业培训机构应当建立健全教育质量评价制度，吸纳行业组织、企业等参与评价，并及时公开相关信息，接受教育督导和社会监督。

县级以上人民政府教育行政部门应当会同有关部门、行业组织建立符合职业教育特点的质量评价体系，组织或者委托行业组织、企业和第三方专业机构，对职业学校的办学质量进行评估，并将评估结果及时公开。

职业教育质量评价应当突出就业导向，把受教育者的职业道德、技术技能水平、就业质量作为重要指标，引导职业学校培养高素质技术技能人才。

有关部门应当按照各自职责，加强对职业学校、职业培训机构的监督管理。

第五章　职业教育的教师与受教育者

第四十四条 国家保障职业教育教师的权利，提高其专业素质与社会地位。

县级以上人民政府及其有关部门应当将职业教育教师的培养培训工作纳入教师队伍建设规划，保证职业教育教师队伍适应职业教育发展的需要。

第四十五条 国家建立健全职业教育教师培养培训体系。

各级人民政府应当采取措施，加强职业教育教师专业化培养培训，鼓励设立专门的职业教育师范院校，支持高等学校设立相关专业，培养职业教育教师；鼓励行业组织、企业共同参与职业教育教师培养培训。

产教融合型企业、规模以上企业应当安排一定比例的岗位，接纳职业学校、职业培训机构教师实践。

第四十六条 国家建立健全符合职业教育特点和发展要求的职业学校教师岗位设置和职务（职称）评聘制度。

职业学校的专业课教师（含实习指导教师）应当具有一定年限的相应工作经历或者实践经验，达到相应的技术技能水平。

具备条件的企业、事业单位经营管理和专业技术人员，以及其他有专业知识或者特殊技能的人员，经教育教学能力培训合格的，可以担任职业学校的专职或者兼职专业课教师；取得教师资格的，可以根据其技术职称聘任为相应的教师职务。取得职业学校专业课教师资格可以视情况降低学历要求。

第四十七条 国家鼓励职业学校聘请技能大师、劳动模范、能工巧匠、非物质文化遗产代表性传承人等高技能人才，通过担任专职或者兼职专业课教师、设立工作室等方式，参与人才培养、技术开发、技能传承等工作。

第四十八条 国家制定职业学校教职工配备基本标准。省、自治区、直辖市应当根据基本标准，制定本地区职业学校教职工配备标准。

县级以上地方人民政府应当根据教职工配备标准、办学规模等，确定公办职业学校教职工人员规模，其中一定比例可以用于支持职业学校面向社会公开招聘专业技术人员、技能人才担任专职或者兼职教师。

第四十九条 职业学校学生应当遵守法律、法规和学生行为规范，养成良好的职业道德、职业精神和行为习惯，努力学习，完成规定的学习任务，按照要求参加实习实训，掌握技术技能。

职业学校学生的合法权益，受法律保护。

第五十条 国家鼓励企业、事业单位安排实习岗位，接纳职业学校和职业培训机构的学生实习。接纳实习的单位应当保障学生在实习期间按照规定享受休息休假、获得劳动安全卫生保护、参加相关保险、接受职业技能指导等权利；对上岗实习的，应当签订实习协议，给予适当的劳动报酬。

职业学校和职业培训机构应当加强对实习实训学生的指导，加强安全生产教育，协商实习单位安排与学生所学专业相匹配的岗位，明确实习实训内容和标准，不得安排学生从事与所学专业无关的实习实训，不得违反相关规定通过人力资源服务机构、劳务派遣单位，或者通过非法从事人力资源服务、劳务派遣业务的单位或个人组织、安排、管理学生实习实训。

第五十一条 接受职业学校教育，达到相应学业要求，经学校考核合格的，取得相应的学业证书；接受职业培训，经职业培训机构或者职业学校考核合格的，取得相应的培训证书；经符合国家规定的专门机构考核合格的，取得相应的职业资格证书或者职业技能等级证书。

学业证书、培训证书、职业资格证书和职业技能等级证书，按照国家有关规定，作为受教育者从业的凭证。

接受职业培训取得的职业技能等级证书、培训证书等学习成果，经职业学校认定，可以转化为相应的学历教育学分；达到相应职业学校学业要求的，可以取得相应的学业证书。

接受高等职业学校教育，学业水平达到国家规定的学位标准的，可以依法申请相应学位。

第五十二条 国家建立对职业学校学生的奖励和资助制度，对特别优秀的学生进行奖励，对经济困难的学生提供资助，并向艰苦、特殊行业等专业学生适当倾斜。国家根据经济社会发展情况适时调整奖励和资助标准。

国家支持企业、事业单位、社会组织及公民个人按照国家有关规定设立职业教育奖学金、助学金，奖励优秀学生，资助经济困难的学生。

职业学校应当按照国家有关规定从事业收入或者学费收入中提取一定比例资金，用于奖励和资助学生。

省、自治区、直辖市人民政府有关部门应当完善职业学校资助资金管理制度，规范资助资金管理使用。

第五十三条 职业学校学生在升学、就业、职业发展等方面与同层次普通学校学生享有平等机会。

高等职业学校和实施职业教育的普通高等学校应当在招生计划中确定相应比例或者采取单独考试办法，专门招收职业学校毕业生。

各级人民政府应当创造公平就业环境。用人单位不得设置妨碍职业学校毕业生平等就业、公平竞争的报考、录用、聘用条件。机关、事业单位、国有企业在招录、招聘技术技能岗位人员时，应当明确技术技能要求，将技术技能水平作为录用、聘用的重要条件。事业单位公开招聘中有职业技能等级要求的岗位，可以适当降低学历要求。

第六章 职业教育的保障

第五十四条 国家优化教育经费支出结构，使职业教育经费投入与职业教育发展需求相适应，鼓励通过多种渠道依法筹集发展职业教育的资金。

第五十五条 各级人民政府应当按照事权和支出责任相适应的原则，根据职业教育办学规模、培养成本和办学质量等落实职业教育经费，并加强预算绩效管理，提高资金使用效益。

省、自治区、直辖市人民政府应当制定本地区职业学校生均经费标准或者公用经费标准。职业学校举办者应当按照生均经费标准或者公用经费标准按时、足额拨付经费，不断改善办学条件。不得以学费、社会服务收入冲抵生均拨款。

民办职业学校举办者应当参照同层次职业学校生均经费标准，通过多种渠道筹措经费。

财政专项安排、社会捐赠指定用于职业教育的经费，任何组织和个人不得挪用、克扣。

第五十六条 地方各级人民政府安排地方教育附加等方面的经费，应当将其中可用于职业教育的资金统筹使用；发挥失业保险基金作用，支持职工提升职业技能。

第五十七条 各级人民政府加大面向农村

的职业教育投入，可以将农村科学技术开发、技术推广的经费适当用于农村职业培训。

第五十八条 企业应当根据国务院规定的标准，按照职工工资总额一定比例提取和使用职工教育经费。职工教育经费可以用于举办职业教育机构、对本单位的职工和准备招用人员进行职业教育等合理用途，其中用于企业一线职工职业教育的经费应当达到国家规定的比例。用人单位安排职工到职业学校或者职业培训机构接受职业教育的，应当在其接受职业教育期间依法支付工资，保障相关待遇。

企业设立具备生产与教学功能的产教融合实习实训基地所发生的费用，可以参照职业学校享受相应的用地、公用事业费等优惠。

第五十九条 国家鼓励金融机构通过提供金融服务支持发展职业教育。

第六十条 国家鼓励企业、事业单位、社会组织及公民个人对职业教育捐资助学，鼓励境外的组织和个人对职业教育提供资助和捐赠。提供的资助和捐赠，必须用于职业教育。

第六十一条 国家鼓励和支持开展职业教育的科学技术研究、教材和教学资源开发，推进职业教育资源跨区域、跨行业、跨部门共建共享。

国家逐步建立反映职业教育特点和功能的信息统计和管理体系。

县级以上人民政府及其有关部门应当建立健全职业教育服务和保障体系，组织、引导工会等群团组织、行业组织、企业、学校等开展职业教育研究、宣传推广、人才供需对接等活动。

第六十二条 新闻媒体和职业教育有关方面应当积极开展职业教育公益宣传，弘扬技术技能人才成长成才典型事迹，营造人人努力成才、人人皆可成才、人人尽展其才的良好社会氛围。

第七章 法律责任

第六十三条 在职业教育活动中违反《中华人民共和国教育法》、《中华人民共和国劳动法》等有关法律规定的，依照有关法律的规定给予处罚。

第六十四条 企业未依照本法规定对本单位的职工和准备招用的人员实施职业教育、提取和使用职工教育经费的，由有关部门责令改正；拒不改正的，由县级以上人民政府收取其应当承担的职工教育经费，用于职业教育。

第六十五条 职业学校、职业培训机构在职业教育活动中违反本法规定的，由教育行政部门或者其他有关部门责令改正；教育教学质量低下或者管理混乱，造成严重后果的，责令暂停招生、限期整顿；逾期不整顿或者经整顿仍达不到要求的，吊销办学许可证或者责令停止办学。

第六十六条 接纳职业学校和职业培训机构学生实习的单位违反本法规定，侵害学生休息休假、获得劳动安全卫生保护、参加相关保险、接受职业技能指导等权利的，依法承担相应的法律责任。

职业学校、职业培训机构违反本法规定，通过人力资源服务机构、劳务派遣单位或者非法从事人力资源服务、劳务派遣业务的单位或个人组织、安排、管理学生实习实训的，由教育行政部门、人力资源社会保障行政部门或者其他有关部门责令改正，没收违法所得，并处违法所得一倍以上五倍以下的罚款；违法所得不足一万元的，按一万元计算。

对前款规定的人力资源服务机构、劳务派遣单位或者非法从事人力资源服务、劳务派遣业务的单位或个人，由人力资源社会保障行政部门或者其他有关部门责令改正，没收违法所得，并处违法所得一倍以上五倍以下的罚款；违法所得不足一万元的，按一万元计算。

第六十七条 教育行政部门、人力资源社会保障行政部门或者其他有关部门的工作人员违反本法规定，滥用职权、玩忽职守、徇私舞弊的，依法给予处分；构成犯罪的，依法追究刑事责任。

第八章 附 则

第六十八条 境外的组织和个人在境内举办职业学校、职业培训机构，适用本法；法律、行政法规另有规定的，从其规定。

第六十九条 本法自 2022 年 5 月 1 日起施行。

中华人民共和国妇女权益保障法

（1992年4月3日第七届全国人民代表大会第五次会议通过　根据2005年8月28日第十届全国人民代表大会常务委员会第十七次会议《关于修改〈中华人民共和国妇女权益保障法〉的决定》第一次修正　根据2018年10月26日第十三届全国人民代表大会常务委员会第六次会议《关于修改〈中华人民共和国野生动物保护法〉等十五部法律的决定》第二次修正　2022年10月30日第十三届全国人民代表大会常务委员会第三十七次会议修订）

目　录

第一章　总　则

第一条　为了保障妇女的合法权益，促进男女平等和妇女全面发展，充分发挥妇女在全面建设社会主义现代化国家中的作用，弘扬社会主义核心价值观，根据宪法，制定本法。

第二条　男女平等是国家的基本国策。妇女在政治的、经济的、文化的、社会的和家庭的生活等各方面享有同男子平等的权利。

国家采取必要措施，促进男女平等，消除对妇女一切形式的歧视，禁止排斥、限制妇女依法享有和行使各项权益。

国家保护妇女依法享有的特殊权益。

第三条　坚持中国共产党对妇女权益保障工作的领导，建立政府主导、各方协同、社会参与的保障妇女权益工作机制。

各级人民政府应当重视和加强妇女权益的保障工作。

县级以上人民政府负责妇女儿童工作的机构，负责组织、协调、指导、督促有关部门做好妇女权益的保障工作。

县级以上人民政府有关部门在各自的职责范围内做好妇女权益的保障工作。

第四条　保障妇女的合法权益是全社会的共同责任。国家机关、社会团体、企业事业单位、基层群众性自治组织以及其他组织和个人，应当依法保障妇女的权益。

国家采取有效措施，为妇女依法行使权利提供必要的条件。

第五条　国务院制定和组织实施中国妇女发展纲要，将其纳入国民经济和社会发展规划，保障和促进妇女在各领域的全面发展。

县级以上地方各级人民政府根据中国妇女发展纲要，制定和组织实施本行政区域的妇女发展规划，将其纳入国民经济和社会发展规划。

县级以上人民政府应当将妇女权益保障所需经费列入本级预算。

第六条 中华全国妇女联合会和地方各级妇女联合会依照法律和中华全国妇女联合会章程，代表和维护各族各界妇女的利益，做好维护妇女权益、促进男女平等和妇女全面发展的工作。

工会、共产主义青年团、残疾人联合会等群团组织应当在各自的工作范围内，做好维护妇女权益的工作。

第七条 国家鼓励妇女自尊、自信、自立、自强，运用法律维护自身合法权益。

妇女应当遵守国家法律，尊重社会公德、职业道德和家庭美德，履行法律所规定的义务。

第八条 有关机关制定或者修改涉及妇女权益的法律、法规、规章和其他规范性文件，应当听取妇女联合会的意见，充分考虑妇女的特殊权益，必要时开展男女平等评估。

第九条 国家建立健全妇女发展状况统计调查制度，完善性别统计监测指标体系，定期开展妇女发展状况和权益保障统计调查和分析，发布有关信息。

第十条 国家将男女平等基本国策纳入国民教育体系，开展宣传教育，增强全社会的男女平等意识，培育尊重和关爱妇女的社会风尚。

第十一条 国家对保障妇女合法权益成绩显著的组织和个人，按照有关规定给予表彰和奖励。

第二章　政治权利

第十二条 国家保障妇女享有与男子平等的政治权利。

第十三条 妇女有权通过各种途径和形式，依法参与管理国家事务、管理经济和文化事业、管理社会事务。

妇女和妇女组织有权向各级国家机关提出妇女权益保障方面的意见和建议。

第十四条 妇女享有与男子平等的选举权和被选举权。

全国人民代表大会和地方各级人民代表大会的代表中，应当保证有适当数量的妇女代表。国家采取措施，逐步提高全国人民代表大会和地方各级人民代表大会的妇女代表的比例。

居民委员会、村民委员会成员中，应当保证有适当数量的妇女成员。

第十五条 国家积极培养和选拔女干部，重视培养和选拔少数民族女干部。

国家机关、群团组织、企业事业单位培养、选拔和任用干部，应当坚持男女平等的原则，并有适当数量的妇女担任领导成员。

妇女联合会及其团体会员，可以向国家机关、群团组织、企业事业单位推荐女干部。

国家采取措施支持女性人才成长。

第十六条 妇女联合会代表妇女积极参与国家和社会事务的民主协商、民主决策、民主管理和民主监督。

第十七条 对于有关妇女权益保障工作的批评或者合理可行的建议，有关部门应当听取和采纳；对于有关侵害妇女权益的申诉、控告和检举，有关部门应当查清事实，负责处理，任何组织和个人不得压制或者打击报复。

第三章　人身和人格权益

第十八条 国家保障妇女享有与男子平等的人身和人格权益。

第十九条 妇女的人身自由不受侵犯。禁止非法拘禁和以其他非法手段剥夺或者限制妇女的人身自由；禁止非法搜查妇女的身体。

第二十条 妇女的人格尊严不受侵犯。禁止用侮辱、诽谤等方式损害妇女的人格尊严。

第二十一条 妇女的生命权、身体权、健康权不受侵犯。禁止虐待、遗弃、残害、买卖以及其他侵害女性生命健康权益的行为。

禁止进行非医学需要的胎儿性别鉴定和选择性别的人工终止妊娠。

医疗机构施行生育手术、特殊检查或者特殊治疗时，应当征得妇女本人同意；在妇女与其家属或者关系人意见不一致时，应当尊重妇女本人意愿。

第二十二条 禁止拐卖、绑架妇女；禁止收买被拐卖、绑架的妇女；禁止阻碍解救被拐卖、绑架的妇女。

各级人民政府和公安、民政、人力资源和社会保障、卫生健康等部门及村民委员会、居民委员会按照各自的职责及时发现报告，并采取措施解救被拐卖、绑架的妇女，做好被解救妇女的安置、救助和关爱等工作。妇女联合会协助和配合做好有关工作。任何组织和个人不得歧视被拐卖、绑架的妇女。

第二十三条 禁止违背妇女意愿，以言语、文字、图像、肢体行为等方式对其实施性骚扰。

受害妇女可以向有关单位和国家机关投诉。接到投诉的有关单位和国家机关应当及时处理，并书面告知处理结果。

受害妇女可以向公安机关报案，也可以向人民法院提起民事诉讼，依法请求行为人承担民事责任。

第二十四条 学校应当根据女学生的年龄阶段，进行生理卫生、心理健康和自我保护教育，在教育、管理、设施等方面采取措施，提高其防范性侵害、性骚扰的自我保护意识和能力，保障女学生的人身安全和身心健康发展。

学校应当建立有效预防和科学处置性侵害、性骚扰的工作制度。对性侵害、性骚扰女学生的违法犯罪行为，学校不得隐瞒，应当及时通知受害未成年女学生的父母或者其他监护人，向公安机关、教育行政部门报告，并配合相关部门依法处理。

对遭受性侵害、性骚扰的女学生，学校、公安机关、教育行政部门等相关单位和人员应当保护其隐私和个人信息，并提供必要的保护措施。

第二十五条 用人单位应当采取下列措施预防和制止对妇女的性骚扰：

（一）制定禁止性骚扰的规章制度；

（二）明确负责机构或者人员；

（三）开展预防和制止性骚扰的教育培训活动；

（四）采取必要的安全保卫措施；

（五）设置投诉电话、信箱等，畅通投诉渠道；

（六）建立和完善调查处置程序，及时处置纠纷并保护当事人隐私和个人信息；

（七）支持、协助受害妇女依法维权，必要时为受害妇女提供心理疏导；

（八）其他合理的预防和制止性骚扰措施。

第二十六条 住宿经营者应当及时准确登记住宿人员信息，健全住宿服务规章制度，加强安全保障措施；发现可能侵害妇女权益的违法犯罪行为，应当及时向公安机关报告。

第二十七条 禁止卖淫、嫖娼；禁止组织、强迫、引诱、容留、介绍妇女卖淫或者对妇女进行猥亵活动；禁止组织、强迫、引诱、容留、介绍妇女在任何场所或者利用网络进行淫秽表演活动。

第二十八条 妇女的姓名权、肖像权、名誉权、荣誉权、隐私权和个人信息等人格权益受法律保护。

媒体报道涉及妇女事件应当客观、适度，不得通过夸大事实、过度渲染等方式侵害妇女的人格权益。

禁止通过大众传播媒介或者其他方式贬低损害妇女人格。未经本人同意，不得通过广告、商标、展览橱窗、报纸、期刊、图书、音像制品、电子出版物、网络等形式使用妇女肖像，但法律另有规定的除外。

第二十九条 禁止以恋爱、交友为由或者在终止恋爱关系、离婚之后，纠缠、骚扰妇女，泄露、传播妇女隐私和个人信息。

妇女遭受上述侵害或者面临上述侵害现实危险的，可以向人民法院申请人身安全保护令。

第三十条 国家建立健全妇女健康服务体系，保障妇女享有基本医疗卫生服务，开展妇女常见病、多发病的预防、筛查和诊疗，提高妇女健康水平。

国家采取必要措施，开展经期、孕期、产期、哺乳期和更年期的健康知识普及、卫生保健和疾病防治，保障妇女特殊生理时期的健康需求，为有需要的妇女提供心理健康服务支持。

第三十一条 县级以上地方人民政府应当设立妇幼保健机构，为妇女提供保健以及常见病防治服务。

国家鼓励和支持社会力量通过依法捐赠、资助或者提供志愿服务等方式，参与妇女卫生健康事业，提供安全的生理健康用品或者服务，满足妇女多样化、差异化的健康需求。

用人单位应当定期为女职工安排妇科疾病、乳腺疾病检查以及妇女特殊需要的其他健康检查。

第三十二条 妇女依法享有生育子女的权利，也有不生育子女的自由。

第三十三条 国家实行婚前、孕前、孕产期和产后保健制度，逐步建立妇女全生育周期系统保健制度。医疗保健机构应当提供安全、有效的医疗保健服务，保障妇女生育安全和健康。

有关部门应当提供安全、有效的避孕药具和技术，保障妇女的健康和安全。

第三十四条 各级人民政府在规划、建设基础设施时，应当考虑妇女的特殊需求，配备满足妇女需要的公共厕所和母婴室等公共设施。

第四章 文化教育权益

第三十五条 国家保障妇女享有与男子平等的文化教育权利。

第三十六条 父母或者其他监护人应当履行保障适龄女性未成年人接受并完成义务教育的义务。

对无正当理由不送适龄女性未成年人入学的父母或者其他监护人，由当地乡镇人民政府或者县级人民政府教育行政部门给予批评教育，依法责令其限期改正。居民委员会、村民委员会应当协助政府做好相关工作。

政府、学校应当采取有效措施，解决适龄女性未成年人就学存在的实际困难，并创造条件，保证适龄女性未成年人完成义务教育。

第三十七条 学校和有关部门应当执行国家有关规定，保障妇女在入学、升学、授予学位、派出留学、就业指导和服务等方面享有与男子平等的权利。

学校在录取学生时，除国家规定的特殊专业外，不得以性别为由拒绝录取女性或者提高对女性的录取标准。

各级人民政府应当采取措施，保障女性平等享有接受中高等教育的权利和机会。

第三十八条 各级人民政府应当依照规定把扫除妇女中的文盲、半文盲工作，纳入扫盲和扫盲后继续教育规划，采取符合妇女特点的组织形式和工作方法，组织、监督有关部门具体实施。

第三十九条 国家健全全民终身学习体系，为妇女终身学习创造条件。

各级人民政府和有关部门应当采取措施，根据城镇和农村妇女的需要，组织妇女接受职业教育和实用技术培训。

第四十条 国家机关、社会团体和企业事业单位应当执行国家有关规定，保障妇女从事科学、技术、文学、艺术和其他文化活动，享有与男子平等的权利。

第五章 劳动和社会保障权益

第四十一条 国家保障妇女享有与男子平等的劳动权利和社会保障权利。

第四十二条 各级人民政府和有关部门应当完善就业保障政策措施，防止和纠正就业性别歧视，为妇女创造公平的就业创业环境，为就业困难的妇女提供必要的扶持和援助。

第四十三条 用人单位在招录（聘）过

程中，除国家另有规定外，不得实施下列行为：

（一）限定为男性或者规定男性优先；

（二）除个人基本信息外，进一步询问或者调查女性求职者的婚育情况；

（三）将妊娠测试作为入职体检项目；

（四）将限制结婚、生育或者婚姻、生育状况作为录（聘）用条件；

（五）其他以性别为由拒绝录（聘）用妇女或者差别化地提高对妇女录（聘）用标准的行为。

第四十四条 用人单位在录（聘）用女职工时，应当依法与其签订劳动（聘用）合同或者服务协议，劳动（聘用）合同或者服务协议中应当具备女职工特殊保护条款，并不得规定限制女职工结婚、生育等内容。

职工一方与用人单位订立的集体合同中应当包含男女平等和女职工权益保护相关内容，也可以就相关内容制定专章、附件或者单独订立女职工权益保护专项集体合同。

第四十五条 实行男女同工同酬。妇女在享受福利待遇方面享有与男子平等的权利。

第四十六条 在晋职、晋级、评聘专业技术职称和职务、培训等方面，应当坚持男女平等的原则，不得歧视妇女。

第四十七条 用人单位应当根据妇女的特点，依法保护妇女在工作和劳动时的安全、健康以及休息的权利。

妇女在经期、孕期、产期、哺乳期受特殊保护。

第四十八条 用人单位不得因结婚、怀孕、产假、哺乳等情形，降低女职工的工资和福利待遇，限制女职工晋职、晋级、评聘专业技术职称和职务，辞退女职工，单方解除劳动（聘用）合同或者服务协议。

女职工在怀孕以及依法享受产假期间，劳动（聘用）合同或者服务协议期满的，劳动（聘用）合同或者服务协议期限自动延续至产假结束。但是，用人单位依法解除、终止劳动（聘用）合同、服务协议，或者女职工依法要求解除、终止劳动（聘用）合同、服务协议的除外。

用人单位在执行国家退休制度时，不得以性别为由歧视妇女。

第四十九条 人力资源和社会保障部门应当将招聘、录取、晋职、晋级、评聘专业技术职称和职务、培训、辞退等过程中的性别歧视行为纳入劳动保障监察范围。

第五十条 国家发展社会保障事业，保障妇女享有社会保险、社会救助和社会福利等权益。

国家提倡和鼓励为帮助妇女而开展的社会公益活动。

第五十一条 国家实行生育保险制度，建立健全婴幼儿托育服务等与生育相关的其他保障制度。

国家建立健全职工生育休假制度，保障孕产期女职工依法享有休息休假权益。

地方各级人民政府和有关部门应当按照国家有关规定，为符合条件的困难妇女提供必要的生育救助。

第五十二条 各级人民政府和有关部门应当采取必要措施，加强贫困妇女、老龄妇女、残疾妇女等困难妇女的权益保障，按照有关规定为其提供生活帮扶、就业创业支持等关爱服务。

第六章　财产权益

第五十三条 国家保障妇女享有与男子平等的财产权利。

第五十四条 在夫妻共同财产、家庭共有财产关系中，不得侵害妇女依法享有的权益。

第五十五条 妇女在农村集体经济组织成员身份确认、土地承包经营、集体经济组织收益分配、土地征收补偿安置或者征用补偿以及宅基地使用等方面，享有与男子平等的权利。

申请农村土地承包经营权、宅基地使用权等不动产登记，应当在不动产登记簿和权属证书上将享有权利的妇女等家庭成员全部列明。征收补偿安置或者征用补偿协议应当将享有相关权益的妇女列入，并记载权益内容。

第五十六条 村民自治章程、村规民约，村民会议、村民代表会议的决定以及其他涉及村民利益事项的决定，不得以妇女未婚、结婚、离婚、丧偶、户无男性等为由，侵害妇女在农村集体经济组织中的各项权益。

因结婚男方到女方住所落户的，男方和子女享有与所在地农村集体经济组织成员平等的权益。

第五十七条 国家保护妇女在城镇集体所有财产关系中的权益。妇女依照法律、法规的规定享有相关权益。

第五十八条 妇女享有与男子平等的继承权。妇女依法行使继承权，不受歧视。

丧偶妇女有权依法处分继承的财产，任何组织和个人不得干涉。

第五十九条 丧偶儿媳对公婆尽了主要赡养义务的，作为第一顺序继承人，其继承权不受子女代位继承的影响。

第七章 婚姻家庭权益

第六十条 国家保障妇女享有与男子平等的婚姻家庭权利。

第六十一条 国家保护妇女的婚姻自主权。禁止干涉妇女的结婚、离婚自由。

第六十二条 国家鼓励男女双方在结婚登记前，共同进行医学检查或者相关健康体检。

第六十三条 婚姻登记机关应当提供婚姻家庭辅导服务，引导当事人建立平等、和睦、文明的婚姻家庭关系。

第六十四条 女方在怀孕期间、分娩后一年内或者终止妊娠后六个月内，男方不得提出离婚；但是，女方提出离婚或者人民法院认为确有必要受理男方离婚请求的除外。

第六十五条 禁止对妇女实施家庭暴力。

县级以上人民政府有关部门、司法机关、社会团体、企业事业单位、基层群众性自治组织以及其他组织，应当在各自的职责范围内预防和制止家庭暴力，依法为受害妇女提供救助。

第六十六条 妇女对夫妻共同财产享有与其配偶平等的占有、使用、收益和处分的权利，不受双方收入状况等情形的影响。

对夫妻共同所有的不动产以及可以联名登记的动产，女方有权要求在权属证书上记载其姓名；认为记载的权利人、标的物、权利比例等事项有错误的，有权依法申请更正登记或者异议登记，有关机构应当按照其申请依法办理相应登记手续。

第六十七条 离婚诉讼期间，夫妻一方申请查询登记在对方名下财产状况且确因客观原因不能自行收集的，人民法院应当进行调查取证，有关部门和单位应当予以协助。

离婚诉讼期间，夫妻双方均有向人民法院申报全部夫妻共同财产的义务。一方隐藏、转移、变卖、损毁、挥霍夫妻共同财产，或者伪造夫妻共同债务企图侵占另一方财产的，在离婚分割夫妻共同财产时，对该方可以少分或者不分财产。

第六十八条 夫妻双方应当共同负担家庭义务，共同照顾家庭生活。

女方因抚育子女、照料老人、协助男方工作等负担较多义务的，有权在离婚时要求男方予以补偿。补偿办法由双方协议确定；协议不成的，可以向人民法院提起诉讼。

第六十九条 离婚时，分割夫妻共有的房屋或者处理夫妻共同租住的房屋，由双方协议解决；协议不成的，可以向人民法院提起诉讼。

第七十条 父母双方对未成年子女享有平等的监护权。

父亲死亡、无监护能力或者有其他情形不能担任未成年子女的监护人的，母亲的监护权任何组织和个人不得干涉。

第七十一条 女方丧失生育能力的，在离婚处理子女抚养问题时，应当在最有利于未成年子女的条件下，优先考虑女方的抚养要求。

第八章 救济措施

第七十二条 对侵害妇女合法权益的行

为，任何组织和个人都有权予以劝阻、制止或者向有关部门提出控告或者检举。有关部门接到控告或者检举后，应当依法及时处理，并为控告人、检举人保密。

妇女的合法权益受到侵害的，有权要求有关部门依法处理，或者依法申请调解、仲裁，或者向人民法院起诉。

对符合条件的妇女，当地法律援助机构或者司法机关应当给予帮助，依法为其提供法律援助或者司法救助。

第七十三条 妇女的合法权益受到侵害的，可以向妇女联合会等妇女组织求助。妇女联合会等妇女组织应当维护被侵害妇女的合法权益，有权要求并协助有关部门或者单位查处。有关部门或者单位应当依法查处，并予以答复；不予处理或者处理不当的，县级以上人民政府负责妇女儿童工作的机构、妇女联合会可以向其提出督促处理意见，必要时可以提请同级人民政府开展督查。

受害妇女进行诉讼需要帮助的，妇女联合会应当给予支持和帮助。

第七十四条 用人单位侵害妇女劳动和社会保障权益的，人力资源和社会保障部门可以联合工会、妇女联合会约谈用人单位，依法进行监督并要求其限期纠正。

第七十五条 妇女在农村集体经济组织成员身份确认等方面权益受到侵害的，可以申请乡镇人民政府等进行协调，或者向人民法院起诉。

乡镇人民政府应当对村民自治章程、村规民约，村民会议、村民代表会议的决定以及其他涉及村民利益事项的决定进行指导，对其中违反法律、法规和国家政策规定，侵害妇女合法权益的内容责令改正；受侵害妇女向农村土地承包仲裁机构申请仲裁或者向人民法院起诉的，农村土地承包仲裁机构或者人民法院应当依法受理。

第七十六条 县级以上人民政府应当开通全国统一的妇女权益保护服务热线，及时受理、移送有关侵害妇女合法权益的投诉、举报；有关部门或者单位接到投诉、举报后，应当及时予以处置。

鼓励和支持群团组织、企业事业单位、社会组织和个人参与建设妇女权益保护服务热线，提供妇女权益保护方面的咨询、帮助。

第七十七条 侵害妇女合法权益，导致社会公共利益受损的，检察机关可以发出检察建议；有下列情形之一的，检察机关可以依法提起公益诉讼：

（一）确认农村妇女集体经济组织成员身份时侵害妇女权益或者侵害妇女享有的农村土地承包和集体收益、土地征收征用补偿分配权益和宅基地使用权益；

（二）侵害妇女平等就业权益；

（三）相关单位未采取合理措施预防和制止性骚扰；

（四）通过大众传播媒介或者其他方式贬低损害妇女人格；

（五）其他严重侵害妇女权益的情形。

第七十八条 国家机关、社会团体、企业事业单位对侵害妇女权益的行为，可以支持受侵害的妇女向人民法院起诉。

第九章 法律责任

第七十九条 违反本法第二十二条第二款规定，未履行报告义务的，依法对直接负责的主管人员和其他直接责任人员给予处分。

第八十条 违反本法规定，对妇女实施性骚扰的，由公安机关给予批评教育或者出具告诫书，并由所在单位依法给予处分。

学校、用人单位违反本法规定，未采取必要措施预防和制止性骚扰，造成妇女权益受到侵害或者社会影响恶劣的，由上级机关或者主管部门责令改正；拒不改正或者情节严重的，依法对直接负责的主管人员和其他直接责任人员给予处分。

第八十一条 违反本法第二十六条规定，未履行报告等义务的，依法给予警告、责令停业整顿或者吊销营业执照、吊销相关许可证，并处一万元以上五万元以下罚款。

第八十二条 违反本法规定，通过大众传播媒介或者其他方式贬低损害妇女人格的，由公安、网信、文化旅游、广播电视、新闻出版或者其他有关部门依据各自的职权责令改正，并依法给予行政处罚。

第八十三条 用人单位违反本法第四十三条和第四十八条规定的，由人力资源和社会保障部门责令改正；拒不改正或者情节严重的，处一万元以上五万元以下罚款。

第八十四条 违反本法规定，对侵害妇女权益的申诉、控告、检举，推诿、拖延、压制不予查处，或者对提出申诉、控告、检举的人进行打击报复的，依法责令改正，并对直接负责的主管人员和其他直接责任人员给予处分。

国家机关及其工作人员未依法履行职责，对侵害妇女权益的行为未及时制止或者未给予受害妇女必要帮助，造成严重后果的，依法对直接负责的主管人员和其他直接责任人员给予处分。

违反本法规定，侵害妇女人身和人格权益、文化教育权益、劳动和社会保障权益、财产权益以及婚姻家庭权益的，依法责令改正，直接负责的主管人员和其他直接责任人员属于国家工作人员的，依法给予处分。

第八十五条 违反本法规定，侵害妇女的合法权益，其他法律、法规规定行政处罚的，从其规定；造成财产损失或者人身损害的，依法承担民事责任；构成犯罪的，依法追究刑事责任。

第十章 附 则

第八十六条 本法自 2023 年 1 月 1 日起施行。

三、中共中央、国务院文件

中共中央关于认真学习宣传贯彻党的二十大精神的决定

（2022年10月29日）

为深入学习宣传贯彻党的二十大精神，把全党全国各族人民的思想统一到党的二十大精神上来，把力量凝聚到党的二十大确定的各项任务上来，作出如下决定。

一、充分认识学习宣传贯彻党的二十大精神的重大意义

中国共产党第二十次全国代表大会于10月16日至22日在北京举行。这是在全党全国各族人民迈上全面建设社会主义现代化国家新征程、向第二个百年奋斗目标进军的关键时刻召开的一次十分重要的大会，是一次高举旗帜、凝聚力量、团结奋进的大会。大会高举中国特色社会主义伟大旗帜，坚持马克思列宁主义、毛泽东思想、邓小平理论、“三个代表”重要思想、科学发展观，全面贯彻习近平新时代中国特色社会主义思想，分析了国际国内形势，提出了党的二十大主题，回顾总结了过去5年的工作和新时代10年的伟大变革，阐述了开辟马克思主义中国化时代化新境界、中国式现代化的中国特色和本质要求等重大问题，对全面建设社会主义现代化国家、全面推进中华民族伟大复兴进行了战略谋划，对统筹推进“五位一体”总体布局、协调推进“四个全面”战略布局作出了全面部署。大会批准了习近平同志代表十九届中央委员会所作的《高举中国特色社会主义伟大旗帜，为全面建设社会主义现代化国家而团结奋斗》的报告，批准了十九届中央纪律检查委员会的工作报告，审议通过了《中国共产党章程（修正案）》，选举产生了新一届中央委员会和中央纪律检查委员会。

习近平同志的报告，深刻阐释了新时代坚持和发展中国特色社会主义的一系列重大理论和实践问题，描绘了全面建设社会主义现代化国家、全面推进中华民族伟大复兴的宏伟蓝图，为新时代新征程党和国家事业发展、实现第二个百年奋斗目标指明了前进方向、确立了行动指南，是党和人民智慧的结晶，是党团结带领全国各族人民夺取中国特色社会主义新胜利的政治宣言和行动纲领，是马克思主义的纲领性文献。《中国共产党章程（修正案）》体现了党的十九大以来党的理论创新、实践创新、制度创新成果，体现了党的二十大报告确定的重要思想、重要观点、重大战略、重大举措，对坚持和加强党的全面领导、坚定不移推进全面从严治党、坚持和完善党的建设、推进党的自我革命提出了明确要求。

党的二十届一中全会选举产生了以习近平同志为核心的新一届中央领导集体，一批经验丰富、德才兼备、奋发有为的同志进入中央领导机构，充分显示出中国特色社会主义事业蓬勃兴旺、充满活力。

学习宣传贯彻党的二十大精神是当前和今

后一个时期全党全国的首要政治任务，事关党和国家事业继往开来，事关中国特色社会主义前途命运，事关中华民族伟大复兴，对于动员全党全国各族人民更加紧密地团结在以习近平同志为核心的党中央周围，高举中国特色社会主义伟大旗帜，坚定道路自信、理论自信、制度自信、文化自信，为全面建设社会主义现代化国家、全面推进中华民族伟大复兴而团结奋斗，具有重大现实意义和深远历史意义。

二、全面准确学习领会党的二十大精神

学习领会党的二十大精神，必须坚持全面准确，深入理解内涵，精准把握外延。要原原本本、逐字逐句学习党的二十大报告和党章，学习习近平总书记在党的二十届一中全会上的重要讲话精神，着重把握以下几个方面。

1. 深刻领会党的二十大的主题。高举中国特色社会主义伟大旗帜，全面贯彻习近平新时代中国特色社会主义思想，弘扬伟大建党精神，自信自强、守正创新，踔厉奋发、勇毅前行，为全面建设社会主义现代化国家、全面推进中华民族伟大复兴而团结奋斗。这是党的二十大的主题，明确宣示了我们党在新征程上举什么旗、走什么路、以什么样的精神状态、朝着什么样的目标继续前进的重大问题。高举中国特色社会主义伟大旗帜、全面贯彻习近平新时代中国特色社会主义思想，是要郑重宣示，全党必须坚持以马克思主义中国化时代化最新成果为指导，坚定中国特色社会主义道路自信、理论自信、制度自信、文化自信，坚持道不变、志不改，确保党和国家事业始终沿着正确方向胜利前进。弘扬伟大建党精神，是要郑重宣示，全党必须恪守伟大建党精神，保持党同人民群众的血肉联系，保持谦虚谨慎、艰苦奋斗的政治本色和敢于斗争、敢于胜利的意志品质，确保党始终成为中国特色社会主义事业的坚强领导核心。自信自强、守正创新，踔厉奋发、勇毅前行，是要郑重宣示，全党必须保持自信果敢、自强不息的精神风貌，保持定力、勇于变革的工作态度，永不懈怠、锐意进取的奋斗姿态，使各项工作更好体现时代性、把握规律性、富于创造性。全面建设社会主义现代化国家、全面推进中华民族伟大复兴，是要郑重宣示，全党必须紧紧扭住新时代新征程党的中心任务，集中一切力量，排除一切干扰，坚持以中国式现代化全面推进中华民族伟大复兴。团结奋斗，是要郑重宣示，我们必须不断巩固全党全国各族人民大团结，加强海内外中华儿女大团结，形成同心共圆中国梦的强大合力。

2. 深刻领会过去5年的工作和新时代10年的伟大变革。党的十九大以来的5年，是极不寻常、极不平凡的5年。5年来，以习近平同志为核心的党中央，高举中国特色社会主义伟大旗帜，全面贯彻党的十九大和十九届历次全会精神，团结带领全党全军全国各族人民，统揽伟大斗争、伟大工程、伟大事业、伟大梦想，有效应对严峻复杂的国际形势和接踵而至的巨大风险挑战，以奋发有为的精神把新时代中国特色社会主义不断推向前进，攻克了许多长期没有解决的难题，办成了许多事关长远的大事要事，推动党和国家事业取得举世瞩目的重大成就。党的十八大召开10年来，我们经历了对党和人民事业具有重大现实意义和深远历史意义的三件大事：一是迎来中国共产党成立一百周年，二是中国特色社会主义进入新时代，三是完成脱贫攻坚、全面建成小康社会的历史任务，实现第一个百年奋斗目标。这是中国共产党和中国人民团结奋斗赢得的历史性胜利，是彪炳中华民族发展史册的历史性胜利，也是对世界具有深远影响的历史性胜利。10年来，我们全面贯彻党的基本理论、基本路线、基本方略，采取一系列战略性举措，推进一系列变革性实践，实现一系列突破性进展，取得一系列标志性成果，经受住了来自政治、经济、意识形态、自然界等方面的风险挑战考验，党和国家事业取得历史性成就、发生历史性变革，推动我国迈上全面建设社会主义现代化国家新征程。新时代10年的伟大变革，在党史、新中国史、改革开放史、社会主义发

展史、中华民族发展史上具有里程碑意义。

新时代10年的伟大变革，是在以习近平同志为核心的党中央坚强领导下、在习近平新时代中国特色社会主义思想指引下全党全国各族人民团结奋斗取得的。党确立习近平同志党中央的核心、全党的核心地位，确立习近平新时代中国特色社会主义思想的指导地位，反映了全党全军全国各族人民共同心愿，对新时代党和国家事业发展、对推进中华民族伟大复兴历史进程具有决定性意义。“两个确立”是党在新时代取得的重大政治成果，是推动党和国家事业取得历史性成就、发生历史性变革的决定性因素。全党必须深刻领悟“两个确立”的决定性意义，更加自觉地维护习近平总书记党中央的核心、全党的核心地位，更加自觉地维护以习近平同志为核心的党中央权威和集中统一领导，全面贯彻习近平新时代中国特色社会主义思想，坚定不移在思想上政治上行动上同以习近平同志为核心的党中央保持高度一致。

3. 深刻领会开辟马克思主义中国化时代化新境界。马克思主义是我们立党立国、兴党兴国的根本指导思想。实践告诉我们，中国共产党为什么能，中国特色社会主义为什么好，归根到底是马克思主义行，是中国化时代化的马克思主义行。党的十八大以来，国内外形势新变化和实践新要求，迫切需要我们从理论和实践的结合上深入回答关系党和国家事业发展、党治国理政的一系列重大时代课题。我们党勇于进行理论探索和创新，以全新的视野深化对共产党执政规律、社会主义建设规律、人类社会发展规律的认识，取得重大理论创新成果，集中体现为习近平新时代中国特色社会主义思想。党的十九大、十九届六中全会提出的“十个明确”、“十四个坚持”、“十三个方面成就”概括了这一思想的主要内容，必须长期坚持并不断丰富发展。只有把马克思主义基本原理同中国具体实际相结合、同中华优秀传统文化相结合，坚持运用辩证唯物主义和历史唯物主义，才能止确回答时代和实践提出的重大问题，才能始终保持马克思主义的蓬勃生机和旺盛活力。不断谱写马克思主义中国化时代化新篇章，是当代中国共产党人的庄严历史责任。继续推进实践基础上的理论创新，首先要把握好习近平新时代中国特色社会主义思想的世界观和方法论，坚持好、运用好贯穿其中的立场观点方法，切实做到坚持人民至上、坚持自信自立、坚持守正创新、坚持问题导向、坚持系统观念、坚持胸怀天下，在新时代伟大实践中不断开辟马克思主义中国化时代化新境界。

4. 深刻领会新时代新征程中国共产党的使命任务。从现在起，中国共产党的中心任务就是团结带领全国各族人民全面建成社会主义现代化强国、实现第二个百年奋斗目标，以中国式现代化全面推进中华民族伟大复兴。党的二十大对全面建成社会主义现代化强国两步走战略安排进行了宏观展望，重点部署了未来5年的战略任务和重大举措。这是一项伟大而艰巨的事业，前途光明，任重道远。当前，我国发展进入战略机遇和风险挑战并存、不确定难预料因素增多的时期，各种“黑天鹅”、“灰犀牛”事件随时可能发生。我们必须增强忧患意识，坚持底线思维，做到居安思危、未雨绸缪，准备经受风高浪急甚至惊涛骇浪的重大考验。前进道路上，必须坚持和加强党的全面领导，坚持中国特色社会主义道路，坚持以人民为中心的发展思想，坚持深化改革开放，坚持发扬斗争精神，既不走封闭僵化的老路，也不走改旗易帜的邪路，坚持把国家和民族发展放在自己力量的基点上，坚持把中国发展进步的命运牢牢掌握在自己手中，不断夺取全面建设社会主义现代化国家新胜利。全党必须牢记，坚持党的全面领导是坚持和发展中国特色社会主义的必由之路，中国特色社会主义是实现中华民族伟大复兴的必由之路，团结奋斗是中国人民创造历史伟业的必由之路，贯彻新发展理念是新时代我国发展壮大的必由之路，全面从严治党是党永葆生机活力、走好新的赶考之路的必由之路。这是我们在长期实践中得出的至关紧要的规律性认识，必须倍加珍惜、始终坚持，咬定青山不放松，引领和保障中国特色社会主义巍巍巨轮乘风破浪、行稳致远。

5. 深刻领会中国式现代化的中国特色和本质要求。在新中国成立特别是改革开放以来长期探索和实践基础上，经过党的十八大以来在理论和实践上的创新突破，我们党成功推进和拓展了中国式现代化。中国式现代化，是中国共产党领导的社会主义现代化，既有各国现代化的共同特征，更有基于自己国情的中国特色。党的二十大概括了中国式现代化的中国特色，即中国式现代化是人口规模巨大的现代化，是全体人民共同富裕的现代化，是物质文明和精神文明相协调的现代化，是人与自然和谐共生的现代化，是走和平发展道路的现代化。党的二十大对中国式现代化的本质要求作出科学概括：坚持中国共产党领导，坚持中国特色社会主义，实现高质量发展，发展全过程人民民主，丰富人民精神世界，实现全体人民共同富裕，促进人与自然和谐共生，推动构建人类命运共同体，创造人类文明新形态。这个概括是党深刻总结我国和世界其他国家现代化建设的历史经验，对我国这样一个东方大国如何加快实现现代化在认识上不断深入、战略上不断成熟、实践上不断丰富而形成的思想理论结晶，我们要深刻领会、系统把握，特别是要把这个本质要求落实到各项工作之中。

6. 深刻领会社会主义经济建设、政治建设、文化建设、社会建设、生态文明建设等方面的重大部署。在经济建设上，要完整、准确、全面贯彻新发展理念，加快构建新发展格局，着力推动高质量发展，构建高水平社会主义市场经济体制，建设现代化产业体系，全面推进乡村振兴，促进区域协调发展，推进高水平对外开放，推动经济实现质的有效提升和量的合理增长。在政治建设上，要发展全过程人民民主，加强人民当家作主制度保障，全面发展协商民主，积极发展基层民主，巩固和发展最广泛的爱国统一战线。在文化建设上，要推进文化自信自强，建设社会主义文化强国，建设具有强大凝聚力和引领力的社会主义意识形态，广泛践行社会主义核心价值观，提高全社会文明程度，繁荣发展文化事业和文化产业，增强中华文明传播力影响力，铸就社会主义文化新辉煌。在社会建设上，要坚持在发展中保障和改善民生，扎实推进共同富裕，完善分配制度，实施就业优先战略，健全社会保障体系，推进健康中国建设，不断实现人民对美好生活的向往。在生态文明建设上，要推进美丽中国建设，加快发展方式绿色转型，深入推进环境污染防治，提升生态系统多样性、稳定性、持续性，积极稳妥推进碳达峰碳中和，促进人与自然和谐共生。

7. 深刻领会教育科技人才、法治建设、国家安全等方面的重大部署。党的二十大把握国内外发展大势，在党和国家事业发展布局中突出教育科技人才支撑、法治保障、国家安全工作。在教育科技人才上，要坚持教育优先发展、科技自立自强、人才引领驱动，加快建设教育强国、科技强国、人才强国，办好人民满意的教育，完善科技创新体系，加快实施创新驱动发展战略，深入实施人才强国战略，不断塑造发展新动能新优势。在法治建设上，要坚持全面依法治国，坚持走中国特色社会主义法治道路，建设中国特色社会主义法治体系、建设社会主义法治国家，完善以宪法为核心的中国特色社会主义法律体系，扎实推进依法行政，严格公正司法，加快建设法治社会，推进法治中国建设。在国家安全上，要坚定不移贯彻总体国家安全观，健全国家安全体系，增强维护国家安全能力，提高公共安全治理水平，完善社会治理体系，坚决维护国家安全和社会稳定。

8. 深刻领会国防和军队建设、港澳台工作、外交工作等方面的重大部署。在国防和军队建设上，要贯彻习近平强军思想，贯彻新时代军事战略方针，坚持党对人民军队的绝对领导，全面加强人民军队党的建设，全面加强练兵备战，全面加强军事治理，巩固提高一体化国家战略体系和能力，如期实现建军一百年奋斗目标，加快把人民军队建成世界一流军队。在港澳台工作上，要坚持和完善“一国两制”制度体系，落实中央全面管治权，落实“爱国者治港”、“爱国者治澳”原则，落实特别行政区维护国家安全的法律制度和执行机制，支持香港、澳门发展经济、改善民生、破解经济社会发展中的深层次矛盾和问题，发展壮大爱国爱港爱澳力量；坚持贯彻新时代党解决台湾问题的总体方略，牢牢把握两岸关系主导权和主动权，坚持一个中国原则和“九二共识”，团结广大台湾同胞共同推动两岸关系和平发展、推进祖国和平统一进程，坚定反“独”促统。在外交工作上，要始终坚持维护世界和平、促进共同发展的外交政策宗旨，致力于推动构建人类命运共同体，坚定奉行独立自主的和平外交政策，坚持在和平共处五项原则基础上同各国发展友好合作，坚持对外开放的基本国策，积极参与全球治理体系改革和建设，弘扬全人类共同价值。

9. 深刻领会坚持党的全面领导和全面从严治党的重大部署。全面建设社会主义现代化国家、全面推进中华民族伟大复兴，关键在党。我们党作为世界上最大的马克思主义执政党，要始终赢得人民拥护、巩固长期执政地位，必须时刻保持解决大党独有难题的清醒和坚定。经过党的十八大以来全面从严治党，我们解决了党内许多突出问题，但党面临的执政考验、改革开放考验、市场经济考验、外部环境考验将长期存在，精神懈怠危险、能力不足危险、脱离群众危险、消极腐败危险将长期存在。全党必须牢记，全面从严治党永远在路上，党的自我革命永远在路上，决不能有松劲歇脚、疲劳厌战的情绪，必须持之以恒推进全面从严治党，深入推进新时代党的建设新的伟大工程，以党的自我革命引领社会革命。要落实新时代党的建设总要求，健全全面从严治党体系，坚持和加强党中央集中统一领导，坚持不懈用习近平新时代中国特色社会主义思想凝心铸魂，完善党的自我革命制度规范体系，建设堪当民族复兴重任的高素质干部队伍，增强党组织政治功能和组织功能，坚持以严的基调强化正风肃纪，坚决打赢反腐败斗争攻坚战持久战，全面推进党的自我净化、自我完善、自我革新、自我提高，使我们党坚守初心使命，始终成为中国特色社会主义事业的坚强领导核心。

三、认真做好党的二十大精神的学习宣传

学习宣传党的二十大精神，既要整体把握、全面系统，又要突出重点、抓住关键。要把着力点聚焦到习近平总书记是党中央的核心、全党的核心，习近平新时代中国特色社会主义思想是党必须长期坚持的指导思想上；聚焦到党的十九大以来的重大成就和新时代10年的伟大变革上；聚焦到把握好马克思主义中国化时代化最新成果的世界观和方法论，坚持好、运用好贯穿其中的立场观点方法上；聚焦到中国式现代化在理论和实践的创新突破上；聚焦到贯彻落实党的二十大作出的重大决策部署上；聚焦到以习近平同志为核心的新一届中央领导集体是深受全党全国各族人民拥护和信赖的领导集体上；聚焦到习近平总书记是全党拥护、人民爱戴、当之无愧的党的领袖上。

1. 切实抓好学习培训。紧密结合党中央即将在全党开展的主题教育，面向全体党员开展多形式、分层次、全覆盖的全员培训，组织广大党员干部认真学习党的二十大精神。党中央将举办新进中央委员会的委员、候补委员学习贯彻党的二十大精神研讨班。各级党委（党组）理论学习中心组要把学习党的二十大精神作为重点内容，制定系统学习计划，列出专题进行研讨。各地区各部门要举办培训班、学习班，集中一段时间对全国县处级以上党员领导干部进行集中轮训，分期分批对党员干部进行系统培训。基层党组织要采取多种形式，组织广大党员干部认真学习党的二十大精神。要把学习党的二十大精神作为党校（行政学院）、干部学院教育培训的必修课，作为学校思想政治教育和课堂教学的重要内容，组织开展对相关教材修订工作，推动党的二十大精神

进教材、进课堂、进头脑。在学习培训中，要运用好《党的二十大报告辅导读本》、《党的二十大报告学习辅导百问》等辅导材料。

2. 集中开展宣讲活动。从现在起到明年年初，在全国范围内集中开展党的二十大精神宣讲活动。党中央将组织学习贯彻党的二十大精神中央宣讲团，赴各省区市开展宣讲。各地要参照这一做法，抽调骨干力量组成宣讲团，深入企业、农村、机关、校园、社区进行宣讲。坚持领导带头，中央政治局同志和各省区市、中央各部门主要负责同志在所在地方、分管领域亲自宣讲，各级党政军群主要负责同志带头宣讲，以实际行动带动广大党员干部群众的学习。开展面向党外人士的宣讲工作，增进党外人士对党的二十大精神的认知认同。要着力增强宣讲的说服力、亲和力和针对性、有效性，紧密联系广大党员干部群众思想和工作实际，把党的二十大精神讲清楚、讲明白，让老百姓听得懂、能领会、可落实。

3. 精心组织新闻宣传。各级党报、党刊、电台、电视台要精心策划、集中报道，大力宣传党的二十大精神，宣传全党全社会对党的二十大的热烈反响和积极评价，宣传各地区各部门学习贯彻党的二十大精神的具体举措和实际行动。要充分利用各种宣传形式和手段，采取人民群众喜闻乐见的形式，使宣传报道更接地气、更动人心，引导广大党员干部群众坚定信心、同心同德，埋头苦干、奋勇前进。要积极开展网络宣传，把网络传播平台作为党的二十大精神宣传的重要阵地，坚持分众化、差异化、精准化，开设网上专题专栏，制作推出新媒体产品，开展网上访谈互动，在网络宣传上展现新面貌、新作为，推动形成网上正面舆论强势。要精心组织对外宣传，多渠道宣介党的二十大精神，宣介我国推动经济社会发展的重大举措，充分反映国际社会的积极评价，生动展示我们党和国家的良好形象。

4. 深入开展研究阐释。围绕党的二十大精神，确定一批重大研究选题，组织专家学者深入研究，撰写刊发一批有分量的理论文章。组织召开系列理论研讨会，交流研究成果，深化思想认识。中央主要媒体要通过推出权威访谈、开设专栏等形式，从不同角度撰写推出相关文章，分析背景、提取要点，进一步延伸阐释深度和广度，各省区市主要报刊理论专版、专刊同步开设相关专栏。针对广大党员干部群众关注的热点问题，各媒体要主动邀请有关部门负责同志，进行深入解读，加强正面引导，回应关切。针对思想理论领域可能出现的模糊认识和错误观点，要组织专家学者撰写重点理论文章和短文短评，及时进行辨析澄清。

四、坚持知行合一，贯彻落实好党的二十大作出的重大决策部署

学习宣传贯彻党的二十大精神，要立足我国改革发展、党的建设实际，坚持学思用贯通、知信行统一，把党的二十大精神落实到经济社会发展各方面，体现到做好今年各项工作和安排好今后工作之中。

1. 坚决做到“两个维护”。学习宣传贯彻党的二十大精神，要推动全党深刻领悟“两个确立”的决定性意义，增强“四个意识”、坚定“四个自信”、做到“两个维护”，以实际行动践行对党忠诚。要健全总揽全局、协调各方的党的领导制度体系，完善党中央重大决策部署落实机制，确保全党在政治立场、政治方向、政治原则、政治道路上同党中央保持高度一致，确保党的团结统一。要加强党的政治建设，严明政治纪律和政治规矩，落实各级党委（党组）主体责任，提高各级党组织和党员干部政治判断力、政治领悟力、政治执行力。

2. 切实推动改革发展稳定。要把党的二十大精神转化为指导实践、推动工作的强大力量，统筹推进“五位一体”总体布局、协调推进“四个全面”战略布局，紧紧抓住解决不平衡不充分的发展问题，着力在补短板、强弱项、固底板、扬优势上下功夫，推动经济社会持续健康发展。要坚持在发展中保障和改善民生，着力解决好人民群众急难愁盼问题，完善社会治理体系，畅通和规范群众诉求表达、利益协调、权益保障通道，及时把矛盾纠纷化解在基层、化解在萌芽状态。要切实做好新冠肺炎疫情防控工作，落实党中央“疫情要防住、经济要稳住、发展要安全”的明确要求，坚决筑牢疫情防控屏障，最大限度保护人民生命安全和身体健康。

3. 防范化解风险挑战。当前，世界百年未有之大变局加速演进，世界之变、时代之变、历史之变正以前所未有的方式展开，这是改革开放以来从未遇到过的，给我国的现代化建设提出了一系列新课题新挑战，直接考验我们的斗争勇气、战略能力、应对水平。要保持时时放心不下的精神状态和责任担当，始终做好应对最坏情况的准备，不信邪、不怕鬼、不怕压，知难而进、迎难而上，统筹发展和安全，全力战胜前进道路上各种困难和挑战。要加强斗争精神和斗争本领养成，着力增强防风险、迎挑战、抗打压能力，主动识变应变求变，主动防范化解风险，依靠顽强斗争打开事业发展新天地。

4. 坚定不移全面从严治党。要推动全面从严治党向纵深发展，保持战略定力，始终绷紧从严从紧这根弦，不断解决党内存在的突出矛盾和深层次问题。要全面加强党的思想建设，坚持用习近平新时代中国特色社会主义思想统一思想、统一意志、统一行动，组织实施党的创新理论学习教育计划，建设马克思主义学习型政党。要坚持全心全意为人民服务的根本宗旨，树牢群众观点，贯彻群众路线，尊重人民首创精神，坚持一切为了人民、一切依靠人民，始终保持同人民群众的血肉联系，始终接受人民批评和监督，始终同人民同呼吸、共命运、心连心。要加强实践锻炼、专业训练，注重在重大斗争中磨砺干部，增强干部推动高质量发展本领、服务群众本领、防范化解风险本领，牢牢把握工作主动权。

五、切实加强组织领导

学习宣传贯彻党的二十大精神，是当前和今后一个时期全党全国的首要政治任务。各级党委（党组）要把学习宣传贯彻党的二十大精神摆上重要议事日程，切实加强组织领导。

1. 切实负起领导责任。各级党委（党组）要提高政治站位，按照党中央部署，结合本地区本部门实际，作出专题部署，提出具体要求，着力抓好落实，迅速兴起学习宣传贯彻党的二十大精神的热潮。各级组织、宣传部门和其他有关部门，要在党委（党组）统一领导下，密切配合。组织部门要把学习宣传贯彻党的二十大精神与干部教育培训工作、加强领导班子建设和基层党组织建设结合起来。宣传部门要扎实做好党的二十大精神宣传工作，营造学习贯彻党的二十大精神的浓厚氛围。工会、共青团、妇联等群团组织要充分发挥自身优势，开展各具特色的学习教育活动。要加强工作指导，加强督促检查，及时发现解决存在的问题。

2. 牢牢把握正确导向。要坚持团结稳定鼓劲、正面宣传为主，弘扬主旋律、传播正能量，巩固壮大主流思想舆论，着力用党的二十大精神统一思想、凝聚力量。要严格按照党中央精神全面准确开展宣传，把准方向、把牢导向，牢牢把握宣传引导的主导权、话语权。要加强对热点敏感问题的阐释引导，全面客观、严谨稳妥，解疑释惑、疏导情绪，最大限度凝聚社会共识。要落实意识形态工作责任制，按照谁主管谁负责和属地管理原则，切实加强对各类宣传文化阵地的管理，防止错误思想言论和有害信息传播。

3. 着力提升实际效果。要坚持贴近实际、尊重规律，紧密联系广大党员干部群众的新期待，努力增强学习宣传贯彻党的二十大精神的吸引力感染力和针对性实效性。要创新形式载体，丰富方法手段，善于运用群众乐于参与、便于参与的方式，采取富有时代特色、体现实践要求的方法，在拓展广度深度上下功夫，使学习宣传既有章法、见力度，更重质量、强效果。要充分运用新技术新应用，强化互动化传播、沉浸式体验，努力扩大工作的覆盖面和影响力，让正能量产生大流量。

各地区各部门要及时将学习宣传贯彻党的二十大精神的情况报告党中央。

（新华社北京 2022 年 10 月 30 日电）

中共中央　国务院关于做好2022年全面推进乡村振兴重点工作的意见（节选）

（2022年1月4日）

（十二）完善监测帮扶机制。精准确定监测对象，将有返贫致贫风险和突发严重困难的农户纳入监测范围，简化工作流程，缩短认定时间。针对发现的因灾因病因疫等苗头性问题，及时落实社会救助、医疗保障等帮扶措施。强化监测帮扶责任落实，确保工作不留空档、政策不留空白。继续开展巩固脱贫成果后评估工作。

（十三）促进脱贫人口持续增收。推动脱贫地区更多依靠发展来巩固拓展脱贫攻坚成果，让脱贫群众生活更上一层楼。巩固提升脱贫地区特色产业，完善联农带农机制，提高脱贫人口家庭经营性收入。逐步提高中央财政衔接推进乡村振兴补助资金用于产业发展的比重，重点支持帮扶产业补上技术、设施、营销等短板，强化龙头带动作用，促进产业提档升级。巩固光伏扶贫工程成效，在有条件的脱贫地区发展光伏产业。压实就业帮扶责任，确保脱贫劳动力就业规模稳定。深化东西部劳务协作，做好省内转移就业工作。延续支持帮扶车间发展优惠政策。发挥以工代赈作用，具备条件的可提高劳务报酬发放比例。统筹用好乡村公益岗位，实行动态管理。逐步调整优化生态护林员政策。

（十四）加大对乡村振兴重点帮扶县和易地搬迁集中安置区支持力度。在乡村振兴重点帮扶县实施一批补短板促发展项目。编制国家乡村振兴重点帮扶县巩固拓展脱贫攻坚成果同乡村振兴有效衔接实施方案。做好国家乡村振兴重点帮扶县科技特派团选派，实行产业技术顾问制度，有计划开展教育、医疗干部人才组团式帮扶。建立健全国家乡村振兴重点帮扶县发展监测评价机制。加大对国家乡村振兴重点帮扶县信贷资金投入和保险保障力度。完善易地搬迁集中安置区配套设施和公共服务，持续加大安置区产业培育力度，开展搬迁群众就业帮扶专项行动。落实搬迁群众户籍管理、合法权益保障、社会融入等工作举措，提升安置社区治理水平。

（十九）促进农民就地就近就业创业。落实各类农民工稳岗就业政策。发挥大中城市就业带动作用。实施县域农民工市民化质量提升行动。鼓励发展共享用工、多渠道灵活就业，规范发展新就业形态，培育发展家政服务、物流配送、养老托育等生活性服务业。推进返乡入乡创业园建设，落实各项扶持政策。大力开展适合农民工就业的技能培训和新职业新业态培训。合理引导灵活就业农民工按规定参加职工基本医疗保险和城镇职工基本养老保险。

（三十一）加强乡村振兴人才队伍建设。发现和培养使用农业领域战略科学家。启动“神农英才”计划，加快培养科技领军人才、青年科技人才和高水平创新团队。深入推行科技特派员制度。实施高素质农民培育计划、乡村产业振兴带头人培育“头雁”项目、乡村振兴青春建功行动、乡村振兴巾帼行动。落实艰苦边远地区基层事业单位公开招聘倾斜政策，对县以下基层专业技术人员开展职称评聘“定向评价、定向使用”工作，对中高级专业技术岗位实行总量控制、比例单列。完善耕读教育体系。优化学科专业结构，支持办好涉农高等学校和职业教育。培养乡村规划、设计、建设、管理专业人才和乡土人才。鼓励地方出台城市人才下乡服务乡村振兴的激励政策。

（新华社北京 2022 年 2 月 22 日电）

中共中央　国务院关于加快建设全国统一大市场的意见

（2022年3月25日）

建设全国统一大市场是构建新发展格局的基础支撑和内在要求。为从全局和战略高度加快建设全国统一大市场，现提出如下意见。

一、总体要求

（一）指导思想。以习近平新时代中国特色社会主义思想为指导，全面贯彻党的十九大和十九届历次全会精神，弘扬伟大建党精神，坚持稳中求进工作总基调，完整、准确、全面贯彻新发展理念，加快构建新发展格局，全面深化改革开放，坚持创新驱动发展，推动高质量发展，坚持以供给侧结构性改革为主线，以满足人民日益增长的美好生活需要为根本目的，统筹发展和安全，充分发挥法治的引领、规范、保障作用，加快建立全国统一的市场制度规则，打破地方保护和市场分割，打通制约经济循环的关键堵点，促进商品要素资源在更大范围内畅通流动，加快建设高效规范、公平竞争、充分开放的全国统一大市场，全面推动我国市场由大到强转变，为建设高标准市场体系、构建高水平社会主义市场经济体制提供坚强支撑。

（二）工作原则

——立足内需，畅通循环。以高质量供给创造和引领需求，使生产、分配、流通、消费各环节更加畅通，提高市场运行效率，进一步巩固和扩展市场资源优势，使建设超大规模的国内市场成为一个可持续的历史过程。

——立破并举，完善制度。从制度建设着眼，明确阶段性目标要求，压茬推进统一市场建设，同时坚持问题导向，着力解决突出矛盾和问题，加快清理废除妨碍统一市场和公平竞争的各种规定和做法，破除各种封闭小市场、自我小循环。

——有效市场，有为政府。坚持市场化、法治化原则，充分发挥市场在资源配置中的决定性作用，更好发挥政府作用，强化竞争政策基础地位，加快转变政府职能，用足用好超大规模市场优势，让需求更好地引领优化供给，让供给更好地服务扩大需求，以统一大市场集聚资源、推动增长、激励创新、优化分工、促进竞争。

——系统协同，稳妥推进。不断提高政策的统一性、规则的一致性、执行的协同性，科学把握市场规模、结构、组织、空间、环境和机制建设的步骤与进度，坚持放管结合、放管并重，提升政府监管效能，增强在开放环境中动态维护市场稳定、经济安全的能力，有序扩大统一大市场的影响力和辐射力。

（三）主要目标

——持续推动国内市场高效畅通和规模拓展。发挥市场促进竞争、深化分工等优势，进一步打通市场效率提升、劳动生产率提高、居民收入增加、市场主体壮大、供给质量提升、需求优化升级之间的通道，努力形成供需互促、产销并进、畅通高效的国内大循环，扩大市场规模容量，不断培育发展强大国内市场，保持和增强对全球企业、资源的强大吸引力。

——加快营造稳定公平透明可预期的营商环境。以市场主体需求为导向，力行简政之道，坚持依法行政，公平公正监管，持续优化服务，加快打造市场化法治化国际化营商环境。充分发挥各地区比较优势，因地制宜为各类市场主体投资兴业营造良好生态。

——进一步降低市场交易成本。发挥市场的规模效应和集聚效应，加强和改进反垄断反不正当竞争执法司法，破除妨碍各种生产要素市场化配置和商品服务流通的体制机制障碍，降低制度性交易成本。促进现代流通体系建设，降低全社会流通成本。

——促进科技创新和产业升级。发挥超大规模市场具有丰富应用场景和放大创新收益的优势，通过市场需求引导创新资源有效配置，促进创新要素有序流动和合理配置，完善促进自主创新成果市场化应用的体制机制，支撑科技创新和新兴产业发展。

——培育参与国际竞争合作新优势。以国内大循环和统一大市场为支撑，有效利用全球要素和市场资源，使国内市场与国际市场更好联通。推动制度型开放，增强在全球产业链供应链创新链中的影响力，提升在国际经济治理中的话语权。

二、强化市场基础制度规则统一

（四）完善统一的产权保护制度。完善依法平等保护各种所有制经济产权的制度体系。健全统一规范的涉产权纠纷案件执法司法体系，强化执法司法部门协同，进一步规范执法领域涉产权强制措施规则和程序，进一步明确和统一行政执法、司法裁判标准，健全行政执法与刑事司法双向衔接机制，依法保护企业产权及企业家人身财产安全。推动知识产权诉讼制度创新，完善知识产权法院跨区域管辖制度，畅通知识产权诉讼与仲裁、调解的对接机制。

（五）实行统一的市场准入制度。严格落实“全国一张清单”管理模式，严禁各地区各部门自行发布具有市场准入性质的负面清单，维护市场准入负面清单制度的统一性、严肃性、权威性。研究完善市场准入效能评估指标，稳步开展市场准入效能评估。依法开展市场主体登记注册工作，建立全国统一的登记注册数据标准和企业名称自主申报行业字词库，逐步实现经营范围登记的统一表述。制定全国通用性资格清单，统一规范评价程序及管理办法，提升全国互通互认互用效力。

（六）维护统一的公平竞争制度。坚持对各类市场主体一视同仁、平等对待。健全公平竞争制度框架和政策实施机制，建立公平竞争政策与产业政策协调保障机制，优化完善产业政策实施方式。健全反垄断法律规则体系，加快推动修改反垄断法、反不正当竞争法，完善公平竞争审查制度，研究重点领域和行业性审查规则，健全审查机制，统一审查标准，规范审查程序，提高审查效能。

（七）健全统一的社会信用制度。编制出台全国公共信用信息基础目录，完善信用信息标准，建立公共信用信息同金融信息共享整合机制，形成覆盖全部信用主体、所有信用信息类别、全国所有区域的信用信息网络。建立健全以信用为基础的新型监管机制，全面推广信用承诺制度，建立企业信用状况综合评价体系，以信用风险为导向优化配置监管资源，依法依规编制出台全国失信惩戒措施基础清单。健全守信激励和失信惩戒机制，将失信惩戒和惩治腐败相结合。完善信用修复机制。加快推进社会信用立法。

三、推进市场设施高标准联通

（八）建设现代流通网络。优化商贸流通基础设施布局，加快数字化建设，推动线上线下融合发展，形成更多商贸流通新平台新业态新模式。推动国家物流枢纽网络建设，大力发展多式联运，推广标准化托盘带板运输模式。

大力发展第三方物流，支持数字化第三方物流交付平台建设，推动第三方物流产业科技和商业模式创新，培育一批有全球影响力的数字化平台企业和供应链企业，促进全社会物流降本增效。加强应急物流体系建设，提升灾害高风险区域交通运输设施、物流站点等设防水平和承灾能力，积极防范粮食、能源等重要产品供应短缺风险。完善国家综合立体交通网，推进多层次一体化综合交通枢纽建设，推动交通运输设施跨区域一体化发展。建立健全城乡融合、区域联通、安全高效的电信、能源等基础设施网络。

（九）完善市场信息交互渠道。统一产权交易信息发布机制，实现全国产权交易市场联通。优化行业公告公示等重要信息发布渠道，推动各领域市场公共信息互通共享。优化市场主体信息公示，便利市场主体信息互联互通。推进同类型及同目的信息认证平台统一接口建设，完善接口标准，促进市场信息流动和高效使用。依法公开市场主体、投资项目、产量、产能等信息，引导供需动态平衡。

（十）推动交易平台优化升级。深化公共资源交易平台整合共享，研究明确各类公共资源交易纳入统一平台体系的标准和方式。坚持应进必进的原则要求，落实和完善“管办分离”制度，将公共资源交易平台覆盖范围扩大到适合以市场化方式配置的各类公共资源，加快推进公共资源交易全流程电子化，积极破除公共资源交易领域的区域壁垒。加快推动商品市场数字化改造和智能化升级，鼓励打造综合性商品交易平台。加快推进大宗商品期现货市场建设，不断完善交易规则。鼓励交易平台与金融机构、中介机构合作，依法发展涵盖产权界定、价格评估、担保、保险等业务的综合服务体系。

四、打造统一的要素和资源市场

（十一）健全城乡统一的土地和劳动力市场。统筹增量建设用地与存量建设用地，实行统一规划，强化统一管理。完善城乡建设用地增减挂钩节余指标、补充耕地指标跨区域交易机制。完善全国统一的建设用地使用权转让、出租、抵押二级市场。健全统一规范的人力资源市场体系，促进劳动力、人才跨地区顺畅流动。完善财政转移支付和城镇新增建设用地规模与农业转移人口市民化挂钩政策。

（十二）加快发展统一的资本市场。统一动产和权利担保登记，依法发展动产融资。强化重要金融基础设施建设与统筹监管，统一监管标准，健全准入管理。选择运行安全规范、风险管理能力较强的区域性股权市场，开展制度和业务创新试点，加强区域性股权市场和全国性证券市场板块间的合作衔接。推动债券市场基础设施互联互通，实现债券市场要素自由流动。发展供应链金融，提供直达各流通环节经营主体的金融产品。加大对资本市场的监督力度，健全权责清晰、分工明确、运行顺畅的监管体系，筑牢防范系统性金融风险安全底线。坚持金融服务实体经济，防止脱实向虚。为资本设置“红绿灯”，防止资本无序扩张。

（十三）加快培育统一的技术和数据市场。建立健全全国性技术交易市场，完善知识产权评估与交易机制，推动各地技术交易市场互联互通。完善科技资源共享服务体系，鼓励不同区域之间科技信息交流互动，推动重大科研基础设施和仪器设备开放共享，加大科技领域国际合作力度。加快培育数据要素市场，建立健全数据安全、权利保护、跨境传输管理、交易流通、开放共享、安全认证等基础制度和标准规范，深入开展数据资源调查，推动数据资源开发利用。

（十四）建设全国统一的能源市场。在有效保障能源安全供应的前提下，结合实现碳达峰碳中和目标任务，有序推进全国能源市场建设。在统筹规划、优化布局基础上，健全油气期货产品体系，规范油气交易中心建设，优化交易场所、交割库等重点基础设施布局。推动油气管网设施互联互通并向各类市场主体公平开放。稳妥推进天然气市场化改革，加快建立统一的天然气能量计量计价体系。健全多层次统一电力市场体系，研究推动适时组建全国电力交易中心。进一步发挥全国煤炭交易中心作用，推动完善全国统一的煤炭交易市场。

（十五）培育发展全国统一的生态环境市场。依托公共资源交易平台，建设全国统一的碳排放权、用水权交易市场，实行统一规范的行业标准、交易监管机制。推进排污权、用能权市场化交易，探索建立初始分配、有偿使用、市场交易、纠纷解决、配套服务等制度。推动绿色产品认证与标识体系建设，促进绿色生产和绿色消费。

五、推进商品和服务市场高水平统一

（十六）健全商品质量体系。建立健全质量分级制度，广泛开展质量管理体系升级行动，加强全供应链、全产业链、产品全生命周期管理。深化质量认证制度改革，支持社会力量开展检验检测业务，探索推进计量区域中心、国家产品质量检验检测中心建设，推动认证结果跨行业跨区域互通互认。推动重点领域主要消费品质量标准与国际接轨，深化质量认证国际合作互认，实施产品伤害监测和预防干预，完善质量统计监测体系。推进内外贸产品同线同标同质。进一步巩固拓展中国品牌日活动等品牌发展交流平台，提高中国品牌影响力和认知度。

（十七）完善标准和计量体系。优化政府颁布标准与市场自主制定标准结构，对国家标准和行业标准进行整合精简。强化标准验证、实施、监督，健全现代流通、大数据、人工智能、区块链、第五代移动通信（5G）、物联网、储能等领域标准体系。深入开展人工智能社会实验，推动制定智能社会治理相关标准。推动统一智能家居、安防等领域标准，探索建立智能设备标识制度。加快制定面部识别、指静脉、虹膜等智能化识别系统的全国统一标准和安全规范。紧贴战略性新兴产业、高新技术产业、先进制造业等重点领域需求，突破一批关键测量技术，研制一批新型标准物质，不断完善国家计量体系。促进内外资企业公平参与我国标准化工作，提高标准制定修订的透明度和开放度。开展标准、计量等国际交流合作。加强标准必要专利国际化建设，积极参与并推动国际知识产权规则形成。

（十八）全面提升消费服务质量。改善消费环境，强化消费者权益保护。加快完善并严格执行缺陷产品召回制度，推动跨国跨地区经营的市场主体为消费者提供统一便捷的售后服务，进一步畅通商品异地、异店退换货通道，提升消费者售后体验。畅通消费者投诉举报渠道，优化消费纠纷解决流程与反馈机制，探索推进消费者权益保护工作部门间衔接联动机制。建立完善消费投诉信息公示制度，促进消费纠纷源头治理。完善服务市场预付式消费管理办法。围绕住房、教育培训、医疗卫生、养老托育等重点民生领域，推动形成公开的消费者权益保护事项清单，完善纠纷协商处理办法。

六、推进市场监管公平统一

（十九）健全统一市场监管规则。加强市场监管行政立法工作，完善市场监管程序，加强市场监管标准化规范化建设，依法公开监管标准和规则，增强市场监管制度和政策的稳定性、可预期性。对食品药品安全等直接关系群众健康和生命安全的重点领域，落实最严谨标准、最严格监管、最严厉处罚、最严肃问责。对互联网医疗、线上教育培训、在线娱乐等新业态，推进线上线下一体化监管。加强对工程建设领域统一公正监管，依纪依法严厉查处违纪违法行为。强化重要工业产品风险监测和监督抽查，督促企业落实质量安全主体责任。充分发挥行业协会商会作用，建立有效的政企沟通机制，形成政府监管、平台自律、行业自治、社会监督的多元治理新模式。

（二十）强化统一市场监管执法。推进维护统一市场综合执法能力建设，加强知识产权保护、反垄断、反不正当竞争执法力量。强化部门联动，建立综合监管部门和行业监管部门联动的工作机制，统筹执法资源，减少执法层级，统一执法标准和程序，规范执法行为，减少自由裁量权，促进公平公正执法，提高综合执法效能，探索在有关行业领域依法建立授权委托监管执法方式。鼓励跨行政区域按规定联合发布统一监管政策法规及标准规范，积极开展联动执法，创新联合监管模式，加强调查取证和案件处置合作。

（二十一）全面提升市场监管能力。深化简政放权、放管结合、优化服务改革，完善“双随机、一公开”监管、信用监管、“互联网+监管”、跨部门协同监管等方式，加强各类监管的衔接配合。充分利用大数据等技术手段，加快推进智慧监管，提升市场监管政务服务、网络交易监管、消费者权益保护、重点产品追溯等方面跨省通办、共享协作的信息化水平。建立健全跨行政区域网络监管协作机制，鼓励行业协会商会、新闻媒体、消费者和公众共同开展监督评议。对新业态新模式坚持监管规范和促进发展并重，及时补齐法规和标准空缺。

七、进一步规范不当市场竞争和市场干预行为

（二十二）着力强化反垄断。完善垄断行为认定法律规则，健全经营者集中分类分级反垄断审查制度。破除平台企业数据垄断等问题，防止利用数据、算法、技术手段等方式排除、限制竞争。加强对金融、传媒、科技、民生等领域和涉及初创企业、新业态、劳动密集型行业的经营者集中审查，提高审查质量和效率，强化垄断风险识别、预警、防范。稳步推进自然垄断行业改革，加强对电网、油气管网等网络型自然垄断环节的监管。加强对创新型中小企业原始创新和知识产权的保护。

（二十三）依法查处不正当竞争行为。对市场主体、消费者反映强烈的重点行业和领域，加强全链条竞争监管执法，以公正监管保障公平竞争。加强对平台经济、共享经济等新业态领域不正当竞争行为的规制，整治网络黑灰产业链条，治理新型网络不正当竞争行为。健全跨部门跨行政区域的反不正当竞争执法信息共享、协作联动机制，提高执法的统一性、权威性、协调性。构建跨行政区域的反不正当竞争案件移送、执法协助、联合执法机制，针对新型、疑难、典型案件畅通会商渠道、互通裁量标准。

（二十四）破除地方保护和区域壁垒。指导各地区综合比较优势、资源环境承载能力、产业基础、防灾避险能力等因素，找准自身功能定位，力戒贪大求洋、低层次重复建设和过度同质竞争，不搞“小而全”的自我小循环，更不能以“内循环”的名义搞地区封锁。建立涉企优惠政策目录清单并及时向社会公开，及时清理废除各地区含有地方保护、市场分割、指定交易等妨碍统一市场和公平竞争的政策，全面清理歧视外资企业和外地企业、实行地方保护的各类优惠政策，对新出台政策严格开展公平竞争审查。加强地区间产业转移项目协调合作，建立重大问题协调解决机制，推动产业合理布局、分工进一步优化。鼓励各地区持续优化营商环境，依法开展招商引资活动，防止招商引资恶性竞争行为，以优质的制度供给和制度创新吸引更多优质企业投资。

（二十五）清理废除妨碍依法平等准入和退出的规定做法。除法律法规明确规定外，不得要求企业必须在某地登记注册，不得为企业跨区域经营或迁移设置障碍。不得设置不合理和歧视性的准入、退出条件以限制商品服务、要素资源自由流动。不得以备案、注册、年检、认定、认证、指定、要求设立分公司等形式设定或者变相设定准入障碍。不得在资质认定、业务许可等方面，对外地企业设定明显高于本地经营者的资质要求、技术要求、检验标准或评审标准。清理规范行政审批、许可、备案等政务服务事项的前置条件和审批标准，不得将政务服务事项转为中介服务事项，没有法律法规依据不得在政务服务前要求企业自行检测、检验、认证、鉴定、公证以及提供证明等，不得搞变相审批、有偿服务。未经公平竞争不得授予经营者特许经营权，不得限定经营、购买、使用特定经营者提供的商品和服务。

（二十六）持续清理招标采购领域违反统一市场建设的规定和做法。制定招标投标和政府采购制度规则要严格按照国家有关规定进行公平竞争审查、合法性审核。招标投标和政府采购中严禁违法限定或者指定特定的专利、商标、品牌、零部件、原产地、供应商，不得违法设定与招标采购项目具体特点和实际需要不相适应的资格、技术、商务条件等。不得违法限定投标人所在地、所有制形式、组织形式，或者设定其他不合理的条件以排斥、限制经营者参与投标采购活动。深入推进招标投标全流程电子化，加快完善电子招标投标制度规则、技术标准，推动优质评标专家等资源跨地区跨行业共享。

八、组织实施保障

（二十七）加强党的领导。各地区各部门要充分认识建设全国统一大市场对于构建新发展格局的重要意义，切实把思想和行动统一到党中央决策部署上来，做到全国一盘棋，统一大市场，畅通大循环，确保各项重点任务落到实处。

（二十八）完善激励约束机制。探索研究全国统一大市场建设标准指南，对积极推动落实全国统一大市场建设、取得突出成效的地区可按国家有关规定予以奖励。动态发布不当干预全国统一大市场建设问题清单，建立典型案例通报约谈和问题整改制度，着力解决妨碍全国统一大市场建设的不当市场干预和不当竞争行为问题。

（二十九）优先推进区域协作。结合区域重大战略、区域协调发展战略实施，鼓励京津冀、长三角、粤港澳大湾区以及成渝地区双城经济圈、长江中游城市群等区域，在维护全国统一大市场前提下，优先开展区域市场一体化建设工作，建立健全区域合作机制，积极总结并复制推广典型经验和做法。

（三十）形成工作合力。各地区各部门要根据职责分工，不折不扣落实本意见要求，对本地区本部门是否存在妨碍全国统一大市场建设的规定和实际情况开展自查清理。国家发展改革委、市场监管总局会同有关部门建立健全促进全国统一大市场建设的部门协调机制，加大统筹协调力度，强化跟踪评估，及时督促检查，推动各方抓好贯彻落实。加强宣传引导和舆论监督，为全国统一大市场建设营造良好社会氛围。重大事项及时向党中央、国务院请示报告。

（新华社北京 2022 年 4 月 10 日电）

中共中央　国务院印发《扩大内需战略规划纲要（2022—2035年）》（节选）

［新华社北京2022年12月14日电　近日，中共中央、国务院印发了《扩大内需战略规划纲要（2022—2035年）》，并发出通知，要求各地区各部门结合实际认真贯彻落实。］

推动家政服务提质扩容。促进家政服务业专业化、规模化、网络化、规范化发展，完善家政服务标准体系，发展员工制家政企业。深化家政服务业提质扩容“领跑者”行动。提升家政服务和培训质量，推动社会化职业技能等级认定，加强家政从业人员职业风险保障。推进家政进社区，构建24小时全生活链服务体系。鼓励发展家庭管家等高端家政服务。

推进劳动力要素有序流动。营造公平就业环境，保障城乡劳动者享有平等就业权利。建立协调衔接的劳动力、人才流动政策体系和交流合作机制，健全统一规范的人力资源市场体系，完善全国统一的人力资源社会保障公共服务平台，推动公共资源由主要按城市行政等级配置向主要按实际服务管理人口规模配置转变。

提升就业质量增加劳动者劳动收入。持续实施就业优先战略，坚持经济发展就业导向，扩大就业容量，提升就业质量，促进充分就业。注重缓解结构性就业矛盾，加快提升劳动者技能素质，发展现代职业教育，健全终身职业技能培训制度。加快新一代信息技术与制造业深度融合，挖掘新产业新业态新模式带动就业潜力，创造更多更高质量更高收入的就业岗位。健全就业公共服务体系、劳动关系协调机制，完善重点群体就业支持体系。加快乡村产业振兴，积极促进农民工就业，增加农村居民工资性收入。

提高劳动报酬在初次分配中的比重。坚持居民收入增长和经济增长基本同步、劳动报酬提高和劳动生产率提高基本同步，增加劳动者特别是一线劳动者劳动报酬。完善企业薪酬调查和信息发布制度，健全劳动者工资决定、合理增长和支付保障机制，健全最低工资标准调整机制。改革完善事业单位工资、国有企业工资分配等制度。积极推行工资集体协商制度。实施渐进式延迟法定退休年龄。

健全各类生产要素参与分配机制。构建知识、技术、数据等创新要素参与收益分配机制，强化以增加知识价值为导向的分配政策，发挥工资激励保障作用。完善国有企业科技人才薪酬激励政策。完善股份制企业特别是上市公司分红制度。完善股票发行、信息披露等制度，推动资本市场规范健康发展。创新更多适应家庭财富管理需求的金融产品，增加居民投资收益。探索通过土地、资本等要素使用权、收益权增加中低收入群体要素收入。

扩大中等收入群体规模。通过开展示范区建设等，探索扎实推动共同富裕的有效路径。推进高等学校和职业院校毕业生、技能型劳动者、农民工等群体稳定增收，培育高素质农民，完善小微创业者扶持政策，支持个体工商户、灵活就业人员等群体勤劳致富，使更多普通劳动者通过自身努力进入中等收入群体。健全公共服务体系，合理减轻中等收入群体负担。

健全社会保障制度。推进基本养老保险由制度全覆盖到法定人群全覆盖，完善灵活就业人员参加职工社会保险制度。发展企业年金、职业年金，规范发展第三支柱养老保险。完善基本医疗保险制度，健全重特大疾病医疗保险和救助制度，支持商业健康保险发展。实现企业职工基本养老保险全国统筹，推动基本医疗保险、失业保险省级统筹，巩固完善工伤保险省级统筹。健全社会保障待遇调整机制。完善社会救助制度兜底功能。完善帮扶残疾人、孤儿等社会福利制度。健全退役军人工作体系和保障制度。

中共中央办公厅印发《事业单位领导人员管理规定》

[新华社北京 2022 年 1 月 23 日电　近日，中共中央办公厅印发了《事业单位领导人员管理规定》，并发出通知，要求各地区各部门认真遵照执行。]

《事业单位领导人员管理规定》全文如下。

事业单位领导人员管理规定

（2015 年 5 月 28 日中共中央批准　2015 年 5 月 28 日中共中央办公厅发布
2022 年 1 月 14 日中共中央修订　2022 年 1 月 14 日中共中央办公厅发布）

第一章　总　　则

第一条　为了加强和改进事业单位领导人员管理，健全选拔任用机制和管理监督机制，建设一支德才兼备、忠诚干净担当的高素质专业化事业单位领导人员队伍，根据有关党内法规和法律，制定本规定。

第二条　本规定适用于省级以上党委和政府直属以及部门所属事业单位领导班子成员，省级以上人大常委会、政协、纪委监委、人民法院、人民检察院、群众团体机关所属事业单位领导班子成员。

有关党内法规和法律对事业单位领导人员管理另有规定的，从其规定。

事业单位内设机构负责人选拔任用工作按照本规定第二章、第三章有关条款执行。

第三条　事业单位领导人员的管理，应当适应事业单位公益性、服务性、专业性、技术性等特点，遵循领导人员成长规律，激发事业单位活力，推动公益事业高质量发展。工作中，坚持下列原则：

（一）党管干部、党管人才；

（二）德才兼备、以德为先，五湖四海、任人唯贤；

（三）事业为上、人岗相适、人事相宜；

（四）注重实干担当和工作实绩、群众公认；

（五）分级分类管理；

（六）民主集中制；

（七）依规依法办事。

第四条　党委（党组）及其组织（人事）部门按照干部管理权限履行事业单位领导人员管理职责，负责本规定的组织实施。

第二章　任职条件和资格

第五条　事业单位领导人员应当具备下列基本条件：

（一）思想政治素质好，理想信念坚定，自觉坚持以马克思列宁主义、毛泽东思想、邓小平理论、“三个代表”重要思想、科学发展观、习近平新时代中国特色社会主义思想为指导，坚决贯彻执行党的理论和路线方针政策，增强“四个意识”、坚定“四个自信”、做到“两个维护”，自觉在思想上政治上行动上同党中央保持高度一致。

（二）组织领导能力强，自觉贯彻执行民主集中制，善于科学管理、沟通协调、依法办事、推动落实，工作实绩突出。

（三）专业素养好，熟悉有关政策法规和行业发展情况，具有胜任岗位职责的专业知识和专业能力。

（四）创新意识强，勤于学习，勇于探索，敢于攻坚克难，有开拓进取、追求卓越的韧劲，能够切实推进技术、管理、制度等重要创新。

（五）事业心和责任感强，热爱公益事业；坚持以人民为中心的发展思想，求真务实、勤勉敬业、担当作为，忠实履行公共服务的政治责任和社会责任；有斗争精神和斗争本领；团结协作，群众威信高。

（六）正确行使职权，坚持原则，带头践行社会主义核心价值观，恪守职业道德，严于律己，清正廉洁。

不同行业事业单位领导人员基本条件应当适应本行业特点和要求。其中，宣传思想文化系统事业单位领导人员应当坚持政治家办报办刊办台办新媒体，有强烈的意识形态阵地意识；高等学校和中小学校领导人员应当认真贯彻党的教育方针，坚持社会主义办学方向，自觉落实立德树人根本任务；科研事业单位领导人员应当坚持高水平科技自立自强的方向，坚持面向世界科技前沿、面向经济主战场、面向国家重大需求、面向人民生命健康，尊重科研工作规律，弘扬科学家精神，自觉践行创新科技、服务国家、造福人民的价值理念；公立医院领导人员应当坚持为人民健康服务的方向，有适应医院高质量发展的先进管理理念和实践经验。

党员领导人员应当自觉履行党建工作“一岗双责”，专职从事党务工作的领导人员还应当熟悉党建工作，善于做思想政治工作。

正职领导人员应当带头提高政治判断力、政治领悟力、政治执行力，具有驾驭全局的能力，善于抓班子带队伍，民主作风好。

第六条　事业单位领导人员应当具备下列基本资格：

（一）一般应当具有大学本科以上文化程度。

（二）提任六级以上管理岗位领导职务的，一般应当具有5年以上工作经历。

（三）从管理岗位领导职务副职提任正职的，应当具有副职岗位2年以上任职经历；从下级正职提任上级副职的，应当具有下级正职岗位3年以上任职经历。

（四）主要以专业技术面向社会提供公益服务的事业单位领导班子行政正职、分管业务工作的副职一般应当具有从事本行业专业工作的经历。

（五）具有正常履行职责的身体条件。

（六）符合有关党内法规、法律法规和行业主管部门规定的其他任职资格要求。

第七条　事业单位内设机构负责人基本条件应当符合本规定第五条规定；基本资格应当符合本规定第六条第一、二、三、五、六项规定，其中，负责业务工作的内设机构负责人，还应当具有与本岗位相关的专业教育背景或者具有从事本行业专业工作的经历。

第八条　从专业技术岗位到管理岗位担任领导人员或者内设机构负责人的，其任职资格一般应当符合第六条第一、二、五、六项规定，并且具有相应的专业技术职务（岗位）任职经历。其中，直接提任领导人员的，还应当具有一定的管理工作经历。

第九条 特别优秀的，或者因国家重大战略、重大工程、重大项目、重点任务选拔高精尖缺人才担任领导人员以及内设机构负责人等工作特殊需要的，可以适当放宽任职资格。

放宽任职资格以及从专业技术岗位到管理岗位担任领导班子正职或者四级以上管理岗位领导职务的，应当从严掌握，并报上级组织（人事）部门同意。

第三章 选拔任用

第十条 党委（党组）及其组织（人事）部门按照干部管理权限，根据事业单位不同领导体制和领导班子建设实际，提出启动领导人员选拔任用工作意见。

事业单位领导班子配备和领导人员选拔任用，应当立足事业发展需要，加强通盘考虑、科学谋划，及时选优配强，优化年龄、专业、经历等结构，增强领导班子整体功能。

第十一条 事业单位领导人员选拔任用，必须严格按照核定或者批准的领导职数和岗位设置方案进行。

第十二条 选拔事业单位领导人员，一般采取单位内部推选、外部选派方式进行。根据行业特点和工作需要，可以采取竞争（聘）上岗、公开选拔（聘）、委托相关机构遴选等方式产生人选。

第十三条 选拔事业单位领导人员，应当经过民主推荐，合理确定参加民主推荐人员范围，规范谈话调研推荐和会议推荐方式方法。

第十四条 对事业单位领导职务拟任人选，必须依据选拔任用条件，结合行业特点和岗位要求，全面考察其德、能、勤、绩、廉，严把政治关、品行关、能力关、作风关、廉洁关。

第十五条 综合分析人选的考察考核、一贯表现和人岗相适等情况，全面历史辩证地作出评价，既重管理能力、专业素养和工作实绩，更重政治品质、道德品行、作风和廉政情况，防止简单以票或者以分取人。

第十六条 选拔任用事业单位领导人员，应当严格执行干部选拔任用工作任前事项报告制度，严格遵守党委（党组）讨论决定干部任免事项有关规定，按照干部管理权限由党委（党组）集体讨论作出任免决定，或者决定提出推荐、提名的意见。

第十七条 任用事业单位领导人员，区别不同情况实行选任制、委任制、聘任制。对行政领导人员，结合行业特点和单位实际，逐步加大聘任制推行力度。

实行聘任制的，聘任关系通过聘任通知、聘任书等形式确定，根据需要可以签订聘任合同，所聘职务及相关待遇在聘期内有效。

第十八条 提任三级以下管理岗位领导职务的，应当在一定范围内进行任职前公示，公示期不少于 5 个工作日。

第十九条 提任非选举产生的三级以下管理岗位领导职务的，实行任职试用期制度。试用期一般为 1 年。

第二十条 事业单位内设机构负责人选拔任用方式按照本规定第十二条、第十七条规定执行。主要以专业技术面向社会提供公益服务的事业单位，可以根据工作需要积极探索有效办法，搞活搞好内部用人制度。

根据干部管理权限和事业单位不同领导体制实际，实行党委领导下的行政领导人负责制的，由党委集体讨论作出任免决定；实行行政领导人负责制的，党政主要领导应当对人选等情况进行充分沟通，由党组织集体讨论作出任免决定，或者由党组织研究提出拟任人选、党政领导会议集体讨论，依规依法任免（聘任、解聘），根据工作需要，也可以由上级党组织统筹管理，按照规定程序讨论决定。

第二十一条 选拔任用工作具体程序和要求，参照《党政领导干部选拔任用工作条例》及有关规定，结合事业单位实际确定。

第四章　任期和任期目标责任

第二十二条　事业单位领导班子和领导人员一般应当实行任期制。

每个任期一般为3至5年。领导人员在同一岗位连续任职一般不超过10年，工作特殊需要的，按照干部管理权限经批准后可以适当延长任职年限。

第二十三条　事业单位领导班子和领导人员一般应当实行任期目标责任制。

任期目标的设定，应当符合立足新发展阶段、贯彻新发展理念、构建新发展格局、推动高质量发展的要求，体现不同行业、不同类型事业单位特点，注重打基础、利长远、求实效。

第二十四条　任期目标由事业单位领导班子集体研究确定，领导班子的任期目标一般应当报经主管机关（部门）批准或者备案。

制定任期目标时，应当充分听取单位职工代表大会或者职工代表的意见，注意体现服务对象的意见。

第五章　考核评价

第二十五条　事业单位领导班子和领导人员的考核，主要是年度考核和任期考核，根据工作实际开展平时考核、专项考核。考核评价以岗位职责、任期目标为依据，以日常管理为基础，注重政治素质、业绩导向和社会效益，突出党建工作实效。

积极推进分类考核，结合行业特点和事业单位实际，合理确定考核内容和指标，注意改进考核方法，提高质量和效率。

第二十六条　综合分析研判考核情况和日常了解掌握情况，客观公正地作出评价，形成考核评价意见，确定考核评价等次。

领导班子年度考核和任期考核的评价等次，分为优秀、良好、一般、较差；领导人员年度考核和任期考核的评价等次，分为优秀、合格、基本合格、不合格。

平时考核、专项考核的结果可以采用考核报告、评语、等次或者鉴定等形式确定。

第二十七条　考核评价结果应当以适当方式向领导班子和领导人员反馈，并作为领导班子建设和领导人员选拔任用、培养教育、管理监督、激励约束、问责追责等的重要依据。

第六章　交流、回避

第二十八条　完善事业单位领导人员交流制度。交流的重点对象一般是正职领导人员，专职从事党务工作、分管人财物的副职领导人员以及其他因工作需要交流的人员。

第二十九条　积极推进同行业或者相近行业事业单位之间领导人员交流，统筹推进事业单位与党政机关、国有企业、社会组织之间领导人员交流。

专业性强的领导人员交流，应当加强研判和统筹，注意发挥其专业特长。

第三十条　实行事业单位领导人员任职回避制度。有夫妻关系、直系血亲关系、三代以内旁系血亲关系以及近姻亲关系的，不得在同一事业单位领导班子任职，不得在同一单位担任双方直接隶属于同一领导人员的职务或者有直接上下级领导关系的职务，也不得在领导人员所在事业单位本级内设管理机构以及分管联系单位从事组织（人事）、纪检监察、审计、财务部门负责工作。

第三十一条　实行事业单位领导人员履职回避制度。事业单位领导人员在履行职责过程中，涉及本人及其近亲属利害关系或者其他可能影响公正履行职责情况的，本人应当回避。

第七章　职业发展和激励保障

第三十二条　完善事业单位领导人员培养教育制度，加强思想政治建设和能力培养，强化分行业培训，注重实践锻炼，提高思想政治素质、专业水平和管理工作能力。

第三十三条　统筹各类教育培训，充分利用党校（行政学院）、干部学院等机构资源，原则上每5年对事业单位领导人员培训全覆盖。

第三十四条 任期结束后未达到退休年龄界限的事业单位领导人员，适合继续从事专业工作的，鼓励和支持其后续职业发展；其他领导人员，根据本人实际和工作需要，作出适当安排。

第三十五条 完善事业单位领导人员收入分配制度，落实工资正常增长机制，根据事业单位类别和经费来源等，结合考核情况合理确定领导人员的绩效工资水平，使其收入与履职情况和单位长远发展相联系，与本单位职工的平均收入水平保持合理关系。

第三十六条 事业单位领导人员在本职工作中表现突出、有显著成绩和贡献的，在处理突发事件和承担专项重要工作中作出显著成绩和贡献的，或者有其他突出事迹的，按照有关规定给予表彰奖励。注意引导和促进领导人员在推动加快科技自立自强、服务保障民生等方面担当作为、履职尽责。

第三十七条 加强对事业单位领导人员的人文关怀，开展经常性谈心谈话，及时了解情况，听取意见建议，帮助解决实际困难。

按照有关规定做好容错纠错工作，宽容领导人员在改革创新中的失误，营造鼓励探索、支持创新的良好环境。

第八章 监督约束

第三十八条 党委（党组）及纪检监察机关、组织（人事）部门、行业主管部门按照管理权限和职责分工，履行对事业单位领导班子和领导人员的监督责任。

第三十九条 监督的重点内容是：践行“两个维护”，对党忠诚，贯彻落实党的理论和路线方针政策、党中央决策部署以及上级党组织决定情况；依法办事，执行民主集中制，履行职责，担当作为，行风建设，选人用人，国有资产管理，收入分配情况；落实全面从严治党主体责任和监督责任，职业操守，以身作则，遵守纪律，廉洁自律等情况。

第四十条 完善事业单位领导班子权力运行机制和领导人员特别是主要负责人监督制约机制，构建严密有效的监督体系。发挥党内监督带动作用，推动民主监督、行政监督、司法监督、审计监督、财会监督、群众监督、舆论监督等贯通协调、形成合力，强化领导班子内部监督，综合运用考察考核、述职述廉、民主生活会、谈心谈话、巡视巡察、提醒、函询、诫勉等措施，对领导班子和领导人员进行监督。

严格落实干部选拔任用工作“一报告两评议”、领导干部报告个人有关事项、规范干部兼职、因私出国（境）和配偶、子女及其配偶经商办企业，以及经济责任审计、问责等管理监督有关制度。

第四十一条 事业单位领导人员有违规违纪违法行为的，依规依纪依法给予处理、处分；构成犯罪的，依法追究刑事责任。

第九章 退出

第四十二条 完善事业单位领导人员退出机制，促进领导人员能上能下、能进能出，增强队伍生机活力。

第四十三条 事业单位领导人员有下列情形之一，一般应当免去现职：

（一）达到任职年龄界限或者退休年龄界限的；

（二）年度考核、任期考核被确定为不合格的，或者连续2年年度考核被确定为基本合格的；

（三）解除聘任关系（聘任合同）或者聘任期满不再续聘的；

（四）受到责任追究应当免职的；

（五）不适宜担任现职应当免职的；

（六）因违规违纪违法应当免职的；

（七）因健康原因，无法正常履行工作职责1年以上的；

（八）因工作需要或者其他原因应当免去现职的。

第四十四条 实行事业单位领导人员辞职

制度。辞职包括因公辞职、自愿辞职、引咎辞职和责令辞职。辞职程序和辞职后从业限制等，按照有关规定执行。

第四十五条 事业单位领导人员的退休，按照有关规定执行。事业单位正职领导人员特别优秀的，根据工作需要和本人履职情况，按照有关规定经批准可以延迟免职（退休）。

第四十六条 事业单位领导人员退出领导岗位从事专业工作的，由本单位党委（党组）研究并报上级组织（人事）部门同意，可以不再按照领导人员管理。

第四十七条 事业单位领导人员退出领导岗位后，应当继续履行保密责任，严格执行保密规定，落实脱密期管理相关要求。

第十章 附 则

第四十八条 中央组织部可以会同有关行业主管部门根据本规定，制定完善有关行业事业单位领导人员管理具体办法。

第四十九条 市（地、州、盟）级以下党委和政府直属以及部门所属事业单位和人大常委会、政协、纪委监委、人民法院、人民检察院、群众团体机关所属事业单位领导人员的管理，由各省、自治区、直辖市党委参照本规定制定或者完善具体办法。

第五十条 本规定由中央组织部负责解释。

第五十一条 本规定自发布之日起施行。

中共中央办公厅转发《中央宣传部、中央组织部关于认真组织学习〈习近平谈治国理政〉第四卷的通知》

［新华社北京 2022 年 7 月 11 日电　近日，中共中央办公厅转发了《中央宣传部、中央组织部关于认真组织学习〈习近平谈治国理政〉第四卷的通知》，并发出通知，要求各地区各部门结合实际认真贯彻落实。］

《中央宣传部、中央组织部关于认真组织学习〈习近平谈治国理政〉第四卷的通知》全文如下。

党的十八大以来，以习近平同志为主要代表的中国共产党人，坚持把马克思主义基本原理同中国具体实际相结合、同中华优秀传统文化相结合，坚持毛泽东思想、邓小平理论、“三个代表”重要思想、科学发展观，创立了习近平新时代中国特色社会主义思想。习近平新时代中国特色社会主义思想是当代中国马克思主义、二十一世纪马克思主义，是中华文化和中国精神的时代精华，实现了马克思主义中国化新的飞跃。党确立习近平同志党中央的核心、全党的核心地位，确立习近平新时代中国特色社会主义思想的指导地位，反映了全党全军全国各族人民共同心愿，对新时代党和国家事业发展、对推进中华民族伟大复兴历史进程具有决定性意义。

《习近平谈治国理政》第一卷至第三卷出版以来，在宣传党的创新理论、激发人民奋斗实践方面发挥了重要作用，也为国际社会了解中国、读懂中国打开了重要“思想之窗”，有力展示了中国形象。《习近平谈治国理政》第三卷出版两年多来，习近平总书记在领导党和人民应变局、开新局的伟大实践中，坚持解放思想、实事求是、守正创新，又提出一系列原创性的治国理政新理念新思想新战略，进一步科学回答了中国之问、世界之问、人民之问、时代之问。

经党中央批准，中央宣传部（国务院新闻办公室）会同中央党史和文献研究院、中国外文局，编辑出版了《习近平谈治国理政》第四卷。该书收入了习近平总书记在 2020 年 2 月 3 日至 2022 年 5 月 10 日期间的讲话、谈话、演讲、致辞、指示、贺信等 109 篇，分为 21 个专题。

《习近平谈治国理政》第四卷生动记录了以习近平同志为核心的党中央，面对百年变局和世纪疫情相互叠加、世界进入新的动荡变革期的复杂局面，面对世所罕见、史所罕见的风险挑战，统筹国内国际两个大局，统筹疫情防控和经济社会发展，统筹发展和安全，团结带领全党全国各族人民在中华大地上全面建成小康社会、开启全面建设社会主义现代化国家新征程的伟大实践，集中展现了马克思主义中国化的最新成果，充分体现了我们党为推动构建人类命运共同体、共建美好世界作出的最新贡献，是全面系统反映习近平新时代中国特色社会主义思想的权威著作。

《习近平谈治国理政》第四卷的出版发

行，对于推动广大党员、干部和群众深入学习贯彻习近平新时代中国特色社会主义思想，深刻领会“两个确立”的决定性意义，增强“四个意识”、坚定“四个自信”、做到“两个维护”，在新时代新征程上团结奋斗、勇毅前行；对于帮助国际社会及时了解这一重要思想的最新发展，增进对中国共产党和中国人民过去为什么能够成功、未来怎样才能继续成功的认识，加深对中国之路、中国之治、中国之理的理解，具有重要意义。

认真学习《习近平谈治国理政》第四卷，是用习近平新时代中国特色社会主义思想武装全党、教育人民的重大政治任务。各级党组织要精心组织安排，将《习近平谈治国理政》第四卷与第一卷、第二卷、第三卷作为一个整体，引导广大党员、干部读原著学原文、悟原理知原义，真正做到虔诚而执着、至信而深厚。各级党委（党组）理论学习中心组要把《习近平谈治国理政》第四卷列入学习计划，在学懂弄通做实上下功夫，不断提高政治判断力、政治领悟力、政治执行力，切实把学习成果转化为奋进新征程、建功新时代的工作举措和实际成效。各级党校（行政学院）、干部学院要把《习近平谈治国理政》第四卷纳入培训教学重要内容，各高等学校要将其作为思想政治教育重要教材，各级党委讲师团以及新时代文明实践中心、县级融媒体中心、“学习强国”学习平台要创新开展对象化、分众化宣讲宣传，不断增强吸引力感染力。要坚持理论联系实际的马克思主义学风，结合全面做好改革发展稳定各方面工作、高效做好统筹疫情防控和经济社会发展工作，更好用习近平新时代中国特色社会主义思想把全党武装起来、把党中央决策部署的各项任务落实下去，凝聚起全面建设社会主义现代化国家的磅礴力量，以实际行动迎接党的二十大胜利召开。

中共中央办公厅　国务院办公厅印发《关于加强新时代高技能人才队伍建设的意见》

[新华社北京2022年10月7日电　近日，中共中央办公厅、国务院办公厅印发了《关于加强新时代高技能人才队伍建设的意见》，并发出通知，要求各地区各部门结合实际认真贯彻落实。]

《关于加强新时代高技能人才队伍建设的意见》全文如下。

技能人才是支撑中国制造、中国创造的重要力量。加强高级工以上的高技能人才队伍建设，对巩固和发展工人阶级先进性，增强国家核心竞争力和科技创新能力，缓解就业结构性矛盾，推动高质量发展具有重要意义。为贯彻落实党中央、国务院决策部署，加强新时代高技能人才队伍建设，现提出如下意见。

一、总体要求

（一）指导思想。以习近平新时代中国特色社会主义思想为指导，深入贯彻党的十九大和十九届历次全会精神，全面贯彻习近平总书记关于做好新时代人才工作的重要思想，坚持党管人才，立足新发展阶段，贯彻新发展理念，服务构建新发展格局，推动高质量发展，深入实施新时代人才强国战略，以服务发展、稳定就业为导向，大力弘扬劳模精神、劳动精神、工匠精神，全面实施“技能中国行动”，健全技能人才培养、使用、评价、激励制度，构建党委领导、政府主导、政策支持、企业主体、社会参与的高技能人才工作体系，打造一支爱党报国、敬业奉献、技艺精湛、素质优良、规模宏大、结构合理的高技能人才队伍。

（二）目标任务。到“十四五”时期末，高技能人才制度政策更加健全、培养体系更加完善、岗位使用更加合理、评价机制更加科学、激励保障更加有力，尊重技能尊重劳动的社会氛围更加浓厚，技能人才规模不断壮大、素质稳步提升、结构持续优化、收入稳定增加，技能人才占就业人员的比例达到30%以上，高技能人才占技能人才的比例达到1/3，东部省份高技能人才占技能人才的比例达到35%。力争到2035年，技能人才规模持续壮大、素质大幅提高，高技能人才数量、结构与基本实现社会主义现代化的要求相适应。

二、加大高技能人才培养力度

（三）健全高技能人才培养体系。构建以行业企业为主体、职业学校（含技工院校，下同）为基础、政府推动与社会支持相结合的高技能人才培养体系。行业主管部门和行业组织要结合本行业生产、技术发展趋势，做好高技能人才供需预测和培养规划。鼓励各类企业结合实际把高技能人才培养纳入企业发展总体规划和年度计划，依托企业培训中心、产教融合实训基地、高技能人才培训基地、公共实训基地、技能大师工作室、劳模和工匠人才创新工作室、网络学习平台等，大力培养高技能人才。国有企业要结合实际将高技能人才培养规划的制定和实施情况纳入考核评价体系。鼓励各类企业事业组织、社会团体及其他社会组织以独资、合资、合作等方式依法参与举办职业教育培训机构，积极参与承接政府购买服务。对纳入产教融合型企业建设培育范围的企业兴办职业教育符合条件的投资，可依据有关规定按投资额的30%抵免当年应缴教育费附加和地方教育附加。

（四）创新高技能人才培养模式。探索中国特色学徒制。深化产教融合、校企合作，开展订单式培养、套餐制培训，创新校企双制、校中厂、厂中校等方式。对联合培养高技能人才成效显著的企业，各级政府按规定予以表扬和相应政策支持。完善项目制培养模式，针对不同类别不同群体高技能人才实施差异化培养项目。鼓励通过名师带徒、技能研修、岗位练兵、技能竞赛、技术交流等形式，开放式培训高技能人才。建立技能人才继续教育制度，推广求学圆梦行动，定期组织开展研修交流活动，促进技能人才知识更新与技术创新、工艺改造、产业优化升级要求相适应。

（五）加大急需紧缺高技能人才培养力度。围绕国家重大战略、重大工程、重大项目、重点产业对高技能人才的需求，实施高技能领军人才培育计划。支持制造业企业围绕转型升级和产业基础再造工程项目，实施制造业技能根基工程。围绕建设网络强国、数字中国，实施提升全民数字素养与技能行动，建立一批数字技能人才培养试验区，打造一批数字素养与技能提升培训基地，举办全民数字素养与技能提升活动，实施数字教育培训资源开放共享行动。围绕乡村振兴战略，实施乡村工匠培育计划，挖掘、保护和传承民间传统技艺，打造一批“工匠园区”。

（六）发挥职业学校培养高技能人才的基础性作用。优化职业教育类型、院校布局和专业设置。采取中等职业学校和普通高中同批次并行招生等措施，稳定中等职业学校招生规模。在技工院校中普遍推行工学一体化技能人才培养模式。允许职业学校开展有偿性社会培训、技术服务或创办企业，所取得的收入可按一定比例作为办学经费自主安排使用；公办职业学校所取得的收入可按一定比例作为绩效工资来源，用于支付本校教师和其他培训教师的劳动报酬。合理保障职业学校师资受公派临时出国（境）参加培训访学、进修学习、技能交流等学术交流活动相关费用。切实保障职业学校学生在升学、就业、职业发展等方面与同层次普通学校学生享有平等机会。实施现代职业教育质量提升计划，支持职业学校改善办学条件。

（七）优化高技能人才培养资源和服务供给。实施国家乡村振兴重点帮扶地区职业技能提升工程，加大东西部协作和对口帮扶力度。健全公共职业技能培训体系，实施职业技能培训共建共享行动，开展县域职业技能培训共建共享试点。加快探索“互联网+职业技能培训”，构建线上线下相结合的培训模式。依托“金保工程”，加快推进职业技能培训实名制管理工作，建立以社会保障卡为载体的劳动者终身职业技能培训电子档案。

三、完善技能导向的使用制度

（八）健全高技能人才岗位使用机制。企业可设立技能津贴、班组长津贴、带徒津贴等，支持鼓励高技能人才在岗位上发挥技能、管理班组、带徒传技。鼓励企业根据需要，建立高技能领军人才“揭榜领题”以及参与重大生产决策、重大技术革新和技术攻关项目的制度。实行“技师+工程师”等团队合作模式，在科研和技术攻关中发挥高技能人才创新能力。鼓励支持高技能人才兼任职业学校实习实训指导教师。注重青年高技能人才选用。高技能人才配置状况应作为生产经营性企业及其他实体参加重大工程项目招投标、评优和资质评估的重要因素。

（九）完善技能要素参与分配制度。引导企业建立健全基于岗位价值、能力素质和业绩贡献的技能人才薪酬分配制度，实现多劳者多得、技高者多得，促进人力资源优化配置。国有企业在工资分配上要发挥向技能人才倾斜的示范作用。完善企业薪酬调查和信息发布制度，鼓励有条件的地区发布分职业（工种、岗位）、分技能等级的工资价位信息，为企业与技能人才协商确定工资水平提供信息参考。用人单位在聘的高技能人才在学习进修、岗位聘任、职务晋升、工资福利等方面，分别比照相应层级专业技术人员享受同等待遇。完善科技成果转化收益分享机制，对在技术革新或技术攻关中作出突出贡献的高技能人才给予奖励。高技能人才可实行年薪制、协议工资制，企业可对作出突出贡献的优秀高技能人才实行特岗特酬，鼓励符合条件的企业积极运用中长期激励工具，加大对高技能人才的激励力度。畅通为高技能人才建立企业年金的机制，鼓励和引导企业为包括高技能人才在内的职工建立企业年金。完善高技能特殊人才特殊待遇政策。

（十）完善技能人才稳才留才引才机制。鼓励和引导企业关心关爱技能人才，依法保障技能人才合法权益，合理确定劳动报酬。健全人才服务体系，促进技能人才合理流动，提高技能人才配置效率。建立健全技能人才柔性流动机制，鼓励技能人才通过兼职、服务、技术攻关、项目合作等方式更好发挥作用。畅通高技能人才向专业技术岗位或管理岗位流动渠道。引导企业规范开展共享用工。支持各地结合产业发展需求实际，将急需紧缺技能人才纳入人才引进目录，引导技能人才向欠发达地区、基层一线流动。支持各地将高技能人才纳入城市直接落户范围，高技能人才的配偶、子女按有关规定享受公共就业、教育、住房等保障服务。

四、建立技能人才职业技能等级制度和多元化评价机制

（十一）拓宽技能人才职业发展通道。建立健全技能人才职业技能等级制度。对设有高级技师的职业（工种），可在其上增设特级技师和首席技师技术职务（岗位），在初级工之下补设学徒工，形成由学徒工、初级工、中级工、高级工、技师、高级技师、特级技师、首席技师构成的“八级工”职业技能等级（岗位）序列。鼓励符合条件的专业技术人员按有关规定申请参加相应职业（工种）的职业技能评价。支持各地面向符合条件的技能人才招聘事业单位工作人员，重视从技能人才中培养选拔党政干部。建立职业资格、职业技能等级与相应职称、学历的双向比照认定制度，推进学历教育学习成果、非学历教育学习成果、职业技能等级学分转换互认，建立国家资历框架。

（十二）健全职业标准体系和评价制度。健全符合我国国情的现代职业分类体系，完善新职业信息发布制度。完善由国家职业标准、行业企业评价规范、专项职业能力考核规范等构成的多层次、相互衔接的职业标准体系。探索开展技能人员职业标准国际互通、证书国际互认工作，各地可建立境外技能人员职业资格认可清单制度。健全以职业资格评价、职业技能等级认定和专项职业能力考核等为主要内容的技能人才评价机制。完善以职业能力为导向、以工作业绩为重点，注重工匠精神培育和职业道德养成的技能人才评价体系，推动职业技能评价与终身职业技能培训制度相适应，与使用、待遇相衔接。深化职业资格制度改革，完善职业资格目录，实行动态调整。围绕新业态、新技术和劳务品牌、地方特色产业、非物质文化遗产传承项目等，加大专项职业能力考核项目开发力度。

（十三）推行职业技能等级认定。支持符合条件的企业自主确定技能人才评价职业（工种）范围，自主设置岗位等级，自主开发制定岗位规范，自主运用评价方式开展技能人才职业技能等级评价；企业对新招录或未定级职工，可根据其日常表现、工作业绩，结合职业标准和企业岗位规范要求，直接认定相应的职业技能等级。打破学历、资历、年龄、比例等限制，对技能高超、业绩突出的一线职工，可直接认定高级工以上职业技能等级。对解决重大工艺技术难题和重大质量问题、技术创新成果获得省部级以上奖项、“师带徒”业绩突出的高技能人才，可破格晋升职业技能等级。

推进“学历证书+若干职业技能证书”制度实施。强化技能人才评价规范管理，加大对社会培训评价组织的征集遴选力度，优化遴选条件，构建政府监管、机构自律、社会监督的质量监督体系，保障评价认定结果的科学性、公平性和权威性。

（十四）完善职业技能竞赛体系。广泛深入开展职业技能竞赛，完善以世界技能大赛为引领、全国职业技能大赛为龙头、全国行业和地方各级职业技能竞赛以及专项赛为主体、企业和院校职业技能比赛为基础的中国特色职业技能竞赛体系。依托现有资源，加强世界技能大赛综合训练中心、研究（研修）中心、集训基地等平台建设，推动世界技能大赛成果转化。定期举办全国职业技能大赛，推动省、市、县开展综合性竞赛活动。鼓励行业开展特色竞赛活动，举办乡村振兴职业技能大赛。举办世界职业院校技能大赛、全国职业院校技能大赛等职业学校技能竞赛。健全竞赛管理制度，推行“赛展演会”结合的办赛模式，建立政府、企业和社会多方参与的竞赛投入保障机制，加强竞赛专兼职队伍建设，提高竞赛科学化、规范化、专业化水平。完善并落实竞赛获奖选手表彰奖励、升学、职业技能等级晋升等政策。鼓励企业对竞赛获奖选手建立与岗位使用及薪酬待遇挂钩的长效激励机制。

五、建立高技能人才表彰激励机制

（十五）加大高技能人才表彰奖励力度。建立以国家表彰为引领、行业企业奖励为主体、社会奖励为补充的高技能人才表彰奖励体系。完善评选表彰中华技能大奖获得者和全国技术能手制度。国家级荣誉适当向高技能人才倾斜。加大高技能人才在全国劳动模范和先进工作者、国家科学技术奖等相关表彰中的评选力度，积极推荐高技能人才享受政府特殊津贴，对符合条件的高技能人才按规定授予五一劳动奖章、青年五四奖章、青年岗位能手、三八红旗手、巾帼建功标兵等荣誉，提高全社会对技能人才的认可认同。

（十六）健全高技能人才激励机制。加强对技能人才的政治引领和政治吸纳，注重做好党委（党组）联系服务高技能人才工作。将高技能人才纳入各地人才分类目录。注重依法依章程推荐高技能人才为人民代表大会代表候选人、政治协商会议委员人选、群团组织代表大会代表或委员会委员候选人。进一步提高高技能人才在职工代表大会中的比例，支持高技能人才参与企业管理。按照有关规定，选拔推荐优秀高技能人才到工会、共青团、妇联等群团组织挂职或兼职。建立高技能人才休假疗养制度，鼓励支持分级开展高技能人才休假疗养、研修交流和节日慰问等活动。

六、保障措施

（十七）强化组织领导。坚持党对高技能人才队伍建设的全面领导，确保正确政治方向。各级党委和政府要将高技能人才工作纳入本地区经济社会发展、人才队伍建设总体部署和考核范围。在本级人才工作领导小组统筹协调下，建立组织部门牵头抓总、人力资源社会保障部门组织实施、有关部门各司其职、行业企业和社会各方广泛参与的高技能人才工作机制。各地区各部门要大力宣传技能人才在经济社会发展中的作用和贡献，进一步营造重视、关心、尊重高技能人才的社会氛围，形成劳动光荣、技能宝贵、创造伟大的时代风尚。

（十八）加强政策支持。各级政府要统筹利用现有资金渠道，按规定支持高技能人才工作。企业要按规定足额提取和使用职工教育经费，60%以上用于一线职工教育和培训。落实企业职工教育经费税前扣除政策，有条件的地方可探索建立省级统一的企业职工教育经费使用管理制度。各地要按规定发挥好有关教育经费等各类资金作用，支持职业教育发展。

（十九）加强技能人才基础工作。充分利用大数据、云计算等新一代信息技术，加强技能人才工作信息化建设。建立健全高技能人才库。加强高技能人才理论研究和成果转化。大力推进符合高技能人才培养需求的精品课程、教材和师资建设，开发高技能人才培养标准和一体化课程。加强国际交流合作，推动实施技能领域“走出去”、“引进来”合作项目，支持青年学生、毕业生参与青年国际实习交流计划，推进与各国在技能领域的交流互鉴。

中共中央办公厅　国务院办公厅印发《关于深化现代职业教育体系建设改革的意见》

［新华社北京 2022 年 12 月 21 日电　近日，中共中央办公厅、国务院办公厅印发了《关于深化现代职业教育体系建设改革的意见》，并发出通知，要求各地区各部门结合实际认真贯彻落实。］

《关于深化现代职业教育体系建设改革的意见》全文如下。

为深入贯彻落实党中央关于职业教育工作的决策部署和习近平总书记有关重要指示批示精神，持续推进现代职业教育体系建设改革，优化职业教育类型定位，现提出如下意见。

一、总体要求

1. 指导思想。以习近平新时代中国特色社会主义思想为指导，深入贯彻党的二十大精神，坚持和加强党对职业教育工作的全面领导，把推动现代职业教育高质量发展摆在更加突出的位置，坚持服务学生全面发展和经济社会发展，以提升职业学校关键能力为基础，以深化产教融合为重点，以推动职普融通为关键，以科教融汇为新方向，充分调动各方面积极性，统筹职业教育、高等教育、继续教育协同创新，有序有效推进现代职业教育体系建设改革，切实提高职业教育的质量、适应性和吸引力，培养更多高素质技术技能人才、能工巧匠、大国工匠，为加快建设教育强国、科技强国、人才强国奠定坚实基础。

2. 改革方向。深化职业教育供给侧结构性改革，坚持以人为本、能力为重、质量为要、守正创新，建立健全多形式衔接、多通道成长、可持续发展的梯度职业教育和培训体系，推动职普协调发展、相互融通，让不同禀赋和需要的学生能够多次选择、多样化成才；坚持以教促产、以产助教、产教融合、产学合作，延伸教育链、服务产业链、支撑供应链、打造人才链、提升价值链，推动形成同市场需求相适应、同产业结构相匹配的现代职业教育结构和区域布局。构建央地互动、区域联动，政府、行业、企业、学校协同的发展机制，鼓励支持省（自治区、直辖市）和重点行业结合自身特点和优势，在现代职业教育体系建设改革上先行先试、率先突破、示范引领，形成制度供给充分、条件保障有力、产教深度融合的良好生态。

二、战略任务

3. 探索省域现代职业教育体系建设新模式。围绕深入实施区域协调发展战略、区域重大战略等和全面推进乡村振兴，国家主导推动、地方创新实施，选择有迫切需要、条件基础和改革探索意愿的省（自治区、直辖市），建立现代职业教育体系建设部省协同推进机制，在职业学校关键能力建设、产教融合、职普融通、投入机制、制度创新、国际交流合作等方面改革突破，制定支持职业教育的金融、财政、土地、信用、就业和收入分配等激励政策的具体举措，形成有利于职业教育发展的制度环境和生态，形成一批可复制、可推广的新经验新范式。

4. 打造市域产教联合体。省级政府以产业园区为基础，打造兼具人才培养、创新创业、促进产业经济高质量发展功能的市域产教联合体。成立政府、企业、学校、科研机构等多方参与的理事会，实行实体化运作，集聚资金、技术、人才、政策等要素，有效推动各类主体深度参与职业学校专业规划、人才培养规格确定、课程开发、师资队伍建设，共商培养方案、共组教学团队、共建教学资源，共同实施学业考核评价，推进教学改革，提升技术技能人才培养质量；搭建人才供需信息平台，推行产业规划和人才需求发布制度，引导职业学校紧贴市场和就业形势，完善职业教育专业动态调整机制，促进专业布局与当地产业结构紧密对接；建设共性技术服务平台，打通科研开发、技术创新、成果转移链条，为园区企业提供技术咨询与服务，促进中小企业技术创新、产品升级。

5. 打造行业产教融合共同体。优先选择新一代信息技术产业、高档数控机床和机器人、高端仪器、航空航天装备、船舶与海洋工程装备、先进轨道交通装备、能源电子、节能与新能源汽车、电力装备、农机装备、新材料、生物医药及高性能医疗器械等重点行业和重点领域，支持龙头企业和高水平高等学校、职业学校牵头，组建学校、科研机构、上下游企业等共同参与的跨区域产教融合共同体，汇聚产教资源，制定教学评价标准，开发专业核心课程与实践能力项目，研制推广教学装备；依据产业链分工对人才类型、层次、结构的要求，实行校企联合招生，开展委托培养、订单培养和学徒制培养，面向行业企业员工开展岗前培训、岗位培训和继续教育，为行业提供稳定的人力资源；建设技术创新中心，支撑高素质技术技能人才培养，服务行业企业技术改造、工艺改进、产品升级。

三、重点工作

6. 提升职业学校关键办学能力。优先在现代制造业、现代服务业、现代农业等专业领域，组织知名专家、业界精英和优秀教师，打造一批核心课程、优质教材、教师团队、实践项目，及时把新方法、新技术、新工艺、新标准引入教育教学实践。做大做强国家职业教育智慧教育平台，建设职业教育专业教学资源库、精品在线开放课程、虚拟仿真实训基地等重点项目，扩大优质资源共享，推动教育教学与评价方式变革。面向新业态、新职业、新岗位，广泛开展技术技能培训，服务全民终身学习和技能型社会建设。

7. 加强“双师型”教师队伍建设。加强师德师风建设，切实提升教师思想政治素质和职业道德水平。依托龙头企业和高水平高等学校建设一批国家级职业教育“双师型”教师培养培训基地，开发职业教育师资培养课程体系，开展定制化、个性化培养培训。实施职业学校教师学历提升行动，开展职业学校教师专业学位研究生定向培养。实施职业学校名师（名匠）名校长培养计划。设置灵活的用人机制，采取固定岗与流动岗相结合的方式，支持职业学校公开招聘行业企业业务骨干、优秀技术和管理人才任教；设立一批产业导师特聘岗，按规定聘请企业工程技术人员、高技能人才、管理人员、能工巧匠等，采取兼职任教、合作研究、参与项目等方式到校工作。

8. 建设开放型区域产教融合实践中心。对标产业发展前沿，建设集实践教学、社会培训、真实生产和技术服务功能为一体的开放型区域产教融合实践中心。以政府主导、多渠道筹措资金的方式，新建一批公共实践中心；通过政府购买服务、金融支持等方式，推动企业特别是中小企业、园区提高生产实践资源整合能力，支持一批企业实践中心；鼓励学校、企业以“校中厂”、“厂中校”的方式共建一批实践中心，服务职业学校学生实习实训，企业员工培训、产品中试、工艺改进、技术研发等。政府投入的保持公益属性，建在企业的按规定享受教育用地、公用事业费等优惠。

9. 拓宽学生成长成才通道。以中等职业学校为基础、高职专科为主体、职业本科为牵引，建设一批符合经济社会发展和技术技能人才培养需要的高水平职业学校和专业；探索发展综合高中，支持技工学校教育改革发展。支持优质中等职业学校与高等职业学校联合开展五年一贯制办学，开展中等职业教育与职业本科教育衔接培养。完善职教高考制度，健全“文化素质+职业技能”考试招生办法，扩大应用型本科学校在职教高考中的招生规模，招生计划由各地在国家核定的年度招生规模中统筹安排。完善本科学校招收具有工作经历的职业学校毕业生的办法。根据职业学校学生特点，完善专升本考试办法和培养方式，支持高水平本科学校参与职业教育改革，推进职普融通、协调发展。

10. 创新国际交流与合作机制。持续办好世界职业技术教育发展大会和世界职业院校技能大赛，推动成立世界职业技术教育发展联盟。立足区域优势、发展战略、支柱产业和人才需求，打造职业教育国际合作平台。教随产出、产教同行，建设一批高水平国际化的职业学校，推出一批具有国际影响力的专业标准、课程标准，开发一批教学资源、教学设备。打造职业教育国际品牌，推进专业化、模块化发展，健全标准规范、创新运维机制；推广“中文+职业技能”项目，服务国际产能合作和中国企业走出去，培养国际化人才和中资企业急需的本土技术技能人才，提升中国职业教育的国际影响力。

四、组织实施

11. 加强党的全面领导。坚持把党的领导贯彻到现代职业教育体系建设改革全过程各方面，全面贯彻党的教育方针，坚持社会主义办学方向，落实立德树人根本任务。各级党委和政府要将发展职业教育纳入本地区国民经济和社会发展规划，与促进就业创业和推动发展方式转变、产业结构调整、技术优化升级等整体部署、统筹实施，并作为考核下一级政府履行教育职责的重要内容。职业学校党组织要把抓好党建工作作为办学治校的基本功，落实公办职业学校党组织领导的校长负责制，增强民办职业学校党组织的政治功能和组织功能。深入推进习近平新时代中国特色社会主义思想进教材、进课堂、进学生头脑，牢牢把握学校意识形态工作领导权，把思想政治工作贯穿学校教育管理全过程，大力培育和践行社会主义核心价值观，健全德技并修、工学结合的育人机制，努力培养德智体美劳全面发展的社会主义建设者和接班人。

12. 建立组织协调机制。完善国务院职业教育工作部际联席会议制度，建设集聚教育、科技、产业、经济和社会领域知名专家学者和经营管理者的咨询组织，承担职业教育政策咨询、标准研制、项目论证等工作。教育部牵头建立统筹协调推进机制，会同相关部门推动行业企业积极参与。省级党委和政府制定人才需求、产业发展和政策支持“三张清单”，健全落实机制。支持地方建立职业教育与培训管理机构，整合相关职能，统筹职业教育改革发展。

13. 强化政策扶持。探索地方政府和社会力量支持职业教育发展投入新机制，吸引社会资本、产业资金投入，按照公益性原则，支持职业教育重大建设和改革项目。将符合条件的职业教育项目纳入地方政府专项债券、预算内投资等的支持范围。鼓励金融机构提供金融服务支持发展职业教育。探索建立基于专业大类的职业教育差异化生均拨款制度。地方政府可以参照同级同类公办学校生均经费等相关经费标准和支持政策，对非营利性民办职业学校给予适当补助。完善中等职业学校学生资助办法，建立符合中等职业学校多样化发展要求的成本分担机制。用人单位不得设置妨碍职业学校毕业生平等就业、公平竞争的报考、录用、聘用条件。支持地方深化收入分配制度改革，提高生产服务一线技术技能人才工资收入水平。

14. 营造良好氛围。及时总结各地推进现代职业教育体系建设改革的典型经验，做好有关宣传报道，营造全社会充分了解、积极支持、主动参与职业教育的良好氛围。办好职业教育活动周，利用“五一”国际劳动节、教师节等重要节日加大对职业教育的宣传力度，挖掘和宣传基层一线技术技能人才成长成才的典型事迹。树立结果导向的评价方向，对优秀的职业学校、校长、教师、学生和技术技能人才按照国家有关规定给予表彰奖励，弘扬劳动光荣、技能宝贵、创造伟大的时代风尚。

国务院关于加快推进政务服务标准化规范化便利化的指导意见

国发〔2022〕5号

各省、自治区、直辖市人民政府，国务院各部委、各直属机构：

持续优化政务服务是便利企业和群众生产经营与办事创业、畅通国民经济循环、加快构建新发展格局的重要支撑，是建设人民满意的服务型政府、推进国家治理体系和治理能力现代化的内在要求。党的十八大以来，各地区各部门认真贯彻党中央、国务院决策部署，深入推进政务服务“一网、一门、一次”改革，积极探索创新审批服务便民化措施，全国一体化政务服务平台初步建成并发挥成效，政务服务水平大幅提升，营商环境显著改善，企业和群众获得感不断增强。同时，政务服务标准不统一、线上线下服务不协同、数据共享不充分、区域和城乡政务服务发展不平衡等问题仍然不同程度存在。为加快推进政务服务标准化、规范化、便利化，更好满足企业和群众办事需求，现提出如下意见。

一、总体要求

（一）指导思想。以习近平新时代中国特色社会主义思想为指导，全面贯彻落实党的十九大和十九届历次全会精神，按照党中央、国务院决策部署，立足新发展阶段，完整、准确、全面贯彻新发展理念，构建新发展格局，加快转变政府职能、深化“放管服”改革、持续优化营商环境，加强跨层级、跨地域、跨系统、跨部门、跨业务协同管理和服务，充分发挥全国一体化政务服务平台“一网通办”支撑作用，进一步推进政务服务运行标准化、服务供给规范化、企业和群众办事便利化，有效服务生产要素自由流动和畅通国民经济循环，更好满足人民日益增长的美好生活需要，为推动高质量发展、创造高品质生活、推进国家治理体系和治理能力现代化提供有力支撑。

（二）基本原则。

坚持党的领导。在党中央集中统一领导下，把党的领导贯穿优化政务服务的全过程和各方面，深入贯彻党中央、国务院关于优化政务服务的决策部署，不断提升政务服务标准化、规范化、便利化水平。

坚持以人民为中心。聚焦企业和群众反映强烈的办事堵点难点问题，完善落实有关标准和政策措施，着力破解关键掣肘和体制机制障碍，提供更加优质高效的政务服务。

坚持系统观念。加强整体谋划，强化政务服务一体化建设，分级负责、协同联动，统筹线上线下政务服务资源，推动政务服务与事前事中事后监管有机衔接，构建高效运行的政务服务体系。

坚持公平可及。坚持传统服务方式与智能化服务创新并行，为老年人、残疾人等特殊群体提供多元化、个性化、贴心暖心的高质量服务。不断提升基层、边远和欠发达地区政务服务能力，推动政务服务区域间均衡发展。

（三）总体目标。2022年底前，国家、省、市、县、乡五级政务服务能力和水平显著提升；国家政务服务事项基本目录统一编制、联合审核、动态管理、全面实施机制基本建立；政务服务中心综合窗口全覆盖，全国一体化政务服务平台全面建成，“一网通办”服务能力显著增强，企业和群众经常办理的政务服务事项实现“跨省通办”。2025年底前，政务服务标准化、规范化、便利化水平大幅提升，高频政务服务事项实现全国无差别受理、同标准办理；高频电子证照实现全国互通互认，“免证办”全面推行；集约化办事、智慧化服务实现新的突破，“网上办、掌上办、就近办、一次办”更加好办易办，政务服务线上线下深度融合、协调发展，方便快捷、公平普惠、优质高效的政务服务体系全面建成。

二、推进政务服务标准化

（一）推进政务服务事项标准化。

明确政务服务事项范围。政务服务事项包括依申请办理的行政权力事项和公共服务事项。所涉及的行政权力事项包括行政许可、行政确认、行政裁决、行政给付、行政奖励、行政备案及其他行政权力事项。公共教育、劳动就业、社会保险、医疗卫生、养老服务、社会服务、住房保障、文化体育、残疾人服务等领域依申请办理的公共服务事项全部纳入政务服务事项范围。

建立国家政务服务事项基本目录审核制度。国务院有关部门负责编制和修订主管行业领域的政务服务事项基本目录，包括中央层面实施的和中央指定地方（涵盖省、市、县、乡）实施的政务服务事项。国务院办公厅负责组织对政务服务事项合法性，基本目录及其要素信息的完整度、准确性，以及与权责清单和行政许可事项清单的一致性、与地方政务服务业务开展的适用性等进行联合审核，修订印发统一的国家政务服务事项基本目录，并在国家政务服务平台和中国政府网发布。各地区要根据国家政务服务事项基本目录和本地实际，明确应承接的事项，并全面梳理依法依规自行设立的事项，修订完善本地区政务服务事项基本目录。

建立健全政务服务事项动态管理机制。建立健全国家和地方政务服务事项管理和动态调整机制。行业主管部门或政务服务审批部门要根据业务变化和实施情况及时向本级政务服务管理机构提出调整政务服务事项基本目录或实施清单的申请，政务服务管理机构负责政务服务事项基本目录、实施清单的审核发布。基于国家政务服务平台事项库，汇聚政务服务事项基本目录和实施清单，实现政务服务事项数据同源、动态更新、联动管理。推动实现市场准入负面清单、投资审批管理事项清单、工程建设项目审批事项清单等与政务服务事项基本目录的同类事项名称、类型等要素一致。

（二）推进政务服务事项实施清单标准化。国务院有关部门要依据国家政务服务事项基本目录，明确主管行业领域的政务服务事项拆分标准，在推进名称、编码、依据、类型等基本要素“四级四同”基础上，推动逐步实现同一政务服务事项受理条件、服务对象、办理流程、申请材料、法定办结时限、办理结果等要素在全国范围内统一，形成政务服务事项实施清单，统筹制定政务服务事项“跨省通办”全程网办、异地代收代办、多地联办的流程规则，明确收件地和办理地的权责划分、业务流转程序等内容。各地区要对依法依规自行设立的地方政务服务事项做好实施清单要素统一工作。

（三）健全政务服务标准体系。加强国家政务服务标准总体框架设计，研究制定政务服务标准化发展规划。依托全国行政管理和服务标准化技术委员会，制定国家政务服务标准化工作指南和制修订计划，建立健全政务服务事项管理、政务服务中心建设、政务服务实施、便民热线运行、服务评估评价等标准规范，持续完善全国一体化政务服务平台标准规范体系。建立标准研制、试点验证、审查发布、推广实施、效果评估和监督保障等闭环运行机制。

三、推进政务服务规范化

（一）规范审批服务。

规范审批服务行为。推进政务服务事项依法依规办理，严格按照政务服务事项实施清单提供办事服务，不得额外增加或变相增加办理环节和申请材料。严格执行首问负责、一次性告知和限时办结等制度。优化前置服务，加强政务服务事项申报辅导。对现场勘验、技术审查、听证论证等程序实施清单化管理，建立限时办结机制并向社会公布。

规范审批监管协同。按照“谁审批、谁监管，谁主管、谁监管”原则，健全审管衔接机制，实现审批和监管信息实时共享。实行相对集中行政许可权改革的地区，要明确政务服务审批部门、行业主管部门的监管职责和边界，加强协同配合，政务服务审批部门应将有关政务服务事项办理信息和结果同步推送至行业主管部门，行业主管部门应将相关的行政检查、行政处罚等监管信息与政务服务审批部门同步共享。

规范中介服务。各地区各部门要进一步清理政务服务领域没有法律法规或国务院决定依据的中介服务事项，对确需保留的强制性中介服务事项，实行清单管理并向社会公布。各地区要加强对中介服务的规范管理，完善中介服务网上交易平台，推动中介服务机构公开服务指南，明确服务条件、流程、时限和收费标准等要素。各有关部门不得强制企业选择特定中介服务机构。加强对中介服务机构的信用监管，实行信用等级评价、资质动态管理，解决中介服务环节多、耗时长、市场垄断、“红顶中介”等问题。

（二）规范政务服务场所办事服务。

规范政务服务场所设立。统一各地区设立的集中提供政务服务的综合性场所名称，县级以上为政务服务中心，乡镇（街道）为便民服务中心，村（社区）为便民服务站。各地区要建立政务服务中心进驻事项负面清单制度，除场地限制或涉及国家秘密等情形外，原则上政务服务事项均应纳入政务服务中心集中办理。地方部门单设的政务服务窗口原则上应整合并入本级政务服务中心，确不具备整合条件的要纳入本级政务服务中心一体化管理，按照统一要求提供规范化服务。未设立省级政务服务中心的地区，可探索依托省会城市政务服务中心共建运行模式。国务院部门可根据实际需要设立政务服务大厅，集中提供办事服务。

规范政务服务窗口设置。政务服务中心要设置综合咨询窗口，统一提供咨询、引导等服务。设置综合办事窗口，逐步整合部门单设的办事窗口，按照“前台综合受理、后台分类审批、综合窗口出件”模式，合理设置无差别或分领域综合办事窗口，实现“一窗受理、综合服务”。设置帮办代办窗口，为老年人、残疾人等特殊群体提供帮办代办服务。设置“跨省通办”、“省内通办”窗口，为企业和群众提供异地办事服务。设置“办不成事”反映窗口，提供兜底服务，解决企业和群众办事过程中遇到的疑难事项和复杂问题。

规范政务服务窗口业务办理。进驻的政务服务事项必须在政务服务中心实质运行，严禁“明进暗不进”。对适用“收件即受理”方式的政务服务事项，有关部门要授权窗口工作人员接收申请材料并出具受理凭证。建立部门业务综合授权的“首席事务代表”制度，推动更多政务服务事项当场办理、简单事项即时办结。

（三）规范网上办事服务。

统筹网上办事入口。各地区要依托全国一体化政务服务平台，统一提供政务服务，实现网上办事“一次注册、多点互认、全网通行”。推进各级政府网站、政务服务平台适老化、无障碍改造。各地区要整合本级部门的各类政务服务移动端应用，原则上通过本级统一的政务服务平台移动端（含小程序等）提供服务，解决政务移动应用程序（App）数量多、重复注册等问题。

规范网上办事指引。进一步完善网上办事引导功能，优化页面设计、简化办事操作、提高系统稳定性，规范在线咨询、引导服务，提供更加简明易懂实用的办事指南和网上办事操作说明，创新在线导办帮办、智能客服等方式，辅助在线办理，解决网上办事看不懂、操作不便、容易出错、系统卡顿等问题，实现“一看就能懂、一点就能办”。

提升网上办事深度。深化政务服务“一网通办”，加大办事环节精简和流程再造力度，提升政务服务事项网上办理深度，提供申请受理、审查决定、结果送达等全流程、全环节网上服务，推动更多适合网上办理的政务服务事项由网上可办向全程网办、好办易办转变。

（四）规范政务服务线上线下融合发展。

规范政务服务办理方式。线上线下并行提供服务，满足企业和群众的多样化办事需求。对已实现线上办理的政务服务事项，原则上要同步提供线下窗口办事服务，由企业和群众自主选择办理渠道。申请人在线下办理业务时，不得强制要求其先到线上预约或在线提交申请材料。已在线收取申请材料或通过部门间共享能获取规范化电子材料的，不得要求申请人重复提交纸质材料。

合理配置政务服务资源。各地区要根据本地区政务服务发展水平、保障能力等实际情况，合理配置线上线下政务服务资源，协同推进政务服务中心［便民服务中心（站）］与政务服务平台建设，在推动更多政务服务事项线上办理的同时，同步提升线下服务能力。推进政务服务事项、办事指南等在线上线下服务渠道同源发布、同步更新，做到线上线下无差别受理、同标准办理。

（五）规范开展政务服务评估评价。落实政务服务“好差评”制度，在各级政务服务机构、政务服务平台、政务服务便民热线全面开展“好差评”工作，建立健全全国一体化政务服务平台“好差评”管理体系，确保评价数据客观、真实，形成评价、整改、反馈、监督全流程衔接的政务服务评价机制。坚持评价人自愿自主评价原则，不得强迫或者干扰评价人的评价行为。国务院办公厅负责统筹国家层面开展的政务服务相关评估评价工作，优化评价方式方法，科学引导政务服务优化提升。各地区要建立健全政务服务督查考核机制，将政务服务工作纳入本地区政府年度绩效考核范围。规范政务服务社会第三方评估，更好发挥社会监督作用，及时回应社会关切。

四、推进政务服务便利化

（一）推进政务服务事项集成化办理。从便利企业和群众办事角度出发，围绕企业从设立到注销、个人从出生到身后的全生命周期，推动关联性强、办事需求量大、企业和群众获得感强的多个跨部门、跨层级政务服务事项集成化办理，提供主题式、套餐式服务。按照“一次告知、一表申请、一套材料、一窗（端）受理、一网办理”的要求，优化业务流程，通过系统对接整合和数据共享，减少办事环节、精简申请材料、压缩办理时限。

（二）推广“免证办”服务。在保护个人隐私、商业秘密和确保数据安全的前提下，通过流程优化、机制创新和技术保障，推进电子证照在政务服务领域应用和全国互通互认。全面开展证照梳理，通过直接取消证照材料或数据共享、在线核验等方式，推动实现政府部门核发的材料一律免于提交，能够提供电子证照的一律免于提交实体证照。

（三）推动更多政务服务事项“就近办”。推动公共教育、劳动就业、社会保险、医疗卫生、养老服务、社会服务、户籍管理等领域群众经常办理且基层能有效承接的政务服务事项以委托受理、授权办理、帮办代办等方式下沉至便民服务中心（站）办理。推广 24 小时自助服务，推动集成式自助终端向村（社区）、园区、商场、楼宇和银行、邮政、电信网点等场所延伸，鼓励各地区整合公安、税务、社会保障、医疗保障等自助服务功能，推动更多事项全程自助办理，实现政务服务“就近办、家门口办”。

（四）推动更多政务服务事项“网上办、掌上办”。按照“应上尽上”原则，除涉及国家秘密等情形外，推动各地区各部门政务服务事项全部纳入全国一体化政务服务平台管理和运行，加快实现“一网通办”。加快全国一体化政务服务平台移动端建设，推动企业和群众经常办理的政务服务事项“掌上办、指尖办”，推进身份证电子证照、电子社保卡、电子驾驶证、电子行驶证、电子营业执照等高频电子证照在政务服务平台移动端汇聚，并在日常生产生活各领域中应用。在确保安全可控的前提下，发挥第三方平台渠道优势，拓展政务服务移动应用。

（五）推行告知承诺制和容缺受理服务模式。除直接涉及国家安全、国家秘密、公共安全、金融业审慎监管、生态环境保护，直接关系人身健康、生命财产安全，以及重要涉外等风险较大、纠错成本较高、损害难以挽回的政务服务事项外，各地区各有关部门要按照最大限度利企便民原则梳理可采取告知承诺制方式的政务服务事项，明确承诺的具体内容、要求以及违反承诺应承担的法律责任，细化办事承诺方式和承诺事项监管细则，并向社会公布。各地区各有关部门要完善容缺受理服务机制，依法依规编制并公布可容缺受理的政务服务事项清单，明确事项名称、主要申请材料和可容缺受理的材料。

（六）提升智慧化精准化个性化服务水平。依托全国一体化政务服务平台，建设企业和个人专属服务空间，完善“一企一档”、“一人一档”，规范和拓展二维码、数字名片等场景应用，实现个性化精准服务。充分运用大数据、人工智能、物联网等新技术，推出“免申即享”、政务服务地图、“一码办事”、智能审批等创新应用模式。

（七）提供更多便利服务。各类政务服务场所要加强无障碍环境建设和改造，为老年人、残疾人等特殊群体提供便利服务。推进水电气热、电信、公证、法律援助等与企业和群众生产生活密切相关的服务进驻政务服务中心和政务服务平台。政务服务中心［便民服务中心（站）］要依法加强与各类寄递企业的合作，降低企业和群众办事成本。鼓励各地区政务服务中心开展延时错时服务。

五、全面提升全国一体化政务服务平台服务能力

（一）加强平台建设统筹。充分发挥全国一体化在线政务服务平台建设和管理协调小组作用，统筹全国一体化政务服务平台建设和管理，加快地方、部门政务服务业务系统与国家政务服务平台全面对接融合。各级部门能依托全国一体化政务服务平台支撑政务服务业务办理的，不再单独建设相关业务系统，确需单独建设业务系统的，要把与全国一体化政务服务平台对接融合和数据共享作为项目立项及验收条件。各地区政务服务平台应由省级统筹建设，原则上不再单独建设地市级以下政务服务平台。

（二）强化平台公共支撑。充分发挥国家政务服务平台公共入口、公共通道、公共支撑的总枢纽作用，建立完善政务服务统一身份认证系统，规范各地区各部门电子印章制发核验和用印，加快电子证照归集共享应用，建立电子证照签发以及跨地区跨层级互通互认、异议处理、反馈纠错规则机制。推行政务服务电子文件单套归档和电子档案单套管理。

（三）提升数据共享能力。以全国一体化政务服务平台为数据共享总枢纽，在确保数据安全的基础上，充分发挥政务数据共享协调机制作用，建立政务数据共享供需对接机制，推进国务院部门垂直管理业务信息系统与地方政务服务平台深度对接和数据双向共享，强化部门之间、部门与地方之间、地方之间政务数据共享，提高数据质量和可用性、时效性，满足不动产登记、社会保障、户籍管理、市场主体准入准营等重点领域以及人口、法人、地名、教育、婚姻、生育、住房、信用等普遍性数据需求。

六、保障措施

（一）加强组织领导。各地区各部门要充分认识推进政务服务标准化、规范化、便利化工作的重要意义，切实加强组织领导，层层压实责任，强化经费、人员、场地、信息化保障。明确国家、省、市、县、乡五级政务服务责任体系。国务院办公厅负责全国政务服务工作的顶层设计、统筹推进、监督检查，组织建立健全政务服务责任和标准体系，完善政务数据共享协调机制，指导、协调和督促各地区各部门提供优质、规范、高效的政务服务，组织推进全国一体化政务服务平台建设。国务院各部门负责指导、协调和督促主管行业领域的政务服务工作。县级以上地方人民政府对本地区政务服务工作负主要责任，政府办公厅（室）要充分发挥统筹协调作用，细化任务分工，推动解决有关重点难点问题，确保改革任务尽快落地见效。乡镇人民政府和街道办事处负责本辖区政务服务具体工作，接受上级政务服务管理机构指导和监督。

（二）加强地方政务服务体系建设。县级以上地方人民政府要建立健全政务服务体系，加强政务服务中心、便民服务中心（站）、政务服务平台和政务服务便民热线建设运行管理，组织推进政务服务事项梳理、政务数据共享、标准实施、人员管理培训、日常考核、指导监督等工作，统筹做好便民服务中心（站）人员和经费保障工作。

（三）加强人员队伍建设。政务服务中心综合窗口工作人员由政务服务管理机构统一配备，支持有条件的地区推进便民服务中心（站）窗口工作人员由政务服务管理机构统一配备。政务服务管理机构负责部门派驻人员的日常管理、服务规范，并对其年度考核等次提出建议。通过政府购买服务提供办事窗口服务的地区，要健全完善和督促落实相关服务标准，合理确定政府购买服务价格，支持有条件的地区按照行政办事员（政务服务综合窗口办事员）国家职业技能标准开展等级认定、定岗晋级等工作，增强人员队伍的稳定性。健全培训管理制度，不断提升工作人员服务意识、业务能力和办事效率。加强全国一体化政务服务平台运营管理队伍建设，强化各级政务服务管理机构相关人员力量配备。

（四）加强法治保障。聚焦政务服务优化面临的政策制度障碍，及时清理和修改完善与推进政务服务标准化、规范化、便利化不相适应的行政法规、规章和行政规范性文件。推动将行之有效并可长期坚持的做法以立法形式予以固化，发挥法治引领和保障作用。

（五）加强安全保障。强化各级政务服务平台安全保障系统建设，落实安全管理主体责任，分级做好政务服务平台建设运营和网络数据安全保障工作，构建全方位、多层次、一致性的安全防护体系，不断提升全国一体化政务服务平台风险防控能力。加强政务数据全生命周期安全防护，强化政务服务和数据共享利用中的个人隐私、商业秘密保护，确保政务网络和数据安全。

（六）加强宣传推广。各地区各部门要加强政策宣传，通过政府网站、政务新媒体、政务服务平台等向社会及时提供通俗易懂的政策解读，对关联性较强的政策要一并解读。加强对推进政务服务标准化、规范化、便利化进展成效和经验做法的总结和复制推广。

国务院

2022 年 2 月 7 日

国务院关于落实《政府工作报告》重点工作分工的意见

国发〔2022〕9号

各省、自治区、直辖市人民政府，国务院各部委、各直属机构：

为全面贯彻党的十九大和十九届历次全会精神，深入落实中央经济工作会议精神和十三届全国人大五次会议通过的《政府工作报告》部署，做好今年政府工作，实现经济社会发展目标任务，现就《政府工作报告》确定的重点工作，提出分工意见如下：

一、2022年经济社会发展总体要求和政策取向

（一）总体要求和主要预期目标。

1. 要在以习近平同志为核心的党中央坚强领导下，以习近平新时代中国特色社会主义思想为指导，全面贯彻落实党的十九大和十九届历次全会精神，弘扬伟大建党精神，坚持稳中求进工作总基调，完整、准确、全面贯彻新发展理念，加快构建新发展格局，全面深化改革开放，坚持创新驱动发展，推动高质量发展，坚持以供给侧结构性改革为主线，统筹疫情防控和经济社会发展，统筹发展和安全，继续做好“六稳”、“六保”工作，持续改善民生，着力稳定宏观经济大盘，保持经济运行在合理区间，保持社会大局稳定，迎接党的二十大胜利召开。（国务院各部门分别负责，年内持续推进）

2. 今年发展主要预期目标是：国内生产总值增长5.5%左右；城镇新增就业1 100万人以上，城镇调查失业率全年控制在5.5%以内；居民消费价格涨幅3%左右；居民收入增长与经济增长基本同步；进出口保稳提质，国际收支基本平衡；粮食产量保持在1.3万亿斤以上；生态环境质量持续改善，主要污染物排放量继续下降；能耗强度目标在“十四五”规划期内统筹考核，并留有适当弹性，新增可再生能源和原料用能不纳入能源消费总量控制。（国家发展改革委、财政部、人力资源社会保障部、生态环境部、农业农村部、商务部、人民银行、海关总署、国家能源局、国家外汇局等按职责分工负责，12月底前完成）

（二）重大政策取向和要求。

3. 完成今年发展目标任务，宏观政策要稳健有效，微观政策要持续激发市场主体活力，结构政策要着力畅通国民经济循环，科技政策要扎实落地，改革开放政策要激活发展动力，区域政策要增强发展的平衡性协调性，社会政策要兜住兜牢民生底线。各方面要围绕贯彻这些重大政策和要求，细化实化具体举措，形成推动发展的合力。（国务院各部门分别负责，年内持续推进）

4. 要保持宏观政策连续性，强化跨周期和逆周期调节，增强有效性。积极的财政政策要提升效能，更加注重精准、可持续。稳健的货币政策要灵活适度，保持流动性合理充裕。

就业优先政策要提质加力。政策发力适当靠前，及时动用储备政策工具，确保经济平稳运行。（国家发展改革委、财政部、人力资源社会保障部、人民银行等按职责分工负责，年内持续推进）

5. 继续做好常态化疫情防控。坚持外防输入、内防反弹，不断优化完善防控措施，加强口岸城市疫情防控，加大对病毒变异的研究和防范力度，加快新型疫苗和特效药物研发，持续做好疫苗接种工作，更好发挥中医药独特作用，科学精准处置局部疫情，保持正常生产生活秩序。（国务院各部门分别负责，年内持续推进）

6. 要坚持稳字当头、稳中求进。面对新的下行压力，要把稳增长放在更加突出的位置。各地区各部门要切实担负起稳定经济的责任，积极推出有利于经济稳定的政策。要统筹稳增长、调结构、推改革，加快转变发展方式，不搞粗放型发展。坚持实事求是，立足社会主义初级阶段基本国情，着力办好自己的事，尊重发展规律、客观实际和群众需求，因地制宜创造性开展工作，把各方面干事创业积极性充分调动起来。推动有效市场和有为政府更好结合，善于运用改革创新办法，激发市场活力和社会创造力。要坚持以人民为中心的发展思想，依靠共同奋斗，扎实推进共同富裕，不断实现人民对美好生活的向往。（国务院各部门分别负责，年内持续推进）

二、着力稳定宏观经济大盘，保持经济运行在合理区间

（三）提升积极的财政政策效能。

7. 今年赤字率拟按2.8%左右安排、比去年有所下调，有利于增强财政可持续性。预计今年财政收入继续增长，加之特定国有金融机构和专营机构依法上缴近年结存的利润、调入预算稳定调节基金等，支出规模比去年扩大2万亿元以上，可用财力明显增加。新增财力要下沉基层，主要用于落实助企纾困、稳就业保民生政策，促进消费、扩大需求。今年安排中央本级支出增长3.9%，其中中央部门支出继续负增长。中央对地方转移支付增加约1.5万亿元、规模近9.8万亿元，增长18%、为多年来最大增幅。中央财政将更多资金纳入直达范围，省级财政也要加大对市县的支持，务必使基层落实惠企利民政策更有能力、更有动力。（财政部牵头，国家发展改革委、人力资源社会保障部、人民银行、税务总局、国家烟草局等按职责分工负责，12月底前完成）

8. 要用好政府投资资金，带动扩大有效投资。今年拟安排地方政府专项债券3.65万亿元。强化绩效导向，坚持“资金、要素跟着项目走”，合理扩大使用范围，支持在建项目后续融资，开工一批具备条件的重大工程、新型基础设施、老旧公用设施改造等建设项目。民间投资在投资中占大头，要发挥重大项目牵引和政府投资撬动作用，完善相关支持政策，充分调动民间投资积极性。（国家发展改革委、财政部牵头，住房城乡建设部、自然资源部、生态环境部等按职责分工负责，年内持续推进）

9. 要坚持政府过紧日子，更好节用裕民。大力优化支出结构，保障重点支出，严控一般性支出。盘活财政存量资金和闲置资产。各级政府必须艰苦奋斗、勤俭节约，中央政府和省级政府要带头。加强收支管理，严禁铺张浪费，不得违规新建楼堂馆所，不得搞形象工程，对违反财经纪律、肆意挥霍公款的要严查重处，一定要把宝贵资金用在发展紧要处、民生急需上。（财政部牵头，国家发展改革委、国管局等按职责分工负责，年内持续推进）

（四）加大稳健的货币政策实施力度。

10. 发挥货币政策工具的总量和结构双重功能，为实体经济提供更有力支持。扩大新增贷款规模，保持货币供应量和社会融资规模增速与名义经济增速基本匹配，保持宏观杠杆率基本稳定。（人民银行牵头，年内持续推进）保持人民币汇率在合理均衡水平上的基本稳定。（人民银行、国家外汇局牵头，年内持续推进）进一步疏通货币政策传导机制，引导资金更多流向重点领域和薄弱环节，扩大普惠金融覆盖面。（人民银行、银保监会等按职责分工负责，年内持续推进）推动金融机构降低实际贷款利率、减少收费，让广大市场主体切身感受到融资便利度提升、综合融资成本实实在在下降。（人民银行、银保监会、证监会、国家外汇局、国家发展改革委等按职责分工负责，年内持续推进）

（五）强化就业优先政策。

11. 大力拓宽就业渠道，注重通过稳市场主体来稳就业，增强创业带动就业作用。财税、金融等政策都要围绕就业优先实施，加大对企业稳岗扩岗的支持力度。（国家发展改革委、工业和信息化部、财政部、人力资源社会保障部、人民银行、税务总局、市场监管总局、银保监会、证监会等按职责分工负责，年内持续推进）各类专项促就业政策要强化优化，对就业创业的不合理限制要坚决清理取消。（人力资源社会保障部、国家发展改革委牵头，年内持续推进）各地都要千方百计稳定和扩大就业。（人力资源社会保障部牵头，年内持续推进）

（六）确保粮食能源安全。

12. 保障粮食等重要农产品供应。（国家发展改革委、农业农村部、交通运输部、财政部、商务部、国家粮食和储备局等按职责分工负责，年内持续推进）继续做好能源、重要原材料保供稳价工作，保障民生和企业正常生产经营用电。（国家发展改革委、国家能源局牵头，年内持续推进）实施全面节约战略。增强国内资源生产保障能力，加快油气、矿产等资源勘探开发，完善国家战略物资储备制度，保障初级产品供给。（国家发展改革委、工业和信息化部、自然资源部、交通运输部、财政部、国家粮食和储备局、国家能源局等按职责分工负责，年内持续推进）打击哄抬物价等行为。保持物价水平基本稳定。（国家发展改革委、市场监管总局牵头，年内持续推进）

（七）防范化解重大风险。

13. 继续按照稳定大局、统筹协调、分类施策、精准拆弹的基本方针，做好经济金融领域风险防范和处置工作。（国家发展改革委、财政部、人民银行、银保监会、证监会、国家外汇局等按职责分工负责，年内持续推进）压实地方属地责任、部门监管责任和企业主体责任，加强风险预警、防控机制和能力建设，设立金融稳定保障基金，发挥存款保险制度和行业保障基金的作用，运用市场化、法治化方式化解风险隐患，有效应对外部冲击，牢牢守住不发生系统性风险的底线。（人民银行牵头，国家发展改革委、司法部、财政部、银保监会、证监会、国家外汇局等按职责分工负责，9月底前完成金融稳定保障基金筹集相关工作，年内持续推进）

三、着力稳市场主体保就业，加大宏观政策实施力度

（八）实施新的组合式税费支持政策。

14. 坚持阶段性措施和制度性安排相结合，减税与退税并举。一方面，延续实施扶持制造业、小微企业和个体工商户的减税降费政策，并提高减免幅度、扩大适用范围。对小规模纳税人阶段性免征增值税。对小微企业年应纳税所得额100万元至300万元部分，再减半征收企业所得税。各地也要结合实际，依法出台税费减免等有力措施，使减税降费力度只增不减，以稳定市场预期。另一方面，综合考虑为企业提供现金流支持、促进就业消费投资，大力改进因增值税税制设计类似于先缴后退的留抵退税制度，今年对留抵税额提前实行大规模退税。优先安排小微企业，对小微企业的存量留抵税额于6月底前一次性全部退还，增量留抵税额足额退还。重点支持制造业，全面解决制造业、科研和技术服务、生态环保、电力燃气、交通运输等行业留抵退税问题。增值税留抵退税力度显著加大，以有力提振市场信心。预计全年退税减税约2.5万亿元，其中留抵退税约1.5万亿元，退税资金全部直达企业。中央财政将加大对地方财力支持，补助资金直达市县，地方政府及有关部门要建立健全

工作机制，加强资金调度，确保退税减税这项关键性举措落实到位，为企业雪中送炭，助企业焕发生机。（财政部、税务总局牵头，4月底前出台相关政策，年内持续推进）

（九）加强金融对实体经济的有效支持。

15. 用好普惠小微贷款支持工具，增加支农支小再贷款，优化监管考核，推动普惠小微贷款明显增长、信用贷款和首贷户比重继续提升。（人民银行、银保监会等按职责分工负责，6月底前出台相关政策，年内持续推进）引导金融机构准确把握信贷政策，继续对受疫情影响严重的行业企业给予融资支持，避免出现行业性限贷、抽贷、断贷。对市场前景好的特殊困难行业企业给予“无缝续贷”。（人民银行、银保监会等按职责分工负责，年内持续推进）发挥好政策性、开发性金融作用。（财政部、人民银行、银保监会等按职责分工负责，6月底前出台分类分账改革相关方案，年内持续推进）推进涉企信用信息整合共享，加快税务、海关、电力等单位与金融机构信息联通，扩大政府性融资担保对小微企业的覆盖面，努力营造良好融资生态，进一步推动解决实体经济特别是中小微企业融资难题。（国家发展改革委、工业和信息化部、财政部、商务部、人民银行、海关总署、税务总局、市场监管总局、银保监会、国家能源局等按职责分工负责，年内持续推进）

（十）推动降低企业生产经营成本。

16. 清理转供电环节不合理加价，支持地方对特殊困难行业用电实行阶段性优惠政策。（国家发展改革委、市场监管总局牵头，年内持续推进）引导大型平台企业降低收费，减轻中小商户负担。进一步清理规范行业协会商会、中介机构等收费。（国家发展改革委、市场监管总局、民政部等按职责分工负责，年内持续推进）要开展涉企违规收费专项整治行动，建立协同治理和联合惩戒机制，坚决查处乱收费、乱罚款、乱摊派。（国家发展改革委、工业和信息化部、财政部、市场监管总局牵头，有关部门按职责分工负责，12月底前完成）要加大拖欠中小企业账款清理力度，规范商业承兑汇票使用，机关、事业单位和国有企业要带头清欠。（工业和信息化部牵头，财政部、人民银行、国务院国资委等按职责分工负责，年内持续推进）餐饮、住宿、零售、文化、旅游、客运等行业就业容量大、受疫情影响重，各项帮扶政策都要予以倾斜，支持这些行业企业挺得住、过难关、有奔头。（国家发展改革委、财政部、交通运输部、住房城乡建设部、商务部、文化和旅游部、人民银行、税务总局、中国民航局、中国国家铁路集团有限公司等按职责分工负责，年内持续推进）

（十一）落实落细稳就业举措。

17. 延续执行降低失业和工伤保险费率等阶段性稳就业政策。（人力资源社会保障部、财政部、税务总局牵头，4月底前出台相关政策，年内持续推进）对不裁员少裁员的企业，继续实施失业保险稳岗返还政策，明显提高中小微企业返还比例。（人力资源社会保障部、财政部牵头，4月底前出台相关政策，年内持续推进）今年高校毕业生超过1 000万人，要加强就业创业指导、政策支持和不断线服务。（人力资源社会保障部、教育部、国家发展改革委、财政部等按职责分工负责，5月底前出台相关政策，年内持续推进）做好退役军人安置和就业保障，促进农民工就业，帮扶残疾人、零就业家庭成员就业。（人力资源社会保障部、国家发展改革委、财政部、农业农村部、退役军人部、国家乡村振兴局、中国残联等按职责分工负责，年内持续推进）深入开展大众创业万众创新，增强双创平台服务能力。（国家发展改革委牵头，年内持续推进）加强灵活就业服务，完善灵活就业社会保障政策，开展新就业形态职业伤害保障试点。（人力资源社会保障部、国家医保局、财政部、税务总局等按职责分工负责，年内持续推进）坚决防止和纠正性别、年龄、学历等就业歧视，大力营造公平就业环境。加强劳动保障监察执法，着力解决侵害劳动者合法权益的突出问题。（人力资源社会保障部、教育部、全国总工会、全国妇联等按职责分工负责，年内持续推进）增强公共就业服务针对性。（人力资源社会保障部牵头，年内持续推进）继续开展大规模职业技能培训，共建共享一批公共实训基地。（国家发展改革委、财政部、人力资源社会保障部等按职责分工负责，年内持续推进）使用1 000亿元失业保险基金支持稳岗和培训，加快培养制造业高质量发展的急需人才，让更多劳动者掌握一技之长、让三百六十行行行人才辈出。（人力资源社会保障部、财政部牵头，4月底前出台相关政策，年内持续推进）

四、坚定不移深化改革，更大激发市场活力和发展内生动力

（十二）加快转变政府职能。

18. 加强高标准市场体系建设，抓好要素市场化配置综合改革试点，加快建设全国统一大市场。继续扩大市场准入。（国家发展改革委牵头，有关部门按职责分工负责，年内持续推进）围绕打造市场化法治化国际化营商环境，持续推进“放管服”改革，对取消和下放审批事项要同步落实监管责任和措施。全面实行行政许可事项清单管理。（国务院办公厅牵头，有关部门按职责分工负责，年内持续推进）加强数字政府建设。（国务院办公厅牵头，国家发展改革委、科技部、工业和信息化部、财政部等按职责分工负责，年内持续推进）推动政务数据共享。（国务院办公厅牵头，有关部门按职责分工负责，年内持续推进）进一步压减各类证明事项。（国务院办公厅、司法部牵头，有关部门按职责分工负责，年内持续推进）扩大“跨省通办”范围，基本实现电子证照互通互认，便利企业跨区域经营，加快解决群众关切事项的异地办理问题。（国务院办公厅牵头，有关部门按职责分工负责，年内持续推进）推进居民身份证电子化，实现通过扫码办理需要用身份证的服务事项，同时保障好群众信息安全和隐私。（公安部、国务院办公厅牵头，有关部门按职责分工负责，年内持续推进）推进政务服务事项集成化办理。（国务院办公厅牵头，有关部门按职责分工负责，6月底前出台相关政策，年内持续推进）推出优化不动产登记、车辆检测等便民举措。（自然资源部、公安部、市场监管总局牵头，有关部门按职责分工负责，9月底前出台相关政策，年内持续推进）强化政府监管责任，严格落实行业主管部门、相关部门监管责任和地方政府属地监管责任，防止监管缺位。加快建立健全全方位、多层次、立体化监管体系，实现事前事中事后全链条全领域监管，提高监管效能。（国务院办公厅牵头，有关部门按职责分工负责，年内持续推进）抓紧完善重点领域、新兴领域、涉外领域监管规则，创新监管方法，提升监管精准性和有效性。（国务院办公厅牵头，国家发展改革委、工业和信息化部、生态环境部、商务部、应急部、人民银行、海关总署、市场监管总局、银保监会、证监会、国家药监局等按职责分工负责，年内持续推进）深入推进公平竞争政策实施，加强反垄断和反不正当竞争，维护公平有序的市场环境。（市场监管总局牵头，国家发展改革委、科技部、工业和信息化部、财政部、商务部、人民银行、银保监会、证监会、全国工商联等按职责分工负责，年内持续推进）

（十三）促进多种所有制经济共同发展。

19. 坚持和完善社会主义基本经济制度，坚持“两个毫不动摇”。要正确认识和把握资本的特性和行为规律，支持和引导资本规范健康发展。依法平等保护企业产权、自主经营权和企业家合法权益，营造各类所有制企业竞相发展的良好环境。（国家发展改革委、工业和信息化部、商务部、人民银行、国务院国资委、市场监管总局、银保监会、证监会、全国工商联等按职责分工负责，年内持续推进）完成国企改革三年行动任务，加快国有经济布局优化和结构调整，深化混合所有制改革，加强国有资产监管，促进国企聚焦主责主业、提升产业链供应链支撑和带动能力。（国务院国资委、国家发展改革委、财政部等按职责分工负责，年内持续推进）落实支持民营经济发展的政策措施，鼓励引导民营企业改革创新，构建亲清政商关系。弘扬企业家精神，制定涉企政策要多听市场主体意见，尊重市场规律，支持企业家专注创业创新、安心经营发展。（国家发展改革委、工业和信息化部、国务院国资委、全国工商联、中国贸促会等按职责分工负责，年内持续推进）

（十四）推进财税金融体制改革。

20. 深化预算绩效管理改革，增强预算的约束力和透明度。（财政部牵头，年内持续推进）推进省以下财政体制改革。（财政部牵头，9月底前出台相关政策，年内持续推进）完善税收征管制度，依法打击偷税骗税。（税务总局牵头，9月底前出台相关政策，年内持续推进）加强和改进金融监管。（人民银行、银保监会、证监会、国家外汇局等按职责分工负责，年内持续推进）深化中小银行股权结构和公司治理改革，加快不良资产处置。（银保监会牵头，年内持续推进）完善民营企业债券融资支持机制，全面实行股票发行注册制，促进资本市场平稳健康发展。（人民银行、国家发展改革委、证监会等按职责分工负责，年内持续推进）

五、深入实施创新驱动发展战略，巩固壮大实体经济根基

（十五）提升科技创新能力。

21. 实施基础研究十年规划，加强长期稳定支持，提高基础研究经费占全社会研发经费比重。（科技部、财政部、教育部、国务院国资委、中科院、工程院、国家自然科学基金委等按职责分工负责，年内持续推进）实施科技体制改革三年攻坚方案，强化国家战略科技力量，加强国家实验室和全国重点实验室建设，发挥好高校和科研院所作用，改进重大科技项目立项和管理方式，深化科技评价激励制度改革。（科技部、国家发展改革委、财政部牵头，国家国防科工局等按职责分工负责，年内持续推进）支持各地加大科技投入，开展各具特色的区域创新。（科技部、国家发展改革委牵头，有关部门按职责分工负责，年内持续推进）加强科普工作。推进国际科技合作。（科技部牵头，外交部、国家发展改革委、中科院、工程院、中国科协、国家自然科学基金委等按职责分工负责，年内持续推进）加快建设世界重要人才中心和创新高地，完善人才发展体制机制，弘扬科学家精神，加大对青年科研人员支持力度，让各类人才潜心钻研、尽展其能。（科技部、教育部、中国科协等按职责分工负责，年内持续推进）

（十六）加大企业创新激励力度。

22. 强化企业创新主体地位，持续推进关键核心技术攻关，深化产学研用结合，促进科技成果转移转化。（科技部、国家发展改革委、工业和信息化部、教育部、财政部、农业农村部、国务院国资委、国家国防科工局牵头，有关部门按职责分工负责，年内持续推进）加强知识产权保护和运用。（国家知识产权局牵头，教育部、科技部、工业和信息化部、司法部、市场监管总局等按职责分工负责，年内持续推进）促进创业投资发展，创新科技金融产品和服务，提升科技中介服务专业化水平。（人民银行、银保监会、证监会、科技部、国家发展改革委、税务总局等按职责分工负责，6月底前出台相关政策，年内持续推进）加大研发费用加计扣除政策实施力度，将科技型中小企业加计扣除比例从75%提高到100%，对企业投入基础研究实行税收优惠，完善设备器具加速折旧、高新技术企业所得税优惠等政策，这相当于国家对企业创新给予大规模资金支持。（财政部、税务总局、科技部牵头，9月底前出台相关政策，年内持续推进）要落实好各类创新激励政策，以促进企业加大研发投入，培育壮大新动能。（科技部、国家发展改革委、财政部、税务总局、国务院国资委牵头，年内持续推进）

（十七）增强制造业核心竞争力。

23. 促进工业经济平稳运行，加强原材料、关键零部件等供给保障，实施龙头企业保链稳链工程，维护产业链供应链安全稳定。（国家发展改革委、工业和信息化部牵头，年内持续推进）引导金融机构增加制造业中长期贷款。（人民银行、银保监会牵头，年内持续推进）启动一批产业基础再造工程项目，促进传统产业升级，大力推进智能制造，加快发展先进制造业集群，实施国家战略性新兴产业集群工程。（工业和信息化部、国家发展改革委牵头，年内持续推进）着力培育“专精特新”企业，在资金、人才、孵化平台搭建等方面给予大力支持。（工业和信息化部牵头，财政部、人力资源社会保障部、人民银行、银保监会、证监会等按职责分工负责，年内持续推进）推进质量强国建设，推动产业向中高端迈进。（市场监管总局、国家发展改革委、科技部、工业和信息化部等按职责分工负责，年内持续推进）

（十八）促进数字经济发展。

24. 加强数字中国建设整体布局。建设数字信息基础设施，逐步构建全国一体化大数据中心体系，推进5G规模化应用，促进产业数字化转型。（国家发展改革委、工业和信息化部牵头，年内持续推进）发展智慧城市、数字乡村。（国家发展改革委、工业和信息化部、住房城乡建设部、农业农村部等按职责分工负责，年内持续推进）加快发展工业互联网，培育壮大集成电路、人工智能等数字产业，提升关键软硬件技术创新和供给能力。（国家发展改革委、工业和信息化部、科技部等按职责分工负责，年内持续推进）完善数字经济治理，培育数据要素市场，释放数据要素潜力，提高应用能力，更好赋能经济发展、丰富人民生活。（国家发展改革委、工业和信息化部、商务部、市场监管总局等按职责分工负责，年内持续推进）

六、坚定实施扩大内需战略，推进区域协调发展和新型城镇化

（十九）推动消费持续恢复。

25. 多渠道促进居民增收，完善收入分配制度，提升消费能力。（国家发展改革委牵头，财政部、人力资源社会保障部等按职责分工负责，年内持续推进）推动线上线下消费深度融合，促进生活服务消费恢复，发展消费新业态新模式。（商务部、国家发展改革委牵头，年内持续推进）继续支持新能源汽车消费，鼓励地方开展绿色智能家电下乡和以旧换新。（国家发展改革委、工业和信息化部、财政部、生态环境部、住房城乡建设部、商务部、国家能源局等按职责分工负责，年内持续推进）加大社区养老、托幼等配套设施建设力度，在规划、用地、用房等方面给予更多支持。（住房城乡建设部、民政部、国家发展改革委、自然资源部、国家卫生健康委等按职责分工负责，年内持续推进）促进家政服务业提质扩容。（国家发展改革委、商务部牵头，年内持续推进）加强县域商业体系建设，发展农村电商和快递物流配送。（商务部、国家邮政局牵头，农业农村部、交通运输部、供销合作总社、中国邮政集团有限公司等按职责分工负责，年内持续推进）提高产品和服务质量，强化消费者权益保护，着力适应群众需求、增强消费意愿。（市场监管总局牵头，国家发展改革委、科技部、工业和信息化部、农业农村部等按职责分工负责，年内持续推进）

（二十）积极扩大有效投资。

26. 围绕国家重大战略部署和“十四五”规划，适度超前开展基础设施投资。建设重点水利工程、综合立体交通网、重要能源基地和设施，加快城市燃气管道、给排水管道等管网更新改造，完善防洪排涝设施，继续推进地下综合管廊建设。中央预算内投资安排6 400亿元。政府投资更多向民生项目倾斜，加大社会民生领域补短板力度。（国家发展改革委、工业和信息化部、民政部、财政部、住房城乡建设部、交通运输部、水利部、农业农村部、国家卫生健康委、应急部、国家能源局、中国民航局、中国国家铁路集团有限公司等按职责分工负责，年内持续推进）深化投资审批制度改革，做好用地、用能等要素保障，对国家重

大项目要实行能耗单列。要优化投资结构，破解投资难题，切实把投资关键作用发挥出来。（国家发展改革委、财政部、自然资源部、生态环境部、人民银行、银保监会、国家能源局等按职责分工负责，年内持续推进）

（二十一）增强区域发展平衡性协调性。

27. 深入实施区域重大战略和区域协调发展战略。推进京津冀协同发展、长江经济带发展、粤港澳大湾区建设、长三角一体化发展、黄河流域生态保护和高质量发展，高标准高质量建设雄安新区，支持北京城市副中心建设。推动西部大开发形成新格局，推动东北振兴取得新突破，推动中部地区高质量发展，鼓励东部地区加快推进现代化，支持产业梯度转移和区域合作。支持革命老区、民族地区、边疆地区加快发展。发展海洋经济，建设海洋强国。经济大省要充分发挥优势，增强对全国发展的带动作用。经济困难地区要用好国家支持政策，挖掘自身潜力，努力促进经济恢复发展。（国家发展改革委牵头，年内持续推进）

（二十二）提升新型城镇化质量。

28. 有序推进城市更新，加强市政设施和防灾减灾能力建设，开展老旧建筑和设施安全隐患排查整治，再开工改造一批城镇老旧小区，支持加装电梯等设施，推进无障碍环境建设和公共设施适老化改造。（住房城乡建设部牵头，国家发展改革委、财政部、自然资源部、应急部、中国残联等按职责分工负责，年内持续推进）健全常住地提供基本公共服务制度。（国家发展改革委、财政部、教育部、公安部、民政部、人力资源社会保障部、住房城乡建设部、国家卫生健康委、退役军人部、国家医保局等按职责分工负责，年内持续推进）加强县城基础设施建设。稳步推进城市群、都市圈建设，促进大中小城市和小城镇协调发展。（国家发展改革委、住房城乡建设部牵头，年内持续推进）推进成渝地区双城经济圈建设。（国家发展改革委牵头，有关部门与重庆市人民政府、四川省人民政府等按职责分工负责，年内持续推进）严控撤县建市设区。（民政部牵头，有关部门按职责分工负责，年内持续推进）在城乡规划建设中做好历史文化保护传承，节约集约用地。（自然资源部、住房城乡建设部、文化和旅游部、国家文物局等按职责分工负责，年内持续推进）要深入推进以人为核心的新型城镇化，不断提高人民生活质量。（国家发展改革委牵头，年内持续推进）

七、大力抓好农业生产，促进乡村全面振兴

（二十三）加强粮食等重要农产品稳产保供。

29. 稳定粮食播种面积，优化粮食结构，针对小麦晚播强化夏粮田间管理，促进大豆和油料增产。（农业农村部、国家林草局等按职责分工负责，年内持续推进）适当提高稻谷、小麦最低收购价。（国家发展改革委牵头，财政部、农业农村部、国家粮食和储备局等按职责分工负责，4 月底前完成）保障化肥等农资供应和价格稳定，给种粮农民再次发放农资补贴，加大对主产区支持力度，让农民种粮有合理收益、主产区抓粮有内在动力。（国家发展改革委、财政部、农业农村部、工业和信息化部、生态环境部、交通运输部、商务部、市场监管总局、供销合作总社等按职责分工负责，年内持续推进）坚决守住 18 亿亩耕地红线，划足划实永久基本农田，切实遏制耕地“非农化”、防止“非粮化”。（自然资源部、农业农村部等按职责分工负责，年内持续推进）加强中低产田改造，新建 1 亿亩高标准农田，新建改造一批大中型灌区。（农业农村部、水利部牵头，年内持续推进）加大黑土地保护和盐碱地综合利用力度。（国家发展改革委、农业农村部、财政部、水利部、科技部、中科院、国家林草局、自然资源部等按职责分工负责，年内持续推进）支持黄河流域发展节水农业、旱作农业。（农业农村部、水利部、国家发展改革委、财政部等按职责分工负责，年内持续推进）启动第三次全国土壤普查。（农业农村部牵头，自然资源部、国家发展改革

委、财政部、生态环境部、水利部、国家统计局、中科院、国家林草局等按职责分工负责，年内持续推进）加快推进种业振兴，加强农业科技攻关和推广应用，提高农机装备水平。（农业农村部、科技部、国家发展改革委、工业和信息化部、国家林草局等按职责分工负责，年内持续推进）提升农业气象灾害防控和动植物疫病防治能力。（农业农村部牵头，中国气象局、海关总署、国家林草局等按职责分工负责，年内持续推进）加强生猪产能调控，抓好畜禽、水产、蔬菜等生产供应，加快发展现代化设施种养业。支持棉花、甘蔗等生产。（农业农村部牵头，年内持续推进）保障国家粮食安全各地区都有责任，粮食调入地区更要稳定粮食生产。各方面要共同努力，装满“米袋子”、充实“菜篮子”，把14亿多中国人的饭碗牢牢端在自己手中。（国家发展改革委、农业农村部、财政部、商务部、国家粮食和储备局等按职责分工负责，年内持续推进）

（二十四）全面巩固拓展脱贫攻坚成果。

30. 完善落实防止返贫监测帮扶机制，确保不发生规模性返贫。（国家乡村振兴局牵头，年内持续推进）支持脱贫地区发展特色产业，加强劳务协作、职业技能培训，促进脱贫人口持续增收。（农业农村部、国家乡村振兴局、人力资源社会保障部、全国工商联等按职责分工负责，年内持续推进）强化国家乡村振兴重点帮扶县帮扶措施，做好易地搬迁后续扶持，深化东西部协作、定点帮扶和社会力量帮扶，大力实施“万企兴万村”行动，增强脱贫地区自我发展能力。（国家乡村振兴局、国家发展改革委、农业农村部、全国工商联等按职责分工负责，年内持续推进）

（二十五）扎实稳妥推进农村改革发展。

31. 开展好第二轮土地承包到期后再延长30年整县试点。（农业农村部牵头，年内持续推进）深化供销社、集体产权、集体林权、国有林区林场、农垦等改革。积极发展新型农村集体经济。（国家发展改革委、自然资源部、农业农村部、国家林草局、供销合作总社等按职责分工负责，年内持续推进）加强农村金融服务，加快发展乡村产业。（人民银行、银保监会、证监会、国家外汇局、农业农村部、国家乡村振兴局、国家发展改革委、财政部、农业发展银行等按职责分工负责，年内持续推进）壮大县域经济。（国家发展改革委、工业和信息化部、农业农村部、商务部、国家乡村振兴局等按职责分工负责，年内持续推进）严格规范村庄撤并，保护传统村落和乡村风貌。启动乡村建设行动，强化规划引领，加强水电路气信邮等基础设施建设，因地制宜推进农村改厕和污水垃圾处理。（农业农村部、国家乡村振兴局、国家发展改革委、工业和信息化部、民政部、财政部、自然资源部、生态环境部、住房城乡建设部、交通运输部、水利部、文化和旅游部、国家卫生健康委、国家邮政局、国家文物局等按职责分工负责，年内持续推进）深入开展文明村镇建设。（有关部门按职责分工负责，年内持续推进）强化农民工工资拖欠治理，支持农民工就业创业，一定要让广大农民有更多务工增收的渠道。（人力资源社会保障部、住房城乡建设部、交通运输部、水利部、农业农村部、国家乡村振兴局等按职责分工负责，年内持续推进）

八、扩大高水平对外开放，推动外贸外资平稳发展

（二十六）多措并举稳定外贸。

32. 扩大出口信用保险对中小微外贸企业的覆盖面，加强出口信贷支持，优化外汇服务，加快出口退税进度，帮助外贸企业稳订单稳生产。（商务部、财政部、人民银行、税务总局、银保监会、国家外汇局、进出口银行、中国出口信用保险公司、中国贸促会等按职责分工负责，年内持续推进）加快发展外贸新业态新模式，充分发挥跨境电商作用，支持建设一批海外仓。（商务部牵头，年内持续推进）积极扩大优质产品和服务进口。（商务部、财政部、海关总署牵头，年内持续推进）

创新发展服务贸易、数字贸易，推进实施跨境服务贸易负面清单。（商务部牵头，年内持续推进）深化通关便利化改革，加快国际物流体系建设，助力外贸降成本、提效率。（海关总署、商务部、交通运输部、国家发展改革委、国家移民局、中国贸促会、中国国家铁路集团有限公司等按职责分工负责，年内持续推进）

（二十七）积极利用外资。

33. 深入实施外资准入负面清单，落实好外资企业国民待遇。扩大鼓励外商投资范围，支持外资加大中高端制造、研发、现代服务等领域和中西部、东北地区投资。优化外资促进服务，推动重大项目加快落地。（国家发展改革委、商务部等按职责分工负责，年内持续推进）扎实推进自贸试验区、海南自由贸易港建设，推动开发区改革创新，提高综合保税区发展水平，增设服务业扩大开放综合试点。（国家发展改革委、商务部、科技部、海关总署与海南省人民政府等按职责分工负责，年内持续推进）开放的中国大市场，必将为各国企业在华发展提供更多机遇。（国家发展改革委、商务部等按职责分工负责，年内持续推进）

（二十八）高质量共建“一带一路”。

34. 坚持共商共建共享，巩固互联互通合作基础，稳步拓展合作新领域。推进西部陆海新通道建设。有序开展对外投资合作，有效防范海外风险。（国家发展改革委、商务部、外交部牵头，有关部门按职责分工负责，年内持续推进）

（二十九）深化多双边经贸合作。

35. 区域全面经济伙伴关系协定形成了全球最大自由贸易区，要支持企业用好优惠关税、原产地累积等规则，扩大贸易和投资合作。（商务部、海关总署牵头，年内持续推进）推动与更多国家和地区商签高标准自贸协定。坚定维护多边贸易体制，积极参与世贸组织改革。中国愿与世界各国加强互利合作，实现共赢多赢。（商务部牵头，年内持续推进）

九、持续改善生态环境，推动绿色低碳发展

（三十）加强生态环境综合治理。

36. 深入打好污染防治攻坚战。强化大气多污染物协同控制和区域协同治理，加大重要河湖、海湾污染整治力度，持续推进土壤污染防治。（生态环境部、国家发展改革委、工业和信息化部、财政部、自然资源部、住房城乡建设部、交通运输部、水利部、农业农村部、公安部、应急部、市场监管总局、国家能源局等按职责分工负责，年内持续推进）加强固体废物和新污染物治理，推行垃圾分类和减量化、资源化。（生态环境部、住房城乡建设部、国家发展改革委、工业和信息化部、农业农村部、国家卫生健康委、商务部、市场监管总局等按职责分工负责，年内持续推进）完善节能节水、废旧物资循环利用等环保产业支持政策。（国家发展改革委、住房城乡建设部、水利部、商务部等按职责分工负责，年内持续推进）加强生态环境分区管控，科学开展国土绿化，统筹山水林田湖草沙系统治理，保护生物多样性，推进以国家公园为主体的自然保护地体系建设，要让我们生活的家园更绿更美。（生态环境部、自然资源部、国家发展改革委、财政部、住房城乡建设部、水利部、农业农村部、国家林草局等按职责分工负责，年内持续推进）

（三十一）有序推进碳达峰碳中和工作。

37. 落实碳达峰行动方案。（国家发展改革委牵头，有关部门按职责分工负责，年内持续推进）推动能源革命，确保能源供应，立足资源禀赋，坚持先立后破、通盘谋划，推进能源低碳转型。加强煤炭清洁高效利用，有序减量替代，推动煤电节能降碳改造、灵活性改造、供热改造。推进大型风光电基地及其配套调节性电源规划建设，加强抽水蓄能电站建设，提升电网对可再生能源发电的消纳能力。支持生物质能发展。（国家发展改革委、科技部、工业和信息化部、国家能源局等按职责分工负责，年内持续推进）推进绿色低碳技术

研发和推广应用，建设绿色制造和服务体系，推进钢铁、有色、石化、化工、建材等行业节能降碳，强化交通和建筑节能。坚决遏制高耗能、高排放、低水平项目盲目发展。（国家发展改革委牵头，科技部、工业和信息化部、生态环境部、住房城乡建设部、交通运输部等按职责分工负责，年内持续推进）提升生态系统碳汇能力。推动能耗“双控”向碳排放总量和强度“双控”转变，完善减污降碳激励约束政策，发展绿色金融，加快形成绿色低碳生产生活方式。（国家发展改革委、自然资源部、生态环境部、人民银行、国家统计局、国家林草局等按职责分工负责，年内持续推进）

十、切实保障和改善民生，加强和创新社会治理

（三十二）促进教育公平与质量提升。

38. 落实立德树人根本任务。推动义务教育优质均衡发展和城乡一体化，依据常住人口规模配置教育资源，保障适龄儿童就近入学，解决好进城务工人员子女就学问题。加强乡村教师定向培养、在职培训与待遇保障。继续做好义务教育阶段减负工作。多渠道增加普惠性学前教育资源。加强县域普通高中建设。办好特殊教育、继续教育、专门教育，支持和规范民办教育发展。提升国家通用语言文字普及程度和质量。发展现代职业教育，改善职业教育办学条件，完善产教融合办学体制，增强职业教育适应性。推进高等教育内涵式发展，优化高等教育布局，分类建设一流大学和一流学科，加快培养理工农医类专业紧缺人才，支持中西部高等教育发展。高校招生继续加大对中西部和农村地区倾斜力度。加强师德师风建设。健全学校家庭社会协同育人机制。发展在线教育。完善终身学习体系。倡导全社会尊师重教。我国有2.9亿在校学生，要坚持把教育这个关乎千家万户和中华民族未来的大事办好。（教育部牵头，国家发展改革委、科技部、工业和信息化部、国家民委、民政部、财政部、人力资源社会保障部、自然资源部、住房城乡建设部、农业农村部、国家卫生健康委、市场监管总局、体育总局、国家疾控局、银保监会、全国妇联、国务院妇儿工委办公室、中国残联等按职责分工负责，年内持续推进）全面落实义务教育教师工资待遇。（人力资源社会保障部、教育部、财政部牵头，年内持续推进）进一步加大向农村和边远地区义务教育的投入力度。（教育部牵头，财政部、国家发展改革委等按职责分工负责，年内持续推进）

（三十三）提高医疗卫生服务能力。

39. 居民医保和基本公共卫生服务经费人均财政补助标准分别再提高30元和5元。（财政部、国家卫生健康委、国家医保局、国家疾控局牵头，6月底前出台相关政策，年内持续推进）推动基本医保省级统筹。（国家医保局、财政部、税务总局牵头，年内持续推进）推进药品和高值医用耗材集中带量采购，确保生产供应。（国家医保局、工业和信息化部、财政部等按职责分工负责，年内持续推进）强化药品疫苗质量安全监管。（国家药监局牵头，工业和信息化部、公安部、商务部、国家卫生健康委、市场监管总局、国家医保局、国家中医药局、国家疾控局等按职责分工负责，年内持续推进）深化医保支付方式改革，加强医保基金监管。（国家医保局牵头，财政部、国家卫生健康委等按职责分工负责，年内持续推进）完善跨省异地就医直接结算办法。（国家医保局牵头，财政部等按职责分工负责，6月底前出台相关政策，年内持续推进）实现全国医保用药范围基本统一。（国家医保局牵头，12月底前完成）

40. 坚持预防为主，加强健康教育和健康管理，深入推进健康中国行动。（国家卫生健康委、教育部、体育总局牵头，国家发展改革委、民政部、生态环境部、住房城乡建设部、农业农村部、市场监管总局、国家中医药局、国家疾控局等按职责分工负责，年内持续推进）逐步提高心脑血管病、癌症等慢性病和肺结核、肝炎等传染病防治服务保障水平，加

强罕见病研究和用药保障。（工业和信息化部、国家卫生健康委、科技部、国家医保局、国家药监局等按职责分工负责，年内持续推进）健全疾病预防控制网络，促进医防协同，加强公共卫生队伍建设，提高重大疫情监测预警、流调溯源和应急处置能力。（国家卫生健康委、国家疾控局、公安部、工业和信息化部、国家发展改革委、教育部、科技部、财政部、人力资源社会保障部、交通运输部、商务部、市场监管总局、海关总署、国家移民局、中国民航局、国家中医药局、国家药监局等按职责分工负责，年内持续推进）推动公立医院综合改革和高质量发展。规范医疗机构收费和服务，继续帮扶因疫情遇困的医疗机构，补齐妇幼儿科、精神卫生、老年医学等服务短板。（国家卫生健康委、国家发展改革委、市场监管总局、财政部、教育部、人力资源社会保障部、民政部、国务院国资委、国家医保局、国家中医药局、国家疾控局等按职责分工负责，年内持续推进）坚持中西医并重，加大中医药振兴发展支持力度，推进中医药综合改革。（国家中医药局、国家卫生健康委、国家发展改革委牵头，教育部、科技部、工业和信息化部、财政部、人力资源社会保障部、农业农村部、国家医保局、国家林草局、国家药监局、国家知识产权局等按职责分工负责，年内持续推进）落实和完善乡村医生待遇保障与激励政策。持续推进分级诊疗和优化就医秩序，加快建设国家、省级区域医疗中心，推动优质医疗资源向市县延伸，提升基层防病治病能力，使群众就近得到更好医疗卫生服务。（国家卫生健康委、国家发展改革委、财政部、教育部、人力资源社会保障部、国家中医药局、国家疾控局、国家医保局等按职责分工负责，年内持续推进）

（三十四）加强社会保障和服务。

41. 稳步实施企业职工基本养老保险全国统筹。（人力资源社会保障部、财政部、税务总局牵头，年内持续推进）适当提高退休人员基本养老金和城乡居民基础养老金标准，确保按时足额发放。（人力资源社会保障部、财政部牵头，6 月底前出台相关政策，年内持续推进）继续规范发展第三支柱养老保险。（人力资源社会保障部、财政部、银保监会牵头，4 月底前出台相关政策，年内持续推进）加快推进工伤和失业保险省级统筹。（人力资源社会保障部、财政部、税务总局牵头，6 月底前出台相关政策，年内持续推进）做好军人军属、退役军人和其他优抚对象优待抚恤工作。（退役军人部牵头，财政部等按职责分工负责，年内持续推进）积极应对人口老龄化，加快构建居家社区机构相协调、医养康养相结合的养老服务体系。优化城乡养老服务供给，支持社会力量提供日间照料、助餐助洁、康复护理等服务，稳步推进长期护理保险制度试点，鼓励发展农村互助式养老服务，创新发展老年教育，推动老龄事业和产业高质量发展。（国家发展改革委、民政部、国家卫生健康委、教育部、财政部、人力资源社会保障部、自然资源部、住房城乡建设部、商务部、农业农村部、市场监管总局、国家医保局、银保监会、国家中医药局、国家乡村振兴局、全国老龄办、中国残联等按职责分工负责，年内持续推进）完善三孩生育政策配套措施，多渠道发展普惠托育服务，减轻家庭生育、养育、教育负担。（国家卫生健康委、国家发展改革委、财政部、人力资源社会保障部、教育部、商务部、住房城乡建设部、自然资源部、国家医保局等按职责分工负责，年内持续推进）将 3 岁以下婴幼儿照护费用纳入个人所得税专项附加扣除。（财政部、税务总局牵头，公安部、民政部、国家卫生健康委等按职责分工负责，3 月底前出台相关政策，年内持续推进）强化未成年人保护和心理健康教育。（民政部牵头，有关部门按职责分工负责，年内持续推进）提升残疾预防和康复服务水平。（民政部、国家卫生健康委、中国残联牵头，有关部门按职责分工负责，年内持续推进）加强民生兜底保障和遇困群众救助，努力做到应保尽保、应助尽助。（民政部、国家卫生健康委、

应急部、国家医保局牵头，年内持续推进）

（三十五）继续保障好群众住房需求。

42. 坚持房子是用来住的、不是用来炒的定位，探索新的发展模式，坚持租购并举，加快发展长租房市场，推进保障性住房建设，支持商品房市场更好满足购房者的合理住房需求，稳地价、稳房价、稳预期，因城施策促进房地产业良性循环和健康发展。（住房城乡建设部牵头，国家发展改革委、财政部、自然资源部、人民银行、税务总局、银保监会、证监会等按职责分工负责，年内持续推进）

（三十六）丰富人民群众精神文化生活。

43. 培育和践行社会主义核心价值观，深化群众性精神文明创建。繁荣新闻出版、广播影视、文学艺术、哲学社会科学和档案等事业。深入推进全民阅读。加强和创新互联网内容建设，深化网络生态治理。推进公共文化数字化建设，促进基层文化设施布局优化和资源共享，扩大优质文化产品和服务供给，支持文化产业发展。传承弘扬中华优秀传统文化，加强文物古籍保护利用和非物质文化遗产保护传承，推进国家文化公园建设。（文化和旅游部、国家发展改革委、广电总局、教育部、社科院、国家文物局等按职责分工负责，年内持续推进）用好北京冬奥会、冬残奥会遗产，发展冰雪运动和冰雪产业。建设群众身边的体育场地设施，促进全民健身蔚然成风。（体育总局、国家发展改革委、住房城乡建设部与北京市人民政府、河北省人民政府等按职责分工负责，年内持续推进）

（三十七）推进社会治理共建共治共享。

44. 促进人民安居乐业、社会安定有序。创新和完善基层社会治理，强化社区服务功能，加强社会动员体系建设，提升基层治理能力。（民政部、工业和信息化部、公安部、司法部、住房城乡建设部、农业农村部、国家卫生健康委、国家乡村振兴局等按职责分工负责，年内持续推进）健全社会信用体系。（国家发展改革委、人民银行牵头，有关部门按职责分工负责，6月底前出台相关政策，年内持续推进）发展社会工作，支持社会组织、人道救助、志愿服务、公益慈善等健康发展。健全老年人、残疾人关爱服务体系。（民政部、国务院妇儿工委办公室、共青团中央、全国老龄办、全国妇联、中国残联、中国红十字会总会等按职责分工负责，年内持续推进）严厉打击拐卖、收买妇女儿童犯罪行为，坚决保障妇女儿童合法权益。（公安部、民政部、司法部、国务院妇儿工委办公室、全国妇联、共青团中央等按职责分工负责，年内持续推进）完善信访制度，加强矛盾纠纷排查化解，依法及时解决群众合理诉求。（国家信访局牵头，中央信访工作联席会议成员单位和有关部门按职责分工负责，年内持续推进）重视社会心理服务。（有关部门按职责分工负责，年内持续推进）强化公共法律服务和法律援助。（司法部牵头，年内持续推进）

45. 提高防灾减灾救灾和应急救援能力，做好洪涝干旱、森林草原火灾、地质灾害、地震等防御和气象服务。（应急部、自然资源部、住房城乡建设部、水利部、工业和信息化部、中国气象局、国家粮食和储备局、国家林草局、中国地震局等按职责分工负责，年内持续推进）严格食品全链条质量安全监管。（市场监管总局、公安部、农业农村部、国家卫生健康委、海关总署、教育部、生态环境部、国家粮食和储备局、工业和信息化部等按职责分工负责，年内持续推进）落实安全生产责任和管理制度，深入开展安全生产专项整治三年行动，有效遏制重特大事故发生。（应急部牵头，工业和信息化部、公安部、自然资源部、住房城乡建设部、交通运输部、农业农村部、生态环境部、国家能源局、国家矿山安监局等按职责分工负责，年内持续推进）推进国家安全体系和能力建设。（安全部等按职责分工负责，年内持续推进）强化网络安全、数据安全和个人信息保护。（有关部门按职责分工负责，年内持续推进）加强社会治安综合治理，推动扫黑除恶常态化，坚决防范和打击各类违法犯罪，建设更高水平的平安中国、法治

中国。（公安部牵头，年内持续推进）

十一、全面加强政府自身建设

（三十八）坚持不懈推进全面从严治党，加强法治政府、廉洁政府建设。

46. 各级政府要全面贯彻落实党的十九大和十九届历次全会精神，深刻认识“两个确立”的决定性意义，增强“四个意识”、坚定“四个自信”、做到“两个维护”，自觉在思想上政治上行动上同以习近平同志为核心的党中央保持高度一致。依法接受同级人大及其常委会的监督，自觉接受人民政协的民主监督，主动接受社会和舆论监督。加强统计监督。支持工会、共青团、妇联等群团组织更好发挥作用。坚持不懈推进全面从严治党，深入开展党风廉政建设和反腐败斗争。加强廉洁政府建设。巩固党史学习教育成果。政府工作人员要自觉接受法律监督、监察监督和人民监督，始终把人民放在心中最高位置，无愧于人民公仆称号。（国务院各部门分别负责，年内持续推进）坚持依法行政，加强法治政府建设。（司法部牵头，有关部门按职责分工负责，年内持续推进）深化政务公开。（国务院办公厅牵头，年内持续推进）加强审计监督。（审计署牵头，年内持续推进）

（三十九）必须恪尽职守、勤政为民，凝心聚力抓发展、保民生。

47. 坚持发展是第一要务，必须全面落实新发展理念，推动高质量发展。要锲而不舍落实中央八项规定精神，驰而不息纠治“四风”特别是形式主义、官僚主义，坚决反对敷衍应付、推诿扯皮，坚决纠治任性用权、工作方法简单粗暴。要始终把人民群众安危冷暖放在心上，察实情、办实事、求实效，及时回应民生关切，坚决严肃处理漠视群众合法权益的严重失职失责问题。要充分发挥中央和地方两个积极性，尊重人民群众首创精神，防止政策执行“一刀切”、层层加码，持续为基层减负。健全激励和保护机制，支持广大干部敢担当、善作为。全国上下毕力同心、苦干实干，就一定能创造新的发展业绩。（国务院各部门分别负责，年内持续推进）

十二、做好民族、宗教、侨务、国防、港澳台、外交工作

（四十）坚持和全面贯彻党的民族政策、宗教政策、侨务政策。

48. 要坚持和完善民族区域自治制度，以铸牢中华民族共同体意识为主线，促进各民族交往交流交融，推动民族地区加快现代化建设步伐。（国家民委牵头，有关部门按职责分工负责，年内持续推进）坚持党的宗教工作基本方针，坚持我国宗教的中国化方向，积极引导宗教与社会主义社会相适应。（有关部门按职责分工负责，年内持续推进）全面贯彻党的侨务政策，维护海外侨胞和归侨侨眷合法权益，激励海内外中华儿女携手共创新的辉煌。（有关部门按职责分工负责，年内持续推进）

（四十一）大力支持国防和军队建设。

49. 要深入贯彻习近平强军思想，贯彻新时代军事战略方针，扣牢建军一百年奋斗目标，全面加强党的领导和党的建设，全面深化练兵备战，坚定灵活开展军事斗争，捍卫国家主权、安全、发展利益。加快现代军事物流体系、军队现代资产管理体系建设，构建武器装备现代化管理体系，持续深化国防和军队改革，加强国防科技创新，深入实施新时代人才强军战略，推进依法治军、从严治军，推动军队高质量发展。加强全民国防教育。各级政府要大力支持国防和军队建设，深入开展“双拥”活动，让军政军民团结坚如磐石。（有关部门按职责分工负责，年内持续推进）优化国防科技工业布局。（国家国防科工局牵头，9 月底前出台相关政策，年内持续推进）完成国防动员体制改革。（国家发展改革委等按职责分工负责，12 月底前完成）

（四十二）继续全面准确、坚定不移贯彻“一国两制”、“港人治港”、“澳人治澳”、高度自治的方针。

50. 落实中央对特别行政区全面管治权，

坚定落实“爱国者治港”、“爱国者治澳”。全力支持特别行政区政府依法施政。支持港澳防控疫情、发展经济、改善民生，更好融入国家发展大局，保持香港、澳门长期繁荣稳定。（国务院港澳办牵头，有关部门按职责分工负责，年内持续推进）

（四十三）坚持对台工作大政方针。

51. 贯彻新时代党解决台湾问题的总体方略，坚持一个中国原则和“九二共识”，推进两岸关系和平发展和祖国统一。坚决反对“台独”分裂行径，坚决反对外部势力干涉。两岸同胞要和衷共济，共创民族复兴的光荣伟业。（有关部门按职责分工负责，年内持续推进）

（四十四）坚持独立自主的和平外交政策。

52. 坚定不移走和平发展道路，推动建设新型国际关系，推动构建人类命运共同体。推进落实全球发展倡议，弘扬全人类共同价值。中国始终是世界和平的建设者、全球发展的贡献者、国际秩序的维护者，愿同国际社会一道，为促进世界和平稳定与发展繁荣作出新的更大贡献。（外交部、国家发展改革委、商务部、工业和信息化部、财政部、生态环境部、交通运输部、农业农村部、文化和旅游部、国家卫生健康委、国际发展合作署、国家乡村振兴局、国家疾控局等按职责分工负责，年内持续推进）

今年将召开中国共产党第二十次全国代表大会，是党和国家事业发展进程中十分重要的一年。我们要更加紧密地团结在以习近平同志为核心的党中央周围，高举中国特色社会主义伟大旗帜，以习近平新时代中国特色社会主义思想为指导，认真落实党中央、国务院决策部署，攻坚克难，砥砺奋进，努力完成全年目标任务，确保兑现对人民的承诺。一是强化组织领导。今年经济社会发展任务重、挑战多，各地区、各部门要进一步增强责任感、紧迫感，把责任扛在肩上，对各项工作早安排早部署，争取时间及早抓落实，细化时间表、路线图、优先序。有关地区和部门要对照分工意见，抓紧制定本地区、本部门落实重点工作分工的实施方案，于4月6日前报国务院。二是加强统筹协调。各地区、各部门要尊重发展规律、客观实际和群众需求，强化系统思维和科学谋划，力戒形式主义、官僚主义。要统筹稳增长、调结构、推改革，注重实际效果和可持续性，扎实做好稳中求进各项工作，脚踏实地为群众办实事、解难题，为市场主体减负纾困。三是密切协作配合。要加强跨部门、跨区域分工协作，形成工作合力。各部门要强化政策支撑和要素保障，加强调查研究，密切关注政策落实进展情况、困难问题和成效经验，根据形势变化调整完善政策。各地区要因地制宜创造性开展工作，有针对性地采取措施，确保政策落地见效。四是抓好监督落实。各地区、各部门要坚持言必信、行必果，以钉钉子精神坚韧不拔抓部署、抓落实、抓督查，有力有序推动各项重点工作如期完成，重大情况要及时报告。要规范督查督办，加大监督问责力度，防止和纠正推诿扯皮、敷衍塞责、“一刀切”特别是漠视群众合法权益受侵害等不作为乱作为，确保执行不偏向、不变通、不走样。国务院办公厅要建立《政府工作报告》督查总台账，定期对账督办，推动党中央、国务院重大决策部署不折不扣落到实处。

国务院

2022年3月21日

国务院关于印发扎实稳住经济一揽子政策措施的通知

国发〔2022〕12号

各省、自治区、直辖市人民政府，国务院各部委、各直属机构：

今年以来，在以习近平同志为核心的党中央坚强领导下，各地区各部门有力统筹疫情防控和经济社会发展，按照中央经济工作会议和《政府工作报告》部署，扎实做好“六稳”工作，全面落实“六保”任务，我国经济运行总体实现平稳开局。与此同时，新冠肺炎疫情和乌克兰危机导致风险挑战增多，我国经济发展环境的复杂性、严峻性、不确定性上升，稳增长、稳就业、稳物价面临新的挑战。

疫情要防住、经济要稳住、发展要安全，这是党中央的明确要求。要坚持以习近平新时代中国特色社会主义思想为指导，完整、准确、全面贯彻新发展理念，加快构建新发展格局，推动高质量发展，高效统筹疫情防控和经济社会发展，最大程度保护人民生命安全和身体健康，最大限度减少疫情对经济社会发展的影响，统筹发展和安全，努力实现全年经济社会发展预期目标。为深入贯彻落实党中央、国务院决策部署，现将《扎实稳住经济的一揽子政策措施》印发给你们，请认真贯彻执行。

各省、自治区、直辖市人民政府要加强组织领导，结合本地区实际，下更大力气抓好中央经济工作会议精神和《政府工作报告》部署的贯彻落实，同时靠前发力、适当加力，推动《扎实稳住经济的一揽子政策措施》尽快落地见效，确保及时落实到位，尽早对稳住经济和助企纾困等产生更大政策效应。各部门要密切协调配合、形成工作合力，按照《扎实稳住经济的一揽子政策措施》提出的六个方面33项具体政策措施及分工安排，对本部门本领域本行业的工作进行再部署再推动再落实，需要出台配套实施细则的，应于5月底前全部完成。近期，国务院办公厅将会同有关方面对相关省份稳增长稳市场主体保就业情况开展专项督查。

各地区各部门要进一步提高政治站位，在工作中增强责任感使命感紧迫感，担当作为、求真务实，齐心协力、顽强拼搏，切实担负起稳定宏观经济的责任，以钉钉子精神抓好党中央、国务院各项决策部署的贯彻落实，切实把二季度经济稳住，努力使下半年发展有好的基础，保持经济运行在合理区间，以实际行动迎接党的二十大胜利召开。

（本文有删减）

国务院

2022年5月24日

扎实稳住经济的一揽子政策措施
（六个方面33项措施）

一、财政政策（7项）

1. 进一步加大增值税留抵退税政策力度。在已出台的制造业、科学研究和技术服务业、电力热力燃气及水生产和供应业、软件和信息技术服务业、生态保护和环境治理业、民航交通运输仓储和邮政业等6个行业企业的存量留抵税额全额退还、增量留抵税额按月全额退还基础上，研究将批发和零售业，农、林、牧、渔业，住宿和餐饮业，居民服务、修理和其他服务业，教育，卫生和社会工作，文化、体育和娱乐业等7个行业企业纳入按月全额退还增量留抵税额、一次性全额退还存量留抵税额政策范围，预计新增留抵退税1 420亿元。抓紧办理小微企业、个体工商户留抵退税并加大帮扶力度，在纳税人自愿申请的基础上，6月30日前基本完成集中退还存量留抵税额；今年出台的各项留抵退税政策新增退税总额达到约1.64万亿元。加强退税风险防范，依法严惩偷税、骗税等行为。

2. 加快财政支出进度。督促指导地方加快预算执行进度，尽快分解下达资金，及时做好资金拨付工作。尽快下达转移支付预算，加快本级支出进度；加大盘活存量资金力度，对结余资金和连续两年未用完的结转资金按规定收回统筹使用，对不足两年的结转资金中不需按原用途使用的资金收回统筹用于经济社会发展急需支持的领域；结合留抵退税、项目建设等需要做好资金调度、加强库款保障，确保有关工作顺利推进。

3. 加快地方政府专项债券发行使用并扩大支持范围。抓紧完成今年专项债券发行使用任务，加快今年已下达的3.45万亿元专项债券发行使用进度，在6月底前基本发行完毕，力争在8月底前基本使用完毕。在依法合规、风险可控的前提下，财政部会同人民银行、银保监会引导商业银行对符合条件的专项债券项目建设主体提供配套融资支持，做好信贷资金和专项债资金的有效衔接。在前期确定的交通基础设施、能源、保障性安居工程等9大领域基础上，适当扩大专项债券支持领域，优先考虑将新型基础设施、新能源项目等纳入支持范围。

4. 用好政府性融资担保等政策。今年新增国家融资担保基金再担保合作业务规模1万亿元以上。对符合条件的交通运输、餐饮、住宿、旅游行业中小微企业、个体工商户，鼓励政府性融资担保机构提供融资担保支持，政府性融资担保机构及时履行代偿义务，推动金融机构尽快放贷，不盲目抽贷、压贷、断贷，并将上述符合条件的融资担保业务纳入国家融资担保基金再担保合作范围。深入落实中央财政小微企业融资担保降费奖补政策，计划安排30亿元资金，支持融资担保机构进一步扩大小微企业融资担保业务规模，降低融资担保费率。推动有条件的地方对支小支农担保业务保费给予阶段性补贴。

5. 加大政府采购支持中小企业力度。将面向小微企业的价格扣除比例由6%～10%提高至10%～20%。政府采购工程要落实促进中小企业发展的政府采购政策，根据项目特点、专业类型和专业领域合理划分采购包，积极扩大联合体投标和大企业分包，降低中小企业参与门槛，坚持公开公正、公平竞争，按照统一质量标准，将预留面向中小企业采购的份额由30%以上今年阶段性提高至40%以上，非预留项目要给予小微企业评审优惠，增加中小企业合同规模。

6. 扩大实施社保费缓缴政策。在确保各项社会保险待遇按时足额支付的前提下，对符合条件地区受疫情影响生产经营出现暂时困难的所有中小微企业、以单位方式参保的个体工商户，阶段性缓缴三项社会保险单位缴费部分，缓缴期限阶段性实施到今年底。在对餐饮、零售、旅游、民航、公路水路铁路运输等5个特困行业实施阶段性缓缴三项社保费政策的基础上，对受到疫情严重冲击、行业内大面积出现企业生产经营困难、符合国家产业政策导向的其他特困行业，扩大实施缓缴政策，养老保险费缓缴期限阶段性延长到今年底。

7. 加大稳岗支持力度。优化失业保险稳岗返还政策，进一步提高返还比例，将大型企业稳岗返还比例由30%提至50%。拓宽失业保险留工补助受益范围，由中小微企业扩大至受疫情严重影响暂时无法正常生产经营的所有参保企业。企业招用毕业年度高校毕业生，签订劳动合同并参加失业保险的，可按每人不超过1 500元的标准，发放一次性扩岗补助，具体补助标准由各省份确定，与一次性吸纳就业补贴不重复享受，政策执行期限至今年底。

二、货币金融政策（5项）

8. 鼓励对中小微企业和个体工商户、货车司机贷款及受疫情影响的个人住房与消费贷款等实施延期还本付息。商业银行等金融机构继续按市场化原则与中小微企业（含中小微企业主）和个体工商户、货车司机等自主协商，对其贷款实施延期还本付息，努力做到应延尽延，本轮延期还本付息日期原则上不超过2022年底。中央汽车企业所属金融子企业要发挥引领示范作用，对2022年6月30日前发放的商用货车消费贷款给予6个月延期还本付息支持。对因感染新冠肺炎住院治疗或隔离、受疫情影响隔离观察或失去收入来源的人群，金融机构对其存续的个人住房、消费等贷款，灵活采取合理延后还款时间、延长贷款期限、延期还本等方式调整还款计划。对延期贷款坚持实质性风险判断，不单独因疫情因素下调贷款风险分类，不影响征信记录，并免收罚息。

9. 加大普惠小微贷款支持力度。继续新增支农支小再贷款额度。将普惠小微贷款支持工具的资金支持比例由1%提高至2%，即由人民银行按相关地方法人银行普惠小微贷款余额增量（包括通过延期还本付息形成的普惠小微贷款）的2%提供资金支持，更好引导和支持地方法人银行发放普惠小微贷款。指导金融机构和大型企业支持中小微企业应收账款质押等融资，抓紧修订制度将商业汇票承兑期限由1年缩短至6个月，并加大再贴现支持力度，以供应链融资和银企合作支持大中小企业融通发展。

10. 继续推动实际贷款利率稳中有降。在用好前期降准资金、扩大信贷投放的基础上，充分发挥市场利率定价自律机制作用，持续释放贷款市场报价利率（LPR）形成机制改革效能，发挥存款利率市场化调整机制作用，引导金融机构将存款利率下降效果传导至贷款端，继续推动实际贷款利率稳中有降。

11. 提高资本市场融资效率。科学合理把握首次公开发行股票并上市（IPO）和再融资常态化。支持内地企业在香港上市，依法依规推进符合条件的平台企业赴境外上市。继续支持和鼓励金融机构发行金融债券，建立“三农”、小微企业、绿色、双创金融债券绿色通道，为重点领域企业提供融资支持。督促指导银行间债券市场和交易所债券市场各基础设施全面梳理收费项目，对民营企业债券融资交易费用能免尽免，进一步释放支持民营企业的信号。

12. 加大金融机构对基础设施建设和重大项目的支持力度。政策性开发性银行要优化贷款结构，投放更多更长期限贷款；引导商业银行进一步增加贷款投放、延长贷款期限；鼓励保险公司等发挥长期资金优势，加大对水利、水运、公路、物流等基础设施建设和重大项目的支持力度。

三、稳投资促消费等政策（6 项）

13. 加快推进一批论证成熟的水利工程项目。2022 年再开工一批已纳入规划、条件成熟的项目，包括南水北调后续工程等重大引调水、骨干防洪减灾、病险水库除险加固、灌区建设和改造等工程。进一步完善工程项目清单，加强组织实施、协调推动并优化工作流程，切实提高水资源保障和防灾减灾能力。

14. 加快推动交通基础设施投资。对沿江沿海沿边及港口航道等综合立体交通网工程，加强资源要素保障，优化审批程序，抓紧推动上马实施，确保应开尽开、能开尽开。支持中国国家铁路集团有限公司发行 3 000 亿元铁路建设债券。启动新一轮农村公路建设和改造，在完成今年目标任务的基础上，进一步加强金融等政策支持，再新增完成新改建农村公路 3 万公里、实施农村公路安全生命防护工程 3 万公里、改造农村公路危桥 3 000 座。

15. 因地制宜继续推进城市地下综合管廊建设。指导各地在城市老旧管网改造等工作中协同推进管廊建设，在城市新区根据功能需求积极发展干、支线管廊，合理布局管廊系统，统筹各类管线敷设。加快明确入廊收费政策，多措并举解决投融资受阻问题，推动实施一批具备条件的地下综合管廊项目。

16. 稳定和扩大民间投资。启动编制国家重大基础设施发展规划，扎实开展基础设施高质量发展试点，有力有序推进“十四五”规划 102 项重大工程实施，鼓励和吸引更多社会资本参与国家重大工程项目。在供应链产业链招投标项目中对大中小企业联合体给予倾斜，鼓励民营企业充分发挥自身优势参与攻关。2022 年新增支持 500 家左右专精特新“小巨人”企业。鼓励民间投资以城市基础设施等为重点，通过综合开发模式参与重点领域项目建设。

17. 促进平台经济规范健康发展。出台支持平台经济规范健康发展的具体措施，在防止资本无序扩张的前提下设立“红绿灯”，维护市场竞争秩序，以公平竞争促进平台经济规范健康发展。充分发挥平台经济的稳就业作用，稳定平台企业及其共生中小微企业的发展预期，以平台企业发展带动中小微企业纾困。引导平台企业在疫情防控中做好防疫物资和重要民生商品保供“最后一公里”的线上线下联动。鼓励平台企业加快人工智能、云计算、区块链、操作系统、处理器等领域技术研发突破。

18. 稳定增加汽车、家电等大宗消费。各地区不得新增汽车限购措施，已实施限购的地区逐步增加汽车增量指标数量、放宽购车人员资格限制，鼓励实施城区、郊区指标差异化政策。加快出台推动汽车由购买管理向使用管理转变的政策文件。全面取消二手车限迁政策，在全国范围取消对符合国五排放标准小型非营运二手车的迁入限制，完善二手车市场主体登记注册、备案和车辆交易登记管理规定。支持汽车整车进口口岸地区开展平行进口业务，完善平行进口汽车环保信息公开制度。对皮卡车进城实施精细化管理，研究进一步放宽皮卡车进城限制。研究今年内对一定排量以下乘用车减征车辆购置税的支持政策。优化新能源汽车充电桩（站）投资建设运营模式，逐步实现所有小区和经营性停车场充电设施全覆盖，加快推进高速公路服务区、客运枢纽等区域充电桩（站）建设。鼓励家电生产企业开展回收目标责任制行动，引导金融机构提升金融服务能力，更好满足消费升级需求。

四、保粮食能源安全政策（5 项）

19. 健全完善粮食收益保障等政策。针对当前农资价格依然高企情况，在前期已发放 200 亿元农资补贴的基础上，及时发放第二批 100 亿元农资补贴，弥补成本上涨带来的种粮收益下降。积极做好钾肥进口工作。完善最低收购价执行预案，落实好 2022 年适当提高稻谷、小麦最低收购价水平的政策要求，根据市场形势及时启动收购，保护农民种粮积极性。优化种粮补贴政策，健全种粮农民补贴政策框架。

20. 在确保安全清洁高效利用的前提下有序释放煤炭优质产能。建立健全煤炭产量激励约束政策机制。依法依规加快保供煤矿手续办理，在确保安全生产和生态安全的前提下支持符合条件的露天和井工煤矿项目释放产能。尽快调整核增产能政策，支持具备安全生产条件的煤矿提高生产能力，加快煤矿优质产能释放，保障迎峰度夏电力电煤供应安全。

21. 抓紧推动实施一批能源项目。推动能源领域基本具备条件今年可开工的重大项目尽快实施。积极稳妥推进金沙江龙盘等水电项目前期研究论证和设计优化工作。加快推动以沙漠、戈壁、荒漠地区为重点的大型风电光伏基地建设，近期抓紧启动第二批项目，统筹安排大型风光电基地建设项目用地用林用草用水，按程序核准和开工建设基地项目、煤电项目和特高压输电通道。重点布局一批对电力系统安全保障作用强、对新能源规模化发展促进作用大、经济指标相对优越的抽水蓄能电站，加快条件成熟项目开工建设。加快推进张北至胜利、川渝主网架交流工程，以及陇东至山东、金上至湖北直流工程等跨省区电网项目规划和前期工作。

22. 提高煤炭储备能力和水平。用好支持煤炭清洁高效利用专项再贷款和合格银行贷款。压实地方储备责任。

23. 加强原油等能源资源储备能力。谋划储备项目并尽早开工。推进政府储备项目建设，已建成项目尽快具备储备能力。

五、保产业链供应链稳定政策（7 项）

24. 降低市场主体用水用电用网等成本。全面落实对受疫情影响暂时出现生产经营困难的小微企业和个体工商户用水、用电、用气“欠费不停供”政策，设立 6 个月的费用缓缴期，并可根据当地实际进一步延长，缓缴期间免收欠费滞纳金。指导地方对中小微企业、个体工商户水电气等费用予以补贴。清理规范城镇供水供电供气供暖等行业收费，取消不合理收费，规范政府定价和经营者价格收费行为，对保留的收费项目实行清单制管理。2022 年中小微企业宽带和专线平均资费再降 10%。在招投标领域全面推行保函（保险）替代现金缴纳投标、履约、工程质量等保证金，鼓励招标人对中小微企业投标人免除投标担保。

25. 推动阶段性减免市场主体房屋租金。2022 年对服务业小微企业和个体工商户承租国有房屋减免 3～6 个月租金；出租人减免租金的可按规定减免当年房产税、城镇土地使用税，并引导国有银行对减免租金的出租人视需要给予优惠利率质押贷款等支持。非国有房屋减免租金的可同等享受上述政策优惠。鼓励和引导各地区结合自身实际，拿出更多务实管用举措推动减免市场主体房屋租金。

26. 加大对民航等受疫情影响较大行业企业的纾困支持力度。在用好支持煤炭清洁高效利用、交通物流、科技创新、普惠养老等专项再贷款的同时，增加民航应急贷款额度 1 500 亿元，并适当扩大支持范围，支持困难航空企业渡过难关。支持航空业发行 2 000 亿元债券。统筹考虑民航基础设施建设需求等因素，研究解决资金短缺等问题；同时，研究提出向有关航空企业注资的具体方案。有序增加国际客运航班数量，为便利中外人员往来和对外经贸交流合作创造条件。鼓励银行向文化旅游、餐饮住宿等其他受疫情影响较大行业企业发放贷款。

27. 优化企业复工达产政策。疫情中高风险地区要建立完善运行保障企业、防疫物资生产企业、连续生产运行企业、产业链供应链重点企业、重点外贸外资企业、“专精特新”中小企业等重点企业复工达产“白名单”制度，及时总结推广“点对点”运输、不见面交接、绿色通道等经验做法，细化实化服务“白名单”企业措施，推动部省联动和区域互认，协同推动产业链供应链企业复工达产。积极引导各地区落实属地责任，在发生疫情时鼓励具备条件的企业进行闭环生产，保障其稳定生产，原则上不要求停产；企业所在地政府要做好疫情防控指导，加强企业员工返岗、物流保障、上下游衔接等方面服务，尽量减少疫情对企业正常生产经营的影响。

28. 完善交通物流保通保畅政策。全面取消对来自疫情低风险地区货运车辆的防疫通行限制，着力打通制造业物流瓶颈，加快产成品库存周转进度；不得擅自阻断或关闭高速公路、普通公路、航道船闸，严禁硬隔离县乡村公路，不得擅自关停高速公路服务区、港口码头、铁路车站和民用运输机场。严禁限制疫情低风险地区人员正常流动。对来自或进出疫情中高风险地区所在地市的货运车辆，落实"即采即走即追"制度。客货运司机、快递员、船员到异地免费检测点进行核酸检测和抗原检测，当地政府视同本地居民纳入检测范围、享受同等政策，所需费用由地方财政予以保障。

29. 统筹加大对物流枢纽和物流企业的支持力度。加快宁波舟山大宗商品储运基地建设，开展大宗商品储运基地整体布局规划研究。2022 年，中央财政安排 50 亿元左右，择优支持全国性重点枢纽城市，提升枢纽的货物集散、仓储、中转运输、应急保障能力，引导加快推进多式联运融合发展，降低综合货运成本。2022 年，中央财政在服务业发展资金中安排约 25 亿元支持加快农产品供应链体系建设，安排约 38 亿元支持实施县域商业建设行动。加快 1 000 亿元交通物流专项再贷款政策落地，支持交通物流等企业融资，加大结构性货币政策工具对稳定供应链的支持。在农产品主产区和特色农产品优势区支持建设一批田头小型冷藏保鲜设施，推动建设一批产销冷链集配中心。

30. 加快推进重大外资项目积极吸引外商投资。在已纳入工作专班、开辟绿色通道推进的重大外资项目基础上，充分发挥重大外资项目牵引带动作用，尽快论证启动投资数额大、带动作用强、产业链上下游覆盖面广的重大外资项目。加快修订《鼓励外商投资产业目录》，引导外资更多投向先进制造、科技创新等领域以及中西部和东北地区，支持外商投资设立高新技术研发中心等。进一步拓宽企业跨境融资渠道，支持符合条件的高新技术和"专精特新"企业开展外债便利化额度试点。建立完善与在华外国商协会、外资企业常态化交流机制，积极解决外资企业在华营商便利等问题，进一步稳住和扩大外商投资。

六、保基本民生政策（3 项）

31. 实施住房公积金阶段性支持政策。受疫情影响的企业，可按规定申请缓缴住房公积金，到期后进行补缴。在此期间，缴存职工正常提取和申请住房公积金贷款，不受缓缴影响。受疫情影响的缴存人，不能正常偿还住房公积金贷款的，不作逾期处理，不纳入征信记录。各地区可根据本地实际情况，提高住房公积金租房提取额度，更好满足实际需要。

32. 完善农业转移人口和农村劳动力就业创业支持政策。加强对吸纳农业转移人口较多区域、行业的财政和金融支持，中央财政农业转移人口市民化奖励资金安排 400 亿元，推动健全常住地提供基本公共服务制度，将符合条件的新市民纳入创业担保贷款扶持范围。依据国土空间规划和上一年度进城落户人口数量，合理安排各类城镇年度新增建设用地规模。拓宽农村劳动力就地就近就业渠道。重大工程建设、以工代赈项目优先吸纳农村劳动力。

33. 完善社会民生兜底保障措施。指导各地落实好社会救助和保障标准与物价上涨挂钩联动机制，及时足额发放补贴，保障低收入群体基本生活。用好中央财政下拨的 1 547 亿元救助补助资金，压实地方政府责任，通过财政资金直达机制，及时足额发放到需要帮扶救助的群众手中。做好受灾人员生活救助，精准做好需要救助保障的困难群体帮扶工作，对临时生活困难群众给予有针对性帮扶。针对当前部分地区因局部聚集性疫情加强管控，同步推进疫情防控和保障群众基本生活，做好米面油、蔬菜、肉蛋奶等生活物资保供稳价工作。统筹发展和安全，抓好安全生产责任落实，深入开展安全大检查，严防交通、建筑、煤矿、燃气等方面安全事故，开展自建房安全专项整治，切实保障人民群众生命财产安全。

国务院关于加强数字政府建设的指导意见

国发〔2022〕14号

各省、自治区、直辖市人民政府，国务院各部委、各直属机构：

加强数字政府建设是适应新一轮科技革命和产业变革趋势、引领驱动数字经济发展和数字社会建设、营造良好数字生态、加快数字化发展的必然要求，是建设网络强国、数字中国的基础性和先导性工程，是创新政府治理理念和方式、形成数字治理新格局、推进国家治理体系和治理能力现代化的重要举措，对加快转变政府职能，建设法治政府、廉洁政府和服务型政府意义重大。为贯彻落实党中央、国务院关于加强数字政府建设的重大决策部署，现提出以下意见。

一、发展现状和总体要求

（一）发展现状。

党的十八大以来，党中央、国务院从推进国家治理体系和治理能力现代化全局出发，准确把握全球数字化、网络化、智能化发展趋势和特点，围绕实施网络强国战略、大数据战略等作出了一系列重大部署。经过各方面共同努力，各级政府业务信息系统建设和应用成效显著，数据共享和开发利用取得积极进展，一体化政务服务和监管效能大幅提升，“最多跑一次”、“一网通办”、“一网统管”、“一网协同”、“接诉即办”等创新实践不断涌现，数字技术在新冠肺炎疫情防控中发挥重要支撑作用，数字治理成效不断显现，为迈入数字政府建设新阶段打下了坚实基础。但同时，数字政府建设仍存在一些突出问题，主要是顶层设计不足，体制机制不够健全，创新应用能力不强，数据壁垒依然存在，网络安全保障体系还有不少突出短板，干部队伍数字意识和数字素养有待提升，政府治理数字化水平与国家治理现代化要求还存在较大差距。

当前，我国已经开启全面建设社会主义现代化国家的新征程，推进国家治理体系和治理能力现代化、适应人民日益增长的美好生活需要，对数字政府建设提出了新的更高要求。要主动顺应经济社会数字化转型趋势，充分释放数字化发展红利，进一步加大力度，改革突破，创新发展，全面开创数字政府建设新局面。

（二）总体要求。

1. 指导思想。

高举中国特色社会主义伟大旗帜，坚持以习近平新时代中国特色社会主义思想为指导，全面贯彻党的十九大和十九届历次全会精神，深入贯彻习近平总书记关于网络强国的重要思想，认真落实党中央、国务院决策部署，立足新发展阶段，完整、准确、全面贯彻新发展理念，构建新发展格局，将数字技术广泛应用于政府管理服务，推进政府治理流程优化、模式创新和履职能力提升，构建数字化、智能化的政府运行新形态，充分发挥数字政府建设对数字经济、数字社会、数字生态的引领作用，促进经济社会高质量发展，不断增强人民群众获得感、幸福感、安全感，为推进国家治理体系和治理能力现代化提供有力支撑。

2. 基本原则。

坚持党的全面领导。充分发挥党总揽全局、协调各方的领导核心作用，全面贯彻党中央、国务院重大决策部署，将坚持和加强党的全面领导贯穿数字政府建设各领域各环节，贯穿政府数字化改革和制度创新全过程，确保数字政府建设正确方向。

坚持以人民为中心。始终把满足人民对美好生活的向往作为数字政府建设的出发点和落脚点，着力破解企业和群众反映强烈的办事难、办事慢、办事繁问题，坚持数字普惠，消除“数字鸿沟”，让数字政府建设成果更多更公平惠及全体人民。

坚持改革引领。围绕经济社会发展迫切需要，着力强化改革思维，注重顶层设计和基层探索有机结合、技术创新和制度创新双轮驱动，以数字化改革助力政府职能转变，促进政府治理各方面改革创新，推动政府治理法治化与数字化深度融合。

坚持数据赋能。建立健全数据治理制度和标准体系，加强数据汇聚融合、共享开放和开发利用，促进数据依法有序流动，充分发挥数据的基础资源作用和创新引擎作用，提高政府决策科学化水平和管理服务效率，催生经济社会发展新动能。

坚持整体协同。强化系统观念，加强系统集成，全面提升数字政府集约化建设水平，统筹推进技术融合、业务融合、数据融合，提升跨层级、跨地域、跨系统、跨部门、跨业务的协同管理和服务水平，做好与相关领域改革和“十四五”规划的有效衔接、统筹推进，促进数字政府建设与数字经济、数字社会协调发展。

坚持安全可控。全面落实总体国家安全观，坚持促进发展和依法管理相统一、安全可控和开放创新并重，严格落实网络安全各项法律法规制度，全面构建制度、管理和技术衔接配套的安全防护体系，切实守住网络安全底线。

3. 主要目标。

到2025年，与政府治理能力现代化相适应的数字政府顶层设计更加完善、统筹协调机制更加健全，政府数字化履职能力、安全保障、制度规则、数据资源、平台支撑等数字政府体系框架基本形成，政府履职数字化、智能化水平显著提升，政府决策科学化、社会治理精准化、公共服务高效化取得重要进展，数字政府建设在服务党和国家重大战略、促进经济社会高质量发展、建设人民满意的服务型政府等方面发挥重要作用。

到2035年，与国家治理体系和治理能力现代化相适应的数字政府体系框架更加成熟完备，整体协同、敏捷高效、智能精准、开放透明、公平普惠的数字政府基本建成，为基本实现社会主义现代化提供有力支撑。

二、构建协同高效的政府数字化履职能力体系

全面推进政府履职和政务运行数字化转型，统筹推进各行业各领域政务应用系统集约建设、互联互通、协同联动，创新行政管理和服务方式，全面提升政府履职效能。

（一）强化经济运行大数据监测分析，提升经济调节能力。

将数字技术广泛应用于宏观调控决策、经济社会发展分析、投资监督管理、财政预算管理、数字经济治理等方面，全面提升政府经济调节数字化水平。加强经济数据整合、汇聚、治理。全面构建经济治理基础数据库，加强对涉及国计民生关键数据的全链条全流程治理和应用，赋能传统产业转型升级和新兴产业高质量发展。运用大数据强化经济监测预警。加强覆盖经济运行全周期的统计监测和综合分析能力，强化经济趋势研判，助力跨周期政策设计，提高逆周期调节能力。提升经济政策精准性和协调性。充分发挥国家规划综合管理信息平台作用，强化经济运行动态感知，促进各领域经济政策有效衔接，持续提升经济调节政策的科学性、预见性和有效性。

（二）大力推行智慧监管，提升市场监管能力。

充分运用数字技术支撑构建新型监管机制，加快建立全方位、多层次、立体化监管体系，实现事前事中事后全链条全领域监管，以有效监管维护公平竞争的市场秩序。以数字化手段提升监管精准化水平。加强监管事项清单数字化管理，运用多源数据为市场主体精准“画像”，强化风险研判与预测预警。加强“双随机、一公开”监管工作平台建设，根据企业信用实施差异化监管。加强重点领域的全主体、全品种、全链条数字化追溯监管。以一体化在线监管提升监管协同化水平。大力推行“互联网+监管”，构建全国一体化在线监管平台，推动监管数据和行政执法信息归集共享和有效利用，强化监管数据治理，推动跨地区、跨部门、跨层级协同监管，提升数字贸易跨境监管能力。以新型监管技术提升监管智能化水平。充分运用非现场、物联感知、掌上移动、穿透式等新型监管手段，弥补监管短板，提升监管效能。强化以网管网，加强平台经济等重点领域监管执法，全面提升对新技术、新产业、新业态、新模式的监管能力。

（三）积极推动数字化治理模式创新，提升社会管理能力。

推动社会治理模式从单向管理转向双向互动、从线下转向线上线下融合，着力提升矛盾纠纷化解、社会治安防控、公共安全保障、基层社会治理等领域数字化治理能力。提升社会矛盾化解能力。坚持和发展新时代“枫桥经验”，提升网上行政复议、网上信访、网上调解、智慧法律援助等水平，促进矛盾纠纷源头预防和排查化解。推进社会治安防控体系智能化。加强“雪亮工程”和公安大数据平台建设，深化数字化手段在国家安全、社会稳定、打击犯罪、治安联动等方面的应用，提高预测预警预防各类风险的能力。推进智慧应急建设。优化完善应急指挥通信网络，全面提升应急监督管理、指挥救援、物资保障、社会动员的数字化、智能化水平。提高基层社会治理精准化水平。实施“互联网+基层治理”行动，构建新型基层管理服务平台，推进智慧社区建设，提升基层智慧治理能力。

（四）持续优化利企便民数字化服务，提升公共服务能力。

持续优化全国一体化政务服务平台功能，全面提升公共服务数字化、智能化水平，不断满足企业和群众多层次多样化服务需求。打造泛在可及的服务体系。充分发挥全国一体化政务服务平台“一网通办”枢纽作用，推动政务服务线上线下标准统一、全面融合、服务同质，构建全时在线、渠道多元、全国通办的一体化政务服务体系。提升智慧便捷的服务能力。推行政务服务事项集成化办理，推广“免申即享”、“民生直达”等服务方式，打造掌上办事服务新模式，提高主动服务、精准服务、协同服务、智慧服务能力。提供优质便利的涉企服务。以数字技术助推深化“证照分离”改革，探索“一业一证”等照后减证和简化审批新途径，推进涉企审批减环节、减材料、减时限、减费用。强化企业全生命周期服务，推动涉企审批一网通办、惠企政策精准推送、政策兑现直达直享。拓展公平普惠的民生服务。探索推进“多卡合一”、“多码合一”，推进基本公共服务数字化应用，积极打造多元参与、功能完备的数字化生活网络，提升普惠性、基础性、兜底性服务能力。围绕老年人、残疾人等特殊群体需求，完善线上线下服务渠道，推进信息无障碍建设，切实解决特殊群体在运用智能技术方面遇到的突出困难。

（五）强化动态感知和立体防控，提升生态环境保护能力。

全面推动生态环境保护数字化转型，提升生态环境承载力、国土空间开发适宜性和资源利用科学性，更好支撑美丽中国建设。提升生态环保协同治理能力。建立一体化生态环境智能感知体系，打造生态环境综合管理信息化平台，强化大气、水、土壤、自然生态、核与辐射、气候变化等数据资源综合开发利用，推进重点流域区域协同治理。提高自然资源利用效率。构建精准感知、智慧管控的协同治理体系，完善自然资源三维立体“一张图”和国土空间基础信息平台，持续提升自然资源开发利用、国土空间规划实施、海洋资源保护利用、水资源管理调配水平。推动绿色低碳转型。加快构建碳排放智能监测和动态核算体系，推动形成集约节约、循环高效、普惠共享的绿色低碳发展新格局，服务保障碳达峰、碳中和目标顺利实现。

（六）加快推进数字机关建设，提升政务运行效能。

提升辅助决策能力。建立健全大数据辅助科学决策机制，统筹推进决策信息资源系统建设，充分汇聚整合多源数据资源，拓展动态监测、统计分析、趋势研判、效果评估、风险防控等应用场景，全面提升政府决策科学化水平。提升行政执行能力。深化数字技术应用，创新行政执行方式，切实提高政府执行力。加快一体化协同办公体系建设，全面提升内部办公、机关事务管理等方面共性办公应用水平，推动机关内部服务事项线上集成化办理，不断提高机关运行效能。提升行政监督水平。以信息化平台固化行政权力事项运行流程，推动行政审批、行政执法、公共资源交易等全流程数字化运行、管理和监督，促进行政权力规范透明运行。优化完善“互联网+督查”机制，形成目标精准、讲求实效、穿透性强的新型督查模式，提升督查效能，保障政令畅通。

（七）推进公开平台智能集约发展，提升政务公开水平。

优化政策信息数字化发布。完善政务公开信息化平台，建设分类分级、集中统一、共享共用、动态更新的政策文件库。加快构建以网上发布为主、其他发布渠道为辅的政策发布新格局。优化政策智能推送服务，变“人找政策”为“政策找人”。顺应数字化发展趋势，完善政府信息公开保密审查制度，严格审查标准，消除安全隐患。发挥政务新媒体优势做好政策传播。积极构建政务新媒体矩阵体系，形成整体联动、同频共振的政策信息传播格局。适应不同类型新媒体平台传播特点，开发多样化政策解读产品。依托政务新媒体做好突发公共事件信息发布和政务舆情回应工作。紧贴群众需求畅通互动渠道。以政府网站集约化平台统一知识问答库为支撑，灵活开展政民互动，以数字化手段感知社会态势，辅助科学决策，及时回应群众关切。

三、构建数字政府全方位安全保障体系

全面强化数字政府安全管理责任，落实安全管理制度，加快关键核心技术攻关，加强关键信息基础设施安全保障，强化安全防护技术应用，切实筑牢数字政府建设安全防线。

（一）强化安全管理责任。

各地区各部门按照职责分工，统筹做好数字政府建设安全和保密工作，落实主体责任和监督责任，构建全方位、多层级、一体化安全防护体系，形成跨地区、跨部门、跨层级的协同联动机制。建立数字政府安全评估、责任落实和重大事件处置机制，加强对参与政府信息化建设、运营企业的规范管理，确保政务系统和数据安全管理边界清晰、职责明确、责任落实。

（二）落实安全制度要求。

建立健全数据分类分级保护、风险评估、检测认证等制度，加强数据全生命周期安全管理和技术防护。加大对涉及国家秘密、工作秘密、商业秘密、个人隐私和个人信息等数据的保护力度，完善相应问责机制，依法加强重要数据出境安全管理。加强关键信息基础设施安全保护和网络安全等级保护，建立健全网络安全、保密监测预警和密码应用安全性评估的机制，定期开展网络安全、保密和密码应用检查，提升数字政府领域关键信息基础设施保护水平。

（三）提升安全保障能力。

建立健全动态监控、主动防御、协同响应的数字政府安全技术保障体系。充分运用主动监测、智能感知、威胁预测等安全技术，强化日常监测、通报预警、应急处置，拓展网络安

全态势感知监测范围，加强大规模网络安全事件、网络泄密事件预警和发现能力。

（四）提高自主可控水平。

加强自主创新，加快数字政府建设领域关键核心技术攻关，强化安全可靠技术和产品应用，切实提高自主可控水平。强化关键信息基础设施保护，落实运营者主体责任。开展对新技术新应用的安全评估，建立健全对算法的审核、运用、监督等管理制度和技术措施。

四、构建科学规范的数字政府建设制度规则体系

以数字化改革促进制度创新，保障数字政府建设和运行整体协同、智能高效、平稳有序，实现政府治理方式变革和治理能力提升。

（一）以数字化改革助力政府职能转变。

推动政府履职更加协同高效。充分发挥数字技术创新变革优势，优化业务流程，创新协同方式，推动政府履职效能持续优化。坚持以优化政府职责体系引领政府数字化转型，以数字政府建设支撑加快转变政府职能，推进体制机制改革与数字技术应用深度融合，推动政府运行更加协同高效。健全完善与数字化发展相适应的政府职责体系，强化数字经济、数字社会、数字和网络空间等治理能力。助力优化营商环境。加快建设全国行政许可管理等信息系统，实现行政许可规范管理和高效办理，推动各类行政权力事项网上运行、动态管理。强化审管协同，打通审批和监管业务信息系统，形成事前事中事后一体化监管能力。充分发挥全国一体化政务服务平台作用，促进政务服务标准化、规范化、便利化水平持续提升。

（二）创新数字政府建设管理机制。

明确运用新技术进行行政管理的制度规则，推进政府部门规范有序运用新技术手段赋能管理服务。推动技术部门参与业务运行全过程，鼓励和规范政产学研用等多方力量参与数字政府建设。健全完善政务信息化建设管理会商机制，推进建设管理模式创新，鼓励有条件的地方探索建立综合论证、联合审批、绿色通道等项目建设管理新模式。做好数字政府建设经费保障，统筹利用现有资金渠道，建立多渠道投入的资金保障机制。推动数字普惠，加大对欠发达地区数字政府建设的支持力度，加强对农村地区资金、技术、人才等方面的支持，扩大数字基础设施覆盖范围，优化数字公共产品供给，加快消除区域间“数字鸿沟”。依法加强审计监督，强化项目绩效评估，避免分散建设、重复建设，切实提高数字政府建设成效。

（三）完善法律法规制度。

推动形成国家法律和党内法规相辅相成的格局，全面建设数字法治政府，依法依规推进技术应用、流程优化和制度创新，消除技术歧视，保障个人隐私，维护市场主体和人民群众利益。持续抓好现行法律法规贯彻落实，细化完善配套措施，确保相关规定落到实处、取得实效。推动及时修订和清理现行法律法规中与数字政府建设不相适应的条款，将经过实践检验行之有效的做法及时上升为制度规范，加快完善与数字政府建设相适应的法律法规框架体系。

（四）健全标准规范。

推进数据开发利用、系统整合共享、共性办公应用、关键政务应用等标准制定，持续完善已有关键标准，推动构建多维标准规范体系。加大数字政府标准推广执行力度，建立评估验证机制，提升应用水平，以标准化促进数字政府建设规范化。研究设立全国数字政府标准化技术组织，统筹推进数字政府标准化工作。

（五）开展试点示范。

坚持加强党的领导和尊重人民首创精神相结合，坚持全面部署和试点带动相促进。立足服务党和国家工作大局，聚焦基础性和具有重大牵引作用的改革举措，探索开展综合性改革试点，为国家战略实施创造良好条件。围绕重点领域、关键环节、共性需求等有序开展试点示范，鼓励各地区各部门开展应用创新、服务创新和模式创新，实现“国家统筹、一地创新、各地复用”。科学把握时序、节奏和步骤，推动创新试点工作总体可控、走深走实。

五、构建开放共享的数据资源体系

加快推进全国一体化政务大数据体系建设，加强数据治理，依法依规促进数据高效共享和有序开发利用，充分释放数据要素价值，确保各类数据和个人信息安全。

（一）创新数据管理机制。

强化政府部门数据管理职责，明确数据归集、共享、开放、应用、安全、存储、归档等责任，形成推动数据开放共享的高效运行机制。优化完善各类基础数据库、业务资源数据库和相关专题库，加快构建标准统一、布局合理、管理协同、安全可靠的全国一体化政务大数据体系。加强对政务数据、公共数据和社会数据的统筹管理，全面提升数据共享服务、资源汇聚、安全保障等一体化水平。加强数据治理和全生命周期质量管理，确保政务数据真实、准确、完整。建立健全数据质量管理机制，完善数据治理标准规范，制定数据分类分级标准，提升数据治理水平和管理能力。

（二）深化数据高效共享。

充分发挥政务数据共享协调机制作用，提升数据共享统筹协调力度和服务管理水平。建立全国标准统一、动态管理的政务数据目录，实行“一数一源一标准”，实现数据资源清单化管理。充分发挥全国一体化政务服务平台的数据共享枢纽作用，持续提升国家数据共享交换平台支撑保障能力，实现政府信息系统与党委、人大、政协、法院、检察院等信息系统互联互通和数据按需共享。有序推进国务院部门垂直管理业务系统与地方数据平台、业务系统数据双向共享。以应用场景为牵引，建立健全政务数据供需对接机制，推动数据精准高效共享，大力提升数据共享的实效性。

（三）促进数据有序开发利用。

编制公共数据开放目录及相关责任清单，构建统一规范、互联互通、安全可控的国家公共数据开放平台，分类分级开放公共数据，有序推动公共数据资源开发利用，提升各行业各领域运用公共数据推动经济社会发展的能力。推进社会数据“统采共用”，实现数据跨地区、跨部门、跨层级共享共用，提升数据资源使用效益。推进公共数据、社会数据融合应用，促进数据流通利用。

六、构建智能集约的平台支撑体系

强化安全可信的信息技术应用创新，充分利用现有政务信息平台，整合构建结构合理、智能集约的平台支撑体系，适度超前布局相关新型基础设施，全面夯实数字政府建设根基。

（一）强化政务云平台支撑能力。

依托全国一体化政务大数据体系，统筹整合现有政务云资源，构建全国一体化政务云平台体系，实现政务云资源统筹建设、互联互通、集约共享。国务院各部门政务云纳入全国一体化政务云平台体系统筹管理。各地区按照省级统筹原则开展政务云建设，集约提供政务云服务。探索建立政务云资源统一调度机制，加强一体化政务云平台资源管理和调度。

（二）提升网络平台支撑能力。

强化电子政务网络统筹建设管理，促进高效共建共享，降低建设运维成本。推动骨干网扩容升级，扩大互联网出口带宽，提升网络支撑能力。提高电子政务外网移动接入能力，强化电子政务外网服务功能，并不断向乡镇基层延伸，在安全可控的前提下按需向企事业单位拓展。统筹建立安全高效的跨网数据传输机制，有序推进非涉密业务专网向电子政务外网整合迁移，各地区各部门原则上不再新建业务专网。

（三）加强重点共性应用支撑能力。

推进数字化共性应用集约建设。依托身份认证国家基础设施、国家人口基础信息库、国家法人单位信息资源库等认证资源，加快完善线上线下一体化统一身份认证体系。持续完善电子证照共享服务体系，推动电子证照扩大应用领域和全国互通互认。完善电子印章制发、管理和使用规范，健全全国统一的电子印章服务体系。深化电子文件资源开发利用，建设数字档案资源体系，提升电子文件（档案）管理和应用水平。发挥全国统一的财政电子票据政务服务平台作用，实现全国财政电子票据一站式查验，推动财政电子票据跨省报销。开展各级非税收入收缴相关平台建设，推动非税收入收缴电子化全覆盖。完善信用信息公共服务平台功能，提升信息查询和智能分析能力。推进地理信息协同共享，提升公共服务能力，更好发挥地理信息的基础性支撑作用。

七、以数字政府建设全面引领驱动数字化发展

围绕加快数字化发展、建设数字中国重大战略部署，持续增强数字政府效能，更好激发数字经济活力，优化数字社会环境，营造良好数字生态。

（一）助推数字经济发展。

以数字政府建设为牵引，拓展经济发展新空间，培育经济发展新动能，提高数字经济治理体系和治理能力现代化水平。准确把握行业和企业发展需求，打造主动式、多层次创新服务场景，精准匹配公共服务资源，提升社会服务数字化普惠水平，更好满足数字经济发展需要。完善数字经济治理体系，探索建立与数字经济持续健康发展相适应的治理方式，创新基于新技术手段的监管模式，把监管和治理贯穿创新、生产、经营、投资全过程。壮大数据服务产业，推动数字技术在数据汇聚、流通、交易中的应用，进一步释放数据红利。

（二）引领数字社会建设。

推动数字技术和传统公共服务融合，着力普及数字设施、优化数字资源供给，推动数字化服务普惠应用。推进智慧城市建设，推动城市公共基础设施数字转型、智能升级、融合创新，构建城市数据资源体系，加快推进城市运行“一网统管”，探索城市信息模型、数字孪生等新技术运用，提升城市治理科学化、精细化、智能化水平。推进数字乡村建设，以数字化支撑现代乡村治理体系，加快补齐乡村信息基础设施短板，构建农业农村大数据体系，不断提高面向农业农村的综合信息服务水平。

（三）营造良好数字生态。

建立健全数据要素市场规则，完善数据要素治理体系，加快建立数据资源产权等制度，强化数据资源全生命周期安全保护，推动数据跨境安全有序流动。完善数据产权交易机制，规范培育数据交易市场主体。规范数字经济发展，健全市场准入制度、公平竞争审查制度、公平竞争监管制度，营造规范有序的政策环境。不断夯实数字政府网络安全基础，加强对关键信息基础设施、重要数据的安全保护，提升全社会网络安全水平，为数字化发展营造安全可靠环境。积极参与数字化发展国际规则制定，促进跨境信息共享和数字技术合作。

八、加强党对数字政府建设工作的领导

以习近平总书记关于网络强国的重要思想为引领，始终把党的全面领导作为加强数字政府建设、提高政府管理服务能力、推进国家治理体系和治理能力现代化的根本保证，坚持正确政治方向，把党的政治优势、组织优势转化为数字政府建设的强大动力和坚强保障，确保数字政府建设重大决策部署贯彻落实。

（一）加强组织领导。

加强党中央对数字政府建设工作的集中统一领导。各级党委要切实履行领导责任，及时研究解决影响数字政府建设重大问题。各级政府要在党委统一领导下，履行数字政府建设主体责任，谋划落实好数字政府建设各项任务，主动向党委报告数字政府建设推进中的重大问题。各级政府及有关职能部门要履职尽责，将数字政府建设工作纳入重要议事日程，结合实际抓好组织实施。

（二）健全推进机制。

成立数字政府建设工作领导小组，统筹指导协调数字政府建设，由国务院领导同志任组长，办公室设在国务院办公厅，具体负责组织推进落实。各地区各部门要建立健全数字政府建设领导协调机制，强化统筹规划，明确职责

分工，抓好督促落实，保障数字政府建设有序推进。发挥我国社会主义制度集中力量办大事的政治优势，建立健全全国一盘棋的统筹推进机制，最大程度凝聚发展合力，更好服务党和国家重大战略，更好服务经济社会发展大局。

（三）提升数字素养。

着眼推动建设学习型政党、学习大国，搭建数字化终身学习教育平台，构建全民数字素养和技能培育体系。把提高领导干部数字治理能力作为各级党校（行政学院）的重要教学培训内容，持续提升干部队伍数字思维、数字技能和数字素养，创新数字政府建设人才引进培养使用机制，建设一支讲政治、懂业务、精技术的复合型干部队伍。深入研究数字政府建设中的全局性、战略性、前瞻性问题，推进实践基础上的理论创新。成立数字政府建设专家委员会，引导高校和科研机构设置数字政府相关专业，加快形成系统完备的数字政府建设理论体系。

（四）强化考核评估。

在各级党委领导下，建立常态化考核机制，将数字政府建设工作作为政府绩效考核的重要内容，考核结果作为领导班子和有关领导干部综合考核评价的重要参考。建立完善数字政府建设评估指标体系，树立正确评估导向，重点分析和考核统筹管理、项目建设、数据共享开放、安全保障、应用成效等方面情况，确保评价结果的科学性和客观性。加强跟踪分析和督促指导，重大事项及时向党中央、国务院请示报告，促进数字政府建设持续健康发展。

国务院

2022 年 6 月 6 日

国务院办公厅关于印发促进残疾人就业三年行动方案（2022—2024年）的通知

国办发〔2022〕6号

各省、自治区、直辖市人民政府，国务院各部委、各直属机构：

《促进残疾人就业三年行动方案（2022—2024年）》已经国务院同意，现印发给你们，请认真贯彻执行。

国务院办公厅
2022年3月25日

促进残疾人就业三年行动方案（2022—2024年）

就业是最大的民生。为贯彻落实习近平总书记关于残疾人事业的重要指示批示精神和党中央、国务院决策部署，进一步巩固拓展残疾人脱贫攻坚成果，促进残疾人实现较为充分较高质量的就业，共建共享经济社会发展成果，逐步实现共同富裕，依据《“十四五”就业促进规划》、《“十四五”残疾人保障和发展规划》，制定本方案。

一、任务目标

以有就业需求和就业条件的城乡未就业残疾人为主要对象，更好发挥政府促进就业的作用，进一步落实残疾人就业创业扶持政策，加大残疾人职业技能培训力度，不断提升残疾人就业服务质量和效益，稳定和扩大残疾人就业岗位。2022—2024年共实现全国城乡新增残疾人就业100万人，残疾人就业创业能力持续提升，残疾人就业权益得到更好保障，推动形成理解、关心、支持残疾人就业创业的良好社会环境。

二、主要措施

（一）实施机关、事业单位带头安排残疾人就业行动。各地建立各级机关、事业单位安排残疾人就业情况统计制度，制定机关、事业单位按比例安排残疾人就业工作项目推进计划，确保“十四五”期间编制50人（含）以上的省级、地市级机关和编制67人（含）以上的事业单位（中小学、幼儿园除外），安排残疾人就业未达到规定比例的，至少安排1名残疾人就业。县、乡两级根据机关和事业单位编制总数，统筹按比例安排残疾人就业。已安排残疾人就业的省级、地市级机关和事业单位，应当按照有关规定向社会公示。（中央组

织部、人力资源社会保障部、中央编办、中国残联及各地区按职责分工负责）

（二）实施国有企业安排残疾人就业行动。组织开展国有企业助残就业专场招聘活动。选取一批业务范围覆盖较广、岗位较多的国有企业，每年开发一批岗位定向招聘残疾人。国有企业应当带头按比例安排残疾人就业，未按比例安排残疾人就业的应当及时足额缴纳残疾人就业保障金。国有企业应当将按比例安排残疾人就业情况纳入企业社会责任报告。新增建设邮政报刊零售亭等社区公共服务点时，应当预留一定比例的岗位专门安排残疾人就业，并适当减免摊位费、租赁费，有条件的地方免费提供店面。各地烟草专卖管理部门对残疾人申请烟草专卖零售许可证的，应当根据当地实际，适当放宽对烟草制品零售点的数量、间距要求。（国务院国资委、人力资源社会保障部、中国残联、国家邮政局、国家烟草局、中国企业联合会及各地区按职责分工负责）

（三）实施民营企业安排残疾人就业行动。开展民营企业助力残疾人就业活动，组织一批头部平台、电商、快递等新就业形态企业对接残疾人就业需求，每年开发一批岗位定向招聘残疾人。对在平台就业创业的残疾人减免加盟、增值服务等费用，给予宣传推广、派单倾斜、免费培训等帮扶。地方各级残联与民政部门、工商联、企业联合组织及行业协会商会、人力资源服务机构等加强合作，为民营企业搭建助残就业平台吸收残疾人就业，加强对残疾人自主创业企业及个体工商户的指导与扶持，提供联系劳动项目、开展就业创业培训和雇主培训等服务。民营企业应当将助残就业、按比例安排残疾人就业情况纳入企业社会责任报告或编制专项社会责任报告。（工业和信息化部、人力资源社会保障部、全国工商联、中国残联、中国企业联合会及各地区按职责分工负责）

（四）实施残疾人组织助残就业行动。发挥各级各类残疾人专门协会、扶残助残社会组织和残疾人就业创业带头人等作用，选择一批已经形成一定市场规模、运行稳定的就业项目，加大扶持力度，带动辐射更多残疾人就业创业。总结不同类别残疾人就业典型案例和成功经验，推广“千企万人助残就业计划”等项目，打造残疾人文创基地和残疾妇女“美丽工坊”等品牌。各残疾人福利基金会广泛动员社会力量，开展以帮扶残疾人就业为主题的公益慈善项目和活动。（中国残联及各地区按职责分工负责）

（五）实施就业困难残疾人就业帮扶行动。各地建立的“阳光家园”、“残疾人之家”、残疾人托养机构、残疾人职业康复机构等普遍开展辅助性就业。发挥街道、社区、残疾人亲友组织、慈善组织、爱心企业等各方作用，推动辅助性就业加快发展。地市级残联普遍开展残疾人辅助性就业劳动项目调配工作，开发、收集、储备劳动项目，打造产品和服务品牌。有条件的地方在辅助性就业机构设置社会工作岗位，配备残疾人就业辅导员。各地将符合条件的就业困难残疾人全部纳入就业援助范围，并提供更具针对性的重点帮扶。统筹用好现有公益性岗位，促进符合条件的残疾人就业创业。（中国残联、人力资源社会保障部、民政部及各地区按职责分工负责）

（六）实施农村残疾人就业帮扶行动。落实巩固拓展残疾人脱贫攻坚成果各项政策，对符合条件的就业帮扶车间和农村残疾人就业基地按规定通过现有资金渠道予以支持。通过提供土地流转、产业托管、生产服务、技术指导、农用物资供应、农副产品收购销售、融资等方面服务，扶持农村残疾人或其家庭成员从事种植、养殖、加工、乡村旅游、农村电商、农村寄递物流等行业。持续开展农村困难残疾人实用技术培训项目。帮助纳入防止返贫监测对象的残疾人家庭成员就业创业。持续做好易地搬迁残疾人就业帮扶。东西部协作和中央单位定点帮扶项目向残疾人就业倾斜。（人力资源社会保障部、中国残联、国家发展改革委、财政部、文化和旅游部、农业农村部、国家乡

村振兴局、国家邮政局及各地区按职责分工负责）

（七）实施残疾人大学生就业帮扶行动。各地建立部门间残疾人大学生信息交换机制，准确掌握在校残疾人大学生数据，及早建立“一人一策”就业服务台账，开展“一对一”精准服务。加强对残疾人大学生所在高校的指导，做好残疾人大学生就业相关政策宣讲、技能培训、岗位推介等工作，落实各类就业扶持及补贴奖励政策。将残疾人高校毕业生作为重点对象纳入机关、事业单位带头安排残疾人就业行动和国有企业、民营企业安排残疾人就业行动。促进残疾人高校毕业生在常住地平等享受公共就业服务。组织面向残疾人高校毕业生的各类线上线下就业服务和招聘活动。将残疾人高校毕业生就业纳入“24365 校园网络招聘服务”、百日千万网络招聘专项行动、大中城市联合招聘高校毕业生专场招聘、全国人力资源市场高校毕业生就业服务周等活动。（教育部、人力资源社会保障部、中国残联及各地区按职责分工负责）

（八）实施盲人按摩就业促进行动。支持省级盲人按摩医院的医疗、康复、培训等基础设施建设，组建相应医疗管理团队，形成区域示范中心，带动影响周边地区建设盲人医疗按摩机构。支持盲人医疗按摩人员开办医疗按摩所。加快盲人保健按摩行业标准建设，提升盲人保健按摩行业整体服务水平，促进行业规范化、品牌化发展。发挥各级盲人保健按摩实训基地作用，规范开展盲人保健按摩培训和继续教育。多渠道开发盲人就业新形态。（中国残联、国家发展改革委、国家卫生健康委、国家中医药局、人力资源社会保障部及各地区按职责分工负责）

（九）实施残疾人就业服务提升行动。开展残疾人就业服务“四个一”活动，对就业年龄段未就业残疾人至少进行一次基础信息核对，对其中有就业需求的残疾人至少组织一次职业能力评估、进行一次就业需求登记、开展一次就业服务。各级公共就业服务机构将残疾人就业纳入服务范围。县级以上残疾人就业服务机构完成规范化建设，建立健全就业服务内容、标准、流程等规章制度。依托重要时间节点，定期举办残疾人就业服务交流活动。落实《“十四五”残疾人保障和发展规划》关于建立残疾人就业辅导员制度的要求，推动有条件的地方建立残疾人就业辅导员队伍。扶持一批残疾人就业社会服务机构、人力资源服务机构，按规定将就业服务纳入政府购买服务范围。（人力资源社会保障部、中国残联及各地区按职责分工负责）

（十）实施残疾人职业技能提升行动。以残疾人职业能力评估结果为依据，以劳动力市场需求为导向，鼓励用人单位参与培训体系建设，引导职业院校积极开发面向残疾人的就业创业培训项目，分类开展精准培训。对有就业需求和就业条件的就业年龄段未就业残疾人开展就业技能培训、岗位技能提升培训或创业培训，对符合条件的残疾人按规定给予培训费、生活费（含交通费）补贴。加强各级残疾人职业培训基地建设。定期举办残疾人职业技能竞赛和职业技能展示交流活动。鼓励中高等职业院校扩大残疾人学生招收规模，帮助具备初高中文化程度且有接受职业教育意愿和能力的青壮年残疾人接受中高等职业教育，按规定享受学生资助政策。（中国残联、人力资源社会保障部、财政部、教育部及各地区按职责分工负责）

三、保障条件

（一）组织保障。各级人民政府残疾人工作委员会加强组织协调，督促有关部门和单位做好残疾人就业工作。各级人民政府促进就业工作协调机制推动残疾人就业相关政策落实。各项行动负责部门应当根据自身业务范围，指导地方落实职责分工。各级残联配合有关部门完善、落实、宣传残疾人就业创业扶持政策，精准掌握并按规定共享残疾人就业状况与需求信息，组织实施残疾人就业帮扶活动，开展残疾人就业服务和职业技能培训。

（二）政策保障。落实中央组织部、中国残联等部门和单位印发的《机关、事业单位、国有企业带头安排残疾人就业办法》。为残疾人参加招录（聘）考试提供合理便利，合理确定残疾人入职体检条件。创新残疾人按比例就业形式。对符合条件的就业创业残疾人，按规定落实相关就业补贴政策。落实政府购买服务有关规定，广泛开展各类残疾人就业服务与职业培训。制定残疾人就业服务与职业培训服务管理规范。建立东西部残疾人就业创业扶持政策协调机制。将符合条件的工伤伤残职工纳入残疾人就业服务体系。（中央组织部、人力资源社会保障部、国务院国资委、中国残联、财政部及各地区按职责分工负责）

（三）资金保障。各地要落实《"十四五"残疾人保障和发展规划》以及国家发展改革委等部门和单位印发的《关于完善残疾人就业保障金制度更好促进残疾人就业的总体方案》等文件要求，保障残疾人就业培训、就业服务、补贴奖励等相关资金投入，更好促进残疾人就业创业，要制定残疾人就业补贴奖励重点项目实施办法，合理确定补贴和奖励标准、条件等内容。统筹用好各类残疾人就业创业扶持资金，避免交叉使用。对各类就业帮扶、培训基地建设按规定给予扶持。加大对超比例安排残疾人就业用人单位的奖励力度。（财政部、中国残联、人力资源社会保障部及各地区按职责分工负责）

（四）信息支持。依托全国一体化政务服务平台和各级政务服务机构，实现残疾人就业数据互联互通。做好全国残疾人按比例就业情况联网认证"跨省通办"有关工作，按规定落实保障条件。依托全国残疾人就业创业网络服务平台，建立包括各类残疾人职业技能培训机构、培训项目公示和证书管理、培训评估、线上培训资源等信息的全国残疾人职业培训服务与管理系统。建立全国残疾人人力资源服务机构清单和残疾人就业创业服务载体目录。（国家发展改革委、人力资源社会保障部、税务总局、市场监管总局、退役军人部、中国残联及各地区按职责分工负责）

（五）宣传动员。开展"2022残疾人就业宣传年"活动。充分利用就业援助月、全国助残日、国际残疾人日等重要时间节点，加大对残疾人就业的宣传力度。用通俗易懂、简单明了的文字、图片、视频形式，通过广播电视、报纸、网络和新媒体平台大力宣传残疾人就业创业扶持政策、用人单位安排残疾人就业社会责任、残疾人就业能力和潜力，宣传残疾人就业服务流程、需求反馈渠道和信息获取方式。按照国家有关规定，加大对在残疾人就业工作中作出突出贡献单位和个人的表彰宣传力度。（中央宣传部、人力资源社会保障部、中国残联、中国企业联合会及各地区按职责分工负责）

（六）监督落实。地方各级人民政府要进一步明确各项行动负责部门和职责分工，确保相关措施落地落实。要依法维护残疾人就业权益，坚决防范和打击虚假安排残疾人就业、侵害残疾人就业权益的行为，按年度对本方案实施情况进行监测和评估，及时发现和解决实施中出现的问题，各省级残疾人工作委员会每年年底向国务院残疾人工作委员会报送落实情况，并在方案实施期间至少组织一次残疾人就业创业扶持政策落实情况和效果评估。2024年底，国务院残疾人工作委员会办公室要会同有关部门和单位，依托全国残疾人就业和职业培训信息管理系统，对本方案落实情况进行总结评估。

国务院办公厅关于推动个人养老金发展的意见

国办发〔2022〕7号

各省、自治区、直辖市人民政府，国务院各部委、各直属机构：

为推进多层次、多支柱养老保险体系建设，促进养老保险制度可持续发展，满足人民群众日益增长的多样化养老保险需要，根据《中华人民共和国社会保险法》、《中华人民共和国银行业监督管理法》、《中华人民共和国保险法》、《中华人民共和国证券投资基金法》等法律法规，经党中央、国务院同意，现就推动个人养老金发展提出以下意见：

一、总体要求

以习近平新时代中国特色社会主义思想为指导，全面贯彻党的十九大和十九届历次全会精神，认真落实党中央、国务院决策部署，坚持以人民为中心的发展思想，完整、准确、全面贯彻新发展理念，加快构建新发展格局，推动发展适合中国国情、政府政策支持、个人自愿参加、市场化运营的个人养老金，与基本养老保险、企业（职业）年金相衔接，实现养老保险补充功能，协调发展其他个人商业养老金融业务，健全多层次、多支柱养老保险体系。

推动个人养老金发展坚持政府引导、市场运作、有序发展的原则。注重发挥政府引导作用，在多层次、多支柱养老保险体系中统筹布局个人养老金；充分发挥市场作用，营造公开公平公正的竞争环境，调动各方面积极性；严格监督管理，切实防范风险，促进个人养老金健康有序发展。

二、参加范围

在中国境内参加城镇职工基本养老保险或者城乡居民基本养老保险的劳动者，可以参加个人养老金制度。

三、制度模式

个人养老金实行个人账户制度，缴费完全由参加人个人承担，实行完全积累。参加人通过个人养老金信息管理服务平台（以下简称信息平台），建立个人养老金账户。个人养老金账户是参加个人养老金制度、享受税收优惠政策的基础。

参加人可以用缴纳的个人养老金在符合规定的金融机构或者其依法合规委托的销售渠道（以下统称金融产品销售机构）购买金融产品，并承担相应的风险。参加人应当指定或者开立一个本人唯一的个人养老金资金账户，用于个人养老金缴费、归集收益、支付和缴纳个人所得税。个人养老金资金账户可以由参加人在符合规定的商业银行指定或者开立，也可以通过其他符合规定的金融产品销售机构指定。个人养老金资金账户实行封闭运行，其权益归参加人所有，除另有规定外不得提前支取。

参加人变更个人养老金资金账户开户银行时，应当经信息平台核验后，将原个人养老金资金账户内的资金转移至新的个人养老金资金账户并注销原资金账户。

四、缴费水平

参加人每年缴纳个人养老金的上限为12 000元。人力资源社会保障部、财政部根据经济社会发展水平和多层次、多支柱养老保险体系发展情况等因素适时调整缴费上限。

五、税收政策

国家制定税收优惠政策，鼓励符合条件的人员参加个人养老金制度并依规领取个人养老金。

六、个人养老金投资

个人养老金资金账户资金用于购买符合规定的银行理财、储蓄存款、商业养老保险、公募基金等运作安全、成熟稳定、标的规范、侧重长期保值的满足不同投资者偏好的金融产品，参加人可自主选择。参与个人养老金运行的金融机构和金融产品由相关金融监管部门确定，并通过信息平台和金融行业平台向社会发布。

七、个人养老金领取

参加人达到领取基本养老金年龄、完全丧失劳动能力、出国（境）定居，或者具有其他符合国家规定的情形，经信息平台核验领取条件后，可以按月、分次或者一次性领取个人养老金，领取方式一经确定不得更改。领取时，应将个人养老金由个人养老金资金账户转入本人社会保障卡银行账户。

参加人死亡后，其个人养老金资金账户中的资产可以继承。

八、信息平台

信息平台由人力资源社会保障部组织建设，与符合规定的商业银行以及相关金融行业平台对接，归集相关信息，与财政、税务等部门共享相关信息，为参加人提供个人养老金账户管理、缴费管理、信息查询等服务，支持参加人享受税收优惠政策，为个人养老金运行提供信息核验和综合监管支撑，为相关金融监管部门、参与个人养老金运行的金融机构提供相关信息服务。不断提升信息平台的规范化、信息化、专业化管理水平，运用“互联网+”创新服务方式，为参加人提供方便快捷的服务。

九、运营和监管

人力资源社会保障部、财政部对个人养老金发展进行宏观指导，根据职责对个人养老金的账户设置、缴费上限、待遇领取、税收优惠等制定具体政策并进行运行监管，定期向社会披露相关信息。税务部门依法对个人养老金实施税收征管。相关金融监管部门根据各自职责，依法依规对参与个人养老金运行金融机构的经营活动进行监管，督促相关金融机构优化产品和服务，做好产品风险提示，对产品的风险性进行监管，加强对投资者的教育。

各参与部门要建立和完善投诉机制，积极发挥社会监督作用，及时发现解决个人养老金运行中出现的问题。

十、组织领导

推动个人养老金发展是健全多层次、多支柱养老保险体系，增强人民群众获得感、幸福感、安全感的重要举措，直接关系广大参加人的切身利益。各地区要加强领导、周密部署、广泛宣传，稳妥有序推动有关工作落地实施。各相关部门要按照职责分工制定落实本意见的具体政策措施，同向发力、密切协同，指导地方和有关金融机构切实做好相关工作。人力资源社会保障部、财政部要加强指导和协调，结合实际分步实施，选择部分城市先试行1年，再逐步推开，及时研究解决工作中遇到的问题，确保本意见顺利实施。

国务院办公厅

2022年4月8日

国务院办公厅关于印发 2022 年政务公开工作要点的通知

国办发〔2022〕8号

各省、自治区、直辖市人民政府，国务院各部委、各直属机构：

《2022年政务公开工作要点》已经国务院同意，现印发给你们，请结合实际认真贯彻落实。

国务院办公厅

2022年4月11日

2022年政务公开工作要点

做好2022年政务公开工作，要坚持以习近平新时代中国特色社会主义思想为指导，全面贯彻党的十九大和十九届历次全会精神，坚持稳中求进工作总基调，加快转变政务公开职能，服务党和国家中心工作，重点围绕助力经济平稳健康发展和保持社会和谐稳定、提高政策公开质量、夯实公开工作基础等方面深化政务公开，更好发挥以公开促落实、强监管功能，以实际行动迎接党的二十大胜利召开。

一、以公开助力经济平稳健康发展

（一）加强涉及市场主体的信息公开。增强政策制定实施的透明度和可预期性，提振市场主体信心，持续打造市场化法治化国际化营商环境。加大受疫情影响重的餐饮、住宿、零售、文化、旅游、客运等行业帮扶政策的公开力度，促进稳就业和消费恢复。建立市场主体反映投资和工程建设项目审批问题的办理和反馈机制，及时回应和解决“堵点”问题，推动优化投资和建设环境。持续推进反垄断和反不正当竞争执法信息公开工作，为各类市场主体规范健康发展营造诚信守法、公平竞争的市场环境。

（二）加强涉及减税降费的信息公开。系统集成、智能推送已出台各项减税降费政策特别是大规模增值税留抵退税政策，帮助基层执行机关和纳税人缴费人第一时间全面准确了解政策，做到应知尽知、应享尽享。开展税收优惠政策咨询和政策辅导，优化12366纳税服务平台智能咨询功能。依托税务网站完善统一规范的税费政策库，动态更新并免费开放。加大对骗取税费优惠典型案例的曝光力度，形成有效震慑。

（三）加强涉及扩大有效投资的信息公

开。认真贯彻落实中央经济工作会议精神和《政府工作报告》要求，依法依规做好扩大有效投资相关规划、政策文件及重大建设项目信息公开，积极引导市场预期。密切关注重大建设项目舆情并及时作出回应。聚焦基础设施补短板等重点领域，加大政策解读力度，加强政策咨询服务，推动扩大有效投资。

二、以公开助力保持社会和谐稳定

（四）持续做好疫情防控信息公开。严格执行疫情防控信息发布各项制度，统筹用好各类信息发布平台，持续发布疫情防控进展信息，及时充分回应社会关切，防止引发疑虑和不实炒作。加强疫情防控信息发布工作协调，行政机关向社会公开发布的信息，要与上级单位对下级单位下达的工作指令保持一致，增强多方协同合力。进一步规范流调信息发布和管理，保护个人隐私，避免对当事人正常生活产生不当影响。

（五）强化稳就业保就业信息公开。加强政策宣讲和推送工作，将各级政府出台的就业支持政策及时传达至相关群体，帮助他们更好就业创业。加大减负稳岗扩就业政策解读和政策培训工作力度，重点对基层执行机关开展政策培训，使各项政策能够落得快、落得准、落得实，最大限度利企惠民。动态公开技能培训政策规定及经办流程，让更多群众能够知悉，并获得就业培训机会。

（六）推进公共企事业单位信息公开。严格执行已出台的公共企事业单位信息公开制度，深入推进公共企事业单位信息公开，以有力有效的信息公开，助力监督管理的强化和服务水平的提升。重点加强具有市场支配地位、公共属性较强、需要重点监管的公共企事业单位的信息公开，更好维护市场经济秩序和人民群众切身利益。

三、提高政策公开质量

（七）深化行政法规和规章集中公开。完善中国政府法制信息网行政法规库，2022 年底前完成现行有效行政法规历史文本收录工作，规范网络文本格式，优化数据下载功能。巩固规章集中公开工作成果，建立健全规章动态更新工作机制，高质量发布现行有效规章正式版本，稳步推进规章历史文本收录工作，探索构建统一的国家规章库。

（八）开展行政规范性文件集中公开。高质量发布行政规范性文件正式版本，在政府网站的政府信息公开专栏集中公开并动态更新现行有效行政规范性文件，2022 年底前国务院部门、省级政府及其部门率先完成，市、县级政府及其部门结合实际情况有序推进。各政府信息公开工作主管部门逐步探索建立本地区、本系统统一的现行有效行政规范性文件库，建立健全动态更新工作机制。

（九）加强政策集中公开成果运用。各政府信息公开工作主管部门要加强统筹，更好发挥政策集中公开成果的积极作用，以完整准确、动态更新的现行有效制度体系，为行政机关办理政务服务事项、编制各类权责清单提供基本依据。加强政策集中公开成果的推广使用，方便社会公众全面了解各项制度规定，保障和监督行政机关有效实施行政管理。

（十）优化政策咨询服务。加大政策咨询窗口建设力度，提高政务服务便民热线、实体服务大厅的政策咨询服务水平，更好解答生育、上学、就业、创业、养老、医疗、纳税、疫情防控等方面与人民群众切身利益密切相关的问题。加强人工智能等技术运用，建设统一的智能化政策问答平台，围绕各类高频政策咨询事项，以视频、图解、文字等形式予以解答，形成政策问答库并不断丰富完善。

四、夯实公开工作基础

（十一）规范执行政府信息公开制度。在公开工作中增强规范意识，完善政府信息公开保密审查制度，对拟公开的政府信息依法依规严格做好保密审查，防止泄露国家秘密、工作秘密和敏感信息，防范数据汇聚引发泄密风险。认真执行政府信息公开行政复议案件审理制度，依法审理政府信息公开行政复议案件。

（十二）科学合理确定公开方式。准确把握不同类型公开要求，综合考虑公开目的、公开效果、后续影响等因素，科学合理确定公开方式。公开内容涉及社会公众利益调整、需要广泛知晓的，可通过互联网等渠道公开。公开内容仅涉及部分特定对象，或者相关规定明确要求在特定范围内公示的，要选择适当的公开方式，防止危害国家安全、公共安全、经济安全、社会稳定或者泄露个人隐私、商业秘密。

（十三）加强公开平台建设。严格落实网络意识形态责任制，确保政府网站与政务新媒体安全平稳运行。2022 年底前，国务院部门主管的政府网站和省级政府部门网站全面支持互联网协议第 6 版，推进省部级政务类移动客户端支持互联网协议第 6 版。深入推进政府网站集约化，强化政务新媒体矩阵建设，加强地方和部门协同，及时准确传递党和政府权威声音。规范高效办理“我为政府网站找错”平台网民留言。持续做好政府公报工作。

（十四）扎实推进基层政务公开。以公开促规范，县级政府要及时公开涉农补贴申报信息，同时汇总当年面向农村的各类惠民惠农财政补贴资金实际发放结果，年底前将发放结果以村为单位通过村务公开栏公开，公开期满相关材料留存村委会供村民查询。以公开促服务，更好适应基层群众信息获取习惯和现实条件，着力加强电话解答、现场解答等政策咨询渠道建设，推动政务公开与村（居）务公开的协调联动。务实推进政务公开专区建设，为基层群众提供政府信息网上查询、政府信息公开申请接收、政策咨询等服务。

五、强化工作指导监督

（十五）严格落实主体责任。推动落实信息发布、政策解读和政务舆情回应主体责任。在发布重大政策的同时做好解读工作，主动解疑释惑，积极引导舆论，有效管理预期。充分评估政策本身可能带来的各种影响，以及时机和形势可能产生的附加作用，避免发生误解误读。加强政务舆情监测和风险研判，前瞻性做好引导工作，更好回应人民群众和市场主体关切，为经济社会发展营造良好氛围。

（十六）有效改进工作作风。各政府信息公开工作主管部门要切实履行法定职责，进一步加强工作指导，积极主动帮助下级单位解决工作中存在的重大疑难问题，确保各项工作平稳有序。进一步规范政务公开第三方评估工作，地市级以下政府不再开展政务公开第三方评估。下级单位不得与上级单位委托的第三方评估机构开展政务公开咨询、培训、外包等业务合作。行政机关向社会公开发布排名结果或问题通报的，要按程序报本行政机关主要负责同志批准。

（十七）认真抓好工作落实。各政府信息公开工作主管部门要对照本要点提出的重点任务，梳理形成本地区、本系统工作台账，明确责任主体和时限要求，逐项推动落实。对上一年度工作要点落实情况开展“回头看”，未完成的要督促整改。要将本要点落实情况纳入政府信息公开工作年度报告予以公开，接受社会监督。

国务院办公厅关于进一步释放消费潜力促进消费持续恢复的意见

国办发〔2022〕9号

各省、自治区、直辖市人民政府，国务院各部委、各直属机构：

消费是最终需求，是畅通国内大循环的关键环节和重要引擎，对经济具有持久拉动力，事关保障和改善民生。当前，受新冠肺炎疫情等因素影响，消费特别是接触型消费恢复较慢，中小微企业、个体工商户和服务业领域面临较多困难。为深入贯彻习近平新时代中国特色社会主义思想，完整、准确、全面贯彻新发展理念，加快构建新发展格局，协同发力、远近兼顾，综合施策释放消费潜力，促进消费持续恢复，经国务院同意，现提出以下意见。

一、应对疫情影响，促进消费有序恢复发展

（一）围绕保市场主体加大助企纾困力度。深入落实扶持制造业、小微企业和个体工商户的减税退税降费政策。推动金融系统通过降低利率、减少收费等多种措施，向实体经济让利。引导金融机构优化信贷管理，对受疫情影响严重的行业企业给予融资支持，避免出现行业性限贷、抽贷、断贷。延续执行阶段性降低失业保险、工伤保险费率政策。对不裁员少裁员的企业，实施好失业保险稳岗返还政策。清理转供电环节不合理加价。采取切实有效措施制止乱收费、乱摊派、乱罚款行为。鼓励有条件的地区对零售、餐饮等行业企业免费开展员工定期核酸检测，对企业防疫、消杀支出给予补贴支持。落实好餐饮、零售、旅游、民航、公路水路铁路运输等特困行业纾困扶持措施。鼓励地方加大帮扶力度，支持各地区结合实际依法出台税费减免等措施，对特困行业实行用电阶段性优惠、暂缓缴纳养老保险费等政策，对承租非国有房屋的服务业小微企业和个体工商户给予适当帮扶，稳住更多消费服务市场主体。

（二）做好基本消费品保供稳价。结合疫情防控形势和需要，加快建立健全生活物资保障体系，畅通重要生活物资物流通道。在各大中城市科学规划建设一批集仓储、分拣、加工、包装等功能于一体的城郊大仓基地，确保应急状况下及时就近调运生活物资，切实保障消费品流通不断不乱。建立完善重要商品收储和吞吐调节机制，持续做好日常监测和动态调控，落实好粮油肉蛋奶果蔬和大宗商品等保供稳价措施。

（三）创新消费业态和模式。适应常态化疫情防控需要，促进新型消费，加快线上线下消费有机融合，扩大升级信息消费，培育壮大智慧产品和智慧零售、智慧旅游、智慧广电、智慧养老、智慧家政、数字文化、智能体育、“互联网+医疗健康”、“互联网+托育”、“互联网+家装”等消费新业态。加强商业、文化、旅游、体育、健康、交通等消费跨界融合，积极拓展沉浸式、体验式、互动式消费新场景。有序引导网络直播等规范发展。深入开展国家电子商务示范基地和示范企业创建。深化服务领域东西协作，大力实施消费帮扶，助力中西部地区特别是欠发达地区提升发展能力和消费水平。

二、全面创新提质，着力稳住消费基本盘

（四）积极推进实物消费提质升级。加强农业和制造业商品质量、品牌和标准建设，推动品种培优、品质提升、品牌打造和标准化生产。推进食用农产品承诺达标合格证制度。支持研发生产更多具有自主知识产权、引领科技和消费潮流、应用前景广阔的新产品新设备。畅通制造企业与互联网平台、商贸流通企业产销对接，鼓励发展反向定制（C2M）和个性化设计、柔性化生产。促进老字号创新发展，加强地理标志产品认定、管理和保护，培育更多本土特色品牌。

（五）加力促进健康养老托育等服务消费。深入发展多层次多样化医疗健康服务，积极发展中医医疗和养生保健等服务，促进医疗健康消费和防护用品消费提质升级。实施智慧助老行动，加快推进适老化改造和智能化产品开发，发展适合老年人消费的旅游、养生、健康咨询、生活照护、慢性病管理等产品和服务，支持开展省际旅居养老合作。加快构建普惠托育服务体系，支持社会力量提供多元化、规范化托育服务，引导市场主体开发更多安全健康的国产婴幼儿用品。

（六）持续拓展文化和旅游消费。推动中华优秀传统文化传承创新，促进出版、电影、广播电视等高质量发展。大力发展全域旅游，推动红色旅游、休闲度假旅游、工业旅游、旅游演艺等创新发展，促进非遗主题旅游发展。组织实施冰雪旅游发展行动计划。优化完善疫情防控措施，引导公园、景区、体育场馆、文博场馆等改善设施和服务条件、结合实际延长开放时间。鼓励城市群、都市圈等开发跨区域的文化和旅游年票、联票等。深入推进文化和旅游消费试点示范。积极落实带薪休假制度，促进带薪休假与法定节假日、周休日合理分布、均衡配置。

（七）大力发展绿色消费。增强全民节约意识，反对奢侈浪费和过度消费，形成简约适度、绿色低碳的生活方式和消费模式。推广绿色有机食品、农产品。倡导绿色出行，提高城市公共汽电车、轨道交通出行占比，推动公共服务车辆电动化。推动绿色建筑规模化发展，大力发展装配式建筑，积极推广绿色建材，加快建筑节能改造。支持新能源汽车加快发展。大力发展绿色家装，鼓励消费者更换或新购绿色节能家电、环保家具等家居产品。加快构建废旧物资循环利用体系，推动汽车、家电、家具、电池、电子产品等回收利用，适当放宽废旧物资回收车辆进城、进小区限制。推进商品包装和流通环节包装绿色化、减量化、循环化。开展促进绿色消费试点。广泛开展节约型机关、绿色家庭、绿色社区、绿色出行等创建活动。

（八）充分挖掘县乡消费潜力。建立完善县域统筹，以县城为中心、乡镇为重点、村为基础的县域商业体系。深入实施“数商兴农”、“快递进村”和“互联网+”农产品出村进城等工程，进一步盘活供销合作社系统资源，引导社会资源广泛参与，促进渠道和服务下沉。鼓励和引导大型商贸流通企业、电商平台和现代服务企业向农村延伸，推动品牌消费、品质消费进农村。以汽车、家电为重点，引导企业面向农村开展促销，鼓励有条件的地区开展新能源汽车和绿色智能家电下乡，推进充电桩（站）等配套设施建设。提升乡村旅游、休闲农业、文化体验、健康养老、民宿经济、户外运动等服务环境和品质。

三、完善支撑体系，不断增强消费发展综合能力

（九）推进消费平台健康持续发展。加快推进国际消费中心城市培育建设。积极建设一批区域消费中心，改善基础设施和服务环境，提升流通循环效率和消费承载力。支持有条件的地区依托自由贸易试验区等，与国（境）外机构合作建设涉外消费专区。鼓励各地区围

绕商业、文化、旅游、体育等主题有序建设一批设施完善、业态丰富、健康绿色的消费集聚区，稳妥有序推进现有步行街设施改造和业态升级，积极发展智慧商圈。推动建设城市一刻钟便民生活圈，优化配置社区生活消费服务综合体。高水平办好“中国品牌日”、全国消费促进月等活动。支持各地区建立促消费常态化机制，培育一批特色活动品牌。持续办好中国国际进口博览会、中国进出口商品交易会、中国国际服务贸易交易会、中国国际消费品博览会。完善市内免税店政策，规划建设一批中国特色市内免税店。

（十）加快健全消费品流通体系。进一步完善电子商务体系和快递物流配送体系，加强疫情防控措施跨区域相互衔接，畅通物流大通道，加快构建覆盖全球、安全可靠、高效畅通的流通网络。支持智能快件箱（信包箱）、快递服务站进社区，加强末端环节及配套设施建设。加快发展冷链物流，完善国家骨干冷链物流基地设施条件，培育一批专业化生鲜冷链物流龙头企业。大力推广标准化冷藏车，鼓励企业研发应用适合果蔬等农产品的单元化包装，推动实现全程“不倒托”、“不倒箱”。健全进口冷链食品检验检疫制度，加快区块链技术在冷链物流智慧监测追溯系统建设中的应用，推动全链条闭环追溯管理，提高食品药品流通效率和安全水平。针对进口物品等可能引发的输入性疫情，严格排查入境、仓储、加工、运输、销售等环节，建立健全进口冻品集中监管制度，筑牢疫情外防输入防线。

（十一）增加就业收入提高消费能力。鼓励创业带动就业，支持各类劳动力市场、人才市场、零工市场建设，支持个体经营发展，增加非全日制就业机会，规范发展新就业形态，健全灵活就业劳动用工和社会保障政策。实施提升就业服务质量工程，加强困难人员就业帮扶，完善职业教育体系，开展大规模、多层次职业技能培训，加大普惠性人力资本投入力度。解决好高校毕业生等青年就业问题。健全工资决定、合理增长和支付保障机制，稳步提高劳动者工资性收入特别是城市工薪阶层、农民工收入水平，健全最低工资标准调整机制。接续推进乡村富民产业发展，落实和完善对农民直接补贴政策，拓宽乡村特别是脱贫地区农民稳定就业和持续增收渠道。

（十二）合理增加公共消费。健全常住地提供基本公共服务制度，合理确定保障标准。紧扣人民群众“急难愁盼”，多元扩大普惠性非基本公共服务供给。提高教育、医疗、养老、育幼等公共服务支出效率。完善长租房政策，扩大保障性租赁住房供给。支持缴存人提取住房公积金用于租赁住房，继续支持城镇老旧小区居民提取住房公积金用于加装电梯等自住住房改造。健全基本生活救助制度和专项救助制度，积极发展服务类社会救助，形成“物质+服务”的多样化综合救助方式。落实好社会救助和保障标准与物价上涨挂钩联动机制。

四、持续深化改革，全力营造安全放心诚信消费环境

（十三）破除限制消费障碍壁垒。有序破除一些重点服务消费领域的体制机制障碍和隐性壁垒，促进不同地区和行业标准、规则、政策协调统一，简化优化相关证照或证明办理流程手续。稳定增加汽车等大宗消费，各地区不得新增汽车限购措施，已实施限购的地区逐步增加汽车增量指标数量、放宽购车人员资格限制，鼓励除个别超大城市外的限购地区实施城区、郊区指标差异化政策，更多通过法律、经济和科技手段调节汽车使用，因地制宜逐步取消汽车限购，推动汽车等消费品由购买管理向使用管理转变。建立健全汽车改装行业管理机制，加快发展汽车后市场。全面取消二手车限迁政策，落实小型非营运二手车交易登记跨省通办措施。对皮卡车进城实施精细化管理，研究进一步放宽皮卡车进城限制。

（十四）健全消费标准体系。健全消费品质量标准体系，大力推动产品质量分级。完善节能和绿色制造标准体系、绿色产品认证标识体系以及平台经济、跨境电商、旅游度假、餐饮、养老、冷链物流等领域服务标准。推进第五代移动通信（5G）、物联网、云计算、人工智能、区块链、大数据等领域标准研制，加快超高清视频、互动视频、沉浸式视频、云游戏、虚拟现实、增强现实、可穿戴等技术标准预研，加强与相关应用标准的衔接配套。

（十五）加强消费领域执法监管。深入实施公平竞争政策，强化反垄断和反不正当竞争执法，加快建立健全全方位、多层次、立体化监管体系，防止资本无序扩张。加大对虚假宣传、仿冒混淆、制假售假、缺斤短两等违法行为的监管和处罚力度。全面加强跨地区、跨部门、全流程协同监管，压实生产、流通、销售等各环节监管责任。加快消费信用体系建设，推进信用分级分类监管，组织开展诚信计量示范活动，依法依规实施失信惩戒。加强价格监管，严厉打击低价倾销、价格欺诈等违法行为，严格规范平台经营者自主定价。继续加强消费品质量安全监管，开展消费品质量合格率统计调查，加大缺陷产品召回监管力度。加强重点服务领域质量监测评价。

（十六）全面加强消费者权益保护。大力开展放心消费创建活动。完善平台经济消费者权益保护规则。持续优化完善全国 12315 平台，充分发挥地方 12345 政务服务便民热线作用，进一步畅通消费者投诉举报渠道。建立完善消费投诉信息公示制度。进一步优化消费争议多元化解机制，不断提升在线消费纠纷解决机制效能。完善公益诉讼制度，探索建立消费者集体诉讼制度，全面推行消费争议先行赔付。广泛引导线下实体店积极开展无理由退货承诺。

五、强化保障措施，进一步夯实消费高质量发展基础

（十七）加强财税支持。统筹利用现有财政资金渠道，支持消费相关基础设施和服务保障能力建设，符合条件的项目可纳入地方政府专项债券支持范围，更好以投资带消费。完善政府绿色采购标准，加大绿色低碳产品采购力度。鼓励有条件的地区对绿色智能家电、绿色建材、节能产品等消费予以适当补贴或贷款贴息。研究进一步降低与人民生活密切相关、需求旺盛的优质消费品进口关税。

（十八）优化金融服务。引导银行机构积极发展普惠金融，探索将真实银行流水、第三方平台收款数据、预订派单数据等作为无抵押贷款授信审批参考依据，提高信用状况良好的中小微企业和消费者贷款可得性。推动商业银行、汽车金融公司、消费金融公司等提升金融服务能力。强化县域银行机构服务“三农”的激励约束机制，丰富农村消费信贷产品和服务，加大对农村商贸流通和居民消费的金融支持力度。引导金融机构在风险可控和商业可持续前提下丰富大宗消费金融产品。鼓励保险公司针对消费领域提供保险服务。规范互联网平台等涉及中小微企业、个体工商户金融服务的收费行为。

（十九）强化用地用房保障。加大土地、房屋节约集约和复合利用力度，鼓励经营困难的百货店、老旧厂区等改造为新型消费载体。鼓励通过先租后让、租让结合等方式为快递物流企业提供土地。适应乡村旅游、民宿、户外运动营地及相关基础设施建设小规模用地需要，积极探索适宜供地方式，鼓励相关设施融合集聚建设。优化国有物业资源出租管理，适当延长租赁期限，更好满足超市、便利店等消费场所用地用房需求。支持利用社区存量房产、闲置房屋等建设便民网点。允许有条件的社区利用周边空闲土地或划定的特定空间有序发展旧货市场。

（二十）压实各方责任。国家发展改革委、商务部等有关部门要充分发挥完善促进消费体制机制部际联席会议制度作用，强化协同联动，加强督办落实。国家统计局要完善服务消费统计监测，建立健全网络消费等消费新业态新模式统计体系。各地区要加强组织领导，完善配套方案，切实推动本意见提出的各项任务措施落地见效。

国务院办公厅

2022 年 4 月 20 日

国务院办公厅关于进一步做好高校毕业生等青年就业创业工作的通知

国办发〔2022〕13号

各省、自治区、直辖市人民政府，国务院各部委、各直属机构：

高校毕业生等青年就业关系民生福祉、经济发展和国家未来。为贯彻落实党中央、国务院决策部署，做好当前和今后一段时期高校毕业生等青年就业创业工作，经国务院同意，现就有关事项通知如下。

一、多渠道开发就业岗位

（一）扩大企业就业规模。坚持在推动高质量发展中强化就业优先导向，加快建设现代化经济体系，推进制造业转型升级，壮大战略性新兴产业，大力发展现代服务业，提供更多适合高校毕业生的就业岗位。支持中小微企业更多吸纳高校毕业生就业，按规定给予社会保险补贴、创业担保贷款及贴息、税费减免等扶持政策，对吸纳高校毕业生就业达到一定数量且符合相关条件的中小微企业，在安排纾困资金、提供技术改造贷款贴息时予以倾斜；对招用毕业年度高校毕业生并签订1年以上劳动合同的中小微企业，给予一次性吸纳就业补贴，政策实施期限截至2022年12月31日；建立中小微企业专业技术人员职称评定绿色通道和申报兜底机制，健全职业技能等级（岗位）设置，完善职业技能等级认定机制，落实科研项目经费申请、科研成果等申报与国有企事业单位同类人员同等待遇。设置好“红灯”、“绿灯”，促进平台经济健康发展，带动更多就业。稳定扩大国有企业招聘规模，指导企业规范发布招聘信息，推进公开招聘。（国家发展改革委、科技部、工业和信息化部、财政部、人力资源社会保障部、商务部、人民银行、国务院国资委、税务总局、市场监管总局等按职责分工负责）

（二）拓宽基层就业空间。结合实施区域协调发展、乡村振兴等战略，适应基层治理能力现代化建设需要，统筹用好各方资源，挖掘基层就业社保、医疗卫生、养老服务、社会工作、司法辅助等就业机会。社区专职工作岗位出现空缺要优先招用或拿出一定数量专门招用高校毕业生。继续实施“三支一扶”计划、农村特岗教师计划、大学生志愿服务西部计划等基层服务项目，合理确定招募规模。对到中西部地区、艰苦边远地区、老工业基地县以下基层单位就业的高校毕业生，按规定给予学费补偿和国家助学贷款代偿、高定工资等政策，对其中招聘为事业单位正式工作人员的，可按规定提前转正定级。（中央组织部、最高人民法院、最高人民检察院、教育部、民政部、财政部、人力资源社会保障部、农业农村部、国家卫生健康委、共青团中央等按职责分工负责）

（三）支持自主创业和灵活就业。落实大众创业、万众创新相关政策，深化高校创新创业教育改革，健全教育体系和培养机制，汇集优质创新创业培训资源，对高校毕业生开展针对性培训，按规定给予职业培训补贴。支持高校毕业生自主创业，按规定给予一次性创业补贴、创业担保贷款及贴息、税费减免等政策，政府投资开发的创业载体要安排 30%左右的场地免费向高校毕业生创业者提供。支持高校毕业生发挥专业所长从事灵活就业，对毕业年度和离校 2 年内未就业高校毕业生实现灵活就业的，按规定给予社会保险补贴。（国家发展改革委、教育部、科技部、财政部、人力资源社会保障部、人民银行、税务总局、市场监管总局等按职责分工负责）

（四）稳定公共部门岗位规模。今明两年要继续稳定机关事业单位招录（聘）高校毕业生的规模。深化落实基层法官检察官助理规范便捷招录机制，畅通政法专业高校毕业生进入基层司法机关就业渠道。支持承担国家科技计划（专项、基金等）的高校、科研院所和企业扩大科研助理岗位规模。充分考虑新冠肺炎疫情影响和高校毕业生就业需要，合理安排公共部门招录（聘）和相关职业资格考试时间。受疫情影响严重地区，在 2022 年 12 月 31 日前可实施中小学、幼儿园、中等职业学校教师资格“先上岗、再考证”阶段性措施。（中央组织部、最高人民法院、最高人民检察院、教育部、科技部、人力资源社会保障部等按职责分工负责）

二、强化不断线就业服务

（五）精准开展困难帮扶。要把有劳动能力和就业意愿的脱贫家庭、低保家庭、零就业家庭高校毕业生，以及残疾高校毕业生和长期失业高校毕业生作为就业援助的重点对象，提供“一人一档”、“一人一策”精准服务，为每人至少提供 3—5 个针对性岗位信息，优先组织参加职业培训和就业见习，及时兑现一次性求职创业补贴，千方百计促进其就业创业。对通过市场渠道确实难以就业的困难高校毕业生，可通过公益性岗位兜底安置。实施“中央专项彩票公益金宏志助航计划”，面向困难高校毕业生开展就业能力培训。实施共青团促进大学生就业行动，面向低收入家庭高校毕业生开展就业结对帮扶。及时将符合条件的高校毕业生纳入临时救助等社会救助范围。实施国家助学贷款延期还款、减免利息等支持举措，延期期间不计复利、不收罚息、不作为逾期记录报送。（教育部、民政部、财政部、人力资源社会保障部、人民银行、共青团中央、中国残联、开发银行等按职责分工负责）

（六）优化招聘服务。推进公共就业服务进校园，逐步实现公共就业招聘平台和高校校园网招聘信息共享。建立高校毕业生就业岗位归集机制，广泛收集机关事业单位、各类企业、重大项目等高校毕业生就业岗位需求计划，集中向社会发布并动态更新。构建权威公信的高校毕业生就业服务平台，密集组织线上线下专项招聘服务，扩大国家 24365 大学生就业服务平台、百日千万网络招聘、“千校万岗”、中小企业网上百日招聘等招聘平台和活动影响力。积极组织服务机构、用人单位进校园招聘。（教育部、工业和信息化部、人力资源社会保障部、国务院国资委、共青团中央、全国工商联等按职责分工负责）

（七）加强就业指导。健全高校学生生涯规划与就业指导体系，开展就业育人主题教育活动，引导高校毕业生树立正确的职业观、就业观和择业观。注重理论与实践相结合，开展多种形式的模拟实训、职业体验等实践教学，组织高校毕业生走进人力资源市场，参加职业能力测评，接受现场指导。高校要按一定比例配齐配强就业指导教师，就业指导教师可参加相关职称评审。打造一批大学生就业指导名师、优秀职业指导师、优秀就业指导课程和教材。举办全国大学生职业规划大赛，增强大学生生涯规划意识，指导其及早做好就业准备。（教育部、人力资源社会保障部、共青团中央等按职责分工负责）

（八）落实实名服务。深入实施离校未就业高校毕业生就业创业促进计划，强化教育、人力资源社会保障部门离校前后信息衔接，持续跟进落实实名服务。运用线上失业登记、求职登记小程序、基层摸排等各类渠道，与有就业意愿的离校未就业高校毕业生普遍联系，为每人免费提供1次职业指导、3次岗位推荐、1次职业培训或就业见习机会。（人力资源社会保障部牵头，教育部等按职责分工负责）

（九）维护就业权益。开展平等就业相关法律法规和政策宣传，坚决防止和纠正性别、年龄、学历等就业歧视，依法打击“黑职介”、虚假招聘、售卖简历等违法犯罪活动，坚决治理付费实习、滥用试用期、拖欠试用期工资等违规行为。督促用人单位与高校毕业生签订劳动（聘用）合同或就业协议书，明确双方的权利义务、违约责任及处理方式，维护高校毕业生合法就业权益。对存在就业歧视、欺诈等问题的用人单位，及时向高校毕业生发布警示提醒。（教育部、公安部、人力资源社会保障部、市场监管总局、全国妇联等按职责分工负责）

三、简化优化求职就业手续

（十）稳妥有序推动取消就业报到证。从2023年起，不再发放《全国普通高等学校本专科毕业生就业报到证》和《全国毕业研究生就业报到证》（以下统称就业报到证），取消就业报到证补办、改派手续，不再将就业报到证作为办理高校毕业生招聘录用、落户、档案接收转递等手续的必需材料。（中央组织部、教育部、公安部、人力资源社会保障部等按职责分工负责）

（十一）提供求职就业便利。取消高校毕业生离校前公共就业人才服务机构在就业协议书上签章环节，取消高校毕业生离校后到公共就业人才服务机构办理报到手续。应届高校毕业生可凭普通高等教育学历证书、与用人单位签订的劳动（聘用）合同或就业协议书，在就业地办理落户手续（超大城市按现有规定执行）；可凭普通高等教育学历证书，在原户籍地办理落户手续。教育部门要健全高校毕业生网上签约系统，方便用人单位与高校毕业生网上签约，鼓励受疫情影响地区用人单位与高校毕业生实行网上签约。对延迟离校的应届高校毕业生，相应延长报到入职、档案转递、落户办理时限。（教育部、公安部、人力资源社会保障部等按职责分工负责）

（十二）积极稳妥转递档案。高校要及时将毕业生登记表、成绩单等重要材料归入学生档案，按照有关规定有序转递。到机关、国有企事业单位就业或定向招生就业的，转递至就业单位或定向单位；到非公单位就业的，转递至就业地或户籍地公共就业人才服务机构；暂未就业的，转递至户籍地公共就业人才服务机构。档案涉密的应通过机要通信或派专人转递。公共就业人才服务机构要主动加强与高校的沟通衔接，动态更新机构服务信息，积极推进档案政策宣传服务进校园，及时接收符合转递规定的学生档案。档案管理部门要及时向社会公布服务机构名录和联系方式。（中央组织部、教育部、人力资源社会保障部、国家邮政局等按职责分工负责）

（十三）完善毕业去向登记。从2023年起，教育部门建立高校毕业生毕业去向登记制度，作为高校为毕业生办理离校手续的必要环节。高校要指导毕业生（含结业生）及时完成毕业去向登记，核实信息后及时报省级教育部门备案。实行定向招生就业办法的高校毕业生，省级教育部门和高校要指导其严格按照定向协议就业并登记去向信息。高校毕业生到户籍和档案接收管理部门办理相关手续时，教育部门应根据有关部门需要和毕业生本人授权，提供毕业生离校时相应去向登记信息查询核验服务。（教育部、人力资源社会保障部等按职责分工负责）

（十四）推进体检结果互认。指导用人单位根据工作岗位实际，合理确定入职体检项目，不得违法违规开展乙肝、孕检等检测。对外科、内科、胸透X线片等基本健康体检项目，高校毕业生近6个月内已在合规医疗机构进行体检的，用人单位应当认可其结果，原则上不得要求其重复体检，法律法规另有规定的从其规定。用人单位或高校毕业生对体检结果有疑问的，经协商可提出复检、补检要求。高校可不再组织毕业体检。（教育部、人力资源社会保障部、国家卫生健康委等按职责分工负责）

四、着力加强青年就业帮扶

（十五）健全青年就业服务机制。强化户籍地、常住地就业失业管理服务责任，允许到本地就业创业的往届高校毕业生、留学回国毕业生及失业青年进行求职登记、失业登记，提供均等化基本公共就业服务，按规定落实就业创业扶持政策。实施青年就业启航计划，对有就业意愿的失业青年，开展职业素质测评，制定求职就业计划，提供针对性岗位信息，组织志愿服务、创业实践等活动。对长期失业青年，开展实践引导、分类指导、跟踪帮扶，提供就业援助，引导他们自强自立、及早就业创业。（人力资源社会保障部、共青团中央等按职责分工负责）

（十六）提升职业技能水平。适应产业转型升级和市场需求，高质量推动产训结合和职业技能培训资源共建共享，扩大青年职业技能培训规模，拓展学徒培训、技能研修、新职业培训等多种模式，举办各类职业技能竞赛活动。鼓励高校毕业生等青年在获得学历证书的同时获得相关职业资格证书或职业技能等级证书，对需要学历学位证书作为报考条件的，允许先参加考试评定，通过考试评定的，待取得相关学历学位证书后再发放职业资格证书或职业技能等级证书。（国家发展改革委、教育部、财政部、人力资源社会保障部等按职责分工负责）

（十七）扩大就业见习规模。实施百万就业见习岗位募集计划，支持企事业单位、社会组织、政府投资项目、科研项目等设立见习岗位，按规定给予就业见习补贴。鼓励有条件的地方或用人单位为见习人员购买商业医疗保险，提高见习保障水平。离校未就业高校毕业生到基层实习见习基地参加见习或者到企事业单位参加项目研究的，视同基层工作经历，自报到之日起算。实施大学生实习“扬帆计划”，广泛开展各级政务实习、企业实习和职业体验活动。（人力资源社会保障部牵头，中央组织部、教育部、科技部、工业和信息化部、民政部、财政部、商务部、国务院国资委、共青团中央、全国工商联等按职责分工负责）

五、压紧压实工作责任

（十八）加强组织领导。各地区各部门各高校要以习近平新时代中国特色社会主义思想为指导，认真贯彻落实党中央、国务院决策部署，把高校毕业生等青年就业作为就业工作重中之重，作为政府绩效考核和高校绩效考核内容，将帮扶困难高校毕业生就业作为重点，明确目标任务，细化具体举措，强化督促检查。各有关部门要立足职责，密切配合，同向发力，积极拓宽就业渠道，加快政策落实。（各有关部门和单位、各省级人民政府按职责分工负责）

（十九）强化工作保障。要根据本地区高校毕业生等青年就业形势和实际需要，统筹安排资金，加强人员保障，确保工作任务和政策服务落实。健全公共就业服务体系，实施提升就业服务质量工程，增强对高校毕业生等青年就业指导服务的针对性有效性。运用政府购买服务机制，支持经营性人力资源服务机构、社会组织等市场力量参与就业服务、职业指导、职业培训等工作。（各有关部门和单位、各省级人民政府按职责分工负责）

（二十）做好宣传引导。开展就业政策服务专项宣传，及时提供通俗易懂的政策解读。开展“最美基层高校毕业生”、“基层就业出征仪式”等典型宣传活动，引导高校毕业生等青年将职业选择融入国家发展，在奋斗中实现人生价值。做好舆论引导，及时回应社会关切，稳定就业预期。（各有关部门和单位、各省级人民政府按职责分工负责）

国务院办公厅

2022 年 5 月 5 日

国务院办公厅关于加快推进“一件事一次办”打造政务服务升级版的指导意见

国办发〔2022〕32号

各省、自治区、直辖市人民政府，国务院各部委、各直属机构：

优化政务服务是加快转变政府职能、深化“放管服”改革、持续优化营商环境的重要内容，是加快构建新发展格局、建设人民满意的服务型政府的重要支撑。近年来，在深入推进政务服务“一网、一门、一次”改革、“互联网+政务服务”的基础上，一些地区进一步加大改革创新力度，将多个部门相关联的“单项事”整合为企业和群众视角的“一件事”，推行集成化办理，实现“一件事一次办”，大幅减少办事环节、申请材料、办理时间和跑动次数，得到企业和群众的普遍认可。同时，各地区在实施过程中还存在系统对接深度不够，数据共享难，不同地区集成化办理服务的名称、标准、规则不一致等问题，制约了“一件事一次办”推广。为加快推进“一件事一次办”，打造政务服务升级版，提升政务服务标准化、规范化、便利化水平，更好满足企业和群众办事需求，经国务院同意，现提出以下意见。

一、总体要求

（一）指导思想。以习近平新时代中国特色社会主义思想为指导，深入贯彻落实党的十九大和十九届历次全会精神，坚持以人民为中心的发展思想，坚持系统观念，推动数字技术广泛应用于政府管理服务，优化业务流程、打通业务系统、强化数据共享，推动更多关联性强、办事需求量大的跨部门、跨层级政务服务事项实现“一件事一次办”，进一步提高企业和群众办事的体验感和获得感。

（二）基本原则。

坚持需求导向。从企业和群众实际需求出发，聚焦企业和个人全生命周期涉及面广、办理量大、办理频率高、办理时间相对集中的政务服务事项，实行“一件事一次办”，实现企业和群众办事由“多地、多窗、多次”向“一地、一窗、一次”转变，最大程度利企便民。

坚持系统集成。围绕企业从开办到注销、个人从出生到身后的重要阶段，按照不同应用场景、业务情形，将多个相关联的“单项事”合理归集，科学设计办理流程，梳理形成政务服务“一件事一次办”事项清单，提供主题式、套餐式服务。

坚持协同高效。强化部门间业务协同、系统联通和数据共享，围绕业务流程、办理要素、申报方式、受理方式、联办机制、出件方式等进行优化，大幅减时间、减环节、减材料、减跑动，实现多个事项“一次告知、一表申请、一套材料、一窗（端）受理、一网办理”。

坚持依法监管。按照“谁审批、谁监管，

谁主管、谁监管”的原则，在推进“一件事一次办”过程中，强化审管衔接，严格落实有关部门监管责任，健全各司其职、各负其责、相互配合、齐抓共管的协同监管机制，确保事有人管、责有人负，实现无缝衔接。

（三）工作目标。2022年底前，各地区要建立部门协同、整体联动的工作机制，完成企业和个人政务服务“一件事一次办”事项基础清单中的任务，并结合各地实际拓展本地区“一件事一次办”事项范围。2025年底前，各地区“一件事一次办”事项范围进一步扩大，服务领域进一步拓展，企业和个人全生命周期重要阶段涉及的更多政务服务事项实现“一件事一次办”，打造政务服务升级版，更好满足企业和群众办事需求。

二、重点任务

（一）推进企业全生命周期相关政务服务事项“一件事一次办”。围绕企业从开办到注销全生命周期的重要阶段，梳理集成同一阶段内需要到政府部门、公用企事业单位和服务机构办理的多个单一政务服务事项，为企业提供开办、工程建设、生产经营、惠企政策兑现、员工录用、不动产登记、注销等集成化办理服务，提高办事效率，降低办事成本。

（二）推进个人全生命周期相关政务服务事项“一件事一次办”。围绕个人从出生到身后全生命周期的重要阶段，梳理集成同一阶段内需要办理的多个单一政务服务事项，为群众提供新生儿出生、入园入学、大中专学生毕业、就业、就医、婚育、扶残助困、军人退役、二手房交易及水电气联动过户、退休、身后等集成化办理服务，切实提升群众办事便捷度，减少跑动次数。

三、优化“一件事一次办”服务模式

（一）科学设计流程。对“一件事一次办”涉及的多个政务服务事项的设定依据、受理条件、申请材料、办结时限、收费标准、办理结果等要素进行梳理，合理调整前后置顺序，优化办理要素和业务流程，形成“一件事一次办”事项办理标准化工作规程和办事指南，在线上线下服务渠道同源发布、同步更新。

（二）简化申报方式。对“一件事一次办”涉及的多个政务服务事项的申请材料和表单，通过归并、数据共享等方式进行精简、优化，推行共享数据自动调用、个性信息自行填报、申请表单自动生成，实现“多表合一、一表申请”、“一套材料、一次提交”。除法律法规规定应当并行办理的事项外，企业和群众可根据实际需求自主选择“一件事一次办”涉及的全部或部分事项。

（三）统一受理方式。根据企业和群众办事实际场景需求，科学合理设立线下“一件事一次办”综合受理窗口，在一个窗口综合收件，实现“一窗受理”。在全国一体化政务服务平台设立“一件事一次办”专栏，通过统一入口实现“一端受理”。

（四）建立联办机制。厘清部门职责，加强部门协作。依托全国一体化政务服务平台，同步获取受理信息和有关部门的办理信息，开展联动审批，推行联合评审、联合勘验、联合验收等，强化线上线下审批协同。

（五）提高出件效率。优化整合“一件事一次办”涉及的出件环节，按照集约化、高效化的原则，采取窗口发放、物流快递送达等灵活多样的方式，将办理结果和实体证照第一时间送达申请人。支持以信息化方式推送办理结果和电子证照，依托政务服务平台实现“一端出件”。

（六）加强综合监管。针对“一件事一次办”跨部门、跨业务的特点，健全监管制度，明确各环节监管部门及职责，完善监管规则和标准，落实监管措施，实施事前事中事后全链条监管。实行相对集中行政许可权改革的地区，要明确政务服务审批部门、行业主管部门的监管职责和边界，强化审管协同和信息共享，推进“一件事一次办”事项依法依规办理，促进集成化办理服务提升。

四、加强“一件事一次办”支撑能力建设

（一）推进线下综合受理窗口和线上受理专栏建设。县级以上政务服务中心和乡镇（街道）便民服务中心要将“一件事一次办”事项纳入综合受理窗口办理，全面推行“前台综合受理、后台分类审批”。有条件的地区可将“一件事一次办”事项延伸到村（社区）便民服务站。各地区要充分利用国家政务服务平台统一事项管理、身份认证、数据共享等公共支撑能力，加快本地区政务服务平台“一件事一次办”事项办理系统建设，在政务服务平台设立专栏，并向政务服务移动端（含App、小程序等）、集成化自助服务终端等拓展，便利企业和群众线上申办、自助申办。

（二）推动“一件事一次办”事项办理相关业务系统互联互通。各地区要加大对“一件事一次办”事项办理相关业务系统的整合力度，推动相关独立办理系统与本地区政务服务平台互联互通、业务协同。国务院有关部门要以全国一体化政务服务平台为数据共享总枢纽，加快推动本部门涉及“一件事一次办”事项办理的垂直管理业务信息系统与地方政务服务平台深度对接，有效满足各地区需求，实现“一次登录、全网通办”。

（三）推进“一件事一次办”事项办理数据按需共享应用。各地区要按照“一件事一次办”事项办理业务流程，梳理数据共享需求、电子证照社会化应用场景清单，发挥政务数据共享协调机制作用，明确数据共享供需对接、规范使用、争议处理、安全管理、技术支撑等制度流程，推进跨部门、跨层级数据依法依规有序共享。国务院有关部门要推动部门之间、部门与地方之间政务数据双向共享，不断提高共享数据质量和可用性、时效性。

（四）建立健全“一件事一次办”标准规范。制定政务服务“一件事一次办”国家标准，围绕事项名称与编码规则、事项管理、办事流程、服务规范、服务质量、监督评价等方面，建立健全标准体系，细化评价指标，完善评价方法。

五、保障措施

（一）加强组织领导。坚持党对推进政务服务“一件事一次办”工作的全面领导。国务院办公厅负责统筹推进全国政务服务“一件事一次办”工作，对各地区各部门推进情况进行跟踪督促和业务指导，组织编制并发布企业和个人政务服务“一件事一次办”事项基础清单，明确“一件事一次办”事项名称、涉及事项、责任单位。各省（自治区、直辖市）人民政府要统筹推进本地区政务服务“一件事一次办”工作，围绕基础清单细化分解任务，明确时间节点、部门分工和监管责任，并因地制宜拓展本地区“一件事一次办”事项范围。各有关部门要积极推进主管行业领域政务服务“一件事一次办”工作，并提供必要的政策、业务、系统、数据等支持。

（二）加强协同配合。各地区要建立跨部门协同推进机制，结合实际明确“一件事一次办”事项核心环节或第一个环节的办理单位作为牵头单位。牵头单位要会同配合单位编制“一件事一次办”事项办理标准化工作规程和办事指南，做好流程优化、系统对接、信息共享、电子证照应用、业务培训等工作。配合单位要与牵头单位密切协作，主动按时完成相关工作。

（三）加强评价监督。各地区要推进政务服务“一件事一次办”好差评工作，让企业和群众评判政务服务绩效。加强对“一件事一次办”事项办理情况的跟踪评估，对工作推进不及时、工作落实不到位、企业和群众反映问题突出的，给予通报批评，并限期整改。

（四）加强宣传引导。各地区各有关部门要通过政府网站、政务新媒体、政务服务平台等及时发布政务服务“一件事一次办”相关信息，同时做好政策解读，不断提高社会知晓

度，积极营造有利于推进“一件事一次办”的良好氛围。

附件：1. 企业政务服务“一件事一次办”事项基础清单（2022年版）

2. 个人政务服务“一件事一次办”事项基础清单（2022年版）

国务院办公厅

2022年9月26日

附件1

企业政务服务“一件事一次办”事项基础清单（2022年版）

序号	名称	涉及事项	责任单位
1	企业开办	企业设立登记	市场监管部门
		公章刻制备案	公安部门
		发票领用	税务部门
		企业社会保险登记	人力资源社会保障部门
		住房公积金单位登记开户	住房城乡建设部门
2	企业准营（以餐饮店为例）	食品经营许可	市场监管部门
		设置大型户外广告及在城市建筑物、设施上悬挂、张贴宣传品审批	住房城乡建设（城市管理）部门
		公众聚集场所投入使用、营业前消防安全检查	消防救援机构
3	员工录用	就业登记	人力资源社会保障部门
		职工参保登记（社会保险）	
		社会保障卡申领	
		档案的接收和转递（流动人员）	
		职工参保登记（基本医疗保险）	医保部门
		个人住房公积金账户设立	住房城乡建设部门
4	涉企不动产登记	不动产统一登记	自然资源部门
		房地产交易税费申报	税务部门
5	企业简易注销	税务注销	税务部门
		企业注销登记	市场监管部门

附件 2

个人政务服务“一件事一次办”事项基础清单（2022 年版）

<table>
<tr><th>序号</th><th>名称</th><th colspan="2">涉及事项</th><th>责任单位</th></tr>
<tr><td rowspan="5">1</td><td rowspan="5">新生儿出生</td><td colspan="2">出生医学证明签发</td><td>卫生健康部门</td></tr>
<tr><td colspan="2">预防接种证办理</td><td>疾控部门、卫生健康部门按职责分工落实</td></tr>
<tr><td colspan="2">户口登记</td><td>公安部门</td></tr>
<tr><td colspan="2">城乡居民参保登记（基本医疗保险）</td><td>医保部门</td></tr>
<tr><td colspan="2">社会保障卡申领</td><td>人力资源社会保障部门</td></tr>
<tr><td rowspan="5">2</td><td rowspan="5">灵活就业</td><td colspan="2">就业登记</td><td rowspan="3">人力资源社会保障部门</td></tr>
<tr><td colspan="2">档案的接收和转递（流动人员）</td></tr>
<tr><td colspan="2">社会保险登记</td></tr>
<tr><td colspan="2">基本医疗保险参保和变更登记</td><td>医保部门</td></tr>
<tr><td colspan="2">灵活就业人员社会保险费申报</td><td>税务部门</td></tr>
<tr><td rowspan="4">3</td><td rowspan="4">公民婚育</td><td colspan="2">内地居民婚姻登记</td><td>民政部门</td></tr>
<tr><td colspan="2">户口登记项目变更</td><td rowspan="2">公安部门</td></tr>
<tr><td colspan="2">户口迁移</td></tr>
<tr><td colspan="2">生育登记</td><td>卫生健康部门</td></tr>
<tr><td rowspan="4">4</td><td rowspan="4">扶残助困</td><td colspan="2">残疾人证办理</td><td>残联</td></tr>
<tr><td colspan="2">困难残疾人生活补贴和重度残疾人护理补贴资格认定</td><td>民政部门</td></tr>
<tr><td colspan="2">低保、特困等困难群众医疗救助</td><td>医保部门</td></tr>
<tr><td colspan="2">城乡居民基本养老保险补助</td><td>人力资源社会保障部门</td></tr>
<tr><td rowspan="9">5</td><td rowspan="9">军人退役</td><td colspan="2">退役报到</td><td>退役军人事务部门</td></tr>
<tr><td colspan="2">户口登记（退役军人恢复户口）</td><td rowspan="2">公安部门</td></tr>
<tr><td colspan="2">核发居民身份证</td></tr>
<tr><td colspan="2">预备役登记</td><td>人民武装部门</td></tr>
<tr><td colspan="2">社会保险登记</td><td rowspan="2">人力资源社会保障部门</td></tr>
<tr><td colspan="2">军地养老保险关系转移接续</td></tr>
<tr><td colspan="2">基本医疗保险参保和变更登记</td><td rowspan="2">医保部门</td></tr>
<tr><td colspan="2">基本医疗保险关系转移接续</td></tr>
<tr><td colspan="2">退役士兵自主就业一次性经济补助金的给付</td><td>退役军人事务部门</td></tr>
<tr><td rowspan="3">6</td><td rowspan="3">二手房转移登记及水电气联动过户</td><td>房屋交易合同网签备案</td><td rowspan="3">并行办理</td><td>住房城乡建设部门</td></tr>
<tr><td>房地产交易税费申报</td><td>税务部门</td></tr>
<tr><td>不动产统一登记</td><td>自然资源部门</td></tr>
</table>

续表

序号	名称	涉及事项	责任单位
6	二手房转移登记及水电气联动过户	电表过户	能源主管部门
		水表过户	住房城乡建设部门
		天然气表过户	
7	企业职工退休	职工正常退休（职）申请	人力资源社会保障部门
		职工提前退休（退职）申请	
		职工参保登记（基本医疗保险）	医保部门
		住房公积金提取（离休、退休）	住房城乡建设部门
8	公民身后	出具死亡证明（正常死亡）	卫生健康部门
		出具死亡证明（非正常死亡）	公安部门
		出具火化证明	民政部门
		参保人员个人账户一次性支取（基本医疗保险）	医保部门
		个人账户一次性待遇申领（养老保险）	人力资源社会保障部门
		遗属待遇申领	
		死亡、宣告死亡办理户口注销	公安部门
		注销驾驶证	
		住房公积金提取（死亡）	住房城乡建设部门

国务院办公厅关于扩大政务服务“跨省通办”范围进一步提升服务效能的意见

国办发〔2022〕34号

各省、自治区、直辖市人民政府，国务院各部委、各直属机构：

《国务院办公厅关于加快推进政务服务“跨省通办”的指导意见》（国办发〔2020〕35号）印发以来，各地区各部门大力推进与企业发展、群众生活密切相关的高频政务服务事项“跨省通办”，企业和群众异地办事越来越便捷。为贯彻党中央、国务院关于加强数字政府建设、持续优化政务服务的决策部署，落实《政府工作报告》要求，扩大政务服务“跨省通办”范围，进一步提升服务效能，更好满足企业和群众异地办事需求，经国务院同意，现提出以下意见。

一、总体要求

以习近平新时代中国特色社会主义思想为指导，全面贯彻落实党的十九大和十九届历次全会精神，按照党中央、国务院决策部署，坚持以人民为中心的发展思想，聚焦企业和群众反映突出的异地办事难点堵点，统一服务标准、优化服务流程、创新服务方式，充分发挥全国一体化政务服务平台“一网通办”枢纽作用，推动线上线下办事渠道深度融合，持续深化政务服务“跨省通办”改革，不断提升政务服务标准化、规范化、便利化水平，有效服务人口流动、生产要素自由流动和全国统一大市场建设，为推动高质量发展、创造高品质生活、推进国家治理体系和治理能力现代化提供有力支撑。

二、扩大“跨省通办”事项范围

（一）新增一批高频政务服务“跨省通办”事项。在深入落实国办发〔2020〕35号文件部署的基础上，聚焦便利企业跨区域经营和加快解决群众关切事项的异地办理问题，健全清单化管理和更新机制，按照需求量大、覆盖面广、办理频次高的原则，推出新一批政务服务“跨省通办”事项，组织实施《全国政务服务“跨省通办”新增任务清单》（见附件）。

（二）扎实推进地区间“跨省通办”合作。围绕实施区域重大战略，聚焦城市群都市圈一体化发展、主要劳务输入输出地协作、毗邻地区交流合作等需求，进一步拓展“跨省通办”范围和深度。有关地区开展省际“跨省通办”合作要务实高效，科学合理新增区域通办事项，避免层层签订协议、合作流于形式、企业和群众获得感不强等问题。及时梳理地区间“跨省通办”合作中共性、高频的异地办事需求，加强业务统筹，并纳入全国“跨省通办”事项范围。

三、提升“跨省通办”服务效能

（三）改进网上办事服务体验。加快整合

网上办事入口，依托全国一体化政务服务平台健全统一身份认证体系，着力解决网上办事“门难找”、页面多次跳转等问题。进一步简化“跨省通办”网上办理环节和流程，丰富网上办事引导、智能客服功能，提供更加简单便捷、好办易办的服务体验。完善国家政务服务平台“跨省通办”服务专区，推动更多“跨省通办”事项网上一站式办理。完善全国一体化政务服务平台移动端应用，推进证明证照查验、信息查询变更、资格认证、年审年报等更多简易高频事项“掌上办”。

（四）优化“跨省通办”线下服务。推动县级以上政务服务中心“跨省通办”窗口全覆盖，建立完善收件、办理两地窗口工作人员和后台审批人员协同联动工作机制，为全程网办提供业务咨询、申报辅导、沟通协调等服务。推行帮办代办、引导教办等线下服务，为老年人等特殊群体和不熟悉网络操作的办事人提供更多便利，更好满足多样化、个性化办事需求，确保线上能办的线下也能办。探索通过自助服务终端等渠道，推进“跨省通办”服务向基层延伸。

（五）提升“跨省通办”协同效率。依托全国一体化政务服务平台，完善“跨省通办”业务支撑系统办件流转功能，推动优化“跨省通办”事项异地代收代办、多地联办服务。通过收件标准查询、材料电子化流转、线上审核、视频会商等辅助方式，同步提供具体事项办理的工作联络功能，提高协同办理效率，加快解决“跨省通办”事项受理和收办件审核补齐补正次数多，资料传递、审查、核验、送达耗时长，跨地区、跨层级经办机构沟通效率低等问题。

四、加强“跨省通办”服务支撑

（六）完善“跨省通办”事项标准和业务规则。国务院有关部门要结合推进统一的政务服务事项基本目录和实施清单编制工作，2023年6月底前实现已确定的政务服务“跨省通办”事项名称、编码、依据、类型等基本要素和受理条件、服务对象、办理流程、申请材料、办结时限、办理结果等在全国范围统一，并在国家政务服务平台发布。国务院有关部门要加快制定完善全程网办、异地代收代办、多地联办的业务标准和操作规程，明确收件地和办理地的权责划分、业务流转程序、联动模式、联系方式等内容，进一步细化和统一申请表单通用格式、申请材料文本标准等，优化办理流程，及时更新办事指南。

（七）加强“跨省通办”平台支撑和系统对接。充分发挥全国一体化政务服务平台公共入口、公共通道、公共支撑作用，在确保安全性和稳定性的前提下，加快推动国务院部门垂直管理业务信息系统、地方各级政府部门业务信息系统与各地区政务服务平台深度对接融合，明确对接标准、对接方式、完成时限等要求，为部门有效协同、业务高效办理提供有力支撑。

（八）增强“跨省通办”数据共享支撑能力。充分发挥政务数据共享协调机制作用，强化全国一体化政务服务平台的数据共享枢纽功能，推动更多直接关系企业和群众异地办事、应用频次高的医疗、养老、住房、就业、社保、户籍、税务等领域数据纳入共享范围，提升数据共享的稳定性、及时性。依法依规有序推进常用电子证照全国互认共享，加快推进电子印章、电子签名应用和跨地区、跨部门互认，为提高“跨省通办”服务效能提供有效支撑。加强政务数据共享安全保障，依法保护个人信息、隐私和企业商业秘密，切实守住数据安全底线。

五、强化组织保障

（九）健全工作推进机制。国务院办公厅负责全国政务服务“跨省通办”的统筹协调，推动解决有关重大问题。国务院各有关部门要加大业务统筹力度，按照有关任务时限要求，抓紧出台新增“跨省通办”事项的配套政策、实施方案、试点计划等，加强对主管行业领域“跨省通办”工作的指导和规范。强化跨部门协同联动，有关配合部门要加大业务、数据、信息系统等方面的支持力度。各地区要加强对政务服务“跨省通办”任务落实的省级统筹，强化上下联动、横向协同，加快实现同一事项无差别受理、同标准办理。各级政务服务管理机构要会同本级业务主管部门建立常见问题解答知识库，开展常态化业务培训，切实提升窗口工作人员办理“跨省通办”事项的业务能力。

（十）加强监测评估。国务院办公厅会同有关部门加强对政务服务“跨省通办”工作推进情况的监测分析，了解和掌握“跨省通办”事项实际办理情况，及时跟进协调解决有关难点堵点问题。地方各级政务服务管理机构要会同本级业务主管部门加强对具体事项办理的日常监测管理，强化审管协同，推动审批、监管信息实时共享。国务院办公厅适时组织开展“跨省通办”落实情况评估工作。

（十一）加大宣传推广力度。各地区各有关部门要通过政府网站、政务新媒体、政务服务平台等及时发布政务服务“跨省通办”有关信息，做好政策解读，确保企业和群众在各个层级办事时充分知晓和享受到“跨省通办”带来的便利。及时梳理总结各地区各有关部门政务服务“跨省通办”的好经验好做法，加大推广力度，积极支持“一地创新、全国复用”。

附件：全国政务服务“跨省通办”新增任务清单

国务院办公厅

2022 年 9 月 28 日

附件

全国政务服务“跨省通办”新增任务清单

（共 22 项）

序号	“跨省通办”事项	应用场景	牵头单位	配合单位	完成时间
1	临时居民身份证办理	申请人可异地申请办理临时居民身份证，不受户籍地限制	公安部		2022 年底前，在长三角、川渝黔地区启动试点工作；2023 年底前全部省份完成
2	子女投靠父母户口迁移	申请人因投靠父母需要迁移户口的，只需在迁入地申请，迁入地和迁出地公安部门协同办理户口迁移，申请人不再需要到迁出地办理相关手续	公安部		2022 年底前
3	城乡居民养老保险参保登记	申请人可异地网上申请城乡居民养老保险参保登记，不受地域限制	人力资源社会保障部		2022 年底前，建成全国统一的线上服务入口，50% 以上省份开通“跨省通办”服务；2023 年 6 月底前，全部省份开通“跨省通办”服务

续表

序号	“跨省通办”事项	应用场景	牵头单位	配合单位	完成时间
4	城乡居民养老保险待遇申请	申请人可异地网上申请城乡居民养老保险待遇，不受地域限制	人力资源社会保障部		2022年底前，建成全国统一的线上服务入口，50%以上省份开通“跨省通办”服务；2023年6月底前，全部省份开通“跨省通办”服务
5	住房公积金汇缴	申请人可异地向缴存地住房公积金管理中心申请住房公积金汇缴，不受地域限制	住房城乡建设部		2022年底前
6	住房公积金补缴	申请人可异地向缴存地住房公积金管理中心申请住房公积金补缴，不受地域限制	住房城乡建设部		2022年底前
7	提前部分偿还住房公积金贷款	申请人可异地向住房公积金贷款发放地住房公积金管理中心申请提前部分偿还住房公积金贷款，不受地域限制	住房城乡建设部		2022年底前
8	租房提取住房公积金	申请人在缴存地无自有住房且租赁住房的，可异地向缴存地住房公积金管理中心申请提取住房公积金，不受地域限制	住房城乡建设部	自然资源部	2023年底前
9	提前退休提取住房公积金	申请人未到法定退休年龄但已办理相关退休手续的，可异地向缴存地住房公积金管理中心申请提取住房公积金，不受地域限制	住房城乡建设部	人力资源社会保障部	2023年底前
10	航运公司符合证明查询、核验	申请人可异地查询、核验航运公司符合证明，不受地域限制	交通运输部		2022年底前
11	船舶安全管理证书查询、核验	申请人可异地查询、核验船舶安全管理证书，不受地域限制	交通运输部		2022年底前
12	水利水电工程施工企业主要负责人、项目负责人和专职安全生产管理人员安全生产考核变更	申请人在申请证书变更时，考核管理部门发生改变的，只需向新考核管理部门提出申请，新考核管理部门和原考核管理部门协同办理，申请人不需要到原考核管理部门办理变更手续	水利部		2023年6月底前
13	异地电子缴税	因跨省经营或管理需要，申请人可将税款从异地银行结算账户跨省缴入经营地国库	税务总局	人民银行	2022年底前

续表

序号	“跨省通办”事项	应用场景	牵头单位	配合单位	完成时间
14	开具税收完税证明	申请人可异地通过电子税务局开具税收完税证明，不受地域限制	税务总局		2022年底前
15	单位社会保险费申报	申请人可异地网上申报单位社会保险费，不受地域限制	税务总局		2022年底前
16	灵活就业人员社会保险费申报	申请人可异地网上申报灵活就业人员社会保险费，不受地域限制	税务总局		2022年底前
17	城乡居民社会保险费申报	申请人可异地网上申报城乡居民社会保险费，不受地域限制	税务总局		2022年底前
18	社会保险费特殊缴费申报	申请人可异地网上申报社会保险费特殊缴费，不受地域限制	税务总局	人力资源社会保障部、国家医保局	2022年底前
19	工程项目工伤保险费申报	申请人可异地网上申报工程项目工伤保险费，不受地域限制	税务总局		2022年底前
20	开具社会保险费缴费证明	申请人可异地网上开具社会保险费缴费证明，不受地域限制	税务总局		2022年底前
21	退还误收多缴保险费申请	申请人可异地网上申请退还误收多缴保险费，不受地域限制	税务总局	人力资源社会保障部、国家医保局	2022年底前
22	高血压、糖尿病、恶性肿瘤门诊放化疗、尿毒症透析、器官移植术后抗排异治疗等5种门诊慢特病相关治疗费用跨省直接结算	具有门诊慢特病认定资格的参保人员在参保地备案后，按照参保地相关要求可在高血压、糖尿病、恶性肿瘤门诊放化疗、尿毒症透析、器官移植术后抗排异治疗等5种门诊慢特病相关治疗费用跨省联网定点医疗机构享受直接结算服务	国家医保局		2022年底前

国务院办公厅关于印发第十次全国深化“放管服”改革电视电话会议重点任务分工方案的通知

国办发〔2022〕37号

各省、自治区、直辖市人民政府，国务院各部委、各直属机构：

《第十次全国深化“放管服”改革电视电话会议重点任务分工方案》已经国务院同意，现印发给你们，请结合实际认真贯彻落实。

国务院办公厅

2022年10月15日

第十次全国深化“放管服”改革电视电话会议重点任务分工方案

党中央、国务院高度重视深化“放管服”改革优化营商环境工作。2022年8月29日，李克强总理在第十次全国深化“放管服”改革电视电话会议上发表重要讲话，部署持续深化“放管服”改革，推进政府职能深刻转变，加快打造市场化法治化国际化营商环境，着力培育壮大市场主体，稳住宏观经济大盘，推动经济运行保持在合理区间。为确保会议确定的重点任务落到实处，现制定如下分工方案。

一、依靠改革开放释放经济增长潜力

（一）继续把培育壮大市场主体作为深化“放管服”改革的重要着力点，坚持“两个毫不动摇”，对各类所有制企业一视同仁，依法平等保护各类市场主体产权和合法权益、给予同等政策支持。（市场监管总局、国家发展改革委、工业和信息化部、司法部、财政部、商务部、国务院国资委、国家知识产权局等国务院相关部门及各地区按职责分工负责）

具体举措：

1. 落实好《促进个体工商户发展条例》，抓紧制定完善配套措施，切实解决个体工商户在经营场所、用工、融资、社保等方面面临的突出困难和问题，维护个体工商户合法权益，稳定个体工商户发展预期。（市场监管总局牵头，国务院相关部门及各地区按职责分工负责）

2. 深入开展制止滥用行政权力排除、限

制竞争执法专项行动，进一步健全公平竞争审查制度，建立健全市场竞争状况监测评估和预警机制，更大力度破除地方保护、市场分割，切实维护公平竞争市场秩序。（市场监管总局牵头，国务院相关部门及各地区按职责分工负责）

3. 持续清理招投标领域针对不同所有制企业、外地企业设置的各类隐性门槛和不合理限制，畅通招标投标异议、投诉渠道，严厉打击围标串标、排斥潜在投标人等违法违规行为。（国家发展改革委牵头，国务院相关部门及各地区按职责分工负责）

（二）加快推进纳入国家“十四五”规划以及省级规划的重点项目，运用“放管服”改革的办法，打通堵点卡点，继续采取集中办公、并联办理等方式，提高审批效率，强化要素保障，推动项目尽快落地。同时，进一步压实地方政府和相关业主单位的责任，加强监督。（国家发展改革委牵头，自然资源部、生态环境部、住房城乡建设部、交通运输部、水利部、审计署等国务院相关部门及各地区按职责分工负责）

具体举措：

1. 依托推进有效投资重要项目协调机制，加强部门协同，高效保障重要项目尽快落地，更好发挥有效投资对经济恢复发展的关键性作用。（国家发展改革委牵头，国务院相关部门及各地区按职责分工负责）

2. 落实好重要项目用地、规划、环评、施工许可、水土保持等方面审批改革举措，对正在办理手续的项目用海用岛审批实行即接即办，优化水利工程项目招标投标程序，推动项目及时开工，尽快形成实物工作量。（自然资源部、生态环境部、住房城乡建设部、水利部等国务院相关部门及各地区按职责分工负责）

（三）依法盘活用好 5 000 多亿元专项债地方结存限额，与政策性开发性金融工具相结合，支持重点项目建设。在专项债资金和政策性开发性金融工具使用过程中，注重创新机制，发挥对社会资本的撬动作用。引导商业银行扩大中长期贷款投放，为重点项目建设配足融资。（财政部、国家发展改革委、人民银行、银保监会等国务院相关部门及各地区按职责分工负责）

具体举措：

指导政策性开发性银行用好用足政策性开发性金融工具额度和 8 000 亿元新增信贷额度，优先支持专项债券项目建设。鼓励商业银行信贷资金等通过银团贷款、政府和社会资本合作（PPP）等方式，按照市场化原则加大对重要项目建设的中长期资金支持力度。（财政部、人民银行、银保监会等国务院相关部门及各地区按职责分工负责）

（四）抓紧研究支持制造业企业、职业院校等设备更新改造的政策，金融机构对此要增加中长期贷款投放。完善对银行的考核办法，银行要完善内部考评和尽职免责规定，形成激励机制。持续释放贷款市场报价利率改革和传导效应，降低企业融资和个人消费信贷成本。（人民银行、银保监会、国家发展改革委、财政部、教育部、工业和信息化部、人力资源社会保障部等国务院相关部门及各地区按职责分工负责）

具体举措：

继续深化利率市场化改革，发挥存款利率市场化调整机制作用，释放贷款市场报价利率（LPR）形成机制改革效能，促进降低企业融资和个人消费信贷成本。督促 21 家全国性银行完善内部考核、尽职免责和激励机制，引导商业银行扩大中长期贷款投放，为设备更新改造等配足融资。（人民银行、银保监会负责）

（五）落实好阶段性减征部分乘用车购置税、延续免征新能源汽车购置税、放宽二手车迁入限制等政策。给予地方更多自主权，因城施策运用好政策工具箱中的 40 多项工具，灵活运用阶段性信贷政策，支持刚性和改善性住房需求。有关部门和各地区要认真做好保交楼、防烂尾、稳预期相关工作，用好保交楼专项借款，压实项目实施主体责任，防范发生风险，保持房地产市场平稳健康发展。同时，结合实际出台针对性支持其他消费领域的举措。（财政部、税务总局、工业和信息化部、公安部、生态环境部、住房城乡建设部、商务部、人民银行、银保监会等国务院相关部门及各地区按职责分工负责）

具体举措：

1. 延续实施新能源汽车免征车辆购置税政策，组织开展新能源汽车下乡和汽车“品牌向上”系列活动，支持新能源汽车产业发展，促进汽车消费。（财政部、工业和信息化部、税务总局等国务院相关部门及各地区按职责分工负责）

2. 实施好促进绿色智能家电消费政策，积极开展家电以旧换新和家电下乡。办好国际消费季、家电消费季、中华美食荟、老字号嘉年华等活动。加快培育建设国际消费中心城市，尽快扩大城市一刻钟便民生活圈试点，促进消费持续恢复。（商务部牵头，国务院相关部门及各地区按职责分工负责）

（六）支持企业到国际市场打拼，在公平竞争中实现互利共赢。加强对出口大户、中小外贸企业服务，帮助解决生产、融资、用工、物流等问题。加大对跨境电商、海外仓等外贸新业态支持力度，线上线下相结合搭建境内外展会平台，支持企业稳订单拓市场。（商务部、工业和信息化部、人力资源社会保障部、交通运输部、人民银行、银保监会、中国贸促会等相关部门和单位及各地区按职责分工负责）

具体举措：

1. 2022 年底前再增设一批跨境电子商务综合试验区，加快出台更多支持海外仓发展的政策措施。鼓励贸促机构、会展企业以“境内线上对口谈、境外线下商品展”方式举办境外自办展会，帮助外贸企业拓市场、拿订单。（商务部牵头，中国贸促会等相关部门和单位及各地区按职责分工负责）

2. 鼓励金融机构积极创新贸易金融产品，提升贸易融资服务水平。支持金融机构按照市场化原则，为海外仓企业和项目提供定制化的信贷产品及出口信保等金融产品和服务。（人民银行、银保监会牵头，国务院相关部门及各地区按职责分工负责）

（七）继续深化通关便利化改革，推进通关业务全流程网上办理，提升港口集疏运水平，畅通外贸产业链供应链。（海关总署、交通运输部、商务部、国家铁路局、中国国家铁路集团有限公司等相关部门和单位及各地区按职责分工负责）

具体举措：

1. 2022 年底前，依托国际贸易“单一窗口”平台，加强部门间信息共享和业务联动，开展进口关税配额联网核查及相应货物无纸化通关试点。在有条件的港口推进进口货物“船边直提”和出口货物“抵港直装”。（海关总署牵头，国务院相关部门及各地区按职责分工负责）

2. 加快推动大宗货物和集装箱中长距离运输“公转铁”、“公转水”等多式联运改革，推进铁路专用线建设，降低综合货运成本。2022 年 11 月底前，开展不少于 100 个多式联运示范工程建设。（交通运输部、国家发展改革委、国家铁路局、中国国家铁路集团有限公司等相关部门和单位及各地区按职责分工负责）

（八）保障外资企业国民待遇，确保外资企业同等享受助企惠企、政府采购等政策，推动一批制造业领域标志性外资项目落地，增强外资在华长期发展的信心。（国家发展改革委、商务部、工业和信息化部、财政部、中国贸促会等相关部门和单位及各地区按职责分工负责）

具体举措：

1. 2022 年底前制定出台关于以制造业为重点促进外资扩增量稳存量提质量的政策文件，进一步优化外商投资环境，高标准落实外资企业准入后国民待遇，保障外资企业依法依规平等享受相关支持政策。（国家发展改革委、商务部等国务院相关部门及各地区按职责分工负责）

2. 更好发挥服务外资企业工作专班作用，完善问题受理、协同办理、结果反馈等流程，有效解决外资企业面临的实际困难问题。（中国贸促会牵头，国务院相关部门及各地区按职责分工负责）

二、提升面向市场主体和人民群众的政务服务效能

（九）继续行简政之道，放出活力、放出创造力。落实和完善行政许可事项清单制度，坚决防止清单之外违法实施行政许可，2022年底前省、市、县级要编制完成本级行政许可事项清单和办事指南，加快实现同一事项在不同地区和不同层级同标准、无差别办理。（国务院办公厅牵头，国务院相关部门及各地区按职责分工负责）

具体举措：

1. 2022年底前，省、市、县级人民政府按照统一的清单编制要求，编制并公布本级行政许可事项清单，明确事项名称、主管部门、实施机关、设定和实施依据等基本要素。（国务院办公厅牵头，各地区按职责分工负责）

2. 2022年底前，对行政许可事项制定实施规范，明确许可条件、申请材料、审批程序等内容，持续推进行政许可标准化、规范化、便利化。强化监督问责，坚决防止清单之外违法实施行政许可。（国务院办公厅牵头，国务院相关部门及各地区按职责分工负责）

（十）不断强化政府部门监管责任，管出公平、管出质量。依法严厉打击制售假冒伪劣、侵犯知识产权等违法行为，完善监管规则，创新适应行业特点的监管方法，推行跨部门综合监管，进一步提升监管效能。（国务院办公厅、市场监管总局、国家知识产权局等国务院相关部门及各地区按职责分工负责）

具体举措：

1. 2022年底前制定出台关于深入推进跨部门综合监管的指导意见，对涉及多个部门、管理难度大、风险隐患突出的监管事项，加快建立健全职责清晰、规则统一、信息互通、协同高效的跨部门综合监管制度，切实增强监管合力，提高政府监管效能。（国务院办公厅牵头，国务院相关部门及各地区按职责分工负责）

2. 针对企业和群众反映强烈、侵权假冒多发的重点领域，进一步加大执法力度，严厉打击商标侵权、假冒专利等违法行为，对重大典型案件开展督查督办，持续营造创新发展的良好环境。（市场监管总局、国家知识产权局等国务院相关部门及各地区按职责分工负责）

（十一）严格规范公正文明执法，深入落实行政处罚法，坚持过罚相当、宽严相济，明确行政处罚裁量权基准，切实解决一些地方在行政执法过程中存在的简单粗暴、畸轻畸重等问题，决不能搞选择性执法、“一刀切”执法、逐利执法。严肃查处吃拿卡要、牟取私利等违法违规行为。（司法部等国务院相关部门及各地区按职责分工负责）

具体举措：

1. 深入贯彻落实《国务院办公厅关于进一步规范行政裁量权基准制定和管理工作的意见》（国办发〔2022〕27号），进一步推动各地区各部门分别制定本地区本领域行政裁量权基准，指导督促各地区尽快建立行政裁量权基准动态调整机制，将行政裁量权基准制定和管理工作纳入法治政府建设考评指标体系，规范行政执法，避免执法畸轻畸重。（司法部牵头，国务院相关部门及各地区按职责分工负责）

2. 严格规范行政罚款行为，抓紧清理调整一批违反法定权限设定、过罚不当等不合理罚款事项，进一步规范罚款设定和实施，防止以罚增收、以罚代管、逐利执法等行为。（司法部牵头，国务院相关部门及各地区按职责分工负责）

（十二）按照构建全国统一大市场的要求，全面清理市场准入隐性壁垒，推动各地区、各部门清理废除妨碍公平竞争的规定和做法。（国家发展改革委、市场监管总局等国务院相关部门及各地区按职责分工负责）

具体举措：

1. 落实好《市场准入负面清单（2022年版）》，抓紧推动清单事项全部实现网上办理，建立健全违背市场准入负面清单案例归集和通报制度，进一步畅通市场主体对隐性壁垒的投诉渠道，健全处理回应机制。（国家发展改革委、商务部牵头，国务院相关部门及各地区按职责分工负责）

2. 加快出台细化落实市场主体登记管理条例的配套政策文件，编制登记注册业务规范和审查标准，在全国推开经营范围规范化登记，完善企业名称争议处理机制。（市场监管总局牵头，国务院相关部门及各地区按职责分工负责）

（十三）加强政务数据共享，推进企业开办注销、不动产登记、招工用工等常办事项由多环节办理变为集中办理，扩大企业电子营业执照等应用。（国务院办公厅、自然资源部、人力资源社会保障部、市场监管总局等国务院相关部门及各地区按职责分工负责）

具体举措：

1. 2022年底前实现企业开办、涉企不动产登记、员工录用、企业简易注销等“一件事一次办”，进一步提升市场主体获得感。（国务院办公厅牵头，国务院相关部门及各地区按职责分工负责）

2. 加快国家政务大数据平台建设，依托政务数据共享协调机制，不断完善政务数据共享标准规范，提升政务数据共享平台支撑能力，促进更多政务数据依法有序共享、合理有效利用，更好满足企业和群众办事需求。（国务院办公厅牵头，国务院相关部门及各地区按职责分工负责）

3. 加快建设全国统一、实时更新、权威可靠的企业电子证照库，并与全国一体化政务服务平台电子证照共享服务系统互联互通，推动电子营业执照和企业电子印章跨地区跨部门互信互认，有序拓展电子营业执照在市场准入、纳税、金融、招投标等领域的应用，为市场主体生产经营提供便利。（国务院办公厅、市场监管总局等国务院相关部门及各地区按职责分工负责）

（十四）再推出一批便民服务措施，解决好与人民群众日常生活密切相关的“关键小事”。（国务院相关部门及各地区按职责分工负责）

具体举措：

1. 延长允许货车在城市道路上通行的时间，放宽通行吨位限制，推动取消皮卡车进城限制，对新能源配送货车扩大通行范围、延长通行时间，进一步便利货车在城市道路通行。（公安部牵头，国务院相关部门及各地区按职责分工负责）

2. 加快开展“互联网+考试服务”，建立中国教育考试网统一用户中心，丰富和完善移动端功能，实行考试信息主动推送，进一步提升考试成绩查询和证书申领便利度。（教育部牵头，国务院相关部门及各地区按职责分工负责）

（十五）进一步扩大营商环境创新试点范围，支持有条件的地方先行先试，以点带面促进全国营商环境不断改善。（国务院办公厅牵头，国务院相关部门及各地区按职责分工负责）

具体举措：

密切跟踪营商环境创新试点工作推进情况，及时总结推广实践证明行之有效、市场主体欢迎的改革举措，适时研究扩大试点地区范围，推动全国营商环境持续改善。（国务院办公厅牵头，国务院相关部门及各地区按职责分工负责）

（十六）落实好失业保险保障扩围政策，进一步畅通申领渠道，提高便利度，继续对不符合领取失业保险金条件的失业人员发放失业补助金，确保应发尽发。加强动态监测，及时发现需要纳入低保的对象，该扩围的扩围，做到应保尽保。及时启动价格补贴联动机制并足额发放补贴。加强和创新社会救助，打破户籍地、居住地申请限制，群众在哪里遇到急难就由哪里直接实施临时救助。加强各类保障和救助资金监管，严查优亲厚友、骗取套取等行为，确保资金真正用到困难群众身上，兜牢基本民生底线。（民政部、人力资源社会保障部、国家发展改革委、财政部、退役军人部、国家统计局等国务院相关部门及各地区按职责分工负责）

具体举措：

1. 2022 年底前制定出台关于进一步做好最低生活保障等社会救助兜底保障工作的政策文件，指导督促地方及时将符合条件的困难群众纳入社会救助范围，优化非本地户籍人员救助申请程序，全面推行由急难发生地直接实施临时救助，切实兜住、兜准、兜好困难群众基本生活底线。（民政部牵头，国务院相关部门及各地区按职责分工负责）

2. 深入推进线上申领失业保险待遇，简化申领手续、优化申领服务，推动失业保险金和失业补助金应发尽发、应保尽保。（人力资源社会保障部、财政部及各地区按职责分工负责）

3. 指导督促各地于 2023 年 3 月前阶段性调整价格补贴联动机制，进一步扩大保障范围，降低启动条件，加大对困难群众物价补贴力度，并及时足额发放补贴。（国家发展改革委、民政部、财政部、人力资源社会保障部、退役军人部、国家统计局及各地区按职责分工负责）

三、着力推动已出台政策落地见效

（十七）用“放管服”改革办法加快释放政策效能，推动各项助企纾困政策第一时间落到市场主体，简化办理程序，尽可能做到直达快享、“免申即享”。各级政府包括财政供养单位都要真正过紧日子，盘活存量资金和资产，省级政府要加大财力下沉力度，集中更多资金落实惠企利民政策，支持基层保基本民生支出、保工资发放。严厉整治乱收费乱罚款乱摊派等行为。（财政部、国家发展改革委、工业和信息化部、司法部、税务总局、市场监管总局等国务院相关部门及各地区按职责分工负责）

具体举措：

1. 落实好阶段性缓缴社会保险费政策，进一步优化经办服务流程，健全部门协作机制，实现企业“即申即享”。优化增值税留抵退税办理流程，在实现信息系统自动推送退税提醒、提取数据、预填报表的基础上，进一步完善退税提醒服务，促进留抵退税政策在线直达快享。（人力资源社会保障部、国家发展改革委、财政部、税务总局等国务院相关部门及各地区按职责分工负责）

2. 2022 年底前，在交通物流、水电气暖、金融、地方财经、行业协会商会和中介机构等重点领域，集中开展涉企违规收费专项整治行动，切实减轻市场主体负担。（国家发展改革委、工业和信息化部、财政部、市场监管总局等国务院相关部门及各地区按职责分工负责）

（十八）加大稳就业政策实施力度。着力拓展市场化社会化就业主渠道，落实好各项援企稳岗政策，让各类市场主体在吸纳就业上继续当好“主角”。对 200 多万未落实就业去向的应届大学毕业生，要做好政策衔接和不断线就业服务，扎实开展支持就业创业行动，对自主创业者落实好担保贷款、租金减免等政策。稳住本地和外来务工人员就业岗位，在重点项目建设中扩大以工代赈实施规模，帮助农民工就近就业增收。支持平台经济健康持续发展，发挥其吸纳就业等作用。同时，坚决消除就业歧视和不合理限制，营造公平就业环境。（人力资源社会保障部、教育部、国家发展改革委、中央网信办、住房城乡建设部、农业农村部、人民银行、市场监管总局、银保监会等相关部门和单位及各地区按职责分工负责）

具体举措：

1. 持续组织开展线上线下校园招聘活动，实施离校未就业高校毕业生服务攻坚行动，为未就业毕业生提供职业指导、岗位推荐、职业培训和就业见习机会，确保 2022 年底前离校未就业毕业生帮扶就业率达 90% 以上。深入推进企业吸纳就业社会保险补贴“直补快办”，扩大补贴对象范围，支持企业更多吸纳重点群体就业。（教育部、人力资源社会保障部、财政部等国务院相关部门及各地区按职责分工负责）

2. 推进新就业形态就业人员职业伤害保障试点。针对新冠肺炎康复者遭遇就业歧视问题，加大监察执法力度，发现一起严肃处理一起，切实维护劳动者平等就业权益。（人力资源社会保障部、财政部、国家卫生健康委、税务总局、国家医保局等相关部门和单位及各地区按职责分工负责）

（十九）保障好粮食、能源安全稳定供应，确保全年粮食产量保持在 1.3 万亿斤以上。围绕保饮水保秋粮继续抓实抗旱减灾工作。强化农资供应等服务保障，把农资补贴迅速发到实际种粮农民手中，进一步保护他们的种粮积极性。稳定生猪产能，防范生猪生产和猪肉价格出现大的波动。（农业农村部、水利部、应急部、国家发展改革委、财政部、商务部、国家粮食和储备局等国务院相关部门及各地区按职责分工负责）

具体举措：

1. 及时启动或调整国家防汛抗旱总指挥部抗旱应急响应，加大对旱区的抗旱资金、物资装备支持力度，督促旱区加快蓄引提调等抗旱应急工程建设。加强预报、预警、预演、预案“四预”措施，及时发布干旱预警。依据晚稻等秋粮作物需水情况，适时开展抗旱保供水联合调度，为灌区补充水源。（应急部、水利部、财政部、农业农村部等国务院相关部门及各地区按职责分工负责）

2. 压实生猪产能分级调控责任，督促产能过度下降的省份及时增养能繁母猪，重点排查并纠正以用地、环保等名义关停合法运营养殖场的行为，确保全国能繁母猪存栏量稳定在 4 100 万头以上。加强政府猪肉储备调节，切实做好猪肉市场保供稳价工作。（农业农村部、国家发展改革委、财政部、自然资源部、生态环境部、商务部等国务院相关部门及各地区按职责分工负责）

（二十）加强煤电油气运调节，严格落实煤炭稳价保供责任，科学做好跨省跨区电力调度，确保重点地区、民生和工业用电。国有发电企业担起责任，应开尽开、稳发满发。（国家发展改革委、国务院国资委、国家能源局等国务院相关部门及各地区按职责分工负责）

具体举措：

在确保安全生产和生态安全的前提下，加快煤矿核增产能相关手续办理，推动已核准煤炭项目加快开工建设。督促中央煤炭企业加快释放先进煤炭产能，带头执行电煤中长期合同。（国家发展改革委、自然资源部、生态环境部、应急部、国务院国资委、国家能源局、国家矿山安监局等国务院相关部门及各地区按职责分工负责）

（二十一）持续推进物流保通保畅，进一步畅通“主动脉”和“微循环”，稳定产业链供应链，保障全行业、全链条稳产达产，稳定市场预期。（交通运输部、工业和信息化部等国务院相关部门及各地区按职责分工负责）

具体举措：

密切关注全国高速公路收费站和服务区关闭关停情况，及时协调解决相关问题。指导各地认真落实优先过闸、优先引航、优先锚泊、优先靠离泊等“四优先”措施，保障今冬明春煤炭、液化天然气（LNG）等重点物资水路运输。（交通运输部牵头，国务院相关部门及各地区按职责分工负责）

各地区、各部门要对照上述任务分工，结合自身职责，细化实化相关任务措施，明确时间表，落实责任单位和责任人，强化协同配合，切实抓好各项改革任务落地，最大限度利企便民，更好服务经济社会发展大局。国务院办公厅要加强业务指导和督促协调，支持地方探索创新，及时总结推广经验做法，推动改革取得更大实效。各地区、各部门的贯彻落实情况，年底前书面报国务院。

国务院办公厅转发国家发展改革委关于在重点工程项目中大力实施以工代赈促进当地群众就业增收工作方案的通知

国办函〔2022〕58号

各省、自治区、直辖市人民政府，国务院各部委、各直属机构：

国家发展改革委《关于在重点工程项目中大力实施以工代赈促进当地群众就业增收的工作方案》已经国务院同意，现转发给你们，请认真贯彻落实。

国务院办公厅

2022年7月5日

关于在重点工程项目中大力实施以工代赈促进当地群众就业增收的工作方案

国家发展改革委

以工代赈是促进群众就近就业增收、提高劳动技能的一项重要政策，能为群众特别是农民工、脱贫人口等规模性提供务工岗位，是完善收入分配制度、支持人民群众通过劳动增加收入创造幸福生活的重要方式。重点工程项目投资规模大、受益面广、带动效应强，吸纳当地群众就业潜力巨大，是实施以工代赈的重要载体。在重点工程项目中大力实施以工代赈，既是促进有效投资、稳就业保民生、拉动县域消费、稳住经济大盘的重要举措，也是推动人民群众共享改革发展成果、提高劳动者素质的有效手段。要坚持以习近平新时代中国特色社会主义思想为指导，完整、准确、全面贯彻新发展理念，统筹发展和安全，推动高质量发展，进一步扩大以工代赈投资规模，充分发挥以工代赈政策作用。为贯彻落实党中央、国务院决策部署，现就在重点工程项目中大力实施以工代赈促进当地群众就业增收制定如下工作方案。

一、实施对象范围

（一）推动政府投资重点工程项目实施以

工代赈。各地区、各部门在谋划实施政府投资的重点工程项目时，要妥善处理好工程建设与促进当地群众就业增收的关系，深刻把握以工代赈政策初衷，在确保工程质量安全和符合进度要求等前提下，按照“应用尽用、能用尽用”的原则，结合当地群众务工需求，充分挖掘主体工程建设及附属临建、工地服务保障、建后管护等方面用工潜力，在平衡好建筑行业劳动合同制用工和以工代赈劳务用工之间关系的基础上，尽可能多地通过实施以工代赈帮助当地群众就近务工实现就业增收。鼓励非政府投资的重点工程项目积极采取以工代赈方式扩大就业容量。

（二）明确实施以工代赈的建设领域和重点工程项目范围。交通领域主要包括高速铁路、普速铁路、城际和市域（郊）铁路、城市轨道交通，高速公路、沿边抵边公路，港航设施，机场，综合交通和物流枢纽等。水利领域主要包括水库建设、大中型灌区新建和配套改造、江河防洪治理等。能源领域主要包括电力、油气管道、可再生能源等。农业农村领域主要包括高标准农田、现代农业产业园等产业基础设施、农村人居环境整治提升、农业面源污染治理等。城镇建设领域主要包括城市更新、城市地下综合管廊、城市排水防涝、城市燃气管道等老化更新改造、保障性住房、县城补短板强弱项、产业园区配套基础设施、城镇污水垃圾处理设施、教育卫生文化体育旅游公共服务项目等。生态环境领域主要包括造林绿化、沙化土地治理、退化草原治理、水土流失和石漠化综合治理、河湖和湿地保护修复、森林质量精准提升、水生态修复等。灾后恢复重建领域主要包括基础设施恢复和加固、生产条件恢复、生活环境恢复等。发展改革部门要会同相关部门深入研究制定各领域重点工程项目中能够实施以工代赈的建设任务和用工环节指导目录。

二、重点工作任务

（三）形成以工代赈年度重点项目清单。国务院教育、生态环境、住房城乡建设、交通运输、水利、农业农村、文化和旅游、卫生健康、体育、能源、林草、乡村振兴等相关部门要会同发展改革部门根据国家中长期发展规划、专项规划，综合考虑工程项目特点、当地群众务工需求等，在国家层面列出适用以工代赈的重点工程项目，分领域形成年度项目清单，指导地方建立本地区适用以工代赈的项目清单，实行动态管理。各地区、各部门要在2022年启动建设的重点工程项目中，围绕适合人工作业、劳动密集型的建设任务和用工环节，抓紧组织实施以工代赈。

（四）以县域为主组织动员当地群众参与。重点工程项目业主单位、施工单位要根据能够实施以工代赈建设任务和用工环节的劳务需求，明确项目所在县域内可提供的就业岗位、数量、时间及劳动技能要求，并向相关县级人民政府告知用工计划。项目所在地县级人民政府要与业主单位、施工单位建立劳务沟通协调机制，及时开展政策宣讲和劳动力状况摸底调查，组织动员当地农村劳动力、城镇低收入人口和就业困难群体等参与务工，优先吸纳返乡农民工、脱贫人口、防止返贫监测对象。培育壮大劳务公司、劳务合作社、村集体经济组织等，提高当地群众劳务组织化程度。项目业主单位要督促指导施工单位做好以工代赈务工人员合同签订、台账登记、日常考勤等实名制管理工作。

（五）精准做好务工人员培训。项目所在地县级人民政府要统筹各类符合条件的培训资金和资源，充分利用项目施工场地、机械设备等，采取“培训+上岗”等方式，联合施工单位开展劳动技能培训和安全生产培训。探索委托中等职业技术学校、技工院校开展培训，提升当地群众中小型机械设备操作技能和安全生产知识水平。依托实施以工代赈专项投资项目，有针对性地开展劳动技能培训和安全生产培训，为重点工程项目提前培养熟练劳动力。

（六）及时足额发放劳务报酬。相关地方

人民政府要督促项目施工单位尽量扩充以工代赈就业岗位，合理确定以工代赈劳务报酬标准，尽可能增加劳务报酬发放规模。施工单位要建立统一规范的用工名册和劳务报酬发放台账，经务工人员签字确认后，原则上将劳务报酬通过银行卡发放至本人，并将劳务报酬发放台账送县级相关部门备案。坚决杜绝劳务报酬发放过程中拖欠克扣、弄虚作假等行为。

三、严格规范管理

（七）项目前期工作明确以工代赈要求。重点工程项目可行性研究报告或资金申请报告等要件中，要以适当形式体现能够实施以工代赈的建设任务和用工环节，在社会效益评价部分充分体现带动当地群众就业增收、技能提升等预期成效。初步设计报告或施工图设计文件要明确实施以工代赈的具体建设任务和用工环节及可向当地提供的就业岗位。相关部门要在批复文件中对项目吸纳当地群众务工就业提出相关要求。

（八）项目建设环节压紧压实各方责任。重点工程项目业主单位要在设计、招标投标过程中明确以工代赈用工及劳务报酬发放要求，在工程服务合同中与施工单位约定相关责任义务。施工单位负责以工代赈务工人员在施工现场的日常管理，及时足额发放劳务报酬，保障劳动者合法权益。监理单位要把以工代赈务工人员在施工现场的务工组织管理和劳务报酬发放等作为工程监理的重要内容。

（九）强化事前事中事后全链条全领域监管。各级发展改革部门要联合相关部门、项目业主单位等，围绕当地务工人员组织、劳务报酬发放、劳动技能培训和安全生产培训等，对重点工程项目以工代赈实施情况加强监管和检查，发现问题及时督促整改。项目建成后，项目竣工验收单位要会同相关部门、业主单位、施工单位和项目所在地县级人民政府对以工代赈实施情况开展评价，并将评价结果作为项目竣工验收、审计决算的重要参考。

四、组织保障措施

（十）形成工作合力。坚持中央统筹、省部协同、市县抓落实，国家发展改革委要会同相关部门完善协调机制，统筹推进重点工程项目实施以工代赈。各省（自治区、直辖市）人民政府要加强组织领导和工作力量配备，确保国家和省级重点工程项目实施以工代赈措施落地见效。相关市县人民政府要落实属地责任，加强与项目业主单位、施工单位的沟通衔接，抓好以工代赈务工人员组织、劳动技能培训和安全生产培训、劳务报酬发放监管等具体工作。

（十一）加大投入力度。扩大以工代赈投资规模，在重点工程配套设施建设中实施一批以工代赈中央预算内投资项目，劳务报酬占中央资金比例由原规定的15%以上提高到30%以上，并尽可能增加。利用中央财政衔接推进乡村振兴补助资金（以工代赈任务方向）支持符合条件的农村小型公益性基础设施建设。地方各级人民政府要根据自身财力积极安排以工代赈专项资金，统筹相关领域财政资金加大以工代赈投入。鼓励各类金融机构依法依规加大对实施以工代赈项目的融资支持力度。引导民营企业、社会组织等各类社会力量采取以工代赈方式组织实施公益性项目。

（十二）做好总结评估。各地区、各部门要加强重点工程项目实施以工代赈政策宣传解读，及时总结推广典型经验做法。国家发展改革委要会同相关部门建立健全相关工作规范流程，定期调度重点工程项目实施以工代赈工作进展，纳入现有以工代赈工作成效综合评价范围。相关部门要将本领域重点工程项目实施以工代赈工作成效纳入现有相关考核评价范围。对工作积极主动、成效明显的地方予以督查激励，并通过安排以工代赈专项投资等多种方式给予倾斜支持。

四、人力资源社会保障部领导的讲话和文章

进一步织密社会保障安全网

中共人力资源和社会保障部党组

习近平总书记在十九届中央政治局第二十八次集体学习时发表的重要讲话，立足党和国家事业发展全局，深刻阐明了社会保障关系国家长治久安的重要意义，系统回答了社会保障事业发展方向性、根本性、战略性重大问题，提出了一系列新思想、新论断、新要求，为做好社会保障工作指明了前进方向、提供了根本遵循。我们要切实增强责任感使命感紧迫感，进一步织密社会保障安全网，努力推进社会保障事业高质量可持续发展。

一、做好社会保障工作的重要意义

社会保障是保障和改善民生、维护社会公平、增进人民福祉的基本制度保障，是促进经济社会发展、实现广大人民群众共享改革发展成果的重要制度安排，是治国安邦的大问题。

党的十八大以来，在以习近平同志为核心的党中央坚强领导下，我国社会保障事业发展取得了历史性成就。社会保障覆盖范围持续扩大，2012 年到 2021 年，基本养老保险、失业保险、工伤保险参保人数分别从 7.88 亿人、1.52 亿人、1.9 亿人，增加到 10.3 亿人、2.3 亿人、2.83 亿人。社会保障水平稳步提高，企业退休人员月人均养老金从 1 686 元增长到 2 987 元，城乡居民月人均养老金从 82 元增长到 179 元，月平均失业保险金由 707 元提高到 1 585 元，月平均工伤保险伤残津贴由 1 864 元提高到约 4 000 元。保障能力持续增强，基本养老、失业、工伤 3 项社会保险基金累计结存 6.9 万亿元，基本养老保险基金投资运营规模不断扩大，基金运行总体平稳。全国社会保障基金战略储备约 2.59 万亿元，中央层面划转国有资本充实社保基金总额超过 1.68 万亿元。经过不懈努力，我国成功建设了具有鲜明中国特色、世界上规模最大、功能完备的社会保障体系，用几十年时间走过了许多西方国家一百多年走过的历程。这些成就，为打赢脱贫攻坚战提供了坚强支撑，为如期全面建成小康社会、实现第一个百年奋斗目标提供了有利条件。

当前，我国已经到了扎实推动共同富裕的历史阶段。社会保障作为民生工作的重点，是推进共同富裕的重要抓手。作为民生保障安全网，社会保障能够保障人们在年老、失业、患病、工伤、生育时的基本收入和基本医疗不受影响，无收入、低收入以及遭受各种意外灾害的人们有生活来源，保障他们的基本生存权，从而减少贫困，消除后顾之忧。作为收入分配调节器，社会保障通过大数法则在全体社会成员之间分散风险，缩小贫富差距，体现社会公平。社会保障还能拉动经济发展，改善人们的消费预期和消费结构，刺激消费需求，扩大内需，畅通国内大循环。同时，社会保障基金的长期积累和投资运营，有助于壮大资本市场，支持经济建设。在建设社会主义现代化国家新征程上，要更好发挥社会保障的再分配功能和为人民生活托底的作用，推动全体人民共同富裕取得更为明显的实质性进展。

二、社会保障事业发展面临的形势和任务

随着我国社会主要矛盾发生变化和城镇化、人口老龄化、就业方式多样化加快发展，我国社会保障事业发展的环境发生了深刻变化，面临着新形势任务，尤其是社会保障体系仍存在不足，必须高度重视并切实加以解决。

从城镇化看，2021 年末我国常住人口城镇化率为 64.72%，常住人口 9 亿多人，而 2010 年全国人口普查城镇化率不到 50%，2000 年则为 36.09%，20 年间我国城镇化率保持了高速增长。城镇化的快速推进，农村劳动力大规模向城镇非农产业转移就业，人口从农村向城市集聚，有利于生产要素合理配置，是我国劳动生产率持续快速提高的重要因素，也是未来一个时期的发展趋势。同时，这对社会保障制度如何适应人口向城镇流动提出新的要求，迫切需要统筹考虑城乡养老保险制度的发展和衔接。还要看到，城镇化过程中，流动人口市民化相对滞后，户籍人口城镇化率只有 46.7%，比常住人口城镇化率低了近 20 个百分点，社会保障等公共服务不均等问题也需要高度重视。

从人口老龄化看，呈现出速度加快、规模庞大等特征。2021 年我国 60 岁以上人口为 2.67 亿人，占比达到 18.9%，与 2010 年相比增加 5.64 个百分点。预计“十四五”期间，我国 60 岁以上人口占全部人口的比重将超过 20%，企业新退休人数将超过 4 000 万人。到 2035 年左右，60 岁以上人口占比将超过 30%，达到高收入国家的平均水平。人口老龄化蕴含着养老服务、健康医疗、休闲旅游等巨大市场需求，银发经济将成为新的经济和就业增长点。但人口老龄化也给社会保障制度可持续发展带来了挑战。伴随人口预期寿命延长、劳动年龄人口数量下降、劳动人口平均受教育年限增加，加之退休年龄偏低、养老保险缴费年限偏短，我国抚养比近年来在持续下降。20 世纪 90 年代在职职工与退休人员的抚养比为 5∶1，目前已到 2.8∶1。养老保险抚养比下降、养老金支付刚性增长，将对社保基金收支长期平衡带来影响。此外，由于东北地区和中西部地区劳动力大量流向东部沿海地区，也带来地区之间基金收支不平衡，负担畸轻畸重，迫切需要加以解决。

从就业方式多样化看，我国就业格局已发生明显变化，非公有制经济成为吸纳新生和存量劳动力的主渠道，超过 2 亿劳动者以灵活方式就业。特别是数字经济快速发展，商业模式快速迭代，新就业形态不断涌现。据统计，共享经济服务提供者约 8 400 万人。这些人员在劳动关系、就业岗位、工作时间、工资收入等方面都呈现出许多新特征。这些都表明，以“单位”为主体的社会保障体系不能适应日益分散化、流动性强的就业格局，有的还没有纳入保障范围或保障不足，有的则出现“漏保”、“脱保”、“断保”等现象，需要加快探索完善适应灵活就业特别是新就业形态从业人员的社会保障措施。

也要看到，进入新发展阶段，推进我国社会保障事业的发展具有许多有利条件和积极因素。我们有党的坚强领导，坚持人民至上、促进共同富裕的政治优势，有中国特色社会主义制度集中力量办大事的体制优势，能够把民生工作做得更加扎实、更加牢靠，使改革发展成果更多更公平惠及全体人民，推动社会保障事业行稳致远。我国经济持续快速发展积累的坚实基础，综合国力不断增强，公共财政体系建设不断加快，对社会保障工作规律性认识不断深化，社会各界对社会保障广泛认同和期待，都为社会保障事业高质量发展提供了重要条件。我们既要正视挑战又要坚定信心，着力补短板、强弱项，提高做好社会保障工作的预见性和主动性。

三、推进社会保障事业高质量可持续发展

以习近平同志为核心的党中央提出了社会保障事业发展的总体目标，明确了推进工作的

原则要求和重点任务。我们要进一步健全覆盖全民、统筹城乡、公平统一、可持续的多层次社会保障体系，织密社会保障安全网，为广大人民提供更可靠、更充分的保障，不断增强人民群众的获得感幸福感安全感。

以制度建设为引领，积极稳妥推进社会保障制度重大改革。扎实推进养老保险全国统筹，建立完善中央和地方政府责任分担机制，强化制度的统一性和规范性，持续推进基金流、业务流、信息流和配套的经办体系等建设，解决基金结构性矛盾。实施渐进式延迟法定退休年龄，按照实施积极应对人口老龄化国家战略的要求，坚持积极老龄化观念，统筹养老保险制度改革和劳动力资源开发、大龄劳动者就业创业，完善应对人口老龄化的长效机制。加快发展多层次、多支柱养老保险体系，坚持基本养老保险保基本的制度定位，不断提高企业年金覆盖率，推动职业年金市场化投资运营平稳规范，建立和发展适合我国国情，政策支持、个人自愿、市场化运营的个人养老金制度，实现对基本养老保险的有效补充，更好满足人民群众多样化需求。适应人口大规模流动，规范企业职工与城乡居民养老保险制度，探索适应社会流动性的城乡统筹的社会保障政策。同时，加快推进失业保险和工伤保险省级统筹，增强基金共济能力。建立健全失业保险保生活、防失业、促就业“三位一体”和工伤保险预防、康复、补偿“三位一体”的运行机制，更加有效发挥主动预防和化解风险的功能。

深入推进全民参保计划，持续扩大社会保障覆盖范围。依法开展全民参保登记，对各类人员参加社会保险情况进行记录、补充完善，建立全面、完整、准确、动态更新的社会保险基础数据库，支持全面参保和精确管理。健全农民工、灵活就业人员、新业态从业人员等重点群体参保机制，完善社会保险参保缴费激励约束政策，推进长期持续参保，引导更多符合条件的单位和人员纳入社会保障，推动实现法定人员全覆盖。放开灵活就业人员在就业地参加基本养老保险的户籍限制，促进有缴费能力的转移劳动力参加职工社会保险，提高市民化水平。完善新业态从业人员权益保障政策，平稳实施平台灵活就业人员职业伤害保障试点，以小微企业为重点继续扩大失业保险覆盖面，实现更加充分的保障。推进公务员等纳入工伤保险统筹管理，完善并落实城乡居民养老保险和被征地农民社会保障政策。

充实社会保障基金，确保各项待遇按时足额发放。协同加强基金征缴管理，建立激励机制，强化社会保险稽核，确保基金应收尽收。加大公共财政社会保障支出，明确各级政府社会保障责任，积极调整财政支出结构，稳步提高财政用于社会保障资金占比。继续扩大基本养老保险基金委托投资规模，推进城乡居民基本养老保险基金委托投资，提升基金“自我造血”能力，确保基金保值增值。继续划转国有资本，充实全国社会保障基金战略储备。在经济发展基础上稳步提高各类社会保障待遇水平，健全基本养老金待遇调整机制，使广大退休人员和老年居民分享社会经济发展成果。强化各地确保发放基本养老金主体责任，严格收支管理，规范基金征缴，多措并举筹措资金，确保基本养老金按时足额发放。逐步提高城乡居民基本养老保险待遇，积极引导参保人员选择更高档次缴费，增加个人账户积累，增强制度吸引力。落实工伤保险待遇调整和确定机制，做好工伤保险长期待遇的定期调整工作。

健全基金监管体系，守护好每一分“养老金”、“救急款”。我国养老保险覆盖人数比10年前增加近一倍，基金年度收支规模近13万亿元，比10年前增加了两倍，加上管理环节增多、管理链条拉长，覆盖人群更加多元、服务项目更加多样，基金管理风险隐患加大，监管能力、监管措施不适应的问题日益凸显。这就需要依法健全社会保障基金监管体系，坚持政策、经办、信息、监督“四位一体”风险防控，强化人防、制防、技防、群防“四防”协同，严格基金监督，提升管理水平，以零容忍态度严厉打击欺诈骗保、套保或挪用贪占等违法行为，守牢社保基金安全底线。加强工作人员教育管理，强化内部人员惩治问责，常态化警示通报，不断提高思想认识，充分发挥主观能动性。加强建章立制，防范政策风险，完善经办流程，健全监督机制，发挥制度管根本、管长远的作用。加强信息化建设和应用，常态化筛查疑点数据，严格信息系统管理，推进系统互联互通和信息共享，用信息系统和联网数据规范基金运行。推动社会监督，营造各方面共同维护基金安全的良好氛围。

提升管理精细化程度和优质服务水平，加快推进社会保障卡“一卡通”。社会保障事业的不断发展，迫切需要加强社会保障机构能力建设，不断提高工作效率和服务水平，切实履行好社会保障领域公共管理和社会服务的职能，为群众和参保单位提供更加方便快捷的服务。完善全国统一的社会保险公共服务平台，推进社保经办数字化转型，创新服务模式，实现“全数据共享、全服务上网”，“数据多跑路，群众少跑腿”。持续推动省以下社保公共服务资源整合和综合柜员制服务，优化社保关系转移接续，探索跨地区的基金结算方式。强化基层社会保险经办能力建设，充实经办服务工作队伍，加强城市社区和乡镇社会保障组织建设，改善经办条件。社会保障卡是便民服务的基础性载体，目前已发行13.5亿张，领用电子社保卡的人数超过5亿人，应用功能不断扩大。要发挥好社会保障卡的综合服务功能，推进“全业务进卡、线上线下用卡、全生命周期用卡”，逐步实现各类居民服务和财政惠民资金支付“一卡通”。同时，坚持传统经办服务方式与智能化创新并行，针对老龄化社会需求，畅通为老年人代办服务的线下渠道，提高服务适老性，提供更加贴心暖心的社会保障服务。

（原载《求是》杂志2022年第8期）

在部机关贯彻十九届中央纪委六次全会精神暨部党组理论学习中心组学习扩大会上的讲话

张纪南

（2022年2月16日）

这次会议的主要任务是，传达学习十九届中央纪委六次全会（以下简称中央纪委六次全会）精神，部署我部全面从严治党工作。中央纪委六次全会是在我们踏上实现第二个百年奋斗目标新征程、迎接党的二十大形势下召开的一次重要会议。习近平总书记在全会上的重要讲话，站在党和国家事业发展全局的高度，深刻总结新时代党的自我革命的成功实践，深刻阐述全面从严治党取得的历史性开创性成就、产生的全方位影响，对全面从严治党向纵深推进、迎接党的二十大胜利召开作出战略部署。讲话立意高远、思想深邃、内涵丰富，充分体现了以习近平同志为核心的党中央信念坚定、无私无畏的境界情怀，正视问题、刀刃向内的政治勇气，不忘初心、勇毅前行的使命担当，具有很强的政治性、思想性、指导性、针对性。赵乐际同志的工作报告，以习近平新时代中国特色社会主义思想为指导，对做好纪检监察工作作出全面部署。各单位党组织和党员干部要深入学习领会党中央关于全面从严治党的战略判断、战略部署、战略举措，切实抓好贯彻落实。下面，我讲两点意见。

一、深入学习领会习近平总书记重要讲话精神，准确把握我们党关于全面从严治党的经验总结和规律性认识，切实增强抓好部机关全面从严治党工作的思想自觉政治自觉行动自觉

一是深入学习领会关于党的自我革命的战略思想。习近平总书记指出，今年是党的十八大以来第十个年头，十年磨一剑，党中央把全面从严治党纳入“四个全面”战略布局，以前所未有的勇气和定力推进党风廉政建设和反腐败斗争，刹住了一些多年未刹住的歪风邪气，解决了许多长期没有解决的顽瘴痼疾，清除了党、国家、军队内部存在的严重隐患，管党治党宽松软状况得到根本扭转。经过新时代全面从严治党的革命性锻造，我们党探索出依靠自我革命跳出历史周期率的成功路径。勇于自我革命作为党百年奋斗的一条重要历史经验，彰显了我们党的鲜明品格和独特优势。习近平总书记用“六个坚持”深刻总结了新时代党的自我革命的成功实践，即坚持以党的政治建设为统领，坚守自我革命根本政治方向；坚持把思想建设作为党的基础性建设，淬炼自我革命锐利思想武器；坚决落实中央八项

规定精神、以严明纪律整饬作风，丰富自我革命有效途径；坚持以雷霆之势反腐惩恶，打好自我革命攻坚战、持久战；坚持增强党组织政治功能和组织力凝聚力，锻造敢于善于斗争、勇于自我革命的干部队伍；坚持构建自我净化、自我完善、自我革新、自我提高的制度规范体系，为推进伟大自我革命提供制度保障。这“六个坚持”为我们党在新征程上始终坚持自我革命、坚持不懈把全面从严治党向纵深推进指明了前进方向，提供了根本遵循。

二是深入学习领会关于管党治党规律性认识的重要论断。习近平总书记指出，党的十八大以来，我们党继承和发展马克思主义建党学说，总结运用党的百年奋斗历史经验，深入推进管党治党实践创新、理论创新、制度创新，对建设什么样的长期执政的马克思主义政党、怎样建设长期执政的马克思主义政党的规律性认识达到了新的高度。这就是坚持党中央集中统一领导，坚持党要管党、全面从严治党，坚持以党的政治建设为统领，坚持严的主基调不动摇，坚持发扬钉钉子精神加强作风建设，坚持以零容忍态度惩治腐败，坚持纠正一切损害群众利益的腐败和不正之风，坚持抓住“关键少数”以上率下，坚持完善党和国家监督制度。这“九个坚持”系统回答了我们党在长期执政条件下加强党的建设的一系列重大理论和实践问题，蕴含着辩证唯物主义和历史唯物主义世界观和方法论，是新时代推进马克思主义执政党建设的基本遵循，为确保党始终成为坚强领导核心、巩固长期执政地位指明了方向。

三是深入学习领会关于当前党风廉政建设和反腐败斗争形势的科学分析。习近平总书记指出，党的十八大以来，我们以“恶竹应须斩万竿”的意志推进党风廉政建设和反腐败斗争，推动反腐败斗争进入了保持零容忍的震慑，有腐必反、有贪必肃、发现一起查处一起的常态化阶段，形成了惩恶扬善、纠治并举的良性循环。同时，必须清醒认识到，腐败和反腐败较量还在激烈进行，并呈现出一些新的阶段性特征，即防范形形色色的利益集团成伙作势、“围猎”腐蚀还任重道远，有效应对腐败手段隐形变异、翻新升级还任重道远，彻底铲除腐败滋生土壤、实现海晏河清还任重道远，清理系统性腐败、化解风险隐患还任重道远。这“四个任重道远”警示我们，腐败是我们党长期执政的最大威胁，存量还未清底，增量仍有发生，必须一刻不停地打好党风廉政建设和反腐败斗争攻坚战、持久战。从我部情况看，尽管总体是好的，但个别党员干部违纪违规问题依然时有发生；从人社系统看，个别地方的有关案件影响极为恶劣，教训也极为深刻。这些都表明，我们面临的党风廉政建设形势依然严峻复杂，要以更加坚决的态度、更加有力的措施、更加务实的作风，深化人社领域党风廉政建设。

四是深入学习领会关于坚持不懈把全面从严治党向纵深推进的重要部署。习近平总书记指出，今年要以迎接和开好党的二十大为主线，推动全面从严治党乘势而上、再接再厉，确保党和国家事业行稳致远。要巩固拓展党史学习教育成果，强化政治监督，保持反腐败政治定力，加固中央八项规定的堤坝，加强年轻干部教育管理监督，完善权力监督制度和执纪执法体系。这六个方面的任务部署，既有体制机制层面的总体要求，也有聚焦突出问题的战略谋划和战术指导，充分体现了对新时代全面从严治党的深远考量。习近平总书记强调，要加强对党中央惠民利民、安民富民各项政策落实情况的监督，集中纠治教育医疗、养老社保、生态环保、安全生产、食品药品安全等领域群众反映强烈的突出问题。我们要把思想和行动统一到党中央的决策部署上来，充分认识人社系统党风廉政建设的极端重要性，下大力气整治人社领域发生在群众身边的腐败问题和不正之风，深化系统行风建设成果。

二、坚持严的主基调不动摇，再紧一扣、再实一层、再深一步，切实把我部全面从严治党向纵深推进

深入学习贯彻中央纪委六次全会精神，是

当前和今后一个时期的重大政治任务。我们要把学习贯彻全会精神与学习贯彻习近平新时代中国特色社会主义思想结合起来，与学习贯彻党的十九大和十九届历次全会精神融合起来，与巩固拓展党史学习教育成果贯通起来，持续深化不敢腐、不能腐、不想腐一体推进，惩治震慑、制度约束、提高觉悟一体发力。学习贯彻全会精神，要紧密联系人社工作实际、紧密联系党员干部思想实际，坚持问题导向、效果导向，深入细致学、用心用情悟、凝心聚力干，着力做到“五个强化”。

一是强化政治机关建设。人社工作政治属性很强，关系广大人民群众切身利益，关系我们党的执政基础。要持续开展政治机关意识教育。继续向部机关处室、事业单位延伸，采取多种形式教育引导党员干部深刻认识“两个确立”的决定性意义，增强“四个意识”、坚定“四个自信”、做到“两个维护”。教育引导党员干部深刻认识人社部首先是政治机关，人社工作就是政治工作，善于从政治上认识问题、解决问题，切实把旗帜鲜明讲政治从外部要求转化为内在主动，不断提高政治判断力、政治领悟力、政治执行力。要聚焦“国之大者”推动政治监督常态化具体化。巩固完善贯彻落实习近平总书记关于人社工作重要指示批示精神和党中央决策部署工作机制，围绕把握新发展阶段、贯彻新发展理念、构建新发展格局、推动高质量发展等重大战略，聚焦全面深化改革、促进共同富裕、防范化解重大风险等重点任务，全面推进稳就业保就业，深化社会保障制度改革，构建和谐劳动关系，加强人才人事工作，持续推进系统行风和信息化建设，兜牢民生底线，防范化解重大风险，加强监督检查，推动人社政策落实落地，确保不偏向、不变通、不走样。要坚守政治巡视定位开展内部巡视。目前，部里已经开展了三轮内部巡视，对12家部属事企业单位进行了政治体检。今年，要按照巡视工作规划，对未被巡视的单位开展巡视监督，实现巡视工作全覆盖，着力发现和纠正政治偏差，做到以巡促改、以巡促建、以巡促治。

二是强化思想引领。思想政治上的团结统一，是行动上步调一致的前提和基础。今年做好思想政治引领工作尤为重要。要深化党的创新理论武装。深入学习贯彻党的十九届六中全会精神，提高理论学习中心组集体学习研讨质量，深入实施青年干部综合素质提升工程，进一步学懂弄通做实习近平新时代中国特色社会主义思想，做到笃学、笃信、笃诚、笃行。要深化对党忠诚教育。巩固拓展党史学习教育成果，对照习近平总书记提出的和平时期对党忠诚“四个能不能”检验标准，以“对党忠诚，始于足下”为主题开展多种形式的学习教育，引导党员干部加强党性锻炼、砥砺政治品格、夯实忠诚根基。要深化思想政治工作。把握新形势下思想政治工作特点和规律，研究分析干部职工思想动态，把解决思想问题与解决实际问题结合起来、严管与厚爱结合起来，持续开展“关心关爱干部职工行动”，建立统筹为干部职工办实事的工作机制。要更多关注工作一线同志和年轻干部，多开展谈心谈话，及时在思想上解惑、精神上解忧、心理上解压、生活上解难，充分调动党员干部干事创业、担当作为的积极性，把党建工作做得更有温度，汇聚起团结干事的强大正能量。

三是强化正风肃纪。一个机关、一个单位政治生态好，所有人都能受益；政治生态不好，所有人都会深受其害。总的来看，部里的机关风气是好的，但也存在一些不容忽视的问题。这些问题虽然是个别现象，但是如果处理不及时，就会影响党员干部干事创业的良好氛围，也不利于干部的健康成长，必须坚决加以纠正。要进一步涵养良好机关生态。认真落实党中央《关于加强新时代廉洁文化建设的意见》，优化工作环境，树牢团队意识、团结意识，工作中不推诿扯皮，积极主动“伸手揽活、出手相助、接手担责”。坚决杜绝团团伙伙、搞小圈子等不良现象，惩治捏造事实、不负责任诬告乱告的歪风邪气，严厉查处造谣诽谤行为，旗帜鲜明为清白无辜者“撑腰”，为干事创业者“鼓劲”。要坚决整治形式主义、官僚主义。形式主义、官僚主义同我们党的性质宗旨和优良作风格格不入，从根子上背离了党性、丢掉了宗旨、疏远了群众，是我们党的大敌、人民的大敌，必须严格防范、坚决整治。前段时间，部里列出了部属有关单位在形式主义、官僚主义方面存在的问题清单，查摆了在政治理论学习、贯彻落实党中央决策部署、文风会风及检查调研、履职尽责担当作为等方面的问题，每个问题都有具体指向。各单位要认真对照检查，切实抓好整改，力求取得实效。要按照“12333”总体思路，大力开展行风建设提升行动。其中，“1”是坚持一条主线，即管行业必须管行风、打造群众满意的人社服务的工作主线。“2”是围绕两头发力，一方面抓好政策制度供给的“最先一公里”，坚持需求导向完善政策和清单制度，另一方面抓好政策服务落实的“最后一公里”，注重政策宣传和服务效果，送政策入企入户，强化政策配套、经办协同、服务落地，切实打通“中梗阻”。第一个“3”是突出三项机制，即“司局长走流程”、干部调研暗访、“我为群众办实事”的长效机制。第二个“3”是用好三个抓手，即人社服务快办行动、人社便民服务圈和社会保障卡“一卡通”。第三个“3”是强化三项支撑，即干部职工的能力作风和信息化建设，发挥人社系统先进典型示范作用。从部机关做起，从政策制定环节抓起，推进行风建设由阶段性行动向常态化长效化转变，不断提升群众的获得感。要深入整治群众身边的腐败问题和不正之风。在2021年开展社保基金管理问题专项整治基础上，开展“社保基金管理提升年”行动，扩大基金管理整治范围，梳理排查问题和风险，健全工作机制。同时举一反三，进一步加强人社领域各类资金管理，全面梳理就业培训、人才评价激励、考试鉴定、信息化建设项目招投标等领域资金管理的薄弱环节和风险点，严抓监督执纪，坚决堵塞漏洞、健全机制。

四是强化干部管理监督。好干部是培养出来的，更是严管出来的。加强管理监督是对干部最大的爱护。推动全面从严治党向纵深发展，关键在于抓好干部管理监督。要用科学的方法进行管理监督，既一视同仁，又突出重点对象，切实管到点、管到位。要突出加强对“一把手”和领导班子的监督。认真贯彻《中共中央关于加强对“一把手”和领导班子监督的意见》，按照部里制定的一揽子措施，持续发力、狠抓落实，真正把各项监督措施落到细节、落到实处。“一把手”要以身作则，自觉接受监督，领导班子成员之间加强相互监督，习惯在监督约束下工作和生活。要加强年轻干部教育管理监督。既重选拔任用，更重教育管理，引导他们对党忠诚老实，严守纪法规矩，扣好廉洁从政的“第一粒扣子”。各单位领导干部对年轻干部要严管厚爱，对其不足缺点及时提醒、帮助改进，对其现实困难及时主动了解，想方设法帮助解除后顾之忧，做精心培养年轻干部的“上心人”。要坚持严早严小严预防。强化日常监督提醒，持续推动实施“廉政九提醒”，“婆婆嘴”常念叨，多当“保健医生”，少当“外科大夫”，对苗头问题猛扯袖子、及时提醒，对一些习以为常的小毛病“小题大做”、防微杜渐，对传染性、危害性强的“四风”问题早打“预防针”，增强干部抵抗力，防止小问题变成大问题、苗头性问题变成普遍性问题，做到真管真严、敢管敢严、长管长严。

五是强化责任落实。推进全面从严治党和党风廉政建设，必须牵住责任制这个“牛鼻子”，做到主体责任、监督责任同频共振，以“按葫芦抠籽、拉锯掉末儿、落地砸坑”的劲头，抓出实际效果。要健全抓责任落实的机制。强化“书记抓、抓书记”，直至抓到党支部、党小组、每一名党员，以责任落实推动任务落实，形成环环相扣的责任链条和上下贯通的党建工作格局。要突出抓责任落实的重点。深入落实部党组、党支部全面从严治党主体责任清单，突出抓好“一岗双责”，督促各级领导班子成员担责履责。机关党委作为专责机构，要守土尽责。要提高抓责任落实的能力。坚持“三贴紧”，破解“两张皮”，善于找准责任落实切入点，探索党建与业务有机融合、良性互动的有效方法，使党建和业务融合发生“化学反应”，以机关党建高质量助力实现人社事业高质量发展。按照政治强、业务精、作风好的要求，配齐配强专兼职党务干部队伍，加大专兼职党务干部教育培训力度，着力解决不会为、不善为等问题，打造高素质专业化党务干部队伍。加强对各级党组织落实主体责任的督促检查，进一步传导压力、形成合力。

习近平总书记指出，中央和国家机关要在深入学习贯彻新时代中国特色社会主义思想上作表率，在始终同党中央保持高度一致上作表率，在坚决贯彻落实党中央各项决策部署上作表率，建设让党中央放心、让人民群众满意的模范机关。深入贯彻落实中央纪委六次全会精神、做到“五个强化”，就要大力创建模范机关。一要建设讲政治的模范机关。必须牢固树立政治机关意识。各部门、各单位职责分工不同，但都不是单纯的业务机关。人社工作政治属性很强，一方面，人才人事工作要在党管干部、党管人才的总要求、总原则下开展；另一方面，就业、社保、劳动关系等工作都关系民生、连着民心，民心是最大的政治。要深刻认识到人社部门首先是政治机关，从事的是政治工作，讲政治是第一要求，旗帜鲜明建设政治机关，走好践行“两个维护”的第一方阵。二要建设为民服务的模范机关。中央和国家机关既是领导机关，也是服务机关。这就要求我们既要强化政治意识，也要强化服务意识，大力践行全心全意为人民服务的宗旨，为人民群众服务，为企业事业单位服务，设身处地替他们办实事、解难题。部机关党员干部要不断强化服务意识，积极主动担当作为，不简单从管理角度出发履行职能。当然，强化服务意识不是不要管理，对于欠薪、欺诈侵占社保基金、劳务中介乱象等问题，损害群众利益、扰乱市场秩序的，必须加强监管和整治。三要建设作风优良的模范机关。营造良好政治生态是一项长期任务，必须作为党的政治建设的基础性、经常性工作，锲而不舍、久久为功。作为中央和国家机关，一定要在作风建设上当模范机关。人社部门的党员干部既要勇于担当，也要敢于斗争。部机关要着力营造良好政治氛围，引导党员干部精诚合作、团结协作，讲政治、顾大局、重觉悟，严格落实中央八项规定及其实施细则精神，严格遵守政治纪律和政治规矩，敢于同不良风气特别是形式主义官僚主义作斗争。各单位要联系实际，抓好本单位作风建设。“一把手”要强化责任落实，本着对干部负责、对工作负责、对事业负责的态度，对不良风气和行为敢说敢管，说到位、管到位。要公道正派做好干部选拔任用工作，加强思想政治工作，及时深入开展谈心谈话，严肃各项纪律要求，对匿名诬告、恶意伤人的，一旦查实，必须严肃处理。总之，部各级党组织和全体党员干部都要认真学习、深入贯彻中央纪委六次全会精神，齐心协力把部机关全面从严治党工作不断向纵深推进，以实际行动迎接党的二十大胜利召开。

在部党组理论学习中心组专题学习全国“两会”精神时的讲话

张纪南

（2022年3月17日）

刚刚闭幕的全国“两会”，是在我国进入全面建设社会主义现代化国家、向第二个百年奋斗目标进军新征程的重要时刻召开的一次重要会议。学习好、领会好并联系实际贯彻好、落实好“两会”精神，是当前和今后一个时期的一项重要政治任务。今天我们召开党组理论学习中心组集体学习扩大会，就是传达会议精神，研究贯彻落实措施。我讲三点意见。

一、认真学习领会、坚决贯彻落实习近平总书记重要讲话精神

“两会”期间，习近平总书记先后三次“到团组”，围绕党和国家一系列重大战略任务作出深刻系统阐述，提出一系列新论断新要求。总书记的重要讲话，高瞻远瞩、思想深邃、内涵丰富，为做好当前和今后一个时期的工作进一步指明了方向、提供了重要遵循。我们要认真学习、深刻领会，切实把思想和行动统一到总书记重要讲话精神上来。重点是做到四个“深刻理解把握”。

一要深刻理解把握总书记关于“五个必由之路”的重要论述。习近平总书记首次用“五个必由之路”深刻总结新时代党和人民奋进历程的宝贵经验，进一步揭示了“过去我们为什么能够成功”，指明了“未来我们怎样才能继续成功”，深化了对共产党执政规律、社会主义建设规律、人类社会发展规律的认识，体现了新时代中国共产党人坚定的历史自信、深沉的历史自觉和强烈的历史担当，为我们奋进新征程、再创新辉煌指明了方向。我们要认真学习、深刻领会，坚持以习近平新时代中国特色社会主义思想为指导，全面贯彻党的基本理论、基本路线、基本方略，更加坚定走好“必由之路”的自信。

二要深刻理解把握总书记关于“五个有利条件”的重大判断。总书记对当前国际国内形势作了深刻分析，从中国共产党的坚强领导、中国特色社会主义制度的显著优势、持续快速发展积累的坚实基础、长期稳定的社会环境、自信自强的精神力量等方面，深刻阐明了我国发展具有的五个战略性有利条件，为我们应变局、开新局、奋进新征程增强了信心和力量，也为我们做好人社工作提供了重要认识论和方法论。我们要锚定奋斗目标，把握有利条件，坚定发展信心，发扬历史主动精神，积极推动人社工作高质量发展。

三要深刻理解把握总书记关于民生工作特别是社保工作的重要指示。总书记强调，民生无小事，枝叶总关情；对困难群众要格外关

注、格外关爱、格外关心，帮助他们排忧解难。总书记对推动社会保障事业高质量发展再次作出重要指示，内容涵盖社保制度改革、扩大社保覆盖面、多层次多支柱养老保险体系、灵活就业人员社保制度、工伤失业保险制度、社保基金监管等方面，政治性、针对性、指导性都很强，为我们做好社保工作进一步指明了方向。我们要坚持以人民为中心的发展思想，担起社会保障在促进共同富裕中的重要使命，重点抓好养老保险全国统筹、渐进式延迟法定退休年龄、个人养老金制度落地实施、职业伤害保障试点等重大改革工作，确保养老金按时足额发放，扎实开展社保基金管理提升年行动，兜牢兜实兜稳民生底线。

四要深刻理解把握总书记关于全面从严治党和党史学习教育的重要要求。总书记强调反腐败永远在路上，要坚持“三不”一体推进，特别指出要把严肃党内政治生活作为推动全面从严治党向纵深发展的基础性工程。我们要联系总书记在中央纪委六次全会上强调的“勇于自我革命”、“纠正自由主义、本位主义、保护主义”等重要论述来深刻领会、深入落实。总书记对巩固拓展党史学习教育成果再次提出明确要求，我们要认真学习贯彻，扎实推动党史学习教育常态化长效化，把党史作为理论学习中心组、党支部、青年理论学习小组学习的重要内容，列入直属机关党校、干部教育培训课程，教育引导党员干部把学党史、用党史作为终身必修课。

二、全面准确把握“两会”明确的人社领域重点任务

政府工作报告系统总结了去年我国经济社会发展取得的重大成就，对去年人社工作取得的成绩给予充分肯定。报告明确了今年人社相关工作目标任务，提出了新的要求。在发展主要预期目标里，有数量要求的5个，其中2个是就业。在工作任务里，对就业、社会保障、人才人事、劳动关系等人社相关工作作出了部署。重点任务分工涉及我部51项，其中牵头12项，参与任务20项，综合性任务19项。

今年政府工作报告对人社工作的部署，主要有三个特点。一是指标要求高。城镇新增就业1 100万人以上。城镇调查失业率全年控制在5.5%以内，去年是5.5%左右，调控区间更紧。可以说，比去年要求都更高。考虑到新冠肺炎疫情反复、国际形势复杂多变等对经济社会发展带来的不确定性，实现就业目标任务面临很多挑战，需要付出艰苦努力，当然有利条件也很多，我们要做好应对困难挑战的准备，更要坚定信心、奋发有为。二是任务要求实。比如，提出“就业优先政策要提质加力”，明确要求“各类专项促就业政策要强化优化，对就业创业的不合理限制要坚决清理取消，各地都要千方百计稳定和扩大就业”，对凝聚各方面促进就业的强大合力提得更加具体；对失业保险稳岗返还，提出要“明显提高中小微企业返还比例”，突出精准施策；对使用失业保险基金支持稳岗培训，明确“加快培养制造业高质量发展的急需人才”，突出靶向施策。三是改革任务重。报告明确多项制度改革任务，今年要统筹实施、积极推进，不仅时间紧、任务重，不少还是开创性、探索性工作。比如养老保险全国统筹第一年实施，新就业形态职业伤害保障开展试点，第三支柱养老保险填补制度空白，灵活就业社会保障扩大覆盖面等，这些任务都是社会高度关注的，需要精心组织准备、积极稳妥推进。

这些工作都是中央明确的硬任务，确定的具体指标都是硬杠杠，必须按照要求抓好落实。办公厅要抓紧把任务分解到具体单位，明确任务、明确责任、明确要求、明确时限，加强督促检查，及时通报进展情况。相关单位要抓紧制定具体实施方案，建立责任台账，将任务落实到岗、落实到人、落实到时间节点，完成一项销号一项，确保每一项任务按照时限要求，不折不扣落到实处。

社会舆论是一面镜子，反映的是群众的呼声与期盼。“两会”期间，涉及人社工作的社

会舆论热度很高，总体反映正面积极，同时提出了不少好的意见建议。媒体普遍认为，中央对人社工作高度重视，特别是习近平总书记关于持续用力推动社会保障事业高质量发展的重要讲话，引发社会各界强烈反响。舆论充分肯定近年来人社工作取得的成绩，对人社领域相关政策措施表示支持，对人社部门的工作表示高度认可。同时也反映了我们工作中的一些短板不足和群众的热切期盼。“两会”期间，社会舆论反映比较集中，平时也要持续收集整理舆论情况特别是反映的问题和意见建议。总之，通过多种形式、多种渠道，聚焦群众关切，把政策举措制定好、解读好、落实好，提高各项工作的针对性实效性。

三、切实抓好全国“两会”精神的贯彻落实

今天的学习只是一个开头。会后，要对传达学习贯彻全国“两会”精神作出具体安排，各单位要高度重视、精心组织，把“两会”精神转化为做好人社工作的实际行动和成效。这里，我提几点要求。

第一，提高政治站位，在系统深入学习上下功夫。要以习近平总书记“两会”期间重要讲话精神为重点，与学习贯彻习近平新时代中国特色社会主义思想、十九届六中全会精神、中央纪委六次全会精神紧密结合起来，与学习贯彻习近平总书记关于人社工作的重要指示精神贯通起来，把思想和行动统一到以习近平同志为核心的党中央对形势的分析判断和对工作的决策部署上来，进一步找准坐标、把准方向、抓准大事，确保落实习近平总书记重要讲话精神和党中央决策部署不偏向、不变通、不走样。

第二，把握工作时度效，加强舆情引导和应对。迎接党的二十大和学习贯彻二十大精神，是今年工作的主线，人社领域改革发展稳定任务十分繁重。推进每一项工作，都要把握好轻重缓急，把握好重要节点，做到虑事周全，考虑到前后左右、方方面面。要做到实事求是，增强工作针对性实效性，对已出台的相关政策，要认真梳理评估，看有没有潜在问题；新政策出台，要严格履行各项评估审核流程，准确评估合规性、合理性和一致性，全面研判社会稳定风险，坚决杜绝“带病出台”。凡出台涉及公众切身利益的政策必须同步配套政策解读；参加对外新闻发布活动要经过严格审批，对发布内容、形式要充分论证、严格把关，不搞噱头不造热点；密切监测政策发布后的舆论反映，发现负面舆情苗头倾向，要快速采取措施，有效应对处置，严防蔓延发酵。

第三，以高度的事业心责任感，认真做好每一件建议提案办理工作。要秉持自觉接受监督、对事业发展负责的精神，完善调研、走访、座谈等沟通协商机制，坚持把采纳代表委员的建议、解决实际问题作为办理工作的出发点，按照规定的时限、程序和要求，高标准高质量办理每一份建议提案，给代表委员一个满意的答复，同时也要把代表委员的真知灼见体现到、落实到具体工作中，使办理过程成为改进工作、推动工作的过程。

第四，坚决守住不发生系统性区域性风险的底线。今年，人社领域面临的形势复杂严峻，不稳定不确定因素较多。风险防控是做好工作的“底板”，如果“底板”漏了，别的工作再有声有色，还是要满盘皆输。要始终绷紧风险防控这根弦。各相关单位要动态完善政策工具箱和应急处置预案，做到早发现、早报告、早处置，及时化解苗头性倾向性问题，坚决防止出现极端事件和群体性事件，坚决守住不发生区域性系统性风险的底线。要深入贯彻习近平总书记关于疫情防控工作重要讲话和指示精神，严格执行国务院联防联控机制和北京市有关防控要求，提高政治站位，切实履行主体责任，紧盯防控重点，坚决管控风险，既要沉着应对，又要做好快速反应准备，从严从紧、落实落细各项防控措施，提高工作精准性、针对性、实效性，全力保障干部职工健康安全，保障部机关运行安全。

今年的目标任务已经明确，关键在于抓好落实。我们要勇于担当、积极作为，尽心尽力履好职尽到责，同时要善于借机借势借力，争取高位推动，压实地方责任，充分发挥各方面作用，扎实做好各项工作，切实兜牢民生底线，全力推动人社事业高质量发展，以实际行动迎接党的二十大胜利召开！

充分发挥机关党建政治引领保障作用 推进人社事业高质量发展 以实际行动迎接党的二十大胜利召开

——在部机关党建暨2021年述责述廉会上的讲话

张纪南

（2022年3月25日）

今天，我们召开部机关党建暨2021年述责述廉会，主要任务是，深入学习贯彻习近平新时代中国特色社会主义思想，切实落实习近平总书记在中央和国家机关党的建设工作会议上的重要讲话精神、十九届中央纪委六次全会精神以及中央关于加强对“一把手”和领导班子监督的有关要求，总结去年机关党建工作，部署今年重点任务。

总的来看，2021年机关党建工作取得了明显成效，政治机关建设、党的创新理论武装、基层党组织建设、纪律作风和廉政建设等都取得了新进展，特别是贯穿全年开展党史学习教育，大家扎扎实实学党史、入脑入心悟思想、用心用情办实事、稳中求进开新局，在学史明理、学史增信、学史崇德、学史力行上都有新收获新提高，党员干部党性修养进一步增强，干事创业精气神进一步提振。去年，结合党建述职评议考核，各单位党组织书记述党建主体责任。这次是落实党中央关于加强对“一把手”监督的要求，第一次组织各单位“一把手”集中述责述廉，述的是落实全面从严治党的主体责任和监督责任，也是一次实践探索，今后不断完善，推动这项工作制度化、规范化、常态化。

2022年是进入全面建设社会主义现代化国家、向第二个百年奋斗目标进军新征程的重要一年，我们党将召开二十大。迎接服务党的二十大、学习贯彻党的二十大精神，是全党工作的主线。机关党建要突出围绕这条主线，坚持围绕中心、建设队伍、服务群众，推动党建和业务有机结合、深度融合，在人社改革发展各项工作中，切实发挥机关党建的政治引领和政治保障作用。下面，我讲几点意见，重点讲“三个贴紧”。

一、贴紧中央要求抓党建，深刻认识“两个确立”的决定性意义，切实增强做到“两个维护”的思想自觉政治自觉行动自觉

贯彻落实党中央决策部署是我们推进各项工作的“基准线”，是加强机关党建的首要任务。人力资源社会保障部作为政治机关，必须旗帜鲜明讲政治，把“两个维护”体现到坚

决贯彻党中央决策部署的实际行动上，体现到履职尽责、做好本职工作的实际成效上，体现到党员、干部的日常言行上。

一是坚持把习近平总书记重要指示批示精神作为第一要件，认真学习领会、全面准确把握、切实贯彻落实。要胸怀“国之大者”，正确认识和准确把握习近平总书记强调的重大理论和实践问题。深入学习习近平新时代中国特色社会主义思想特别是习近平经济思想，善于从政治角度看待经济社会发展问题，完整、准确、全面贯彻新发展理念，紧紧围绕党中央决策部署履行人社部门职能职责。最近，中央和国家机关工委部署了开展“学查改”专项工作，部党组研究制定了实施方案。各单位要高度重视，围绕习近平总书记在中央经济工作会议上阐述的4条规律性认识、7个方面政策取向、5个重大理论和实践问题，加强针对性的学习，结合实际研究落实措施，更好按经济社会发展规律办事。要持续加强对习近平总书记关于人社工作重要指示批示精神贯彻落实情况的督促检查，自觉对标对表，多出实招硬招，强化跟踪问效，确保执行不偏向、不变通、不走样。

二是持续巩固深化政治机关意识，坚决走好践行“两个维护”的第一方阵。作为人力资源社会保障部的党员干部，必须始终牢记自己第一身份是党员、第一职责是为党工作，从政治上想问题、作决策、办事情，决不能在政治方向上走岔了、走歪了，更不能走错了。要深刻认识“两个确立”的决定性意义，深刻认识党的十八大以来党和国家事业发展之所以取得历史性成就，根本在于有习近平总书记作为党中央的核心、全党的核心掌舵领航，根本在于习近平新时代中国特色社会主义思想科学指引，教育引导党员干部更加坚定自觉地拥戴核心、信赖核心、忠诚核心、维护核心。要更好发挥党的领导的制度优势，主动把人社各项工作纳入党的集中统一领导，在把握新发展阶段、贯彻新发展理念、构建新发展格局、推动高质量发展中谋划、部署和推进，把党的路线、方针、政策同人社工作的具体实际结合起来，落实到人社工作全过程各方面。要巩固深化党史学习教育成果，扎实落实中央《关于推动党史学习教育常态化长效化的意见》要求，增强学党史、用党史的思想自觉和行动自觉。要把党史学习教育与完成人社中心任务紧密结合起来，把加强理论学习、增强情感认同、解决实际问题的一系列好做法、好经验固化下来，推动党史学习教育成效转化为干事创业的动力、举措和实效。2019年以来，我们连续开展了“守初心、担使命，人民在我心中”“加强党的政治建设、强化政治机关意识”“学党史、强信念，提高政治能力”学习讨论，每年一个主题，教育引导党员干部从政治上谋划部署、推动工作，从业务上提高落实政治任务、政治要求的工作能力和水平，取得了较好成效。今年的主题是“对党忠诚、始于足下，为民服务、从我做起”，持续巩固深化党员干部政治机关意识，把讲政治要求转化为党员干部的高度自觉。

三是坚持党要管党，深入落实全面从严治党责任。要深刻领会习近平总书记关于党的自我革命的战略思想，准确把握我们党关于全面从严治党的经验总结和规律性认识，压实部机关全面从严治党责任。要牢固树立抓党建是本职、不抓党建是失职、抓不好党建是渎职的理念，各单位“一把手”要切实担起抓党建第一责任人责任，把抓好党建作为最大的政绩，认真思考谋划围绕中心抓党建、抓好党建促业务的举措，亲力亲为、抓严抓实。今天把机关党建工作会和述责述廉会结合起来开，就是要进一步强化党员领导干部特别是“一把手”抓好党建工作的主体责任、政治责任。要督促班子成员履行“一岗双责”，切实明责、履责、尽责，不能认为自己是搞业务的，对党建工作不上心、不使劲、不用力。机关党委作为专责机构，要聚焦主责主业，前期，部里在制定部党组全面从严治党责任清单的基础上，又制定了党支部责任清单，要强化“书记抓、抓书记”，一直抓到党支部、党小组、每一名党员，贯通环环相扣的责任链条，形成党建业务“一盘棋”。

二、贴紧服务群众抓党建，践行以人民为中心的发展思想，用心用情用力解决群众急难愁盼问题

人社工作直接关系民生，为民服务是我们的重要职责使命。抓好机关党建，就要教育引导党员干部切实践行以人民为中心的发展思想，走好新时代党的群众路线，尽心尽力解决群众的操心事、揪心事、烦心事。

一是进一步厚植群众感情。要自觉强化宗旨意识，站稳人民立场，想问题、作决策、干工作都要从有益于人民、符合群众利益出发，做到以人民利益为重、以人民期盼为念，真诚倾听群众呼声，真实反映群众愿望，真情关心群众疾苦。要增强机关党建的针对性、实效性，把群众的堵点、痛点、难点作为机关党建的重点、焦点、切入点。人社工作与群众利益紧密相连，很多都要和群众见面、对账。党建工作做好了，就会提升业务工作成效，增强人民群众获得感、幸福感、安全感，反之就会影响群众利益，甚至损害党和政府在人民心目中的形象和声望。部里每一名党员干部，都要增进群众感情、提升为民服务能力，把党建工作成效转化为服务群众的实践成果。

二是切实为群众办实事解难题。要完善党员干部联系群众制度，把落实基层联系点制度与持续开展“司局长走流程”“干部暗访调研”结合起来，定期深入基层、深入群众，了解社情民意特别是人社政策执行“最后一公里”的实际情况，以及群众对人社工作的呼声、诉求和意见建议。要设身处地、换位思考，站在群众的角度看问题，体验普通百姓的办事感受，检验我们出台的政策、设计的流程、提供的服务是不是符合群众意愿、能不能有效解决实际问题，找到破解民生难题、推动工作落实、增进群众福祉的良策。两年来，有 1 100 余人参加“走流程”“暗访调研”活动，深入基层，真实了解群众需求，有效促进了工作落实，今后还要持续开展，结合重点工作不断推进，形成常态长效工作机制。要常态长效推进“我为群众办实事”。部党组研究制定“为群众办实事”清单，并持续推动、动态调整的做法，不是一时之举，而是优化为民服务、转变系统作风的长久之策。要长期巩固、不断完善，形成稳定的制度机制，持续解民忧、纾民困、惠民生、暖民心。要传承党的优良传统、弘扬伟大建党精神，结合人社职能职责大力发扬劳模精神、劳动精神、工匠精神，引导党员干部爱岗敬业、勇于创新、精益求精、争创佳绩，把为民造福的实事做好、好事做实。

三是树立和践行正确政绩观。要处理好“显”和“潜”的关系。尊重客观实际和群众需求，既做老百姓看得见、摸得着、得实惠的实事，也要做打基础、作铺垫、利长远的好事，杜绝装样子、搞“花架子”。对于群众急需急盼、亟待解决的问题，要“短平快”雷厉风行解决好，对于周期长、难度大、投入多、见效慢的，要着眼长远规划使长劲，一任接着一任干，一锤接着一锤敲。要处理好“大”和“小”的关系。就业、社保、劳动权益保障等很多工作看似具体琐碎，但民生无小事，造福人民是最大的政绩。把群众身边的“小事”琢磨透、做实在、做到位，是要讲感情、觉悟和能力的。我们人社干部就得有小中见大的情怀、小中见大的视野、小中见大的本事，把群众的“小事”看成自己的大事，“小事”当成大事干，不贪大求全，不好大喜功，踏踏实实做到位。近年来，我们大力加强系统行风建设，“三年行动”圆满收官，行风建设取得显著成效。国家统计局第三方调查显示，人社行风满意度从 2018 年的 73.69 分，逐年提高到 2021 年的 80.66 分，已连续两年保持在“满意”区间。市场监管总局全国公共服务质量监测显示，涉及人社部门的公共就业和社会保障满意度在 12 个公共服务领域中，分别从第 11 位和第 10 位提升到第 1 位和第 2 位。要处理好“质”和“量”的关系。推动人社事业高质量发展，就是要更好满足人民日益增长的美好生活需要的发展，工作重点从“有没有”转向“好不好”。要坚持量服从于质，重视量的积累，更注重质的提升，不能简单以一年出了多少政策、发了几个文件来论成绩，更要坚持质量第一、质量优先，以精工出精品，出台更多更有含金量的政策举措，真正为群众排忧解难。

三、贴紧党员队伍实际抓党建，勇于担当作为攻坚克难，打造高素质专业化干部队伍

党员干部是干事创业的骨干、冲锋陷阵的中坚。抓好机关党建，要把加强党员干部队伍建设作为基础工程、重要责任，深入贯彻新时代党的组织路线，紧密结合党员干部思想和工作实际，持续加强思想淬炼、政治历练、实践锻炼、专业训练。

一是要提高政治能力。第一是提高政治判断力，坚定马克思主义信仰、共产主义远大理想、中国特色社会主义共同理想，加强党性修养，坚持从政治上观察形势、认识大局、明确方向、发现问题、防控风险。第二是提高政治领悟力，注重修炼共产党人的“心学”，时刻关注党中央关心什么、强调什么，深刻领会把握习近平总书记重要讲话核心要义、精神实质，真正悟透党中央大政方针，时时处处向党中央看齐。第三是提高政治执行力，按照党中央指明的政治方向、确定的前进路线做好人社各项工作，扎扎实实贯彻落实党中央决策部署，不打折扣、不做表面文章，做到党中央提倡的坚决响应，党中央决定的坚决执行，党中央禁止的坚决不做。

二是要提升专业素养。人社工作一方面专业性比较强，另一方面又点多线长面广，经济社会发展领域一些风险问题往往都会在人社领域显现。面对新形势新挑战，稳就业保就业、社保改革等方面任务十分繁重，对党员干部能力素质提出了更高要求。“没有金刚钻揽不了瓷器活”。要有“本领恐慌”意识，自觉加强专业学习，加快知识更新，持续提高专业能力、专业思维、专业素养，尽快补上能力短板、素质短板、方法短板，解决好不适应、不会为、不善为的问题，努力成为工作领域的行家、专家。要抓好党员干部的实践锻炼。实践出真知，重压长本事，实干强本领。要多压担子、压重担子，在急难险重任务中摸爬滚打、培养干部，使其尽快成长成才。

三是要锤炼过硬作风。每个党组织都是党的战斗堡垒，每名党员都代表党的形象。组织强、作风好，干部队伍才有战斗力。要建强基层党组织，强化政治功能，深化党支部标准化规范化建设，把加强组织建设与推进中心工作、建设队伍、服务群众结合起来，不断提升组织力，以党组织的全面进步、全面过硬引领每名党员充分发挥先锋模范作用。要激发党员干部干事创业精气神，锤炼真抓实干、埋头苦干的作风，凡是有利于党和人民的事，就要事不避难、义不逃责，大胆地干、坚决地干。坚持原则、敢于斗争，直面矛盾和问题攻坚克难。同时，要充分发挥先进典型的示范引领作用，发掘人社系统优秀党员、劳动模范、服务标兵等先进事迹，讲好劳模故事、劳动故事、工匠故事，用身边先进典型教育人、鼓舞人，激发干事创业斗志，汇聚起强大正能量。要抓严抓实机关工作作风，始终坚持实事求是、求真务实，严防形式主义、官僚主义，特别是切实改进文风会风，提高工作效率，严格日常管理。

这里我要再强调一下，“一把手”尤其要以身作则、严于律己，带头严守党规党纪。对年轻干部的教育管理监督，“一把手”要亲自抓、用心抓，引导年轻干部对党忠诚老实，坚定理想信念，牢记初心使命，正确对待权力，时刻自重自省，严守纪法规矩，扣好廉洁从政的“第一粒扣子”，同时为他们学习历练、干事创业提供条件、搭建舞台。及时谈心谈话，加强思想教育，是对干部的真正关心。涉及干部提拔时，“一把手”更要针对性地、深入细致地谈心谈话，加强思想沟通，了解思想动态，强化思想引导，严肃政治纪律、政治规矩和选人用人纪律要求，做好化解矛盾、疏解情绪的工作，大力弘扬新风正气。

同志们，奋进新征程、建功新时代，做好机关党建工作责任重大、使命光荣，让我们更加紧密地团结在以习近平同志为核心的党中央周围，踔厉奋发、担当作为，以高质量机关党建推进人社事业高质量发展，以实际行动迎接党的二十大胜利召开。

稳中求进　担当作为
全力以赴做好稳就业保就业工作

——在全国人社系统就业工作电视电话会议上的讲话

周祖翼

（2022年6月15日）

这次会议的主要任务是，以习近平新时代中国特色社会主义思想为指导，深入贯彻习近平总书记关于就业工作的重要指示批示精神，全面落实中央经济工作会议和国务院稳住经济大盘、稳就业会议要求，总结工作，交流经验，分析形势，部署推进当前和下一阶段就业创业工作。

刚才，6个省份人社部门作了交流发言，前期在李克强总理主持召开的稳增长稳市场主体保就业座谈会上，12个省份地方政府介绍了本地情况和措施做法，亮点突出，分析透彻，举措务实。这反映出各地特别是人社部门坚决贯彻党中央、国务院决策部署的责任意识，围绕中心、服务大局的奋进姿态，聚力攻坚、保障民生的使命担当。近年来就业工作顶压前行，经过各方共同努力，城镇新增就业保持稳定增长，城镇调查失业率控制在较低水平，就业局势保持了总体平稳，为经济社会发展大局作出了积极贡献。成绩来之不易，根本在于以习近平同志为核心的党中央坚强领导，在于习近平新时代中国特色社会主义思想的科学指引，也得益于各级党委政府和有关部门的高度重视、大力支持，凝聚着人社系统同志们的辛勤付出。在此，我代表部党组向大家表示衷心的感谢！

下面，我就贯彻落实党中央、国务院决策部署，扎实做好稳就业保就业工作，讲五点意见。

一、提高站位，全力扛起稳就业保就业政治责任

就业是民生之本，是最大的民生工程、民心工程、根基工程。党中央、国务院高度重视。习近平总书记作出一系列重要指示批示，近日在四川考察时强调指出，党中央高度重视高校毕业生就业，采取了一系列政策措施。当前正是高校毕业生就业的关键阶段，要进一步挖掘岗位资源，做实做细就业指导服务，尤其要把脱贫家庭、低保家庭、零就业家庭以及有残疾的、较长时间未就业的高校毕业生作为重点帮扶对象。习近平总书记还强调，要坚决克服目前经济发展面临的一些困难，做好就业、社会保障、贫困群众帮扶等方面的工作，做好维护社会稳定各项工作，保持人心稳定，保持社会大局稳定。习近平总书记的重要论述举旗定向、统筹全局，具有很强的政治性、思想

性、针对性、指导性，为做好就业工作提供了根本遵循。李克强总理也多次专题研究，明确要求加大就业优先政策实施力度，确保完成全年就业目标任务。王沪宁同志、韩正同志多次作出指示批示，明确任务要求。孙春兰副总理、胡春华副总理连续召开专题会议，进行具体部署。我们必须深刻领会就业工作的重要意义，坚决贯彻落实党中央、国务院决策部署，进一步增强做好就业工作的责任感使命感紧迫感。

要充分认识做好就业工作的极端重要性。就业问题不仅是重大的民生问题，也是重大的经济问题，还是重大的政治问题。就业是劳动者收入的重要来源，毕业生靠就业迈出走向社会的第一步，脱贫人口三分之二的收入来自就业。就业连接着收入、支撑着消费，是拉动经济增长的重要基础，是经济运行在合理区间的关键支撑。下半年将迎来党的二十大胜利召开，这是党和国家政治生活中的一件大事，做好就业工作具有更加特殊和重大的意义。

要充分认识做好就业工作的复杂严峻性。我国是人口大国，长期面临总量压力和结构性矛盾。从供给看，需在城镇就业的新成长劳动力规模创近年新高。从需求看，经济发展的复杂性、严峻性、不确定性上升，经济增长对就业带动力减弱。同时，普工难招、技术技能人才短缺矛盾加剧。

在充分认识困难挑战的同时，我们必须看到做好就业工作仍具备许多有利条件。党中央、国务院高度重视，将就业摆在“六稳”“六保”首位，各方面围绕就业同向发力，为做好工作提供坚强保证。一揽子稳增长稳市场主体保就业政策密集推出，市场主体预期回升、信心回稳，经济发展将逐步回暖，为做好工作提供关键支撑。新冠肺炎疫情防控精准有效，线下服务活动有序恢复，为做好工作提供重要基础。各地要坚定信心，保持定力，坚决扛起稳就业保就业政治责任，落实落细就业优先政策，争分夺秒贯彻落实新部署新要求，全力稳重点、挖潜力、兜底线、防风险，确保就业大局总体稳定。

二、精准发力，全力完成全年就业目标任务

失业率和新增就业是经济运行的晴雨表，是宏观调控的重要目标。中央经济工作会议明确要求，全年实现城镇新增就业 1 100 万人以上，城镇调查失业率全年控制在 5.5%以内，这也是政府工作报告作出的庄严承诺。今年以来，各地延续实施减负稳岗扩就业政策，精准促进重点群体就业创业，前 5 个月实现城镇新增就业 529 万人，与时序进度基本一致，全国城镇调查失业率均值 5.7%，呈现下降趋势。同时，中央还对重点群体就业目标提出明确要求，年底高校毕业生就业水平保持高位，脱贫人口外出务工达到 3 000 万人以上，农民工规模稳中有增。各地必须咬定目标任务不放松，多措并举稳市场主体、稳重点群体，推动就业增长、控制失业水平，确保完成全年就业目标任务。

一要着力稳定市场主体。市场主体是就业增长的源头活水，是预防失业的重要关口。党中央、国务院多次提出明确要求。在前期政策基础上，5 月底经国务院同意，又出台了扩大缓缴社保费范围、提高稳岗返还比例、实施扩岗补助等新举措，打出“降、缓、返、补、扩”政策组合拳，提振市场信心，稳住现有岗位。目前各地纷纷出台实施细则，已释放政策红利近 1 200 亿元，进展总体顺利。要继续抢抓时间窗口，政策实施再提速，申领程序再简化，积极推行失业保险稳岗返还和留工补助“免申即享”，实施缓缴社会保险费“即申即享”，试行就业补贴政策“直补快办”，切实增强企业和劳动者的获得感，尽早释放更大政策效应。

二要着力稳定高校毕业生就业。高校毕业生就业事关民生福祉、经济发展和国家未来。党中央、国务院多次调度部署，国务院办公厅出台专门文件，明确系列支持举措。目前 20 个省份进行了专题部署，10 个省份印发了专项文件，毕业生就业工作进展平稳。各地必须

坚定不移地把高校毕业生就业作为重中之重，全面启动未就业毕业生服务攻坚行动，提早信息衔接，畅通求助渠道，强化实名服务，推进政策落地、权益维护、困难帮扶，确保工作不断档、服务不断线。要进一步挖掘岗位资源，细化实化毕业生就业去向定量指标，鼓励企业吸纳就业，支持自主创业、灵活就业，督促国有企业稳定和扩大就业。特别是要指导督促各地各部门加快推进事业单位公开招聘工作，8月1日前基本完成中小学幼儿园教师招聘，9月1日前落实“三支一扶”人员上岗服务。各地在组织事业单位招聘考试过程中，要坚决落实疫情防控要求，同时不要层层加码，执行防疫政策不能松紧不一，确保严肃公平的考试秩序。要做实做细就业服务，建立未就业毕业生实名台账，对有就业意愿的毕业生，至少提供1次职业指导、3次岗位推介、1次技能培训或就业见习机会。要强化困难毕业生重点帮扶，坚持把脱贫家庭、低保家庭、零就业家庭以及有残疾的、较长时间未就业的高校毕业生作为重点对象，实施“一人一档、一人一策”专项服务，优先推荐岗位，优先组织见习，同等条件下优先录用，并组织党员干部、服务机构结对帮扶困难毕业生。要加强基层就业引导，会同有关部门搭建基层岗位收集发布平台，开展“最美基层高校毕业生”等典型宣传。今年启动了百万见习岗位募集计划，目前各地募集岗位数53万个，要继续深化计划实施，扩大实体经济岗位规模，提高管理、技术、科研类见习岗位比重，引导毕业生到基层建功立业。

三要着力稳定农民工特别是脱贫人口就业。稳住了农民工特别是脱贫人口务工规模，就稳住了他们收入的大头。党中央、国务院多次研究部署，部里与乡村振兴局多次召开会议推动。各地组织开展“春风行动”等招聘活动，深入实施根治欠薪专项行动，农民工和脱贫人口务工规模保持总体稳定。各地要把农民工特别是脱贫人口就业牢牢抓在手上，拓宽有序外出和就地就近就业渠道，强化就业服务、技能培训、权益维护，保障超龄农民工合法就业权益，最大力度帮助有意愿的农民工特别是脱贫人口外出务工，最大限度减少已外出的返乡回流，最大程度帮助已返乡的尽快就业。同时，还要统筹做好残疾人、退捕渔民等其他群体就业工作。

三、提质增效，全力挖掘就业增长潜力

充分开发利用现有就业创业机会，充分激发劳动者就业创业潜能，是实现就业增长的重要基础。当前面上市场岗位需求仍大于求职人数，部分地区、部分行业、部分企业仍面临招工难问题。各地要积极回应劳动者期盼，捕捉发展机遇，推动就业服务和技能培训扩容提质，优化自主创业和灵活就业环境，不断推动就业量的增长和质的提升。

一要全面推进就业服务提质。要深入实施就业服务质量提升工程，充分发挥好公共就业服务机构和市场服务机构的作用，加大岗位信息发布，加密“10+N”专项活动开展，加快线下招聘有序恢复，强化重点企业用工保障与重点群体就业帮扶有机衔接，加速岗位匹配。要培育壮大市场化服务力量，促进人力资源服务业创新发展，扩大就业服务供给。

二要全面推进职业培训增效。要大规模开展职业技能培训，加强企业职工岗位技能提升培训和重点群体技能培训，实施制造业技能根基工程，强化新业态新模式从业人员培训，扩大技能劳动者供给规模。要强化就业导向，聚焦市场急需紧缺岗位，以企业自主培训、技工院校组织培训、市场化培训为主要载体，发挥政府补贴性培训引导作用，增强职业培训有效性针对性。

三要全面推进创业带动就业和灵活就业。要积极开展创业培训，加快落实创业担保贷款等扶持政策，加强创业孵化基地等载体建设，办好中国创翼大赛等创业创新活动，激发劳动者创业创新动力。要健全灵活就业劳动用工和社会保障政策，开展新就业形态就业人员职业伤害保障试点，加强零工市场建设，多形式开

展零工服务，支持灵活就业健康发展。

四、用心用情，全力兜牢困难群体就业底线

困难群众需要格外关注、格外关爱、格外关心。稳定他们的就业，是最积极的保障措施，是政府义不容辞的责任。各地高度重视，已经开展了大量行之有效的工作，建立了较为完备的就业援助制度体系，实施了含金量高的帮扶政策，进一步扩大了失业保险保障范围，前5个月困难人员就业同比实现增长。各地要坚定不移站稳人民立场，用心用情用力做好困难人员兜底保障工作，切实稳定困难地区就业水平，织密织牢民生保障安全网。

一要切实强化困难人员就业援助。要畅通线上线下失业登记渠道，力求全面准确把握失业人员情况，加强生活保障、技能培训和就业服务衔接，实现失业人员应登尽登、应帮尽帮。要精准锁定就业困难人员，及时纳入就业援助范围，提供“一对一”精准服务，对通过市场渠道难以就业的用好公益性岗位兜底安置，确保零就业家庭至少一人实现就业。

二要切实做好失业人员生活保障。前5个月全国已向560万名失业人员发放各项失业保险待遇334亿元。各地要坚持保生活优先，切实负起本省失业保障的总责任，继续实施失业保险保障扩围政策，及时为失业人员兑现失业保险待遇，让符合条件人员及时足额领取失业补助金。充分运用大数据技术创新，提供智能化、个性化、精准化服务，推行“免跑即领”“免证即办”“免登即发”经办新模式，确保应发尽发、应保尽保。

三要切实纾解困难地区就业压力。就业困难地区特别是疫情严重地区，要不折不扣抓好中央决策部署落地，创造性开展工作，提升线上线下服务质量，及时出台超常规应对举措。其他地区要加强定向援助支持，携手共渡难关。对困难地区提出的实际诉求，相关司局要加紧研究相关支持举措。

五、分类施策，全力防范化解就业领域风险

当前和今后一个时期，经济发展不确定性仍然较大，就业领域可以预见和难以预见的风险挑战仍然较多。各地要以时时放心不下的责任感，切实树牢底线思维，增强风险意识，把困难估计得更充分一些，把风险思考得更深入一些，主动作为，强化应对，有效防范化解风险挑战。

一要有效防范化解规模失业风险。要做好就业统计监测，持续跟踪重点地区、重点行业、重点企业、重点群体就业失业状况，捕捉苗头性、倾向性问题。要完善应对预案，储备一批超常规政策，做到心中有数、脑中有策、手中有方。要健全跨部门联合处置机制，根据形势变化，及时启动应急预案，全力防范规模失业风险。

二要有效防范化解劳动关系领域风险。要加强劳动关系领域风险排查，健全规模裁员及时报告制度，指导企业依法制定裁员方案，妥善处理劳动关系，依法支付工资报酬和经济补偿，做好社会保险关系转移接续，坚决防止出现极端事件和群体性事件。要依法依规快办快处劳动争议案件，加强调解仲裁与诉讼衔接，畅通维权渠道，提高争议案件终结率，及时化解矛盾纠纷。要严肃查处各类侵犯劳动者合法权益的行为，营造公平就业环境。

三要有效防范化解舆情炒作等风险。要加大政策宣传力度，做好舆情监测，跟踪掌握就业领域热点焦点问题，积极做好正面引导，及时回应社会关切，防止恶意炒作。要切实加强就业补助资金、失业保险基金、职业培训资金监管，把钱用到刀刃上、花出真效果，防范“跑冒滴漏”，确保不发生资金管理使用风险。要切实加强就业统计工作，严肃统计纪律，依法依规实事求是做好城镇新增就业等数据统计，坚决杜绝统计造假、弄虚作假行为。

做好就业工作是一项系统工程，要强化责任担当和系统观念。各地人社部门要坚持把就业工作摆在优先位置，主要负责同志亲自抓，

分管负责同志具体抓，全面落实部里确定的稳就业专项行动方案，推动就业、社保、劳动关系、人才人事各板块协同，把工作拧成一股绳，全力以赴推动工作。要及时对标对表中央要求，制定全面贯彻落实各项任务措施的时间表、路线图，实施台账式管理、清单式推进，不折不扣将中央的决策部署落到实处。要充分发挥各级就业工作领导小组作用，积极争取各级党委政府的支持，加强同发改、财政、教育等部门协作配合，强化对市县的督促指导，汇聚起稳就业保就业的强大工作合力。

同志们，做好就业工作责任重大、使命光荣。让我们更加紧密地团结在以习近平同志为核心的党中央周围，以高度的政治责任感，满怀对人民群众的深厚感情，稳中求进，担当作为，全力以赴做好稳就业保就业工作，以实际行动迎接党的二十大胜利召开！

在全国人力资源社会保障工作调度推进会上的讲话

周祖翼

（2022年7月28日）

今天我们召开全系统工作调度推进会，主要任务是学习领会习近平总书记在省部级主要领导干部专题研讨班上的重要讲话精神，深入学习贯彻习近平总书记关于人力资源社会保障工作的重要指示批示精神，认真贯彻落实党中央、国务院决策部署，总结交流上半年工作，分析研判当前形势，调度推进重点任务，以实际行动迎接党的二十大胜利召开。下面，我讲三点意见。

一、深化认识、把握要求，切实增强做好人力资源社会保障工作的责任感使命感紧迫感

今年在党和国家发展历程中极不平凡，大事要事难事叠加，新情况新挑战新矛盾交织。在以习近平同志为核心的党中央坚强领导下，各级人力资源社会保障部门坚决贯彻落实中央决策部署，坚决扛起稳就业保就业重大政治责任，稳字当头、稳中求进，克服经济下行压力和新冠肺炎疫情带来的不利影响，迎难而上、开拓进取，各项工作取得积极进展。围绕助企纾困、稳岗扩就业，实施阶段性缓缴三项社保费政策，提高失业保险稳岗返还比例，推动各项惠企惠民政策落实落地。截至6月底，缓收社保费276亿元，发放失业保险稳岗返还331亿元，为稳市场主体、稳就业作出积极贡献。上半年，城镇新增就业654万人，城镇调查失业率均值5.7%。重点群体就业基本平稳，就业服务和职业技能培训扎实推进，就业局势保持总体稳定。深化社会保障制度改革，企业职工基本养老保险全国统筹有序推进，养老金调整工作稳步实施，个人养老金制度和新就业形态就业人员职业伤害保障试点破冰启动，社会保险覆盖人数和基金规模持续扩大，基金管理提升行动取得积极成效。认真落实中央关于人才工作决策部署，加强专业技术人才工作，制定实施新时代高技能人才队伍建设的意见，健全职业技能等级制度，全面推行县以下事业单位管理岗位职员等级晋升制度，推进高校科研院所薪酬制度改革试点，圆满完成北京冬奥会冬残奥会总结表彰等相关工作。加大劳动关系协调力度，开展全国劳动关系风险排查，妥善处理重点领域争议案件，加强监察执法，劳动关系总体和谐稳定。面对错综复杂的发展环境，取得这样的成绩十分不易。

下半年将召开党的二十大，全力做好人力资源社会保障工作具有十分重要的意义。我们必须牢牢把握正确政治方向，深刻认识肩负的职责使命，深刻把握面临的形势任务，以更加昂扬奋进的姿态，推动各项工作再上新台阶。

第一，认真学习领会习近平总书记在省部

级主要领导干部专题研讨班上的重要讲话精神，统一思想、提高认识。7月26日至27日，党中央举办省部级主要领导干部“学习习近平总书记重要讲话精神，迎接党的二十大”专题研讨班，习近平总书记发表了十分重要的讲话。讲话站在历史和时代的高度，深刻洞察、统筹把握中华民族伟大复兴战略全局和世界百年未有之大变局，科学分析了当前国际国内形势，深刻阐述了过去5年工作和新时代10年的伟大变革，深刻阐释了新时代坚持和发展中国特色社会主义的重大理论和实践问题，深刻阐明了未来一个时期党和国家事业发展的大政方针和行动纲领，对于团结动员全党全国各族人民锐意进取、开拓创新，满怀信心为全面建设社会主义现代化国家、夺取中国特色社会主义伟大胜利而奋斗，具有十分重要的意义。习近平总书记的重要讲话具有很强的政治性、理论性、指导性，为开好党的二十大奠定了重要的政治基础、思想基础。我们必须深入学习领会讲话的丰富内容、精神实质、实践要求，切实把思想和行动统一到讲话精神上来。

第二，深入学习领会习近平总书记关于人力资源社会保障工作重要指示批示精神，不折不扣抓好贯彻落实。人力资源社会保障工作事关增进民生福祉，是在发展中保障和改善民生的重要内容。习近平总书记高度重视、十分关心，从党和国家事业发展全局出发，对人力资源社会保障领域有关工作作出一系列重要指示，提出一系列新思想新论断新要求，深刻阐明了人力资源社会保障工作的重大意义，明确了目标要求和重点任务，为我们做好当前和今后一个时期工作指明了前进方向，提供了根本遵循。

今年以来，针对新情况新任务新要求，习近平总书记在有关重要会议、重要场合和考察调研时，多次就人力资源社会保障领域相关工作作出重要指示批示。4月29日，习近平总书记主持召开中央政治局会议，分析研究当前经济形势和经济工作。会议要求，要稳住市场主体，对受疫情严重冲击的行业、中小微企业和个体工商户实施一揽子纾困帮扶政策。要切实保障和改善民生，稳定和扩大就业。在全国“两会”期间看望参加政协会议的农业界、社会福利和社会保障界委员时强调，要在推动社会保障事业高质量发展上持续用力，织密社会保障安全网，为人民生活安康托底。6月8日，在四川考察时强调，党中央高度重视高校毕业生就业，采取了一系列政策措施。要把脱贫家庭、低保家庭、零就业家庭以及有残疾的、较长时间未就业的高校毕业生作为重点帮扶对象。要做好就业、社会保障、贫困群众帮扶等方面的工作，做好维护社会稳定各项工作，保持人心稳定，保持社会大局稳定。习近平总书记的这些重要指示充分阐明了当前形势下做好民生工作、维护社会稳定的重要意义，明确了当前的重点工作任务。我们要深入学习领会习近平总书记重要指示批示精神，坚决抓好贯彻落实，为稳住经济大盘、兜牢民生底线、稳定群众预期发挥积极作用。

第三，深刻把握做好人力资源社会保障工作的原则要求，切实增强工作的科学性实效性。人力资源社会保障工作，具有很强的政治性，事关民心向背，事关党执政的群众基础。具有很强的战略性，实施就业优先战略始终是一项长期的重大任务，社会保障是治国安邦的大问题，人才具有引领发展的战略地位。具有很强的人民性，关乎人民群众切身利益，每一桩每一件都要与群众见面对账。还具有很强的专业性，涉及经济、社会、法律等方面的理论，有的工作还有着复杂的历史经纬。需要我们提高政治水平，准确把握科学思想方法，深化规律性认识，加强统筹谋划，善于做群众工作，增强专业精神和专业素养，确保事业行稳致远。最根本的是要坚持党的全面领导，充分发挥社会主义制度集中力量办大事的政治优势。这就要求我们充分体现对“两个维护”高度的理性认同、情感认同，胸怀“国之大者”，始终在思想上政治上行动上同以习近平同志为核心的党中央保持高度一致。要求我们自觉同党的基本理论、基本路线、基本方略对标对表，同党中央决策部署对标对表，坚决维护党中央对人力资源社会保障事业的集中统一领导，在围绕中心、服务大局中找准坐标定位，切实把党中央各项决策部署落到实处。要坚持人民至上，这是做好一切工作的出发点和落脚点。深入践行以人民为中心的发展思想，坚持发展为了人民、发展依靠人民、发展成果由人民共享，考虑问题要突出群众实际感受，突出群众普遍受益，突出群众对生活品质的追求。针对当前群众生产生活方面的困难和压力，切实把稳就业惠民生强信心的一系列政策措施落实落细落具体，用心用情用力、耐心细致周全，把工作做到群众心坎上，让群众真切感受到党和政府的关怀和温暖。要坚持尽力而为、量力而行，把握在发展中保障和改善民生的基本尺度。处理好理想和现实、需要和可能、当前和长远的关系，根据发展阶段和财力状况，注重稳定性、连续性、累积性，从保障基本权益做起，循序渐进，做到社会保障水平、工资收入水平提高与经济发展水平同步。要坚持民生工作总思路，也就是坚守底线、突出重点、完善制度、引导预期。始终牢牢守住保障困难群众基本生活和基本权益这一底线，突出重点问题、重点环节，在体制机制上作出更有效的制度安排，使党和政府工作的方向与群众自身奋斗目标统一起来，最大程度凝聚社会共识。

第四，准确把握中央对形势的研判和决策部署，进一步坚定信心积极作为。今年以来，受国际环境和国内新冠肺炎疫情超预期影响，我国经济发展环境的复杂性、严峻性、不确定性上升，需求收缩、供给冲击、预期转弱三重压力持续显现，一些长期积累的结构性矛盾问题更加突出，经济下行压力加大，人力资源社会保障工作面临许多新情况新问题新挑战。针对今年面临的困难和挑战，党中央、国务院作出一系列决策部署，制定实施了 6 个方面 33 项一揽子措施。李克强总理多次主持召开国务院常务会议研究就业工作和就业形势，专程到我部考察调研，强调以发展促就业、以就业保民生。其他中央领导同志多次召开专题会议，研究部署就业、社会保障等工作。

我们要把思想和行动统一到中央对形势的科学研判和对工作的决策部署上来，在大局下思考、在大局下行动，持续加力推动中央各项决策部署特别是稳住经济一揽子政策见底见效。要充分认识随着全国疫情整体呈下降态势，正常生产生活秩序加快恢复，市场主体预期回升、信心回稳，经济运行逐步企稳，主要经济指标都逐步向好。充分认识我国经济持续健康发展的良好态势没有改变，支撑高质量发展的生产要素条件没有改变，长期向好的基本面没有改变，具有强大的生命力、竞争力、发展力、持续力。充分认识我国有长期稳定的社会环境，社会治理水平不断提升。总之，要坚持用全面、辩证、客观的眼光，准确把握做好当前工作的有利条件和积极因素，坚定信心、保持定力，积极应对可能出现的风险挑战，把各项工作做好做实，推动经济社会平稳健康可持续发展。

二、攻坚克难、勇于担当，确保全年各项目标任务顺利完成

今年的工作，总体上进展顺利，但各地进展还不平衡，完成全年目标任务还面临较大压力。7 月 19 日，中央第四巡视组向部党组反馈了巡视意见，部党组坚持把抓好巡视整改作为当前和今后一个时期的重大政治任务，作为推动人社事业高质量发展的重要契机，正在抓紧推进相关工作。一些问题也需要各地协同配合共同来解决。我们要坚持目标导向、问题导向、效果导向，稳字当头、稳中求进，扎实推进各项工作，确保完成全年目标任务。

第一，坚决扛起稳就业保就业政治责任，确保就业局势总体稳定。就业稳是经济运行在合理区间的重要标志，事关经济社会大局稳定。总体上看，今年城镇新成长劳动力规模创近年新高，同时市场岗位需求明显收缩，这“一增一减”充分说明形势之严峻，稳就业保

就业还需要付出艰苦努力。

首先是要继续稳住市场主体。实施政策措施快办行动，推进各项涉企政策打包办理，推动精准落实，公平普惠、高效直达市场主体，释放更大政策效应，帮助市场主体特别是中小微企业、个体工商户纾困稳岗。

重中之重是要千方百计稳住高校毕业生就业。当前正处于离校就业的关键节点，要充分认识做好高校毕业生就业工作的重要性紧迫性，以未就业毕业生服务攻坚行动为抓手，以实名服务为支撑，拓展岗位资源，强化政策落实、权益维护、困难帮扶，切实担负起离校后就业工作的责任。把离校未就业高校毕业生实名信息作为重要基础，加强与有关部门和高校的信息衔接和服务对接，确保工作不断档、服务不断线。多渠道挖掘岗位，突出社会化市场化就业，细化实化毕业生就业去向定量指标，督促推动各有关方面落实到位。加快推进事业单位公开招聘。精心组织实施“三支一扶”计划，力争9月1日前新招募的高校毕业生基本实现上岗服务。做实做细“131”就业服务，加大落实百万见习岗位募集计划工作力度。对高校毕业生重点帮扶对象，实施“一人一档、一人一策”优先专项服务，并组织党员干部、服务机构结对帮扶。

要扎实做好稳定农民工特别是脱贫人口就业工作。积极拓宽农民工有序外出和就地就近就业渠道，加强就业服务、技能培训、权益维护，保障超龄农民工就业权益，开展防止返贫就业攻坚行动，最大力度帮助有意愿的农民工特别是脱贫人口外出务工，最大限度减少已外出的返乡回流，最大程度帮助已返乡的尽快就业。外出农民工输出省份和输入省份，要从两端发力，加强政策和工作衔接，深化东西部劳务协作。加大劳务品牌培育工作力度，认真筹备组织好今年的劳务品牌大会。

要精准做好困难群众就业和生活保障工作。畅通线上线下失业登记渠道，全面准确摸清失业人员特别是长期失业人员具体情况，及时提供精准服务。深入实施失业保险保障扩围政策，及时为失业人员兑现失业保险待遇。精心组织开展就业援助“暖心活动”，集中送岗位、送服务、送政策、送温暖。

要持续加强就业创业服务和职业技能培训。深入实施就业服务质量提升工程，接续开展百日千万网络招聘、金秋招聘月等各类就业服务专项活动，加强重点企业用工保障与重点群体就业帮扶有机衔接。优化鼓励并认真落实支持自主创业的政策措施，推动清理取消对就业创业的不合理限制，组织办好中国创翼创业创新大赛等活动，推进创业带动就业。加强零工市场建设，支持灵活就业健康发展。充分发挥人力资源市场服务机构的作用，增加更多的就业服务供给。加强技能培训促就业，扩大职业培训券使用范围，增强重点群体职业技能培训的针对性实效性。

要防范化解就业领域风险隐患。持续跟踪掌握重点地区、重点行业企业、重点群体相关情况，扎实做好就业统计监测，加强分析研判和政策措施储备，确保不发生规模性失业。严肃查处各类侵犯劳动者合法权益的行为，严禁在就业上歧视曾经新冠阳性的康复者，营造更加公平的就业环境。

第二，积极稳妥推进社会保障体系建设。重点是扎实做好保发放、促改革、强监管等工作，同时深入推进全民参保计划，做好今年退休人员基本养老金调整工作，积极落实提高城乡居民基本养老保险待遇政策，继续推进基本养老保险基金委托投资，加强社会保障能力建设，完善全国统一的社会保险公共服务平台，推进社保经办数字化转型。

要压实养老金按时足额发放责任，兜牢保发放底线。部里将根据形势变化和社保费缓缴政策实施情况，做好相关基金调剂工作。各地务必履行好保发放主体责任，严格收支管理，规范基金征缴，多措并举筹措资金，务必确保养老金按时足额发放。强化基金运行监测，科学测算好缓缴政策对基金减收的影响，预判一个时期的资金支出情况，提前做好资金筹措工作，加强与部里的情况报告、信息反馈等工作。特别是基金支付压力大的省份，要把困难估计得足一些，及时向党委、政府汇报情况，争取各方面的支持。

要稳慎推进重点改革任务落实。实施企业职工基本养老保险全国统筹。按照中央统一部署，积极稳妥做好规范统一费率、统一缴费基数、待遇项目清理规范工作，特别是个别还没有接入信息系统部级平台的务必尽快到位。加强统筹协调，加快制定相关的考核办法等配套措施，研究建立与全国统筹相适应的管理体系，持续推进基金流、业务流、信息流和配套的经办体系建设，切实解决基金结构性矛盾。扎实做好征缴职能划转相关工作。要推动个人养老金发展。加快工作进度，加强统筹协调，抓紧出台相关配套政策，推进信息管理服务平台建设，促进制度尽早落地实施。各地要合理确定试行城市，科学制定工作方案，逐步扩大实施范围，确保取得实效。积极推进新就业形态就业人员职业伤害保障试点。加大试点工作指导协调和督促推进力度，加强跟踪评估，总结推广经验，为确定完善制度模式提供科学决策依据。同时，加快推进失业保险和工伤保险省级统筹。建立健全失业保险保生活、防失业、促就业“三位一体”和工伤保险预防、康复、补偿“三位一体”的运行机制。

要加强基金监管，确保基金安全。深入落实社保基金管理提升方面的各项措施，责任到位、工作到位，既打好“攻坚战”，也打好“持久战”，切实抓出成效。依法健全社会保障基金监管体系，坚持政策、经办、信息、监督“四位一体”风险防控，强化人防、制防、技防、群防“四防”协同，严格基金监督，提升管理水平，以零容忍态度严厉打击欺诈骗保、套保或挪用贪占等违法行为，守牢社保基金安全底线。各地要加强基金监管能力建设，积极主动向党委、政府汇报，反映情况、提出建议。

第三，扎实推进各项人才人事工作。深入贯彻落实中央人才工作会议精神，坚持党管人才原则，坚持人才引领发展的战略地位，坚持聚天下英才而用之的基本方略，紧密结合部门职责，把准“四个面向”的目标方向，围绕建设国家战略人才力量壮大专业技术人才队伍，围绕更好促进经济转型发展加强技能人才队伍建设，扎实有效推进各项人才人事工作。

要细化落实中央任务要求。中央印发了关于加强和改进新时代人才工作的意见，审议通过了国家“十四五”期间人才发展规划。要在各级党委人才工作领导小组领导和组织部门牵头抓总下，找准工作定位，认真履行职能职责。对于牵头的任务，加强工作谋划，明确责任分工，严格落实不同方面的责任。对于配合做好的相关工作，加强与行业主管部门和人才工作相关职能部门的沟通协调，做到配合补台、协同发力。各地涉及全国、全系统的重大政策制度，要及时主动向部里请示汇报。

要扎实做好专业技术人才相关工作。持续抓好职称制度和职业资格制度改革任务落实，抓好改革政策落地、新标准制定、政策动态调整，健全细化配套政策和管理服务规范。围绕完善博士后制度，继续深入研究论证，听取各方面意见，加强与有关部门的协调联动，尽快提出一整套科学务实的措施。各地也要积极探索、大胆创新，为部里完善政策提供实践经验。落实优化政府特殊津贴制度的政策措施。积极稳妥推进县以下事业单位管理岗位职员等级晋升。抓紧研究制定高校、科研院所薪酬制度改革试点的意见。扎实做好国家表彰奖励相关工作，加强评比达标表彰和创建示范活动管理。

要加大技能人才发展力度。落实“十四五”职业技能培训国家专项规划和技工教育规划，推进部省合作明确的支持措施，落实省里的主体责任和任务要求。中央关于加强新时代高技能人才队伍建设的意见印发实施后，要按照任务要求，抓好贯彻落实，完善落实新时代技能人才职业技能等级制度，加大高技能人才表彰激励力度，抓紧颁布国家职业分类大典，加快新职业和职业标准开发应用，全面推进各项工作。建立健全技能人才评价服务体系，扎实做好技术技能类“山寨证书”专项治理工作。加强技工教育发展，稳定扩大技工院校招生规模，推动实施工学一体化技能人才培养模式，全面开展中国特色企业新型学徒制。实施好制造业技能根基工程和国家乡村振兴重点帮扶地区职业技能提升工程“两个工程”。认真做好世界技能大赛特别赛组团参赛各项工作。组织办好首届新职业和数字技术技能大赛，积极筹备第二届全国技能大赛。

第四，保持劳动关系总体和谐稳定。今年以来，受多种因素影响，劳动关系风险隐患在部分地区、行业、企业还比较突出，劳动关系领域纠纷往往也具有滞后性，今后矛盾触点可能会增多。我们要加大劳动关系工作力度，健全工作机制，积极维护劳动关系和谐稳定。

要妥善处理和协调劳动关系。正确把握促进企业发展与维护劳动者权益的关系，指导地方基层做好涉疫情劳动关系政策、新就业形态劳动者劳动保障权益政策的落实落地，加强对劳务派遣的监管。指导企业规范用工和妥善处理劳动关系，认真落实裁员报告制度，减少矛盾纠纷。深入推进劳动关系“和谐同行”能力提升，创新劳动关系公共服务方式方法，加强协调员队伍建设，扎实推进和谐劳动关系创建活动。加强协调劳动关系三方机制建设，更好发挥妥善处理社会利益关系、预防和化解劳动关系双方矛盾的作用。深入开展“保稳定、促和谐”专项工作，加强劳动关系风险监测和形势研判，落实好劳动关系运行情况报告制度和重大情况第一时间报告制度。同时，深化企业工资分配领域各项改革，完善企业工资分配宏观指导制度。组织开展全国农民工工作督察，扎实推动县域农民工市民化相关工作。

要多措并举强化纠纷调处。加强劳动争议协商调解工作，加大力度推进用人单位调解组织建设，进一步提高以协商调解处理争议案件数量在案件总量中的比重。推广全国“互联网+调解”服务平台和仲裁在线庭审方式。实施仲裁办案指导工作规范，进一步明确各级仲裁办案的指导权责。加强新就业形态争议处理工作，通过典型案例明确裁审尺度。组织落实好集中清理劳动争议积案工作，对超审限仲裁案件全面摸底排查，尽快全部办结。

要持续加强劳动保障监察执法。今年形势下，尤其要抓紧抓实根治欠薪各项工作。坚持以实施保障农民工工资支付条例为主线，推动支付保障制度全覆盖，聚焦重点领域、重要节点，畅通维权渠道，加强欠薪重点问题治理，扎实组织开展根治欠薪专项行动，切实维护农民工劳动报酬权益。组织开展 2021 年度省级政府根治欠薪工作考核，推动落实属地监管责任和行业部门主管责任。提高监察员能力水平，健全以“双随机、一公开”监管为基本手段、以信用监管为基础、以重点监管为补充的监察执法机制。

第五，不断优化人力资源社会保障便民服务。加强便民服务是落实各项惠民政策的基本方式。要坚持改革引领、数据赋能、作风保障，为企业和群众提供更加方便快捷的公共服务，推进决策科学化、管理精细化、服务人本化。

要提升信息化水平。把信息化建设作为持续优化利企便民数字化服务的重要手段，让网上办、掌上办等不见面服务逐步成为服务主渠道，加强部内、系统内、部门之间数据共享和开发应用，提升数字化治理效能。加快推进社保卡“一卡通”，相关试点省份要积极发挥好示范引领作用，其他地区也要根据实际情况积极跟进。如期完成全国统筹、个人养老金、职业伤害保障等信息平台建设任务。注重加强数据安全基础制度建设，既要保障系统安全，更要确保数据安全，做到数据共享到哪里、应用范围拓展到哪里，安全保障就要跟进到哪里。

要创新优化服务模式。深入推进人力资源社会保障领域“一件事”集成改革，持续推进“清事项、减材料、压时限”，大力推行“一门办、一窗办、一网通办、跨省通办”等创新做法，健全完善线上线下办事大厅的窗口设置、服务模式标准化建设，形成各地统一的便捷高效服务。持续深入开展人社服务快办行动，努力打造人社优质服务“样板间”。积极拓展网点化外延服务，丰富上门办、免申即办等服务手段，不断构建、拓展便民服务圈。针对老年人、残疾人等群体，完善窗口设施，开通绿色通道，特殊情况上门服务。

要持续加强系统行风建设。深入开展“厅局长走流程”、青年干部暗访调研。坚持以制度管人管事，健全公共服务规范承诺制，不断完善窗口服务制度、内部管理制度、风险防控制度等，全面实施“好差评”，提升干部服务意识和服务水平。充分发挥基层窗口直接接触群众的优势，加强政策宣传解读，把党的政策讲透彻，把对群众的利益安排讲明白，把改革举措和办事流程讲清楚。持续加强经办服务队伍建设，强化基层一线工作人员教育培训，常态化开展练兵比武，主动为他们排忧解难，引导大家更好地为民服务。

三、压实责任、真抓实干，全力以赴抓好各项工作落实

做好今后几个月的工作，任务繁重。各级人力资源社会保障部门要以更加强烈的责任感使命感紧迫感，以中央巡视整改为新动力，再接再厉、迎难而上，切实把各项工作抓实抓细抓到位。

要提高政治站位。深入学习贯彻习近平总书记重要指示批示精神，牢记让人民生活幸福这一“国之大者”，着眼于保持经济平稳运行、稳就业保民生这个大局，充分认识做好人力资源社会保障工作的重大意义，全面、准确、创造性地将党中央的决策部署落到实处。坚持高效统筹疫情防控和经济社会发展、统筹发展和安全，对标对表中央明确的目标任务，将做到“两个维护”体现在履职尽责、做好本职工作的实效上。增强政治意识和政治敏锐性，善于从一般日常事务中发现政治问题，善于从倾向性、苗头性问题中发现政治端倪，善于从错综复杂的矛盾关系中把握政治逻辑。谋划、推动任何工作首先要善于从政治上把握、从政治上考量，注重政治效果，防范政治风险，考虑政治影响。最重要的是看是否符合中央精神，是否顺应人民群众需求期盼，妥善把握利益关系，切实增进人民群众获得感幸福感安全感。

要强化责任担当。做到守土有责、守土尽责，主要负责同志要时时放在心上，亲自抓、抓具体、抓深入，靠前发力、加快节奏，不能有丝毫松懈。坚持求真务实，使各项工作符合复杂而又不断变化的客观实际，出实招、办实事、求实效，操作上细致精当，多一些细心、耐心、巧心，把严实作风贯穿工作全过程各方面。健全工作推进机制，逐项明确责任人、时间表，加强指导督促和跟踪问效，打通政策兑现“最后一公里”。加强调查研究，围绕重要政策落实、重大改革任务攻坚，深入研究思考，梳理分析政策实施过程中的突出问题和薄弱环节，拿出解决问题的思路和办法。树立正确政绩观，力戒形式主义、官僚主义，把整治形式主义与为基层减负工作有机结合起来，不搞“花架子”、做表面文章，更不能弄虚作假。同时，要体谅基层的难处，想办法给予更多支持，保障所需的工作条件。

要增强系统观念。强化战略性，既立足当下又着眼长远，把过去、现在和未来贯通起来，把近期、中期和远期目标统筹起来，深入分析机遇挑战，加强前瞻性思考、系统性谋划。强化整体性，既坚持全国一盘棋，又充分发挥各地优势、体现不同特点，步调一致、全面推进，多点发力、带动全局。既在统筹兼顾中全面推进事业发展，又抓主要矛盾和矛盾的主要方面，把握阶段性重点、抓住关键性事项，以求“牵一发而动全身”“落一子而满盘活”。强化层次性，既以目标为着眼点，又以问题为着力点，兼顾各方面利益关切，考虑各方面限制条件，找准找好利益平衡点。强化结构性，深入研究各板块各领域工作的关联性和耦合性，加强协调联动，提升综合效能。

要树牢底线思维。强化风险意识，加强风险预警预判，把握好关键环节和关键时间节点，从工作的各方面、各环节和全过程、全链条，认真梳理、研判可能发生的风险点，做实预案、堵塞漏洞。完善风险防控责任体系，各地要切实担负起主体责任、属地责任，第一时间处置风险，及时向当地党委、政府和部里报告情况，上下联动、横向协同，齐心协力处置好各类风险隐患。要严格落实意识形态工作责任制，合理把握各项政策出台实施和对外公布的时度效，加强政策解读，强化舆情监测，凝聚共识合力。总之，各单位、各厅局一把手就是各领域的第一责任人，必须切实担起责、把好关，决不能因我们工作不到位而引发影响社会稳定的事件，决不能在人力资源社会保障领域发生区域性系统性风险。

同志们，做好人力资源社会保障工作责任重大，使命光荣。我们要坚持以习近平新时代中国特色社会主义思想为指导，主动作为、攻坚克难，锐意创新、开拓进取，以实际行动迎接党的二十大胜利召开。

在传达学习贯彻党的二十大精神党组扩大会上的讲话

周祖翼

（2022年10月24日）

党的二十大于10月16日至22日在北京隆重举行。这是在全党全国各族人民迈上全面建设社会主义现代化国家新征程、向第二个百年奋斗目标进军的关键时刻召开的一次十分重要的大会，是一次高举旗帜、凝聚力量、团结奋进的大会。大会的主题是：高举中国特色社会主义伟大旗帜，全面贯彻习近平新时代中国特色社会主义思想，弘扬伟大建党精神，自信自强、守正创新，踔厉奋发、勇毅前行，为全面建设社会主义现代化国家、全面推进中华民族伟大复兴而团结奋斗。大会明确宣示党在新征程上举什么旗、走什么路、以什么样的精神状态、朝什么样的目标继续前进，对全面建成社会主义现代化强国“两步走”战略安排进行宏观展望，科学谋划党和国家事业发展的目标任务和大政方针，对鼓舞和动员全党全军全国各族人民坚持和发展中国特色社会主义、以中国式现代化全面推进中华民族伟大复兴，具有重大而深远的意义。大会选举产生了新一届中央委员会和中央纪律检查委员会，通过了关于十九届中央委员会报告的决议、关于十九届中央纪律检查委员会工作报告的决议、关于《中国共产党章程（修正案）》的决议。会后，中央召开了二十届一中全会，中央纪委召开了二十届一次全会。

在党的二十届一中全会上，习近平同志再次当选中共中央委员会总书记、中央军委主席，这是实践的选择、历史的选择，也是全党的选择、人民的选择，反映了全党全军全国各族人民的共同心愿。一批德才兼备、年富力强的领导干部进入新一届中央领导机构，形成了以习近平同志为核心的新一届中央领导集体，我们坚决拥护、坚决服从。我们坚信，以习近平同志为核心的新一届中央领导集体一定能够团结带领全党全国各族人民，用新的伟大奋斗创造新的伟业。一中全会后，二十届中共中央政治局常委同中外记者见面，习近平总书记发表重要讲话，代表新一届中共中央领导成员，衷心感谢全党同志的信任，郑重宣示一定牢记党的性质和宗旨，牢记自己的使命和责任，恪尽职守、勤勉工作，决不辜负党和人民重托，强调在新征程上，要始终保持昂扬奋进的精神状态，始终坚持一切为了人民、一切依靠人民，始终推进党的自我革命，始终弘扬全人类共同价值，踔厉奋发、勇毅前行，努力创造更加灿烂的明天。

学习好、宣传好、贯彻好党的二十大精神，是全部当前和今后一个时期的首要政治任务。机关党委要按照中央统一部署，制定部内总体方案。对于现阶段学习贯彻，我代表部党组讲四点意见。

一、深入学习领会党的二十大精神，深刻领悟“两个确立”的决定性意义，切实增强做到“两个维护”的政治自觉、思想自觉、行动自觉

学习党的二十大精神，最主要的就是学习二十大报告和新修订的党章。习近平总书记代表十九届中央委员会所作的报告，主题鲜明、气势磅礴、催人奋进，是一个强信心、聚党心、暖民心、筑同心的好报告，是党和人民智慧的结晶。报告全面回顾了过去五年的工作和新时代十年的伟大变革，阐述了开辟马克思主义中国化时代化新境界、中国式现代化的中国特色和本质要求等重大问题，提出了新时代新征程中国共产党人的使命任务，发出了为全面建设社会主义现代化国家、全面推进中华民族伟大复兴而团结奋斗的动员令，是我们党团结带领全国各族人民夺取中国特色社会主义新胜利的政治宣言和行动纲领，是马克思主义的纲领性文献。这次党章修改，把党的二十大报告确立的重大理论观点和重大战略思想写入党章，使党章充分体现了马克思主义中国化时代化最新成果，充分体现了党的十九大以来党中央提出的治国理政新理念新思想新战略，充分体现了党的工作和党的建设的新鲜经验。我们要认真学习、深刻领会、全面把握二十大报告和新修订党章的丰富内涵、精神实质、核心要义、基本要求，重点在以下八个方面下功夫。

（一）深刻理解和把握过去五年工作和新时代十年伟大变革的重大意义。二十大报告指出，十九大以来的五年，是极不寻常、极不平凡的五年，我们党团结带领人民，攻克了许多长期没有解决的难题，办成了许多事关长远的大事要事，取得了举世瞩目的重大成就。报告强调，我们经历了对党和人民事业具有重大现实意义和深远历史意义的三件大事：一是迎来中国共产党成立一百周年，二是中国特色社会主义进入新时代，三是完成脱贫攻坚、全面建成小康社会的历史任务，实现第一个百年奋斗目标，这是中国共产党和中国人民团结奋斗赢得的历史性胜利，是彪炳中华民族发展史册的历史性胜利，也是对世界具有深远影响的历史性胜利。报告从16个方面回顾了党和国家事业取得的历史性成就、发生的历史性变革。报告指出，新时代十年的伟大变革，在党史、新中国史、改革开放史、社会主义发展史、中华民族发展史上具有里程碑意义。我们学习贯彻二十大精神，就要深刻认识到，新时代十年辉煌成就和伟大变革彪炳史册、来之不易，根本在于有习近平总书记作为党中央的核心、全党的核心掌舵领航，在于有习近平新时代中国特色社会主义思想的科学指引。“两个确立”是党的十八大以来最重要的政治成果，是新时代引领党和国家事业从胜利走向新的胜利的政治保证，也是战胜一切艰难险阻、应对一切不确定性的最大确定性、最大底气、最大保证，已经写在了新时代的伟大征程上，写在了全党全军全国各族人民的心坎上，成为全党全军全国各族人民的高度共识和共同意志。要深刻认识到，新时代新征程上，把中国特色社会主义事业推向前进，最紧要的是深刻领悟“两个确立”的决定性意义，在任何时候任何情况下都忠诚核心、拥戴核心、维护核心、捍卫核心，坚决做到“两个维护”。

（二）深刻理解和把握习近平新时代中国特色社会主义思想的丰富内涵和世界观方法论。二十大报告指出，实践告诉我们，中国共产党为什么能，中国特色社会主义为什么好，归根到底是马克思主义行，是中国化时代化的马克思主义行。党的十八大以来，我们党把马克思主义基本原理同中国具体实际相结合、同中华优秀传统文化相结合，以全新的视野深化对共产党执政规律、社会主义建设规律、人类社会发展规律的认识，取得重大理论创新成果，集中体现为习近平新时代中国特色社会主义思想，开辟了马克思主义中国化时代化新境界。报告强调，十九大、十九届六中全会提出的“十个明确”“十四个坚持”“十三个方面成就”是这一思想的主要内容，必须长期坚持并不断丰富发展。同时指出，继续推进实践基础上的理论创新，首先要把握这一思想的世界观和方法论，坚持好、运用好贯穿其中的立场观点方法，做到“六个坚持”，即坚持人民至上、坚持自信自立、坚持守正创新、坚持问题导向、坚持系统观念、坚持胸怀天下。这“六个坚持”是习近平新时代中国特色社会主义思想的精髓，也是推进党的理论创新的根本要求。我们学习贯彻二十大精神，就要牢牢把握习近平新时代中国特色社会主义思想的核心要义，在学懂弄通做实上下功夫，切实做到融会贯通，特别是深刻理解和把握这“六个坚持”，从而深入领会党的创新理论的道理学理哲理，做到知其言更知其义、知其然更知其所以然，切实把党的创新理论贯彻落实到人社工作各方面全过程。

（三）深刻理解和把握中国式现代化的中国特色和本质要求。二十大报告指出，从现在起，中国共产党的中心任务就是“团结带领全国各族人民全面建成社会主义现代化强国、实现第二个百年奋斗目标，以中国式现代化全面推进中华民族伟大复兴。”报告强调，中国式现代化是中国共产党领导的社会主义现代化，既有各国现代化的共同特征，更有基于自己国情的中国特色。报告深入阐释了中国式现代化5个方面的中国特色，即人口规模巨大的现代化、全体人民共同富裕的现代化、物质文明和精神文明相协调的现代化、人与自然和谐共生的现代化、走和平发展道路的现代化。报告对中国式现代化的本质要求作出科学概括，即坚持中国共产党领导，坚持中国特色社会主义，实现高质量发展，发展全过程人民民主，丰富人民精神世界，实现全体人民共同富裕，促进人与自然和谐共生，推动构建人类命运共同体，创造人类文明新形态。这个概括是我们党深刻总结我国和世界其他国家现代化建设的历史经验，是对我国这样一个东方大国如何加快实现现代化在认识上不断深入、战略上不断完善、实践上不断丰富而形成的思想理论结晶。我们学习贯彻二十大精神，就要深刻认识中国式现代化扎根中国大地、切合中国实际，彰显了中国特色社会主义制度的优越性，深刻领会坚持把国家和民族发展放在自己力量的基点上，把发展进步的命运牢牢掌握在自己手中。要深刻领会、系统把握中国式现代化的理论体系、实践逻辑，特别是要把本质要求落实到人社各项工作中，坚定“四个自信”，坚持独立自主、自力更生，坚定不移走好自己的路，心无旁骛做好自己的事，立足本职担负起推动实现中国式现代化的使命任务。

（四）深刻理解和把握报告对未来一个时期党和国家事业发展作出的战略安排。二十大报告明确了全面建成社会主义现代化强国“两步走”的总的战略安排，即从二〇二〇年到二〇三五年基本实现社会主义现代化；从二〇三五年到本世纪中叶把我国建成富强民主文明和谐美丽的社会主义现代化强国。报告提出了到二〇三五年总体目标和未来五年主要目标任务，强调未来五年是全面建设社会主义现代化国家开局起步的关键时期，对统筹推进“五位一体”总体布局、协调推进“四个全面”战略布局作出了全面部署。报告指出，我国发展进入战略机遇和风险挑战并存、不确定难预料因素增多的时期，必须增强忧患意识，坚持底线思维，做到居安思危、未雨绸缪，准备经受风高浪急甚至惊涛骇浪重大考验。报告指出了前进道路上必须牢牢把握“五个坚持”的重大原则，即坚持和加强党的全面领导，坚持中国特色社会主义道路，坚持以人民为中心的发展思想，坚持深化改革开放，坚持发扬斗争精神。我们学习贯彻二十大精神，就要扎实贯彻落实党中央对未来一个时期作出的战略部署，聚焦高质量发展这一主题，完整、准确、全面贯彻新发展理念，认真落实“五个坚持”的原则要求，紧密结合实际，把准人社事业改革发展的时代要求、总体目标和方法路径，坚持用改革的办法解决体制机制性障碍，坚定信心、锐意进取，主动识变应变求变，主动防范化解风险，以人社事业发展新成就助推全面建设社会主义现代化国家新胜利。

（五）深刻理解和把握坚持以人民为中心的发展思想、扎实推进共同富裕的部署要求。二十大报告指出，中国式现代化是全体人民共同富裕的现代化，共同富裕是中国特色社会主义的本质要求。我们坚持把实现人民对美好生活的向往作为现代化建设的出发点和落脚点，着力维护和促进社会公平正义，着力促进全体人民共同富裕。这从根本上体现了党的初心使命、性质宗旨，体现了我国社会主义制度的优越性，有利于激发全体人民的积极性、主动性、创造性，有利于增强党的凝聚力、向心力、号召力。同时，要深刻认识到，实现全体人民共同富裕是一个长期的历史过程，不可能一蹴而就，必须保持历史耐心、进行不懈努力。我们学习贯彻二十大精神，就要按照二十大报告的部署要求，进一步贯彻以人民为中心的发展思想，把促进全体人民共同富裕摆在更加突出的位置，着力提高群众就业能力、致富带富本领，健全多层次社会保障体系，推动构建初次分配、再分配、第三次分配协调配套的制度体系，深化人才发展体制机制改革，畅通社会向上流动通道，创造公平竞争的良好环境，助力每个人共同享有人生出彩的机会、梦想成真的机会，同时坚持尽力而为、量力而行，循序渐进、久久为功，防止落入“中等收入陷阱”“福利主义陷阱”，在推进高质量发展中推动共同富裕取得更为明显的实质性进展。

（六）深刻理解和把握以伟大自我革命引领伟大社会革命的重要要求。二十大报告指出，全面从严治党是党永葆生机活力、走好新的赶考之路的必由之路。经过不懈努力，党找到了自我革命这一跳出治乱兴衰历史周期率的第二个答案。报告提出，全党同志要务必不忘初心、牢记使命，务必谦虚谨慎、艰苦奋斗，务必敢于斗争、善于斗争。这“三个务必”既是对党的光荣传统的总结凝练，也是自我革命的与时俱进。报告告诫全党，作为世界上最大的马克思主义执政党，要始终赢得人民拥护、巩固长期执政地位，必须时刻保持解决大党独有难题的清醒和坚定。要深刻认识到，“四大考验”将长期存在，“四大危险”将长期存在，必须牢记全面从严治党永远在路上，党的自我革命永远在路上，必须持之以恒推进全面从严治党，深入推进新时代党的建设新的伟大工程，以党的自我革命引领社会革命。我们学习贯彻二十大精神，就要始终牢记、扎实践行“三个务必”，认真落实新时代党的建设总要求，全面加强机关党的建设，把管党治党的螺丝拧得更紧，把制度的笼子扎得更牢，推动全面从严治党、从严治部向纵深发展。

（七）深刻理解和把握团结奋斗的时代要求。党的百年历史告诉我们，团结就是力量，奋斗开创未来。二十大报告把团结奋斗提到新的战略高度。“团结奋斗”是贯穿二十大报告的一个十分重要的关键词。报告的标题、大会主题，以及报告的很多内容，比如在新时代十年“三件大事”、党的中心任务、增进民生福祉等部分，都鲜明突出了“团结奋斗”。报告结束语强调，团结奋斗是中国人民创造历史伟业的必由之路，要始终保持同人民群众的血肉联系，始终接受人民批评和监督，始终同人民同呼吸、共命运、心连心。报告全篇以“团结奋斗”铿锵结尾。总书记在参加广西代表团讨论时强调，要牢牢把握团结奋斗的时代要求，全党全国各族人民要在党的旗帜下团结成“一块坚硬的钢铁”。过去一年，总书记还在多个场合强调了“团结奋斗”的重要性。我们学习贯彻二十大精神，就要从政治上来深刻理解和把握团结奋斗，坚持团结奋斗，是新时代伟大斗争实践中总结出来的重要经验，也是胜利实现第二个百年奋斗目标的重要保证。面对新征程上的各种风险挑战，我们比以往任何时候都更加需要保持党的领导核心和指导思想的长期稳定，比任何时候都更加需要保证党的团结统一。我们要更加紧密地团结在以习近平同志为核心的党中央周围，坚决维护党中央权威和集中统一领导，坚决贯彻落实党中央决策部署。要坚持全心全意为人民服务的宗旨，树牢群众观点，贯彻群众路线，全力做好保障和改善民生各项工作，以真心付出赢得民心、凝聚人心，引导各类人才、重点群体爱党报国，通过共同奋斗创造美好生活。

（八）深刻理解和把握党章修改的重大意义和重要内容。二十大通过了党章修正案。这次党章修改，是适应新形势新任务对党的工作和党的建设提出的新要求而进行的，也是新征程上推进制度治党、依规治党的客观需要，体现了我们党作为马克思主义执政党与时俱进的理论勇气、勇于自我革命的鲜明品格，对于增强党的创造力、凝聚力、战斗力，对于全党进一步统一思想、意志和行动，为夺取中国特色社会主义新胜利而团结奋斗，具有重要意义。新修订的党章，总结吸收了党的十九大以来党的工作和党的建设的成功经验，写入了二十大报告确立的重大理论观点和重大战略思想，特别是写入了十九大以来习近平新时代中国特色社会主义思想新发展，更好反映了以习近平同志为核心的党中央推进党的理论创新、实践创新、制度创新的最新成果，为全党提供了科学理论指导和强大思想武器。我们学习贯彻二十大精神，就要把学习贯彻党章作为重要内容，作为常态化开展党史学习教育的重要举措，抓实抓好抓到位。每名党员干部特别是领导干部都要更加自觉地学习党章、遵守党章、贯彻党章、维护党章，自觉用党章规范自己的言行。

二、全面准确把握党的二十大对人社工作的新部署新要求，不折不扣落实各项重点任务，推动人社事业高质量发展迈上新台阶

二十大报告对未来五年党和国家事业发展重点任务进行了战略部署，许多任务都带有全局性、系统性、战略性，要求各级党组织和广大党员广泛参与、全面执行，也要求我们立足人社职能职责抓好贯彻落实。同时，报告回顾总结了新时代就业、社会保障、人才人事、劳动关系等人社工作取得的成就，指出了工作还存在一些不足、面临不少困难和问题，提出了未来五年新的目标任务，为我们持续推动人社事业改革发展指明了方向、提供了根本遵循。

对报告提出的重点任务，我们要全面梳理，准确理解把握党中央精神和要求，紧密结合实际创造性抓好落实。要胸怀“国之大者”，加强全局观念，把局部工作放到全局工作中去思考和落实，在党和国家事业发展大局中找准人社工作的切入点和着力点。特别是要深刻认识到，共同富裕是中国特色社会主义的本质要求，在实现全体人民共同富裕的伟大历史进程中，不论是把“蛋糕”做大做好，还是把“蛋糕”切好分好，人社部门都肩负重要使命、承担重要责任。我们要认真学习、深入研究，立足职能狠抓落实，把党中央相关重大决策部署体现到人社领域重大战略、重大政策、重大任务、重大工作中去，做到既为人社增光，更为全局添彩。

在就业方面，二十大报告明确提出实施就业优先战略，强调就业是最基本的民生，要强化就业优先政策，健全就业促进机制，促进高质量充分就业。健全就业公共服务体系，完善重点群体就业支持体系，加强困难群体就业兜底帮扶。统筹城乡就业政策体系，破除妨碍劳动力、人才流动的体制和政策弊端，消除影响平等就业的不合理限制和就业歧视，使人人都有通过勤奋劳动实现自身发展的机会。健全终身职业技能培训制度，推动解决结构性就业矛盾。完善促进创业带动就业的保障制度，支持和规范发展新就业形态。二十大报告不仅强调就业优先战略、强化就业优先政策的“双优先”理念，“最基本的民生”的定位更是强化了就业对经济社会发展的基础性支撑和保障作用，进一步凸显了做好就业工作的极端重要性和现实紧迫性。我们要始终牢记，让老百姓过上好日子是我们一切工作的出发点和落脚点。就业是保障和改善民生的根本举措，高质量充分就业是实现共同富裕的必然要求。要坚持把稳就业保就业作为人社系统重大的政治责任，以强有力的政治担当落实好二十大关于就业工作的总体安排，坚持就业优先，从就业促进机制、公共服务、重点群体支持、兜底帮扶、平

等就业、创业带动就业等方面综合发力，在青年就业、技能培训上下更大功夫，不断促进高质量充分就业。

在社会保障方面，二十大报告强调社会保障体系是人民生活的安全网和社会运行的稳定器，要健全覆盖全民、统筹城乡、公平统一、安全规范、可持续的多层次社会保障体系。完善基本养老保险全国统筹制度，发展多层次、多支柱养老保险体系。实施渐进式延迟法定退休年龄。扩大社会保险覆盖面，健全基本养老、基本医疗保险筹资和待遇调整机制，推动基本医疗保险、失业保险、工伤保险省级统筹。加快完善全国统一的社会保险公共服务平台。健全社保基金保值增值和安全监管体系。二十大报告从事关人民生活保障、社会运行稳定的高度和角度，深刻阐明了健全社会保障体系的重要意义，特别是突出了公平统一和安全规范的要求。我们要按照二十大的有关重要部署，聚焦健全多层次社会保障体系这一目标，扩大覆盖范围，稳慎推进重点改革，持续强化基金监管，切实兜牢保发放底线，不断织密社会保障安全网。同时还要加强社会保障能力建设和行风建设，有效提升社保经办服务的质量和水平，促进广大群众共享改革发展成果，为实现共同富裕提供有利条件。

在人才人事方面，二十大报告指出，教育、科技、人才是全面建设社会主义现代化国家的基础性、战略性支撑，必须坚持科技是第一生产力、人才是第一资源、创新是第一动力，深入实施人才强国战略。强调培养造就大批德才兼备的高素质人才是国家和民族长远发展大计，要坚持党管人才原则，坚持尊重劳动、尊重知识、尊重人才、尊重创造，实施更加积极、更加开放、更加有效的人才政策。完善人才战略布局，建设规模宏大、结构合理、素质优良的人才队伍。加快建设世界重要人才中心和创新高地，促进人才区域合理布局和协调发展，着力形成人才国际竞争的比较优势。加快建设国家战略人才力量，努力培养造就更多大师、战略科学家、一流科技领军人才和创新团队、青年科技人才、卓越工程师、大国工匠、高技能人才。加强人才国际交流，用好用活各类人才。深化人才发展体制机制改革，真心爱才、悉心育才、倾心引才、精心用才，把各方面优秀人才集聚到党和人民事业中来。要统筹职业教育、高等教育、继续教育协同创新，推进职普融通、产教融合、科教融汇。二十大报告专门用一节内容部署人才工作，把人才强国战略摆在了更加突出的位置，彰显了党中央对新时代人才工作的高度重视，对人才工作规律又有新的科学认识。人社部门作为党管人才工作格局中的重要部门，要深入贯彻二十大的部署要求，坚持人才引领发展的战略地位，充分发挥职能优势，围绕建强壮大专业技术人才队伍和技能人才队伍，全力做好政策支持、服务保障等各项工作，为到二〇三五年建成人才强国作出应有贡献。

在收入分配和劳动关系方面，二十大报告指出分配制度是促进共同富裕的基础性制度，要坚持按劳分配为主体、多种分配方式并存，构建初次分配、再分配、第三次分配协调配套的制度体系。努力提高居民收入在国民收入分配中的比重，提高劳动报酬在初次分配中的比重。坚持多劳多得，鼓励勤劳致富，促进机会公平，增加低收入者收入，扩大中等收入群体。完善按要素分配政策制度。加大税收、社会保障、转移支付等的调节力度。规范收入分配秩序，保护合法收入，调节过高收入，取缔非法收入。同时，二十大报告强调，要健全劳动法律法规，完善劳动关系协商协调机制，完善劳动者权益保障制度，加强灵活就业和新就业形态劳动者权益保障。要全心全意依靠工人阶级，健全以职工代表大会为基本形式的企事业单位民主管理制度，维护职工合法权益。二十大报告在增进民生福祉部分开篇用单独一节内容突出强调完善分配制度，并部署了收入分配、劳动关系等改革发展的重点任务，我们要从服务共同富裕大局、维护社会和谐稳定的高度，找准人社工作的着力点、主攻方向和有效路径，积极担当作为，结合实际落实到位。

三、深入贯彻落实新时代党的建设总要求，持之以恒推进全面从严治党，着力把机关党组织建设得更加坚强有力

二十大报告指出，我们党立志于中华民族千秋伟业，致力于人类和平与发展崇高事业，责任无比重大，使命无上光荣。全面建设社会主义现代化国家、全面推进中华民族伟大复兴，关键在党。报告对坚持和加强党的全面领导、深入推进新时代党的建设新的伟大工程作出了一系列战略部署。这些重要部署，以党的政治建设统领党的各项建设工作，为深入推进新时代党的建设新的伟大工程指引了方向、明确了目标，也为我们加强机关党的建设提供了根本遵循。

在坚持和加强党中央集中统一领导方面，报告强调党的领导是全面的、系统的、整体的，必须全面、系统、整体加以落实。要健全总揽全局、协调各方的党的领导制度体系，完善党中央重大决策部署落实机制，加强党的政治建设，提高各级党组织和党员干部政治判断力、政治领悟力、政治执行力，确保全党在政治立场、政治方向、政治原则、政治道路上同党中央保持高度一致，确保党的团结统一。在坚持不懈用习近平新时代中国特色社会主义思想凝心铸魂方面，强调要全面加强党的思想建设，加强理想信念教育，引导全党牢记党的宗旨，自觉做共产主义远大理想和中国特色社会主义共同理想的坚定信仰者和忠实实践者。在完善党的自我革命制度规范体系方面，强调要坚持制度治党、依规治党，健全党统一领导、全面覆盖、权威高效的监督体系，发挥政治巡视利剑作用，落实全面从严治党政治责任，用好问责利器。在建设堪当民族复兴重任的高素质干部队伍方面，强调要坚持党管干部原则，坚持德才兼备、以德为先、五湖四海、任人唯贤，树立选人用人正确导向，选拔忠诚干净担当的高素质专业化干部，选优配强各级领导班子，增强干部推动高质量发展本领、服务群众本领、防范化解风险本领，加强干部斗争精神和斗争本领养成，坚持严管和厚爱相结合，激励干部敢于担当、积极作为。在增强党组织政治功能和组织功能方面，强调严密的组织体系是党的优势所在、力量所在，各级党组织要履行党章赋予的各项职责，把党的路线方针政策和党中央决策部署贯彻落实好，把各领域广大群众组织凝聚好。坚持大抓基层的鲜明导向，推进以党建引领基层治理，把基层党组织建设成为有效实现党的领导的坚强战斗堡垒，全面提高机关党建质量，激励党员发挥先锋模范作用，保持党员队伍先进性和纯洁性。在坚持以严的基调强化正风肃纪方面，强调党风问题关系执政党的生死存亡，要弘扬党的光荣传统和优良作风，促进党员干部特别是领导干部带头深入调查研究，扑下身子干实事、谋实招、求实效，锲而不舍落实中央八项规定精神，持续深化纠治“四风”，重点纠治形式主义、官僚主义，坚决破除特权思想和特权行为。在坚决打赢反腐败斗争攻坚战持久战方面，强调腐败是危害党的生命力和战斗力的最大毒瘤，反腐败是最彻底的自我革命。只要存在腐败问题产生的土壤和条件，反腐败斗争就一刻不能停，必须永远吹冲锋号，坚持不敢腐、不能腐、不想腐一体推进，同时发力、同向发力、综合发力，以零容忍态度反腐惩恶。深化标本兼治，不断取得更多制度性成果和更大治理效能。

我们学习贯彻二十大精神，就要紧密结合实际，全面系统研究新时代加强机关党的建设的目标任务和具体措施，不断提高机关党的建设质量和工作水平。要把政治建设摆在机关建设的首位，突出我部政治机关定位，突出人社工作政治性、人民性，教育引导全体党员深刻领悟“两个确立”的决定性意义，坚决做到“两个维护”，不断增强政治判断力、政治领悟力、政治执行力，坚定不移在思想上政治上行动上同以习近平同志为核心的党中央保持高度一致。要学懂弄通做实习近平新时代中国特色社会主义思想，坚持好、运用好贯穿其中的立场观点方法，把这一思想贯彻落实到人社工作各方面全过程。要认真落实干部工作原则和好干部标准，完善干部考核评价机制，按照“政治家加专门家”的要求，围绕事业需要选干部、配班子。同时，把青年工作作为战略性工作抓紧抓好。要着力强化基础建设，切实增强组织力凝聚力，发挥好党支部在服务人社中心工作、落实人社重大任务、推动人社事业发展中的政治引领、督促落实、监督保障作用。要认真落实中央纪委工作报告部署要求，持之以恒正风肃纪反腐，认真落实中央八项规定精神，持续纠“四风”树新风，强化纪法教育、警示教育，加强对“一把手”和领导班子监督，严格加强日常管理，运用监督执纪“四种形态”，一体推进不敢腐、不能腐、不想腐。

四、迅速行动抓紧抓实对党的二十大精神的学习宣传贯彻，以更加饱满的状态、更加务实的作风推进各项工作

今天的部党组扩大会对党的二十大精神的学习只是一个开始。全部全系统各级党组织和广大党员干部要按照部党组的安排部署，立即行动起来，迅速兴起学习宣传贯彻二十大精神的热潮，自觉把思想和行动统一到二十大精神上来，把智慧和力量凝聚到二十大提出的重大战略部署和各项任务上来。

一要精心组织安排，集中开展二十大精神学习宣传工作。要按照中央统一部署，通过开展中心组学习、举办辅导报告、开展培训、组织座谈交流等多种方式，深刻理解精神实质，切实增强贯彻自觉。部党组首先要带头示范，组织开展理论学习中心组专题集体学习，党组同志要精心指导分管单位开展好集中学习。要组织开展学习贯彻二十大精神专题培训和专题辅导，部属各单位党组织要结合实际，制定具体学习计划，组织全部党员干部原原本本学，认真研读二十大报告和党章，并努力把学习领会的成果转化为贯彻落实的具体行动。同时，要精心策划，深度宣传二十大精神，集中推出一批有分量有深度的报道和理论文章，大力宣传广大党员干部学习贯彻二十大精神的新气象新风貌和人社事业新进展新成效，在全部和系统上下推动形成良好氛围。

二要紧紧围绕二十大确定的中心任务，系统谋划和推进新时代新征程人社事业发展。自觉把人社工作放到全面建设社会主义现代化国家的大局中去思考，放眼未来五年乃至更长时期，围绕二十大在扎实推进共同富裕、增进人民福祉、提高人民生活品质、为现代化建设提供人才支撑等方面的重大部署，深入分析人社工作面临的形势、机遇和挑战，深入开展调查研究，找准贯彻落实党的二十大精神的结合点、切入点、着力点，科学谋划以人社事业高质量发展助推中国式现代化的重点任务和关键举措，研究制定明年的工作思路，特别是针对关系全局的系统性难题、结构性矛盾，以及人民群众的急难愁盼问题，要切实拿出实招硬招管用招，着力在补短板、强弱项、固底板、扬优势上下功夫，确保二十大明确的人社领域任务不折不扣落实到位。

三要以学习贯彻二十大精神为动力，扎实做好年底前各项重点工作。现在到年底只有2个多月的时间，经济运行面临的形势依然严峻复杂，完成年度各项既定目标时间紧、任务重，要突出抓好三件事情。第一，开好年底的工作交流会。这次会议，主要是深入学习领会二十大精神，研究贯彻落实二十大精神的工作思路和措施。党组同志要以二十大精神为指导，就分管工作提出贯彻落实的思路和措施。各单位要在认真学习的基础上，对本单位如何贯彻落实党的二十大精神提出具体打算。第二，筹备召开全国人力资源和社会保障工作会议。今年的工作会议要认真贯彻落实二十大精神，全面回顾总结新时代十年人社工作取得的历史性成绩和经验，明确2023年的工作任务，谋划新征程上人社事业发展思路和努力方向。第三，确保完成全年工作任务。各单位要高效统筹疫情防控和人社工作，对标对表中央经济工作会议和政府工作报告的部署，对全年工作进行盘点梳理，特别是对有明确时限要求的任务，要进一步加大力度、加快进度，确保圆满完成党中央、国务院赋予我们的各项目标任务。要以慎终如始、抓铁有痕的韧劲，持续深入推进巡视整改，确保全面整改到位、见到实效。

党的二十大已经胜利闭幕，接下来最重要的是抓好贯彻落实。让我们更加紧密地团结在以习近平同志为核心的党中央周围，高举中国特色社会主义伟大旗帜，全面贯彻习近平新时代中国特色社会主义思想，坚决贯彻执行中央大政方针和重大决策部署，深入推进新时代新征程人社工作改革创新发展，为全面建设社会主义现代化国家、全面推进中华民族伟大复兴积极贡献力量！

踔厉奋发　担当有为
奋力开创规划财务工作高质量发展新局面

——在全国人力资源和社会保障规划财务工作视频会上的讲话

汤　涛

（2022年4月12日）

这次会议的主要任务是，以习近平新时代中国特色社会主义思想为指导，深入学习贯彻党的十九大和十九届历次全会精神，落实全国人力资源社会保障工作会议部署，总结2021年规划财务工作，分析形势，部署2022年重点任务。刚才，6个省作了交流发言，工作各具特色。下面，我讲三个方面意见。

一、真抓实干、攻坚克难，2021年人社规划财务工作取得明显成效

一年来，各级人社部门在党委、政府领导下，统筹疫情防控和业务工作，圆满完成人社各项目标任务。各级人社规划财务部门围绕中心、服务大局，开拓创新、苦干实干，积极发挥规划引领、决策支撑和服务保障作用，为人社事业改革发展作出了积极贡献。

（一）规划计划工作开启新篇章。坚持立足新发展阶段，完整准确全面贯彻新发展理念，加快构建新发展格局，着眼长远、把握大势、开门问策，高质量编制了人社“十四五”规划。规划发布后受到广泛关注，网上点击量超25亿人次，排在部里政策文件首位。统筹编制就业促进和职业技能培训2个国家级专项规划和技工教育部门规划，构建“十四五”人社规划体系。为抓好贯彻落实，部里召开视频会动员部署，印发分工方案，编印辅导读本，举办线上培训。各地与部里对接、上下联动，制定本地区人社“十四五”规划和相关专项规划。广泛宣传解读，印发实施方案，推动规划落实落地。合理制订年度计划，开展分析通报，探索建立计划考核评价体系。在系统共同努力下，2021年计划目标全面完成，实现“十四五”良好开局。

（二）统计监督和服务决策水平实现新提升。各级人社部门深入学习贯彻习近平总书记关于统计工作重要讲话和指示批示精神，扎实开展防范和惩治统计造假弄虚作假督察整改工作。部里制定整改方案和任务清单，如期完成整改任务。各地扎实推进整改，层层压实责任，统计工作全面加强。修订人社统计工作管理办法，完善统计管理体制机制。印发人社统计数据质量控制流程规范，构建了覆盖全面、基础扎实、程序规范、责任明确的统计数据质量控制体系。修订统计调查制度，开展人社政策满意度调查、社区直报等专项调查，调查报告得到部党组高度重视。各地有效应对疫情，

顺利完成各项调查任务，实现了调查不断档、数据不断流。有些地方探索建立稳就业保就业监测指标体系。围绕重点难点热点问题开展统计分析，对第七次全国人口普查数据深入分析研究，为科学决策提供有力支撑。

（三）信息化标准化建设取得新进展。金保二期建设加速推进，人社信息化应用水平显著提升。开发全国统一应用软件，搭建数据共享通道，有效支撑跨地区、跨层级业务办理，着力解决群众办事痛点难点堵点问题。建成部级监测指挥平台，实现人社服务窗口实时监测，对人社扶贫、人事考试等远程指挥调度，召开视频会议、线上培训200多场。各地开展全国统一软件试点应用，推进省级集中和一体化建设。扎实推进人社标准化工作，与有关部门印发国家基本公共服务标准，18项人社基本公共服务项目纳入国家标准。出台贯彻实施国家标准的指导意见，梳理人社基本公共服务事项116项。在7省市开展人社基本公共服务标准化试点。浙江省印发助力共同富裕示范区建设标准化提升行动计划。修订人社标准体系，有序推进标准制修订工作。通过信息化标准化建设，有力提升了公共服务均等化、普惠化、便捷化水平。

（四）财务资产管理和审计监督取得新成效。各级规划财务部门积极争取财政资金，落实过“紧日子”要求，坚持有保有压，优化支出结构，加强资金统筹，确保重点工作任务完成，推动事业发展。全面实施预算绩效管理，推动绩效管理提质增效。组织编制社保基金预决算。全面加强国有资产管理，规范资产配置使用处置，部分省份开展资产管理绩效评价。完善政府采购制度，加强采购需求管理，提高财政资金使用效率。各级人社部门积极配合审计部门开展经济责任审计、国家重大政策落实情况跟踪审计和人社领域专项资金审计工作，完成整改任务。部里印发了建立健全审计查出问题整改长效机制的工作方案。各地积极开展内部审计监督。

（五）区域协调发展和对口支援取得新突破。召开部分开放地区人社政策改革创新座谈会，推动深化人社政策改革创新。贯彻落实中央关于横琴、前海深化改革总体方案，召开粤港澳大湾区部省联席会议，制定人社支持横琴、前海政策措施清单。2021年，部里先后与11个省（区、市）政府签署综合性合作协议，加强部省协同联动。贯彻中央西藏工作座谈会和新疆工作座谈会精神，制定人社援藏、援疆实施意见，召开人社援藏、援疆工作座谈会，签署对口合作协议，落实援藏援疆项目270个，资金50多亿元。在各级人社部门共同努力下，形成了多层次、多维度的优势互补、相互促进、共同发展的区域合作和对口支援新格局。

过去的一年，我们经受重重考验，取得了丰硕成果，交出一份不俗的答卷。成绩的取得，得益于各地人社部门领导对规划财务工作的高度重视，得益于全体规划财务战线同志们的辛勤努力，在此，我代表人力资源社会保障部向大家表示衷心的感谢！

二、深刻认识把握规划财务工作的新形势新任务新要求

今年是党和国家事业发展进程中十分重要的一年，我们党将隆重召开二十大。各级人社规划财务部门要提高政治站位，切实把思想和行动统一到中央对形势的科学研判和对工作的决策部署上来，统一到部党组对规划财务工作的要求上来，胸怀“两个大局”，牢记“国之大者”，在推进人社事业高质量发展中找准规划财务工作的方向和定位。

（一）深刻认识把握实施“十四五”规划面临的新形势。习近平总书记强调：“要抓实、再抓实，不抓实，再好的蓝图只能是一纸空文，再近的目标只能是镜花水月。”中共中央办公厅、国务院办公厅专门下发文件，对建立健全“十四五”规划纲要实施机制提出明确要求。人社“十四五”规划已经印发实施，重中之重要抓好贯彻落实。当前国内外形势严峻复杂，规划实施面临不确定因素增多。国际环境复杂多变，百年变局和世纪疫情相互交织，世界经济复苏乏力。我国经济发展面临多年未见的需求收缩、供给冲击、预期转弱三重压力，下行压力加大。当前规划实施中还存在一些不足，如规划引领作用还需强化，规划计划衔接需更加紧密，规划项目和资金支持面临难题，问责机制有待建立完善等。要增强忧患意识，加强形势分析研判，发挥牵头抓总作用，压实各方责任，聚焦规划指标项目，落实重点任务和重大改革举措，确保规划目标任务顺利推进。

（二）深刻认识把握统计改革的新任务。习近平总书记高度重视统计工作，就统计工作作出一系列重要讲话和指示批示。党中央出台了很多重要文件，统计改革力度之大前所未有。去年中共中央办公厅、国务院办公厅印发《关于更加有效发挥统计监督职能作用的意见》，明确统计监督是党和国家监督体系的重要组成部分，是政府统计工作的基本职能，原则上每 5 年对各省（区、市）和有关部门开展常规统计督察，根据需要开展“回头看”。人社统计工作还存在一些短板，如有些地方统计监督主体责任还需压实，统计制度方法还需完善，统计基层基础比较薄弱等。各地要全面落实中央决策部署，以防范和惩治统计造假弄虚作假、提高统计数据质量为核心，加快统计制度方法改革创新，夯实统计基层基础，加快构建人社统计监督体系。

（三）深刻认识把握信息化标准化工作的新方向。新一代信息技术正引领全球科技革命蓬勃发展。在信息化迅猛发展的背景下，需要通过信息系统实现“数据多跑路，群众少跑腿”，让人民群众享受到方便快捷的人社服务。人社信息化建设已纳入“十四五”国家政务信息化规划，要加快金保三期设计论证，积极推动新一代信息技术应用，全面提升人社信息化整体水平。去年，中共中央、国务院印发《国家标准化发展纲要》，为新时代标准化工作提供了根本遵循。目前有些地方对标准化工作重视不够，业务领域之间标准化发展不平衡，标准实施力度需进一步加大。要强化标准引领，健全标准体系，加强实施应用，以标准化推动人社治理现代化和基本公共服务均等化。

（四）深刻认识把握财务资产审计工作的新要求。从预算管理看，当前和今后一个时期，财政处于紧平衡状态。去年国务院印发《关于进一步深化预算管理制度改革的意见》，提出加强重大决策部署财力保障，规范预算支出管理，加强预算控制约束和风险防控等要求。要牢固树立过“紧日子”思想，念好“紧箍咒”、打好“铁算盘”，强化预算刚性约束，提高资金使用绩效，保障好重点工作任务。从资产管理看，去年国务院印发了行政事业性国有资产管理条例，对健全国有资产管理体制提出更高要求。各地要完善购置、使用、处置前后衔接，年度预算、政府采购、资产管理环环相扣的全链条闭环管理体系，推进资产管理法治化、标准化、信息化建设，提高资产利用效率。

（五）深刻认识把握人社工作在国家重大区域发展战略中的重要作用。党的十八大以来，以习近平同志为核心的党中央统筹“两个大局”，推动实施京津冀协同发展、粤港澳大湾区建设、长三角一体化发展、西部大开发、东北振兴、中部崛起等区域重大战略。人社工作一头连着民生，一头连着发展，在区域协调发展中具有重要作用。部里会同有关地方主动作为，出台支持政策文件、签署部省合作协议、建立联席会议机制、协调重大资金项目，积极融入国家战略大局中。但人社协同发展还存在工作推进不平衡、片区内协同联动不足、人社政策改革创新力度需进一步加大等问题。如何发挥人社工作在区域协调发展中的作用，推动人社协同高质量发展，是摆在我们面前的现实紧迫问题。要在吃透中央精神、贯彻中央部署、完善创新区域合作、提高区域政策精准性方面下大功夫。

三、稳字当头、稳中求进，扎实做好2022年规划财务工作

2022年，规划财务工作要以习近平新时代中国特色社会主义思想为指导，坚持稳中求进工作总基调，稳步实施人社“十四五”规划和年度计划，有效发挥统计监督作用，加快信息化标准化建设，提升预算管理水平，创新国有资产管理，加强内部审计监督，推进区域合作和对口支援，防范化解重大风险，不断提高规划财务工作科学化、规范化水平，服务促进人社事业高质量发展。

（一）坚持守正创新，抓好规划计划组织实施。一是细化推进规划实施方案。各地要制定可操作、可评估、可考核的实施方案，明确责任分工，细化时间表、路线图、优先序，提出滚动计划安排。动态开展工作调度，统筹推进专项规划实施，确保按序时推进。加强与部里沟通对接，及时报告规划实施情况。二是强化年度任务落实。注重年度任务和规划目标的衔接，做好年度综合平衡，将规划重点任务纳入各地人社部门年度工作重点事项安排。三是完善监测评估体系。完善中期评估和总结评估机制，及时发布规划实施进展情况，强化评估考核结果运用。对规划中确定的重要指标、重大政策、重点任务和重大项目，加强动态监测评估。四是确保完成今年计划目标。要压实各方责任，加强综合协调和调查研究，开展分析监测，定期通报计划执行情况。

（二）坚持求真务实，抓好统计监督作用发挥。一是持续深入学习贯彻习近平总书记关于统计工作重要讲话和指示批示精神，全面落实中央关于统计工作重要部署，有效发挥统计监督职能作用。部里印发了贯彻落实《关于更加有效发挥统计监督职能作用的意见》的工作方案，各地要细化实施方案，抓好组织实施，按时报告贯彻落实情况。二是推进统计工作规章制度的贯彻落实，组织实施人社统计工作管理办法和数据质量控制流程规范，规范统计管理，提高数据质量。三是依法实施统计调查制度，开展人社政策满意度、社区直报等专项调查，科学监测人社事业发展。四是创新统计分析，在“准”上下功夫、在“预”上花心思、在“谏”上做文章，发挥决策支撑作用。五是夯实统计基层基础，加强统计队伍建设，加快推进统计信息化。

（三）坚持与时俱进，抓好信息化标准化建设。一是加快金保二期项目建设。完成项目建设任务，开展成果应用培训，推动项目成果全面投入使用。启动金保三期设计论证工作，各地要积极参与立项，加强与部里对接，做好信息化需求调研。二是推进人社标准体系建设。加快人社标准制修订，强化标准应用。贯彻落实国家基本公共服务标准，完成人社基本公共服务标准化试点，及时总结评估、宣传推广。

（四）坚持科学精准，抓好财务资产管理。一是加强预算管理。坚决落实过“紧日子”要求，预算安排统筹兼顾、突出重点，强化“三公”经费管理，严控一般性支出，合理保障机构正常运转和履职的必需支出。强化预算执行，提高预算管理水平。二是加强预算绩效管理，落实绩效管理主体责任，明确绩效目标，做实项目绩效运行监控，全面开展自评，健全绩效管理考核结果与预算安排挂钩机制。三是建立健全内控制度。完善细化财务管理制度，加强会计基础工作，合理安排使用资金。四是科学编制社保基金预决算，加强基础性指标审核校验和综合分析，提高社保基金预决算编制质量。五是坚持厉行节约、反对浪费，严格按规定配置处置资产，严防国有资产流失。创新政府采购管理，加强大额资金采购监管，防范廉政风险。六是加强审计监督。配合审计部门做好预算执行和政策落实等审计工作，加强内部审计监督，充实审计力量。要敢于较真碰硬，确保审计发现问题整改到位。举一反三，在制度规范和长效机制上下功夫。

（五）坚持协同联动，抓好部省合作和对口支援。一是积极落实京津冀协同发展、粤港澳大湾区建设、长三角一体化等国家战略。召

开京津冀部省（市）联席会议，开展专题调研，推动区域战略落实落地。各有关地区要积极作为，加强对接，在劳务协作、人才、社保、劳动保障监察等方面加大创新合作力度。二是加大对口援疆援藏工作力度。召开人社系统对口支援四省涉藏州县工作座谈会。各援助地区要采取有力措施落实援疆援藏项目清单，新疆、西藏和涉藏四省主动对接，促进援疆援藏项目落地见效。三是加强部省合作，召开部省战略合作协议推进实施座谈会。有关省市要抓好部省合作协议落实，主动与部里对接，每年报送协议落实情况。

（六）坚持从严从紧，抓好党风廉政和作风建设。人社规划财务部门要强化政治机关建设，压实全面从严治党责任，不断提高政治判断力、政治领悟力、政治执行力。要严守政治纪律和政治规矩，不折不扣贯彻落实中央决策部署，确保工作不偏向、不走样。贯彻中央八项规定精神，进一步转变工作作风，力戒形式主义、官僚主义。坚持以人民为中心的发展思想，大兴调研之风，用心用情用力为群众办实事解难题。严肃财经纪律，健全制度，完善风险防控机制，有效防范风险隐患。加强干部队伍建设，营造干事创业的良好氛围。

同志们，做好规划财务工作责任重大、使命光荣，让我们更加紧密地团结在以习近平同志为核心的党中央周围，深刻领悟“两个确立”的决定性意义，增强“四个意识”，坚定“四个自信”，做到“两个维护”，在服务大局中彰显担当，在开拓奋进中勇立潮头，确保完成全年各项工作任务，以实际行动迎接党的二十大胜利召开！

站在新起点　奋进新征程
加快推进新时代专业技术人才工作新发展

——在全国专业技术人才工作座谈会电视电话会议上的讲话

汤　涛

（2022年5月13日）

今天，我们召开全国专业技术人才工作座谈会电视电话会议。这次会议是在中央人才工作会议之后首次召开的，主要任务是深入学习领会习近平总书记关于做好新时代人才工作的重要思想，全面贯彻落实中央人才工作会议精神，按照全国人力资源社会保障工作会议部署，总结交流工作，分析形势任务，研究部署当前和今后一个时期专业技术人才工作重点任务。会前，部专技司专门征求了各地意见建议。刚才，8位同志从不同角度作了交流发言，讲得都很好，听了很受启发，希望大家相互学习借鉴。下面，我讲三点意见。

一、2021年专业技术人才工作取得积极成效，事业发展站在新起点

2021年，我们坚决贯彻落实党中央对人才工作决策部署，全系统上下一心、砥砺奋进、改革创新，专业技术人才各项工作取得积极进展。

（一）高层次人才培养引进迈上新台阶。圆满完成政府特殊津贴制度上一周期实施工作，李克强总理主持召开座谈会，充分肯定特贴制度实施30年取得的显著成就。研究制定优化实施特贴制度的通知，谋划做好新时代特贴工作。加强博士后青年人才培养，深入实施“博新计划”和国际交流计划，重点支持1 100多名优秀博士后，全年博士后招收人数首次突破3万名。启动实施“昆仑计划”，扎实推进留学人员引才项目，支持122名留学人才回国创新创业。全面完成上一轮知识更新工程实施任务，制定出台新一轮工程实施方案，创新开展数字技术人才培养，颁布智能制造等10个国家新职业标准。

（二）体制机制改革实现新突破。深化职称制度改革任务总体完成，会同有关部门制定27个职称系列改革指导意见，出台《职称评审管理暂行规定》等9个综合性配套政策，新时代职称制度体系基本形成。职业资格制度改革取得重要成果，颁布2021年版《国家职业资格目录》，职业资格总量从2013年的618项压减到2021年的72项，压减比例达88%。启动企业博士后科研工作站新设站备案制改革，这是1994年我国设立企业博士后工作站以来，博士后制度的又一重要创新举措。

（三）重大人才活动取得新成效。积极参与筹备中央人才工作会议，参加中央人才工作专题调研，配合研究起草《关于加强和改进新时代人才工作的意见》等重要文件，牵头做好人社系统学习贯彻落实中央人才工作会议精神工作。组织开展第六届全国杰出专业技术人才表彰工作，公开表彰93名先进个人和97个先进集体，胡春华副总理出席表彰大会并作重要讲话。成功举办第一届全国博士后创新创业大赛，吸引5 000多个团队、2.4万人报名参赛，产生金银铜奖273个，现场签约项目55个，推出一批博士后创新创业成果。这是我国博士后制度建立以来，首次举办的全国性赛事，对做好新时代博士后工作具有“风向标”作用。

（四）人才服务工作有了新提高。助力实施乡村振兴战略，完善职称评审“双定向”、在部分地区实行部分职业资格考试单独划线等倾斜政策，组织实施100期以上各类专家人才服务团，扎实做好新疆、西藏和四省涉藏州县特培工作。服务区域协调发展战略，完善针对性人才支持政策，促进区域人才资源协同高效配置逐步优化。加强系统行风建设，进一步保障落实用人主体自主权，加快推进人才服务平台建设，上线运行全国职称评审信息系统，常态化组织开展国情研修、创新大讲堂、慰问休假等活动，各级人社部门积极探索建立“一站式”、“店小二”、“保姆式”、服务专员等多种服务人才方式，努力营造拴心留才的良好氛围。

这些成绩是在过去多年的工作基础上取得的。截至2019年底，我国专业技术人才总量达7 839.8万人，比2010年底增长近1 300万人。人才队伍整体素质不断提升，有享受政府特贴专家18.7万人，百千万人才工程国家级人选6 500多人，留学回国人员423万人，累计招收博士后29万人，具有高级职称以上人员占11.3%，大学本科及以上学历人员占48%。人才创新能力不断攀升，服务支撑国家重大战略效能持续增强，取得一大批重大科技创新成果，我国创新指数全球排名从2012年的第34位快速上升到2021年的第12位。人才创新创业活力不断增强，覆盖全体专业技术人才的政策制度体系逐步健全，有利于人才成长和发挥作用的环境日益优化。这些成绩也充分说明，经过多年努力，专业技术人才工作站在了新的起点，进一步增强了做好新时代专业技术人才工作的信心。

二、深刻学习领会习近平总书记关于做好新时代人才工作的重要思想，明确方向奋进新征程

去年9月，中央召开人才工作会议，习近平总书记出席会议并发表重要讲话，从党和国家战略全局的高度，科学回答了新时代人才工作的一系列重大理论和实践问题，明确了实施新时代人才强国战略的总体要求、战略目标、重点任务和重大举措。专业技术人才是我国人才队伍的重要组成部分和骨干力量，在建设人才强国中具有重要地位。做好新时代专业技术人才工作，必须持续深入学习习近平总书记关于做好新时代人才工作的重要思想，深刻领会把握新理念新战略新举措，进一步找准定位、明确方向，切实增强思想自觉、政治自觉、行动自觉。重点把握好五个方面。

（一）深刻把握坚持党对人才工作的全面领导，进一步提高政治站位。习近平总书记强调，坚持党对人才工作的全面领导，这是做好人才工作的根本保证。我们要深刻认识把握加强党对人才工作全面领导的重大意义和政治要求，坚持党管人才原则，充分发挥职能作用，自觉把专业技术人才工作放到党和国家工作大局中去把方向、谋思路、定政策、促改革、抓落实，把党中央对人才工作的决策部署落到实处。

（二）深刻把握加快建设世界重要人才中心和创新高地的战略目标，主动加强工作谋划对接。习近平总书记强调，加快建设世界重要人才中心和创新高地，必须把握战略主动，做好顶层设计和战略谋划，并提出了2025年、2030年、2035年三个阶段具体目标和“3+N”的战略布局。我们要紧紧锚定中央确定的战略

目标和部署安排，主动对标对表，加强工作谋划和工作对接，配合制定建设方案，高起点高标准研究专门政策措施，支持先行先试、率先创新，开展专业技术人才政策综合改革试点，促进专业技术人才工作与实现这一战略目标同频共振。

（三）深刻把握加快建设国家战略人才力量，不断做强专业技术人才队伍。习近平总书记强调，要大力培养使用战略科学家，打造大批一流科技领军人才和创新团队，造就规模宏大的青年科技人才队伍，培养大批卓越工程师。战略人才是支撑高水平科技自立自强的重要力量和引领者，也是一个国家科技和人才综合实力的直接体现。我们要把建设国家战略人才力量作为专业技术人才队伍建设的重中之重，围绕国家重大科技任务、“卡脖子”关键核心技术和重点产业领域，依托国家实验室、“双一流”大学、科技领军企业等高水平平台，更好实施专家、留学回国人员、博士后、知识更新工程等人才工程，在选拔培养、职称评审、岗位设置、薪酬待遇、团队组建、服务保障等方面实行特殊政策、给予特殊支持。

（四）深刻把握坚持深化人才发展体制机制改革，下大力气解决突出问题。习近平总书记强调，要深化人才发展体制机制改革，向用人主体授权，积极为人才松绑，完善人才评价体系，着力解决多年困扰、反映强烈的突出问题。近年来，我们按照中央部署要求，深化人才培养、评价、使用、流动、激励等机制改革，出台实施了一批关键性改革方案。但总的看，有些改革还没有完全落实到位，还存在“破”得不够，“立”得不及时、“最后一公里”不畅通等问题。我们要坚持问题导向，在巩固提升改革成效的基础上，进一步拓展改革广度和深度，着力破除“四唯”“授权”“松绑”等顽瘴痼疾。同时，要坚持放管结合，加强分类指导，把抓政策落地见效作为推进改革的关键环节，畅通改革“中梗阻”和“最后一公里”，最大限度激发人才活力。

（五）深刻把握全方位培养、引进、用好人才，持续优化人才成长发展环境。习近平总书记强调，要下大力气全方位培养、引进、用好人才，走好人才自主培养之路，加强人才国际交流，用好用活各类人才，让事业激励人才，让人才成就事业。我们要贯彻落实习近平总书记要求，聚焦国内高质量发展新需求，积极应对中美科技人才竞争新挑战，实行更加积极开放有效的人才政策，统筹用好国际国内两种人才资源，协调推进各类专业技术人才充分平衡发展，努力营造识才爱才敬才用才的良好环境，让各类人才各得其所、各展其长、各尽所用。

三、扎实谋划做好新时代专业技术人才工作，加快推动实现新发展

当前，专业技术人才工作面临一系列新形势新任务新要求。从国内发展看，“三新一高”对人才工作提出了新的更高要求；从全球范围看，围绕科技制高点和高端人才的国际竞争空前激烈，对人才工作提出了新挑战；从工作自身看，还存在人才队伍结构性矛盾突出、高层次领军人才和基础研究人才数量不足、人才政策精准化程度不高、体制机制改革纵深推进不够等突出问题，亟待深入研究解决。做好当前和今后一个时期专业技术人才工作，要以习近平新时代中国特色社会主义思想为指导，深入学习贯彻习近平总书记关于做好新时代人才工作的重要思想，全面落实中央人才工作会议部署，坚持党管人才，坚持“四个面向”，坚持稳中求进，深入实施新时代人才强国战略，围绕加快建设世界重要人才中心和创新高地，以建设国家战略人才力量为重点，全面加强专业技术人才队伍建设，纵深推进体制机制改革创新和系统集成，强化工程项目示范引领，优化人才服务环境，为高水平科技自立自强和高质量发展提供坚实人才支撑。重点强调六个方面工作。

（一）抓住发展机遇，加快培养吸引优秀博士后人才。最近，习近平总书记对博士后工作作出重要批示，王沪宁等中央领导同志批示提出明确要求。博士后事业迎来重要发展机遇。一是配合制定实施博士后专项工作。贯彻落实习近平总书记重要批示精神，配合中央人才办深入调研论证，制定专项工作方案，更高水平谋划新时代博士后工作，充分发挥博士后制度对培养吸引青年科技人才的重要作用。二是进一步做大做强博士后项目。聚焦重点领域，更好实施博士后创新人才支持计划，留住更多本土优秀博士在国内从事博士后研究。加大对外开放力度，研究实施博士后海外引才项目，吸引一批海外优秀博士博士后，稳步扩大国际交流派出项目规模。各地各设站单位要依托高水平科研平台，设立博士后创新岗位，实施各具特色的博士后培养和引才计划，加大支持保障力度，大幅度提升博士后制度吸引力。三是做好博士后科研工作站备案工作。今年我们正在开展博士后科研工作站新设站备案制改革，各地要按照要求，组织动员符合条件的单位积极申报，严格把握设站条件，做好审核推荐工作。完成备案后，还要强化指导扶持，确保建站质量。对于质量不高、不能发挥作用的“空壳站”，要及时清理，形成动态调整机制。四是完善博士后经费多元投入机制。部里将积极争取中央财政加大投入力度，争取提高博士后日常经费资助标准，加快推进博士后科学基金会改革，吸引社会力量支持博士后事业发展。有条件的地区要积极争取党委和政府支持，在人才工作经费中设立专项，保障本地区博士后日常经费和发展需要。积极调动设站单位主体作用，统筹使用各类人才、科技等经费基金，加大对博士后支持力度。五是大力促进博士后创新创业。抓住第一届全国博士后创新创业大赛成功举办的有利契机，进一步总结提升大赛经验成效，探索实施“揭榜领题”常态化机制，及早研究下一届大赛筹办工作方案，不断推动博士后科研成果向现实生产力转化。

（二）坚持破立并举，纵深推进职称和职业资格制度下半篇改革。经过五年多努力，两项改革的“四梁八柱”已经基本搭建起来，但下半篇改革任务仍然很重。下一步，在职称制度改革方面：一是完善职称评价新标准。各地要全面落实深化职称制度改革要求，坚持“破四唯”和“立新标”并举，积极支持用人主体探索创新，多向行业企业、基层实践要标准，加快构建职称评价新标准。继续加强民营企业职称评审工作，促进高技能人才与专业技术人才职业发展贯通。二是拓展职称评审新专业。结合经济社会和行业发展需求，及时发布职称评审新专业和评价标准。对于职业属性清晰、特点明显、规模较大的新职业群体，现有职称体系难以覆盖的，要积极探索新增职称专业，畅通新职业人才发展通道。三是健全职称评审服务新模式。坚持向符合条件的用人主体授予职称评审权限，要真授并且授到位，同时研究建立自我约束和外部监督机制，对用不好授权的要问责。加快建设全国统一的职称评审管理信息平台，各地加大历史数据上报归集力度，实现职称管理服务“一张网”和跨地区核验。

在职业资格制度改革方面：一是健全职业资格框架体系。进一步完善国家职业分类和职业标准，建立职业资格目录动态调整机制，实现对职业资格依法依规纳入、取消或退出。二是加强职业资格实施监管。会同有关部门严肃查处在目录之外开展职业资格许可和认定，持续开展“山寨证书”专项治理。这方面要发扬斗争精神，压实属地责任，协调联动，形成高压态势。同时，要加强对境外职业资格在境内活动的监管。三是防范化解考试安全风险。统筹做好职业资格考试疫情防控和考试安全工作，完善风险防范和应急处置措施，健全考试诚信档案库管理办法，多措并举确保考试安全。四是积极稳妥推进职业资格国际互认。进一步放开境外人才参加职业资格考试限制，支持各地结合需要建立境外职业资格认可清单，扩大境外资格认可范围，允许境外人才经相关部门认可或备案后在境内执业。

（三）优化实施新一轮特贴制度，进一步健全完善专家制度体系。按照中央有关部署，今年将印发中央文件对新十年特贴工作进行部署。要以实施新一轮特贴制度为重点，加快构建专家选拔培养、发挥作用和联系服务等制度体系。一是高标准做好新一轮特贴制度实施工作。中央文件印发后，要精心做好贯彻落实工作，重点是加强对制度定位、人选结构、津贴标准、激励支持、强化考核等新举措的政策把握，及时部署开展新一批享受特贴人员选拔工作，科学测算指标，严格选拔条件程序，加强审核把关，确保新一轮特贴制度开好局、起好步。各地要加强统筹对接，实施好本地区高层次人才选拔培养项目，加快构建上下衔接、梯次递进的专家选拔培养制度体系。二是积极发挥专家作用。近年来，我们围绕服务国家重大战略，持续举办专家创新大讲堂、专家服务基层等活动，支持专家发挥作用取得良好成效。各地也要采取类似做法，积极搭建平台，支持专家人才与经济社会发展深度融合互动。三是加强政治引领服务。继续常态化开展好专家国情研修、学术休假、宣传表彰、慰问联系等活动，厚植专家爱国情怀和奉献精神，引导专家建功立业新时代。

（四）重点支持创业，更大力度吸引留学人才回国发展。4月，我们召开了留学人员回国服务工作部际联席会议暨留创园建设工作会，对新形势下留学回国人员工作进行了部署。下一步，一是坚定不移做好引才工作。按照中央对海外引才工作要求，稳妥实施好“昆仑计划”，扎实推进高层次留学人才回国资助、创业启动支持计划等重点项目，加强海外引才安全保护，持续落实引进人才养老、岗位设置、薪酬待遇等保障措施。密切关注引才形势发展，及时研判调整引才政策，积极探索创新引才方式，发挥人才猎头等服务机构作用，支持开展广州海交会、大连海创周、南京留交会等人才交流活动。二是完善创新创业支持措施。协调相关部门破解留学回国人员永居落户、创业融资、知识产权保护、商标注册、企业出口资质、科技成果转化等突出难题，发挥留学人员回国服务联盟作用，开展好创业导师走进留创园、留学人员创业企业推介等系列活动。三是加强留学人员创业园建设。以中西部地区为重点，继续与地方政府开展省部共建留创园工作，打造一批具有中国特色和国际影响力的示范园区。指导各地按照《留学人员创业园建设和服务规范》，加强留创园软硬件建设，为留创企业提供规范化服务。

（五）深入实施知识更新工程，创新开展继续教育工作。知识更新工程先后被列入国家“十三五”“十四五”规划。工程实施不仅培养培训了一大批急需紧缺人才，还推动形成了跨地区、跨部门、跨领域的继续教育新机制。要继续以实施工程为重要抓手，全面提升专业技术人才能力素质。一是实施好新一轮知识更新工程。会同重点领域行业主管部门，在新一代信息技术、生物技术等新兴产业领域，开展大规模知识更新和继续教育，每年培训100万名创新型、应用型、技术型人才。按照高水平、小规模、重特色的要求，每年举办好300期高级研修项目。各地要加大协调力度，会同行业部门完成每年90万人能力提升培训任务。继续建设一批国家级继续教育基地，定期开展评估，建立退出机制。二是开展好数字技术工程师培育。这是落实“培养大批卓越工程师”的一项重要举措。部里已经印发通知进行了部署，并公布了首批培训机构和评价机构。各地要坚持质量第一，严格按照相关国家职业标准，开展好规范化培训和社会化评价，加强对培训评价全过程的监督检查，确保培训质量、评价结果经得起检验。要尽快落实继续教育学时认定、职称衔接认定、职业培训补贴等配套措施，确保项目落实落地。三是加强继续教育基础工作。加快推动地方和行业继续教育制度建设，把继续教育由“软指标”变成“硬任务”。健全继续教育服务体系，推广应用继续教育管理信息系统，加大公需科目教材和课件开发力度，推动继续教育广泛开展。

（六）认真履行职责，统筹做好人才综合协调工作。坚持以贯彻落实中央人才工作会议精神为主线，加强统筹协调，确保中央各项决策部署在人社部门不折不扣落实。一是主动对标对表，加强统筹谋划。中央人才工作会议后，党中央制定了一系列文件，对新时代人才工作作出全面部署。部里对有关文件中涉及我部的任务进行了梳理，研究制定了具体落实措施，已经印发。各地要结合实际，统筹谋划好人社部门人才工作，确保每项工作有人抓、抓关键、抓到底，不见实效不收兵。二是服务重大战略，因地制宜施策。要围绕推进“3+N”人才高地和人才平台建设、区域协调发展和重点行业领域，积极支持有关地区和部门开展人才体制机制综合改革试点，促进人才政策与产业、科技、金融政策等协同发力，推动更高水平的改革创新和对外开放。三是发挥人才智力优势，助力乡村振兴。要按照“一个不变、两个加强”的总体思路，做好乡村振兴人才人事帮扶工作，保持现有帮扶政策、资金支持、帮扶力量总体不变，针对重点帮扶县实际需求，及时补短板、强弱项，加强乡村振兴本土人才培育。

同志们，下半年将召开党的二十大，这是我们党和国家政治生活中的一件大事。我们要坚持以习近平新时代中国特色社会主义思想为指导，进一步提高政治站位，坚持党对人才工作的全面领导，自觉把专业技术人才工作融入党和国家工作全局。要坚持稳字当头、稳中求进，统筹疫情防控和经济社会发展，系统谋划推进工作的节奏力度，把握好推进改革、出台政策、举办活动的时度效，加强政策出台前风险评估和出台后落实跟踪，做好风险防控和舆情应对工作，及时研判化解不稳定因素，为大事要事营造良好环境。要坚持以人民为中心的发展思想，持续加强人才领域行风建设，建立我为群众办实事、厅局长走流程、青年干部暗访调研等长效机制，着力发现解决痛点堵点难点问题，多为人才做实事、办好事。要坚持按照全面从严治党要求，坚定不移正风肃纪、廉洁从政，力戒形式主义和官僚主义，加强系统上下联动，齐心合力，扎实推动专业技术人才工作再上新台阶，以实际行动和优异成绩迎接党的二十大胜利召开！

在持续深化根治欠薪工作调度会议上的讲话

王少峰

（2022年2月18日）

这次会议的主要任务是：以习近平新时代中国特色社会主义思想为指导，全面贯彻党的十九届六中全会、中央经济工作会议、中央政治局常委会会议和国务院常务会议精神，深刻领会、坚决贯彻习近平总书记重要指示批示精神，调度根治欠薪冬季专项行动进展情况，深入分析研判当前形势，推动持续深化根治欠薪工作，有效防范化解重大欠薪风险，全力保障基本民生，维护社会稳定大局。

刚才，山西省、河南省、云南省人力资源社会保障厅负责同志作了发言，在属地政府监管责任落实、国企项目欠薪问题治理、扶贫项目欠薪排查化解、欠薪舆情风险防范处置等方面，总结了很多好的经验做法，各有侧重、亮点鲜明，大家要互相学习借鉴。下面，我再强调三点意见。

一、系统发力、集中攻坚，根治欠薪冬季专项行动取得明显成效

保障农民工工资报酬权益事关广大农民工家庭生计和社会大局稳定。面对岁末年初欠薪多发高发局面，习近平总书记多次对保障农民工工资支付工作作出重要指示批示。在党的十九届六中全会和中央经济工作会议上，总书记专门强调要保障工资发放，维护农民工合法权益。李克强总理连续作出重要批示，主持国务院常务会议，听取汇报，提出明确要求。胡春华副总理多次专题研究，作出具体部署。国务院根治拖欠农民工工资工作领导小组印发通知、召开会议，部署开展根治欠薪冬季专项行动，并先后召开全国根治拖欠农民工工资工作电视电话会议和三次专题会进行密集调度。

各地区、各部门坚决贯彻党中央、国务院决策部署，扛起根治欠薪重大政治责任，密切协同、强力推进，根治欠薪工作取得积极成效。总的来看，这次冬季专项行动有以下几方面特点：

一是地方党委政府高度重视，高位推动落实。31个省份及新疆生产建设兵团党政“一把手”均作出明确批示。北京、河北、山西、黑龙江、安徽、河南、湖北、湖南、重庆、四川、云南、陕西等12个省份召开省委常委会会议或政府常务会议，专题研究部署根治欠薪工作。

二是压实部门监管责任，凝聚工作合力。住房城乡建设部、水利部、国务院国资委召开专题会议，交通运输部、最高人民法院、最高人民检察院、中华全国总工会印发通知，对本系统做好岁末年初根治欠薪工作作出部署。部里会同国家乡村振兴局牵头全面化解扶贫项目

欠薪，建立工作台账，实施专项督导。发展改革、财政、住房城乡建设、交通运输、国资等部门履行监管责任，落实欠薪案件线索双交办机制，重点解决工程建设领域欠薪问题。

三是行政执法与刑事司法紧密衔接，严打恶意欠薪。山西、江苏、广东、陕西、甘肃等地政法委牵头建立根治欠薪司法联动机制，人社部门、公安部门和检察院、法院实施欠薪案件“一体化”快速处置，有效解决移送难、执行难问题。江西省政府牵头，人社部门和法院联动，挂牌督办解决一批执行难历史陈案，检察院为683名农民工追回工资630万元。部里和地方人社部门集中发布重大欠薪案件和典型案例，春节前在中央广电总台连续播出三期欠薪入罪专题片，保持强力震慑。

四是发挥纪委监委职能优势，助力根治欠薪。河北、吉林、广东等地纪委监委全程跟进，及时介入重大欠薪案件化解处置工作，对失职失责的地方政府及部门负责人实施问责。山西省纪委监委要求省市县三级纪检监察机关每日对本地区相关清欠工作进行跟踪。

五是加强统筹协调，强力解决欠薪顽疾。各级人社部门发挥根治欠薪议事协调机构办公室职能职责，强化督促检查，厅局长深入一线，靠前指挥，狠抓责任落实。聚焦恒大项目、教培行业欠薪等热点难点问题，全面畅通“全国根治欠薪线索反映平台”等维权渠道，强化清欠执法，采取日调度周报告、部门联合接访、疑难案件提级办理、领导干部包片包案、集中约谈曝光等超常规举措，强力解决欠薪问题。

六是强化舆情监测和应急处置，防范化解重大风险。部里主动加强与宣传、网信等主管部门的沟通协调，加强全国欠薪舆情监控预警，做好风险管控。各地区结合实际对接中央媒体驻地机构和地方主要媒体，全天候监测欠薪舆情，线上线下同步处理，发现一起处置一起，有效管控和消除负面影响。

三个月来，人社部门干部职工特别是广大基层劳动保障监察员，日夜奋战在根治欠薪一线，克服新冠肺炎疫情等不利因素影响，超负荷工作，超常规努力，迎难而上、勇于攻坚，全力化解欠薪矛盾，有效维护农民工劳动权益，以实际行动诠释了高度的政治担当和真挚的为民情怀。在此，我代表领导小组办公室、代表部党组向大家表示崇高敬意和衷心感谢！

二、准确研判、把握形势，根治欠薪工作任务仍然繁重艰巨

当前，我国经济发展面临需求收缩、供给冲击、预期转弱三重压力，外部环境更趋复杂严峻，导致欠薪的不稳定因素增多，新旧矛盾交织叠加，涉及欠薪的信访量和舆情仍居高位，由此引发的风险隐患不容忽视。特别是近期世界瞩目的北京冬奥会正在进行，冬残奥会接续举办，全国“两会”召开在即，根治欠薪工作面临的形势更加复杂、任务异常繁重。以下五个方面的问题需高度关注：一是欠薪问题总量出现反弹。二是欠薪投诉数量有所增加。三是工程建设领域欠薪突出。四是新就业形态欠薪问题日益显现。五是西部地区欠薪增长较快。

对上述矛盾问题的复杂性严峻性，各地务必高度重视，保持清醒认识，决不能有“歇歇脚、松口气”的想法，决不可有丝毫的麻痹大意。要深入分析可能发生的风险挑战，做到心中有数，并结合实际精准“拆弹”、分类施策、着力解决。

三、提高站位、突出重点，着力防范化解欠薪重大风险隐患

今年是一个极其重要的特殊年份，我们将迎来党的二十大，稳字当头、稳中求进是工作总要求、总基调。根治欠薪作为民生工作、政治任务，要为稳定大局作出应有贡献、增光添彩。各地要切实提高政治站位，把根治欠薪工作摆在突出位置，始终对欠薪风险保持高度警觉，做到思想不松、行动不停、要求不降、力度不减，出实招、拿硬招、使新招，下更大力气，全力维护农民工劳动报酬权益和社会稳定

大局。

一要在压紧压实责任上再加力。坚定不移贯彻习近平总书记关于根治欠薪的重要指示批示精神，不断提高政治判断力、政治领悟力、政治执行力，坚持人民立场、人民至上，切实把根治欠薪作为践行“两个维护”的具体行动，作为保障改善民生的重大政治责任。以抓好《保障农民工工资支付条例》实施为主线，进一步压紧压实属地政府和部门监管责任，全面落实根治欠薪制度，集中纠治群众反映强烈的突出问题，不断巩固拓展根治欠薪成果，做到守土有责、守土尽责、守土负责。

二要在分类专项治理上再聚焦。聚焦欠薪线索量大、舆情多发的市县，会同主管部门组织欠薪线索清理处置专项行动，对问题突出、工作不力的单位和责任人严格问责。聚焦国企项目，开展重点国企欠薪问题专项治理，排查化解隐患，严惩违法行为，通报典型案例。聚焦政府工程项目，主动对接纪委监委机关，开展政府项目拖欠工程款导致欠薪专项整治。聚焦新就业形态，开展交通运输仓储和邮政业等新业态欠薪专项治理，坚决把行业欠薪比重上升势头压下去。

三要在强化应急处置上再发力。增强忧患意识，坚持底线思维，不断提高应急处突、风险化解能力，切实兜牢不发生系统性、区域性风险的底线。健全欠薪应急处置机制，完善工作预案，明确处置措施和责任分工，及时妥善处置因欠薪引发的突发性、群体性事件。对企业欠薪经责令限期支付而不支付的，及时动用工资保证金。对企业一时难以清偿欠薪或者出现欠薪逃匿的，简化应急周转金动用程序，及时垫付工资或基本生活费，坚决杜绝发生冲击社会底线的极端事件。

四要在舆情应对化解上再加强。坚持正面引导和警示震慑相结合，既做好普法教育、政策解读的正面宣传，又严厉打击不实舆情、恶意炒作等违法行为。坚持线上监测和线下处置相结合，既做好线上预警监测和管控，及时发现和掌握动态性、苗头性和预警性舆情，又快速妥善核实处置欠薪问题，对虚假舆情及时澄清事实，消除不利影响。坚持日常处置和节点处置相结合，既做好常态化舆情应对，完善舆情处置预案，又抓好关键节点的集中处置，特别是充分发挥好舆情应对小组的协调联动作用，牢牢把握舆论主动权。

五要在研究解决新情况新问题上再深化。面对欠薪因素新旧交织、复杂多变的新形势，要切实增强工作的前瞻性、预见性，在研究新情况、解决新问题上下功夫，努力总结创新，务求取得新成效。着力研究推动工程款支付担保制度，防范因拖欠工程款导致欠薪的风险隐患。着力研究解决新就业形态劳动关系认定难、监察调查取证难、执法依据不足等问题，多措并举，保障劳动者合法权益。着力研究解决校外培训机构破产倒闭引发的欠薪问题，切实加强源头治理，强化制度落地，破解治理难题。

同志们，做好根治欠薪工作任务紧迫、责任重大、使命光荣。我们要以高度负责的政治态度、埋头苦干的精神状态、扎实过硬的工作作风，全力以赴抓好根治欠薪工作，务求取得实实在在的成效，为保障和改善民生、保持劳动关系和谐稳定作出积极贡献，交上一份让党中央放心、让人民满意的优秀答卷，以优异成绩迎接党的二十大胜利召开！

在人社帮扶工作推进会上的讲话

王少峰

（2022 年 3 月 29 日）

这次会议的主要任务是：深入学习贯彻习近平总书记关于巩固拓展脱贫攻坚成果、全面推进乡村振兴重要指示精神，贯彻全国“两会”和中央农村工作会议精神，落实部推进乡村振兴工作领导小组会议有关要求，安排部署 2022 年人社帮扶重点工作。刚才，乡村振兴办和就业、技能、社保、人才人事、定点等五个帮扶专项组的同志围绕人社帮扶专项行动汇报了各自工作打算，有关单位同志作了补充发言。总的来看，各有关单位都很重视，提前谋划方案，细化措施办法，形成了较为清晰的路线图。下面，我就推进人社帮扶重点工作谈几点意见。

一、充分认识做好巩固拓展人社脱贫攻坚成果助力推进乡村振兴工作的重要意义，进一步增强使命感责任感

2022 年是实现巩固拓展脱贫攻坚成果同乡村振兴有效衔接的深化之年。习近平总书记强调，乡村振兴的前提是巩固脱贫攻坚成果，要持续抓紧抓好，让脱贫群众生活更上一层楼；要持续推动同乡村振兴战略有机衔接，确保不发生规模性返贫，切实维护和巩固脱贫攻坚战的伟大成就；要在推动社会保障事业高质量发展上持续用力，织密社会保障安全网，为人民生活安康托底。习近平总书记的重要指示精神，为做好当前和今后一个时期巩固拓展脱贫攻坚成果、全面推进乡村振兴工作提供了明确指引和根本遵循。我们必须从“两个维护”的高度，从党和国家全局的高度，进一步深刻领会习近平总书记重要指示的精神实质和核心要义，坚持把不发生规模性返贫作为促进共同富裕和全面推进乡村振兴的底线任务，准确把握就业、培训、社保、人才人事的职能作用，乘势而上巩固拓展人社脱贫攻坚成果，为持续推进脱贫地区发展和群众生活改善贡献人社力量。

（一）要深刻认识和把握大政方针，认真贯彻落实中央决策部署。2020 年底以来，党中央、国务院先后印发《关于实现巩固拓展脱贫攻坚成果同乡村振兴有效衔接的意见》《关于全面推进乡村振兴加快农业农村现代化的意见》《关于做好 2022 年全面推进乡村振兴重点工作的意见》和中共中央办公厅、国务院办公厅印发《关于加快推进乡村人才振兴的意见》等文件，对巩固拓展脱贫攻坚成果、全面推进乡村振兴作出部署，其中，把人社帮扶工作摆在更加突出的位置，对促进脱贫人口就业增收、做好职业技能培训、强化劳务协作、促进养老保险全覆盖、推进农民工市民化、加强乡村人才智力支持、健全基层公共服务体系等提出更高的要求。部党组高度重视巩固拓展人社脱贫攻坚成果助力推进乡村振兴工作，在今年 1 月召开的全国人力资源社会保障

工作会议上，纪南部长对此提出了明确要求。2月28日，纪南部长主持召开党组会暨部推进乡村振兴工作领导小组会议，对做好2022年人社帮扶工作提出具体要求，研究提出开展人社帮扶专项行动。我们必须贴紧中央部署要求，在部党组的统一领导下，在大局大势大事中找准人社帮扶方位，履职尽责，真抓实干，把党中央的好政策传递给每一个脱贫群众，切实增强脱贫群众的获得感、幸福感、安全感。

（二）要深刻认识和把握新情况新问题，切实增强工作的主动性创造性。2021年，面对散发多发的局部疫情、严峻复杂的发展环境，各级人社部门按照党中央、国务院决策部署，扎实推动人社帮扶工作任务落实。脱贫人口就业规模达到3 145万人，比上年增加126万人，人均工资性收入达到8 527元，同比增长22.6%，占总收入比重达到67.9%，人社帮扶工作为守住不发生规模性返贫底线提供了有力支撑。在总结成绩的同时，也要清醒地看到，当前和今后一个时期，百年未有之大变局与新冠肺炎疫情相互交织，巩固拓展脱贫攻坚成果任务仍较为艰巨。经济下行压力和局地多发的新冠肺炎疫情导致部分脱贫人口外出务工受阻或不愿意外出；重点帮扶地区普遍财力不足影响国家乡村振兴重点帮扶地区职业技能提升工程的落实落地；脱贫人口较为集中的重点帮扶县自身短板弱项突出，稳定就业规模压力更大，培训的针对性有效性不强，本地人才仍然流失严重等。把人社脱贫攻坚成果巩固住、拓展好，绝非易事。我们必须分析新形势、新问题，找对策、想办法，结合实际创造性地开展工作，坚持不懈抓好工作落实，为巩固拓展脱贫攻坚成果、全面推进乡村振兴持续贡献人社力量。

（三）要注重帮扶政策衔接，切实增强工作成效。近年来，人社系统立足部门职能，紧密结合实际，扎实有力推进各项帮扶工作，就业帮扶增收入、技能帮扶强素质、社保帮扶保生活、人才帮扶促发展的政策体系日益健全，彰显了极强的创新价值。要在巩固现有人社脱贫攻坚成果的基础上，统筹当前和长远，系统谋划推进各项帮扶工作的节奏力度，抓好政策的平稳衔接，加强政策落实的跟踪评估，增强针对性实效性，继续发挥人社帮扶政策在稳定脱贫、改善民生中的长效作用。要准确把握中央七项政策“组合拳”对人社工作提出的新任务，特别是紧扣“社会政策要兜住兜牢民生底线”，细化落实举措，稳步推进实施，切实增强人社帮扶成效。

二、明确方向、抓住重点，进一步提高人社帮扶的针对性实效性

（一）聚焦脱贫人口就业增收狠抓工作落实。当前，部分脱贫地区群众收入水平仍然较低，脱贫基础还比较脆弱，遇到自然灾害、疾病、意外事故等情况就很可能返贫致贫。要把促进脱贫人口就业作为巩固人社脱贫攻坚成果的重要任务，紧扣脱贫劳动力外出务工3 000万人的目标任务，千方百计拓展就业渠道，通过强化有组织劳务输出，发挥政府指导和市场导向作用，力争有劳动能力和就业意愿的脱贫劳动力全部实现转移就业、已外出务工脱贫劳动力最大限度稳定岗位，以就业助增收、稳脱贫。强化公益性岗位管理，使符合条件、确有需要的脱贫人口能够获得公益性岗位。要将稳定脱贫人口就业规模与提高就业质量结合起来，准确掌握脱贫人口就业能力、培训意愿，加强个性化的就业服务，采取多种形式、灵活多样地组织开展职业技能培训，增强与就业岗位的匹配效率，培育创建一批特色劳务品牌，持续提高脱贫人口就业质量。

（二）聚焦重点帮扶县发展狠抓工作落实。我国尽管消除了绝对贫困和区域性整体贫困，但一些地区由于自然条件差、历史欠账多，诸多因素交织叠加，自我发展能力还比较弱。160个国家乡村振兴重点帮扶县，脱贫基础总体比较脆弱，是巩固拓展脱贫攻坚成果任务最艰巨的地区。对于这些重点地区，各单位要拿出过去打人社脱贫攻坚战的精气神，统筹调配好人社帮扶资源力量，持续强化对国家乡村振兴重点帮扶县的倾斜支持。要进一步加强工作对接，指导重点帮扶县健全有组织劳务输出工作机制，持续提升重点帮扶县劳务品牌的影响力和竞争力，支持其适当加大乡村公益性岗位开发力度，优先支持其推进公共就业服务向乡村地区延伸，加快提升自我发展能力。

（三）聚焦东西部人社协作狠抓工作落实。开展东西部协作是党中央着眼推动区域协调发展、促进共同富裕作出的重大决策。要适应形势任务变化，创新协作方式，充分发挥东西部人社协作的作用。要指导东西部地区在就业、技工教育和技能培训、人才引智等方面加强工作联动，畅通脱贫劳动力、防止返贫监测对象外出务工渠道，帮助脱贫劳动力方便就业、稳定就业、维护合法权益；积极鼓励支持对口帮扶地区开展校校合作、校企合作，帮助西部地区提升技工院校办学能力和质量；推动技术、技能人才双向挂职培养锻炼，持续健全人才支持西部地区发展的长效机制。

（四）聚焦社保、人才人事帮扶狠抓工作落实。要持续巩固城乡居民基本养老保险应保尽保成果，全面落实低保对象、特困人员、返贫致贫人口、重度残疾人城乡居民基本养老保险费代缴政策，定期调度困难群体代缴保险费、参保扩面等情况，确保困难群体参保质量不减、成色不变。持续加大智力支持和人才服务力度，深入开展专家人才服务基层工作，落实基层事业单位人事管理、人才评价和工资福利政策，实施好高校毕业生“三支一扶”计划，支持配合有关部门组织医疗、教育等专业技术人才“组团式”帮扶国家乡村振兴重点帮扶县等艰苦地区。

（五）聚焦定点帮扶狠抓工作落实。扎实有序推进定点帮扶山西省天镇县、安徽省金寨县五年规划（2021—2025 年）和年度定点帮扶具体措施，落实中央“三农”工作重心历史性转移的新要求，将帮扶工作重心从帮助解决建档立卡贫困人口“两不愁三保障”向实现乡村产业兴旺、生态宜居、乡风文明、治理有效、生活富裕转变，从集中资源支持脱贫攻坚向巩固脱贫攻坚成果和全面推进乡村振兴转变，建立健全防止返贫动态监测和帮扶机制，不出现规模性返贫。坚持“发挥人社特长、结合当地特点、突出帮扶特色”原则，建立健全以党建帮扶为统领，以就业、技能、社保、人才人事、产业为主导的“1+5”帮扶模式。结合定点帮扶县资源禀赋，因地制宜完善“职业培训+返乡创业”“职业培训+劳务品牌”帮扶举措，推动天镇人社技能培训基地持续发挥作用、“天镇保姆”品牌提质升级，进一步推动加快金寨技师学院建设发展、深化“金寨-昆山”战略合作。要着眼推进区域协调发展、促进共同富裕目标，用新的理念、方式指导和带动地方人社工作，做好乡村振兴这篇大文章，使人社帮扶在巩固拓展脱贫攻坚成果同乡村振兴有效衔接过渡期内更好发挥作用，并且能在过渡期结束后持续助力乡村振兴。

三、担当作为、求真务实，全力以赴推进人社帮扶工作

今年是全面建设社会主义现代化国家、向第二个百年奋斗目标进军新征程的重要一年，我们党将召开二十大，这是党和国家政治生活中的头等大事。党中央强调，要保持平稳健康的经济环境、国泰民安的社会环境。扎实做好巩固拓展人社脱贫攻坚成果助力推进乡村振兴工作，具有特殊的重要意义。关于今年人社帮扶工作的目标任务和工作重点已经明确，关键是要抓好推动落实，确保取得实实在在的效果。

（一）进一步压实工作责任。人社帮扶专项行动内容多，参与单位多，要“一盘棋”推进各项工作，增强工作整体性，提升综合效能。乡村振兴办要当好部党组和部推进乡村振兴工作领导小组的参谋助手，站在人社帮扶工作全局的角度，加强对人社帮扶专项行动的统筹谋划，推动各项行动相互促进、协调配合。各帮扶专项组特别是各牵头单位要毫不放松地按专项行动的既定目标任务、完成时限和工作

要求，明确分工，责任压紧压实到司到处，工作深化细化到人，挂图作战。各参与单位要切实履职尽责、积极配合，形成工作合力。

（二）健全调度机制。要建立健全人社帮扶专项行动调度机制，做到行动过程可调度、效果可检验。乡村振兴办要督促指导各帮扶专项组和部属有关单位落细落实各项举措，会同各帮扶专项组及时研究协调解决专项行动中的重点难点问题。各帮扶专项组要将牵头的专项行动列出时间表、路线图、施工图，及时开展工作调度，分析总结和评估工作进展，抓好专项行动的落实。有关单位要制定工作方案，细化分解任务，研究提出一些有力度、有含金量的政策措施，及时检视评估政策措施的落实情况和实际效果，逐项分类优化调整，确保高质量完成人社帮扶专项行动目标任务。

（三）加强对地方工作的督促指导。疫情期间要创新方式方法加强与各地人社帮扶工作的对接，通过召开视频会议、书面调研、工作调度等多种方式跟踪了解各地人社帮扶专项行动进展情况，及时评估人社帮扶政策供给和落实情况，确保各项帮扶政策落实不间断、不松劲。要建立健全问题整改长效机制，把巩固脱贫成果后评估发现问题整改和人社帮扶日常工作结合起来，一体研究、一体部署、一体整改，指导有关地方尽快补齐短板弱项，防止同类问题回潮，巩固整改成果。要坚持督战一体，既加强对基层工作的督促指导，又减轻基层负担，切实帮助基层一线解决实际困难。

（四）高质量完成重点目标任务。衡量人社帮扶目标任务有没有完成，关键是看脱贫人口外出务工规模有没有增加、就业稳不稳定、脱贫地区有没有建成一批技工院校和职业培训机构、脱贫群众参保率有没有提升等硬指标。各单位在组织开展人社帮扶专项行动时，要进一步强化目标导向、效果导向，特别是就业帮扶专项行动、职业技能提升工程“六个一批”攻坚行动等，要研究提出具体目标、具体任务和具体举措，目标任务能量化的尽量量化，不能量化的也要提出明确目标，拿出务实管用的实招硬招，确保今年的人社帮扶实现提质增效。

（五）进一步做好总结宣传工作。近年来，人社系统紧扣中央赋予的目标任务，立足部门职能，紧密结合实际，扎实有力推进人社帮扶工作，人社帮扶政策体系日益健全，工作实践鲜活生动、亮点突出，彰显了很强的创新价值。要及时挖掘、总结和宣传好示范典型，遴选一批人社帮扶助力乡村振兴的先进经验、典型案例，开展形式多样的宣传交流活动，切实提升人社系统干部助力乡村振兴能力，营造真抓实干、比学赶超的浓厚氛围。

同志们，做好人社帮扶工作，责任重大、使命光荣。我们要以习近平新时代中国特色社会主义思想为指导，以实际行动把党中央、国务院关于巩固拓展人社脱贫攻坚成果推进乡村振兴的决策部署贯彻落实到位，以优异成绩迎接党的二十大胜利召开。

织密社会保障安全网
推动社会保障事业高质量可持续发展

——在第八届全国社会保障学术大会上的发言

李　忠

（2022年7月23日）

全国社会保障学会以“共同富裕和扎实推动社会保障高质量发展”为题，组织大家交流研讨，这既是深入学习贯彻习近平总书记重要讲话精神的具体体现，也是推动新时代社会保障事业高质量可持续发展的积极探索。感谢学会一直以来对社会保障工作的关心和支持，同时预祝大会取得圆满成功。借此机会，我谈几点认识体会。

一、深刻领会习近平总书记关于社会保障工作重要论述和重要指示批示精神，切实增强做好社会保障工作的责任感紧迫感使命感

党中央高度重视社会保障工作。党的十八大以来，习近平总书记对完善社会保障体系作出一系列重要论述和重要指示批示，特别是在中央政治局第二十八次集体学习时发表重要讲话，系统回答了社会保障事业发展方向性、根本性、战略性重大问题，创造性提出一系列新理念新思想新战略，具有很强的政治性、思想性、理论性，为做好新时代社会保障工作指明了前进方向，提供了根本遵循。我们要深刻领会、准确把握精神实质和丰富内涵，切实增强做好社会保障工作的政治自觉、思想自觉、行动自觉。

一要深刻理解社会保障是治国安邦的大问题。习近平总书记强调，社会保障是保障和改善民生、维护社会公平、增进人民福祉的基本制度保障，是促进经济社会发展、实现广大人民群众共享改革发展成果的重要制度安排，发挥着民生保障安全网、收入分配调节器、经济运行减震器的作用，是治国安邦的大问题。总书记的重要论断，深刻阐述了社会保障在推进国家治理体系和治理能力现代化中的重要地位。这需要我们从践行党的性质和宗旨的高度，深刻认识社会保障与经济社会发展大局的内在联系，加快健全覆盖全民、统筹城乡、公平统一、可持续的多层次社会保障体系，进一步织密织牢社会保障安全网，为国家长治久安作出贡献。

二要深刻理解社会保障是促进共同富裕的重要抓手。习近平总书记指出，要推动全体人民共同富裕取得更为明显的实质性进展。要加大再分配力度，强化互济共助功能，把更多人纳入社会保障体系。总书记强调，要加大税收、社保、转移支付等调节力度并提高精准性，形成中间大、两头小的橄榄型分配结构。

社会保障能够保护无收入、低收入人群在年老、失业、工伤、患病以及遭受各种意外灾害时有所依靠。这需要我们充分认识到社会保障是兜牢困难群众生活底线，避免社会成员因各种原因陷入贫困的重要制度，是实施国民收入再分配、缩小不合理差距的重要途径，在扎实推进共同富裕的历史阶段发挥着重要作用。需要我们进一步优化完善以共同富裕为导向的社会保障制度，明确社会保障机制规则、实践路径，充分发挥社会保障在推进共同富裕中的基础性支撑作用。

三要深刻理解社会保障在构建新发展格局中的重要作用。习近平总书记指出，构建新发展格局，要坚持扩大内需这个战略基点，使生产、分配、流通、消费更多依托国内市场，形成国民经济良性循环。扩大消费最根本的是促进就业，完善社保，优化收入分配结构，扩大中等收入群体。这需要我们深刻认识到社会保障可以改善居民消费预期，拉动有效需求，具有经济运行逆周期调节功能，有利于提升就业的充分性、稳定性与公平性，有助于提升劳动力的数量和质量，有利于劳动力的空间流动和社会流动，促进全国统一的劳动力市场的形成。需要我们把民生保障作为畅通国内大循环的出发点和落脚点，健全多层次社会保障体系，在制度、政策、资金、服务的供给方面提供更加充分、更加均衡、更加公平、更可持续的服务保障，免除群众后顾之忧，提高居民消费能力和意愿，以改善民生为导向扩大消费。

二、充分认识党的十八大以来社会保障事业取得的显著成就，坚定做好社会保障工作的信心决心

党的十八大以来，是我国社会保障改革力度最大、发展速度最快、覆盖范围最广的时期。在以习近平同志为核心的党中央坚强领导下，我们以增强公平性、适应流动性、保证可持续性为重点，统筹推进覆盖全民的社会保障体系建设，改革的系统性、整体性、协同性明显增强，成就举世瞩目。

一是制度体系建设取得突破。开展养老保险顶层设计，出台改革和完善基本养老保险制度总体方案，明确了改革的指导思想、总体目标、基本原则和8个方面20项具体改革任务。实施机关事业单位养老保险制度改革，实现与企业养老保险制度并轨。统一城乡居民养老保险制度，形成城镇职工和城乡居民两大基本养老保险制度平台。建立企业养老保险基金中央调剂制度，全面实现养老保险省级统筹，启动实施养老保险全国统筹。出台个人养老金制度，填补了三支柱的空白。与此同时，失业保险保生活、防失业、促就业的功能进一步凸显。工伤保险预防、补偿、康复“三位一体”制度体系建设积极推进，出台新就业形态就业人员职业伤害保障试点办法，健全灵活就业人员社会保障制度。

二是覆盖范围持续扩大。围绕全民覆盖、人人享有社会保障的目标，通过实施全民参保计划，精准推进重点群体参保。创新失业补助金、临时生活补助等失业保险扩大保障范围政策，实现所有城乡参保失业人员政策全覆盖。事业单位职工、建设项目用工、公务员等依法纳入工伤保险保障范围，全面推进建筑业按项目参保工作，工伤保险的覆盖面不断扩大。2012年到2022年6月底，我国基本养老保险参保人数从7.88亿人增加到10.4亿人，失业保险参保人数从1.52亿人增加到2.33亿人，工伤保险参保人数从1.9亿人增加到2.86亿人。

三是待遇水平稳步提高。按照党中央、国务院部署，综合考虑物价变动、职工工资增长、基金承受能力以及财力状况等因素，自2012年以来连续调整企业和机关事业单位退休人员基本养老金，建立健全基本养老金待遇确定和合理调整机制。今年继续采取定额调整、挂钩调整与适当倾斜相结合的办法，统一部署、同步调整企业和机关事业单位退休人员基本养老金。自2014年以来，4次统一提高城乡居民全国基础养老金标准，2018年建立激励约束有效、筹资权责清晰、保障水平适度

的城乡居民基本养老保险待遇确定和基础养老金正常调整机制。同时，失业、工伤保险待遇水平稳步提升。

四是管理服务水平显著提升。围绕记录一生、保障一生、服务一生，统筹城乡的五级社保经办管理服务网络基本形成，管理服务规范化、标准化、信息化建设进一步加强，群众社保事务就近办、线上办、快速办更加方便快捷。截至 2022 年 6 月底，社会保障卡持卡人数超过 13 亿人，电子社会保障卡领用人数超过 5.75 亿人，在 475 个线上渠道提供服务，并开通 72 项全国服务和 1 400 余项属地服务。国家社会保险公共服务平台累计访问量超过 29.5 亿人次，有效方便了群众跨省通办、一网通办。

五是经济运行“减震器”作用凸显。为积极应对经济下行压力，特别是应对新冠肺炎疫情带来的严重冲击，积极推动社会保障政策与其他领域政策协同联动。2020 年实施力度空前的“减免缓降返补”政策，全年养老、失业、工伤 3 项社会保险为企业减负 1.54 万亿元，失业保险稳岗返还 1 042 亿元。2021 年调整优化普惠性稳岗返还政策，将受益主体由企业扩大到个体工商户、社会团体等。今年出台助企纾困政策，对餐饮、零售、旅游、民航、公路水路铁路运输等 5 个特困行业和 17 个困难行业企业阶段性缓缴养老、失业、工伤三项社会保险费单位缴费部分。对受疫情影响严重地区生产经营出现暂时困难的所有中小微企业、以单位方式参保的个体工商户，阶段性缓缴三项社会保险费单位缴费部分。这些政策含金量高、受益面广，得到企业欢迎和认可。

我国社会保障事业取得历史性成就、发生历史性变革，根本在于以习近平同志为核心的党中央坚强领导，根本在于习近平新时代中国特色社会主义思想的科学指导，坚持发挥党的领导和社会主义制度的政治优势，集中力量办大事；在于坚持人民至上，坚持共同富裕，把增进民生福祉、促进社会公平作为发展社会保障事业的根本出发点和落脚点；在于坚持制度引领，围绕全覆盖、保基本、多层次、可持续等目标加强社会保障体系建设；在于坚持与时俱进，用改革的办法和创新的思维解决发展中的问题，坚决破除体制机制障碍，推动社会保障事业不断前进；在于坚持实事求是，既尽力而为又量力而行，把提高社会保障水平建立在经济和财力可持续增长的基础之上，不脱离实际、超越阶段。这些经验弥足珍贵，我们要坚持和发展这些成功经验，更好地指导和推动工作。

三、准确把握社会保障事业发展面临的形势任务

随着我国社会主要矛盾发生变化和城镇化、人口老龄化、就业方式多样化加快发展，我国社会保障事业发展的环境发生了深刻变化，面临着新形势新任务，尤其是社会保障体系建设仍存在短板和不足，必须高度重视并切实加以解决。

从人口老龄化看，与国外相比，我国人口老龄化具有未富先老、基数大、速度快、生育率持续走低、老龄化高峰持续时间长以及地区之间、城乡之间老龄化不均衡等特点，这些都增加了应对人口老龄化问题的复杂性、长期性、艰巨性。2021 年，60 岁及以上人口占全国人口的 18.9%，其中 65 岁及以上人口超过 2 亿人。这对养老保险影响深远，突出表现在抚养比持续降低上，制度可持续面临较大压力。

从城镇化看，2021 年末我国常住人口城镇化率为 64.7%，比 2000 年提高近 29 个百分点。城镇化的快速推进，有利于生产要素合理配置，是我国劳动生产率持续快速提高的重要因素，但也对社会保障制度如何适应人口向城镇流动提出了新的要求，迫切需要统筹考虑城乡养老保险制度的发展和衔接。此外，城镇化过程中，流动人口市民化相对滞后，户籍人口城镇化率只有 46.7%，比常住人口城镇化率低了近 20 个百分点，社会保障等公共服务不均等问题也需要重视。

从就业方式多样化看，我国就业格局已发生明显变化，特别是新就业形态成为吸纳新生和存量劳动力的主渠道，超过2亿劳动者以灵活方式就业。据统计，共享经济服务提供者约8 400万人。这些人员在劳动关系、就业岗位、工作时间、工资收入等方面都呈现出许多新特征，部分农民工、灵活就业人员、新就业形态就业人员等人群没有纳入社会保障，存在“漏保”“脱保”“断保”的情况，需要加快探索完善适应灵活就业特别是新就业形态就业人员的社会保障措施。

四、完整准确全面贯彻新发展理念，努力实现社会保障事业高质量可持续发展

我们要坚决贯彻落实习近平总书记提出的“促进我国社会保障事业高质量发展、可持续发展”重要指示精神，进一步提高政治站位，坚持“坚守底线、突出重点、完善制度、引导预期”民生工作总思路，立足“三新一高”，深入研究、系统谋划、抓好落实，努力构建与现代化进程和共同富裕目标相适应的社会保障体系。

一是持续推进社会保障制度重大改革。坚持系统观念，树立战略眼光，紧盯制约社会保障体系建设的硬骨头，深入开展调查研究，以更大的决心和更大的力度不断推进改革。当前最重要的是要实施好养老保险全国统筹，建立完善中央和地方政府责任分担机制，强化制度的统一性和规范性，持续推进基金流、业务流、信息流和配套的经办体系等建设。要进一步健全多层次养老保险体系，坚持基本养老保险保基本的制度定位，不断提高企业年金覆盖率，推动职业年金市场化投资运营平稳规范，推进个人养老金试点，实现对基本养老保险的有效补充，更好满足人民群众多样化需求。同时，加快推进失业保险和工伤保险省级统筹，增强基金共济能力。

二是不断扩大社会保障覆盖范围。这是实现社会保障人人享有、人人参与的客观要求，是增进民生福祉、推动共同富裕的客观要求，也是维护社会稳定、构建和谐社会的客观要求。持续推进全民参保计划，健全农民工、灵活就业人员、新就业形态就业人员等重点群体参保机制，完善社会保险参保缴费激励约束政策，推进长期持续参保，引导更多符合条件的单位和人员纳入社会保障，推动实现法定人员全覆盖。放开灵活就业人员在就业地参加基本养老保险的户籍限制，提高市民化水平。完善新就业形态就业人员权益保障政策，平稳实施新就业形态就业人员职业伤害保障试点，实现更加充分的保障。

三是积极推动社会保障法制化。社会保障事业的高质量可持续发展，需要我们在建章立制、顶层设计上下更大功夫，加强管长远、管根本的法律制度建设，加快补齐短板弱项。加强社会保障立法工作研究，积极稳妥推进相关法律法规的修订、制定工作。依法健全社会保障基金监管体系，坚持政策、经办、信息、监督“四位一体”风险防控，强化人防、制防、技防、群防“四防”协同，严格基金监督，提升管理水平，以零容忍态度严厉打击欺诈骗保、套保或挪用贪占等违法行为，守牢社保基金安全底线。

四是不断提升社会保障管理精细化程度和优质服务水平。社保工作关乎群众切身利益，每一桩每一件都要与群众见面对账，工作面广量大，迫切需要不断提高工作效率和服务水平，为群众和参保单位提供更加方便快捷的服务。坚持问题导向，紧盯老百姓在社会保障方面反映强烈的烦心事、操心事、揪心事，围绕政策制度供给“最先一公里”和政策服务落地“最后一公里”两头发力，持续打造群众满意的经办服务。强化信息化建设，主动适应人口大规模流动、就业快速变动的趋势，完善全国统一的社会保险公共服务平台，推进社保经办数字化转型，创新服务模式，实现“全数据共享、全服务上网”。发挥好社会保障卡的综合服务功能，推进“全业务进卡、线上线下用卡、全生命周期用卡”。

同志们，做好社会保障工作责任重大、使

命光荣，我们要坚持以习近平新时代中国特色社会主义思想为指导，坚定不移地贯彻落实党中央决策部署，尽力而为、量力而行，持续发力、久久为功，不断推动社会保障事业取得新的更大成绩。也希望学会和各位专家能够一如既往地对部里工作给予支持，充分发挥人才优势和学术优势，加强前瞻性研究，贡献智慧力量，形成推动社会保障事业高质量可持续发展的强大合力！

深入学习贯彻党的二十大精神
扎实推动城乡居民养老保险高质量可持续发展

——在全国城乡居民养老保险工作推进会上的讲话

李　忠

（2022 年 11 月 24 日）

今天，我们召开全国城乡居民养老保险工作推进会，主要任务是深入学习贯彻党的二十大精神和习近平总书记关于社会保障工作的重要论述，回顾和总结新时代十年城乡居民养老保险工作取得的主要成绩，交流经验做法，分析研判面临的形势和任务，对城乡居民养老保险重点工作进行动员部署。

一、深入学习领会党的二十大精神，切实增强做好社会保障工作的责任感紧迫感使命感

党的二十大是在全党全国各族人民迈上全面建设社会主义现代化国家新征程、向第二个百年奋斗目标进军的关键时期召开的一次历史性会议。习近平总书记所作的报告，全景展示了过去五年的工作和新时代十年的伟大变革，深刻阐释了习近平新时代中国特色社会主义思想的理论创新和实践创造，全面擘画了社会主义现代化建设的宏伟蓝图，具有很强的政治性、思想性、针对性和指导性，为做好包括社会保障在内的各项工作指明了前进方向、提供了根本遵循。

报告深刻指出“社会保障体系是人民生活的安全网和社会运行的稳定器”，提出了“健全覆盖全民、统筹城乡、公平统一、安全规范、可持续的多层次社会保障体系”总体目标要求，第一次把“安全规范”列入其中。围绕这一目标要求，报告重点部署了基本养老保险领域完善全国统筹、渐进式延迟法定退休年龄、发展多层次多支柱养老保险体系、健全筹资和待遇调整机制等重大改革任务。对做好失业保险省级统筹、工伤保险省级统筹、完善社会保险公共服务平台等工作也作出了部署。“健全社保基金保值增值和安全监管体系”首次写进党的报告。这些工作任务涵盖了我部社保各项工作，是今后五年乃至更长一个时期推进社会保障制度改革、完善覆盖全民社会保障体系的着力点和突破口。我们要从践行党的性质宗旨、巩固党的执政基础和国家长治久安的高度，充分认识做好社会保障的重大意义，深入贯彻以人民为中心的发展思想，以社会保障事业高质量、可持续发展为主题，坚持系统观念、树立战略眼光、增强风险意识、拓展国际视野，系统集成、协同高效推进社会保障制度改革，持续扩大社会保障覆盖面，统筹推进城乡社会保障体系建设，守住社会保障基金安全底线，织密扎牢社会保障安全网，使人民群众

的获得感幸福感安全感更加充实、更有保障、更可持续。

二、充分肯定新时代城乡居民养老保险事业发展取得的成绩，进一步坚定做好工作的信心决心

党的十八大以来，以习近平同志为核心的党中央坚持人民至上，把增进人民福祉、促进人的全面发展作为一切工作的出发点和落脚点，把社会保障体系建设摆上更加突出的位置，推动我国社会保障体系建设进入快车道。十年间，城乡居民养老保险制度从无到有、从有到好，事业发展取得显著成效。

（一）统一城乡居民养老保险制度，社会保险城乡统筹取得新成效。2014 年 2 月，按照党的十八大和十八届三中全会关于整合城乡居民基本养老保险制度有关部署，将新型农村和城镇居民社会养老保险合并实施，建立统一的城乡居民基本养老保险制度，与职工养老保险共同构成我国基本养老保险两大制度平台。截至 2021 年底，全国参加城乡居民养老保险人数达到 5.48 亿人，较 2012 年底增加 6 400 万人，其中实际领取待遇人数达到 1.62 亿人，增加 3 100 多万人。

（二）建立待遇确定和基础养老金正常调整机制，让改革发展成果更多更公平惠及全体人民。2018 年 1 月 23 日，习近平总书记主持召开中央全面深化改革领导小组第二次会议。会议指出，建立激励约束有效、筹资权责清晰、保障水平适度的城乡居民基本养老保险待遇确定和基础养老金正常调整机制，推动城乡居民养老保险待遇水平随经济发展逐步提高。十年来，中央先后 4 次统一提高全国城乡居民基础养老金最低标准，各地均在此基础上提高了当地基础养老金标准。

（三）推动贫困人口和困难群体基本养老保险全覆盖，进一步织密社会保障安全网。按照党中央、国务院关于贫困人口要实现基本养老保险全覆盖决策部署，2017 年 8 月，会同相关部门出台《关于切实做好社会保险扶贫工作的意见》，对参加城乡居民养老保险的建档立卡未标注脱贫的贫困人口、低保对象、特困人员等困难群体，由地方人民政府为其代缴部分或全部最低标准养老保险费。利用人社扶贫信息平台，通过大数据比对，依靠各级社保经办机构等力量，实施建档立卡贫困人口基本养老保险应保尽保专项工作，在全国范围内开展大规模“政策找人”行动，从 2017 年到 2020 年，共为 1.19 亿人次代缴城乡居民养老保险费 129 亿元，到 2020 年底，共有 6 098 万建档立卡贫困人口参加基本养老保险，基本实现全覆盖。2021 年，会同有关部门调整完善社会保险帮扶政策措施，助力全面实施乡村振兴战略，共为 2 354 万困难人员代缴 26.8 亿元城乡居民养老保险费，5 427 万困难人员参加基本养老保险，参保率达到 99.9%。

（四）提升社保经办管理服务能力，打通服务群众“最后一公里”。统筹城乡的五级社保经办管理体系基本形成，覆盖部本级、32 个省级节点的业务专网基本建立，实现部省市县四级网络贯通，并向乡镇（街道）、村庄（社区）延伸，有效支撑了业务网点下沉和服务体系下延。参保登记、选档缴费、权益查询、待遇申领、资格认证“五个不出村”服务广泛推广。全国社会保险公共服务平台上线运行，网上办事逐渐成为主要经办服务模式。

（五）不断加强被征地农民社会保障工作，切实维护被征地农民合法权益。推动各地贯彻落实土地管理法和土地管理法实施条例，将符合条件的被征地农民纳入社会保障体系，落实被征地农民社会保障政策。按照中央“先保后征”要求，探索通过缴费补贴引导符合条件的被征地农民参加国家基本养老保险制度，助力被征地农民原有生活水平不降低，长远生计有保障。

（六）切实做好长江流域退捕渔民养老保险应保尽保工作，推动渔民安心“上岸”。按照党中央、国务院关于做好长江流域禁捕工作要求，2020 年 11 月，会同有关部门出台做好长江流域退捕渔民养老保险工作的有关政策，给予符合条件的退捕渔民养老保险缴费补贴，实现长江流域退捕渔民养老保险应保尽保。截至目前，共为11.3万退捕渔民落实养老保险缴费补贴，为1.6万人代缴保费，17.2万符合条件的退捕渔民全部参加基本养老保险。

当前，城乡居民养老保险已成为我国基本养老保险的重要组成部分，在缓解老年贫困、助力脱贫攻坚中发挥了重要作用，为推动城乡基本公共服务均等化、实施乡村振兴和共同富裕创造了有利条件。这些成绩的取得，根本在于以习近平同志为核心的党中央的坚强领导，在于习近平新时代中国特色社会主义思想的科学指引，也离不开各级党委政府的高度重视、各有关部门的大力支持，凝结着广大社保工作者的智慧、心血和汗水。

三、全面准确把握新形势新任务，找准城乡居民养老保险制度发展的历史方位

进入新发展阶段，我国经济持续快速发展，经济实力实现历史性跃升，综合国力不断增强，为城乡居民养老保险高质量发展提供了重要条件。与此同时，随着人口老龄化、新型城镇化、就业方式多样化加快发展，社会保障事业发展的环境发生着深刻变化，城乡居民养老保险工作也面临着新的风险和挑战。我们要深入学习党的二十大精神，坚持系统观念，树立战略眼光，增强风险意识，拓展国际视野，不断提高做好城乡居民养老保险工作的预见性和主动性，重点把握以下三个方面。

第一，准确把握城乡居民养老保险制度发展面临的新形势新任务。一是积极应对人口老龄化。2021年我国60岁以上人口为2.67亿人，占比达到18.9%，与2010年相比增加5.64个百分点；特别是农村人口老龄化率比城镇高出8个百分点，这一趋势还在加剧。预计“十四五”期间，我国60岁以上人口占全部人口的比重将超过20%。到2035年左右，60岁以上人口占比将超过30%。随着老龄化程度加深，城乡居民养老保险基金支出增加，需要我们从全局和战略的高度，深入实施积极应对人口老龄化国家战略，提前谋划，探索有效路径和应对举措。二是助力实施乡村振兴战略。中国还有5亿多人生活居住在乡村，城乡居民养老保险脱胎于新型农村社会养老保险制度，服务的对象绝大多数是农民，服务的平台主要在农村，是解决农民老有所养问题的重要制度安排，是提升农村公共服务能力的主要阵地，需要我们坚持农业农村优先发展，坚持城乡融合发展，补齐农村公共服务短板。三是推动全体人民共同富裕。城乡居民养老保险制度是我国分配制度体系的重要内容，需要我们利用好城乡居民养老保险制度特点、制度优势，在发展中保障和改善民生，在提高低收入人群收入、缩小城乡差别方面发挥更加积极的作用。四是顺应新型城镇化和就业方式多样化加快发展。2021年末我国常住人口城镇化率为64.72%，常住人口9亿多人。同时，我国就业格局已发生明显变化，超过2亿劳动者以灵活方式就业，新就业形态不断涌现，需要我们统筹考虑城乡养老保险制度协调发展。

第二，清醒认识城乡居民养老保险制度自身存在的短板弱项。城乡居民养老保险目前主要存在“两低一慢一不足”等短板。“两低”，即筹资和保障待遇水平低。城乡居民养老保险多渠道筹资作用发挥不明显，集体补助占比过低，大部分参保人员选择较低档次缴费，困难人员由政府按当地最低缴费档次帮助缴费。“一慢”，即待遇水平增长慢，离群众期盼还有差距。“一不足”，即基层经办服务能力不足。一些地区还存在信息系统功能不完善、与其他部门数据共享机制不健全、内控制度执行不严格、业务经办和数据报送口径不规范、宣传工作缺乏针对性等问题。

第三，积极稳妥应对城乡居民养老保险面临的风险隐患。风险防控是做好工作的“底板”，要重点防范有关风险隐患。一是防范保发放的风险。城乡居民养老保险基础养老金由各级财政负担，当前，受新冠肺炎疫情影响，一些地区财政出现困难，养老金支付压力持续加大。城乡居民养老保险主要面向低收入人群，养老金是他们的重要收入来源，是不折不扣的“保命钱”，需要我们坚决守好按时足额发放这个底线任务。二是防范基金“跑冒滴漏”风险。基金安全风险不仅事关群众切身利益，更关系到党和政府的形象，是关系全局的大问题。近年来查处的社保基金案，暴露出我们在基金监管、内控稽核、规范管理等方面的短板和不足，需要以零容忍的态度，深入推进“四防协同”，不断完善“四位一体”风险防控体系。

四、紧扣党的二十大新部署，推动城乡居民养老保险工作再上新台阶

党的二十大提出，我们党的中心任务就是团结带领全国各族人民全面建成社会主义现代化强国、实现第二个百年奋斗目标，以中国式现代化全面推进中华民族伟大复兴。习近平总书记强调，中国式现代化是人口规模巨大的现代化，是全体人民共同富裕的现代化。城乡居民养老保险制度一端连着党心，一端连着民心，是守初心暖民心的重大惠民政策。当前和今后一个时期，做好城乡居民养老保险工作要以扎实推动共同富裕为基本导向，以高质量发展和可持续发展为主题主线，准确把握进入系统集成、协同高效阶段新特点，坚持人人尽责、人人享有和尽力而为、量力而行原则，完善政策、优化服务，不断满足广大人民群众对美好生活的新期待。

（一）努力实现适龄人员应保尽保。党的二十大报告强调，要扩大社会保险覆盖面。城乡居民养老保险制度是具有兜底保障性质的基本养老保险制度，是实现全民参保计划的重要制度安排。要完善政策，将无法参加城镇职工养老保险的适龄城乡居民全部纳入城乡居民养老保险。要加大政策宣传，针对不同年龄、不同群体，创新宣传方式、提升宣传效果，调动城乡居民参保积极性。要加强扩面形势分析，科学合理制定年度参保计划，加强与税务等部门协调配合，多措并举实现应保尽保。

（二）推动提高筹资和保障水平。我们要加强与有关部门沟通协调，积极向党委政府提出建议，加大财政支持力度，提高基础养老金标准。要强化个人缴费激励约束机制，引导参保居民选择高档缴费，持续缴费。要拓宽筹资渠道，鼓励集体经济发展好的地区探索集体补助实现路径。要研究完善税收减免、表彰褒奖等政策措施，鼓励其他社会经济组织、公益慈善组织及个人对参保居民缴费给予资助。要落实被征地农民参加基本养老保险缴费补贴政策。要扩大基金投资运营规模，提高投资收益率。

（三）加强与其他社会保障制度衔接。要准确把握城乡居民养老保险与其他社会保障制度之间、社会保障领域和其他相关领域之间改革的协调联动，提高统筹谋划和协调推进能力。要加强城乡居民养老保险与企业职工养老保险政策统筹协调，优化完善城乡居民与企业职工养老保险衔接服务和流程，促进制度间人员合理流动；要探索完善与低保等其他社会保障制度的统筹衔接，更好保障参保城乡居民的老年基本生活。

（四）巩固拓展脱贫攻坚成果与乡村振兴战略有效衔接。我们要充分认识全面实施乡村振兴战略的长期性，发扬“上下同心、尽锐出战、精准务实、开拓创新、攻坚克难、不负人民”的脱贫攻坚精神，巩固拓展脱贫攻坚成果，持续做好为困难群体代缴保费和基本养老保险应保尽保工作，着力提升以乡村振兴重点帮扶县为重点的艰苦地区经办能力建设，在经费和人员培训方面给予倾斜，探索更多、更有效的政策措施，让脱贫基础更加稳固、成效更可持续。

（五）强化基金安全管理。城乡居民养老保险大量经办业务在县级以下，管理不规范、人手不足等现象比较突出。要坚持严的主基调不放松，将警示教育常态化、制度化，坚持零容忍，保持高压严打态势，夯实“人防”基础。要积极推动基金省级管理，建立完善丧葬补助金制度，加强风险防控建章立制，筑牢“制防”堤坝。要严格落实“三个全面取消”，持续推进基金风险防控措施“进规程、进系统”，用信息技术扎牢风险防控的笼子，提升“技防”能力。要加强社会监督，在农村地区广泛开展政策法规宣传，加强典型案件通报曝光，营造“群防”态势。要把这两年基金专项整治和管理提升行动的好经验好做法用制度固定下来，形成长效机制。

（六）提升经办管理服务能力。经办服务，是落实党的惠民政策的“最后一公里”。要加强基层经办服务能力建设，提高经办服务人员业务素质，补齐公共服务短板。要进一步开发完善全国社会保险公共服务平台，结合城乡居民养老保险业务需求拓展国家平台功能，实现各地平台应接尽接，服务应上尽上。要深入推进经办服务数字化转型，加快推进第三代社保卡和电子社保卡发行应用，提高城乡居民养老保险数据质量，进一步提升数据分析应用能力，实现“数据多跑路，群众少跑腿，弱势群体不跑腿”。对于老年人、残疾人、重病人等群体要有兜底办法，必要时要主动上门服务，把好事做好。

同志们，新阶段要有新气象，新征程要有新担当。推进城乡居民养老保险高质量可持续发展，健全多层次社会保障体系，责任重大、任务艰巨、使命光荣。我们要以习近平新时代中国特色社会主义思想为指导，更加紧密地团结在以习近平同志为核心的党中央周围，自觉用党的二十大精神统一思想和行动，勇于担当、勇毅前行，在全面建设社会主义现代化强国的新征程上，推动城乡居民养老保险工作再上新台阶！

稳中求进　苦干实干
推进人力资源流动管理工作再上新台阶

——在全国人力资源流动管理工作电视电话会上的讲话

俞家栋

（2022 年 5 月 18 日）

这次会议的主要任务是，以习近平新时代中国特色社会主义思想为指导，贯彻落实党中央、国务院决策部署和全国人力资源社会保障工作会议精神，总结 2021 年人力资源流动管理工作，交流经验，分析形势，部署 2022 年重点任务。刚才，7 个省市作了交流发言，讲得都很好，各有特色，亮点突出，希望大家相互学习借鉴。下面，我讲三点意见。

一、砥砺奋进、开拓创新，2021 年人力资源流动管理工作取得显著成效

2021 年是党和国家历史上具有里程碑意义的一年，也是人力资源流动管理工作极不平凡的一年。人力资源流动管理战线紧紧围绕中心、服务大局，开拓创新、奋发有为，各项工作取得积极成效，实现了“十四五”良好开局。我们成功举办首届全国人力资源服务业发展大会，以国家品牌塑造开创了市场化就业工作的新局面。首届大会以“新时代、新动能、新发展”为主题，推出成果展示、供需对接、论坛峰会、技能比赛等一系列活动，1 000 多家服务机构参会参展，国务院领导同志高度重视，作出一系列部署要求，极大鼓舞了行业士气。大会取得丰硕成果，线上线下关注量达 10 亿多人次，签约金额达 166 亿元，158 个创新项目投入实施运营，产生专利 230 项、软件著作权 865 件。在大会示范带动下，各地展示交流、供需对接、并购重组等日趋活跃，品牌效应持续显现。我们创新推进人力资源服务业高质量发展，以政策体系优化形成了引领行业发展的新动能。五部门联合印发《关于推进新时代人力资源服务业高质量发展的意见》，山东、重庆等 16 个省份制定了行业规划或专门政策，江西、天津等 12 个省份设立了人力资源服务业发展资金，面向“十四五”的行业政策体系基本形成。我们强力实施劳务中介专项整治，以市场秩序规范营造了促进人力资源优化配置的良好环境。各地健全联合监管机制，创新工作方式方法，扎实有效开展为期 10 个月的集中整治，市场秩序和招用工行为进一步规范。同时，我们科学谋划、统筹推进，市场管理、行业发展、高校毕业生到基层工作、人才流动服务、人员调配等各项工作取得新进展。

（一）人力资源市场管理规范有序。人力资源市场立法加快推进，江西、安徽、广东、

广西等4省份出台了地方人力资源市场条例，北京制定了促进人力资源市场发展办法，河北、吉林等5省份将人力资源市场条例列入省人大立法计划。以条例为统领、配套规章和地方法规为支撑的市场法规体系基本形成。“放管服”改革巩固深化，进一步简化优化人力资源服务许可审批事项，强化事中事后监管，推行年度报告公示制度，加快信息化建设，推动许可备案全流程网上办理，有效激发了市场活力。市场监管持续加强，贯彻实施《网络招聘服务管理规定》，深入开展清理整顿人力资源市场秩序专项执法行动，规范网络招聘等市场活动，努力维护人力资源市场良好秩序。

（二）人力资源服务业加快发展。行业力量发展壮大，截至2021年底，全国共有各类人力资源服务机构5.9万家，从业人员103万人，年营业收入2.46万亿元，发展态势良好。品牌建设日新月异，新建贵阳、海南2个国家级产业园，新建三亚旅游、重庆数字经济2个国家级人才市场。各地积极探索建成一大批富有特色的地方产业园和专业性、行业性人才市场。国家级产业园达24个，其中16家年营业收入超过百亿元。省级产业园达91个。国家级人才市场达36个。市场化就业服务扎实有效，紧紧围绕促进就业这一根本，集中开展“国聘行动”“人力资源市场高校毕业生就业服务周”等活动，举办现场招聘会28.6万场，发布招聘信息8.5亿条，培训2 662万人次，为3亿多人次劳动者和5 000多万家次用人单位提供了就业、择业和流动服务，为维护就业大局稳定提供了有力保障。

（三）引导高校毕业生到基层工作稳步推进。第四轮“三支一扶”计划全面启动，十部门印发实施第四轮“三支一扶”计划的意见，突出基层急需紧缺导向和乡村振兴帮扶重点，明确“十四五”时期目标任务、重点举措和创新政策，2021年新招募人员3.8万名，开展能力提升专项培训8 000人次。“最美基层高校毕业生”学习宣传活动创新推进，会同中央宣传部遴选确定20名“最美基层高校毕业生”，在中央广电总台举行“最美基层高校毕业生”发布仪式，新华社、《人民日报》等中央媒体，人民网、央视频、学习强国等权威平台进行集中宣传，部属和各地媒体积极跟进，持续开展深入报道，社会反响良好。河北、江苏、重庆、贵州等地创新开展省级“最美基层高校毕业生”学习宣传，积极营造鼓励高校毕业生到基层工作的良好氛围。基层项目统筹工作不断深化，加强部门间沟通协调，协同推进教师特岗计划、西部计划等基层服务项目，形成齐抓共管工作格局，凝聚引导鼓励高校毕业生到基层工作的合力。

（四）人才流动公共服务水平持续提升。流动人员人事档案管理政策更加完善，五部门联合制定《流动人员人事档案管理服务规定》，进一步完善与干部人事档案相衔接、符合流动人员特点的政策体系。档案信息化建设加快推进，积极推广省级集中系统，开发全国跨地区服务平台，建设全国基础信息资源库，已有25个省份开通跨省通办服务，加快构建“一点存档、多点服务”的信息化格局。区域人才交流合作创新开展，服务国家重大战略，创新人才需求信息预测发布机制，编制发布雄安新区、粤港澳大湾区、海南自贸港、成渝双城经济圈等急需紧缺人才目录。江西、四川、福建等地编制发布省级重点人才目录，引导人才向重点地区、重点产业、重点项目集聚。

（五）调配工作规范化水平明显提高。干部人才援派工作稳步推进，积极配合组织部门完善援派政策，做好干部人才援藏援疆援青工作。有关援派省市扎实开展就业援助、技能培训、人才培训与挂职交流等工作，为西藏、新疆、青海等地经济发展和社会稳定作出贡献。国家重大专项支持计划精准有效，聚焦国家重大战略以及冬奥会、新冠疫苗研发生产等重点项目，充分发挥国家重大专项对重点单位事业发展的干部人才支撑作用。服务水平不断提高，加强人员调配制度建设，完善计划申报、编制和下达方式，突出审核重点，简化优化流程，提升信息化服务水平，持续提供优质高效服务。

这些成绩的取得，根本在于以习近平同志为核心的党中央坚强领导，在于习近平新时代中国特色社会主义思想的科学指引，得益于部党组对人力资源流动管理工作的高度重视和各地区各有关部门的大力支持，更是全系统干部职工辛勤努力和不懈奋斗的结果。在此，我代表部党组向大家表示衷心感谢！

二、立足大局、精准研判，准确把握人力资源流动管理工作的形势任务

人力资源流动管理工作涉及就业和人才两大领域，服务就业优先和人才强国两大战略，要完整、准确、全面贯彻新发展理念，坚决落实中央重大决策部署，科学研判形势任务，对标对表目标要求，把握好创新发展的着力点和突破口。

一方面，要准确把握稳就业保就业对市场化就业服务提出的新任务新要求。习近平总书记高度重视就业工作，要求落实好就业优先政策，不断促进就业量的扩大和质的提升。李克强总理对落实落细稳就业举措作出部署，强调用市场化的办法解决就业问题。受新冠肺炎疫情等多因素影响，当前我国经济发展环境的复杂性、严峻性、不确定性上升，就业形势复杂严峻。一是助力稳岗促就业，需要大力推动人力资源服务提质增效。人力资源服务业是促进就业的重要力量，具有专业高效的独特优势。应对当前复杂困难局面，要求我们紧紧围绕稳岗促就业，大力推动人力资源服务业提质增效，强化企业用工保障，有效促进供需匹配，大力提升人力资本效能，积极拓展市场就业空间，为助力企业复工达产、保持就业大局稳定作出贡献。二是保障劳动者就业权益，需要大力维护人力资源市场良好秩序。人力资源服务业与新技术、新产业等融合发展，推动新业态、新模式不断涌现，适应疫情防控常态化要求，线上求职招聘发展迅猛，在为灵活就业提供便捷渠道的同时，也对劳动者权益保障提出了新挑战。这就要求我们坚持促进发展和规范管理并重，完善管理制度，创新监管方式，综合运用技术、标准、信用等多种手段，维护人力资源市场良好秩序，更好地保障劳动者合法权益。三是适应人力资源区域流动变化，需要大力完善统一的人力资源市场体系。随着区域协调发展和乡村振兴战略深入实施，产业梯度转移和人力资源区域流动不断发生新变化。党中央高度重视促进劳动力等要素自由流动和市场化配置，对加快建设全国统一大市场作出重大部署。我们要从构建新发展格局的高度，充分认识人力资源市场建设的重要地位和作用，加快构建高标准人力资源市场体系，大力发展专业性、行业性人才市场，为促进人力资源顺畅有序流动夯实基础。

另一方面，要准确把握新时代人才工作对优化人才流动配置提出的新任务新要求。党中央高度重视人才工作，去年9月召开中央人才工作会议，习近平总书记发表了重要讲话，提出了新时代人才工作的一系列新理念新战略新举措，对健全人才流动机制、促进人才顺畅流动提出新的更高要求。一是建设国家战略人才力量，需要大力提升高层次人才流动配置水平。中央明确提出，战略人才是支撑我国高水平科技自立自强的重要力量，要把建设战略人才力量作为重中之重来抓。这就要求我们更加聚焦国家重大战略、更加聚焦高层次人才，更好发挥重大专项支持计划的配置作用、更好发挥各类人力资源服务机构市场化引才作用，提高“高精尖缺”人才精准配置水平。二是激发人才创新创造活力，需要大力创新人才流动配置机制。深化人才流动配置机制改革，是激发人才创新创造活力的客观要求。落实中央人才工作会议精神，进一步打破人才流动中的身份、学历等体制机制障碍，健全人才市场供求、价格和竞争机制，要求我们大力创新人才流动配置机制，通过改革创新，畅通流动渠道，优化流动服务，最大程度激发创新创造创业活力。三是助力乡村振兴，需要大力引导鼓励人才到基层工作。当前，乡村振兴战略正在加快实施，而基层一线特别是艰苦边远地区，仍面临人才总量不足、结构失衡等问题。这就要求我们更好统筹实施“三支一扶”计划等基层项目，加大先进典型宣传力度，积极引导鼓励高校毕业生到基层干事创业，为助力乡村振兴、推进基层事业发展注入“源头活水”。

三、锚定目标、真抓实干，着力推进2022年人力资源流动管理工作创新发展

做好今年人力资源流动管理工作的总体要求是，以习近平新时代中国特色社会主义思想为指导，贯彻党中央、国务院决策部署，聚焦稳就业保就业和促进人才顺畅有序流动，加强高标准人力资源市场建设，推动人力资源服务业高质量发展，引导鼓励高校毕业生到基层工作，提升人才流动公共服务水平，规范高效做好人员调配工作，努力推进人力资源流动管理工作再上新台阶。重点要做好五个方面的工作。

（一）着力推进高标准人力资源市场体系建设。充分发挥市场在人力资源配置中的决定性作用和更好发挥政府作用，加快建设统一开放、竞争有序、制度完备、治理完善的高标准人力资源市场体系。一是完善人力资源市场法规。针对人力资源市场建设与管理的关键领域、重点问题、薄弱环节，部里正在研究制定《人力资源服务机构管理规定》。各地要及时对标对表，做好衔接，加快地方性法规立法进程，增强针对性和可操作性，推动形成上下贯通、健全完备的人力资源市场法规体系。二是强化人力资源市场管理。要深入推进人力资源市场“放管服”改革，规范实施人力资源服务许可告知承诺制。要健全联合监管工作机制，完善“双随机一公开”、年度报告公示等制度，持续开展清理整顿人力资源市场秩序专项行动，巩固深化劳务中介专项整治成效，维护劳动者和用人单位合法权益。要防范化解人力资源市场重大风险，进一步强化风险意识，加强形势监测研判，健全事前预防机制，动态完善应急处置预案和舆情应对口径，主动应对、稳妥处置，确保人力资源市场不发生重大系统性风险。三是加强人力资源市场建设。统筹推进劳动力市场、人才市场、零工市场建设，大力发展专业性、行业性人力资源市场，加强国家级人才市场建设。有条件的地方要结合当地实践，发展一批特色鲜明、具有辐射带动效应的人才市场。继续实施西部和东北地区人力资源市场建设援助计划。不断优化人力资源市场“一线观察”等信息监测机制，准确、及时反映市场形势和行业态势，为稳就业保就业提供决策参考。

（二）着力推动人力资源服务业高质量发展。深化拓展首届全国人力资源服务业发展大会成果，推动行业实现高质量发展。一是强化政策落实落地。部里正在制定人力资源服务业创新发展行动计划，细化实化推进行业高质量发展的具体措施。对已出台的规划和政策，各地要抓紧落实落地，加大投入扶持力度，积极推出更多具有本地特色的支持措施。还未制定专门政策的地方，要统筹用好现有的各类政策工具，多出鼓励发展、稳定预期的政策，营造良好的发展环境。二是全力促就业保用工。近期，部里围绕促就业保用工，陆续开展“百日千万网络招聘”“国聘行动”“高校毕业生就业服务周”等一系列专项活动。各地要组织各类人力资源服务机构，为高校毕业生、农民工等重点群体提供优质高效的就业服务。要加大重点领域重点企业用工服务保障，着力支持受疫情影响大的产业链供应链企业、重点外贸企业等用工，开展制造业用工支持行动，通过招聘、派遣、外包等服务，帮助企业解决招人难、留人难问题。要围绕劳务品牌建设积极发挥行业优势，主动发现、培育人力资源服务领域的劳务品牌，努力为促就业服务。三是做强做优人力资源市场主体。实施骨干企业培育计划，突出重点、集聚资源，打造一批规模大、实力强、具有国际竞争力的龙头企业，培育一批“专精特新”中小服务企业，加快形成人力资源服务产业集群。加强国家级产业园建设，持续跟踪问效，发挥好国家级产业园示范带动作用。今年，部里会同商务部共同遴选

了首批人力资源服务出口基地，12 个国家级和省级产业园入选，各地要高度重视，抓住机遇，切实把基地建设好、发展好。四是努力营造良好环境。首届全国人力资源服务业发展大会举办以来，各地陆续出台了支持服务业发展的政策措施，发展人力资源服务业的氛围日益浓厚。今年将启动第二届发展大会筹备工作，一些省份积极申办，部里将统筹安排、科学筹划，共同努力办好高水平的行业盛会。要加大行业领军人才培养力度，创新开展人力资源管理职称评审工作，办好人力资源服务业博士后学术交流会、高级研修班，支持行业协会学会发展，激发行业人才创新创业活力。今年 9 月服贸会，将专设人力资源服务主题活动，要动员组织人力资源服务出口基地和领军企业参会参展，向世界展示行业风采。

（三）着力引导鼓励高校毕业生到基层工作。紧贴乡村振兴需要，更好发挥基层项目和典型人物的示范引领作用，引导鼓励更多高校毕业生到基层工作。一是抓实“三支一扶”项目实施。今年“三支一扶”计划招募规模从 3.2 万名扩大到 3.4 万名，近期将印发专门文件部署实施。各地要进一步完善配套措施，切实推进项目落实落地。要突出帮扶重点，向乡村振兴重点帮扶县和艰苦边远地区倾斜，向基层急需紧缺服务岗位倾斜，向脱贫户、零就业家庭毕业生等重点群体倾斜。要强化培养使用，继续实施能力提升专项计划，积极推广导师制、传帮带等经验做法，加强岗位锻炼和跟踪培养，为支扶人员成长成才创造良好条件。要完善期满流动服务，落实好定向考录、优先招聘、专项招聘等支持政策，组织开展多种形式的专场招聘活动，不断健全联系服务机制，积极拓宽基层留人、用人渠道。二是深入开展“最美基层高校毕业生”学习宣传活动。这是人力资源社会保障部与中央宣传部联合开展的典型选树创新项目。为推动“最美基层高校毕业生”学习宣传活动深入开展，部里将推出系列活动。发布仪式上周已成功举行，效果很好。近期，还将会同相关部门印发通知进行专门部署。各地要聚焦最美人物典型事迹，广泛动员基层高校毕业生等青年人才收听收看、学习交流，推动学习宣传活动走深走实。要创新宣传方式，综合运用新媒体、新技术，多角度、深层次开展宣传报道，增强学习宣传活动的时代感和吸引力。要完善工作机制，加快形成上下联动的宣传格局，充分挖掘群众身边、鲜活生动的典型人物和先进事迹，推动学习宣传活动常态化开展。三是加强中央各基层服务项目统筹实施。充分发挥统筹协调工作机制作用，履行好基层项目统筹办公室职责，加强部门沟通协调，加大政策统筹力度，加快构建“下得去、干得好、留得住、流得动”的长效机制，发挥基层项目的示范作用。

（四）着力提升人力资源流动公共服务水平。持续加强流动人员人事档案管理服务，充分发挥档案在人才流动就业、职业转换过程中的重要作用。一是强化政策落实。切实抓好《流动人员人事档案管理服务规定》的贯彻落实，及时修订地方规定，完善政策举措，不断健全流动人员人事档案工作制度体系。二是加快信息化建设步伐。落实国务院跨省通办要求，进一步优化省级集中系统，提高基础信息采集质量。已经开通跨省通办服务的省份，要落实落细具体服务事项，不断提高服务效能；尚未开通的要加快进度，成熟一项上线一项，争取早日实现全国范围内档案接收和转递跨省通办。三是加强监督管理。各地要高度重视，切实加强监督管理，及时研判新情况新问题，严格落实档案管理免费服务，进一步优化服务流程，创新服务方式，提升服务效能，不断提高档案公共服务和便民利民水平。四是创新人才流动开发机制。服务国家重大战略，创新急需紧缺人才需求监测发布机制，持续推进雄安新区等重点目录编制发布工作。有条件的省份可结合实际，探索编制省级急需紧缺人才目录，更好引导人才流动集聚。

（五）着力增强调配工作的精准性和实效性。紧紧围绕党和国家中心工作，进一步加强和改进调配工作，为经济社会发展提供有力的人才支撑。一是深入实施人员调配重大专项计划。聚焦重大战略、重点领域、重要项目工程，制定实施重大专项计划，通过重点支持为“卡脖子”关键核心技术攻关提供人才保障。二是配合做好干部人才援派工作。积极配合有关部门，做好新一批援藏、援青干部人才选派、培训及送行工作。有关地区要在人员选派、管理、服务等各个环节积极担当、勇于作为，扎实细致做好各项工作。三是不断完善调配政策制度。研究修订人员调配、高校毕业生接收等相关制度规定，完善人员调配重大专项计划管理办法；强化规范管理，严格人员条件，优化工作流程，不断提高人员调配工作规范化水平。

同志们，做好新时代人力资源流动管理工作责任重大、使命光荣。让我们以习近平新时代中国特色社会主义思想为指导，稳中求进、苦干实干，努力推动人力资源流动管理工作再上新台阶，以优异成绩迎接党的二十大胜利召开！

坚定信心　迎难而上
全力做好脱贫人口稳岗就业工作

——在全国脱贫人口稳岗就业工作推进视频会议上的讲话

俞家栋

（2022 年 6 月 2 日）

就业是最大的民生，是巩固脱贫攻坚成果的基本措施。党中央、国务院对脱贫人口就业帮扶工作高度重视。习近平总书记多次作出重要指示批示。各级人力资源社会保障、乡村振兴部门担当作为，协同推进，坚决贯彻党中央、国务院决策部署，把脱贫人口就业帮扶作为重大政治责任，拓展就业帮扶政策范围，深化东西部劳务协作，促进就业帮扶车间发展，稳定乡村公益性岗位规模，脱贫人口就业帮扶工作进展平稳、好于预期。

刚才，2 个省份的乡村振兴部门、2 个省份的人力资源社会保障部门和福州市、白河县政府负责同志作了发言，介绍了经验做法，各地要互相学习借鉴。下面，我就做好下一阶段脱贫人口稳岗就业工作，讲几点意见。

一、千方百计稳住脱贫人口务工规模

务工收入是脱贫人口收入的主要来源，推动务工是促进增收防止返贫的重要渠道。稳住了脱贫人口务工规模，就稳住了脱贫户收入的大头，反之，一人失业就会导致全家返贫，规模失业也会带来规模返贫的风险。各地人力资源社会保障部门要进一步提高政治站位，强化使命担当，咬定“一个超过、两个不低于”的目标任务不放松，树牢风险意识、底线意识，加快摸底排查，加快组织输出，加快稳岗支持，加快返乡承接，最大力度帮助有意愿的脱贫人口外出务工，最大限度减少已外出的脱贫人口返乡回流，最大程度帮助已返乡脱贫人口尽快就业，确保有劳动能力和就业意愿的脱贫人口外出有渠道、稳岗有保障、失业有帮扶、返乡有承接。

二、加快脱贫人口就业失业状态摸底排查

准确掌握脱贫人口就业失业状态，是研判脱贫人口稳岗就业形势的重要基础，也是精准帮扶的基本要求。要依托全国防止返贫监测信息系统，强化属地管理，以就业地、户籍地为责任主体，通过大数据监测、社保就业数据比对、实地走访、电话调查等方式，尽快了解辖区内脱贫人口就业失业状态，动态掌握就业人员清单、失业人员清单、返乡人员清单、有意愿外出人员清单。输入地要掌握在本地区务工脱贫人口的就业状态、收入水平、参保状况、从事岗位等情况，特别是动态掌握登记失业人员和受疫情影响停工待岗人员情况。输出地要

掌握本地户籍脱贫人口，特别是二次返乡脱贫人口、有意愿外出但尚未外出脱贫人口的情况。

三、加快有能力有意愿脱贫人口输出组织

脱贫人口实现就业，绝大多数还是要靠外出务工，这不仅能有效增加收入，从长远看还能帮助他们开阔眼界、增长见识，为乡村振兴提供人才支撑。目前输入地许多行业企业仍有较大用工需求，输出地许多脱贫人口仍有较强外出务工意愿。要坚持把促进脱贫人口外出务工作为就业帮扶的主攻方向，抓住当前各方全力稳住经济大盘的有利时机，最大化收集岗位，精准化促进匹配，高效率组织输出，推动有意愿外出的脱贫人口愿出可出。要加强岗位收集，积极联系辖区内用人单位和中介机构，广泛收集一批“无技能要求、无学历要求、无年龄限制”的适应性岗位，并加快岗位归集和联网发布。要加强信息对接，对照拟外出脱贫人口清单，及时匹配适合的岗位信息，适应疫情防控要求，及时开展小型化、专业化线下对接活动，及时运用“隔屏对话”“无接触面试”等线下服务新模式，还要因地制宜规范发展一批零工市场、零工服务。要加强输出组织，动员各类服务机构积极为脱贫人口提供输出服务，必要时提供“点对点”输送保障。对吸纳脱贫人口就业的企业打包提供补贴政策，对组织脱贫人口外出的服务机构给予相关补助，对主动外出的脱贫人口落实交通补贴。

四、加快已外出脱贫人口稳岗服务

帮助已外出脱贫人口稳在企业、稳在当地，是稳定务工规模、巩固脱贫攻坚成果的当务之急，对引导更多脱贫人口有序外出具有示范带动作用。要坚定不移做好已外出脱贫人口的政策落实、就业服务和权益保障，让他们稳得住、留得下。要强化政策稳岗，全面落实国务院最新出台的社会保险费阶段性缓缴扩面政策，加大失业保险稳岗返还力度，引导企业不裁员、少裁员，支持企业优先留用脱贫人口。要强化权益维护，切实保障被解除劳动关系脱贫人口的合法权益，督促企业依法支付工资报酬和经济补偿，做好社会保险关系转移接续。对与企业发生劳动争议的，开辟劳动仲裁绿色通道，做到快查、快裁、快处。要强化失业帮扶，全面放开常住地、就业地失业登记，及时兑现失业保险待遇，积极提供职业介绍、职业指导、职业培训等就业服务，帮助脱贫人口尽快再就业。要特别关注因疫情被隔离治疗的脱贫人口，督促相关企业不得以此为由解除劳动合同，及时为其中的失业人员远程投放岗位信息，帮助其提早进入求职准备。

五、加快留乡返乡脱贫人口有序承接

引导脱贫人口合理有序流动，有利于缓解地区就业压力，有利于减轻滞留人员生活压力。对于留乡返乡脱贫人口，要完善工作方案，健全对接机制，稳妥有序承接。要做好承接准备，加强输出地输入地信息对接，对经过帮扶确实无法留在当地就业、有迫切返乡需求的脱贫人口，及时掌握返乡动态，做好就业服务和岗位收集准备，确保服务不断档、不掉线。人力资源社会保障部也将及时向有关省份通报大数据监测到的农民工异常流动情况。要做好渠道拓展，结合城镇化建设和乡村振兴战略实施，加快挖掘就近就地产业就业岗位、农业从业机会、工程项目招工信息、帮扶车间用工需求，支持脱贫人口返乡入乡创业和灵活就业。要做好兜底安置，统筹用好各类资金，结合乡村建设行动和农村人居环境整治行动，开发一批临时性公益性岗位，稳定乡村公益性岗位规模，对确实通过市场渠道难以就业的脱贫人口予以托底安置。

六、加强对重点地区的倾斜支持

国家乡村重点帮扶县和易地搬迁安置区产业基础薄弱，脱贫人口集中，就业机会相对少，就业服务供给不足，既是就业帮扶工作的难点，也是确保就业目标任务完成的重点。要充分发挥东西部协作、省内协作机制作用，广

泛调动各方面资源力量，针对特殊困难地区，采取非常之策，切实加大倾斜支持力度，推动两类地区工作进展不低于全国面上水平。要支持劳务输出，把两类地区作为劳务输出重点保障地区，优化服务、优先保障，帮助有需要的脱贫人口外出务工。对口帮扶省市要签订专门劳务协议或明确相关内容，确定目标任务，压茬推进落实。要支持岗位开发，落实易地搬迁安置区政府投资项目、以工代赈项目、公共服务管理项目按比例安排就业制度，加大对国家乡村振兴重点县的资金倾斜、岗位投放，适当加大公益性岗位开发力度，努力打造“一县一品”劳务品牌。对口帮扶省市要推动在两类地区落地一批援建产业项目、企业实体，辐射带动上下游企业，拓展当地就业机会。要支持服务提升，持续加大对两类地区公共就业服务体系建设资金投入，推动在大型安置区建设服务站点和服务窗口。对口帮扶省市要组建专门专家服务团队，定期面向两类地区开展就业服务业务培训，提升当地就业服务能力。

各地人力资源社会保障部门要高度重视脱贫人口就业帮扶工作，用情用心用力把各项工作任务落到实处，做到就业帮扶专班不散、责任不减，帮扶机制不变、力度不断。要特别注重风险防范，及时捕捉脱贫人口就业苗头性、倾向性问题，早发现、早预警，制定针对性处置预案，坚决守住不发生规模性返贫的底线。同时，部里也将会同乡村振兴部门及时研究疫情严重地区就业帮扶政策，对于输出地，针对性开展集中援助，对于输入地，及时调整纾解承接压力。

同志们，做好脱贫人口稳岗就业工作，责任重大、使命光荣。我们要更加紧密地团结在以习近平同志为核心的党中央周围，坚定信心、鼓足干劲，以就业稳收入、以增收稳脱贫，为巩固拓展脱贫攻坚成果同乡村振兴有效衔接作出更大贡献，以实际行动迎接党的二十大胜利召开。

五、人力资源社会保障部文件

人力资源社会保障部关于修改部分规章的决定

（2022年1月7日人力资源社会保障部令第47号公布
自公布之日起施行）

为贯彻实施《中华人民共和国行政处罚法》，按照《国务院办公厅关于开展涉及行政处罚内容的行政法规、规章和行政规范性文件清理工作的通知》（国办函〔2021〕39号）、《国务院办公厅关于开展清理行政法规和规章中不合理罚款规定工作的通知》（国办函〔2021〕55号）、《国务院关于进一步贯彻实施〈中华人民共和国行政处罚法〉的通知》（国发〔2021〕26号）要求，人力资源社会保障部对相关部门规章进行了清理，决定对3件规章的部分条款予以修改：

一、将《劳动行政处罚听证程序规定》第三条修改为“劳动行政部门作出下列行政处罚决定，应当告知当事人有要求听证的权利，当事人要求听证的，劳动行政部门应当组织听证：

（一）较大数额罚款；

（二）没收较大数额违法所得、没收较大价值非法财物；

（三）降低资质等级、吊销许可证件；

（四）责令停产停业、责令关闭、限制从业；

（五）其他较重的行政处罚；

（六）法律、法规、规章规定的其他情形。

当事人不承担组织听证的费用。”

二、将《劳动行政处罚听证程序规定》第十一条中的“三日内”均修改为“5个工作日内”。

三、将《劳动行政处罚听证程序规定》第十二条第一款中的“七日”修改为“7个工作日”。

四、将《劳动行政处罚听证程序规定》第十二条第三款修改为“除涉及国家秘密、商业秘密或者个人隐私依法予以保密外，听证应当公开进行。对于公开举行的听证，劳动行政部门可以先期公布听证案由、听证时间及地点”。

五、在《劳动行政处罚听证程序规定》第十四条中增加一款，作为第二款“当事人及其代理人无正当理由拒不出席听证或者未经许可中途退出听证的，视为放弃听证权利，劳动行政部门终止听证”。

六、将《劳动行政处罚听证程序规定》第十五条修改为“听证应当制作笔录。笔录由听证记录员制作。听证笔录在听证结束后，应当立即交当事人或者其代理人核对无误后签字或者盖章。当事人或者其代理人拒绝签字或者盖章的，由听证主持人在笔录中注明”。

七、将《劳动行政处罚听证程序规定》第十七条修改为“听证结束后，听证主持人应当根据听证确定的事实和证据，依据法律、法规和规章，向劳动行政部门负责人提出对听证案件处理的书面建议。劳动行政部门应当根据听证笔录，依据《中华人民共和国行政处罚法》第五十七条的规定作出决定”。

八、将《关于实施〈劳动保障监察条例〉若干规定》第二十五条修改为“劳动保障行政部门应当在收到回避申请之日起3个工作日内依法审查，并由劳动保障行政部门负责人作出回避决定。决定作出前，不停止实施劳动保障监察。回避决定应当告知申请人”。

九、删去《就业服务与就业管理规定》第七十五条中的“并可处以一千元以下的罚款”。

本决定自公布之日起施行。

相关规章根据本决定作相应的修改，重新公布。

社会保险基金行政监督办法

（2022年2月9日人力资源社会保障部令第48号公布
自2022年3月18日起施行）

第一章 总 则

第一条 为了保障社会保险基金安全，规范和加强社会保险基金行政监督，根据《中华人民共和国社会保险法》和有关法律法规，制定本办法。

第二条 本办法所称社会保险基金行政监督，是指人力资源社会保障行政部门对基本养老保险基金、工伤保险基金、失业保险基金等人力资源社会保障部门管理的社会保险基金收支、管理情况进行的监督。

第三条 社会保险基金行政监督应当遵循合法、客观、公正、效率的原则。

第四条 人力资源社会保障部主管全国社会保险基金行政监督工作。县级以上地方各级人力资源社会保障行政部门负责本行政区域内的社会保险基金行政监督工作。

人力资源社会保障行政部门对下级人力资源社会保障行政部门管辖范围内的重大监督事项，可以直接进行监督。

第五条 人力资源社会保障行政部门应当加强社会保险基金行政监督队伍建设，保证工作所需经费，保障监督工作独立性。

第六条 社会保险基金行政监督工作人员应当忠于职守、清正廉洁、秉公执法、保守秘密。

社会保险基金行政监督工作人员依法履行监督职责受法律保护，失职追责、尽职免责。

社会保险基金行政监督工作人员应当具备与履行职责相适应的专业能力，依规取得行政执法证件，并定期参加培训。

第七条 人力资源社会保障行政部门负责社会保险基金监督的机构具体实施社会保险基金行政监督工作。人力资源社会保障部门负责社会保险政策、经办、信息化综合管理等机构，依据职责协同做好社会保险基金行政监督工作。

第八条 人力资源社会保障行政部门应当加强与公安、民政、司法行政、财政、卫生健康、人民银行、审计、税务、医疗保障等部门的协同配合，加强信息共享、分析，加大协同查处力度，共同维护社会保险基金安全。

第九条 人力资源社会保障行政部门应当畅通社会监督渠道，鼓励和支持社会各方参与社会保险基金监督。

任何组织或者个人有权对涉及社会保险基金的违法违规行为进行举报。

第二章 监督职责

第十条 人力资源社会保障行政部门依法履行下列社会保险基金行政监督职责：

（一）检查社会保险基金收支、管理情况；

（二）受理有关社会保险基金违法违规行为的举报；

（三）依法查处社会保险基金违法违规

问题；

（四）宣传社会保险基金监督法律、法规、规章和政策；

（五）法律、法规规定的其他事项。

第十一条 人力资源社会保障行政部门对社会保险经办机构的下列事项实施监督：

（一）执行社会保险基金收支、管理的有关法律、法规、规章和政策的情况；

（二）社会保险基金预算执行及决算情况；

（三）社会保险基金收入户、支出户等银行账户开立、使用和管理情况；

（四）社会保险待遇审核和基金支付情况；

（五）社会保险服务协议订立、变更、履行、解除或者终止情况；

（六）社会保险基金收支、管理内部控制情况；

（七）法律、法规规定的其他事项。

第十二条 人力资源社会保障行政部门对社会保险服务机构的下列事项实施监督：

（一）遵守社会保险相关法律、法规、规章和政策的情况；

（二）社会保险基金管理使用情况；

（三）社会保险基金管理使用内部控制情况；

（四）社会保险服务协议履行情况；

（五）法律、法规规定的其他事项。

第十三条 人力资源社会保障行政部门对与社会保险基金收支、管理直接相关单位的下列事项实施监督：

（一）提前退休审批情况；

（二）工伤认定（职业伤害确认）情况；

（三）劳动能力鉴定情况；

（四）法律、法规规定的其他事项。

第三章 监督权限

第十四条 人力资源社会保障行政部门有权要求被监督单位提供与监督事项有关的资料，包括但不限于与社会保险基金收支、管理相关的文件、财务资料、业务资料、审计报告、会议纪要等。

被监督单位应当全面、完整提供实施监督所需资料，说明情况，并对所提供资料真实性、完整性作出书面承诺。

第十五条 人力资源社会保障行政部门有权查阅、记录、复制被监督单位与社会保险基金有关的会计凭证、会计账簿、财务会计报告、业务档案，以及其他与社会保险基金收支、管理有关的数据、资料，有权查询被监督单位社会保险信息系统的用户管理、权限控制、数据管理等情况。

第十六条 人力资源社会保障行政部门有权询问与监督事项有关的单位和个人，要求其对与监督事项有关的问题作出说明、提供有关佐证。

第十七条 人力资源社会保障行政部门应当充分利用信息化技术手段查找问题，加强社会保险基金监管信息系统应用。

第十八条 信息化综合管理机构应当根据监督工作需要，向社会保险基金行政监督工作人员开放社会保险经办系统等信息系统的查询权限，提供有关信息数据。

第十九条 人力资源社会保障行政部门有权对隐匿、伪造、变造或者故意销毁会计凭证、会计账簿、财务会计报告以及其他与社会保险基金收支、管理有关资料的行为予以制止并责令改正；有权对可能被转移、隐匿或者灭失的资料予以封存。

第二十条 人力资源社会保障行政部门有权对隐匿、转移、侵占、挪用社会保险基金的行为予以制止并责令改正。

第四章 监督实施

第二十一条 社会保险基金行政监督的检查方式包括现场检查和非现场检查。人力资源社会保障行政部门应当制定年度检查计划，明确检查范围和重点。

被监督单位应当配合人力资源社会保障行政部门的工作，并提供必要的工作条件。

第二十二条 人力资源社会保障行政部门实施现场检查，依照下列程序进行：

（一）根据年度检查计划和工作需要确定检查项目及检查内容，制定检查方案，并在实施检查3个工作日前通知被监督单位；提前通知可能影响检查结果的，可以现场下达检查通知；

（二）检查被监督单位社会保险基金相关凭证账簿，查阅与监督事项有关的文件、资料、档案、数据，向被监督单位和有关个人调查取证，听取被监督单位有关社会保险基金收支、管理使用情况的汇报；

（三）根据检查结果，形成检查报告，并送被监督单位征求意见。被监督单位如有异议，应当在接到检查报告10个工作日内提出书面意见。逾期未提出书面意见的，视同无异议。

第二十三条 人力资源社会保障行政部门实施非现场检查，依照下列程序进行：

（一）根据检查计划及工作需要，确定非现场检查目的及检查内容，通知被监督单位按照规定的范围、格式及时限报送数据、资料；或者从信息系统提取社会保险基金管理使用相关数据；

（二）审核被监督单位报送和提取的数据、资料，数据、资料不符合要求的，被监督单位应当补报或者重新报送；

（三）比对分析数据、资料，对发现的疑点问题要求被监督单位核查说明；对存在的重大问题，实施现场核实；评估社会保险基金收支、管理状况及存在的问题，形成检查报告。

对报送和提取的数据、资料，人力资源社会保障行政部门应当做好存储和使用管理，保证数据安全。

第二十四条 人力资源社会保障行政部门对监督发现的问题，采取以下处理措施：

（一）对社会保险基金收支、管理存在问题的，依法提出整改意见，采取约谈、函询、通报等手段督促整改；

（二）对依法应当由有关主管机关处理的，向有关主管机关提出处理建议。

人力资源社会保障行政部门有权对被监督单位的整改情况进行检查。

第二十五条 人力资源社会保障行政部门对通过社会保险基金行政监督检查发现、上级部门交办、举报、媒体曝光、社会保险经办机构移送等渠道获取的违法违规线索，应当查处，进行调查并依法作出行政处理、处罚决定。

人力资源社会保障行政部门作出行政处理、处罚决定前，应当听取当事人陈述、申辩；作出行政处理、处罚决定，应当告知当事人依法享有申请行政复议或者提起行政诉讼的权利。

第二十六条 社会保险基金行政监督的检查和查处应当由两名及以上工作人员共同进行，出示行政执法证件。

社会保险基金行政监督工作人员不得利用职务便利牟取不正当利益，不得从事影响客观履行基金监督职责的工作。

社会保险基金行政监督工作人员与被监督单位、个人或者事项存在利害关系的，应当回避。

第二十七条 人力资源社会保障行政部门可以聘请会计师事务所等第三方机构对社会保险基金的收支、管理情况进行审计，聘请专业人员协助开展检查。

被聘请机构和人员不得复制涉及参保个人的明细数据，不得未经授权复制统计数据和财务数据，不得将工作中获取、知悉的被监督单位资料或者相关信息用于社会保险基金监督管理以外的其他用途，不得泄露相关个人信息和商业秘密。

第二十八条 人力资源社会保障行政部门应当建立社会保险基金要情报告制度。

地方人力资源社会保障行政部门应当依规、按时、完整、准确向上级人力资源社会保障行政部门报告社会保险基金要情。

社会保险经办机构应当及时向本级人力资源社会保障行政部门报告社会保险基金要情。

本办法所称社会保险基金要情是指贪污挪用、欺诈骗取等侵害社会保险基金的情况。

第五章　法律责任

第二十九条　社会保险经办机构及其工作人员有下列行为之一的，由人力资源社会保障行政部门责令改正；对直接负责的主管人员和其他直接责任人员依法给予处分；法律法规另有规定的，从其规定：

（一）未履行社会保险法定职责的；

（二）未将社会保险基金存入财政专户的；

（三）克扣或者拒不按时支付社会保险待遇的；

（四）丢失或者篡改缴费记录、享受社会保险待遇记录等社会保险数据、个人权益记录的；

（五）违反社会保险经办内部控制制度的；

（六）其他违反社会保险法律、法规的行为。

第三十条　社会保险经办机构及其工作人员隐匿、转移、侵占、挪用社会保险基金的，按照《中华人民共和国社会保险法》第九十一条的规定处理。

第三十一条　社会保险服务机构有下列行为之一，以欺诈、伪造证明材料或者其他手段骗取社会保险基金支出的，按照《中华人民共和国社会保险法》第八十七条的规定处理：

（一）工伤保险协议医疗机构、工伤康复协议机构、工伤保险辅助器具配置协议机构、工伤预防项目实施单位等通过提供虚假证明材料及相关报销票据等手段，骗取工伤保险基金支出的；

（二）培训机构通过提供虚假培训材料等手段，骗取失业保险培训补贴的；

（三）其他以欺诈、伪造证明材料等手段骗取社会保险基金支出的行为。

第三十二条　用人单位、个人有下列行为之一，以欺诈、伪造证明材料或者其他手段骗取社会保险待遇的，按照《中华人民共和国社会保险法》第八十八条的规定处理：

（一）通过虚构个人信息、劳动关系，使用伪造、变造或者盗用他人可用于证明身份的证件，提供虚假证明材料等手段虚构社会保险参保条件、违规补缴，骗取社会保险待遇的；

（二）通过虚假待遇资格认证等方式，骗取社会保险待遇的；

（三）通过伪造或者变造个人档案、劳动能力鉴定结论等手段违规办理退休，违规增加视同缴费年限，骗取基本养老保险待遇的；

（四）通过谎报工伤事故、伪造或者变造证明材料等进行工伤认定或者劳动能力鉴定，或者提供虚假工伤认定结论、劳动能力鉴定结论，骗取工伤保险待遇的；

（五）通过伪造或者变造就医资料、票据等，或者冒用工伤人员身份就医、配置辅助器具，骗取工伤保险待遇的；

（六）其他以欺诈、伪造证明材料等手段骗取社会保险待遇的。

第三十三条　人力资源社会保障行政部门工作人员弄虚作假将不符合条件的人员认定为工伤职工或者批准提前退休，给社会保险基金造成损失的，依法给予处分。

从事劳动能力鉴定的组织或者个人提供虚假鉴定意见、诊断证明，给社会保险基金造成损失的，按照《工伤保险条例》第六十一条的规定处理。

第三十四条　被监督单位有下列行为之一的，由人力资源社会保障行政部门责令改正；拒不改正的，可以通报批评，给予警告；依法对直接负责的主管人员和其他责任人员给予处分：

（一）拒绝、阻挠社会保险基金行政监督工作人员进行监督的；

（二）拒绝、拖延提供与监督事项有关资料的；

（三）隐匿、伪造、变造或者故意销毁会计凭证、会计账簿、财务会计报告以及其他与社会保险基金收支、管理有关资料的。

第三十五条 报复陷害社会保险基金行政监督工作人员的，依法给予处分。

第三十六条 人力资源社会保障行政部门、社会保险经办机构违反本办法第二十八条的规定，对发现的社会保险基金要情隐瞒不报、谎报或者拖延不报的，按照有关规定追究相关人员责任。

第三十七条 人力资源社会保障行政部门负责人、社会保险基金行政监督工作人员违反本办法规定或者有其他滥用职权、徇私舞弊、玩忽职守行为的，依法给予处分。

第三十八条 人力资源社会保障行政部门、社会保险经办机构、会计师事务所等被聘请的第三方机构及其工作人员泄露、篡改、毁损、非法向他人提供个人信息、商业秘密的，对直接负责的主管人员和其他直接责任人员依法给予处分；违反其他法律、行政法规的，由有关主管部门依法处理。

第三十九条 违反本办法规定，构成违反治安管理行为的，依法给予治安管理处罚；构成犯罪的，依法追究刑事责任。

第六章　附　　则

第四十条 本办法所称的社会保险服务机构，包括工伤保险协议医疗机构、工伤康复协议机构、工伤保险辅助器具配置协议机构、工伤预防项目实施单位、享受失业保险培训补贴的培训机构、承办社会保险经办业务的商业保险机构等。

对乡镇（街道）事务所（中心、站）等承担社会保险经办服务工作的机构的监督，参照对社会保险经办机构监督相关规定执行。

第四十一条 基本养老保险基金委托投资运营监管另行规定。

第四十二条 本办法自 2022 年 3 月 18 日起施行。原劳动和社会保障部《社会保险基金行政监督办法》（劳动和社会保障部令第 12 号）同时废止。

人力资源社会保障部关于降低或取消部分准入类职业资格考试工作年限要求有关事项的通知

人社部发〔2022〕8号

各省、自治区、直辖市人民政府，国务院各部委、各直属机构：

根据国务院推进简政放权、放管结合、优化服务的改革部署，为贯彻落实《政府工作报告》要求，进一步推动降低就业创业门槛，经国务院同意，降低或取消《国家职业资格目录（2021年版）》中13项准入类职业资格考试工作年限要求。现就有关事项通知如下。

一、《部分准入类职业资格考试工作年限要求调整方案》（见附件）自2022年起实施。除调整考试工作年限要求外，13项准入类职业资格的其他考试报名条件不变。

二、各有关部门要按照本通知要求，抓紧修订相关部门规章，及时调整考试办法，做好政策宣传和舆论引导，让广大专业技术人员充分了解政策，确保政策落地落实。

三、各地区、各有关部门要积极推行考试报名证明事项告知承诺制，依托全国一体化政务服务平台、国家数据共享交换平台，通过政府部门内部核查等方式对报考人员填报的信息进行核验，压减报考人员需提交的书面材料，进一步优化考试报名服务，减轻专业技术人员负担。

四、考试工作年限要求调整后，专业技术人员取得的职业资格可继续按照有关规定与相应系列和层级的职称对应，并可作为申报高一级职称的条件。

五、各地区、各有关部门要加强职业资格领域事前事中事后全链条全领域监管，严格制定考试大纲，认真履行命审题职责，在考试中加强对实际工作能力的考察力度，严厉打击考试违纪行为，强化对取得职业资格人员的专业能力评估和继续教育，确保政策落地后职业资格水平不降低。

附件：部分准入类职业资格考试工作年限要求调整方案

人力资源社会保障部

2022年2月21日

附件

部分准入类职业资格考试工作年限要求调整方案

序号	职业资格名称	实施部门（单位）	现报考条件	调整后报考条件
1	注册城乡规划师	自然资源部、人力资源社会保障部、相关行业协会	（一）取得城乡规划专业大学专科学历，从事城乡规划业务工作满6年。 （二）取得城乡规划专业大学本科学历或学位，或取得建筑学学士学位（专业学位），从事城乡规划业务工作满4年。 （三）取得通过专业评估（认证）的城乡规划专业大学本科学历或学位，从事城乡规划业务工作满3年。 （四）取得城乡规划专业硕士学位，或取得建筑学硕士学位（专业学位），从事城乡规划业务工作满2年。 （五）取得通过专业评估（认证）的城乡规划专业硕士学位或城市规划硕士学位（专业学位），或取得城乡规划专业博士学位，从事城乡规划业务工作满1年。 除上述规定的情形外，取得其他专业的相应学历或者学位的人员，从事城乡规划业务工作年限相应增加1年。	（一）取得城乡规划专业大学专科学历，从事城乡规划业务工作满4年。 （二）取得城乡规划专业大学本科学历或学位，或取得建筑学学士学位（专业学位），从事城乡规划业务工作满3年。 （三）取得通过专业评估（认证）的城乡规划专业大学本科学历或学位，从事城乡规划业务工作满2年。 （四）取得城乡规划专业硕士学位或建筑学硕士学位（专业学位），从事城乡规划业务工作满1年。 （五）取得通过专业评估（认证）的城乡规划专业硕士学位或城市规划硕士学位（专业学位），从事城乡规划业务工作满1年。 （六）取得城乡规划专业博士学位。 除上述规定的情形外，取得其他专业的相应学历或者学位的人员，从事城乡规划业务工作年限相应增加1年。
2	注册测绘师	自然资源部、人力资源社会保障部	（一）取得测绘类专业大学专科学历，从事测绘业务工作满6年。 （二）取得测绘类专业大学本科学历，从事测绘业务工作满4年。 （三）取得含测绘类专业在内的双学士学位或者测绘类专业研究生班毕业，从事测绘业务工作满3年。 （四）取得测绘类专业硕士学位，从事测绘业务工作满2年。 （五）取得测绘类专业博士学位，从事测绘业务工作满1年。 （六）取得其他理学类或者工学类专业学历或者学位的人员，其从事测绘业务工作年限相应增加2年。	（一）取得测绘类专业大学专科学历，从事测绘业务工作满4年。 （二）取得测绘类专业大学本科学历，从事测绘业务工作满3年。 （三）取得含测绘类专业在内的双学士学位或者测绘类专业研究生班毕业，从事测绘业务工作满2年。 （四）取得测绘类专业硕士学位，从事测绘业务工作满1年。 （五）取得测绘类专业博士学位。 （六）取得其他理学类或者工学类专业学历或者学位的人员，其从事测绘业务工作年限相应增加1年。

续表

序号	职业资格名称	实施部门（单位）	现报考条件	调整后报考条件
3	注册核安全工程师	生态环境部、人力资源社会保障部	（一）取得理工类专业学士学位，从事核安全工作满5年；或取得其他专业学士学位，从事核安全工作满6年。 （二）取得理工类专业双学士学位或研究生班毕业，从事核安全工作满4年；或取得其他专业双学士学位或研究生班毕业，从事核安全工作满5年。 （三）取得理工类专业硕士学位，从事核安全工作满2年；或取得其他专业硕士学位，从事核安全工作满3年。 （四）取得理工类专业博士学位，从事核安全工作满1年。	（一）取得核与辐射安全相关专业大学专科学历，从事核与辐射安全相关工作满4年；或取得其他专业大学专科学历，从事核与辐射安全相关工作满5年。 （二）取得核与辐射安全相关专业大学本科学历或学士学位，从事核与辐射安全相关工作满3年；或取得其他专业大学本科学历或学士学位，从事核与辐射安全相关工作满4年。 （三）取得核与辐射安全相关专业第二学士学位或研究生班毕业，从事核与辐射安全相关工作满2年；或取得其他专业第二学士学位或研究生班毕业，从事核与辐射安全相关工作满3年。 （四）取得核与辐射安全相关专业硕士研究生学历或硕士学位，从事核与辐射安全相关工作满1年；或取得其他专业研究生学历或硕士学位，从事核与辐射安全相关工作满2年。 （五）取得理工类专业博士学位。
4	监理工程师	住房和城乡建设部、交通运输部、水利部、人力资源社会保障部	（一）具有各工程大类专业大学专科学历（或高等职业教育），从事工程施工、监理、设计等业务工作满6年。 （二）具有工学、管理科学与工程类专业大学本科学历或学位，从事工程施工、监理、设计等业务工作满4年。 （三）具有工学、管理科学与工程一级学科硕士学位或专业学位，从事工程施工、监理、设计等业务工作满2年。 （四）具有工学、管理科学与工程一级学科博士学位。 经批准同意开展试点的地区，申请参加监理工程师职业资格考试的，应当具有大学本科及以上学历或学位。	（一）具有各工程大类专业大学专科学历（或高等职业教育），从事工程施工、监理、设计等业务工作满4年。 （二）具有工学、管理科学与工程类专业大学本科学历或学位，从事工程施工、监理、设计等业务工作满3年。 （三）具有工学、管理科学与工程一级学科硕士学位或专业学位，从事工程施工、监理、设计等业务工作满2年。 （四）具有工学、管理科学与工程一级学科博士学位。 经批准同意开展试点的地区，申请参加监理工程师职业资格考试的，应当具有大学本科及以上学历或学位。

续表

序号	职业资格名称	实施部门（单位）	现报考条件	调整后报考条件
5	造价工程师	住房和城乡建设部、交通运输部、水利部、人力资源社会保障部	一级： （一）具有工程造价专业大学专科（或高等职业教育）学历，从事工程造价业务工作满5年； 具有土木建筑、水利、装备制造、交通运输、电子信息、财经商贸大类大学专科（或高等职业教育）学历，从事工程造价业务工作满6年。 （二）具有通过工程教育专业评估（认证）的工程管理、工程造价专业大学本科学历或学位，从事工程造价业务工作满4年；具有工学、管理学、经济学门类大学本科学历或学位，从事工程造价业务工作满5年。 （三）具有工学、管理学、经济学门类硕士学位或者第二学士学位，从事工程造价业务工作满3年。 （四）具有工学、管理学、经济学门类博士学位，从事工程造价业务工作满1年。 （五）具有其他专业相应学历或者学位的人员，从事工程造价业务工作年限相应增加1年。	一级： （一）具有工程造价专业大学专科（或高等职业教育）学历，从事工程造价、工程管理业务工作满4年； 具有土木建筑、水利、装备制造、交通运输、电子信息、财经商贸大类大学专科（或高等职业教育）学历，从事工程造价、工程管理业务工作满5年。 （二）具有工程造价、通过工程教育专业评估（认证）的工程管理专业大学本科学历或学位，从事工程造价、工程管理业务工作满3年； 具有工学、管理学、经济学门类大学本科学历或学位，从事工程造价、工程管理业务工作满4年。 （三）具有工学、管理学、经济学门类硕士学位或者第二学士学位，从事工程造价、工程管理业务工作满2年。 （四）具有工学、管理学、经济学门类博士学位。 （五）具有其他专业相应学历或者学位的人员，从事工程造价、工程管理业务工作年限相应增加1年。
			二级： （一）具有工程造价专业大学专科（或高等职业教育）学历，从事工程造价业务工作满2年； 具有土木建筑、水利、装备制造、交通运输、电子信息、财经商贸大类大学专科（或高等职业教育）学历，从事工程造价业务工作满3年。 （二）具有工程管理、工程造价专业大学本科及以上学历或学位，从事工程造价业务工作满1年； 具有工学、管理学、经济学门类大学本科及以上学历或学位，从事工程造价业务工作满2年。 （三）具有其他专业相应学历或学位的人员，从事工程造价业务工作年限相应增加1年。	二级： （一）具有工程造价专业大学专科（或高等职业教育）学历，从事工程造价、工程管理业务工作满1年； 具有土木建筑、水利、装备制造、交通运输、电子信息、财经商贸大类大学专科（或高等职业教育）学历，从事工程造价、工程管理业务工作满2年。 （二）具有工程造价专业大学本科及以上学历或学位； 具有工学、管理学、经济学门类大学本科及以上学历或学位，从事工程造价、工程管理业务工作满1年。 （三）具有其他专业相应学历或学位的人员，从事工程造价、工程管理业务工作年限相应增加1年。

续表

序号	职业资格名称	实施部门（单位）	现报考条件	调整后报考条件
6	建造师（一级）	住房和城乡建设部、人力资源社会保障部	（一）取得工程类或工程经济类大学专科学历，工作满6年，其中从事建设工程项目施工管理工作满4年。 （二）取得工程类或工程经济类大学本科学历，工作满4年，其中从事建设工程项目施工管理工作满3年。 （三）取得工程类或工程经济类双学士学位或研究生班毕业，工作满3年，其中从事建设工程项目施工管理工作满2年。 （四）取得工程类或工程经济类硕士学位，工作满2年，其中从事建设工程项目施工管理工作满1年。 （五）取得工程类或工程经济类博士学位，从事建设工程项目施工管理工作满1年。	（一）取得工程类或工程经济类专业大学专科学历，从事建设工程项目施工管理工作满4年。 （二）取得工学门类、管理科学与工程类专业大学本科学历，从事建设工程项目施工管理工作满3年。 （三）取得工学门类、管理科学与工程类专业硕士学位，从事建设工程项目施工管理工作满2年。 （四）取得工学门类、管理科学与工程类专业博士学位，从事建设工程项目施工管理工作满1年。
7	注册验船师	交通运输部、人力资源社会保障部	（一）A级 1. 取得工学类、理学类专业大学本科学历或学位，从事船舶检验及其相关工作满3年。 2. 取得工学类、理学类专业硕士学位，从事船舶检验及其相关工作满2年。 3. 取得工学类、理学类专业博士学位，从事船舶检验及其相关工作满1年。	（一）A级 1. 取得甲类专业（船舶与海洋工程、轮机工程、船舶电子电气工程、海洋渔业科学与技术、航海技术、能源与动力工程、电气工程及其自动化，下同）大学本科及以上学历、学位。 2. 取得乙类专业（甲类专业以外的其他工学类、理学类专业，下同）大学本科及以上学历或学位，从事船舶检验及其相关工作满1年。
			（二）B级 1. 取得工学类、理学类专业大学专科学历，从事船舶检验及其相关工作满3年。 2. 取得工学类、理学类专业大学本科学历或学位，从事船舶检验及其相关工作满2年。 3. 取得工学类、理学类专业硕士学位，从事船舶检验及其相关工作满1年。 4. 取得工学类、理学类专业博士学位。	（二）B级 1. 取得甲类专业大学本科及以上学历、学位或者乙类专业博士学位。 2. 取得甲类专业大学专科学历或者乙类专业大学本科学历、学位或者乙类专业硕士学位，从事船舶检验及其相关工作满1年。 3. 取得乙类专业大学专科学历，从事船舶检验及其相关工作满2年。

续表

序号	职业资格名称	实施部门（单位）	现报考条件	调整后报考条件
7	注册验船师	交通运输部、人力资源社会保障部	（三）C级 1. 取得工学类、理学类专业中专学历，从事船舶检验及其相关工作满3年。 2. 取得工学类、理学类专业大学专科学历，从事船舶检验及其相关工作满2年。 3. 取得工学类、理学类专业本科学历，从事船舶检验及其相关工作满1年。 （四）D级 取得工学类、理学类专业中专及以上学历，从事船舶检验及其相关工作满1年。 取得其他类专业上述学历或学位，申请参加A级、B级、C级或D级考试的人员，其从事船舶检验及其相关工作相关的年限相应增加2年。	（三）C级 1. 取得甲类专业大学本科及以上学历、学位。 2. 取得甲类专业大学专科学历或者乙类专业大学本科及以上学历或学位，从事船舶检验及其相关工作满1年。 3. 取得乙类专业大学专科学历，从事船舶检验及其相关工作满2年。 4. 取得甲类专业中专学历，从事船舶检验及其相关工作满3年。 取得其他类专业（非工学类、理学类专业）大专及以上学历或学位，申请参加A级、B级、C级考试的人员，除应满足相应等级的学历、学位要求外，其从事船舶检验及其相关工作的年限在乙类专业基础上相应增加1年。
8	渔业船员	农业农村部	一、申请海洋渔业职务船员证书考试资历条件 （一）初次申请：申请助理船副、助理管轮、机驾长、电机员、无线电操作员职务船员证书的，应当担任渔捞员、水手、机舱加油工或电工实际工作满24个月。 （二）申请证书等级职级提高：持有下一级相应职务船员证书，并实际担任该职务满24个月。	一、申请海洋渔业职务船员证书考试资历条件 （一）初次申请：申请助理船副、助理管轮、机驾长、电机员、无线电操作员职务船员证书的，应当担任渔捞员、水手、机舱加油工或电工实际工作满12个月。 （二）申请证书等级职级提高：持有下一级相应职务船员证书，并实际担任该职务满12个月。
			二、申请海洋渔业职务船员证书考核资历条件 （一）专业院校学生：在渔业船舶上见习期满12个月。 （二）曾在军用船舶、交通运输船舶任职的船员：在最近24个月内在相应船舶上工作满6个月。	二、申请海洋渔业职务船员证书考核资历条件 （一）专业院校学生：在渔业船舶上见习期满3个月。在校学习期间在船实习3个月及以上的，可免除在渔业船舶上的见习时限要求。 （二）曾在军用船舶、交通运输船舶任职的船员：在最近12个月内在相应船舶上工作满3个月。
			三、申请内陆渔业职务船员证书资历条件 （一）初次申请：在相应渔业船舶担任普通船员实际工作满24个月。 （二）申请证书等级职级提高：持有下一级相应职务船员证书，并实际担任该职务满24个月。	三、申请内陆渔业职务船员证书资历条件 （一）初次申请：在相应渔业船舶担任普通船员实际工作满12个月。 （二）申请证书等级职级提高：持有下一级相应职务船员证书，并实际担任该职务满12个月。

续表

序号	职业资格名称	实施部门（单位）	现报考条件	调整后报考条件
9	注册安全工程师（中级）	应急管理部、人力资源社会保障部	（一）具有安全工程及相关专业大学专科学历，从事安全生产业务满5年；或具有其他专业大学专科学历，从事安全生产业务满7年。 （二）具有安全工程及相关专业大学本科学历，从事安全生产业务满3年；或具有其他专业大学本科学历，从事安全生产业务满5年。 （三）具有安全工程及相关专业第二学士学位，从事安全生产业务满2年；或具有其他专业第二学士学位，从事安全生产业务满3年。 （四）具有安全工程及相关专业硕士学位，从事安全生产业务满1年；或具有其他专业硕士学位，从事安全生产业务满2年。 （五）具有博士学位，从事安全生产业务满1年。 （六）取得初级注册安全工程师职业资格后，从事安全生产业务满3年。	（一）具有安全工程及相关专业大学专科学历，从事安全生产业务满5年；或具有其他专业大学专科学历，从事安全生产业务满6年。 （二）具有安全工程及相关专业大学本科学历，从事安全生产业务满3年；或具有其他专业大学本科学历，从事安全生产业务满4年。 （三）具有安全工程及相关专业第二学士学位，从事安全生产业务满2年；或具有其他专业第二学士学位，从事安全生产业务满3年。 （四）具有安全工程及相关专业硕士学位，从事安全生产业务满1年；或具有其他专业硕士学位，从事安全生产业务满2年。 （五）具有博士学位，从事安全生产业务满1年。 （六）取得初级注册安全工程师职业资格后，从事安全生产业务满3年。
10	拍卖师	中国拍卖行业协会	具有高等院校专科以上学历和拍卖专业知识；在拍卖企业工作两年以上。	具有高等院校专科以上学历和拍卖专业知识。
11	注册计量师（一级）	市场监管总局、人力资源社会保障部	（一）取得理学或工学门类专业大学专科学历，工作满6年，其中从事计量技术工作满4年。 （二）取得理学或工学门类专业大学本科学历，工作满4年，其中从事计量技术工作满3年。 （三）取得理学或工学门类专业双学士学位或研究生班毕业，工作满3年，其中从事计量技术工作满2年。 （四）取得理学或工学门类专业硕士学位，工作满2年，其中从事计量技术工作满1年。 （五）取得理学或工学门类专业博士学位，从事计量技术工作满1年。 （六）取得其他学科门类专业相应学历、学位的人员，其工作年限和从事计量技术工作的最低年限相应增加1年。	（一）取得理学或工学门类专业大学专科学历，从事计量技术工作满4年。 （二）取得理学或工学门类专业大学本科学历，从事计量技术工作满3年。 （三）取得理学或工学门类专业双学士学位或研究生班毕业，从事计量技术工作满2年。 （四）取得理学或工学门类专业硕士及以上学位，从事计量技术工作满1年。 （五）取得其他学科门类专业相应学历、学位的人员，其从事计量技术工作的最低年限相应增加1年。

续表

序号	职业资格名称	实施部门（单位）	现报考条件	调整后报考条件
12	特种设备检验、检测人员资格	市场监管总局	学历、检验经历、技术职称、专业培训等资历满足申请项目的要求（其中报考检验师需持检验员证 4 年及以上，并在有效期内）。	学历、检验经历、技术职称、专业培训等资历满足申请项目的要求（其中报考检验师需持检验员证 3 年及以上，并在有效期内）。
13	执业药师	国家药监局、人力资源社会保障部	（一）取得药学类、中药学类专业大专学历，在药学或中药学岗位工作满 5 年。 （二）取得药学类、中药学类专业大学本科学历或学士学位，在药学或中药学岗位工作满 3 年。 （三）取得药学类、中药学类专业第二学士学位、研究生班毕业或硕士学位，在药学或中药学岗位工作满 1 年。 （四）取得药学类、中药学类专业博士学位。 （五）取得药学类、中药学类相关专业相应学历或学位的人员，在药学或中药学岗位工作的年限相应增加 1 年。	（一）取得药学类、中药学类专业大专学历，在药学或中药学岗位工作满 4 年。 （二）取得药学类、中药学类专业大学本科学历或学士学位，在药学或中药学岗位工作满 2 年。 （三）取得药学类、中药学类专业第二学士学位、研究生班毕业或硕士学位，在药学或中药学岗位工作满 1 年。 （四）取得药学类、中药学类专业博士学位。 （五）取得药学类、中药学类相关专业相应学历或学位的人员，在药学或中药学岗位工作的年限相应增加 1 年。

人力资源社会保障部　最高人民法院关于劳动人事争议仲裁与诉讼衔接有关问题的意见（一）

人社部发〔2022〕9号

各省、自治区、直辖市人力资源社会保障厅（局）、高级人民法院，解放军军事法院，新疆生产建设兵团人力资源社会保障局、新疆维吾尔自治区高级人民法院生产建设兵团分院：

为贯彻党中央关于健全社会矛盾纠纷多元预防调处化解综合机制的要求，落实《人力资源社会保障部最高人民法院关于加强劳动人事争议仲裁与诉讼衔接机制建设的意见》（人社部发〔2017〕70号），根据相关法律规定，结合工作实践，现就完善劳动人事争议仲裁与诉讼衔接有关问题，提出如下意见。

一、劳动人事争议仲裁委员会对调解协议仲裁审查申请不予受理或者经仲裁审查决定不予制作调解书的，当事人可依法就协议内容中属于劳动人事争议仲裁受理范围的事项申请仲裁。当事人直接向人民法院提起诉讼的，人民法院不予受理，但下列情形除外：

（一）依据《中华人民共和国劳动争议调解仲裁法》第十六条规定申请支付令被人民法院裁定终结督促程序后，劳动者依据调解协议直接提起诉讼的；

（二）当事人在《中华人民共和国劳动争议调解仲裁法》第十条规定的调解组织主持下仅就劳动报酬争议达成调解协议，用人单位不履行调解协议约定的给付义务，劳动者直接提起诉讼的；

（三）当事人在经依法设立的调解组织主持下就支付拖欠劳动报酬、工伤医疗费、经济补偿或者赔偿金事项达成调解协议，双方当事人依据《中华人民共和国民事诉讼法》第二百零一条规定共同向人民法院申请司法确认，人民法院不予确认，劳动者依据调解协议直接提起诉讼的。

二、经依法设立的调解组织调解达成的调解协议生效后，当事人可以共同向有管辖权的人民法院申请确认调解协议效力。

三、用人单位依据《中华人民共和国劳动合同法》第九十条规定，要求劳动者承担赔偿责任的，劳动人事争议仲裁委员会应当依法受理。

四、申请人撤回仲裁申请后向人民法院起诉的，人民法院应当裁定不予受理；已经受理的，应当裁定驳回起诉。

申请人再次申请仲裁的，劳动人事争议仲裁委员会应当受理。

五、劳动者请求用人单位支付违法解除或者终止劳动合同赔偿金，劳动人事争议仲裁委员会、人民法院经审查认为用人单位系合法解除劳动合同应当支付经济补偿的，可以依法裁决或者判决用人单位支付经济补偿。

劳动者基于同一事实在仲裁辩论终结前或者人民法院一审辩论终结前将仲裁请求、诉讼请求由要求用人单位支付经济补偿变更为支付赔偿金的，劳动人事争议仲裁委员会、人民法院应予准许。

六、当事人在仲裁程序中认可的证据，经审判人员在庭审中说明后，视为质证过的证据。

七、依法负有举证责任的当事人，在诉讼期间提交仲裁中未提交的证据的，人民法院应当要求其说明理由。

八、在仲裁或者诉讼程序中，一方当事人陈述的于己不利的事实，或者对于己不利的事实明确表示承认的，另一方当事人无需举证证明，但下列情形不适用有关自认的规定：

（一）涉及可能损害国家利益、社会公共利益的；

（二）涉及身份关系的；

（三）当事人有恶意串通损害他人合法权益可能的；

（四）涉及依职权追加当事人、中止仲裁或者诉讼、终结仲裁或者诉讼、回避等程序性事项的。

当事人自认的事实与已经查明的事实不符的，劳动人事争议仲裁委员会、人民法院不予确认。

九、当事人在诉讼程序中否认在仲裁程序中自认事实的，人民法院不予支持，但下列情形除外：

（一）经对方当事人同意的；

（二）自认是在受胁迫或者重大误解情况下作出的。

十、仲裁裁决涉及下列事项，对单项裁决金额不超过当地月最低工资标准十二个月金额的，劳动人事争议仲裁委员会应当适用终局裁决：

（一）劳动者在法定标准工作时间内提供正常劳动的工资；

（二）停工留薪期工资或者病假工资；

（三）用人单位未提前通知劳动者解除劳动合同的一个月工资；

（四）工伤医疗费；

（五）竞业限制的经济补偿；

（六）解除或者终止劳动合同的经济补偿；

（七）《中华人民共和国劳动合同法》第八十二条规定的第二倍工资；

（八）违法约定试用期的赔偿金；

（九）违法解除或者终止劳动合同的赔偿金；

（十）其他劳动报酬、经济补偿或者赔偿金。

十一、裁决事项涉及确认劳动关系的，劳动人事争议仲裁委员会就同一案件应当作出非终局裁决。

十二、劳动人事争议仲裁委员会按照《劳动人事争议仲裁办案规则》第五十条第四款规定对不涉及确认劳动关系的案件分别作出终局裁决和非终局裁决，劳动者对终局裁决向基层人民法院提起诉讼、用人单位向中级人民法院申请撤销终局裁决、劳动者或者用人单位对非终局裁决向基层人民法院提起诉讼的，有管辖权的人民法院应当依法受理。

审理申请撤销终局裁决案件的中级人民法院认为该案件必须以非终局裁决案件的审理结果为依据，另案尚未审结的，可以中止诉讼。

十三、劳动者不服终局裁决向基层人民法院提起诉讼，中级人民法院对用人单位撤销终局裁决的申请不予受理或者裁定驳回申请，用人单位主张终局裁决存在《中华人民共和国劳动争议调解仲裁法》第四十九条第一款规定情形的，基层人民法院应当一并审理。

十四、用人单位申请撤销终局裁决，当事人对部分终局裁决事项达成调解协议的，中级人民法院可以对达成调解协议的事项出具调解书；对未达成调解协议的事项进行审理，作出驳回申请或者撤销仲裁裁决的裁定。

十五、当事人就部分裁决事项向人民法院提起诉讼的，仲裁裁决不发生法律效力。当事人提起诉讼的裁决事项属于人民法院受理的案件范围的，人民法院应当进行审理。当事人未提起诉讼的裁决事项属于人民法院受理的案件范围的，人民法院应当在判决主文中予以确认。

十六、人民法院根据案件事实对劳动关系是否存在及相关合同效力的认定与当事人主张、劳动人事争议仲裁委员会裁决不一致的，人民法院应当将法律关系性质或者民事行为效力作为焦点问题进行审理，但法律关系性质对裁判理由及结果没有影响，或者有关问题已经当事人充分辩论的除外。

当事人根据法庭审理情况变更诉讼请求的，人民法院应当准许并可以根据案件的具体情况重新指定举证期限。

不存在劳动关系且当事人未变更诉讼请求的，人民法院应当判决驳回诉讼请求。

十七、对符合简易处理情形的案件，劳动人事争议仲裁委员会按照《劳动人事争议仲裁办案规则》第六十条规定，已经保障当事人陈述意见的权利，根据案件情况确定举证期限、开庭日期、审理程序、文书制作等事项，作出终局裁决，用人单位以违反法定程序为由申请撤销终局裁决的，人民法院不予支持。

十八、劳动人事争议仲裁委员会认为已经生效的仲裁处理结果确有错误，可以依法启动仲裁监督程序，但当事人提起诉讼，人民法院已经受理的除外。

劳动人事争议仲裁委员会重新作出处理结果后，当事人依法提起诉讼的，人民法院应当受理。

十九、用人单位因劳动者违反诚信原则，提供虚假学历证书、个人履历等与订立劳动合同直接相关的基本情况构成欺诈解除劳动合同，劳动者主张解除劳动合同经济补偿或者赔偿金的，劳动人事争议仲裁委员会、人民法院不予支持。

二十、用人单位自用工之日起满一年未与劳动者订立书面劳动合同，视为自用工之日起满一年的当日已经与劳动者订立无固定期限劳动合同。

存在前款情形，劳动者以用人单位未订立书面劳动合同为由要求用人单位支付自用工之日起满一年之后的第二倍工资的，劳动人事争议仲裁委员会、人民法院不予支持。

二十一、当事人在劳动合同或者保密协议中约定了竞业限制和经济补偿，劳动合同解除或者终止后，因用人单位的原因导致三个月未支付经济补偿，劳动者请求解除竞业限制约定的，劳动人事争议仲裁委员会、人民法院应予支持。

人力资源社会保障部
最高人民法院
2022 年 2 月 21 日

人力资源社会保障部　教育部　科技部 工业和信息化部等十部门关于实施 百万就业见习岗位募集计划的通知

人社部发〔2022〕11号

各省、自治区、直辖市及新疆生产建设兵团人力资源社会保障厅（局）、教育厅（委、局）、科技厅（委、局）、工业和信息化主管部门、民政厅（局）、财政厅（局）、商务厅（局）、国资委、团委、工商联，各中央企业：

就业见习是组织高校毕业生等青年进行岗位实践锻炼的就业准备活动，是帮助他们积累工作经验、增强实践能力、促进实现就业的重要举措。为深入贯彻党中央、国务院关于高校毕业生等青年就业的决策部署，人力资源社会保障部、教育部、科技部、工业和信息化部、民政部、财政部、商务部、国务院国资委、共青团中央、全国工商联等十部门决定2022年启动实施百万就业见习岗位募集计划（以下简称计划），进一步推进就业见习工作，帮助高校毕业生等青年提升就业能力。现将具体要求通知如下。

一、指导思想

以习近平新时代中国特色社会主义思想为指导，深入贯彻党的十九大和十九届历次全会精神，认真落实党中央、国务院关于稳就业保就业的决策部署，围绕促进高校毕业生等青年就业，坚持政府搭台、市场主导、多元募集、量质并重，加大就业见习组织力度，落实完善就业见习政策，帮助高校毕业生等青年增强岗位实践经验，提升就业竞争力，促进市场化社会化就业。

二、目标任务

充分发挥政府有关部门、社会各方面力量，积极开发就业见习岗位，全年募集不少于100万个就业见习岗位，为高校毕业生等青年提供充足见习机会。多渠道搭建见习供需对接平台，畅通岗位募集渠道，力争把有意愿的用人单位、高校毕业生和失业青年都组织到见习活动中。完善落实就业见习政策，强化跟踪服务，提高就业见习的规范性、知晓度和吸引力，帮助更多高校毕业生等青年通过见习积累经验、及早就业。

三、支持政策

（一）补贴支持。见习对象为离校2年内未就业高校毕业生和16~24岁失业青年。见习期间，由见习单位为见习人员提供基本生活费、办理人身意外伤害保险，并承担对见习人员的指导管理费用。对吸纳见习的单位，按规定给予就业见习补贴。对见习期满留用率达到50%以上的见习单位，可适当提高见习补贴标准。将对见习期未满与见习人员签订劳动合同的，给予见习单位剩余期限见习补贴政策延续至2022年底。

（二）税费支持。见习单位支出的见习补贴相关费用，不计入社会保险缴费基数。符合税收法律及其有关规定的支出，可以在计算企业所得税应纳税所得额时扣除。

（三）激励推动。按照国家有关规定开展国家级就业见习示范单位评选，优先激励参加本次计划并表现突出的各类单位。对计划组织实施到位、募集岗位多、岗位质量好、实施效果佳的省份，纳入就业工作督查激励统筹考虑。

四、工作举措

（一）开通服务专区。本次计划将开通计划服务专区（http://zhaopin. ciic. com. cn），集中发布见习政策、经办渠道、经办流程，设立见习单位、见习岗位申报通道，同步开设国有企业、制造业名企、互联网大厂等专栏。计划信息同步在中国公共招聘网（http://job. mohrss. gov. cn）、高校毕业生就业服务平台（http://job.mohrss.gov.cn/202008gx/index.jhtml）、就业在线（https://www. jobonline. cn）等公共招聘平台发布。各地要依托本地就业服务信息化平台、部门官网及线下服务机构，开设计划服务专区，受理本地用人单位和毕业生就业见习申请，提供政策宣传、岗位发布、供需对接等一体化服务。

（二）规范岗位要求。各地要合理设置见习单位和见习岗位条件，定期跟踪、动态管理，力争提供针对性、高质量的见习机会。见习单位要有较强的社会责任感，管理规范、合法经营，具备符合国家规定的劳动保护措施和劳动安全卫生条件。见习岗位尽可能覆盖不同行业，重点提高管理、技术、科研类岗位比重，更好发挥青年所学所长。

（三）抓好岗位募集。各地要迅速对接辖区内各类企事业单位、社会组织、政府投资项目和科研项目，重点挖掘本地特色产业、现代服务业、高端制造业等领域见习岗位信息，及时掌握见习单位类型、见习岗位数量和专业技能要求。对用人单位在本地平台和计划服务专区提交的见习申请，要及时审核，确保单位和岗位信息真实有效，并在 15 个工作日内明确审核意见。

（四）搭建对接平台。各地要多渠道汇总发布本地区见习单位目录和见习岗位清单，开展就业见习进园区、进社区、进市场。多方式开展专场招募、双向洽谈、直播带岗等活动，并在各类招聘会、就业服务专项活动中推出见习岗位。要结合实名服务，广泛动员未就业毕业生和 16~24 岁失业青年积极参与，运用大数据、云计算等技术手段精准推送岗位信息，吸引更多符合条件人员参加见习。

（五）强化组织实施。各地要加强对见习单位的指导服务，做好协议签订、岗前培训、待遇保障、专人带教、人员管理、权益维护等工作，不得以营利为目的违规组织见习。要鼓励见习单位对见习人员积极留用，加强对未留用人员的就业服务，根据求职需要，加大跟踪帮扶，提供针对性服务，促进尽快实现就业。

（六）优化政策服务。各地要畅通补贴申领渠道，优化流程精简材料，强化部门间信息比对共享，推出政策快办、帮办、打包办。要定期开展工作检查和评估，改进提升见习组织实施，健全就业见习长效机制。

五、工作要求

（一）强化组织领导。各地要高度重视计划组织实施，将其纳入就业工作整体部署，纳入高校毕业生就业服务体系统筹推进。要结合实际确定本地见习岗位募集目标，制定具体实施方案，努力实现岗位募集规模稳中有升。要坚持自愿原则，鼓励见习单位因需设岗，避免简单摊派。

（二）加大部门协同。各地人力资源社会保障部门要做好见习的指导协调工作，加强见习单位认定、岗位募集、管理服务、政策宣传等。教育部门要指导高校做好见习政策宣传，向有需求的高校毕业生推荐见习信息。科技、工业和信息化、民政、商务、国有资产监督管理、工商联等部门要立足部门职能职责，发挥行业优势，鼓励各类用人单位设立见习岗位。财政部门要统筹相关资金，按规定支持符合条件的就业见习岗位。共青团要丰富青年见习实践活动，积极动员青年参与。

（三）大力宣传引导。各地要运用青年人喜闻乐见的短视频、动漫、海报等形式，大力宣传计划实施、见习政策、申请渠道，提高政策知晓度。要主动推广各地区、各部门、各见习单位的经验做法和成效，大力宣传一批青年通过见习实现就业创业的故事，及时宣传见习单位履行社会责任的良好形象，引领更多青年和用人单位主动参与就业见习。

（四）做好信息联通。各地人力资源社会保障部门要于3月底前上线计划服务专区，在显著位置统一计划名称、标识，并与部级服务平台互联互通。4月1日起部省两级计划服务专区同步向社会开通。人力资源社会保障部将于3月20日前向各地提供专区模板、账号和密码，各地也要主动联系部级服务平台技术支持方中智招聘，做好技术衔接。计划实施后请各地按月填报《百万就业见习岗位募集计划工作情况汇总表》（见附件2），于下个月的前5日报人力资源社会保障部全国人才流动中心，原《青年就业见习工作情况汇总表》不再填报。

六、联系人及联系方式（略）

附件：1. 百万就业见习岗位募集计划各省服务平台汇总表（略）

2. 百万就业见习岗位募集计划工作情况汇总表（略）

人力资源社会保障部

教育部

科技部

工业和信息化部

2022年3月8日

人力资源社会保障部　发展改革委　财政部　农业农村部　国家乡村振兴局关于做好2022年脱贫人口稳岗就业工作的通知

人社部发〔2022〕13号

各省、自治区、直辖市及新疆生产建设兵团人力资源社会保障厅（局）、发展改革委、财政厅（局）、农业农村（农牧）厅（局、委）、乡村振兴局（支援合作办、合作交流办）：

为深入贯彻落实党的十九届六中全会和中央经济工作会议、中央农村工作会议精神，落实《中共中央　国务院关于做好2022年全面推进乡村振兴重点工作的意见》部署安排，做好2022年脱贫人口稳岗就业工作，现就有关事项通知如下：

一、明确目标任务

（一）保持规模稳定。按照稳存量、扩增量、提质量的要求，帮助有劳动能力和就业意愿的脱贫人口实现就业，帮助已就业脱贫人口稳定就业，推动全国脱贫人口（含防止返贫监测对象，下同）务工规模不低于3 000万人。各省份目标任务具体见附件。

（二）聚焦重点区域。将160个国家乡村振兴重点帮扶县和易地搬迁集中安置区作为稳岗就业工作的重点地区，保持脱贫人口务工规模稳定，牢牢守住不发生规模性失业返贫的底线。

二、高质量推进重点工作

（三）深化东西部劳务协作。依托东西部协作机制，加强劳务协作对接，丰富拓展人员输出、技能培训、权益保障、产业援建等协作内容，有条件省份可在此基础上，与更多人员往来较多的省份建立劳务协作机制。中西部省（区、市）要落实主体责任，建立脱贫人口底数、就业意向、就业需求、培训需求等清单，加强劳务输出管理服务。东部省（市）要落实输入地稳岗责任，建立岗位需求清单，在中西部省（区、市）开发劳动密集型协作项目，努力将脱贫人口稳在企业、稳在岗位。

（四）加强省内劳务协作。中西部省（区、市）要指导省内发达地区与脱贫地区签订劳务协议，组织省内大中型企业定向吸纳脱贫地区劳动力，健全省内劳务协作机制，推动脱贫人口实现县外省内就业。

（五）促进就地就近就业。衔接推进乡村振兴补助资金支持的优势特色产业项目，优先吸纳脱贫人口就业，参与项目建设。加大以工代赈实施力度，在农业农村基础设施建设领域大力推广以工代赈方式，具备条件的可提高劳务报酬资金占比，广泛动员脱贫人口参与以工代赈工程项目建设。鼓励乡村能人创办以吸纳脱贫人口为主的农民劳务专业合作社，促进增产增收。推动就业帮扶车间健康发展、壮大升级，各地可利用衔接推进乡村振兴补助资金对就业帮扶车间吸纳脱贫人口就业给予奖补。依托乡村建设行动和农村人居环境整治提升等，统筹用好各类乡村公益性岗位，托底安置其中符合就业困难人员条件的弱劳力、半劳力和无法外出、无业可就的脱贫人口。

（六）开展“雨露计划+”行动。组织开展“雨露计划+”就业促进专项行动，引导脱贫家庭（含防止返贫监测对象家庭）新成长劳动力接受中、高等职业院校和技术院校教育，原补助标准、资金渠道、发放方式保持不变，会同行业部门做好动态监测。做好雨露计划毕业生就业帮扶工作，发挥建筑、物流、电力等劳动密集型行业的作用，促进雨露计划毕业生实现就业。

（七）落实就业帮扶政策。加大对脱贫人口就业帮扶的政策扶持力度，按规定落实好就业创业服务补助、社会保险补贴、创业担保贷款及贴息、交通费补贴、就业帮扶基地奖补等政策。制定公布就业帮扶政策清单，优化经办服务流程，便利脱贫人口及用人单位申请享受。

三、加强组织保障

（八）压实工作责任。坚持“中央统筹、省负总责、市县乡抓落实”的就业帮扶工作机制，推动落实五级书记抓就业帮扶的责任。脱贫县要将稳岗就业作为巩固拓展脱贫攻坚成果的基础性工作来抓。凝聚多方合力，充分发挥村两委、驻村第一书记和工作队、乡村就业信息员等各类就业帮扶力量作用。

（九）加强组织领导。人力资源社会保障部门加强统筹协调，督促落实就业帮扶政策措施。乡村振兴部门（支援合作办、合作交流办）配合人力资源社会保障部门做好脱贫人口就业帮扶工作，共同做好脱贫人口稳岗就业情况监测和工作调度。发展改革部门加大以工代赈项目实施力度，配合做好易地搬迁脱贫人口就业帮扶。农业农村部门推动乡村地区产业发展。财政部门要按有关规定对脱贫人口稳岗就业工作予以支持。将脱贫人口稳岗就业工作纳入对各省（区、市）巩固脱贫成果后评估、东西部协作考核、省（区、市）对市县的乡村振兴战略实绩考核。

（十）营造良好氛围。选树一批脱贫人口稳岗就业典型，总结宣传推广一批“立得住、叫得响、推得开”的就业帮扶好经验好做法。定期举办乡村振兴技能大赛等活动，营造劳动最光荣、幸福靠奋斗的良好社会氛围。

附件：1. 2022 年度各省（区、市）脱贫人口务工目标任务表（略）

2. 2022 年度东部地区吸纳脱贫人口务工目标任务表（略）

人力资源社会保障部
发展改革委
财政部
农业农村部
国家乡村振兴局
2022 年 3 月 15 日

人力资源社会保障部关于健全完善新时代技能人才职业技能等级制度的意见（试行）

人社部发〔2022〕14号

各省、自治区、直辖市及新疆生产建设兵团人力资源社会保障厅（局），国务院各部委、各直属机构人事劳动保障工作机构，中央军委政治工作部兵员和文职人员局，有关行业组织、企业人事劳动保障工作机构：

为贯彻落实习近平总书记关于产业工人队伍建设和技能人才工作的一系列重要指示精神，根据中共中央、国务院关于新时期产业工人队伍建设改革、加强和改进新时代人才工作等有关文件要求，现就健全完善新时代技能人才职业技能等级制度提出如下意见。

一、总体要求

（一）指导思想

以习近平新时代中国特色社会主义思想为指导，全面贯彻党的十九大和十九届历次全会以及中央人才工作会议精神，健全技能人才培养、使用、评价、激励制度，畅通技能人才职业发展通道，提高待遇水平，增强荣誉感获得感幸福感，吸引更多劳动者走技能成才、技能报国之路，缓解技能人才短缺问题，充分发挥技能人才在经济社会高质量发展中的重要作用，为全面建设社会主义现代化国家提供有力的人才和技能支撑。

（二）基本原则

——坚持能力为本。围绕经济社会发展对技能人才的需求，充分发挥评价“指挥棒”作用，引导各级各类职业技能培训机构培训方向，激发技能人才参加职业技能培训的内生动力。

——坚持科学评价。遵循技能人才成长规律，以品德、能力、业绩、贡献为导向，完善职业标准，创新评价方式，规范评价流程，坚持考评结合、逐级认定，客观公正评价。优秀的可越级考评。

——坚持效果导向。聚焦技能人才职业发展中的“天花板”问题，完善职业技能等级（岗位）设置体系，畅通技能人才职业发展通道，延伸拓展其成长进步阶梯，推动形成人人学技能、有技能、长技能、比技能的技能型社会。

——坚持岗位使用。围绕用好用活人才，完善促进技能人才发展的政策措施，营造有利于技能人才成长和发挥作用的制度环境，让更多技能人才立足岗位，钻研技能，执着专注，实现岗位成才。

（三）目标任务

“十四五”期末，在以技能人员为主体的规模以上企业和其他用人单位（以下简称用人单位）中，全面推行职业技能等级认定，普遍建立与国家职业资格制度相衔接、与终身职业技能培训制度相适应，并与使用相结合、与待遇相匹配的新时代技能人才职业技能等级制度。涌现一大批高技能领军人才、大国工匠、能工巧匠，高端带动作用不断增强，引领集聚效应不断扩展，培养造就一支数量充足、结构合理、等级清晰、素质优良的产业工人队伍。

二、健全职业技能等级制度体系

（四）全面推行职业技能等级制度。实行技能人才职业技能等级制度，由用人单位和社会培训评价组织（以下简称社评组织）按照有关规定实施职业技能等级认定，使有技能等级晋升需求的人员均有机会得到技能评价。对关系公共利益或涉及国家安全、公共安全、人身健康、生命财产安全的职业（工种），纳入国家职业资格目录，依法实行职业资格准入，并做好与职业技能等级认定的衔接。

（五）健全技能岗位等级设置。企业根据技术技能发展水平等情况，结合实际，在现有职业技能等级设置的基础上适当增加或调整技能等级。对设有高级技师的职业（工种），可在其上增设特级技师和首席技师技术职务（岗位），在初级工之下补设学徒工，形成由学徒工、初级工、中级工、高级工、技师、高级技师、特级技师、首席技师构成的职业技能等级（岗位）序列。行业企业根据自身特点，考虑历史沿用、约定俗成等因素，对上述技能等级名称可使用不同称谓，并明确其与相应技能等级的对应关系。

（六）完善职业标准体系。建立健全由职业标准、评价规范、专项职业能力考核规范等构成的多层次、相互衔接、国际可比的职业标准体系。以满足人力资源管理需要和职业教育培训、技能评价需要为目标，按照职业标准编制技术规程确定的原则和要求开发职业标准或评价规范，并将职业道德、职业操守和劳模精神、劳动精神、工匠精神等要求纳入其中。对国家确定的职业（工种），各省（区、市）和部门（行业）可依托行业组织、龙头企业和院校等开发职业标准或评价规范。

（七）促进职业发展贯通。以职业分类为基础，统筹规划职业技能等级制度、职称制度、职业资格制度框架，并建立境外职业资格证书认可清单制度，避免交叉重复设置和评价，降低社会用人成本。鼓励专业技术人才参加职业技能评价。探索在数字经济领域促进技术技能人才融合发展。

三、完善职业技能等级认定机制

（八）实行分类考核评价。用人单位和社评组织要根据不同类型技能人才的工作特点，实行分类评价。在统一的职业标准体系框架基础上，对技术技能型人才的评价，要突出实际操作能力和解决关键生产技术难题等要求。对知识技能型人才的评价，要突出掌握运用理论知识指导生产实践、创造性开展工作等要求。对复合技能型人才的评价，要突出掌握多项技能、从事多工种多岗位复杂工作等要求。

（九）采取不同考核评价方式。学徒工的转正定级考核，由用人单位在其跟随师傅学习期满和试用期满后，依据本单位有关要求进行。参加中国特色企业新型学徒制的学员按照培养目标进行考核定级。初级工、中级工、高级工、技师、高级技师等级考核是技能考核评价的主体，由用人单位和社评组织按照职业标准和有关规定进行。鼓励支持采取以赛代评方式，依据职业标准举办的职业技能竞赛按照有关规定对获得优秀等次的选手晋升相应职业技能等级。

首席技师、特级技师是在高技能人才中设置的高级技术职务（岗位），一般应在有高级技师的职业（工种）领域中设立，通过评聘的方式进行，实行岗位聘任制。要稳妥有序开展特级技师、首席技师评聘工作，不搞高级技师普遍晋升。对本意见印发前已开展高级技师以上评审工作的，按照本意见有关要求进行复核确认。

特级技师评聘工作要在工程技术领域先行试点的基础上逐步扩大范围，由省级及以上人力资源社会保障部门指导用人单位制定实施方案，对评审标准、程序、办法和配套措施等作出具体规定。用人单位按照制定方案、组织评审、公示核准、任职聘用等程序组织实施。

首席技师原则上从特级技师中产生。首席技师是在技术技能领域作出重大贡献，或本地区、本行业企业公认具有高超技能、精湛技艺的高技能人才。首席技师评聘工作要在特级技师评聘的基础上先行试点、逐步推开，由省级及以上人力资源社会保障部门、国务院有关行业主管部门指导用人单位实施，采取基层推荐、地方或行业评审、公示核准、用人单位聘任等程序进行。

（十）支持用人单位自主开展职业技能等级认定。用人单位结合生产经营特点和实际需要，按照有关规定自主开展技能人才评价。鼓励用人单位在职业技能等级认定工作初期，广泛开展定级考评，根据岗位条件、职工日常表现、工作业绩等，按照有关规定认定职工相应职业技能等级。用人单位可将职业技能等级认定与岗位练兵、技术比武、技术攻关、揭榜领题等相结合。打破学历、资历、年龄、比例等限制，对技艺高超、业绩突出的一线职工，按照规定直接认定其相应技能等级。被派遣劳动者可在用工单位进行职业技能等级认定。

（十一）推行社会化职业技能等级认定。按照统筹规划、合理布局、严格条件、择优遴选、动态调整的原则，面向社会公开征集遴选社评组织。社评组织根据市场需求和劳动者就业创业需要，依据有关规定，按照客观、公正、科学、规范的原则，面向劳动者开展职业技能等级认定。

（十二）指导技工院校全面开展职业技能等级认定。促进技工院校教学与企业用人需求紧密结合，推行工学一体化技能人才培养模式，加强专业设置与产业需求对接、课程内容与职业标准对接、教学过程与工作过程对接，积极为学生提供职业技能等级认定服务。同时，支持技工院校依托合作企业为学生提供职业技能等级认定服务。加大将技工院校培育为社评组织力度，面向各类就业群体提供职业技能等级认定服务。

四、促进职业技能等级认定结果与培养使用待遇相结合

（十三）充分发挥技能评价对提高培养培训质量的导向作用。要将职业技能等级认定作为引导职业技能培训方向、检验培训质量的重要手段。依据职业标准组织开展各等级职业技能培训，突出能力导向，强化高技能人才培训，促进职业技能培训与职业技能等级认定有机衔接。推动建立并形成贯穿劳动者学习工作终身、覆盖劳动者职业生涯全程的职业技能培训制度。

（十四）促进职业技能等级认定结果与岗位使用有效衔接。建立评价与使用相结合的机制，评以适用、以用促评。用人单位结合用人需求，根据职业技能等级认定结果合理安排使用技能人才，实现职业技能等级认定结果与技能人才使用相衔接。实行聘期管理制度，健全日常和动态考核制度，在岗位聘用中实现人员能上能下。

（十五）建立与职业技能等级（岗位）序列相匹配的岗位绩效工资制。推动《技能人才薪酬分配指引》落实落地，强化工资收入分配的技能价值激励导向。引导用人单位建立基于岗位价值、能力素质、业绩贡献的工资分配制度，将职业技能等级作为技能人才工资分配的重要参考，突出技能人才实际贡献，通过在工资结构中设置体现技术技能价值的工资单元，或根据职业技能等级设置单独的技能津贴等方式，合理确定技能人才工资水平，实现多劳者多得、技高者多得。

（十六）健全高技能人才激励机制。引导用人单位工资分配向高技能人才倾斜，高技能人才人均工资增幅不低于本单位相应层级专业技术人员和管理人员人均工资增幅。对优秀的高技能人才，可探索实行协议工资、项目工资、年薪制、专项特殊奖励、股权期权激励、技术创新成果入股、岗位分红等激励办法。对在聘的高级工、技师、高级技师在学习进修、岗位聘任、职务职级晋升、评优评奖、科研项目申报等方面，比照相应层级专业技术人员享受同等待遇。聘用到特级技师岗位的人员，比照正高级职称人员享受同等待遇。首席技师薪酬待遇可参照本单位高级管理人员标准确定或根据实际确定，不低于特级技师薪酬待遇。机关事业单位工勤（工勤技能）人员的职业技能等级（岗位）设置和薪酬待遇按照有关规定执行。

五、加强服务监管

（十七）加强组织领导。健全完善职业技能等级制度关系广大技能人才的切身利益，涉及面广，政治性、政策性和技术性都非常强。各级人力资源社会保障部门要充分认识实施职业技能等级制度的重要意义，要从提升技能人才社会地位、巩固党的执政基础、实现人民共同富裕的高度，切实加强组织领导，统筹规划，周密部署，精心组织。要做好推动落实、服务保障、监督检查以及宣传引导等工作。

（十八）健全公共服务体系。按照全覆盖、可及性、便利性的要求，建立健全技能人才评价服务体系。做好评价机构备案服务，公布机构目录并实行动态调整。严格、规范证书（或电子证书）管理。建立完善信息化服务管理系统，面向社会提供技能人才评价机构和证书查询验证服务。加强跨区域职业技能等级认定结果互认，探索职业技能等级认定结果国际互认。

（十九）加强质量督导和监管。建立健全质量监管体系，实现事前事中事后全链条全领域监管。各地要按照属地管理原则，做好技能人才评价工作的综合管理。加强质量督导，采取“双随机、一公开”和“互联网+监管”等方式，加强对用人单位和社评组织及其评价活动的监督管理和指导。健全评价质量评估机制，及时向社会公开评估结果。用人单位和社评组织要落实评价质量管理主体责任，接受同行监督和社会监督。

附件：职业技能等级（岗位）要求

人力资源社会保障部

2022 年 3 月 18 日

附件

职业技能等级（岗位）要求

序号	级别名称	基本要求	实施机构
1	学徒工	能够基本完成本职业某一方面的主要工作	用人单位
2	初级工	能够运用基本技能独立完成本职业的常规工作	用人单位和社评组织
3	中级工	能够熟练运用基本技能独立完成本职业的常规工作；在特定情况下，能够运用专门技能完成技术较为复杂的工作；能够与他人合作	
4	高级工	能够熟练运用基本技能和专门技能完成本职业较为复杂的工作，包括完成部分非常规性的工作；能够独立处理工作中出现的问题；能够指导和培训初、中级工	

续表

序号	级别名称	基本要求	实施机构
5	技师	能够熟练运用专门技能和特殊技能完成本职业复杂的、非常规性的工作；掌握本职业的关键技术技能，能够独立处理和解决技术或工艺难题；在技术技能方面有创新；能够指导和培训初、中、高级工；具有一定的技术管理能力	用人单位和社评组织
6	高级技师	能够熟练运用专门技能和特殊技能在本职业的各个领域完成复杂的、非常规性工作；熟练掌握本职业的关键技术技能，能够独立处理和解决高难度的技术问题或工艺难题；在技术攻关和工艺革新方面有创新；能够组织开展技术改造、技术革新活动；能够组织开展系统的专业技术培训；具有技术管理能力	
7	特级技师	在生产科研一线从事技术技能工作、业绩贡献突出的“企业高技能领军人才”。能够熟练运用专门技能和特殊技能在本职业的各个领域完成复杂的、非常规性工作；精通本职业及相关职业的重要理论原理及关键技术技能，能够独立处理和解决高难度的技术问题或工艺难题；承担传授技艺的任务，在技能人才梯队培养上作出突出贡献	省级及以上人力资源社会保障部门指导用人单位实施
8	首席技师	在技术技能领域作出重大贡献，或在本地区、本行业企业具有公认的高超技能、精湛技艺的“地方或行业企业高技能领军人才”。为地方、行业企业高技能人才队伍建设作出突出贡献；为国家重大技术攻关、成果转化、技术创新、发明等作出突出贡献，在地方、行业企业的技术进步与发展中发挥关键作用，专业水平在地方、行业企业具有很高认可度和影响力	省级及以上人力资源社会保障部门、国务院有关行业主管部门指导用人单位实施

注：1. 行业企业可结合实际对上述要求进行修订完善。

2. 上述职业技能等级证书样式和编码按照有关规定确定。证书编码第16位为大写英文字母或阿拉伯数字，其中“X”表示“学徒工”，“T”表示“特级技师”，“S”表示“首席技师”，“5、4、3、2、1”分别表示“初级工、中级工、高级工、技师、高级技师”。

人力资源社会保障部　财政部 国家税务总局关于做好失业保险稳岗位提技能防失业工作的通知

人社部发〔2022〕23号

各省、自治区、直辖市人民政府，新疆生产建设兵团：

为贯彻落实2022年《政府工作报告》部署，充分发挥失业保险保生活、防失业、促就业功能作用，助力稳就业保民生，经国务院同意，现就有关事项通知如下：

一、继续实施失业保险稳岗返还政策。参保企业上年度未裁员或裁员率不高于上年度全国城镇调查失业率控制目标，30人（含）以下的参保企业裁员率不高于参保职工总数20%的，可以申请失业保险稳岗返还。大型企业仍按不超过企业及其职工上年度实际缴纳失业保险费的30%返还，中小微企业返还比例从60%最高提至90%。社会团体、基金会、社会服务机构、律师事务所、会计师事务所、以单位形式参保的个体工商户参照实施。实施上述稳岗返还政策的统筹地区，上年度失业保险基金滚存结余备付期限应在1年以上。上述政策执行期限至2022年12月31日。各地要大力推广通过后台数据比对精准发放的“免申即享”经办新模式，进一步畅通资金返还渠道，对没有对公账户的小微企业，可将资金直接返还至当地税务部门提供的其缴纳社会保险费的账户。

二、拓宽技能提升补贴受益范围。领取失业保险金人员取得职业资格证书或职业技能等级证书的，可按照初级（五级）不超过1 000元、中级（四级）不超过1 500元、高级（三级）不超过2 000元的标准申请技能提升补贴。参保职工取得职业资格证书或职业技能等级证书的，可按规定申请技能提升补贴；技能提升补贴申领条件，继续放宽至企业在职职工参加失业保险1年以上。每人每年享受补贴次数最多不超过三次。上述政策执行期限至2022年12月31日。

三、继续实施职业培训补贴政策。对领取失业保险金期间接受职业培训的失业人员，按规定发放职业培训补贴。

四、继续实施东部7省（市）扩大失业保险基金支出范围试点政策。北京市、上海市、江苏省、浙江省、福建省、山东省和广东省，可继续将失业保险基金用于支持参加失业保险且符合就业补助资金申领条件人员和单位的职业培训补贴、职业技能鉴定补贴、岗位补贴和社会保险补贴等四项支出。实施上述政策的统筹地区，上年度失业保险基金滚存结余备付期限应在2年以上。

五、发放一次性留工培训补助。2022年1月1日至12月31日，累计出现1个（含）以上中高风险疫情地区的市（地、州、盟）、县（市、区、旗），可对因新冠肺炎疫情严重影响暂时无法正常生产经营的中小微企业，按每名参保职工不超过500元的标准发放一次性留工培训补助，支持企业组织职工以工作代替培训。社会团体、基金会、社会服务机构、律师事务所、会计师事务所、以单位形式参保的个体工商户参照实施。社会保险经办机构可通过大数据比对，按照该企业参加失业保险人数直接发放补助，无需企业提供培训计划、培训合格证书、职工花名册以及生产经营情况证明。上述补助同一企业只能享受一次。符合条件的，还可以享受失业保险稳岗返还。实施上述政策的统筹地区，上年度失业保险基金滚存结余备付期限应在2年以上。上述政策执行期限至2022年12月31日。具体办法由各省（自治区、直辖市）制定。

六、大力支持职业技能培训。上年度失业保险基金滚存结余备付期限在2年以上，并且职业技能提升行动专账资金不足的统筹地区，在各项保生活稳岗位政策落实到位的基础上，根据本地实际，可提取累计结余4%左右的失业保险基金至职业技能提升行动专账资金中，统筹用于职业技能培训。该项政策的提取期限至2022年12月31日。具体办法由各省（自治区、直辖市）制定，并报人力资源社会保障部、财政部备案。

七、实施降费率和缓缴社会保险费政策。延续实施阶段性降低失业保险、工伤保险费率政策1年，执行期限至2023年4月30日。对餐饮、零售、旅游、民航、公路水路铁路运输企业阶段性实施缓缴养老保险、失业保险、工伤保险费政策，其中，养老保险费缓缴期限3个月，失业保险和工伤保险费缓缴期限不超过1年，缓缴期间免收滞纳金。以个人身份参加企业职工基本养老保险的个体工商户和各类灵活就业人员，2022年缴纳养老保险费有困难的，可自愿暂缓缴费至2023年底前补缴。

八、保障失业人员基本生活。继续实施失业保险保障扩围政策，对领取失业保险金期满仍未就业的失业人员、不符合领取失业保险金条件的参保失业人员，发放失业补助金；对参保不满1年的失业农民工，发放临时生活补助。保障范围为2022年1月1日至12月31日期间新发生的参保失业人员。上年度失业保险基金滚存结余备付期限不足2年的省份，可结合本地区就业形势和基金支付能力，制定具体实施政策，并报人力资源社会保障部、财政部备案。上述政策执行期限至2022年12月31日。持续做好失业保险金、代缴基本医疗保险费和失业农民工一次性生活补助等常规性保生活待遇发放工作。各省（自治区、直辖市）要根据本地实际，逐步将失业保险金标准提高至最低工资标准的90%。要进一步优化失业保险待遇全国线上申领统一入口，方便失业人员申领。

九、切实防范基金风险。各省（自治区、直辖市）要密切监测失业保险基金运行状况，加强形势研判和工作指导，确保基金收支平衡和安全可持续。要加快推进失业保险基金省级统筹，充分发挥省级调剂金作用，支持基金结余不足的统筹地区落实政策。要健全基金审核、公示、拨付等监督机制，加强技防人防，充分利用信息化手段验证资格条件，完善待遇申领信息比对核查系统，严防欺诈、冒领、骗取风险。

十、加强组织领导。各地要抓紧抓实抓细失业保险保生活稳岗位提技能等各项惠企利民政策落地见效。要大力开展失业保险待遇“畅通领、安全办”、援企稳岗“护航行动”和技能提升补贴“展翅行动”，持续优化经办服务，推动更多政策免跑即领、免申即享、免证即办，推动政策红利早释放。各省（自治区、直辖市）要加强工作调度，及时掌握政策落实情况，加大督促指导力度；要大力宣传先进经验、工作亮点，为推进工作提供借鉴，营造良好氛围。人力资源社会保障部将会同有关部门适时对政策实施情况、效果和失业保险基金运行情况开展评估。

人力资源社会保障部
财政部
国家税务总局
2022年4月25日

人力资源社会保障部　财政部关于2022年调整退休人员基本养老金的通知

人社部发〔2022〕27号

各省、自治区、直辖市人民政府，国务院各部委、各直属机构，新疆生产建设兵团：

经党中央、国务院批准，从2022年1月1日起调整企业和机关事业单位退休人员（以下简称退休人员）基本养老金水平。现就有关事项通知如下：

一、调整范围。2021年12月31日前已按规定办理退休手续并按月领取基本养老金的退休人员。

二、调整水平。全国调整比例按照2021年退休人员月人均基本养老金的4%确定。各省以全国调整比例为高限，确定本省调整比例和水平。

三、调整办法。采取定额调整、挂钩调整与适当倾斜相结合的办法，并实现企业和机关事业单位退休人员调整办法统一。定额调整要体现公平原则；挂钩调整要体现多缴多得、长缴多得的激励机制，应与退休人员本人缴费年限（或工作年限）和基本养老金水平挂钩；对高龄退休人员、艰苦边远地区退休人员，可适当提高调整水平。继续确保安置到地方工作且已参加基本养老保险的企业退休军转干部基本养老金不低于当地企业退休人员基本养老金平均水平。要进一步强化激励，适当加大挂钩调整所占比重。

四、资金来源。调整基本养老金所需资金，参加企业职工基本养老保险的从企业基本养老保险基金中列支，参加机关事业单位工作人员基本养老保险的从机关事业单位基本养老保险基金中列支。对中西部地区、老工业基地、新疆生产建设兵团和在京中央国家机关及所属事业单位所需资金，中央财政予以适当补助。地方财政对本地调整企业退休人员养老金新增支出安排资金给予一定补助。未参加职工基本养老保险的，调整所需资金由原渠道解决。

五、组织实施。调整退休人员基本养老金，是保障和改善民生的重要措施，体现了党中央、国务院对广大退休人员的亲切关怀。各地区要高度重视，切实加强领导，精心组织实施，加强宣传解读，正确引导舆论，确保调整工作平稳进行。要按照党中央、国务院统一部署，结合本地区实际，制定具体实施方案，于2022年5月31日前报人力资源社会保障部、财政部备案。要严格按照人力资源社会保障部、财政部备案同意的实施方案执行，把各项调整政策落实到位。要切实采取措施加强基本养老保险基金收支管理，提前做好资金安排，确保基本养老金按时足额发放，不得发生新的拖欠。未经人力资源社会保障部、财政部批准，不得自行提高退休人员基本养老金水平，不得通过设立最低养老金标准等方式变相提高待遇水平。将调整退休人员基本养老金工作纳入对省级政府养老保险全国统筹工作考核；对地方自行出台政策导致基金减收增支问题，核实后按全国统筹制度有关规定处理。在京中央国家机关及所属事业单位的调整方案由人力资源社会保障部、财政部制定并组织实施。

人力资源社会保障部

财政部

2022 年 5 月 16 日

人力资源社会保障部　国家发展改革委 民政部　财政部　农业农村部 关于进一步做好长江流域重点水域 退捕渔民安置保障工作的通知

人社部发〔2022〕28号

上海、江苏、安徽、江西、湖北、湖南、重庆、四川、贵州、云南省（市）人力资源社会保障厅（局）、发展改革委、民政厅（局）、财政厅（局）、农业农村厅（委）：

今年是长江流域重点水域全面实施“十年禁渔”的第二年，各地区前期集中攻坚、持续推进，安置保障工作取得积极成效。为深入贯彻习近平总书记重要指示批示精神，落实党中央、国务院重大决策部署，巩固拓展退捕渔民安置保障成效，现将有关事项通知如下：

一、准确把握总体要求。长江“十年禁渔”具有长期性、艰巨性、复杂性，退捕渔民安置保障是做好禁捕工作的关键，需要持之以恒、久久为功。要坚持以习近平新时代中国特色社会主义思想为指导，深入贯彻党中央、国务院决策部署，始终把安置保障工作作为重中之重，聚焦重点难点，全面梳理检查，进一步深化细化工作措施，强化就业帮扶的针对性，提升技能培训的有效性，确保养老保险应保尽保，切实巩固安置保障成果，实现退捕渔民上岸就业有出路、生活有保障。

二、锁定重点帮扶对象。将就业不稳定、就业转失业、新产生就业意愿、零就业退捕渔民家庭、大龄困难人员、退捕前后收入落差大的退捕渔民，作为重点帮扶对象，纳入台账管理。依托安置保障实名制帮扶系统，通过数据比对、入户回访、专项排查、实地调研等方式，及时掌握重点帮扶对象的就业状态、技能水平、培训需求、社会保障等信息，动态更新重点帮扶台账，“一人一策”开展针对性帮扶。

三、精准开展就业帮扶。常态化为退捕渔民提供“1131”服务，至少提供1次政策宣讲、1次就业指导、3次职业介绍、1次职业培训机会。在开展“10+N”公共就业服务专项活动时，将退捕渔民纳入服务范围，并设立退捕渔民招聘专区，帮助及早就业。组织各类公共就业服务机构、市场机构、零工市场，定期归集一批适合渔民技能专长的企业岗位和无年龄限制、无技能要求的爱心岗位信息及时定向推送。对符合就业困难人员条件的退捕渔民，落实各项援助政策，确实无法实现就业的，统筹用好各类公益性岗位按规定安置。

四、分类组织技能培训。及时掌握退捕渔民培训需求，突出实用技能培训，分类施策，有针对性地开展就业技能培训、创业培训、企业新型学徒制培训等。结合本地企业用工情况，创新培训模式，大力开展定制培训或项目制培训，培训合格后及时根据就业意愿推荐上岗。充分考虑渔民作息时间，优化培训形式，鼓励利用晚上、周末等业余时间开展培训，利用‘互联网+’提供线上职业技能培训服务。有条件的地方，可以送培训下乡入户，提高培训的参与率和有效性。

五、兜牢社会保障底线。积极引导退捕渔民按时缴费、长期缴费、有条件的按高标准缴费，落实退捕渔民养老保险缴费补贴政策，及时足额支付养老保险待遇。持续跟踪退捕渔民基本养老保险参保缴费情况，对出现中断缴费的，核实了解情况，做好相关服务和政策落实。对退捕渔民中属于低保对象、特困人员、返贫致贫人员、重度残疾人等缴费困难群体的，按规定代缴部分或全部最低标准城乡居民养老保险费。强化兜底保障，符合低保条件的及时纳入低保范围；符合特困供养条件的及时纳入特困供养范围；遭遇急难问题导致基本生活陷入困境的，及时按规定给予临时救助。

六、倾斜帮扶重点地区。退捕渔民集中、经济发展困难的地区，要结合实际确定重点帮扶市县名单，建立分包联系制度，开展定向结对帮扶，在政策、资金、项目等方面倾斜支持。涉及户籍地、退捕地、参保地“三地分离”退捕渔民的地区，要强化地区间统筹协调，及时转接相关信息，确保各项帮扶政策落实落细。江心岛湖心岛地区，要统筹考虑转产安置和基本生活保障等政策，强化地方资金保障责任，确保各项就业扶持政策落实到位。

七、防范化解风险隐患。加大风险排查力度，强化与信访、宣传等部门沟通衔接，关注舆情动态，及时发现退捕渔民安置保障中的苗头性倾向性隐患，建立风险问题清单。健全完善应对预案，储备一批超常规政策和应急性举措，防范因安置保障工作不到位可能引发的群体事件和规模失业风险。畅通咨询投诉渠道，及时受理解决安置保障合理诉求，对一时难以解决的，做好政策解释和思想疏导，坚持“一案一档”，做好跟踪服务。

八、强化宣传教育引导。鼓励采取抽样调查、第三方评估、满意度评价等多种形式，动态跟踪问效，激励先进，督促后进。用好主流媒体、工作简报、微信官方公众号等平台，大力宣传安置保障政策措施，积极推广各地典型经验做法和特色亮点，营造良好社会氛围。持续挖掘选树退捕渔民转产就业典型代表，讲好渔民就业创业故事，引导树立正确就业观念，依靠劳动努力创造幸福生活。

人力资源社会保障部
国家发展改革委
民政部
财政部
农业农村部
2022 年 5 月 17 日

人力资源社会保障部　国家发展改革委　财政部　税务总局关于扩大阶段性缓缴社会保险费政策实施范围等问题的通知

人社部发〔2022〕31号

各省、自治区、直辖市人民政府，新疆生产建设兵团：

为贯彻落实党中央、国务院决策部署，着力保市场主体保就业保民生，在落实特困行业缓缴企业职工基本养老保险费、失业保险费、工伤保险费（以下称三项社保费）政策的基础上，经国务院同意，现就扩大政策实施范围、延长缓缴期限等问题通知如下：

一、扩大实施缓缴政策的困难行业范围。在对餐饮、零售、旅游、民航、公路水路铁路运输等5个特困行业实施阶段性缓缴三项社保费政策的基础上，以产业链供应链受疫情影响较大、生产经营困难的制造业企业为重点，进一步扩大实施范围（具体行业名单附后）。缓缴扩围行业所属困难企业，可申请缓缴三项社保费单位缴费部分，其中养老保险费缓缴实施期限到2022年年底，工伤、失业保险费缓缴期限不超过1年。原明确的5个特困行业缓缴养老保险费期限相应延长至2022年年底。缓缴期间免收滞纳金。

二、对受疫情影响较大、生产经营困难的中小微企业实施缓缴政策。受疫情影响严重地区生产经营出现暂时困难的所有中小微企业、以单位方式参保的个体工商户，可申请缓缴三项社保费单位缴费部分，缓缴实施期限到2022年年底，期间免收滞纳金。参加企业职工基本养老保险的事业单位及社会团体、基金会、社会服务机构、律师事务所、会计师事务所等社会组织参照执行。

三、进一步发挥失业保险稳岗作用。加大稳岗返还支持力度，将大型企业稳岗返还比例由30%提至50%。拓宽一次性留工培训补助受益范围，由出现中高风险疫情地区的中小微企业扩大至该地区的大型企业；各省（自治区、直辖市）还可根据当地受疫情影响程度以及基金结余情况，进一步拓展至未出现中高风险疫情地区的餐饮、零售、旅游、民航和公路水路铁路运输5个行业企业。上述两项政策实施条件和期限与《关于做好失业保险稳岗位提技能防失业工作的通知》（人社部发〔2022〕23号）一致。企业招用毕业年度高校毕业生，签订劳动合同并参加失业保险的，可按每人不超过1 500元的标准，发放一次性扩岗补助，具体补助标准由各省份确定，与一次性吸纳就业补贴政策不重复享受，实施期限截至2022年年底。

四、规范缓缴实施办法。申请缓缴的企业应符合受疫情影响生产经营出现暂时困难、处于亏损状态等条件。各省份要结合地方实际和基金承受能力，在确保养老金等各项社会保险待遇按时足额发放的基础上，制定具体实施办法，明确实施程序、缓缴期限、困难企业和受疫情影响严重地区认定标准、审批流程和工作机制等，可授权县（区）人力资源社会保障部门会同相关部门负责审批。各县（区）要严格把握适用范围和条件，不得擅自扩大范围、降低标准，批准缓缴的企业名单等情况按月报省级人力资源社会保障、税务部门。各省份具体实施办法出台后报人力资源社会保障部、国家发展改革委、财政部、税务总局备案。

五、简化企业申报流程。缓缴社会保险费坚持自愿原则，符合条件的困难企业，可根据自身情况申请缓缴一定期限的社会保险费。各级人力资源社会保障、税务部门要简化办事流程，大力推行“网上办”等不见面服务方式，简化程序，方便企业办理，减轻企业事务性负担。对生产经营困难、所属行业类型等适用条件，可实行告知承诺制，企业出具符合条件的书面承诺。要加强事后监督检查，对作出承诺但经查不符合条件的企业，要及时追缴缓缴的社会保险费，并按规定加收滞纳金。各省份要全面推行稳岗返还“免申即享”经办新模式，通过大数据比对，直接向符合条件的企业发放资金。

六、切实维护职工权益。申请缓缴社会保险费的企业，要依法履行代扣代缴职工个人缴费义务。不得因缓缴社会保险费，影响职工个人权益。缓缴期限内，职工申领养老保险待遇、办理关系转移等业务的，企业应为其补齐缓缴的养老保险费。缓缴的企业出现注销等情形的，应在注销前缴纳缓缴的费款。

各地区要高度重视、精心组织实施，精准把握政策实施范围，规范实施程序，健全审核机制，切实防范风险。要切实承担主体责任，加强社会保险基金收支情况监测，做好资金保障，确保各项社会保险待遇按时足额支付。各级人力资源社会保障、发展改革、财政、税务等部门要加强协作配合，完善信息沟通协调机制，切实落实缓缴政策的各项要求，确保政策落地见效。执行中遇到的情况和问题，要及时报告。

附件：扩大实施缓缴政策的困难行业名单

人力资源社会保障部
国家发展改革委
财政部
税务总局
2022年5月31日

附件

扩大实施缓缴政策的困难行业名单

农副食品加工业
纺织业
纺织服装、服饰业
造纸和纸制品业
印刷和记录媒介复制业
医药制造业
化学纤维制造业
橡胶和塑料制品业
通用设备制造业
汽车制造业

铁路、船舶、航空航天和其他运输设备制造业

仪器仪表制造业

社会工作

广播、电视、电影和录音制作业

文化艺术业

体育

娱乐业

人力资源社会保障部　工业和信息化部 国务院国资委关于印发《制造业技能根基工程实施方案》的通知

人社部发〔2022〕33号

各省、自治区、直辖市及新疆生产建设兵团人力资源社会保障厅（局）、工业和信息化主管部门、国资委：

为深入贯彻习近平总书记关于技能人才工作重要指示精神，实施新修订的《中华人民共和国职业教育法》，全面落实《"十四五"职业技能培训规划》，加快培养制造业高质量发展急需的高素质技能人才，人力资源社会保障部、工业和信息化部、国务院国资委联合制定了《制造业技能根基工程实施方案》。现印发给你们，请结合实际贯彻执行。

人力资源社会保障部
工业和信息化部
国务院国资委
2022年6月2日

制造业技能根基工程实施方案

为深入贯彻习近平总书记关于技能人才工作重要指示精神，实施新修订的《中华人民共和国职业教育法》，全面落实《"十四五"职业技能培训规划》，加快培养制造业高质量发展急需的高素质技能人才，特制定本方案。

一、工作背景

制造业是国民经济的主体，是科技创新的主战场，是立国之本、兴国之器、强国之基。技能人才是支撑中国制造、中国创造的重要力量，是联接技术创新与生产实践最核心最基础的劳动要素。党中央、国务院高度重视制造业技能人才工作，适应制造强国、质量强国建设，推行终身职业技能培训制度，组织实施高技能人才振兴计划和职业技能提升行动，大规模培养技能人才。

当前，我国进入新发展阶段，新一轮科技革命和产业变革深入发展，制造业高质量发展急需一大批爱岗敬业、掌握精湛技能的高素质技能人才、能工巧匠、大国工匠。但技能人才培养培训、评价激励制度和发展使用环境有待优化，技能就业、技能成才对劳动者特别是青年吸引力不强，迫切需要把制造业技能人才培养放在更加突出的位置，健全多层次培养体系，加大制造业技能人才培养工作力度。

二、总体要求

（一）加强思想政治引领。突出技能人才思想政治引领，加强理想信念教育，强化质量意识培育，大力弘扬劳模精神、劳动精神、工匠精神，引导制造业广大职工和技能劳动者勤学苦练、深入钻研，勇于创新、敢为人先，不断提高技术技能水平，为推动高质量发展、实施制造强国战略、全面建设社会主义现代化国家贡献智慧和力量。

（二）明确任务目标。2022 年至 2025 年，聚焦制造业重点领域建立一批国家技能根基工程培训基地，加大制造业高新技术、数字技能和急需紧缺职业工种政府补贴培训支持力度，全面推进制造业企业技能人才培养评价工作，促进制造业技能人才“人人持证”，优化使用发展环境和激励机制配套支撑，打造数量充足、结构合理、素质优良、充满活力的制造业技能人才队伍。

三、主要任务

（三）遴选建设国家技能根基工程培训基地。重点依托国家制造业高质量发展试验区、国家先进制造业集群等遴选制造业龙头企业、单项冠军企业、专精特新“小巨人”企业和优质技工院校，建设国家技能根基工程培训基地，重点开展高技能人才特别是技师、高级技师、特级技师、首席技师培训研修，形成规模化培训示范效应。支持其面向产业链上下游中小微企业职工提供培训服务，促进制造业技术迭代和质量升级。推动技工院校与先进制造业企业合作共建，推行工学一体化技能人才培养模式，探索组建一批聚焦制造、突出创新、效益显著的技工教育联盟（集团），提高制造业技能人才培养针对性和有效性。

（四）制定制造业政府补贴职业技能培训目录。完善制造业职业分类，动态发布新技术应用和自主技术创新应用产生的新职业，加快制定国家职业技能标准。坚持市场引导和政府补贴职业技能培训共同推进，各地要制定公布制造业政府补贴职业技能培训目录，并动态征集和调整优质培训项目，加大对制造业技能人才培养的支持力度。各地可突出“高精尖缺”导向，结合新一代信息技术和自主信息技术产业、高端工业母机和机器人、航空航天装备、船舶与海洋工程装备、关键软件、数字技能等领域以及工业和信息化职业技能提升培训指导目录，优先将其中适合当地制造业技能人才培养需要的相关职业工种纳入政府补贴职业技能培训目录，并适当提高补贴标准。鼓励实施“揭榜挂帅”机制开展项目制培训。

（五）在制造业企业全面推行中国特色企业新型学徒制。引导制造业企业按照岗位总量的一定比例设立学徒岗位，通过企校双师带徒、工学结合模式对新招用职工、在岗职工和转岗职工进行学徒培训。聚焦企业生产重点领域、关键环节，通过名师带高徒、师徒结对子、建立技能大师工作室等形式，培养高质量企业新型学徒，不断提升学徒关键核心工艺水平和技术创新能力。支持企业建立学徒奖学金、师带徒津贴等，激发师徒积极性和主动性。

（六）加强制造业高技能领军人才选拔评聘。支持制造业企业全面推行职业技能等级制度，推动符合条件的规模以上制造业企业全部备案纳入培训评价机构目录，健全八级技能岗位等级设置，自主开展职业技能等级认定。以工业“六基”、“卡脖子”关键核心技术等领域为重点，选拔一批技能高超、业绩突出的高技能领军人才聘任首席技师、特级技师等高级技术职务（岗位）。符合条件的，优先推荐入选制造业人才支持计划、享受政府特殊津贴，优先参评中华技能大奖、全国技术能手等评选表彰项目。

（七）全面推进制造业工学一体化技能人才培养模式。对接制造业产业链、创新链发展，大力建设先进制造业等产业需要的新兴专业和优质专业，开发优质教学资源包，推进工学一体化制造业技能人才培养模式。依托技工教育和职业培训教学指导委员会建立国家基本职业培训包专家委员会，加强一体化教材和培训资源建设。鼓励各地结合制造业企业岗位需求开发培训计划，探索建立全国制造业职业技能培训资源、职业资格证书、职业技能等级证书和专项职业能力证书信息共享机制。

（八）大力开展制造业品牌职业技能竞赛。以全国技能大赛为引领，以行业职业技能竞赛为重点，聚焦人工智能、工业机器人、机械制造、新能源汽车等重点领域职业工种，打造一批制造业职业技能竞赛品牌。支持各地积极开展制造业职业技能竞赛，有条件的地方可探索开展制造业领域职业技能竞赛月活动，促进更多优秀高技能人才脱颖而出。

四、实施保障

（九）加强组织领导。各地要将实施制造业技能根基工程作为重要任务，协调纳入区域经济社会发展总体规划。要建立人力资源社会保障、工业和信息化、国资等部门共同参与的工作机制，加大组织推动力度，在政策、项目和资金上对技能根基工程予以重点支持。要抓紧安排部署，充分宣传动员，加强统筹协调，积极组织动员行业协会、企业、技工院校共同实施。各级国资部门要指导国有企业强化责任担当，率先启动实施。

（十）强化政策保障。各地要统筹兼顾，突出重点，加大就业补助资金、职业技能提升行动专账资金、失业保险基金、企业职工教育经费、人才队伍建设经费等统筹力度，支持制造业技能人才培养培训工作。企业要依法履行职工教育培训主体责任，按照《关于企业职工教育经费税前扣除政策的通知》（财税〔2018〕51 号）和《关于企业职工教育经费提取与使用管理的意见》（财建〔2006〕317 号）等规定，足额提取职工教育经费，其中60%以上用于一线职工的教育和培训。

（十一）优化激励措施。要引导企业根据《技能人才薪酬分配指引》（人社厅发〔2021〕7 号），突出对技能要素和技能创新攻关的激励导向，建立体现技能人才岗位价值、能力素质和业绩贡献的薪酬分配制度。对一线生产技术岗位，企业可结合实际设置技能津贴、带徒津贴、专项特殊津贴等。对核心技术岗位、关键工序和急需紧缺技能人才，可实行协议工资、项目工资、年薪制等薪资分配形式。在重点工程、重大项目、关键环节中，探索推行“工程师+高技能领军人才”的团队合作模式，推动科技创新研发与生产实践紧密融合。要建立健全柔性流动机制，鼓励掌握核心生产工艺的高技能人才通过兼职、服务、项目合作等方式更好发挥引领带动和辐射效应，稳定并壮大制造业技能人才队伍。

人力资源社会保障部　教育部　财政部关于推进企业吸纳就业社会保险补贴“直补快办”助力稳岗扩就业的通知

人社部发〔2022〕37号

各省、自治区、直辖市及新疆生产建设兵团人力资源社会保障厅（局）、教育厅（教委）、财政厅（局）：

近期，新一轮疫情、国际局势变化的超预期影响，对稳就业工作带来新的挑战。为加大就业政策实施力度，推动政策速享尽享，助力用人单位稳定岗位、扩大就业，拟实施企业吸纳就业社会保险补贴政策“直补快办”行动，现就有关事项通知如下：

一、明确工作要求。各地要坚持以习近平新时代中国特色社会主义思想为指导，深入贯彻党中央、国务院关于稳就业保就业决策部署，坚持突出重点、精准施策，注重数据比对、部门协同，精准锁定吸纳就业困难人员、毕业年度高校毕业生及离校2年内未就业高校毕业生就业的用人单位，加快构建政策找人、无感智办、直补快办的落实机制，扩大政策落实率，提升企业获得感，支持企业更多吸纳重点群体就业。

二、加快全程网上经办。各地要加快建立省级一体化的就业补贴政策申领经办系统，其中企业吸纳就业社会保险补贴政策要在2022年12月底前全部实现网上申领，并通过网站、手机APP等方式，为用人单位和劳动者提供补贴申领、资格核对、办理进度查询、资金发放等服务。目前暂不具备全程网上办理条件的事项，尽量通过电话咨询、指导、预约等方式提供服务。

三、推行“直补快办”模式。各地要改变以往企业上门申请、部门层层审批的工作模式，按月提取企业上月新增参保人员信息，会同当地教育等部门，做好与就业困难人员实名库、毕业生信息等比对，主动筛选确定符合补贴条件的单位和人员。通过上门宣传、12333政务服务平台等渠道，主动向受益对象推送政策，告知补贴政策内容、申请流程、经办渠道。对能够直接依托信息系统、大数据比对、相关单位信息协同等方式获得或核实政策凭证的，可直接发放到企业账户。

四、优化审核经办流程。各地要加密审核频次，做到随申请随确定随审核，不得简单以季度、年度为频次集中受理审核。对当地社保缴纳基数尚未核定的，可先按照企业实际缴费情况或上年度缴费基数，计算补贴额度，待缴费基数确定后再予核定。推广“一次审批、全期畅领”，企业初次申请补贴政策后，政策享受期内，如相关情况和材料未发生变化，不得要求重复提供证明材料。进一步优化经办流程，减环节、减材料、减时限，编制好社保补贴审核发放流程和办事指南，加快资金发放进度，对主动申请或筛查确定的单位，最晚在20个工作日内完成审核和补贴发放流程。

五、防范资金管理风险。各地要按照就业补助资金监管有关要求，细化操作办法，加大风险排查，杜绝冒领、骗取、套取等现象，严防内外勾结、违规操作、失职渎职等行为，确保不发生资金管理系统性风险。要健全内控体系，落实岗位相互监督、业务环节相互制衡的机制，严禁业务和财务岗位兼任，严禁会计和出纳兼任。要严格流程控制，细化资质核定、资格审批、资金发放等经办规程，定期复核、抽检，确保规范运行。要加强对失信行为的追查问责，依法打击和震慑各类虚报冒领行为。

六、加大组织实施力度。各地要切实提高认识，抓好部署发动，细化工作方案，层层抓好落实。要创新形式，细化操作，加强政策宣传和业务培训，提升基层工作人员政策和业务水平。要加强信息衔接，建立人力资源社会保障部门内部以及与教育、财政等部门之间的协作机制，进一步解放思想、大胆创新，不断探索优化经办服务的新途径。

一次性吸纳就业补贴可参照上述“直补快办”要求执行。各地具体“直补快办”工作方案请于2022年6月底前报人力资源社会保障部就业促进司，后续工作进展和问题建议请及时报告。

人力资源社会保障部

教育部

财政部

2022年6月21日

人力资源社会保障部　民政部　财政部　住房城乡建设部　国家市场监管总局关于加强零工市场建设完善求职招聘服务的意见

人社部发〔2022〕38号

各省、自治区、直辖市及新疆生产建设兵团人力资源社会保障厅（局）、民政厅（局）、财政厅（局）、住房和城乡建设厅（委、管委）、市场监管局（厅、委）：

“打零工”对促进大龄和困难人员就业增收具有重要作用。近年来，各地大力探索推进零工市场建设，强化零工人员就业服务，取得了积极进展。为深入贯彻落实党中央、国务院决策部署，支持多渠道灵活就业，更好地促进大龄和困难等零工人员实现就业，现提出以下意见。

一、强化零工市场信息服务。建立零工求职招聘信息服务制度，将零工信息纳入公共就业信息服务范围，免费向社会提供零工求职招聘信息登记和发布服务。加强零工岗位信息收集，通过办理招聘登记、走访调研企业、对接劳务中介等方式，广泛收集非全日制用工、临时性和阶段性用工等零工需求信息。拓宽零工信息发布渠道，充分利用服务大厅、政务大厅、基层服务平台等线下场所和招聘网站、微信微博、手机APP等线上渠道，多渠道、多形式发布零工求职招聘信息。

二、强化零工快速对接服务。建立零工“即时快招”服务模式，为零工人员与用工主体提供快速发布信息、现场对接洽谈、即时确认结果、当日面试到岗等服务。优化零工快速对接流程手续，简化求职招聘登记表格事项，设立零工信息快速发布通道，引导分职业（工种、岗位）对接洽谈，完善车辆即停即走引导等服务，方便双方进场快速对接。拓展零工招聘对接形式，在举办行业、企业招聘会中增设零工招聘区或因时因需举办零工专场招聘会，组织流动招工大篷车、定向招聘等活动，促进供需匹配对接。

三、强化就业创业培训服务。健全培训项目和培训政策推介服务，针对零工人员的能力和素质，提供符合市场需求、易学易用的培训信息，引导有单位就业意愿和培训需求的零工人员参加急需紧缺职业技能培训和新职业技能培训，组织有创业意愿的参加创业培训。创新开展线上线下相结合的培训方式，支持零工人员灵活选择培训时间和培训方式，对符合条件的按规定落实职业培训补贴和培训期间生活费补贴。

四、强化困难零工帮扶服务。建立零工人

员分级服务机制，对待工时间长、低收入家庭、残疾等大龄和困难零工人员加强就业帮扶，优先组织其与适合的用工主体开展“点对点”对接洽谈，引导用工主体优先招用困难零工人员。对符合就业困难人员条件的，按规定开展个性化就业援助，明确服务项目和步骤，组织参加职业培训，跟踪解决就业过程中的困难和问题。对其中通过市场渠道难以实现就业创业且符合条件的，可通过公益性岗位予以安置。

五、完善零工市场秩序维护。公开零工市场服务制度、服务热线和投诉举报方式，依法监管职业中介机构，严厉打击黑中介、发布虚假招聘信息以及以招聘为名牟取不正当利益或进行其他违法活动等违法违规行为，维护劳动者合法权益。指导和督促用工主体合理确定招聘条件，规范招聘行为，依法合规用工，落实用人单位用工主体责任。加大劳动就业和社会保障法律法规政策宣传，帮助零工人员了解自身权益，提高维权和安全意识，依法理性维权。

六、完善服务场地设施支撑。合理利用公共就业服务机构场地资源，设立零工对接服务专区或分时分区共享场地设施，适应零工对接特点提早服务大厅开放时间，为零工人员与用工主体、职业中介机构当面对接洽谈提供免费场地。对零工人员自发集中、具有一定规模的求职地点，有条件的地方可通过改造利用闲置建筑、搭建必要服务设施、施划标线等方式，就近设立零工服务场所，配备卫生防疫、写字桌椅等便民辅助设施，引导求职招聘双方有序开展对接洽谈。

七、完善信息化应用支撑。加强“互联网+”、大数据、云服务、人工智能等技术手段运用，提升零工信息服务水平，动态收集更新零工人员和用工主体信息，支持零工岗位信息省级归集、多点联动、统一发布，提供在线匹配对接、应聘报名、结果确认等“一网通办”服务。依托中国公共招聘网、“就业在线”等平台联网发布各地公共就业服务机构招聘、见习、培训等服务信息，推送劳动就业和社会保障法律法规、就业创业政策解读等信息，方便零工人员和用工主体快速查询。

八、扩大零工服务多元化供给。充分发挥公共就业服务机构提供兜底服务的公益属性，完善覆盖城乡的服务网络，因地制宜强化零工求职招聘服务，加强信息真实性审核，示范带动零工市场诚信建设。鼓励人力资源服务机构、社会资本和优质服务资源参与零工市场建设和运营管理，依法依规提供招聘求职对接服务，拓展职业规划、企业管理、法律援助等专业化服务。鼓励公共就业服务机构招募志愿者，组建零工市场志愿服务团队，多渠道开展零工求职招聘对接服务。

九、开展零工市场动态监测。建立零工市场动态管理名录，编制各地提供零工服务的公共就业服务机构、诚信运营的市场化零工市场等规范运行的零工市场清单，向社会广泛公布地址、运行时间、职业（工种、岗位）、联系方式等信息，为供求双方对接提供指引。支持具备一定工作条件和基础的城市开展零工市场运行情况监测，对零工市场求职人数、招聘岗位等信息进行定期监测分析，及时掌握零工市场供求变化趋势。

十、加大组织实施力度。各地要切实提高思想认识，把加强零工求职招聘服务作为完善就业服务的重要举措，压实属地责任，强化组织领导，明确目标任务，更好支持多渠道灵活就业。推广加强零工市场建设典型经验，选树促进零工人员就业服务标兵，以点带面提升零工市场就业服务整体水平。大力宣传党中央、国务院支持灵活就业健康发展、保障灵活就业人员权益的政策措施和公共服务事项，合理引导社会预期，积极回应社会关切。

请各省级人力资源社会保障部门汇总本地区零工市场名录并于每年年底前更新后报送人力资源社会保障部。零工市场名录信息具体包括：零工市场名称（无正规名称的可以约定俗成或所在地址名称代称）、运营性质（指公共、经营性或自发形成）、详细地址、求职人员规模、主要招聘工种和日均招聘成功人数等。现有零工市场名录连同拟参与开展零工市场运行情况监测的城市名单请于 2022 年 9 月底前报送。

人力资源社会保障部
民政部
财政部
住房城乡建设部
国家市场监管总局
2022 年 6 月 22 日

人力资源社会保障部　财政部关于印发《社会保险基金监督举报奖励暂行办法》的通知

人社部发〔2022〕45号

各省、自治区、直辖市及新疆生产建设兵团人力资源社会保障厅（局）、财政厅（局）：

现将《社会保险基金监督举报奖励暂行办法》印发给你们，请结合实际认真贯彻执行。

人力资源社会保障部
财政部
2022年7月11日

社会保险基金监督举报奖励暂行办法

第一条　为加强社会保险基金社会监督，鼓励社会公众举报社会保险领域违法违规问题，维护社会保险基金安全，根据《中华人民共和国社会保险法》等法律法规，制定本办法。

第二条　公民、法人和其他社会组织（以下简称举报人）对欺诈骗取、套取或挪用贪占基本养老保险、失业保险、工伤保险基金（以下简称社会保险基金）的违法违规问题进行举报并提供相关线索，经查证属实、符合本办法规定的给予奖励。

举报人对举报事项负有社会保险基金监督职责的，不适用本办法。

第三条　举报奖励由查处举报事项的县级以上人力资源社会保障行政部门负责实施。举报事项涉及两个或两个以上地区的，由负责查处的相关人力资源社会保障行政部门分别就涉及本区域社会保险基金违法违规问题的举报查实部分进行奖励。

人力资源社会保障行政部门负责社会保险基金监督工作的机构具体承办举报奖励工作。

第四条　举报奖励资金按照预算管理有关规定列入同级人力资源社会保障行政部门的部门预算。举报奖励资金的发放管理接受同级财政、审计部门的监督。

第五条　举报人力资源社会保障行政部门、社会保险经办机构、信息化综合管理机构、劳动能力鉴定委员会及其工作人员存在以下行为并经查证属实的，纳入奖励范围：

（一）隐匿、转移、侵占、挪用社会保险基金的；

（二）违规审核、审批社会保险申报材料，违规办理参保缴费、关系转移、待遇核定、待遇资格认证、提前退休，违规工伤认定、劳动能力鉴定，违规发放社会保险待遇的；

（三）伪造或篡改缴费记录、享受社会保险待遇记录、个人权益记录等社会保险数据的；

（四）其他欺诈骗取、套取或挪用贪占社会保险基金的行为。

第六条 举报参保单位、个人或中介机构存在以下行为并经查证属实的，纳入奖励范围：

（一）提供虚假证明材料等手段虚构社会保险参保条件、违规补缴的；

（二）伪造、变造有关证件、档案、材料，骗取社会保险基金的；

（三）组织或协助他人以伪造、变造档案、材料等手段骗取参保补缴、提前退休资格或违规申领社会保险待遇的；

（四）丧失基本养老、失业、工伤保险待遇享受资格后，本人或其亲属不按规定履行告知义务、隐瞒事实违规享受社会保险待遇的；

（五）其他欺诈骗取、套取或挪用贪占社会保险基金的行为。

第七条 举报工伤医疗、工伤康复、工伤保险辅助器具配置、失业人员职业培训等社会保险服务机构及其工作人员存在以下行为并经查证属实的，纳入奖励范围：

（一）伪造、变造或提供虚假病历、处方、诊断证明、医疗费票据、培训记录等资料骗取社会保险基金的；

（二）协助、配合他人以伪造材料、冒名顶替等手段骗取社会保险参保补缴资格，违规申领、享受社会保险待遇，骗取社会保险基金的；

（三）其他欺诈骗取、套取或挪用贪占社会保险基金的行为。

第八条 举报事项存在以下情形的，不纳入奖励范围：

（一）无明确举报对象或经查证无违法违规行为的；

（二）举报已受理或已办结，原处理程序及结论均符合相关法律、法规规定和客观事实的；

（三）依法通过诉讼、仲裁等法定途径判决裁定或已进入上述程序的；

（四）举报事项的主要事实、证据事先已由人力资源社会保障部门、纪检监察、审计、公安部门掌握的；

（五）不属于本办法规定举报奖励事项的；

（六）其他依法不予受理的举报行为。

第九条 奖励对象原则上应为实名举报者。匿名举报并希望获得奖励的，应主动提供能够辨认其身份的信息及有效联系方式，未提供的视为主动放弃奖励。

第十条 县级以上人力资源社会保障行政部门受理举报线索后，应当根据职责范围确定举报查处主体：

（一）属于本级人力资源社会保障行政部门职责范围的，由本级负责查处；

（二）属于下级人力资源社会保障行政部门职责范围的，原则上转交下级查处；涉及重大违法违规问题线索的，本级人力资源社会保障行政部门可直接查处；

（三）属于本级人力资源社会保障行政部门职责范围且涉及其他地区的，应会同相关地区人力资源社会保障行政部门共同查处。

第十一条 人力资源社会保障行政部门受理的举报线索涉及财政部门职责的，应会同财政部门共同查处。

第十二条 人力资源社会保障行政部门应当根据举报事项查证情况，对违法违规事实与举报事项的一致性进行认定，作为奖励依据。

第十三条 举报人和举报事项同时符合下列条件的，给予奖励：

（一）举报人具有完全民事行为能力；

（二）举报事项符合本办法规定的奖励范围；

（三）举报情况经查证属实并结案。

第十四条 同一事项由两个或两个以上举报人分别举报的，奖励第一举报人（按人力资源社会保障行政部门受理举报的时间先后顺序确定）；由两个或两个以上举报人联名举报的，按一个举报人奖励额度进行奖励，奖金由举报人自行协商分配。

第十五条 举报奖励标准根据查证属实违法违规行为所造成的社会保险基金损失金额，按照一定比例进行计算，最高额度不超过 10 万元。对同一举报事项分别查处奖励的，奖金合计数额不得超过 10 万元。对举报事项查证为违法违规行为但尚未造成基金损失的，人力资源社会保障行政部门应当根据违法违规行为性质、可能造成的基金损失等因素，给予一定的奖励。具体奖励办法由各省（自治区、直辖市）人力资源社会保障行政部门、财政部门制定。

第十六条 查处举报事项的人力资源社会保障行政部门应当在举报事项办结后 10 个工作日内与举报人联系，并以适当方式向举报人送出《社会保险基金监督举报奖励通知书》。举报人应当自接到《社会保险基金监督举报奖励通知书》之日起 30 个工作日内，持本人有效身份证件及《社会保险基金监督举报奖励通知书》到人力资源社会保障行政部门领取奖金，不能现场领取的应当提供合法、可靠的奖金发放途径。举报奖励资金通过举报人的社会保障卡或者其选择的本人其他银行卡发放。举报人无正当理由逾期未办理领取奖金手续的，视为自动放弃奖金。

第十七条 各级人力资源社会保障行政部门应当建立健全举报奖励审核制度，明确发放流程，建立奖励台账，加强奖励资金发放管理。

第十八条 人力资源社会保障行政部门及其工作人员应当按规定为举报人保密，不得泄露举报人相关信息。

第十九条 举报人故意捏造事实诬告他人，或者弄虚作假骗取奖励，依法承担相应责任；涉嫌犯罪的，依法追究刑事责任。

第二十条 人力资源社会保障部门工作人员在举报奖励工作中存在下列情形的，视情节轻重依法给予政务处分；涉嫌犯罪的，依法追究刑事责任：

（一）伪造或者教唆、伙同他人伪造举报材料，冒领举报奖励的；

（二）利用职务之便故意泄露线索套取奖励的；

（三）泄露举报人相关信息导致举报人利益受到损害，或帮助被举报对象转移、隐匿、毁灭证据的；

（四）贪污、挪用、截留奖励资金的；

（五）其他应当依法承担法律责任的行为。

第二十一条 各省（自治区、直辖市）人力资源社会保障行政部门、财政部门应当依据本办法制定实施细则，对奖励的范围、标准、审批、发放程序等作出规定。

第二十二条 本办法由人力资源社会保障部、财政部负责解释，自 2023 年 1 月 1 日起施行。

人力资源社会保障部　财政部 国务院国资委关于印发《国有企业工资内外收入监督管理规定》的通知

人社部发〔2022〕57号

各省、自治区、直辖市及新疆生产建设兵团人力资源社会保障厅（局）、财政厅（局）、国资委，党中央有关部门，国务院有关部委、直属机构，全国人大常委会办公厅、全国政协办公厅，国家监委、最高人民法院、最高人民检察院，有关民主党派中央，有关人民团体：

现将《国有企业工资内外收入监督管理规定》印发给你们，请认真贯彻执行。

人力资源社会保障部
财政部
国务院国资委
2022年8月30日

国有企业工资内外收入监督管理规定

第一章　总　　则

第一条　为加强对国有企业工资内外收入的监督管理，规范国有企业工资分配秩序，根据党中央、国务院关于国有企业负责人薪酬制度和工资决定机制改革要求以及有关法律法规规定，制定本规定。

第二条　对国家出资的国有独资和国有控股企业工资内外收入的监督管理，适用本规定。

对中央和地方有关部门或机构作为实际控制人的企业工资内外收入的监督管理，参照本规定执行。

第三条　国有企业工资内外收入监督管理工作应坚持依法依规、客观公正、高效廉洁和分级监管的原则。

第四条　各级人力资源社会保障部门会同财政、国资监管等部门负责对国有企业工资内外收入情况实施监督检查等监督管理工作，及时查处工资分配违规行为。

各级履行出资人职责机构（或其他企业主管部门，下同）依据监管职责负责对所监管企业工资分配执行情况加强监督，对违规问题督促整改。

第二章　监督管理内容

第五条　国有企业工资内外收入监督管理是对国有企业执行国家关于企业工资收入分配政策情况的监督检查，重点检查国有企业负责人薪酬制度和工资决定机制改革政策执行情况。

工资内外收入具体包括工资、奖金、津贴、补贴、加班加点工资、特殊情况下支付的工资以及其他工资性收入、福利等。

第六条　国有企业负责人薪酬分配监督管理事项包括：

（一）企业负责人纳入国有企业负责人薪酬制度改革范围情况；

（二）企业负责人薪酬管理制度制定情况；

（三）企业负责人薪酬结构、水平和发放情况；

（四）企业负责人的年度和任期考核评价情况及考核结果与薪酬分配挂钩情况；

（五）企业负责人领取津补贴、奖励、福利性待遇和以现金形式发放的履职待遇等情况；

（六）离任企业负责人领取薪酬情况；

（七）企业负责人薪酬列支情况；

（八）企业负责人薪酬信息披露情况；

（九）企业负责人薪金所得税代扣代缴情况；

（十）其他应纳入监督管理的事项。

对组织任命管理企业负责人和非组织任命管理企业负责人，薪酬分配的监督管理按照相应适用的政策开展。

第七条　国有企业职工工资福利待遇监督管理事项包括：

（一）企业纳入国有企业工资决定机制改革范围情况；

（二）国家工资分配宏观指导调控政策和要求执行情况；

（三）企业内部工资分配、福利管理等制度制定情况；

（四）工资总额预算编制、清算、计提和发放等情况；

（五）津补贴、奖金、福利等管理情况；

（六）工资总额信息披露情况；

（七）工资内外收入列支情况；

（八）工资薪金所得税代扣代缴情况；

（九）其他应纳入监督管理的事项。

第三章　监督管理实施

第八条　监督管理工作采取企业自查、综合检查、重点核查等方式进行。

第九条　人力资源社会保障部门会同财政、国资监管等部门根据工作需要，定期或不定期组织履行出资人职责机构对所监管国有企业开展工资内外收入情况自查。自查工作结束后，企业应形成自查报告报送履行出资人职责机构，履行出资人职责机构汇总报送人力资源社会保障部门。

第十条　人力资源社会保障部门会同财政、国资监管等部门原则上每年应选取一定数量国有企业对其工资内外收入情况进行综合检查。履行出资人职责机构和企业应配合做好监督检查工作，按要求提供企业名单及相关信息。

人力资源社会保障部门会同财政、国资监管部门确定被检查企业时，应加强与巡视巡察、审计等部门和机构的沟通，原则上同一对象在同一年度内已接受巡视巡察、审计的，不再确定为被检查对象。

第十一条　人力资源社会保障部门应会同财政、国资监管等部门对以下情形开展重点核查：

（一）企业自查报告、备案报告、信息披露等中发现可能存在违规问题或存在虚假记载、误导性陈述或重大遗漏的；

（二）纪检监察、巡视巡察、审计或其他部门和机构移送或反映企业存在工资分配违规问题的；

（三）企业职工、社会公众和媒体举报或反映企业工资分配存在重大违规问题的；

（四）监督管理中查处的违规问题未整改到位的；

（五）其他需要核查的情形。

第十二条 人力资源社会保障部门应提前书面通知被确定为综合检查和重点核查对象的企业做好准备工作，组织被检查企业召开会议，安排部署有关监督检查工作。

人力资源社会保障部门应当在被检查企业以适当方式公布检查项目名称、检查纪律要求和举报信箱、举报电话等。

被检查企业应当按照要求提供监督检查必要的工作条件，组织专门力量配合做好监督检查工作。

第十三条 综合检查、重点核查根据工作需要可采取下列措施：

（一）到被检查企业开展现场检查；

（二）向有关人员调查、了解情况，要求其对被检查事项作出解释、说明；

（三）查阅、复制与被检查事项有关的制度、工资统计报表、财务报表、工资福利台账、会计凭证等相关材料和数据；

（四）对所属或相关企业开展必要的延伸检查或调查；

（五）其他必要的方式。

综合检查、重点核查根据工作需要可通过政府购买服务委托第三方专业机构承担现场检查工作。所需经费由各级财政部门按照规定根据工作需要统筹安排。

第十四条 被检查企业应按要求及时、准确、完整提交与监督检查内容相关的材料，主要包括：

（一）企业工资内外收入情况报告；

（二）履行出资人职责机构审核（核准）或备案的企业负责人薪酬、工资总额确定和清算方案及相关文件材料；

（三）工资内外收入的财务凭证和台账；

（四）劳动工资统计报表；

（五）财务决算报表和审计报告；

（六）巡视巡察、审计或监督检查发现问题整改情况报告及相关文件材料；

（七）企业工资福利管理相关制度文件；

（八）社会保险、住房公积金和个人所得税缴纳相关材料；

（九）其他需要提供的材料。

企业应当对所提供材料的真实性、完整性负责，不得有虚假记载、误导性陈述或者重大遗漏，并作出书面承诺。

第十五条 综合检查和重点核查过程中，应当就检查过程中发现的有关问题事实与被检查企业沟通听取意见，确认有关事实。被检查企业对监督检查中发现的违规问题，应及时主动进行整改。

第十六条 综合检查和重点核查结束后，人力资源社会保障部门应商财政、国资监管等部门根据监督检查认定的事实和问题，向被检查企业下达处理意见书，明确违规问题的处理措施、依据、整改时限和相关要求，并抄送其履行出资人职责机构。

第十七条 被检查企业应在收到处理意见书 15 个工作日内，就处理意见书指出的违规问题及提出的整改意见制定整改方案，2 个月内完成违规问题整改，并及时向人力资源社会保障部门报送整改情况报告。确因特殊情况需要延长整改时限的，经人力资源社会保障部门同意后可以适当延长。

第四章 违规处理

第十八条 对国有企业工资内外收入违规问题的处理措施包括：

（一）责令改正；

（二）追回违规所得；

（三）经济处罚；

（四）约谈；

（五）通报；

（六）移送有关部门处理。

对同一违规问题的处理，可以并用多种处理措施。对同一次监督检查中同一责任人出现多个违规问题给予经济处罚的，按照处罚的最高标准执行；对纪检监察、履行出资人职责机构等部门或机构已就工资内外收入违规问题按照国家或部门有关规定的处罚标准给予了经济处罚且企业已按要求整改到位的，就同一违规问题不再给予经济处罚。

第十九条 国有企业负责人薪酬管理出现下列违规情形的，应责令企业改正，违规或超标准领取部分应予以追回。

（一）企业负责人未按照党中央、国务院关于国有企业负责人薪酬制度改革要求纳入实施范围的；

（二）企业负责人包括离任、退休企业负责人违规领取薪酬以及津补贴、奖励、福利性待遇和以现金形式发放的履职待遇的；

（三）违规实行职业经理人薪酬制度的。

前款第二项违规情形除责令改正和追回违规所得外，应同时按照违规所得等量给予经济处罚，但最高不超过违规问题发生当年的本人绩效年薪。企业负责人在处理意见书下达前主动退回违规所得的，可视情不再予以经济处罚。

第二十条 国有企业工资总额管理出现下列情形的，应责令企业改正，违规核定或超发部分不计入工资总额预算基数，违规超发部分在下一年度工资总额中予以扣回。对违规超发金额过大，难以一次性扣回的，经同意可在3年内逐年扣回。

（一）企业未按照国务院关于国有企业工资决定机制改革要求纳入实施范围的；

（二）违反工资效益联动机制有关规定计提、发放工资总额的；

（三）集团总部职工平均工资增长幅度超过本企业全部职工平均工资增长幅度的；

（四）超履行出资人职责机构核准或备案工资总额计提、发放工资总额的；

（五）其他超提、超发工资总额的。

前款违规情形，除责令改正并予以扣回外，应视情给予相关企业负责人经济处罚。对违规核定或超发部分超过应发工资总额5%但未超过10%的，对企业主要负责人、分管负责人按不超过本人当年绩效年薪的10%给予经济处罚；违规核定或超发部分超过当年应发工资总额10%以上的，对企业主要负责人、分管负责人按违规核定或超发占应发工资总额比例的绩效年薪给予经济处罚。

第二十一条 国有企业工资分配管理存在下列情形的，应责令企业改正，建立完善有关工资内外收入管理制度，规范工资内外收入管理。

（一）企业负责人薪酬、工资总额管理和考核制度，以及内部分配和福利管理制度不健全或内容违规的；

（二）违规向企业负责人提前发放薪酬的；

（三）违规发放福利待遇或承担应由职工个人支付费用的；

（四）企业负责人薪酬、工资总额信息未按规定披露和落实厂务公开要求的；

（五）违规实行周期制工资总额管理的；

（六）工资总额预算编制、调整、清算等程序和时间等不合规的；

（七）工资性支出未纳入工资总额管理、按照企业会计准则规定应当通过应付职工薪酬核算的工资福利项目未通过应付职工薪酬核算、企业负责人薪酬未单独核算并设置明细账目的；

（八）未按规定报送企业负责人薪酬和工资总额实施情况的；

（九）企业负责人及职工工资福利收入未依法缴纳个人所得税的；

（十）其他违反工资分配法律法规和政策的。

前款第七项工资性支出未纳入工资总额管理，按规定纳入后工资总额超提超发的，按照第二十条规定处理。

第二十二条 被监督检查企业拒不配合甚至阻扰监督管理工作、拒不整改违规问题或违规情节严重的，应约谈企业负责人，并视情在一定范围内予以通报。

被监督检查企业违规行为依规依纪依法应给予相关责任人纪律处分、组织调整或组织处理、处分的，应移交有关部门进行处理；构成犯罪的，依法追究刑事责任。

第二十三条 国有企业负责人授意、指使、纵容、强令、包庇下属人员实施违规行为的，对有关企业负责人应按照第十八条有关处理措施从重或加重处理。

第二十四条 履行国有企业工资内外收入监督管理职责部门或机构、履行出资人职责机构的工作人员应当依法依规、客观公正开展工作，严格遵守廉洁自律和保密有关规定。对于未依法依规履行职责，玩忽职守、徇私枉法或者泄露检查中知晓的国家秘密和商业秘密、个人信息的，依规依纪依法追究责任。

第五章 检查结果运用

第二十五条 监督检查工作结束后，人力资源社会保障部门应视情向同级财政、国资监管以及相关部门、有关国有企业通报监督检查情况，并报送上一级人力资源社会保障部门。

对国有企业工资分配违规问题的处理意见书，人力资源社会保障部门应抄送组织、纪检监察、巡视巡察、审计、国资监管、税务等部门和机构。

对企业连续三次在监督检查过程中未发现任何违规问题的，在一定时期内可免于综合检查。

第二十六条 履行出资人职责机构应根据监督检查处理意见，督促违规企业进行整改。对存在严重违规情形的国有企业，履行出资人职责机构对其至少三年内不得实行工资总额备案制管理。

第二十七条 国有企业对违规情形中的相关责任人，除按照第二十二条第二款依规依纪依法追究责任外，还应视情节轻重按照管理权限和企业规章制度给予批评教育、内部通报、扣减薪酬等处理。

第二十八条 人力资源社会保障部门应会同组织、纪检监察、巡视巡察、财政、审计、国资监管、税务等部门和机构建立信息沟通、线索移交、成果共享机制，推动建设信息化工作平台，提高监督效能，形成监督合力。

纪检监察、巡视巡察、审计等部门和机构移送或反映国有企业工资分配违规问题相关线索的，人力资源社会保障部门应会同财政、国资监管等部门及时予以核查处理，并按规定将调查处理结果反馈给相关部门。

第六章 附　　则

第二十九条 各省、自治区、直辖市及新疆生产建设兵团人力资源社会保障厅（局）应会同财政厅（局）、国资委等部门按照本规定做好国有企业工资内外收入监督管理工作。各地区可结合本地实际，依据本规定制定具体实施办法。

第三十条 本规定自印发之日起施行。《劳动部、财政部、审计署关于颁发〈国有企业工资内外收入监督检查实施办法〉的通知》（劳部发〔1995〕218 号）同时废止。

人力资源社会保障部　教育部关于印发《关于进一步完善中小学岗位设置管理的指导意见》的通知

人社部发〔2022〕58号

各省、自治区、直辖市及新疆生产建设兵团人力资源社会保障厅（局）、教育厅（教委、教育局）：

为深入贯彻落实习近平总书记关于教育的重要论述，深化中小学人事制度改革，建设高素质专业化创新型的中小学教职工队伍，现将《关于进一步完善中小学岗位设置管理的指导意见》印发给你们，请结合本地区实际认真贯彻执行。

人力资源社会保障部

教育部

2022年9月2日

关于进一步完善中小学岗位设置管理的指导意见

为贯彻《中共中央　国务院关于深化教育教学改革全面提高义务教育质量的意见》、《中共中央　国务院关于全面深化新时代教师队伍建设改革的意见》要求，落实《新时代基础教育强师计划》，深化中小学人事制度改革，建设高素质专业化创新型的教职工队伍，根据《事业单位人事管理条例》及事业单位岗位设置管理有关规定，就进一步完善中小学岗位设置管理提出如下意见。

一、总体要求

（一）指导思想。全面贯彻党的十九大和十九届历次全会精神，以习近平新时代中国特色社会主义思想为指导，以促进基础教育事业发展为目标，遵循中小学教职工成长发展规律，创新岗位管理政策措施，拓宽职业发展通道，激发中小学教职工的积极性、主动性、创造性，进一步加强中小学教师队伍建设。

（二）基本原则。坚持分类施策、分级管理，立足国情，根据各级各类教师的不同特点和发展实际，考虑区域、城乡、校际差异，采取针对性的政策举措，定向发力；坚持因事设岗、精简效能，科学规范、评聘结合，全面实行中小学教师聘用制度和岗位管理制度，将教师职称评审和岗位聘用相结合；坚持激励和约束并重，发挥学校在用人上的主体作用，健全完善考核制度，加强聘后管理，奖优罚劣，树立重师德、重能力、重业绩、重贡献的导向，构建人员能上能下、能进能出的灵活用人机制。

二、主要内容

（三）健全教师岗位等级设置。中小学教师岗位等级设置划分为高、中、初级，按照国家现行事业单位专业技术岗位设置管理有关规定执行。

（四）科学制定岗位设置方案。岗位设置方案是学校公开招聘、确定岗位等级、调整岗位以及核定工资待遇的主要依据。各学校要严格按照国家政策规定，结合学校社会功能、职责任务、工作性质和人员结构特点等实际，制定岗位设置方案。岗位设置要优先满足教育教学工作实际需要，以教师岗位为主，根据需要合理设置管理岗位和工勤技能岗位。正高级教师岗位应具备的条件：具备过硬的思想政治素质和高尚的师德素养，在教育教学和教书育人方面业绩突出，能力卓越；在教育思想、课程改革、教学方法研究和推广等方面发挥示范和引领作用；在指导培养本地本学科教师方面作出突出贡献，在本地本学科领域有较高的声望和影响力。岗位设置方案由各级教育行政部门审核汇总后，按照规定的程序和权限报各级人力资源社会保障部门备案。岗位设置方案经备案后，应保持相对稳定，机构编制、职责任务和功能定位发生变化的，应按照规定的程序和权限在三个月内申请调整或变更。

各类学校要认真编写岗位说明书，明确岗位名称、岗位工作职责、目标任务、任职条件和绩效考核标准等内容，将其作为人员聘用和管理的依据。

（五）优化岗位结构。省级人力资源社会保障部门要会同教育行政部门按照优化结构、合理配置的要求，建立健全岗位动态调整机制，根据区域、学段、学科、人员结构特点等因素，制定高级教师岗位设置办法，分学段、分类型科学设置教师岗位结构，各类学校间专业技术岗位结构要保持相对平衡。“十四五”期间，正高级教师岗位数量控制在全国中小学教师岗位总量的千分之五以内。高级教师岗位比例偏高的省（区、市），要严格把握岗位标准和条件，适当优化控制高级岗位的结构比例，避免无序增长；高级教师岗位比例偏低的省（区、市），可结合当地教育事业发展需要和教师队伍建设要求，适当优化调整中小学岗位结构比例。

（六）实行县域统筹管理。县级人力资源社会保障部门要会同教育行政部门加强对县域内不同学段、不同类型学校岗位设置工作的指导。县级教育行政部门可按照班额、生源等情况，在核定的岗位总量内，统筹调配各校岗位数量，并向同级人力资源社会保障部门备案。按照乡村振兴战略部署，协调县域内同学段学校教师岗位结构并向乡村适当倾斜，努力使乡村学校中高级教师岗位比例不低于当地城镇同学段学校。义务教育学校要逐步实行县域统一的岗位结构比例。直辖市可按区统筹。

（七）落实岗位倾斜政策。乡村中小学引进急需紧缺高层次教师，经批准可以根据需要设置特设岗位，特设岗位岗位等级可放宽至专业技术八级，不受单位岗位总量、最高等级和结构比例限制。支持乡村中小学设置“定向评价、定向使用”教师中高级岗位，实行总量控制、比例单列、专岗专用，不占各地专业技术岗位结构比例，与常设岗位分开设置、单独管理，符合条件、通过评审的教师，可直接聘用至相应岗位。省级人力资源社会保障部门会同教育行政部门根据实际情况设置“定向评价、定向使用”教师岗位的总量或比例。对因组织安排援藏援疆援青的教师，援派期间取得高一级教师职称的，援派期满经考核合格，返回后派出单位按照援派期间取得的职称，在岗位出现空缺时将其优先聘用到相应教师岗位。

（八）规范开展岗位竞聘。各学校要在岗

位结构比例内开展职称评审，按岗聘用。学校新设岗位、出现岗位空缺或者其他确需竞聘情形的，一般在备案的岗位总量、类别、等级范围内，采用竞聘上岗的方式进行。同一县域内中小学教师岗位出现空缺的，教师可以跨校评聘。

竞聘上岗可以综合采取笔试、面试、民主测评、同行评议、教学水平综合评价等方式，按照制定方案、公布竞聘信息、人员申报推荐、审查资格条件、组织竞聘、确定和公示拟聘人员名单、订立或者变更聘用合同等程序进行。

（九）加强聘后管理。各学校要严格根据聘用合同规定的岗位职责任务，全面考核教职工表现，以工作实绩和贡献为重点考核内容。要注重听取学生、家长的意见和评价，强化考核结果运用，将考核结果作为教职工岗位调整、职称评聘、岗位等级晋升、工资核定以及变更、续订、解除、终止聘用合同的基本依据。对长期不在教学岗位和教学工作量达不到学校同类人员任课标准的教师，要及时调整岗位。

三、组织实施

（十）加强组织领导。各地要充分认识加强中小学岗位设置管理的重要性，精心组织、周密部署，进一步明晰部门职责，人力资源社会保障部门主要负责中小学岗位设置管理的政策指导、宏观调控和监督管理，教育行政部门主要负责中小学岗位设置管理的工作指导、岗位配置和组织实施。

各地要结合实际情况，研究制定本地区中小学岗位设置管理的实施办法，优化岗位结构，做好组织落实工作，切实发挥岗位管理制度的基础作用。

（十一）强化监督管理。各地区、各部门和各学校在岗位设置和岗位聘用工作中，要严格执行本意见有关政策规定。对不按本意见进行岗位设置和岗位聘用的学校，人力资源社会保障部门、教育行政部门不予确认岗位等级、不予兑现工资，并提出限期整改要求。情节严重的，对相关领导和责任人予以通报批评，按照人事管理权限给予相应处分。

（十二）本意见适用于普通中小学、幼儿园、特殊教育学校、专门学校。

（十三）本意见自发布之日起施行，《人事部　教育部关于印发高等学校、义务教育学校、中等职业学校等教育事业单位岗位设置管理的三个指导意见的通知》（国人部发〔2007〕59号）有关规定与本意见不一致的，以本意见为准。

人力资源社会保障部　财政部关于印发《国家级高技能人才培训基地和技能大师工作室建设项目实施方案》的通知

人社部发〔2022〕62号

各省、自治区、直辖市及新疆生产建设兵团人力资源社会保障厅（局）、财政厅（局）：

为深入贯彻落实中共中央、国务院《新时期产业工人队伍建设改革方案》和中央人才工作会议有关要求，根据《“十四五”职业技能培训规划》安排部署，继续做好高技能人才培训基地和技能大师工作室建设工作，人力资源社会保障部、财政部制定了《国家级高技能人才培训基地和技能大师工作室建设项目实施方案》。现印发给你们，请结合实际贯彻执行。

人力资源社会保障部

财政部

2022年9月14日

国家级高技能人才培训基地和技能大师工作室建设项目实施方案

为深入贯彻落实中共中央、国务院《新时期产业工人队伍建设改革方案》和中央人才工作会议有关要求，培养造就更多高技能人才、能工巧匠、大国工匠，根据《“十四五”职业技能培训规划》安排部署，2022—2025年继续实施国家级高技能人才培训基地和技能大师工作室建设项目，特制定本方案。

一、任务目标

2022—2025年，国家重点支持建设400个以上国家级高技能人才培训基地（含新建和已建）和500个以上国家级技能大师工作室，引领带动各地、有关行业企业建设各级各类高技能人才培训基地和技能大师工作室。按照“工学一体、产训结合、引领示范、高质量发展”原则，打造集技能培训、技能评价、技能竞赛、技能交流、工匠精神传播等为一体的综合型高技能人才培养培训服务载体，基本形成覆盖重点产业行业和急需紧缺职业工种的高技能人才培养培训和技能推广网络。

二、条件要求

（一）国家级高技能人才培训基地建设项目

优先支持建设先进制造业、战略性新兴产业及托育、护理、康养、家政等民生重点领域国家级高技能人才培训基地，加强相关领域急需紧缺职业工种高技能人才培养力度。各省级人力资源社会保障部门可会同财政部门结合地方产业布局和发展实际，坚持高标准、严要求、强质量、抓产出的原则，在以下基本条件的基础上制定项目详细遴选标准。具体包括新建和已建两类：

1. 新建项目应同时满足以下基本条件：（1）具有较强的管理能力和高效的组织管理体系，建立规范的培训管理、财务管理等制度；遵守国家有关法律法规，近3年未受过刑事行政处罚和失信联合惩戒。（2）培训场所和设施设备符合国家建设和安全标准，能满足年培训2 000人次以上的需要。（3）具有5个以上职业工种与经济发展急需紧缺高技能人才培训特色专业相匹配的实习实训条件，建立信息化管理与服务平台。（4）按照国家职业技能标准和职业培训包规范开展职业技能培训，积极开展中国特色企业新型学徒制培训。（5）积极面向社会或本行业开展培训服务，承担政府补贴性职业技能培训任务，组织和承担职业培训师资研修培训、教材教法研发等工作。

2. 已建项目应从2011—2020年确定的国家级高技能人才培训基地中选取，同时满足以下基本条件：（1）经省级人力资源社会保障部门会同财政部门考核评估确定的，管理规范、资金使用安全、高技能人才培养成效显著的单位。具体考核分批次进行。（2）符合新建项目遴选条件。（3）在先进制造业、战略性新兴产业及托育、护理、康养、家政等民生重点领域，建立了覆盖课程设置、教材开发、师资建设、培训装备、能力评价、技能竞赛等方面的较为完备系统的高技能人才培养培训体系。（4）年度开展培训规模3 000人次以上，其中高技能人才不少于1 000人次。（5）年度培训合格率达到90%以上，企业及劳动者调查评价满意率达到90%以上。

（二）国家级技能大师工作室建设项目

项目应具备固定的场所和必要的工作条件，定期开展培训、研修、攻关、交流等活动；建立有完善的管理制度、办法并规范运作；积极开展技术革新、技能攻关和推广活动和企业新型学徒制任务。工作室带头人一般应具有高级技师职业技能水平，技能拔尖、技艺精湛并具有较强创新创造能力和社会影响力，或具有绝技绝活并在积极挖掘和传承传统工艺上作出较大贡献。各省级人力资源社会保障部门可会同财政部门根据实际制定具体遴选标准。已确定为国家级技能大师工作室的高技能人才，不得以相同单位再次申报。

三、项目遴选程序

（一）项目申报。各省级人力资源社会保障部门会同财政部门组织开展项目申报和遴选评审工作。各地可根据区域经济发展、产业结构调整和新兴战略性产业发展需要，确定项目布局和数量，原则上每省（区、市）每年建设项目不超过5个（含新建和已建，下同）。项目申报单位应提交《国家级高技能人才培训基地建设项目申报表》和《国家级技能大师工作室建设项目申报表》，各地可根据本地实际补充其他申报材料。

（二）项目评审。各省级人力资源社会保障部门会同财政部门组织专家进行评审，确定项目单位并向社会公示。各地要建立专家库，随机抽取评审专家，科学把握评审标准，规范评审程序，严格评审纪律，确保评审公平、公正、公开。

（三）项目备案。各省级人力资源社会保障部门、财政部门将项目评审报告及评审材料（包括2个附件），分别报送人力资源社会保障部和财政部备案。评审报告内容包括：项目申请、评审专家组成以及评审程序、评审方法、评审结果、公示等情况。已建项目申请的，需同时报送项目建设考核评估报告，内容包括：考核评估基本情况、项目建成后的管理运行情况、培训效能发挥情况、资金使用情况等。备案截止日期为每年10月31日，逾期不报视为当年无申报项目。

四、工作要求

（一）加强组织领导。各省级人力资源社会保障部门和财政部门要加大统筹协调力度，共同做好组织实施工作。建立项目实施情况的监督指导、考核评估机制，定期了解项目建设运行情况，总结和推广先进工作经验。

（二）全面考核评估。各地要对2011—2020年期间确定的国家级高技能人才培训基地和技能大师工作室，分批次进行全面考核评估，确保2025年底前实现考核评估全覆盖。每年申请项目备案时，同步报送本年度考核评估情况报告。对完成建设目标、正常运行、充分发挥效能的项目单位可申请支持，对不符合建设要求、运行停滞、不能达到产出目标的，取消项目称号。

（三）提升项目资金绩效。2022—2025年新建的国家级高技能人才培训基地和技能大师工作室项目，建设期一般不超过2年，并建立项目绩效管理机制。省级人力资源社会保障部门和财政部门，在项目建设期内要加强工作指导和监督检查，项目建设期满要进行项目验收和绩效评价。不符合建设条件或未达到项目绩效目标的限期整改，一年内整改后仍不能满足要求的，取消项目称号。

（四）分类分档给予经费支持。国家级高技能人才培训基地和技能大师工作室项目由各地报人力资源社会保障部、财政部共同备案，在下一年度按两部相关规定分类分档予以后补助支持。原则上每个国家级高技能人才培训基地补助300～700万元，每个国家级技能大师工作室补助10～30万元。中央财政通过就业补助资金对国家级高技能人才培训基地和技能大师工作室项目予以适当支持，地方政府和项目建设单位要积极落实项目建设主体责任，进一步加强经费保障。

（五）完善资金使用管理制度。国家级高技能人才培训基地建设补助资金，主要用于购置技能研修实训设备、完善培训基础设施、聘用指导教师、开发高技能人才培训课程、开展与教学有关的科研、评价、竞赛活动等。国家级技能大师工作室建设补助资金，主要用于培训设施设备材料购置、技能交流推广等。各地要建立完善资金使用监督机制，切实保障财政资金规范使用，不得挤占、挪用和截留。项目建设单位要建立专项资金管理制度，做好项目资金使用管理，确保资金安全和有效。

（六）联系方式（略）

附件：1. 国家级高技能人才培训基地建设项目申报表（略）
2. 国家级技能大师工作室建设项目申报表（略）

人力资源社会保障部　中华全国总工会 中国企业联合会/中国企业家协会 中华全国工商业联合会关于命名 全国和谐劳动关系创建示范企业 与工业园区的决定

人社部发〔2022〕63号

各省、自治区、直辖市及新疆生产建设兵团人力资源社会保障厅（局）、总工会、企业联合会/企业家协会、工商业联合会：

近年来，全国各地协调劳动关系三方深入贯彻习近平总书记关于构建和谐劳动关系的重要指示精神，在各级党委政府领导下，认真落实党中央、国务院决策部署，大力推进和谐劳动关系创建活动。广大企业和工业园区（经济开发区、高新技术园区等，下同）充分发挥党组织在创建活动中的作用，以促进企业发展、维护职工权益为目标，全面落实劳动保障法律法规，深入推进劳动关系协商协调机制建设，厚植企业关心关爱职工、职工爱岗爱企的和谐文化底蕴，不断提高职工权益保障水平，实现了企业和职工互利共赢、共谋发展，涌现出一大批创建成效显著、职工满意度高、示范带动作用强的先进典型。

为树立示范典型、弘扬人文关怀、传递和谐温暖，进一步推动广大企业和工业园区深入开展和谐劳动关系创建活动，促进构建中国特色和谐劳动关系，人力资源社会保障部、中华全国总工会、中国企业联合会/中国企业家协会、中华全国工商业联合会按照要求，在组织创建、评估验收、全国公示的基础上，决定命名北京首钢股份有限公司等350家企业为“全国和谐劳动关系创建示范企业”，命名中关村科学城等50个工业园区为“全国和谐劳动关系创建示范工业园区”。

希望被命名单位珍惜荣誉，再接再厉，着力丰富创建内容，创新工作思路和方法举措，积极总结推广成功经验和模式，充分发挥示范引领作用。希望全国各类企业和工业园区以习近平新时代中国特色社会主义思想为指导，深入贯彻党的十九大和十九届历次全会精神，立足新发展阶段、贯彻新发展理念、构建新发展格局，踔厉奋发、笃行不怠，团结动员职工同心同向同行，努力构建规范有序、公正合理、互利共赢、和谐稳定的劳动关系，在全面建设社会主义现代化国家、向第二个百年奋斗目标进军的新征程上，书写构建新时代中国特色和谐劳动关系崭新篇章，以实际行动迎接党的二十大胜利召开！

附件：1. 全国和谐劳动关系创建示范企业名单（略）

2. 全国和谐劳动关系创建示范工业园区名单（略）

人力资源社会保障部
中华全国总工会
中国企业联合会/中国企业家协会
中华全国工商业联合会
2022年9月16日

人力资源社会保障部　市场监管总局 统计局关于颁布《中华人民共和国职业分类大典（2022 年版）》的通知

人社部发〔2022〕68 号

各省、自治区、直辖市及新疆生产建设兵团人力资源社会保障厅（局）、市场监管局（厅、委）、统计局，中央和国家机关有关部门组织人事部门，中央军委政治工作部兵员局、文职人员局，有关行业组织、企业人事劳动保障工作机构：

根据《中华人民共和国劳动法》有关规定，为贯彻落实《国务院关于推行终身职业技能培训制度的意见》提出的“紧跟新技术、新职业发展变化，建立职业分类动态调整机制，加快职业标准开发工作”要求，2021 年 4 月，人力资源社会保障部、市场监管总局、统计局牵头组成国家职业分类大典修订工作机构，启动《中华人民共和国职业分类大典（2015 年版）》修订工作。经向社会广泛征集修订建议、组织专家评审论证、书面征求中央和国家机关有关部门意见、向社会公示、全体工作委员会议审议通过等程序，现予颁布，请遵照执行。

人力资源社会保障部
市场监管总局
国家统计局
2022 年 9 月 27 日

人力资源社会保障部　民政部　财政部 中国人民银行关于促进失业人员就业创业的通知

人社部发〔2022〕69号

各省、自治区、直辖市及新疆生产建设兵团人力资源社会保障厅（局）、民政厅（局）、财政厅（局），中国人民银行上海总部、各分行、营业管理部、省会（首府）城市中心支行、各副省级城市中心支行：

促进失业人员就业创业，关系民生底线，关系社会稳定。为深入贯彻落实党中央、国务院决策部署，持续做好稳就业保就业工作，进一步提升失业人员就业服务水平，努力控制失业规模、缩短失业周期、保障基本生活，确保就业大局持续稳定，现将有关事项通知如下：

一、畅通失业求助渠道。充分运用多种方式，集中推介公共就业服务机构、失业登记全国统一服务平台等线上线下求助渠道，广泛公布登记失业办理入口、凭证程序、服务清单等。及时受理登记失业申请，在规定时间内办结并以适当方式反馈结果。要确定专人主动联系，详细了解失业原因、技能水平、就业意愿，对就业困难人员、离校未就业高校毕业生、脱贫人口同步标注，建立基础台账，做到人员底数清、基本信息清、服务需求清。对不符合失业登记条件、超出失业登记年龄但有求职培训需求的，及时办理求职登记。

二、即时精准提供服务。健全分级分类服务机制，根据登记失业人员就业需求和能力素质，及时提供有针对性的公共就业服务。对有就业意愿的，开展求职技巧指导，组织参加招聘活动，精准匹配岗位信息或零工信息。对有自主经营意愿的，提供政策咨询、开业指导等创业服务。对就业意向尚不清晰的，提供职业指导、心理疏导，组织参加职业体验、就业见习等就业准备活动。完善跟踪服务机制，通过信息比对、实地走访、电话调查，每月至少进行1次跟踪回访，了解求职就业进展，更新台账信息，按需调整服务。

三、支持提升就业能力。健全培训就业联动机制，对接市场需求、产业发展和登记失业人员结构，完善与就业创业相衔接的培训课程和内容。建立职业技能培训项目清单，及时向社会公布并动态调整。动员各类培训机构、技工院校和符合条件的企业，广泛开展面向登记失业人员的订单、定向式培训，符合条件的落实职业培训补贴、生活费补贴。对纳入重点产业职业资格评价和职业技能等级认定目录的，可适当提高补贴标准。

四、支持用人单位吸纳就业。建立重点企业用工保障、重大项目用工需求与登记失业人员求职需求比对机制，优先向登记失业人员推荐，引导用人单位优先吸纳。对企业吸纳符合条件登记失业人员的，按规定落实税收减免、创业担保贷款及贴息、职业培训补贴等政策。有条件的地方可对企业吸纳登记失业半年以上人员就业且签订1年以上劳动合同的，给予一次性吸纳就业补贴，政策申请期限截至2022年12月31日。

五、支持自主创业和灵活就业。提供经营场地支持，政府投资开发的孵化基地等创业载体应安排一定比例场地，免费向登记失业人员提供。加大创业政策实施力度，按规定落实税收减免、创业担保贷款及贴息、创业补贴等政策，对10万元以下的创业担保贷款免除反担保要求。强化零工市场建设，组织有灵活就业意愿的登记失业人员与用人主体“点对点”对接，实施好新就业形态就业人员职业伤害保障试点。

六、强化困难人员援助兜底。合理确定并动态调整就业困难人员认定条件，及时将登记失业人员中符合条件的零就业家庭、低保家庭、脱贫人口、大龄、残疾、长期失业等人员纳入就业援助范围，开展“一对一”就业援助，制定个性化援助方案，优先提供职业指导、岗位推荐，打包兑现就业补贴政策。通过市场化渠道难以实现就业的，运用公益性岗位托底安置。及时将生活困难的登记失业人员，转介当地民政部门，符合条件的纳入临时救助或最低生活保障范围。强化生活保障与就业促进衔接，对已就业的低保对象，在核算其家庭收入时扣减必要的就业成本，并在其家庭成员人均收入超过当地低保标准后给予一定时间的渐退期。

七、强化重点地区就业帮扶。失业率攀升快、失业人员集中地区，要客观分析原因，及时掌握失业人员数量情况、问题诉求，推出必要的超常规应对举措。本地岗位不足地区，加速推动重大项目落地，加快岗位释放，视情组织跨地区劳务对接。疫情严重地区，及时切换线上线下服务模式，确保服务不断档。疫情严重地区的创业担保贷款借款人，因停工停产导致还款困难的，可申请展期还款，期限原则上不超过1年。严肃处理对疫情严重地区求职者和曾经新冠病毒核酸检测阳性的康复者的就业歧视现象，营造公平就业环境。

各地要高度重视，将失业人员就业创业工作作为当前稳就业的重要任务，健全工作机制，动员各方力量，加强形势监测，细化帮扶举措，完善本地区规模性失业风险应对预案，实施台账式管理、清单式推进。加强登记失业与社会保险参保数据库信息比对，符合条件的便捷兑现失业保险金、失业补助金等待遇。人力资源社会保障部将适时调度通报全国统一登记失业平台联系办结、失业人员就业帮扶等进展情况，作为就业工作绩效评价的重要参考。各地促进失业人员就业创业工作典型经验、困难问题，以及重大规模裁员情况、因失业引发的突发性群体性事件情况，要及时报告。

人力资源社会保障部
民政部
财政部
中国人民银行
2022年9月27日

人力资源社会保障部　财政部
国家税务总局　银保监会　证监会
关于印发《个人养老金实施办法》的通知

人社部发〔2022〕70号

各省、自治区、直辖市及新疆生产建设兵团人力资源社会保障厅（局）、财政厅（局），国家税务总局各省、自治区、直辖市、计划单列市税务局，各银保监局、证监局：

为贯彻落实《国务院办公厅关于推动个人养老金发展的意见》（国办发〔2022〕7号），我们制定了《个人养老金实施办法》，现印发给你们，请认真贯彻落实。实施中遇到新情况、新问题，请及时向主管部门报告。

人力资源社会保障部
财政部
国家税务总局
银保监会
证监会
2022年10月26日

个人养老金实施办法

第一章　总　　则

第一条　为贯彻落实《国务院办公厅关于推动个人养老金发展的意见》（国办发〔2022〕7号），加强个人养老金业务管理，规范个人养老金运作流程，制定本实施办法。

第二条　个人养老金是指政府政策支持、个人自愿参加、市场化运营、实现养老保险补充功能的制度。个人养老金实行个人账户制，缴费完全由参加人个人承担，自主选择购买符合规定的储蓄存款、理财产品、商业养老保险、公募基金等金融产品（以下统称个人养老金产品），实行完全积累，按照国家有关规定享受税收优惠政策。

第三条　本实施办法适用于个人养老金的参加人、人力资源社会保障部组织建设的个人养老金信息管理服务平台（以下简称信息平台）、金融行业平台、参与金融机构和相关政府部门等。

个人养老金的参加人应当是在中国境内参加城镇职工基本养老保险或者城乡居民基本养老保险的劳动者。金融行业平台为金融监管部门组织建设的业务信息平台。参与金融机构包括经中国银行保险监督管理委员会确定开办个人养老金资金账户业务的商业银行（以下简称商业银行），以及经金融监管部门确定的个人养老金产品发行机构和销售机构。

第四条 信息平台对接商业银行和金融行业平台，以及相关政府部门，为个人养老金实施、参与部门职责内监管和政府宏观指导提供支持。

信息平台通过国家社会保险公共服务平台、全国人力资源和社会保障政务服务平台、电子社保卡、掌上 12333 App 等全国统一线上服务入口或者商业银行等渠道，为参加人提供个人养老金服务，支持参加人开立个人养老金账户，查询个人养老金资金账户缴费额度、个人资产信息和个人养老金产品等信息，根据参加人需要提供涉税凭证。

第五条 各参与部门根据职责，对个人养老金的实施情况、参与金融机构和个人养老金产品等进行监管。各地区要加强领导、周密部署、广泛宣传，稳妥有序推动个人养老金发展。

第二章 参加流程

第六条 参加人参加个人养老金，应当通过全国统一线上服务入口或者商业银行渠道，在信息平台开立个人养老金账户；其他个人养老金产品销售机构可以通过商业银行渠道，协助参加人在信息平台在线开立个人养老金账户。

个人养老金账户用于登记和管理个人身份信息，并与基本养老保险关系关联，记录个人养老金缴费、投资、领取、抵扣和缴纳个人所得税等信息，是参加人参加个人养老金、享受税收优惠政策的基础。

第七条 参加人可以选择一家商业银行开立或者指定本人唯一的个人养老金资金账户，也可以通过其他符合规定的个人养老金产品销售机构指定。

个人养老金资金账户作为特殊专用资金账户，参照个人人民币银行结算账户项下Ⅱ类户进行管理。个人养老金资金账户与个人养老金账户绑定，为参加人提供资金缴存、缴费额度登记、个人养老金产品投资、个人养老金支付、个人所得税税款支付、资金与相关权益信息查询等服务。

第八条 参加人每年缴纳个人养老金额度上限为 12 000 元，参加人每年缴费不得超过该缴费额度上限。人力资源社会保障部、财政部根据经济社会发展水平、多层次养老保险体系发展情况等因素适时调整缴费额度上限。

第九条 参加人可以按月、分次或者按年度缴费，缴费额度按自然年度累计，次年重新计算。

第十条 参加人自主决定个人养老金资金账户的投资计划，包括个人养老金产品的投资品种、投资金额等。

第十一条 参加人可以在不同商业银行之间变更其个人养老金资金账户。参加人办理个人养老金资金账户变更时，应向原商业银行提出，经信息平台确认后，在新商业银行开立新的个人养老金资金账户。

参加人在个人养老金资金账户变更后，信息平台向原商业银行提供新的个人养老金资金账户及开户行信息，向新商业银行提供参加人当年剩余缴费额度信息。参与金融机构按照参加人的要求和相关业务规则，为参加人办理原账户内资金划转及所持有个人养老金产品转移等手续。

第十二条 个人养老金资金账户封闭运行，参加人达到以下任一条件的，可以按月、分次或者一次性领取个人养老金。

（一）达到领取基本养老金年龄；

（二）完全丧失劳动能力；

（三）出国（境）定居；

（四）国家规定的其他情形。

第十三条 参加人已领取基本养老金的，可以向商业银行提出领取个人养老金。商业银行受理后，应通过信息平台核验参加人的领取资格，获取参加人本人社会保障卡银行账户，按照参加人选定的领取方式，完成个人所得税代扣后，将资金划转至参加人本人社会保障卡银行账户。

参加人符合完全丧失劳动能力、出国（境）定居或者国家规定的其他情形等领取个人养老金条件的，可以凭劳动能力鉴定结论书、出国（境）定居证明等向商业银行提出。商业银行审核并报送信息平台核验备案后，为参加人办理领取手续。

第十四条 鼓励参加人长期领取个人养老金。

参加人按月领取时，可以按照基本养老保险确定的计发月数逐月领取，也可以按照自己选定的领取月数逐月领取，领完为止；或者按照自己确定的固定额度逐月领取，领完为止。

参加人选取分次领取的，应选定领取期限，明确领取次数或方式，领完为止。

第十五条 参加人身故的，其个人养老金资金账户内的资产可以继承。

参加人出国（境）定居、身故等原因社会保障卡被注销的，商业银行将参加人个人养老金资金账户内的资金转至其本人或者继承人指定的资金账户。

第十六条 参加人完成个人养老金资金账户内资金（资产）转移，或者账户内的资金（资产）领取完毕的，商业银行注销该资金账户。

第三章 信息报送和管理

第十七条 信息平台对个人养老金账户及业务数据实施统一集中管理，与基本养老保险信息、社会保障卡信息关联，支持制度实施监控、决策支持等。

第十八条 商业银行应及时将个人养老金资金账户相关信息报送至信息平台。具体包括：

（一）个人基本信息。包括个人身份信息、个人养老金资金账户信息等；

（二）相关产品投资信息。包括产品交易信息、资产信息；

（三）资金信息。包括缴费信息、资金划转信息、相关资产转移信息、领取信息、缴纳个人所得税信息、资金余额信息等。

第十九条 商业银行根据业务流程和信息的时效性需要，按照实时核验、定时批量两类时效与信息平台进行交互，其中：

（一）商业银行在办理个人养老金资金账户开立、变更、注销和资金领取等业务时，实时核验参加人基本养老保险参保状态、个人养老金账户和资金账户唯一性，并报送有关信息；

（二）商业银行在办理完个人养老金资金账户开立、缴费、资金领取，以及提供与个人养老金产品交易相关的资金划转等服务后，定时批量报送相关信息。

第二十条 金融行业平台应及时将以下数据报送至信息平台。

（一）个人养老金产品发行机构、销售机构的基本信息；

（二）个人养老金产品的基本信息；

（三）参加人投资相关个人养老金产品的交易信息、资产信息数据等。

第二十一条 信息平台应当及时向商业银行和金融行业平台提供技术规范，确保对接顺畅。

推进信息平台与相关部门共享信息，为规范制度实施、实施业务监管、优化服务体验提供支持。

第四章 个人养老金资金账户管理

第二十二条 商业银行应完成与信息平台、金融行业平台的系统对接，经验收合格后办理个人养老金业务。

第二十三条 商业银行可以通过本机构柜面或者电子渠道，为参加人开立个人养老金资金账户。

商业银行为参加人开立个人养老金资金账户，应当通过信息平台完成个人养老金账户核验。

商业银行也可以核对参加人提供的由社会

保险经办机构出具的基本养老保险参保证明或者个人权益记录单等相关材料，报经信息平台开立个人养老金账户后，为参加人开立个人养老金资金账户，并与个人养老金账户绑定。

第二十四条 参加人开立个人养老金资金账户时，应当按照金融监管部门要求向商业银行提供有效身份证件等材料。

商业银行为参加人开立个人养老金资金账户，应当严格遵守相关规定。

第二十五条 个人养老金资金账户应支持参加人通过商业银行结算账户、非银行支付机构、现金等途径缴费。商业银行应为参加人、个人养老金产品销售机构等提供与个人养老金产品交易相关的资金划转服务。

第二十六条 商业银行应实时登记个人养老金资金账户的缴费额度，对于超出当年缴费额度上限的，应予以提示，并不予受理。

第二十七条 商业银行应根据相关个人养老金产品交易结果，记录参加人交易产品信息。

第二十八条 商业银行应为参加人个人养老金资金账户提供变更服务，并协助做好新旧账户衔接和旧账户注销。原商业银行、新商业银行应通过信息平台完成账户核验、账户变更、资产转移、信息报送等工作。

第二十九条 商业银行应当区别处理转移资金，转移资金中的本年度缴费额度累计计算。

第三十条 个人养老金资金账户当日发生缴存业务的，商业银行不应为其办理账户变更手续。办理资金账户变更业务期间，原个人养老金资金账户不允许办理缴存、投资以及支取等业务。

第三十一条 商业银行开展个人养老金资金账户业务，应当公平对待符合规定的个人养老金产品发行机构和销售机构。

第三十二条 商业银行应保存个人养老金资金账户全部信息自账户注销日起至少十五年。

第五章 个人养老金机构与产品管理

第三十三条 个人养老金产品及其发行、销售机构由相关金融监管部门确定。个人养老金产品及其发行机构信息应当在信息平台和金融行业平台同日发布。

第三十四条 个人养老金产品应当具备运作安全、成熟稳定、标的规范、侧重长期保值等基本特征。

第三十五条 商业银行、个人养老金产品发行机构和销售机构应根据有关规定，建立健全业务管理制度，包括但不限于个人养老金资金账户服务、产品管理、销售管理、合作机构管理、信息披露等。商业银行发现个人养老金实施中存在违规行为、相关风险或者其他问题的，应及时向监管部门报告并依规采取措施。

第三十六条 个人养老金产品交易所涉及的资金往来，除另有规定外必须从个人养老金资金账户发起，并返回个人养老金资金账户。

第三十七条 个人养老金产品发行、销售机构应为参加人提供便利的购买、赎回等服务，在符合监管规则及产品合同的前提下，支持参加人进行产品转换。

第三十八条 个人养老金资金账户内未进行投资的资金按照商业银行与个人约定的存款利率及计息方式计算利息。

第三十九条 个人养老金产品销售机构要以“销售适当性”为原则，依法了解参加人的风险偏好、风险认知能力和风险承受能力，做好风险提示，不得主动向参加人推介超出其风险承受能力的个人养老金产品。

第六章 信息披露

第四十条 人力资源社会保障部、财政部汇总并披露个人养老金实施情况，包括但不限于参加人数、资金积累和领取、个人养老金产品的投资运作数据等情况。

第四十一条 信息披露应当以保护参加人利益为根本出发点，保证所披露信息的真实性、准确性、完整性，不得有虚假记载、误导性陈述和重大遗漏。

第七章　监督管理

第四十二条　人力资源社会保障部、财政部根据职责对个人养老金的账户设置、缴费额度、领取条件、税收优惠等制定具体政策并进行运行监管。税务部门依法对个人养老金实施税收征管。

第四十三条　人力资源社会保障部对信息平台的日常运行履行监管职责，规范信息平台与商业银行、金融行业平台、有关政府部门之间的信息交互流程。

第四十四条　人力资源社会保障部、财政部、税务部门在履行日常监管职责时，可依法采取以下措施：

（一）查询、记录、复制与被调查事项有关的个人养老金业务的各类合同等业务资料；

（二）询问与调查事项有关的机构和个人，要求其对有关问题做出说明、提供有关证明材料；

（三）其他法律法规和国家规定的措施。

第四十五条　中国银行保险监督管理委员会、中国证券监督管理委员会根据职责，分别制定配套政策，明确参与金融机构的名单、业务流程、个人养老金产品条件、监管信息报送等要求，规范银行保险机构个人养老金业务和个人养老金投资公募基金业务，对参与金融机构发行、销售个人养老金产品等经营活动依法履行监管职责，督促参与金融机构优化产品和服务，做好产品风险提示，加强投资者教育。

参与金融机构违反本实施办法的，中国银行保险监督管理委员会、中国证券监督管理委员会依法依规采取措施。

第四十六条　中国银行保险监督管理委员会、中国证券监督管理委员会对金融行业平台有关个人养老金业务的日常运营履行监管职责。

第四十七条　各参与部门要加强沟通，通过线上线下等多种途径，及时了解社会各方面对个人养老金的意见建议，处理个人养老金实施过程中的咨询投诉。

第四十八条　各参与机构应当积极配合检查，如实提供有关资料，不得拒绝、阻挠或者逃避检查，不得谎报、隐匿或者销毁相关证据材料。

第四十九条　参与机构违反本实施办法规定或者相关法律法规的，人力资源社会保障部、财政部、税务部门按照职责依法依规采取措施。

第八章　附　　则

第五十条　中国银行保险监督管理委员会、人力资源社会保障部会同相关部门做好个人税收递延型商业养老保险试点与个人养老金的衔接。

第五十一条　本实施办法自印发之日起施行。

第五十二条　人力资源社会保障部、财政部、国家税务总局、中国银行保险监督管理委员会、中国证券监督管理委员会根据职责负责本实施办法的解释。

人力资源社会保障部　中央政法委　最高人民法院　工业和信息化部　司法部　财政部　中华全国总工会　中华全国工商业联合会　中国企业联合会/中国企业家协会　关于进一步加强劳动人事争议协商调解工作的意见

人社部发〔2022〕71号

各省、自治区、直辖市人力资源社会保障厅（局）、党委政法委、高级人民法院、中小企业主管部门、司法厅（局）、财政厅（局）、总工会、工商联、企业联合会/企业家协会，新疆生产建设兵团人力资源社会保障局、党委政法委、新疆维吾尔自治区高级人民法院生产建设兵团分院、工业和信息化局、司法局、财政局、总工会、工商联、企业联合会/企业家协会：

劳动人事争议协商调解是社会矛盾纠纷多元预防调处化解综合机制的重要组成部分。通过协商调解等方式柔性化解劳动人事争议，对于防范化解劳动关系风险、维护劳动者合法权益、构建和谐劳动关系、维护社会稳定具有重要意义。为深入贯彻党的二十大精神，落实党中央、国务院关于“防范化解重大风险”“坚持把非诉讼纠纷解决机制挺在前面”的重要决策部署，进一步强化劳动人事争议源头治理，现就加强劳动人事争议协商调解工作，提出如下意见：

一、总体要求

（一）指导思想。以习近平新时代中国特色社会主义思想为指导，深入贯彻习近平法治思想，坚持系统观念、目标导向和问题导向，着力强化风险防控，加强源头治理，健全多元处理机制，提升协商调解能力，促进中国特色和谐劳动关系高质量发展。

（二）基本原则

1. 坚持人民至上，把为民服务理念贯穿协商调解工作全过程，拓展服务领域，优化服务方式，提升服务能力，打造协商调解服务优质品牌。

2. 坚持源头治理，充分发挥协商调解的前端性、基础性作用，做到关口前移、重心下沉，最大限度地把劳动人事争议解决在基层和萌芽状态。

3. 坚持创新发展，尊重基层首创精神，

积极探索新理念、新机制、新举措，促进各类调解联动融合，推动社会协同共治，形成体现中国特色、符合劳动人事争议多元处理规律、满足时代需求的协商调解工作格局。

4. 坚持灵活高效，充分发挥协商调解柔性高效、灵活便捷的优势，运用法治思维和法治方式，推动案结事了人和，促进劳动关系和谐与社会稳定。

（三）目标任务。从 2022 年 10 月开始，持续加强协商调解制度机制和能力建设，力争用 5 年左右时间，基本实现组织机构进一步健全、队伍建设进一步强化、制度建设进一步完善、基础保障进一步夯实，党委领导、政府负责、人力资源社会保障部门牵头和有关部门参与、司法保障、科技支撑的劳动人事争议多元处理机制更加健全，部门联动质效明显提升，协商调解解决的劳动人事争议案件数量在案件总量中的比重显著提高，劳动人事争议诉讼案件稳步下降至合理区间，协商调解工作的规范化、标准化、专业化、智能化水平显著提高。

二、加强源头治理

（四）强化劳动人事争议预防指导。充分发挥用人单位基层党组织在劳动关系治理、协商调解工作中的重要作用，以党建引领劳动关系和谐发展。完善民主管理制度，保障劳动者对用人单位重大决策和重大事项的知情权、参与权、表达权、监督权。推行典型案例发布、工会劳动法律监督提示函和意见书、调解建议书、仲裁建议书、司法建议书、信用承诺书等制度，引导用人单位依法合规用工、劳动者依法理性表达诉求。发挥中小企业服务机构作用，通过培训、咨询等服务，推动中小企业完善劳动管理制度、加强劳动人事争议预防，具备相应资质的服务机构可开展劳动关系事务托管服务。把用人单位建立劳动人事争议调解组织、开展协商调解工作情况作为和谐劳动关系创建等评选表彰示范创建的重要考虑因素。发挥律师、法律顾问职能作用，推进依法治企，强化劳动用工领域合规管理，减少劳动人事争议。

（五）健全劳动人事争议风险监测预警机制。建立健全劳动人事争议风险监测机制，通过税费缴纳、社保欠费、案件受理、投诉举报、信访处理、社会舆情等反映劳动关系运行的重要指标变化情况，准确研判劳动人事争议态势。完善重大劳动人事争议风险预警机制，聚焦重要时间节点，突出农民工和劳务派遣、新就业形态劳动者等重点群体，围绕确认劳动关系、追索劳动报酬、工作时间、解除和终止劳动合同等主要劳动人事争议类型，强化监测预警，建立风险台账，制定应对预案。

（六）加强劳动人事争议隐患排查化解工作。建立重点区域、重点行业、重点企业联系点制度，以工业园区和互联网、建筑施工、劳动密集型加工制造行业以及受客观经济情况发生重大变化、突发事件等影响导致生产经营困难的企业为重点，全面开展排查，及时发现苗头性、倾向性问题，妥善化解因欠薪、不规范用工等引发的风险隐患。加强劳动人事争议隐患协同治理，完善调解仲裁机构与劳动关系、劳动保障监察机构以及工会劳动法律监督组织信息共享、协调联动，共同加强劳动用工指导，履行好“抓前端、治未病”的预防功能。

三、强化协商和解

（七）指导建立内部劳动人事争议协商机制。培育用人单位和劳动者的劳动人事争议协商意识，推动用人单位以设立负责人接待日、召开劳资恳谈会、开通热线电话或者电子邮箱、设立意见箱、组建网络通讯群组等方式，建立健全沟通对话机制，畅通劳动者诉求表达渠道。指导用人单位完善内部申诉、协商回应制度，优化劳动人事争议协商流程，认真研究制定解决方案，及时回应劳动者协商诉求。

（八）协助开展劳动人事争议协商。工会组织统筹劳动法律监督委员会和集体协商指导员、法律援助志愿者队伍等资源力量，推动健全劳动者申诉渠道和争议协商平台，帮助劳动者与用人单位开展劳动人事争议协商，做好咨询解答、释法说理、劝解疏导、促成和解等工作。各级地方工会可设立劳动人事争议协商室，做好劳动人事争议协商工作。企业代表组织指导企业加强协商能力建设，完善企业内部劳动争议协商程序。鼓励、支持社会力量开展劳动人事争议协商咨询、代理服务工作。

（九）强化和解协议履行和效力。劳动者与用人单位就劳动人事争议协商达成一致的，工会组织要主动引导签订和解协议，并推动和解协议履行。劳动者或者用人单位未按期履行和解协议的，工会组织要主动做好引导申请调解等工作。经劳动人事争议仲裁委员会审查，和解协议程序和内容合法有效的，可在仲裁办案中作为证据使用；但劳动者或者用人单位为达成和解目的作出的妥协认可的事实，不得在后续的仲裁、诉讼中作为对其不利的根据，但法律另有规定或者劳动者、用人单位均同意的除外。

四、做实多元调解

（十）推进基层劳动人事争议调解组织建设。人力资源社会保障部门会同司法行政、工会、企业代表组织和企事业单位、社会团体，推动用人单位加大调解组织建设力度。推动大中型企业普遍建立劳动争议调解委员会，建立健全以乡镇（街道）、工会、行业商（协）会、区域性等调解组织为支撑、调解员（信息员）为落点的小微型企业劳动争议协商调解机制。推动事业单位、社会团体加强调解组织建设，规范劳动人事管理和用工行为。

（十一）建设市、县级劳动人事争议仲裁院调解中心和工会法律服务工作站。推动在有条件的市、县级劳动人事争议仲裁院（以下简称仲裁院）内设劳动人事争议调解中心（以下简称调解中心），通过配备工作人员或者购买服务等方式提供劳动人事争议调解服务。调解中心负责办理仲裁院、人民法院委派委托调解的案件，协助人力资源社会保障部门指导辖区内的乡镇（街道）、工会、行业商（协）会、区域性等调解组织做好工作。探索推进工会组织在劳动人事争议案件较多、劳动者诉求反映集中的仲裁院、人民法院设立工会法律服务工作站，具备条件的地方工会可安排专人入驻开展争议协商、调解和法律服务工作，建立常态化调解与仲裁、诉讼对接机制。

（十二）加强调解工作规范化建设。人力资源社会保障部门会同司法行政、工会、企业代表组织等部门，落实调解组织和调解员名册制度，指导各类劳动人事争议调解组织建立健全调解受理登记、调解办理、告知引导、回访反馈、档案管理、统计报告等制度，提升调解工作规范化水平。加大督促调解协议履行力度，加强对当事人履约能力评估，达成调解协议后向当事人发放履行告知书。总结、推广调解组织在实践中形成的成熟经验和特色做法，发挥典型引领作用。

（十三）发挥各类调解组织特色优势。企业劳动争议调解委员会发挥熟悉内部运营规则和劳动者情况的优势，引导当事人优先通过调解方式解决劳动争议。人民调解组织发挥扎根基层、贴近群众、熟悉社情民意的优势，加大劳动人事争议调处工作力度。乡镇（街道）劳动人事争议调解组织发挥专业性优势，积极推进标准化、规范化、智能化建设，帮助辖区内用人单位做好劳动人事争议预防化解工作。行业性、区域性劳动人事争议调解组织发挥具有行业影响力、区域带动力的优势，帮助企业培养调解人员、开展调解工作。商（协）会调解组织发挥贴近企业的优势，积极化解劳动争议、协同社会治理。人力资源社会保障部门、司法行政部门、工会、企业代表组织引导和规范有意向的社会组织及律师、专家学者等社会力量，积极有序参与调解工作，进一步增加调解服务供给。

五、健全联动工作体系

（十四）健全劳动人事争议调解与人民调解、行政调解、司法调解联动工作体系。人力资源社会保障部门在党委政法委的统筹协调下，加强与司法行政、法院、工会、企业代表组织等部门的工作沟通，形成矛盾联调、力量联动、信息联通的工作格局，建立健全重大劳动人事争议应急联合调处机制。有条件的地区，可建立“一窗式”劳动人事争议受理和流转办理机制，通过联通各类网上调解平台、设立实体化联调中心等方式，强化各类调解资源整合。可根据实际情况建立调解员、专家库共享机制，灵活调配人员，提高案件办理专业性。

（十五）参与社会矛盾纠纷调处中心建设。各相关部门主动融入地方党委、政府主导的社会矛盾纠纷多元预防调处化解综合机制，发挥职能优势，向社会矛盾纠纷调处中心派驻调解仲裁工作人员，办理劳动人事争议案件、参与联动化解、提供业务支持，做好人员、经费、场所、设备等保障工作。

（十六）强化调解与仲裁、诉讼衔接。完善调解与仲裁的衔接，建立仲裁员分片联系调解组织制度。双方当事人经调解达成一致的，调解组织引导双方提起仲裁审查申请或者司法确认申请，及时巩固调解成果。仲裁机构通过建议调解、委托调解等方式，积极引导未经调解的当事人到调解组织先行调解。加强调解与诉讼的衔接，对追索劳动报酬、经济补偿等适宜调解的纠纷，先行通过诉前调解等非诉讼方式解决。推进劳动人事争议“总对总”在线诉调对接，开展全流程在线委派委托调解、音视频调解、申请调解协议司法确认等工作。建立省级劳动人事争议调解专家库，并将符合条件的调解组织和人员纳入特邀调解名册，参与调解化解重大疑难复杂劳动人事争议。依法落实支付令制度。

六、提升服务能力

（十七）加强调解员队伍建设。通过政府购买服务等方式提升劳动人事争议协商调解能力。扩大兼职调解员来源渠道，广泛吸纳法学专家、仲裁员、律师、劳动关系协调员（师）、退休法官、退休检察官等专业力量参与调解。加强对调解员的培训指导，开发国家职业技能标准，切实提高调解员职业道德、增强服务意识，提升办案能力。

（十八）加强智慧协商调解建设。推动信息化技术与协商调解深度融合，建立部门间数据信息互通共享机制，整合运用各类大数据开展劳动人事争议情况分析研判。完善网络平台和手机 App、微信小程序、微信公众号等平台的调解功能，推进“网上办”“掌上办”，实现协商调解向智能化不断迈进。

（十九）保障工作经费。人力资源社会保障部门将协商调解纳入政府购买服务指导性目录。地方财政部门结合当地实际和财力可能，合理安排经费，对协商调解工作经费给予必要的支持和保障，加强硬件保障，为调解组织提供必要的办公办案设施设备。

（二十）落实工作责任。构建和谐劳动关系，是增强党的执政基础、巩固党的执政地位的必然要求，是加强和创新社会治理、保障和改善民生的重要内容，是促进经济高质量发展、社会和谐稳定的重要基础。各地要把做好协商调解工作作为构建和谐劳动关系的一项重要任务，切实增强责任感、使命感、紧迫感，积极争取党委、政府支持，将这项工作纳入当地经济社会发展总体规划和政府目标责任考核体系，推动工作扎实有效开展。各级党委政法委要将劳动人事争议多元处理机制建设工作纳入平安建设考核，推动相关部门细化考评标准，完善督导检查、考评推动等工作。人力资源社会保障部门要发挥在劳动人事争议多元处理中的牵头作用，会同有关部门统筹推进调解组织、制度和队伍建设，完善调解成效考核评价机制。人民法院要发挥司法引领、推动和保障作用，加强调解与诉讼有机衔接。司法行政部门要指导调解组织积极开展劳动人事争议调解工作，加强对调解员的劳动法律政策知识培训，鼓励、引导律师参与法律援助和社会化调解。财政部门要保障协商调解工作经费，督促有关部门加强资金管理，发挥资金使用效益。中小企业主管部门要进一步健全服务体系，指导中小企业服务机构帮助企业依法合规用工，降低用工风险，构建和谐劳动关系。工会要积极参与劳动人事争议多元化解，引导劳动者依法理性表达利益诉求，帮助劳动者协商化解劳动人事争议，依法为劳动者提供法律服务，切实维护劳动者合法权益，竭诚服务劳动者。工商联、企业联合会等要发挥代表作用，引导和支持企业守法诚信经营、履行社会责任，建立健全内部劳动人事争议解决机制。

各省级人力资源社会保障部门要会同有关部门，按照本意见精神，制定切实可行的实施方案，明确任务、明确措施、明确责任、明确要求，定期对本意见落实情况进行督促检查，及时向人力资源社会保障部报送工作进展情况。

人力资源社会保障部
中央政法委
最高人民法院
工业和信息化部
司法部
财政部
中华全国总工会
中华全国工商业联合会
中国企业联合会/中国企业家协会
2022 年 10 月 13 日

人力资源社会保障部　国家发展改革委　财政部　农业农村部　国家乡村振兴局关于进一步支持农民工就业创业的实施意见

人社部发〔2022〕76号

各省、自治区、直辖市及新疆生产建设兵团人力资源社会保障厅（局）、发展改革委、财政厅（局）、农业农村（农牧）厅（局、委）、乡村振兴局（支援合作办、合作交流办）：

促进农民工及脱贫人口就业创业，是保持就业大局稳定的重要支撑，是巩固拓展脱贫攻坚成果同乡村振兴有效衔接的关键举措。为深入贯彻党的二十大精神，落实党中央、国务院关于高效统筹疫情防控和经济社会发展决策部署，多措并举稳增长稳就业，进一步支持农民工及脱贫人口（含防止返贫监测对象，下同）就业创业，提出如下意见。

一、支持稳定农民工就业岗位

（一）强化稳岗扶持政策。全面落实社保费缓缴、稳岗返还、留工培训补助、社会保险补贴等政策，结合实际实行“免申即享”“直补快办”，重点支持农民工就业集中的建筑业、制造业、服务业企业渡过难关，最大限度稳定农民工就业岗位。加速落地吸纳农民工就业数量较多、成效较好的项目，尽快发挥带动农民工就业作用。

（二）健全稳岗服务机制。加强对农民工所在企业的用工指导，会同相关行业主管部门依托公共就业服务机构、经营性人力资源服务机构开通省或地市范围内共享用工服务，组织暂时停工企业与用工短缺企业开展用工余缺调剂。坚持协商一致、依法依规组织开展用工余缺调剂，保障好共享用工中劳动者权益，同步推动稳就业、保用工，努力将农民工稳在当地。

二、引导农民工有序外出务工

（三）健全劳务协作机制。在东西部协作、对口支援和省内协作机制基础上，地理相邻、人员往来密切的省份可探索组建区域劳务协作联盟，推动区域内信息对接、培训联动，为农民工外出务工提供支持，根据需要提供“点对点”劳务输出。动态掌握农民工返乡情况，及时形成就业人员清单、失业人员清单和有意愿外出人员清单。健全跨区域就业服务机制，动员市场化服务机构参与，完善岗位收集、精准匹配、高效输出全流程服务，帮助有意愿外出的农民工再次外出。

（四）培育发展劳务品牌。着眼劳务品牌行业特征、区域特色、经营服务模式等，结合当地资源禀赋、文化特色分类打造一批知名劳务品牌，培育一批劳务品牌龙头企业，推动做大做强做优，提高农民工就业质量。举办劳务品牌推介活动，搭建展示交流平台，形成比学赶超的良好氛围，推动壮大更多劳务品牌。

（五）健全输出服务平台。在农民工及脱

贫人口输出较多的市县、乡村和就业集中地区，合理设置就业服务站点，扩大服务供给，为农民工即时提供跨区域就业岗位信息，帮助有序外出务工。充分发挥各级各类人力资源服务机构作用，为农民工提供高效率、低成本、全流程的劳务输出服务。对组织农民工外出务工数量较多、成效较好的人力资源服务机构，按规定给予就业创业服务补助。

三、促进农民工就近就业创业

（六）加快发展县域特色产业。结合推进以县城为重要载体的城镇化建设，鼓励新办环境友好型和劳动密集型企业，提升县域就业承载力，为农民工提供更多就近就业机会。构建现代农业产业体系，发展乡村特色产业、农村电商等新产业新业态，推进农村一二三产业融合发展，支持农民工家门口就业。

（七）加快开发就近就业岗位。按照“应用尽用、能用尽用”的原则，充分挖掘重点工程项目主体工程建设及附属临建、服务保障、建后管护等方面用工潜力，围绕适合人工作业、劳动密集型的建设任务和用工环节，大力实施以工代赈，吸纳当地农民工参加工程建设，尽可能增加劳务报酬发放规模，为农民工就近就业增收创造条件。结合乡村振兴战略实施，持续推进乡村建设行动和农村人居环境整治提升行动，开发更多乡村基层服务管理岗位。依托县域特色农副产品、文化旅游等资源，积极开发适合农村留守人员特点和需求的就业岗位。

（八）加快推进返乡入乡创业。实施重点群体创业推进行动，组建一批创业服务专家队伍，为返乡创业农民工提供政策咨询、开业指导等专业化服务。强化试点示范，挖掘典型案例，高质量建设返乡入乡创业园、创业孵化基地，推荐带动就业明显、发展前景好的返乡入乡创业项目入驻。推动创业担保贷款、税费减免、场地安排、一次性创业补贴等政策“打包办”“提速办”，为农民工返乡创业提供培育、孵化、加速等创业扶持。

四、强化农民工就业服务保障

（九）精准提供就业服务。允许失业农民工在常住地、就业地、参保地进行失业登记，同等提供职业指导、职业介绍等基本公共就业服务，落实就业扶持政策，促进尽快实现转岗就业。优化零工服务，加大零工信息归集推介力度，建立“即时快招”服务机制，动员人力资源服务机构提供优质高效的专业服务。推广“隔屏对话”“无接触面试”等线下服务新模式，有序组织线下招聘活动，优化“互联网+就业”线上服务，满足农民工求职就业需求。

（十）开展各级各类培训。围绕市场急需紧缺工种，为有意愿外出农民工开展针对性技能培训、安全知识培训，大力开展新职业新业态培训，鼓励支持获得技能等级证书，加快推进产训结合行动，提升培训针对性和有效性，对符合条件的按规定给予补贴。积极推进乡村建设所需的农业农村本地人才技能培训，为不愿外出农民工提供种养殖等各类现代农业技术培训和其它涉农技术培训，提升农业农村产业发展能力和新型农业经营主体经营管理能力，帮助稳定收入水平，培养一批农业农村高技能人才和乡村工匠。

（十一）切实维护劳动权益。指导企业依法合规用工，保障农民工合法劳动权益。对企业依法解除、终止农民工劳动合同的，督促企业依法支付劳动报酬和经济补偿。持续深化推进根治欠薪，畅通线上线下维权渠道，依法查处拖欠农民工工资等违法问题，加大劳动争议处理力度，努力做到案结事了。支持有条件地区在农民工就业集中地区建立劳动维权咨询服务点，设立维权信息告示牌，明示劳动维权相关信息，提供免费维权咨询服务。

（十二）做好大龄农民工就业扶持。收集适合大龄农民工的就业岗位、零工信息，在农民工专场招聘活动中持续发布。尊重大龄农民工就业需求和企业用工需要，指导企业根据农民工身体状况合理安排工作岗位，强化安全生产管理，定期开展职业健康体检，不得以年龄为由“一刀切”清退。大龄农民工有就业需求的，可以到公共就业服务机构进行求职登记，享受免费公共就业服务。

五、实施防止返贫就业攻坚行动

（十三）做好就业失业监测。依托全国防返贫监测信息系统，聚焦未就业和就业不稳的脱贫人口，建立就业帮扶台账。加强与失业登记、参加社会保险等信息比对，定期开展电话联系、上门走访，准确掌握就业失业状态，及时发现苗头性、倾向性问题，按月在全国防返贫监测信息系统更新相关数据。

（十四）实施优先就业帮扶。将脱贫人口作为有组织劳务输出的优先保障对象，加密岗位归集发布，加快劳务输出组织，推动脱贫人口愿出能出。全面落实失业保险稳岗返还、社会保险补贴等政策，引导企业优先留用脱贫人口，对失业的优先提供转岗服务，帮助尽快实现再就业。强化就近就业岗位推荐，通过以工代赈工程项目、就业帮扶车间、乡村公益性岗位等方式，有序承接返乡脱贫人口。将吸纳脱贫人口就业数量作为认定就业帮扶车间的基本标准，利用衔接推进乡村振兴补助资金对就业帮扶车间吸纳脱贫人口就业给予奖补。

（十五）强化重点地区倾斜。聚焦国家乡村振兴重点帮扶县、易地搬迁大型安置区，依托东西部协作机制、省内协作机制，持续实施就业帮扶专项行动，密集开展岗位投放和招聘活动，援建一批产业项目、企业实体和就业帮扶车间，确保当地脱贫人口就业规模保持稳定。深化易地搬迁安置区按比例安排就业机制，政府投资建设项目、安置区周边以工代赈项目、基层服务管理和公共服务项目要安排一定比例的岗位用于吸纳搬迁群众就业。

（十六）加大安置保障力度。统筹用好现有各类乡村公益性岗位，对“无法离乡、无业可扶”且有就业意愿、有能力胜任岗位工作的脱贫人口实施安置，不得在现有规定外另行设置年龄、残疾等不必要的限制条件。充分考虑当地脱贫人口数量、就业困难程度及收入水平、岗位职责内容，科学设定岗位总量，合理确定岗位补贴标准，指导用人单位按规定为在岗人员参加工伤保险或购买人身意外伤害保险，依法签订劳动合同或劳务协议，每次签订期限不超过 1 年。督促用人单位加强在岗人员履职情况监管，定期考核工作成效、遵守规章制度和工作纪律情况。对于从事非全日制乡村公益性岗位的人员，在确保严格履行岗位职责的前提下，可采取适度灵活的管理方式，允许其同时从事其他灵活就业，灵活就业收入超出当地防止返贫监测范围的，应退出岗位。

各地要高度重视农民工及脱贫人口就业创业工作，进一步压实工作责任，动态掌握就业失业情况，及时提供针对性就业帮扶。工作中遇到的重大问题，请及时报告。

人力资源社会保障部
国家发展改革委
财政部
农业农村部
国家乡村振兴局
2022 年 11 月 9 日

人力资源社会保障部等八部门关于实施重点群体创业推进行动的通知

人社部发〔2022〕81号

各省、自治区、直辖市及新疆生产建设兵团人力资源社会保障厅（局）、发展改革委、教育厅（教育局、教委）、中小企业主管部门、财政厅（局）、农业农村（农牧）厅（局、委）、市场监管局（厅、委），人民银行上海总部、各分行、营业管理部、各省会（首府）城市中心支行、副省级城市中心支行：

为贯彻落实党中央、国务院决策部署，纵深推进大众创业、万众创新，激发创业创新主体活力，催生更多市场主体，更好发挥创业带动就业的倍增效应，决定实施重点群体创业推进行动。现就有关事项通知如下：

一、总体要求

以习近平新时代中国特色社会主义思想为指导，深入贯彻党的二十大精神，全面落实就业优先政策，立足新发展阶段、贯彻新发展理念、构建新发展格局，坚持创业带动就业，聚焦高校毕业生、农民工、就业困难人员等重点群体，优化创业环境，提升创业创新能力，完善政策扶持和孵化服务，最大限度释放创业动力，为实现高质量充分就业提供有力支撑。

到2024年底，通过完善落实扶持政策，优化提供创业服务，支持更多重点群体投身创业活动，力争实现每年创业培训规模不少于200万人次、离校5年内高校毕业生新创业不少于30万人，返乡入乡创业人数累计超过1 400万人，就业困难人员能够以更加灵活方式实现就业增收。

二、主要举措

（一）实施“创业环境优化”计划。遵循依法合规、规范统一、公开透明、便捷高效的原则，优化市场主体登记办理流程，提高市场主体登记效率，推行当场办结、一次办结、限时办结等制度，实现集中办理、就近办理、网上办理、异地可办，提升市场主体登记便利程度。结合本地特色创业品牌行动计划、劳务品牌培育计划，持续推进商事制度改革，打造优质营商环境，优化“敢闯敢创”的良好创业生态。

（二）实施“创业主体培育”计划。支持高校毕业生创业，开展创业训练营、创业实训等活动，提供项目指导、风险评估、商业实战模拟等“沉浸式”体验，促进高校毕业生等青年创意设计成果落地转化。支持农民工返乡创业，聚焦农民工能力短板、产业特点和创业阶段，强化培训、资金、场地、用工、营销等扶持，助力返乡创业项目更好发展。支持就业困难人员创业，鼓励发展夜经济、后备箱经济等特色经营，引导其创办投资少、风险小的创业项目。组织开展好中国国际“互联网+”大学生创新创业大赛、“创客中国”中小企业创新创业大赛、“中国创翼”创业创新大赛等赛事活动，发掘一批创新型企业和项目，培育一批创业主体。

（三）实施“创业服务护航”计划。建立公共创业服务标准，编制功能手册，拓展创业服务内容，集聚各方优质创业服务资源，加快构建创业信息发布、业务咨询、能力培养、指导帮扶、孵化服务、融资支持、活动组织等一体化服务机制。组织创业导师走基层活动，对重点群体创业进行分类指导，通过主动对接、定期走访、上门服务等方式，提供针对性创业指导服务。强化人力资源对接服务，面向各类创业项目人才引进和招聘用工需求，开展形式多样的对接洽谈活动，为重点群体创业提供人力资源支撑。

（四）实施“创业培训赋能”计划。针对重点群体创业需求，广泛开展创业培训，对符合条件的创业者按规定给予补贴。深入实施“马兰花”创业培训行动，针对不同创业阶段，开展“创办你的企业”“改善你的企业”“扩大你的企业”等培训，提升劳动者创业能力。组织各类创业培训讲师大赛，培养一批创业培训讲师及培训师，加强对创业师资人员的选拔培养。

（五）实施“创业政策扶持”计划。加快落实创业担保贷款政策，支持有条件的地方加快推行电子化审批，实行全程线上办理，提升创业担保贷款申领便利度。提升创业担保贷款担保基金效能，简化担保手续，推动担保基金有效履行代偿责任，对符合条件的按规定免除反担保要求。创业担保贷款借款人因疫情影响流动性遇到暂时困难的，可申请展期还款，期限原则上不超过1年。鼓励有条件的地方对借款人实施跟踪指导服务，加大支持力度，适当放宽创业担保贷款借款人条件、提高贷款额度上限，由此额外产生的贷款贴息由地方自行承担。

（六）实施“金融产品助力”计划。发挥好普惠小微贷款支持工具作用，鼓励金融机构稳定普惠小微贷款存量，扩大增量。用好再贷款再贴现政策，引导金融机构重点支持小微企业，特别是加大对劳动密集型企业的政策倾斜。支持金融机构围绕“稳岗扩岗”创新产品和服务，加大首贷、信用贷、中长期贷款投放，扩大小微企业覆盖面。持续释放贷款市场报价利率（LPR）改革效能，推动小微企业融资成本稳中有降。

（七）实施“创业载体筑巢”计划。政府投资的创业孵化基地、创业园区等载体用于创业项目使用的场地，要优先向重点群体免费提供。发挥全国创业孵化示范基地典型带动作用，引导各级创业孵化基地、农民工返乡创业园等载体改造升级，强化服务质量管理，提升孵化服务水平。引导小型微型企业创业创新示范基地聚焦各类创业创新服务资源，为小微企业提供有效服务支撑，提高重点群体创业成功率。加强各类创业载体交流合作，共享发布创业项目、孵化场地、仪器设备等信息，为重点群体与创业资源搭建资源整合平台。

（八）实施“灵活就业支持”计划。允许个人经营、非全日制、新就业形态等灵活方式就业的劳动者在常住地公共就业服务机构办理就业登记。充分利用公共就业服务机构场地资源，设立零工服务专区，结合实际动态调整服务大厅开放时间，免费向社会提供零工信息登记发布和求职招聘服务。完善落实零工市场建设支持举措，鼓励有条件的地方因地制宜改造利用闲置建筑，搭建必要服务设施，科学规划布局场地设施。加强灵活就业人员权益维护，提供维权“绿色通道”和法律援助服务。对依托平台灵活就业的困难人员、两年内未就业高校毕业生，按规定给予社会保险补贴。

三、工作要求

（一）加强组织领导。各地发展改革、教育、工业和信息化、财政、人力资源社会保障、农业农村、人民银行、市场监管等部门要充分认识促进创业带动就业的重要意义，切实加强组织领导，充分发挥职能职责，细化目标任务，明确任务分工，落实好各项扶持政策。人力资源社会保障部门要积极做好统筹协调，健全跨部门协同推进机制，确保重点群体创业推进行动有序推进。

（二）鼓励探索创新。鼓励各地围绕支持重点群体创业创新思路和形式，积极探索多种务实有效的实施方式和有用、管用的实招硬招，及时推广工作落实中的经验做法和制度性成果。支持有条件的地方进一步丰富拓展本次行动提出的主要举措和创新政策。

（三）加强宣传引导。各地要用通俗易懂的语言、生动形象的图片、简洁明了的文字等多种形式，通过广播电视、报纸、网络和新媒体等平台，广泛宣传创业服务工作政策措施、先进经验、典型案例，大力营造“鼓励创业、宽容失败”的良好氛围。扎实开展各类创业主题活动，丰富成果展示、品牌打造、项目路演、创业沙龙等活动内容，积极引导社会各界关心、支持和参与创业活动。

（四）强化监督落实。各地要抓好重点群体创业推进行动具体实施，加强资源对接和信息共享，定期调度汇总实施进展情况，共同研究、协调解决工作中的难点、堵点问题。要依法维护重点群体创业者权益，加强相关法律法规宣传，严格执法监督，畅通监督举报投诉通道，不断完善有利于创业创新的市场环境。

请各省、自治区、直辖市人力资源社会保障厅（局）于 2022 年底前将重点群体创业推进行动工作方案报人力资源社会保障部。

人力资源社会保障部
国家发展改革委
教育部
工业和信息化部
财政部
农业农村部
人民银行
市场监管总局
2022 年 11 月 9 日

人力资源社会保障部关于实施人力资源服务业创新发展行动计划（2023—2025年）的通知

人社部发〔2022〕83号

各省、自治区、直辖市及新疆生产建设兵团人力资源社会保障厅（局），各副省级市人力资源社会保障局：

为深入贯彻党的二十大精神，落实党中央、国务院关于发展人力资源服务业决策部署，积极促进高质量充分就业，强化现代化建设人才支撑，人力资源社会保障部决定实施人力资源服务业创新发展行动计划（2023—2025年）。现就有关工作通知如下：

一、总体要求

以习近平新时代中国特色社会主义思想为指导，紧紧围绕就业优先战略、人才强国战略和乡村振兴战略，坚持创新驱动发展，坚持有效市场和有为政府相结合，以产业引导、政策扶持和环境营造为重点，深化人力资源服务供给侧结构性改革，培育壮大市场化就业和人才服务力量，加快提升人力资源服务水平，进一步激发市场活力和发展新动能，促进劳动力、人才顺畅有序流动，为全面建设社会主义现代化国家提供有力支撑。

二、培育壮大市场主体

（一）做强做优龙头企业。统筹规划人力资源服务业发展布局，到2025年重点培育形成50家左右经济规模大、市场竞争力强、服务网络完善的人力资源服务龙头企业。支持龙头企业通过兼并、收购、重组、联盟、融资等方式，调整优化市场结构，提高企业核心竞争力和产业集中度。支持龙头企业发挥人才优势、技术优势和创新优势，参与制订行业发展规划政策和标准规范、按规定承担就业和人才工作领域相关试点示范等事项。建立人力资源服务龙头企业分级分类管理机制，实行常态化联系和动态调整，提高人力资源服务产业发展组织化水平。

（二）支持“专精特新”发展。将人力资源服务业纳入国家优质中小企业梯度培育范围，到2025年重点培育形成100家左右聚焦主业、专注专业、成长性好、创新性强的“专精特新”人力资源服务企业，推动技术、资金、人才、数据等要素资源向创新企业集聚。鼓励有条件的地方开展“专精特新”人力资源服务企业遴选培育，在人力资源测评、人力资源培训、网络招聘、人力资源管理软件、人力资源大数据分析应用等领域，发展具有原始创新能力和集成创新实力的人力资源科技型、创新型企业。

三、强化服务发展作用

（三）扩大市场化就业和人才服务供给。开展人力资源服务机构稳就业促就业行动，聚焦高校毕业生、农民工等重点群体，大规模开展求职招聘、就业指导、政策咨询等服务。举办全国人力资源市场高校毕业生就业服务周、国聘行动、人力资源服务进校园进企业等专项活动。引导人力资源服务机构向劳动者提供贯穿职业生涯全过程的就业和职业发展服务，创造更多通过勤奋劳动实现自身发展的机会。开展市场化引才聚才行动，加快培育一批特色鲜明、专业领先、贡献突出的高水平猎头机构。深化人才引领驱动，支持有条件的地方采用市场化引才奖补等措施，通过“揭榜挂帅”等多种方式引进高精尖缺人才。引导人力资源服务机构依法依规有序承接政府人才服务项目。企业委托人力资源服务机构引才的所需费用，可按规定列入经营成本。鼓励人力资源服务机构围绕科技研发和成果转化，开发人力资源测评、人力资源管理咨询、薪酬及绩效管理等服务产品。

（四）强化制造业人力资源支持。坚持把服务实体经济作为着力点，搭建制造业等重点领域人力资源服务供需对接平台，推动人力资源服务深度融入制造业产业链。支持人力资源服务机构为制造业企业设计人力资源管理流程和模式，梳理整合相关环节的人力资源服务需求，持续提供专业化规范化信息对接和供需匹配服务。推动制造业企业与人力资源服务机构建立互利共赢、长期稳定的战略合作关系，共同发展面向相近领域的人力资源服务。有条件的地方可在各类功能区、产业园区、创业园区等建立人力资源服务联络站，贴近市场一线开展需求监测、用工保障、人才引育等服务。

（五）促进人力资源市场协调发展。实施西部和东北地区人力资源市场建设援助计划，引导各类人力资源服务机构围绕乡村振兴开展专项招聘、供需对接、技能培训、劳务品牌建设等服务。支持人力资源服务机构与脱贫地区特别是国家乡村振兴重点帮扶县和易地扶贫搬迁安置区广泛开展对接合作，通过设立子公司、分支机构等方式，形成常态化就业帮扶合作机制。支持县域经济比较发达、人口规模较大的地区，因地制宜建设人力资源服务业集聚区。

四、建强集聚发展平台

（六）完善产业园功能布局。围绕国家区域重大战略和区域协调发展战略，到“十四五”末建成30家左右国家级人力资源服务产业园和一批有特色、有活力、有效益的地方人力资源服务产业园。提高人力资源服务产业园服务产业集群发展能力，促进专业人才向产业集群高度集聚。支持有条件的地方依托人力资源服务产业园创建公共实训基地、国家中小企业公共服务示范平台，强化人力资源公共服务枢纽和产业发展平台功能。建立人力资源服务产业园交流协作机制，推进人力资源服务区域协同和开放合作。定期评估总结人力资源服务产业园发展状况，加强成果运用和督促指导。

（七）发展专业性行业性人才市场。围绕建设世界重要人才中心和创新高地，聚焦先进制造业、战略性新兴产业、现代服务业以及数字经济等重点领域，规划建设一批专业性行业性国家级人才市场。完善国家级人才市场综合性人才服务功能，打通专业人才开发、引进、流动、配置全链条。支持有条件的地方综合运用区域、产业、土地等政策，推动人才市场高质量发展。

五、增强创新发展动能

（八）全面提升数字化水平。鼓励数字技术与人力资源管理服务深度融合，利用规模优势、场景优势、数据优势，培育人岗智能匹配、人力资源素质智能测评、人力资源智能规划等新增长点。制定发布人力资源服务数字化发展评价标准，推进人力资源服务业数字化转型升级。支持人力资源服务企业运用大数据、云计算、人工智能等新兴技术，加速实现业务数据化、运营智能化。支持有条件的人力资源服务龙头企业打造一体化数字平台，提升系统集成水平，形成数据驱动的智能决策和服务能力。支持中小人力资源服务企业从数字化转型需求迫切的业务环节入手，加快推进数字化办公、业务在线管理等应用，逐步向全业务全流程数字化升级拓展。

（九）鼓励发展新业态新模式。培育发展高技术、高附加值人力资源服务业态，推动行业向价值链高端延伸。支持人力资源服务领域平台经济健康发展，引导人力资源服务平台企业加强数据、产品、内容等资源整合共享，扩大网络招聘、远程面试、直播带岗、协同办公、在线培训等线上服务覆盖面。深化共享经济在人力资源服务领域的应用，创新发展服务业态，为企业开展共享用工和劳动者兼职、灵活就业提供优质服务。

（十）强化企业创新主体地位。支持人力资源服务企业联合高校、科研院所及金融机构等，加强人力资源服务理论、商业模式、关键技术等方面的研发和应用。鼓励和支持人力资源服务企业转化研发成果，参与技术合同登记，参评高新技术企业。支持符合条件的人力资源服务企业设立博士后科研工作站或创新实践基地。加强对人力资源服务业创新主体的知识产权保护。

六、提升开放发展水平

（十一）推进更高水平对外开放。贯彻外商投资法及实施条例，落实人力资源服务领域外商投资国民待遇，持续优化市场化法治化国际化营商环境。依托我国超大规模人力资源市场优势，积极引进我国市场急需的海外优质人力资源服务企业、项目和技术。推动保障外资企业平等参与人力资源服务领域政府采购、标准制定。加强国际交流合作，积极参与人力资源领域国际规则和技术标准制定。

（十二）发展人力资源服务贸易。开展“一带一路”人力资源服务行动，支持国内人力资源服务企业在共建“一带一路”国家设立研发中心和分支机构。在“一带一路”国际合作高峰论坛框架下举办人力资源服务业国际合作论坛。高质量建设人力资源服务出口基地，培育发展人力资源服务贸易新业态新模式。依托中国中小企业发展促进中心、企业跨境贸易投资法律综合支援平台，为人力资源服务企业“走出去”提供跨境磋商、法律政策咨询、商务考察、案件应对等服务。

七、夯实行业发展基础

（十三）加强行业人才队伍建设。实施人力资源服务业万名领军人才培养计划，建立覆盖行业龙头企业高级管理人员、专业技术人员和大型企业人力资源部门负责人的领军人才库和专家智库。依托高等院校、大型企业、国家级人力资源服务产业园、国家级人才市场，建立人力资源服务培训基地和实训基地，鼓励高等院校培养人力资源服务业方向的专业硕士。开展人力资源服务业专业技术人员继续教育，将其纳入专业技术人才知识更新工程。健全人力资源管理专业人员职称评审制度，提高从业人员专业化、职业化水平。

（十四）完善统计监测制度。加强和改进行业统计调查，逐步健全以国民经济行业分类为基础，以市场主体、主要业态、经济指标、社会效益为主要内容的统计指标体系。加强统计组织和监督管理，落实人力资源服务机构主体责任，提高统计数据真实性、科学性、及时性。加强人力资源服务机构信息数据管理，完善定期监测与快速调查相结合的工作机制，持续开展人力资源市场供求信息监测分析。优化统计监测数据分析应用，提升科学决策水平。

（十五）健全信用和标准体系。推进人力资源服务机构诚信体系建设，组织开展形式多样的诚信服务活动。建立健全人力资源服务机构信用记录，推动纳入全国信用信息共享平台，实行信用分类管理。加强人力资源服务国家标准、行业标准、地方标准制修订和宣贯工作，建立覆盖全业态和全过程的标准体系。鼓励人力资源服务行业协会、人力资源服务机构制定团体标准、企业标准，探索实施企业标准领跑者制度。

八、营造良好发展环境

（十六）加大支持力度。落实支持人力资源服务业发展的各项产业、财政和税收优惠政策，在国家重大建设项目库下设立人力资源服务产业发展专项。支持各地利用现有资金渠道开展机构培育、人才培养、人力资源服务产业园建设以及促就业活动等工作。发挥各类政府引导基金带动作用，鼓励社会资本出资组建优质人力资源服务企业培育基金。拓宽人力资源服务机构投融资渠道，支持银行业金融机构开发适合人力资源服务产业的信贷产品。

（十七）规范市场秩序。深化“放管服”改革，依法实施人力资源服务行政许可和备案，进一步落实告知承诺制。加强事中事后监管，创新监管方式和手段。持续开展清理整顿人力资源市场秩序专项行动，加强人力资源市场领域信息安全保护，推动消除影响平等就业的不合理限制和就业歧视，严厉打击违法违规和侵害劳动者权益行为。培育发展行业协会学会，充分发挥行业代表、行业自律、行业协调作用。

（十八）加强宣传引导。综合利用多种宣传方式，及时总结推广人力资源服务业在促进就业创业、优化人才配置和服务高质量发展中的积极成效。定期举办全国人力资源服务业发展大会，鼓励各地举办经验交流、创新创业、供需对接等品牌活动。支持有条件的地方编制发布人力资源服务业发展报告，开展创新案例遴选。办好《人力资源服务》杂志，提高行业知名度和社会影响力。加强理论研究和舆论引导，努力营造全社会重视、支持人力资源服务业发展的浓厚氛围。

人力资源社会保障部

2022 年 12 月 5 日

人力资源社会保障部关于印发《推进技工院校工学一体化技能人才培养模式实施方案》的通知

人社部函〔2022〕20号

各省、自治区、直辖市及新疆生产建设兵团人力资源社会保障厅（局）：

为深入贯彻中共中央办公厅、国务院办公厅《关于推动现代职业教育高质量发展的意见》，全面落实党中央、国务院关于大力发展技工教育的决策部署，按照《关于深化技工院校改革 大力发展技工教育的意见》和《技工教育“十四五”规划》工作安排，决定在全国技工院校推进工学一体化技能人才培养模式。现将《推进技工院校工学一体化技能人才培养模式实施方案》印发给你们，请有序推进实施。

人力资源社会保障部

2022年3月4日

推进技工院校工学一体化技能人才培养模式实施方案

为贯彻落实中共中央办公厅、国务院办公厅《关于推动现代职业教育高质量发展的意见》，按照《关于深化技工院校改革 大力发展技工教育的意见》和《技工教育“十四五”规划》工作安排，决定在全国技工院校推进工学一体化技能人才培养模式（以下简称工学一体化培养模式）。现制定如下实施方案。

一、工作背景

（一）实施基础。工学一体化培养模式是依据国家职业技能标准及技能人才培养标准，以综合职业能力培养为目标，将工作过程和学习过程融为一体，培育德技并修、技艺精湛的技能劳动者和能工巧匠的人才培养方式。2009年起，人力资源社会保障部通过分批试点方式逐步推进工学一体化课程教学改革，试点专业31个、试点院校191所。通过试点，工学一体化培养模式教学效果得到教师、学生、家长的好评，培养质量得到用人单位的认可，是推进校企融合、提质培优的重要途径，是技工院校服务制造业和实体经济发展的务实举措。

二、总体要求

（二）指导思想。以习近平新时代中国特色社会主义思想为指导，坚持正确办学方向，坚持立德树人，围绕促进就业创业、服务企业行业、服务经济高质量发展，大力推进工学一体化培养模式，促进教学质量提升，实现思想政治教育、知识传授、技能培养融合统一，持续推动技工院校内涵发展和特色发展。

（三）工作目标。以一体化课程教学改革试点工作为基础，以技师学院为重点，在全国技工院校大力推进工学一体化培养模式。加强工学一体化课程标准、教学资源、教师培养工作，将企业典型工作任务转换为学校教学内容，根据工作过程设计教育过程，实现“在工作中学习、在学习中工作”。力争到“十四五”末实现“百千万”目标，即建设100个工学一体化培养模式专业，1 000所技工院校参与实施工学一体化培养模式，培训10 000名工学一体化教师，进一步提高技能人才培养质量，帮助学生从学校学习到就业工作紧密衔接。

三、主要任务

（四）制定工学一体化课程标准。通过组织制定、征集遴选等多种方式加快开发和修订技工院校工学一体化课程标准，明确培养目标、课程安排、课程规范、实施建议、考核与评价等技能人才培养要求。以通用职业素质课程为突破口，加快公共基础课课程改革创新发展。促进工学一体化课程标准与世界先进标准对接，充分吸收世界技能大赛的先进理念、技能标准、评价体系，推进世界技能大赛各赛项的专业或课程转化工作。

（五）开发工学一体化教学资源。紧密对接产业升级和技术变革趋势，优先开发先进制造业、现代服务业、战略性新兴产业，以及国家急需紧缺职业的教学资源，创新教材形态，开发活页式、工作手册式、融媒体式等教材。开发满足课程教学需要的教学资源包，包含教材、工作页、教学案例库、教学课件、教学视频等。落实《技工院校教材管理工作实施细则》，强化教材规范化管理，坚持凡编必审、凡选必审。

（六）应用工学一体化教学方法。以企业劳动组织方式和工作方法为主要依据，以培养学生综合职业能力为主要目标，深入分析技工院校学生成长成才规律及特征。贯彻以学生为中心、以能力为本位的教学理念，设立课程教学研究与推广应用的课题或项目，加强教学理论研究。创新应用教学技术，充分利用各种形式的教学资源，实施工作过程导向、引导学生自主学习的行动导向教学。

（七）建设工学一体化教学场地。通过新建、改造等方式，建设满足工学一体化课程教学需要的教学场地，科学设置与教学班级规模相匹配、符合工作任务实施要求的软硬件教学设备。鼓励支持技工院校争创国家级、省市级高技能人才培训基地、公共实训基地、世界技能大赛集训基地，积极参与教育强国推进工程。支持技工院校利用公共实训基地开展技能实训，带动工学一体化课程教学场地建设。

（八）加快工学一体化教师队伍建设。实施工学一体化师资专项培训计划，制定师资培训标准，建设师资研修基地，推进网络师资研修，加大教师培训力度。通过各级各类教师职业能力大赛，促进教师提升工学一体化教学能力。技工院校可安排一定比例或者通过流动岗位等形式，面向企业和社会聘用高技能人才等担任专兼职工学一体化教师。在公开招聘有职业技能等级要求的教师时，可以适当降低学历要求，或不再设置学历要求。对优秀高技能人才，可按照国家有关规定直接通过考察的方式公开招聘到与所获技能奖项相关的岗位任教。

四、校企合作扩大工作覆盖面

（九）大力推动校企合作共建。通过引企驻校、引校进企、校企联动、企业办学等方式，与企业合作共同推进工学一体化培养模式，校企共商专业规划、课程开发、教学模式、实习实训工作，联合开发教学资源。派送学校教师到企业实践，促进教师熟悉了解企业工作环境；合理利用企业场地、设施设备开展教学，帮助学生感知企业文化。鼓励工学一体化课程专业与企业车间班组结对子，开展工学一体真实生产项目教学。学校可依托合作共建企业为学生提供职业技能等级认定服务，或按规定加强职业技能等级认定。

（十）探索组建区域性、行业性等多类型技工教育联盟（集团）。积极组织产业龙头企业、行业头部企业、区域性代表企业力量，以推进工学一体化培养模式为纽带，以技师学院为枢纽，加强互助合作，形成整体优势。举办区域或行业高技能人才研修交流活动，通过互派师资帮扶、驻点、学习、交流，共同推动工学一体化课程资源开发、师资培训、设施共享、成果互认。

（十一）充分发挥专家作用。人力资源社会保障部组织研究开发课程标准、评估标准，提供教学指导与技术支持。省级人力资源社会保障部门要组织本地区行业产业和技工院校专家，加强工学一体化培养模式研究，定期开展工作督导，规范教学内容、教学过程、教材使用、技能训练等。充分调动行业产业部门、科研院所等机构的专家力量，在产业发展、技术进步、人才需求、教学研究、技能养成等方面发挥优势，做好教学改革咨询与服务。

（十二）采取工学一体化培养模式开展职业技能培训。技工院校要在职业技能培训工作中发挥高端引领、示范带动作用，普遍采取工学一体化培养模式组织开展职业技能培训。通过设立企业培训工作站，创建共建技能大师工作室等方式，引入生产企业工作流程和管理模式，提取典型工作任务用于培训实训。在企业新型学徒制培训、急需紧缺职业（工种）培训和高技能人才培训中，积极与用人单位沟通协商，结合就业岗位的技能要求，不断完善课程标准、教学资源、教学方法等内容，增强职业技能培训的针对性有效性。

五、积极稳妥有序推进

（十三）加强组织领导。各级人力资源社会保障部门要充分认识此项工作的重要意义，加大工作推进力度，按照《关于深化技工院校改革　大力发展技工教育的意见》要求，中央财政现代职业教育质量提升计划资金可按规定用于支持技工院校。人力资源社会保障部统筹指导推进工学一体化培养模式工作，人力资源社会保障部技工教育和职业培训教材工作委员会办公室负责具体推动实施。依托技工教育和职业培训教学指导委员会组建工学一体化改革专家智库，开展教学研究、教学指导和技术咨询。建设技工教育网工学一体化改革工作专区，鼓励学校共建共享高质量教辅资源。充分发挥教学教研机构作用，组织做好专家督导、技术咨询、经验总结、教学交流等工作。根据各地工学一体化培养模式推进实施情况，遴选确定一批骨干技工院校、精品课程和专业，宣传典型经验做法。对取得显著成效的学校，在项目遴选、评优表彰中予以倾斜。

（十四）充分发挥学校作用。学校党组织要切实发挥领导作用，推动教学研究、教学管理、教师管理、教学评价、教学场地、资金投入、后勤保障等配套制度建设，确保教学改革顺利进行。加强学校经费分配使用管理，支持教学资源开发和师资队伍建设。对参与国家一体化课程标准和全国规划教材编写的人员，予以成果认定。工学一体化教师可根据课程开发工作量、承担教学任务难度和教学效果，适当提高工作量计算系数、合理确定课时津贴，并在评优评先、职称评定、职务（岗位）评聘晋升等方面予以倾斜。工学一体化专业毕业生学习成绩合格可视同为职业技能等级认定合格。

（十五）分阶段推进。

第一阶段（2022 年 4 月—2023 年 7 月）：计划选取 30 个试点专业在 300 所技工院校进行重点推进，制定工学一体化教学评估标准；各级人力资源社会保障部门和技工院校开展

1 500 人次师资培训。

第二阶段（2023 年 9 月—2024 年 12 月）：增加 30 个试点专业和 300 所技工院校进行持续推进；各级人力资源社会保障部门和技工院校开展 3 500 人次师资培训；组织评选一批精品课程和示范专业。

第三阶段（2025 年）全面推广：争取实施工学一体化培养模式的专业达到 100 个，学校达到 1 000 所；各级人力资源社会保障部门和技工院校开展 5 000 人次师资培训；带动广大技工院校继续深入推进实施工学一体化培养模式。

人力资源社会保障部关于做好技工院校落实《关于建立中小学校党组织领导的校长负责制的意见（试行）》有关工作的通知

人社部函〔2022〕26号

各省、自治区、直辖市及新疆生产建设兵团人力资源社会保障厅（局）：

今年1月，中共中央办公厅印发《关于建立中小学校党组织领导的校长负责制的意见（试行）》（以下简称《意见》），对建立中小学校（含中等职业学校）党组织领导的校长负责制提出明确要求。现就做好技工院校落实《意见》有关工作提出如下要求：

一、深刻学习领会重要意义，协同配合制定工作方案。在技工院校实行党组织领导的校长负责制，是全面落实新时代党的建设总要求和新时代党的组织路线的重大举措，是坚持将党的全面领导、党的建设和全面从严治党贯穿技工教育全过程、以高质量党建推动技工教育高质量发展的重要保障，是全面深化技工教育改革、保证党的教育方针和党中央决策部署在技工院校得到贯彻落实的必然要求。各级人力资源社会保障部门要高度重视《意见》的学习和贯彻落实工作，深刻领会《意见》出台的重要意义，提出切实可行的贯彻措施，把这项工作抓实抓好。要加强与党委组织、教育等部门协同配合，成立专项工作小组，加强对技工院校工作指导。各地人力资源社会保障部门要在充分调研的基础上，做好技工院校人、财、物摸查工作，认真制定方案，统筹领导班子调整、制度机制配套和学校章程修订等相关工作，系统谋划推进。

二、健全体制机制，发挥技工院校党组织领导作用。各级人力资源社会保障部门要指导技工院校健全完善领导体制，明确治理结构、决策机制、管理机制、监督机制、保障体系等内容，确保党组织履行好把方向、管大局、作决策、抓班子、带队伍、保落实的领导职责。完善组织架构，健全工作机构，选好配强领导班子，特别是党组织书记和校长。支持校长在学校党组织领导下，依法依规行使职权，按照学校党组织有关决议，全面负责学校的教育教学和行政管理等工作。加强学校领导班子思想政治建设，完善培养选拔、教育培训、考核评价、激励保障机制。

三、加强技工院校基层党组织和党员队伍建设，进一步做好思想政治工作。各级人力资源社会保障部门要会同有关部门指导技工院校以提升组织力为重点，突出政治功能，优化院校基层党组织设置。要加强党支部建设，严格党员教育管理、严肃党的组织生活，严格落实组织生活会、民主评议党员、谈心谈话等制度。高标准、高质量做好发展党员工作，教育引导党员干部发挥先锋模范作用。充分发挥党组织作用，把思想政治工作紧紧抓在手上，深入开展社会主义核心价值观教育，抓好学生德育工作。要创新活动方式，将党建工作与学校事业发展同部署、同落实、同考评，推动党建工作与教育教学、德育与思想政治工作深度融合，使基层党组织成为学校教书育人的坚强战斗堡垒，努力培养德智体美劳全面发展的社会主义建设者和接班人。

四、加强分类指导、分步实施，推动改革落到实处。具有独立法人资格且设立党的基层委员会、总支部委员会、支部委员会的公办技工院校、国有企业办技工院校要严格按照《意见》做好落实。不具有独立法人资格或未单独设立党的支部委员会的技工院校，党组织要发挥战斗堡垒作用，履行党章和有关规定明确的职责任务。各级人力资源社会保障部门要全面摸排辖区内技工院校办学性质、规模、上级主管部门和领导班子等各方面情况，因校施策，分步实施。要统筹领导班子调整等工作，在做好思想准备、组织准备、工作准备的前提下，成熟一个调整一个。要建立重点院校联系指导机制，积极协调解决工作实际中遇到的困难问题。

建立中小学校党组织领导的校长负责制是一项重要的政治任务，各级人力资源社会保障部门要将此项工作列入重要议事日程，切实抓好落实。贯彻情况请于今年年底前报我部。对《意见》贯彻落实中出现的问题，请及时向我部反映。

人力资源社会保障部

2022 年 3 月 17 日

人力资源社会保障部关于发布《人力资源社会保障电子印章体系》行业标准的通知

人社部函〔2022〕30号

各省、自治区、直辖市及新疆生产建设兵团人力资源社会保障厅（局），部属有关单位：

《人力资源社会保障电子印章体系》推荐性行业标准已经我部审核批准，现予以发布。标准分为4部分，名称和编号如下：《人力资源社会保障电子印章体系　第1部分　总体技术架构》（LD/T 01.1—2022）、《人力资源社会保障电子印章体系　第2部分　印章技术规范》（LD/T 01.2—2022）、《人力资源社会保障电子印章体系　第3部分　签章技术规范》（LD/T 01.3—2022）、《人力资源社会保障电子印章体系　第4部分　系统接口规范》（LD/T 01.4—2022），自2022年6月1日起实施。标准全文登载在人力资源社会保障部门户网站“政务公开—规划财务—标准”栏目下。

人力资源社会保障部

2022年3月23日

人力资源社会保障部
关于加强企业招聘用工服务的通知

人社部函〔2022〕32号

各省、自治区、直辖市及新疆生产建设兵团人力资源社会保障厅（局）：

企业是吸纳就业的主渠道。做好企业招聘用工服务，对支持企业生产经营，保持就业局势稳定具有重要作用。为深入贯彻落实党中央、国务院决策部署，进一步做好“六稳”、“六保”工作，支持企业稳岗扩岗，努力扩大就业容量，现就有关事项通知如下：

一、优化信息发布服务。广泛搜集岗位信息，通过窗口经办、网络登记、上门走访、调研座谈等方式，摸清各类用工主体特别是中小微企业、民营企业招聘岗位和零工需求信息，形成招聘需求清单。充分利用服务大厅、政务大厅、街道（乡镇）社区等线下场所，以及招聘网站、微信微博、App等线上途径发布招聘信息，推动岗位信息省级归集、多点联动发布。鼓励通过开通招聘大篷车、开展“送岗下乡”活动等方式，向劳动者较集中的地区发布招聘信息。

二、优化招聘组织服务。在做好疫情防控前提下，因地制宜开展线下各类招聘活动，针对性举办小规模、定制化招聘会，实现“周周有活动、日日有服务”。合理安排行业、企业、专业招聘场次，开展“公共就业服务进校园”、乡村招聘大集等定向招聘活动，推进企业与劳动者精准对接。探索开展“即时快招”招聘方式，提供即时发布信息、组织对接、面试洽谈等“一站式”快办服务，满足企业和劳动者即时对接需求。常态化举办线上招聘活动，开设大型专项招聘活动线上专场专区，推广运用直播带岗、远程面试等新型招聘对接模式，实现线上招聘活动不停歇。

三、优化重点企业用工保障服务。强化重点企业用工常态化服务，动态更新重点企业清单，完善“一对一”联系服务机制，提供员工招聘、疫情防控、政策落实等服务。深化劳务协作机制，扩大劳务协作范围，建立地区间劳务协作联盟，通过互设服务站、共建劳务合作基地等形式，开展劳务协作对接活动，“点对点”引进外来劳动力。探索建立用工余缺调剂机制，帮助企业搭建共享用工信息对接平台，帮助企业就近就地调剂本地用工，缓解企业临时用工难题。

四、优化涉企事项办理服务。开展企业招用员工“一件事”打包办服务，推进员工招聘、参保缴费、档案转递等事项按统一标准受理、后台并联办理，及时反馈办理结果。完善就业、社保等涉企事项清单，明确服务对象、标准、申领流程等，精简证明材料，优化经办流程，加强政策解读，进一步提高政策服务透明度。加快智慧化手段应用，探索运用新技术、新媒介精准推送招聘用工政策服务信息，推进部门间业务信息共享和协同联办，提升政策服务便利度。

五、扩大技能人才供给。结合本地产业定位，梳理急需紧缺职业（工种）信息，引导社会机构开展市场紧缺职业技能培训。对补贴性职业技能培训实施目录清单管理，公布培训项目目录、培训和评价机构目录，为劳动者按需选择技能培训提供便利。依托职业院校、技工院校等机构，组织农民工、登记失业人员、未就业毕业生等参加培训，扩大技能人才储备。创新校企合作模式，鼓励企业与职业院校、技工院校共建实训基地，通过校企双师带徒、工学交替等方式，推进校企合作开展订单、定岗、定向式人才培养，满足企业对急需紧缺、关键技术人才的需求。

六、加强企业用工指导。及时发布人力资源市场供求状况和工资指导价位，帮助企业了解市场供需状况，科学设置岗位，制定招聘计划，做好岗位需求特征描述和企业文化、工作环境宣介，引导其理性招聘。指导和督促企业依法合规用工，切实履行用工主体责任和吸纳就业困难人员等群体就业的社会责任，依法保障职工劳动安全、劳动报酬、休息休假、社会保险权益，构建和谐劳动关系。指导企业强化人文关怀，主动关心关爱劳动者，改善劳动条件，合理确定劳动报酬，拓展劳动者职业发展空间，增强用工稳定性。

七、加强求职人员引导。积极为求职者推送诚信人力资源服务机构和招聘网站信息，帮助其掌握正规求职途径，筛选适合的岗位信息。向劳动者客观宣传解读就业形势，引导其树立正确的就业观、择业观，组织参加现场观摩、模拟实践、就业见习等体验式就业活动，帮助其熟悉工作环境和岗位流程，增进求职者与企业相互了解。强化优先推荐，“点对点”推荐大龄劳动者、就业困难人员、残疾人、登记失业人员、未就业毕业生等重点群体到适合的企业应聘求职，及时落实社会保险补贴等就业政策。

八、规范企业招聘行为。持续开展人力资源市场秩序清理整顿专项行动，完善招聘信息管理制度，强化企业主体责任和招聘服务提供者审查责任，督促其确保信息真实性、合法性。依法查处发布虚假招聘信息、签订不实就业协议等扰乱人力资源市场秩序的违法违规行为，净化市场环境。坚决防止和纠正性别、民族、年龄、学历等就业歧视，消除不合理限制，营造公平就业的良好环境。

九、构建多元主体服务格局。充分发挥公共就业服务机构行业示范作用，强化招聘信息有效性审核，向社会免费提供招聘用工兜底服务和重特大突发事件应急服务。鼓励人力资源服务机构提供高级人才寻访、人才测评、人力资源管理咨询等专业化服务，满足企业高端服务需求。鼓励社会组织采取政策宣传、需求摸排、专业服务等方式，依法有序提供招聘用工服务。广泛招募就业服务领域专家、企业家、人力资源服务机构从业人员、高校就业指导老师等各领域有一定专长的热心人士，组建企业用工服务志愿团队，提供公益性招聘用工服务。

十、强化组织保障。各地要切实提高思想认识，把加强企业招聘用工服务作为稳就业保就业重要任务来抓，强化组织领导，健全工作机制，落实目标责任，形成工作合力，帮助企业缓解招聘用工困难。加强人力资源市场监测，探索开展人力资源供需预测，强化用工形势研判和分析解读，引导企业科学招聘用工和培训机构合理开展职业技能培训。加强典型宣传引导，选树服务企业招聘用工的典型人物，宣传帮助企业招聘用工的典型经验，营造良好舆论氛围。

人力资源社会保障部

2022 年 3 月 28 日

人力资源社会保障部关于贯彻实施新修订的职业教育法的通知

人社部函〔2022〕53号

各省、自治区、直辖市及新疆生产建设兵团人力资源社会保障厅（局）：

《中华人民共和国职业教育法》已由第十三届全国人民代表大会常务委员会第三十四次会议于2022年4月20日修订通过，自2022年5月1日起施行。为做好新修订的职业教育法的贯彻实施工作，现将有关要求通知如下。

一、充分认识职业教育法修订的重大意义，认真做好职业教育法的学习和宣传工作

职业教育是与普通教育具有同等重要地位的教育类型，是国民教育体系和人力资源开发的重要组成部分，是培养多样化人才、传承技术技能、促进就业创业的重要途径。此次职业教育法修订，深入贯彻习近平总书记重要指示批示精神和党中央关于职业教育改革发展的决策部署，系统总结职业教育改革发展的政策举措和实践成果，进一步完善了新时代职业教育法律制度体系。新修订的职业教育法突出就业导向，坚持立德树人，弘扬社会主义核心价值观，培育劳模精神、劳动精神、工匠精神。推进产教融合、校企合作，发挥企业重要办学主体作用，着力提升职业教育办学质量、提升职业教育社会认可度，完善职业教育保障制度和措施。进一步明确职业教育的目标是培养高素质技术技能人才，具体形式包括职业学校教育和职业培训。首次提出面向市场、促进就业基本原则，明确大力发展技工教育，全面提高产业工人素质。建立健全适应经济社会发展需要，产教深度融合，职业学校教育和职业培训并重，职业教育与普通教育相互融通，不同层次职业教育有效贯通，服务全民终身学习的现代职业教育体系。进一步明确职业学校学生在升学、就业、职业发展等方面与普通学校学生享有平等机会，设专章明确学生实习实训等关键环节各方法律责任。贯彻实施新修订的职业教育法，对于深化全面依法治教，推动职业教育高质量发展，建设教育强国、人力资源强国和技能型社会，促进更加充分更高质量就业、推进社会主义现代化建设具有重要意义。

各级人力资源社会保障部门要结合本地区实际，认真组织好职业教育法的学习和宣传工作。要把新法的学习宣传，与贯彻习近平法治思想相结合，与落实习近平总书记重要指示批示精神和党中央、国务院关于职业教育的决策部署相结合，深刻领悟修法精神，准确把握修法内容。要全面学习了解新修订的职业教育法提出的一系列制度举措，重点领会加强党对职业教育的全面领导这一根本要求，领会就业导向、多元办学、产教融合等新制度、新举措及其重大意义。要指导各类职业培训机构、技工院校和用人单位，开展多种形式的学习、宣传活动，全面理解和正确掌握职业教育法修订的内涵。利用各类宣传媒介，广泛进行宣传，提

高全社会对贯彻实施职业教育法重要意义的认识，引导各有关方面自觉遵守和执行职业教育法，努力在全社会形成重视职业教育、尊重技能人才的氛围，为职业教育法的贯彻实施营造良好社会环境。

二、全面加强技能人才队伍建设，进一步推动职业教育与就业紧密结合

各级人力资源社会保障部门要抓住重点，扎实推动职业教育法的贯彻实施，履行法定职责，全面加强技能人才培养、评价、使用、激励等各项工作，推动职业教育与就业紧密结合。

（一）健全政策制度体系，深入实施技能中国行动。强化党对人才工作的全面领导，研究制定关于加强新时代高技能人才队伍建设政策措施，健全完善技能人才政策制度体系，构建技能人才培养、使用、评价、激励机制，增强技能人才创新创造活力。全面实施“技能中国行动”，加快推进部省共建技能省市，推进技能型社会建设。

（二）大力发展技工教育，提升技工院校建设水平和育才功能。加强党对技工院校的领导，落实立德树人根本任务，德技并修培养高技能人才。突出培养特色，大力推进工学一体化技能人才培养模式。深化校企合作，培育一批技工教育集团（联盟），组织遴选一批优质技工院校和优质专业。多措并举做好技工院校招生工作，落实职业培训职责，巩固学制教育和职业培训规模。技工院校要建立健全就业创业促进机制，采取多种形式为学生提供职业规划、求职指导等就业创业服务，增强学生就业创业能力。

（三）高质量开展职业技能培训，贯彻落实“十四五”职业技能培训规划。健全终身职业技能培训制度，进一步优化培训供给和结构，加强标准化建设，提升培训针对性和有效性。切实发挥企业培训主体作用，大力开展企业职工岗位技能提升培训和新型学徒制培训，做好青年、农村转移劳动力等各类重点群体就业技能培训。推动实施制造业技能根基工程，加快培养适应产业发展和企业岗位实际需要的高技能人才。

（四）完善技能人才评价制度，畅通技能人才成长通道。健全完善新时代技能人才职业技能等级制度，推进高技能人才与专业技术人才职业发展贯通工作。支持推动各级各类企业自主开展技能人才评价。遴选发布社会培训评价组织，推行社会化职业技能等级认定。深入实施职业技能等级认定提质扩面行动，推动评价服务惠及更多劳动者。加强技能人才评价监督管理，清理规范各类职业技能证书，营造公开、公平、公正的评价环境。

（五）健全完善职业技能竞赛管理制度，广泛深入开展职业技能竞赛。健全完善管理制度，加强专家队伍建设、社会赞助、竞赛成果转化等工作，推动职业技能竞赛科学化、规范化、专业化发展。全力做好世界技能大赛筹办举办、集训参赛等工作，定期举办中华人民共和国职业技能大赛。围绕重大战略、重大工程、重大项目、重点产业，创新开展全国行业职业技能竞赛，推动各地、各行业企业广泛深入开展职业技能竞赛，为技能人才脱颖而出搭建平台。

三、统筹发挥人社部门职能优势，为职业教育发展营造良好社会环境

各级人力资源社会保障部门要结合职能职责，创造公平就业环境，加强学生权益保障，为职业教育发展营造良好社会环境。

（一）加强工作指导，创造公平就业环境。加强对各地公共就业服务机构指导，严格落实有关规定，加强对招聘活动中用人单位的管理，确保发布的招聘信息不含有歧视性条件，保障职业院校学生享有公平就业机会和平等权利。同时，对符合条件的职业院校毕业生，按规定落实社保补贴、培训补贴、求职创业补贴等就业支持政策，更好促进他们就业创业、实现出彩人生。

（二）引导事业单位树立正确的选人用人

理念，打通职业院校毕业生参加事业单位公开招聘的通道。贯彻落实《关于职业院校毕业生参加事业单位公开招聘有关问题的通知》（人社部发〔2021〕82号）要求，引导事业单位树立正确的选人用人理念，在公开招聘时不得设置妨碍职业院校毕业生平等就业、公平竞争的报考、聘用条件，着力破除社会上存在的唯名校、唯学历的用人导向。指导事业单位根据不同行业、不同单位、不同类别岗位职责要求，科学合理设置学历、职业资格或职业技能水平等招聘岗位条件。

（三）加强对技工院校、职业培训机构和实习相关单位的指导监督，提高学生实习权益保障水平。加强与教育等有关部门的沟通协调，共同做好实习监管。要依法切实履行好对技工院校、职业培训机构学生（学员）实习的监管责任，畅通政策咨询与情况反馈渠道。指导实习单位落实好学生休息休假、获得安全卫生保护和上岗期间适当劳动报酬、参加相关保险、接受职业技能指导等权利。会同有关部门对违反法律规定的技工院校、职业培训机构、实习单位、人力资源服务机构和劳务派遣单位及相关责任人，依法依规严肃处理。

（四）提高技能人才社会地位和待遇，弘扬劳动光荣、技能宝贵、创造伟大的时代风尚。健全技能人才薪酬分配制度，强化技能价值激励导向，在企业发展的基础上合理提高技能人才工资待遇水平，充分调动技能人才的积极性。对在职业教育工作中作出显著成绩的单位和个人按照有关规定给予表彰、奖励，进一步做好高技能人才表彰激励工作。持续加大宣传力度，讲好技能故事。创新宣传方式方法，拓展宣传阵地，打造多渠道、多层次、多样式的宣传矩阵，大力弘扬劳模精神、劳动精神、工匠精神，引导推动更多劳动者走技能成才、技能报国之路。

各地学习宣传和贯彻实施新修订的职业教育法工作中的好经验、好做法，以及遇到的问题和有关工作建议，请及时报送我部（职业能力建设司、法规司）。

人力资源社会保障部

2022年5月12日

人力资源社会保障部关于做好 2022年技工院校招生工作的通知

人社部函〔2022〕57号

各省、自治区、直辖市及新疆生产建设兵团人力资源社会保障厅（局）：

为贯彻习近平总书记关于大力发展技工教育重要指示精神，落实新修订的职业教育法，根据人力资源社会保障部、国家发展改革委、财政部联合印发的《关于深化技工院校改革 大力发展技工教育的意见》和人力资源社会保障部印发的《技工教育“十四五”规划》有关要求，全力做好2022年技工院校招生工作，现就做好有关招生工作通知如下：

一、稳定招生规模，完成招生计划。稳定技工院校招生规模是扩大技工技师来源、缓解技能人才短缺的重要举措。根据《2022年人力资源和社会保障事业发展计划》，今年全国技工院校计划招生140万人以上。各级人力资源社会保障部门要切实履行主体责任，专题研究部署，制定工作方案，有力组织推进，确保完成计划。要指导技工院校结合本地区经济社会发展、行业企业用工需求和学校实际情况，明确目标，精心谋划，周密组织，全面落实。

二、扩大招生群体，合理制定培养方案。各级人力资源社会保障部门要认真研究分析人力资源状况及本地区应届初、高中毕业生数量、结构、升学意愿等情况，合理制定技工院校招生计划。技工院校要在招收应往届初、高中毕业生的基础上，积极面向企业职工、失业人员、灵活就业人员、农民工、新型职业农民等各类群体广泛开展招生。要采取适当放宽年龄限制、灵活学习形式等措施，鼓励和吸引有提升技能意愿的人员就读技工院校，实现应招尽招、能招尽招。要针对不同群体合理制定人才培养方案，采取全日制、非全日制、职业技能培训等不同方式开展技能人才培养。要进一步深化校企合作，大力开展订单定向培养班、企业冠名班培养。技工院校要发挥职业培训主力军作用，大力开展劳动预备制培训和企业新型学徒制培训。

三、坚持就业导向，提高培养质量。各级人力资源社会保障部门要引导技工院校紧密结合经济社会高质量发展需要合理设置招生专业，综合考虑专业发展趋势、就业市场需求、企业用工需要等因素，增设先进制造业、现代服务业等社会亟需紧缺专业，巩固传统优势专业，调整供过于求的专业。鼓励技工院校广泛开展校企合作，通过引企入校、引校进企、校企联动、企业办学等方式，积极开展工学一体化技能人才培养，促进教学质量提升，实现思想政治教育、职业素养和技能培养融合统一。要发挥技师学院、高级技工学校招生主力军作用，引导技工院校进一步提升高级工班以上人才培养比例，扩大高技能人才培养规模。

四、加强帮扶家庭招生，助力乡村振兴。各级人力资源社会保障部门要指导技工院校聚焦国家乡村振兴重点帮扶地区，积极面向脱贫家庭和防止返贫致贫监测对象家庭（以下简称帮扶家庭）子女开展招生工作，努力实现每个有就读技工院校意愿的帮扶家庭“两后生”都有机会接受技工教育。要做好对帮扶家庭学生的资助工作，继续落实“雨露计划”。各技工院校要对帮扶家庭学生开辟招生绿色通道，优先安排在订单定向培养班或企业冠名班、优先落实助学政策、优先安排实习、优先推荐就业。

五、发挥平台作用，落实招生政策。各级人力资源社会保障部门要积极协调有关部门，落实支持技工院校招生的政策措施。要贯彻落实新修订职业教育法有关要求，利用职业教育统一招生平台发布技工院校专业设置、招生情况等信息，切实做好技工院校招生工作。要充分发挥职能作用，广泛依托基层劳动保障平台和公共就业服务机构，为技工院校招生工作提供支持帮助。

六、规范招生秩序，加强监督管理。各省级人力资源社会保障部门每年至少开展一次技工院校招生资质检查和招生专业备案，严禁不具备招生条件的学校开展招生，杜绝出现盲目扩招和超容量招生的现象，严禁超许可范围招生。要在官方网站对外公布具备招生资质的技工院校名单和专业目录。要规范联合办学、委托培养、设立校外办学点行为。要审核各校招生计划、招生简章及招生宣传材料，并及时做好有关材料备案工作。要设立并向社会公布技工院校招生监督举报电话，及时宣传解释政策。要加大对违规招生、恶性竞争、虚假宣传、欺骗误导学生等的查处力度，对查实违法违规的院校责令限期改正，并予以警告，情节严重的，责令停止招生、取消办学资质，构成犯罪的，移交司法机关处理。

七、做好招生宣传，广泛吸引生源。要将技工院校招生宣传纳入宣传工作重点，利用官方网站、微博、微信等平台发布招生相关信息，采取政策解答、新闻发布、专题访谈、制作公益广告等多种形式进行宣传。鼓励技工院校运用传统媒体和抖音、快手等新媒体，围绕技能成才和技工院校招生工作，精准聚焦技工院校办学特色、办学成果和典型案例，大力弘扬劳模精神、劳动精神、工匠精神，重点宣传技工院校招生政策、资助政策、就业质量、优秀毕业生典型事迹等内容。在疫情防控条件允许下，鼓励承办各类技能竞赛的院校开放办赛，展示技工院校学生技能成才成果。各地要指导技工院校充分利用“技工教育网”（http://jg.class.com.cn）全国技工院校招生宣传平台，积极推送招生宣传信息。

今年我部继续实行技工院校招生通报制度，请各省（自治区、直辖市）人力资源社会保障厅（局）按月份填写技工院校招生情况进展表，于8至11月的每月10日前报中国就业培训技术指导中心。

附件：技工院校2022年招生进展情况表（略）

人力资源社会保障部

2022年5月19日

人力资源社会保障部　全国总工会 中国企业联合会/中国企业家协会 全国工商联关于开展 2022 年全国和谐劳动关系创建示范活动的通知

人社部函〔2022〕59 号

各省、自治区、直辖市及新疆生产建设兵团人力资源社会保障厅（局），总工会，企业联合会/企业家协会，工商联：

为推动和谐劳动关系创建活动深入开展，构建中国特色和谐劳动关系，经报全国评比达标表彰工作协调小组批准，“和谐劳动关系创建”列为人力资源社会保障部全国创建示范活动项目目录，国家协调劳动关系三方决定开展 2022 年全国和谐劳动关系创建示范活动。现将有关事项通知如下：

一、总体要求

以习近平新时代中国特色社会主义思想为指导，深入贯彻党的十九大和十九届历次全会精神，立足新发展阶段，贯彻新发展理念，构建新发展格局，全面落实党中央和国务院关于构建和谐劳动关系的一系列重要决策部署，通过认定示范企业、工业园区，充分展现构建中国特色和谐劳动关系取得的重要成就，大力弘扬企业自觉践行社会责任的新时代精神，厚植企业关心关爱职工、职工爱岗爱企的和谐文化底蕴，更好发挥先进典型的示范引领作用，带动企业切实保障职工权益，引导职工增强对企业的责任感、认同感和归属感，充分调动劳动关系主体双方的积极性、主动性、创造性，打造企业与职工的利益共同体、事业共同体、命运共同体，团结动员广大企业和职工建功立业新时代，推动形成企业得效益、职工得实惠、经济得发展、社会得稳定、和合文化得弘扬的良好局面。

二、创建示范范围、名额和命名方式

（一）创建示范范围

全国各类企业、工业园区（包括各类经济技术开发区、高新技术产业园区、科技园区以及其他产业集聚区）。

（二）创建示范项目设置和名额

全国和谐劳动关系创建示范企业 350 家，全国和谐劳动关系创建示范工业园区 50 个（名额分配表见附件 1）。

（三）命名方式

对符合创建示范标准的企业命名“全国和谐劳动关系创建示范企业”，对符合创建示范标准的工业园区命名“全国和谐劳动关系创建示范工业园区”，同时颁发铭牌。

三、创建示范原则

创建示范活动坚持公平、公正、公开；坚

持严格执行创建示范标准和“两审三公示”程序；坚持三方共同审核。

四、创建示范标准

创建示范的企业、工业园区应是2019年以来在和谐劳动关系创建活动中表现突出，具有示范引领作用的单位。

（一）全国和谐劳动关系创建示范企业的标准

1. 企业党组织健全，作用发挥充分。坚持把党建工作摆在突出位置，党的基层组织完善，在开展和谐劳动关系创建活动中履行组织职工、凝聚职工、服务职工的职责，党员先锋模范作用有效发挥。

2. 全面实行劳动合同制度。劳动合同应签尽签；劳动合同的订立、履行、变更、解除和终止等程序合法、内容规范；劳务派遣用工规范；依法制定劳动规章制度。

3. 依法保障职工劳动报酬、休息休假、社会保险权益。按时足额支付职工工资；职工工资增长与企业效益、劳动生产率增长相适应；依法执行工作时间和休息休假制度；依法参加社会保险，按规定缴纳各项社会保险费用，定期向职工公开社会保险缴费信息。

4. 全面执行劳动安全和职业卫生法律法规。劳动保护措施和劳动安全卫生条件符合国家规定的标准；建立健全安全生产责任制和工会劳动保护监督检查制度，开展安全生产教育培训，对从事有职业危害的职工定期进行健康检查，有效预防工伤和职业病的发生；执行女职工和未成年工特殊劳动保护规定，定期组织健康检查；2019年以来无安全生产事故和职业危害事故。

5. 建立集体协商和集体合同制度。依法订立和履行集体合同，集体协商程序规范；未建立企业集体协商机制的小微企业通过区域性行业性集体合同覆盖。

6. 依法加强民主管理。企业依法建立工会组织，健全组织机构，充实工作人员，依法拨缴经费，工会作用充分发挥；建立职工（代表）大会制度，定期召开职工（代表）大会，涉及职工切身利益的规章制度和重大事项经过职工（代表）大会审议通过，公司制企业依法设立职工董事、职工监事；尚不具备建立职工代表大会制度条件的小微企业，通过区域性行业性职工代表大会覆盖。完善厂务公开制度，通过协商会、恳谈会等形式定期与职工代表（工会）进行沟通，了解并及时处理职工意见建议。

7. 企业劳动争议调解组织和工作制度健全。依法及时妥善调处劳动争议和影响稳定的苗头性、倾向性问题，切实维护劳动关系双方合法权益；无劳动关系群体性、突发性事件发生。

8. 建立职工岗位培训制度，职工教育经费足额到位。常态化开展岗位、技能等培训活动。鼓励职工参加学历教育和继续教育，提高职工技能水平和文化知识水平，拓宽职工成长成才空间。

9. 重视企业文化建设。努力培育与中华优秀传统文化相契合富有特色的企业精神和健康向上的企业文化，注重提升职工生活品质，完善职工困难帮扶机制，纾困解难送温暖，支持和帮助生育职工平衡工作和家庭责任，不断改善职工的工作、学习和生活条件。建立职工健康服务体系，注重职工精神需求和心理健康，教育引导职工正确对待社会利益关系调整，以理性合法形式表达利益诉求，维护自身权益。

10. 提升职工满意度。职工对劳动报酬、社保缴纳、休息休假、工作环境、劳动条件、人文关怀等综合满意度高。

（二）全国和谐劳动关系创建示范工业园区的标准

1. 健全工业园区党委领导的构建和谐劳动关系工作机制，将创建活动纳入当地党委、政府重要议事日程，制定推进创建活动的实施方案，完善政府、工会、企业共同参与的劳动关系协商协调机制。

2. 加强对辖区内企业劳动用工的指导服

务，健全日常管理台账，全面掌握企业劳动用工动态信息。根据辖区内企业数量和规模，合理布局劳动关系基层公共服务站点，配备一定数量的劳动关系协调员，站点标识统一，服务场所固定，服务设施齐全，服务内容完备，服务质量高效，通过提供多样化、专业化、智慧化、标准化劳动关系公共服务，更好满足企业和劳动者需求，形成地域、行业特色鲜明的公共服务品牌。

3. 辖区内符合建会条件的企业普遍建立工会组织；80%以上的企业建立以工资集体协商为重点的集体合同制度；对不具备开展集体协商签订集体合同条件的小微企业，通过签订区域性、行业性集体合同实现覆盖。

4. 依法建立工会组织、企业代表组织以及劳动争议调解组织，建立健全劳动关系矛盾纠纷排查预防和联动化解机制，形成劳动争议预防调解工作网络，对辖区内带有普遍性、倾向性的劳动关系问题开展协商，预防和调处劳动关系矛盾纠纷。2019 年以来辖区内未发生重大安全生产、重大职业危害事故以及重大劳动关系群体性、突发性事件。

5. 辖区内企业普遍参加了和谐劳动关系创建活动，并基本上达到了示范标准。

五、创建示范程序

（一）组织申报

1. 地方申报。各地企业、工业园区自愿申报，申报材料在企业、工业园区内公示无异议后，向所在地县级或地市级协调劳动关系三方机构申报（申报材料见附件 2、附件 3、附件 4）。地市级三方机构对申报企业、工业园区进行初审，并向省级三方机构上报。省级三方机构对地市级三方机构上报的企业、工业园区进行复审，在本省（自治区、直辖市）范围内向社会公示无异议后，向国家三方创建示范工作办公室申报。

2. 国家三方成员申报。全国总工会、中国企业联合会/中国企业家协会和全国工商联分别组织申报审核工作。各产业系统按照企业自愿申报、省级产业工会初审、全国产业工会牵头复审的程序开展，并在本系统范围内进行公示无异议后，向国家三方创建示范工作办公室申报；中国企业联合会/中国企业家协会按照企业自愿申报、省级企业联合会/企业家协会初审、中国企业联合会/中国企业家协会复审的程序开展，并在本系统内进行公示无异议后，向国家三方创建示范工作办公室申报；全国工商联按照企业自愿申报、全国工商联直属商会初审、全国工商联复审的程序开展，并在本系统内进行公示无异议后，向国家三方创建示范工作办公室申报。

（二）全国公示

国家三方创建示范工作办公室汇总各地、各全国产业工会和企业代表组织申报的创建示范结果，提出拟命名为创建示范的企业、工业园区名单，在国家协调劳动关系三方四家门户网站向社会公示，接收和处理各地对示范结果的反馈意见。公示期满后没有异议的，报国家三方创建示范工作领导小组决定；公示期内有异议的，返回省级三方机构重新审核，确有问题的，不再上报。

（三）报批审定

国家三方创建示范工作领导小组提出拟命名的企业、工业园区建议名单，按程序报国家协调劳动关系三方会议研究确定后予以通报。

六、工作要求

（一）精心组织实施。国家协调劳动关系三方会议成立由执行主席担任组长的创建示范工作领导小组，下设创建示范工作办公室，全面负责和协调创建示范工作。各地区协调劳动关系三方要把创建示范活动摆上重要日程，按照统一部署和要求，成立本地区创建示范工作领导机构，制定工作方案，明确责任分工，精心组织实施。

（二）广泛宣传发动。各地区要深入基层、深入企业、深入企业集聚的工业园区开展宣传动员，充分调动各类企业、工业园区参与创建示范活动的积极性。

（三）严格执行创建示范标准和程序。各地区要把好法律规定执行关、职工意见关、部门核查关，把在和谐劳动关系创建活动中作出表率的企业、工业园区予以认定。要指导和督促申报企业组织实施好企业职工对企业劳动关系状况的满意度调查，将创建情况报经职工代表大会或职工大会讨论通过，并由企业工会盖章。工业园区的创建情况应由所在地协调劳动关系三方分别盖章。要统筹考虑各类企业，适当向非公有制中小企业倾斜，合理确定各类企业的示范比例，体现企业代表性。

（四）做好典型经验申报工作。各地区申报 2~4 个“全国和谐劳动关系创建示范企业”的典型经验材料，分配了工业园区名额的地方报送 1 个“全国和谐劳动关系创建示范工业园区”的典型经验材料。各地区报送的典型经验材料，要求事例典型、内容翔实、主题鲜明、文字简洁。经验材料字数控制在 3 000 字以内。

请省级三方机构于 7 月底前将创建示范单位名单及经验材料经省级三方分别盖章后，传真至国家三方创建示范工作办公室（同时扫描文件发送电子邮件）。

附件：1. 全国和谐劳动关系创建示范企业、工业园区名额分配表（略）
2. 全国和谐劳动关系创建示范企业申报表（略）
3. 企业申报材料内容证明表（略）
4. 全国和谐劳动关系创建示范工业园区申报表（略）

人力资源社会保障部
中华全国总工会
中国企业联合会/中国企业家协会
中华全国工商业联合会
2022 年 5 月 25 日

人力资源社会保障部　财政部 国家税务总局　银保监会　证监会 关于印发《关于推动个人养老金发展的意见》宣传提纲的通知

人社部函〔2022〕63号

各省、自治区、直辖市及新疆生产建设兵团人力资源社会保障厅（局）、财政厅（局）、税务局、银保监局、证监局：

党中央、国务院高度重视多层次、多支柱养老保险体系建设。近日，国务院办公厅印发《关于推动个人养老金发展的意见》（国办发〔2022〕7号，以下简称《意见》）。为做好《意见》的贯彻落实工作，现将《〈关于推动个人养老金发展的意见〉宣传提纲》印发你们，请结合本地实际，认真做好宣传解读工作。

推动个人养老金发展，是贯彻落实党的十九大和十九届历次全会精神、规范发展第三支柱养老保险的重要举措。各地要从健全多层次、多支柱养老保险体系，更好地满足人民群众多样化养老需要，积极应对人口老龄化的高度，充分认识推动个人养老金发展的重要意义。

各级人力资源社会保障、财政、税务、银保监、证监部门要依据各自职责，深刻领会《意见》精神，准确把握政策要点，通过多种方式加强宣传，增强社会各界和广大人民群众对个人养老金政策的知晓度，引导人民群众积极参与。

请各地及时总结个人养老金试行工作中好的经验做法，工作过程中遇到的重要情况和问题，请及时报告人力资源社会保障部、财政部和相关部门。

人力资源社会保障部
财政部
国家税务总局
银保监会
证监会
2022年6月7日

《关于推动个人养老金发展的意见》宣传提纲

一、为什么要建立个人养老金制度

社会保障是保障和改善民生、维护社会公平、增进人民福祉的基本制度保障，是促进经济社会发展、实现广大人民群众共享改革发展成果的重要制度安排。我们党历来高度重视民生改善和社会保障，把社会保障作为改善人民生活的基础民生工程，把养老保险作为社会保障体系建设的重点，实行社会统筹与个人账户相结合的基本养老保险制度模式，确立了多层次发展的体系框架，稳步推进各项工作，取得重大进展。

党的十八大以来，以习近平同志为核心的党中央坚持以人民为中心的发展思想，把社会保障体系建设摆上更加突出的位置，推动我国社会保障体系建设进入快车道，我国社会保障事业发展取得历史性成就。中央强化顶层设计，加强制度引领，推动一批关键性标志性改革举措出台实施，覆盖范围持续扩大，待遇水平稳步提高，保障能力持续增强，我国成功建立起世界上最大的基本养老保险保障网，制度的公平性、可持续性显著增强，为广大人民群众老年生活提供了基本保障，也成为人民群众共享改革发展成果的重要途径。

中央明确要求，要立足我国基本国情，借鉴国际经验，努力构建以基本养老保险为基础、以企业年金和职业年金为补充、与个人储蓄性养老保险和商业养老保险相衔接的“三支柱”养老保险体系。从三支柱整体上看，第一支柱为基本养老保险，包括城镇职工基本养老保险和城乡居民基本养老保险，立足于保基本，采取社会统筹与个人账户相结合的模式，体现社会共济，已具备相对完备的制度体系，覆盖范围持续扩大。截至2021年底，参加人数达到10.3亿人，积累基金6万多亿元，基金运行总体平稳，待遇按时足额发放。第二支柱为企业年金、职业年金，由用人单位及其职工建立，主要发挥补充作用，已有良好的发展基础。截至2021年底，参加企业（职业）年金的职工7 200多万人，积累基金近4.5万亿元，补充养老作用初步显现。第三支柱为个人储蓄性养老保险和商业养老保险，此前没有全国统一的制度性安排，是多层次养老保险体系的短板。2020年，《中共中央关于制定国民经济和社会发展第十四个五年规划和二〇三五年远景目标的建议》提出发展多层次、多支柱养老保险体系。2021年和2022年政府工作报告均提出要规范发展第三支柱养老保险。

按照党中央、国务院决策部署，国务院办公厅于2022年4月印发了《关于推动个人养老金发展的意见》（以下简称《意见》）。《意见》的印发，对我国多层次、多支柱养老保险体系建设具有标志性意义。个人养老金是国家关于第三支柱的制度性安排，除此之外，还有其他个人商业养老金融业务，二者都是第三支柱的重要组成部分，互相补充、相互促进。个人养老金制度的实施，是适应我国社会主要矛盾变化，满足人民群众多层次多样化养老保障需求的必然要求，有利于在基本养老保险和企业年金、职业年金基础上，再增加一份积累，退休后能够再多一份收入，进一步提高退休后的生活水平，让老年生活更有保障、更有质量。个人养老金制度的实施，也是社会保障事业高质量发展、可持续发展的重要举措，有利于积极应对人口老龄化，构建功能更加完备的多层次、多支柱养老保险制度体系。

二、推动个人养老金发展的重要意义

《意见》的出台实施，充分体现了党中央、国务院对养老保险体系建设和群众切身利益的高度重视，建立个人养老金制度并推动发展，是一件利国利民的好事。

（一）有利于完善多层次、多支柱养老保险体系。建立个人养老金制度，有利于从制度层面补齐第三支柱养老保险的短板，为实现个人补充养老提供制度保障，有利于进一步健全多层次、多支柱养老保险体系，促进三个支柱更好地协调发展、可持续发展。

（二）有利于满足人民群众多样化的养老保险需求。推动个人养老金发展，不仅为参加第二支柱企业（职业）年金的人员再增加了一条补充养老保险渠道，对没有参加第二支柱的人员而言，也增加了一条补充养老保险渠道，顺应了人民群众对养老保险多样化的需求。有利于在我国人口老龄化日益严峻的形势下，引导人们及早谋划和为未来老年生活做储备，有利于通过制度安排，切实提高老年收入水平，更好的保障老年生活的需要。

（三）有利于积极应对人口老龄化，促进经济社会发展。个人养老金是对个人储备养老资金的制度性安排，有利于个人理性规划养老资金，合理选择金融产品，是积极应对人口老龄化的重要举措。同时，个人养老金积累的长期资金，还能较好地服务于国家经济社会发展大局。

三、个人养老金的基本原则

制订《意见》遵循了三个基本原则：

（一）注重多层次、多支柱养老保险体系的整体性。把个人养老金放在多层次、多支柱养老保险有机整体中统筹把握和设计，在总体待遇中考虑个人养老金的定位，坚持基本保险与补充保险的辩证关系，充分考虑与相关试点政策的衔接。

（二）注重操作简便性和实效性。个人养老金涉及多个部门和行业的政策与运行规则，情况比较复杂。制定《意见》过程中，坚持以账户制为核心，简化信息运转流程，方便参加人员。切实管住资金，确保实现补充养老功能。

（三）注重维护金融市场规则。个人养老金实行市场化运行，确立个人养老金制度模式和制定《意见》过程中，充分尊重市场规则，在资金账户开立渠道、确定参与金融机构和金融产品、金融产品销售渠道等方面，由金融监管部门负责，不对金融市场产生不良影响。

四、准确把握个人养老金的主要政策

个人养老金是政府政策支持、个人自愿参加、市场化运营的补充养老保险制度。

（一）关于个人养老金的定位和作用。个人养老金是指有政府政策支持、个人自愿参加、市场化运营的补充养老保险制度，是多层次、多支柱养老保险体系的重要组成部分。国家高度重视第三支柱养老保险制度建设，通过税收优惠等政策给予支持，鼓励人民群众广泛参与，并通过市场化运营的方式实现积累资金的保值增值。参加个人养老金，有利于参加人在养老保险一、二支柱的基础上，再增加一份养老积累，进一步提高老年收入水平和生活质量。

（二）关于个人养老金的覆盖范围。在中国境内参加城镇职工或者城乡居民基本养老保险的劳动者，均可参加个人养老金。一方面，只有参加了基本养老保险，实现了保“基本”这一前提，参加个人养老金才能体现“补充”养老保险的功能。另一方面，有意愿的劳动者参加，可以实现个人养老金长期缴费，持续增加个人账户资金积累。

（三）关于个人养老金的管理模式。个人养老金实行个人账户制度。参加人通过人力资源社会保障部组织建设的个人养老金信息管理服务平台（以下简称信息平台），建立本人的个人养老金账户。个人养老金账户具有唯一性，是参加个人养老金、享受税收优惠政策的基础。之后，参加人指定或者开立一个本人唯一的个人养老金资金账户，用于个人养老金缴费、归集收益、支付，以及缴纳个人所得税，实行完全积累、封闭运行，其权益归参加人所有。

实行个人账户制比较符合我国现有国情，一是个人养老金涉及参加人长达几十年的缴费、选择不同的金融产品、缴纳个人所得税和领取，因此需要在信息平台开立个人养老金账户，核验参加资格和唯一性，清楚记录所有相关信息，做好服务和保障。二是体现个人的养老责任。个人养老金由个人缴费，实行完全积累，待遇水平取决于领取时个人养老金资金账户的积累额。三是保证实现补充养老功能。个人养老金资金账户封闭运行，参加人工作时缴费，达到领取基本养老金年龄等条件时才能领取，确保实现补充养老功能。

（四）关于个人养老金资金账户的开立和变更。参加人应当指定或者开立一个本人唯一的个人养老金资金账户。个人养老金资金账户可以在符合规定的商业银行指定或者开立，也可以通过其他符合规定的金融产品销售机构指定。参加人变更开户银行时，应当经信息平台校验，将原个人养老金资金账户内的资金转移至新的个人养老金资金账户并注销原资金账户。

这样规定，一是确保参加人个人养老金资金账户的唯一性，使参加人按规定缴费和享受优惠政策。二是维护现有金融市场生态，不影响资金账户开户方式，不影响原有销售渠道。三是参加人需变更开户银行时，需“中止”原资金账户（不能再向其中缴费或使用其中资金购买产品），再申请开立或指定新的资金账户。

（五）关于缴费水平。个人养老金缴费上限起步为每年 12 000 元，并根据经济社会发展水平、多层次养老保险体系发展情况等因素适时调整。

（六）关于投资。个人养老金资金账户内资金用于购买符合规定的银行理财、储蓄存款、商业养老保险、公募基金等金融产品（以下简称个人养老金产品），由参加人自主选择。从国际经验和国内探索看，多种金融产品参与个人养老金，既有利于满足不同群体的需求，也有利于市场充分竞争，促使金融机构开发更好的金融产品参与个人养老金。个人养老金产品由金融监管部门确定，并在信息平台和金融行业平台公布。个人养老金资金账户内资金应购买信息平台和金融行业平台共同公布的产品。

（七）关于个人养老金领取。参加人达到领取基本养老金年龄等条件后，可以按月、分次或者一次性领取个人养老金，并归集至本人社会保障卡。参加人死亡后，其个人养老金资金账户中的资产可以继承。一是领取条件与领取基本养老金挂钩，可以切实保障实现补充养老功能。二是领取方式多样化，方便个人选择。三是将个人养老金待遇归集至本人社会保障卡银行账户，有利于参加人三个支柱养老权益的整合和服务，并为调整完善养老保险政策提供支撑。

（八）关于信息平台。由人力资源社会保障部建设国家级信息平台，与符合条件的商业银行以及相关金融行业平台对接，为参加人、参与金融机构、政府相关部门提供服务。一是与符合条件的商业银行对接，有利于确保资金流和信息流及时准确对应，实现制度运转，提供相关服务，实施政策监管。二是与银保监会和证监会的行业平台对接，归集个人养老金产品及交易汇总信息。三是与财政、税务等部门共享信息，便于政策精准实施。

（九）关于组织实施。个人养老金结合实际分步实施、选择部分城市试行 1 年后，再逐步推开。这样安排，主要是考虑个人养老金涉及部门多，需要通过选择部分城市先行，检验具体操作流程并完善，再逐步推广至全国。

人力资源社会保障部关于发布《人力资源社会保障电子认证体系规范》等3项行业标准的通知

人社部函〔2022〕80号

各省、自治区、直辖市及新疆生产建设兵团人力资源社会保障厅（局），部属有关单位：

《人力资源社会保障电子认证体系规范》（修订）、《人力资源社会保障电子认证服务管理规范》、《人力资源社会保障网络安全监测和应急处置规范》3项推荐性行业标准已经我部审核批准，现予以发布，自2022年7月1日起实施。标准全文登载在人力资源社会保障部门户网站“政务公开—规划财务—标准”栏目下。

附件：标准清单

人力资源社会保障部

2022年6月22日

附件

标准清单

<table>
<tr><th>序号</th><th colspan="2">标准名称</th><th>标准编号</th><th>备注</th></tr>
<tr><td rowspan="5">1</td><td rowspan="5">人力资源社会保障电子认证体系规范</td><td>第1部分　框架规范</td><td>LD/T 02.1—2022</td><td rowspan="5">修订，代替LD/T 30—2009</td></tr>
<tr><td>第2部分　电子认证系统技术规范</td><td>LD/T 02.2—2022</td></tr>
<tr><td>第3部分　数字证书格式规范</td><td>LD/T 02.3—2022</td></tr>
<tr><td>第4部分　数字证书应用接口规范</td><td>LD/T 02.4—2022</td></tr>
<tr><td>第5部分　数字证书载体规范</td><td>LD/T 02.5—2022</td></tr>
<tr><td>2</td><td colspan="2">人力资源社会保障电子认证服务管理规范</td><td>LD/T 03—2022</td><td></td></tr>
<tr><td>3</td><td colspan="2">人力资源社会保障网络安全监测和应急处置规范</td><td>LD/T 04—2022</td><td></td></tr>
</table>

人力资源社会保障部关于发布《社会保险经办内部控制规范》行业标准的通知

人社部函〔2022〕89号

各省、自治区、直辖市及新疆生产建设兵团人力资源社会保障厅（局），部属有关单位：

《社会保险经办内部控制规范》推荐性行业标准已经我部审核批准，标准编号是：LD/T 05—2022，现予以发布，自2022年8月1日起实施。标准全文登载在人力资源社会保障部门户网站“政务公开—规划财务—标准”栏目下。

人力资源社会保障部

2022年7月18日

人力资源社会保障部　民政部 中国残联关于开展就业援助 “暖心活动”的通知

人社部函〔2022〕92号

各省、自治区、直辖市及新疆生产建设兵团人力资源社会保障厅（局）、民政厅（局）、残联：

做好困难人员就业援助，关系群众冷暖，关系民生底线。为贯彻党中央、国务院稳就业保就业决策部署，服务保民生、兜底线、救急难，人力资源社会保障部、民政部、中国残联决定在全国范围内组织开展就业援助“暖心活动”，集中为就业困难人员送岗位、送服务、送政策、送温暖，帮扶一批困难人员就业。现就有关事项通知如下：

一、活动主题

援助暖民心　就业解民忧

二、活动时间

2022年8—10月

三、重点援助对象

（一）失业1年以上、大龄、最低生活保障家庭、身有残疾的登记失业人员；

（二）脱贫家庭、最低生活保障家庭、零就业家庭以及身有残疾、较长时间未就业的高校毕业生；

（三）省级人民政府确定的其他就业困难人员。

四、活动目标

（一）底数更精准。符合条件的援助对象能够及时发现认定，获得联系对接，实现援助对象基本信息、就业状态、就业意愿、服务需求基本掌握、动态管理。

（二）帮扶更有效。就业援助政策和服务知晓度、可及性明显提升，未就业援助对象尽快就业创业或投入就业准备活动中，已就业援助对象就业稳定性进一步增强。

（三）温暖进万家。就业援助机制健全完善，就业援助成效巩固拓展，关心关爱就业困难人员的工作合力不断凝聚、社会氛围更加浓厚。

五、主要措施

（一）健全援助工作台账。开展登记失业人员、重点群体与低保家庭、持证残疾人数据比对，梳理年龄、失业时长等基本信息，及时将符合条件人员认定为援助对象，并在数据库中作出专门标识。推动失业登记、未就业高校毕业生管理与援助对象认定协同办理。组织联系对接、情况摸底，动态掌握援助对象基本情况，做到人员底数清、就业状态清、就业意愿清、服务需求清。

（二）收集援助岗位信息。依托街道、社区等基层平台，收集一批便民商业、物业管理、家政服务、保洁保绿、基层协管等城乡社区岗位、灵活就业岗位。依托公共就业服务机构、人力资源服务机构，收集一批疫情防控、生活保供、交通物流等重点企业及中小微企业急需紧缺岗位，并准备一批岗位所需的技能培训项目。依托国有企事业单位和社会责任感强的大中型企业，提供一批知识型、技术型等适合高校毕业生的就业岗位，设立一批低门槛、有保障的爱心岗位，开发一批安排残疾人的按比例就业岗位。

（三）制定分类援助计划。组织职业指导师、创业培训师等专业力量，到街道、社区定期开展坐诊服务，为援助对象开展个性化职业指导，制定“一人一策”援助计划，确定差异化帮扶举措。对有就业需求的，明确求职路径，开展针对性岗位推荐；对有创业需求的，明确创业方向，提供创业服务；对有培训需求的，明确培训目标，提供适合的培训信息；对就业意愿不强的，开展心理疏导，组织职业体验，帮助提振信心，引导积极就业。

（四）组织系列送岗活动。筛选适合援助对象的岗位信息，通过短信、微信、App 等方式“点对点”定向推送。搭建招聘流动平台，开出“就业大篷车”、设立“就业驿站”，送岗位进社区、进家门。运用直播带岗、云招聘等线上服务模式，举办小规模、专业化、高频次线下专场招聘会，组织援助对象积极参加招聘活动。

（五）加快援助政策落实。筛选符合条件的援助对象和用人单位，精准推送援助政策，对能够通过信息比对核实的，直接兑现各项补贴，推动涉企政策和涉援助对象政策打包办理。开发一批公益性岗位，对通过市场渠道难以就业的实施托底安置，给予岗位补贴和社会保险补贴，并根据需要及时开发一批临时性公益性岗位。

（六）强化基本生活保障。开展援助对象与参保人员、低保家庭数据共享比对，为参加失业保险的援助对象按规定兑现失业保险金、失业补助金等失业保险待遇，为基本生活出现暂时性、阶段性困难的未参加失业保险、未纳入低保的援助对象按规定实施临时救助。鼓励低保家庭援助对象积极就业，对可能因就业导致收入超出低保标准的，实施低保待遇渐退。

六、工作要求

（一）加强组织领导。各地人力资源社会保障、民政部门和残联组织要高度重视活动开展，带着对困难群众的深厚感情，精心组织、周密安排，确保活动务实高效。要加强配合，协同推进，抓紧制定工作方案，明确目标任务，细化具体举措，优先保障就业援助工作政策和资金需要。要充分发挥各类公共就业服务机构、人力资源服务机构、街道社区平台和社会组织作用，凝聚各方广泛参与、共同推进的工作合力。

（二）健全援助机制。各地要以此次集中活动为契机，坚持日常援助与集中援助相结合，健全就业援助长效工作机制。要合理设定并动态调整就业困难人员认定标准，构建及时发现、优先服务、分类帮扶、动态管理工作机制，力争对就业困难人员发现一人、认定一人、帮扶一人。

（三）做好宣传引导。各地要开展就业援助政策和服务专项宣传，运用人民群众喜闻乐见的宣传方式，提供通俗易懂的政策解读，不断提高政策知晓度。要大力宣传困难人员自主就业、自主创业和用人单位吸纳就业的典型事迹，集中宣传就业援助工作中的特色做法和鲜活经验，发挥示范带动作用，引导全社会共同关心和支持就业援助工作。

活动期间，各地要及时报送活动进展及成效，相关工作信息、图文影像、新闻线索即时发至指定邮箱。活动结束后，各地要全面总结任务完成情况、主要数据、典型案例、意见建议，有关总结报告情况请于 11 月 8 日前报送人力资源社会保障部、民政部、中国残联。活动统计表请分别于 8 月 31 日、9 月 30 日、10 月 31 日报送当月数据。

附件：就业援助“暖心活动”情况统计表（略）

人力资源社会保障部
民政部
中国残联
2022 年 7 月 19 日

人力资源社会保障部关于在全国人力资源社会保障系统开展法治人社示范创建活动的通知

人社部函〔2022〕97号

各省、自治区、直辖市及新疆生产建设兵团人力资源社会保障厅（局）：

为贯彻落实党中央、国务院关于扎实做好法治政府建设示范创建活动的决策部署，大力培育法治人社建设的先进典型，提升全国人力资源社会保障系统依法行政能力和水平，人力资源社会保障部决定开展法治人社示范创建活动。现将有关事项通知如下：

一、总体要求

坚持以习近平新时代中国特色社会主义思想为指导，全面贯彻党的十九大和十九届历次全会、中央全面依法治国工作会议精神，深入贯彻习近平法治思想，深刻认识“两个确立”的决定性意义，增强“四个意识”，坚定“四个自信”，做到“两个维护”，紧紧围绕全面依法治国总目标，深入总结和推广地方法治人社建设的典型经验和成功模式，树立一批新时代法治人社建设的新标杆，以创建促提升、以示范带发展，全面推进法治人社建设，为人力资源和社会保障事业高质量发展提供有力法治保障。

二、创建范围和名额

（一）创建范围

法治人社示范创建活动面向市（地、州、盟）人力资源社会保障部门、县（市、区、旗）人力资源社会保障部门（以下简称市、县级人社部门），以县级人社部门为主。

（二）创建名额

对符合创建条件的人社部门命名“全国人力资源和社会保障法治建设示范单位”并授牌，名额不超过100个。

三、创建条件

深入学习贯彻习近平法治思想和中央全面依法治国工作会议精神，认真贯彻落实党中央、国务院关于全面依法治国的重大决策部署，旗帜鲜明讲政治，自觉在思想上政治上行动上同以习近平同志为核心的党中央保持高度一致。

（一）行政职能依法全面履行。就业、社会保障、人才人事、劳动关系等工作任务依法全面完成；全面实行行政许可事项清单管理，依法依规实施行政许可；加强系统行风建设，群众满意度明显提高。

（二）依法行政制度体系完善。行政规范性文件管理制度健全，制定程序规范，认真落实评估论证、征求意见、合法性审核、集体讨论决定、向社会公开发布等制度。

（三）重大行政决策科学民主合法。严格执行《重大行政决策程序暂行条例》，增强公众参与实效，提高专家论证质量，充分发挥风险评估功能，所有重大行政决策都严格履行合法性审查和集体讨论决定程序。

（四）行政执法严格规范公正文明。严格贯彻落实行政处罚法，加强重点领域执法，全面推行行政执法公示、执法全过程记录、重大执法决定法制审核制度，全面落实行政执法责任制，健全并落实行政执法人员管理制度。

（五）行政权力制约监督科学有效。健全行政权力制约和监督机制，全面主动落实政务公开，自觉接受党内监督、人大监督、民主监督、司法监督和社会监督。

（六）社会矛盾纠纷依法有效化解。依法化解纠纷机制健全，群众诉求表达、利益协调和权益保障渠道畅通，调解、仲裁、行政复议、诉讼等矛盾纠纷多元化解机制有机衔接。

（七）政府工作人员法治思维和依法行政能力全面提高。落实领导干部学法制度，强化工作人员法治教育培训；加强法治队伍建设，树立重视法治素养和法治能力用人导向。

（八）法治人社建设组织领导落实到位。加强党对法治人社建设的领导，主要负责人切实履行推进法治建设第一责任人职责；把学法用法和依法行政情况列入年度考核重要内容。

四、创建程序

（一）自愿申报。市、县级人社部门结合实际制定创建工作方案，并按照创建条件和全国法治人社示范创建评估指标（附件1）进行自查自评，认为达到示范要求的（符合评估指标90%以上指标），经领导班子集体研究，可以逐级向省级人社部门申报。申报时应当提供自评报告和相关材料，自评报告要求真实准确、内容翔实，充分体现本地区法治人社建设的举措、成效和亮点，字数控制在3 000字以内。

（二）初审推荐。省级人社部门组织本地区的申报工作，对申报材料进行审核把关，并通过第三方评估、群众满意度测评、实地核查等方式，确保申报对象符合示范创建要求、申报材料真实。初审后，省级人社部门按照分配名额（附件2），由领导班子集体研究确定拟推荐对象，并在本省进行公示，公示期为5个工作日。公示无异议后，于10月15日前将推荐工作报告、申报表（附件3）、推荐对象汇总表（附件4）、推荐对象的自评报告等材料报送人力资源社会保障部。推荐工作报告主要内容包括：本地区推荐工作组织情况、推荐过程、推荐排序、公示情况、推荐意见等。

（三）审核确定。人力资源社会保障部组织对各地上报的材料进行审核评估，根据需要开展实地核查，拟定示范单位名单，并在人力资源社会保障部网站公示。

（四）认定公布。人力资源社会保障部综合公示情况，对符合要求的单位予以命名，并授牌。

五、工作要求

（一）提高思想认识。要高度重视法治人社建设，深刻认识法治人社示范创建活动对加快推进法治人社建设的重要意义，以此为契机，深入总结法治人社建设的成绩和问题，既要尽快补齐短板、改善薄弱环节，也要精准发力、重点突破，努力成为全国法治人社建设的示范样板。

（二）加强组织领导。成立全国法治人社示范创建工作领导小组，由分管部领导担任组长，办公厅、法规司、规划司、表彰办、人事司、机关党委（纪委）和宣传中心等单位主要负责同志任成员，负责研究确定示范创建工作中的重要事项。设立领导小组办公室，负责示范创建的日常工作，办公室设在部法规司。各省级人社部门根据需要成立相应的示范创建工作领导小组，负责本地区的组织实施工作。

（三）严格标准程序。按照规定条件和程序组织实施，坚持公开、公平、公正原则，严把政治关、条件关、程序关，充分发扬民主，接受群众监督，确保创建工作质量。

附件：1. 全国法治人社示范创建评估指标（略）
2. 全国法治人社示范创建推荐名额分配表（略）
3. 全国人力资源和社会保障法治建设示范单位申报表（略）
4. 全国人力资源和社会保障法治建设示范单位推荐对象汇总表（略）
5. 创建工作联系表（略）

人力资源社会保障部
2022 年 7 月 22 日

人力资源社会保障部　最高人民法院关于加强行政司法联动保障新冠肺炎康复者等劳动者平等就业权利的通知

人社部函〔2022〕108号

各省、自治区、直辖市人力资源社会保障厅（局）、高级人民法院，解放军军事法院，新疆生产建设兵团人力资源社会保障局，新疆维吾尔自治区高级人民法院生产建设兵团分院：

近期，部分单位违反劳动法、就业促进法、传染病防治法等有关法律法规规定，以曾经新冠病毒核酸检测阳性等为由，限制新冠肺炎康复者等劳动者求职，相关劳动者平等就业权利受到侵害，社会广泛关注。为加强行政司法协调联动，进一步保障新冠肺炎康复者等劳动者平等就业权利，现就有关事项通知如下：

一、严格禁止歧视新冠肺炎康复者等劳动者

依据劳动法、就业促进法、传染病防治法等法律法规规定，用人单位招用人员、人力资源服务机构从事职业中介活动，不得歧视新冠肺炎康复者等劳动者。用人单位和人力资源服务机构应当遵守相关法律规定，不得以曾经新冠肺炎病毒核酸检测阳性等为由，拒绝招（聘）用新冠肺炎康复者等劳动者；不得发布含有歧视性内容的招聘信息；除因疫情防控需要，不得违反个人信息保护法等有关规定，擅自非法查询新冠病毒核酸检测结果。

二、加大招聘活动监管力度

人力资源社会保障部门要加强对用人单位、人力资源服务机构招聘活动监管，宣传普及法律法规和政策规定，督促用人单位、人力资源服务机构严格遵守法律法规，及时查处违法行为。对用人单位发布含有歧视新冠肺炎康复者等劳动者招聘信息的，人力资源服务机构未履行合法性审查义务的，要依据《人力资源市场暂行条例》，发现一起严肃查处一起。对情节严重或者造成严重不良影响的，要通过采取行政约谈、曝光等方式督促整改。用人单位对新冠肺炎康复者等劳动者实施就业歧视、侵害劳动者平等就业权利的，告知劳动者可以向人民法院提起诉讼。

三、加强就业歧视案件审理工作

用人单位对新冠肺炎康复者等劳动者实施就业歧视、擅自非法查询新冠病毒核酸检测结果的，劳动者可以侵害平等就业权、个人信息权益等为由，依法向人民法院提起诉讼。对案件事实清楚、法律关系明确的就业歧视案件，人民法院在确保公正的前提下，要提高司法保护的效率，做到快立、快审、快结。劳动者请求人民法院调查取证，人民法院对于符合法定条件的申请要积极主动进行调查。案件审理中，人民法院要充分考虑当事人的举证能力，根据诚实信用、公平原则合理分配举证责任，使劳动者的合法权益得到应有的保护。

四、完善人力资源社会保障部门和人民法院协调配合机制

各地人力资源社会保障部门、人民法院要认真履行职责，建立就业歧视情况和统计信息通报制度，完善相关政策措施和司法解释。人民法院在审理就业歧视案件过程中，发现用人单位招聘信息含有歧视性内容的，可以将违法行为线索通报给人力资源社会保障部门，人力资源社会保障部门要及时予以核查，并将查处相关违法行为情况反馈给人民法院。各地人力资源社会保障部门、人民法院要加强对疑难复杂案件和法律适用问题的研讨和交流，通过联合发布典型案例等方式开展普法宣传，警示教育违法者，引导用人单位及人力资源服务机构遵纪守法、劳动者依法理性维权，保障劳动者平等就业权利。

各地人力资源社会保障部门、人民法院要高度重视保障新冠肺炎康复者等劳动者平等就业权利工作，将其作为稳就业的重要措施，结合当地实际抓紧制定细化措施，确保本通知要求贯彻落实到位。

人力资源社会保障部

最高人民法院

2022年8月10日

人力资源社会保障部关于印发《人力资源和社会保障领域随机抽查事项清单（第三版）》的通知

人社部函〔2022〕112号

各省、自治区、直辖市及新疆生产建设兵团人力资源社会保障厅（局）：

根据有关法律法规规章立改废情况，我部重新修订编制了《人力资源和社会保障领域随机抽查事项清单（第三版）》。现印发给你们，请参照本清单并结合地方立法情况，对本地区随机抽查事项清单进行相应修订，主动对外公布，接受社会监督。《人力资源和社会保障领域随机抽查事项清单（第二版）》自本通知印发之日起废止。

实施过程中的重要情况和问题，请及时报告。

人力资源社会保障部

2022年8月18日

人力资源和社会保障领域随机抽查事项清单（第三版）

一、执法依据

1. 中华人民共和国劳动合同法（2012年12月28日修正）

2. 中华人民共和国就业促进法（2015年4月24日修正）

3. 中华人民共和国网络安全法（2016年11月7日公布）

4. 中华人民共和国电子商务法（2018年8月31日公布）

5. 中华人民共和国劳动法（2018年12月29日修正）

6. 中华人民共和国社会保险法（2018年12月29日修正）

7. 中华人民共和国民办教育促进法（2018年12月29日修正）

8. 中华人民共和国未成年人保护法（2020年10月17日修订）

9. 中华人民共和国个人信息保护法（2021年8月20日公布）

10. 中华人民共和国工会法（2021年12月24日修正）

11. 中华人民共和国职业教育法（2022年4月20日修订）

12. 国务院关于职工工作时间的规定（1995年3月25日修订）

13. 失业保险条例（1999年1月22日公布）

14. 禁止使用童工规定（2002年10月1日公布）

15. 劳动保障监察条例（2004年11月1日公布）

16. 职工带薪年休假条例（2007年12月14日公布）

17. 中华人民共和国劳动合同法实施条例（2008年9月18日公布）

18. 工伤保险条例（2010年12月20日修订）

19. 女职工劳动保护特别规定（2012年4月28日公布）

20. 人力资源市场暂行条例（2018年6月29日公布）

21. 中华人民共和国中外合作办学条例（2019年3月2日修订）

22. 社会保险费征缴暂行条例（2019年3月24日修订）

23. 保障农民工工资支付条例（2019年12月30日公布）

24. 中华人民共和国船员条例（2020年3月27日修订）

25. 娱乐场所管理条例（2020年11月29日修订）

26. 中华人民共和国民办教育促进法实施条例（2021年4月7日修订）

27. 国务院关于取消一批职业资格许可和认定事项的决定（国发〔2016〕68号）（2016年12月1日公布）

28. 未成年工特殊保护规定（1994年12月9日公布）

29. 社会保险费征缴监督检查办法（1999年3月19日公布）

30. 企业职工带薪年休假实施办法（2008年9月18日公布）

31. 实施《中华人民共和国社会保险法》若干规定（2011年6月29日公布）

32. 劳务派遣行政许可实施办法（2013年6月20日公布）

33. 劳务派遣暂行规定（2014年1月24日公布）

34. 外国人在中国就业管理规定（2017年3月13日修订）

35. 人才市场管理规定（2019年12月31日修订）

36. 网络招聘服务管理规定（2020年12月18日公布）

37. 就业服务与就业管理规定（2022年1月7日修订）

38. 社会保险基金行政监督办法（2022年2月9日公布）

39. 防暑降温措施管理办法（2012年6月29日印发）

二、事项清单

类型	序号	随机抽查事项	法律依据	备注
规章制度	1	用人单位制定的劳动规章制度是否违反法律、法规	劳动法第八十九条	相关法律文件均为简称，下同
	2	用人单位直接涉及劳动者切身利益的规章制度是否违反法律、法规	劳动合同法第八十条	
劳动合同及招用工管理	3	用人单位提供的劳动合同文本是否载明劳动合同法规定的劳动合同必备条款	劳动合同法第八十一条	

续表

类型	序号	随机抽查事项	法律依据	备注
劳动合同及招用工管理	4	用人单位是否将劳动合同文本交付劳动者	劳动合同法第八十一条	
	5	用人单位是否违反劳动合同法规定约定试用期	劳动合同法第八十三条、《劳务派遣暂行规定》第二十三条	
	6	用人单位是否违反劳动合同法规定，扣押劳动者居民身份证等证件	劳动合同法第八十四条第一款、《就业服务与就业管理规定》第六十七条	
	7	用人单位是否违反劳动合同法规定，以担保或者其他名义向劳动者收取财物	劳动合同法第八十四条第二款、《就业服务与就业管理规定》第六十七条	
	8	劳动者依法解除或者终止劳动合同，用人单位是否扣押劳动者档案或者其他物品	劳动合同法第八十四条第三款	
	9	用人单位解除或者终止劳动合同，是否依照劳动合同法规定向劳动者支付经济补偿	劳动法第九十一条、劳动合同法第八十五条、《劳动保障监察条例》第二十六条	
	10	用人单位是否按照劳动合同法规定向劳动者出具解除或者终止劳动合同的书面证明	劳动合同法第八十九条	
	11	用人单位是否按照劳动法规定的条件解除劳动合同或者故意拖延不订立劳动合同	劳动法第九十八条、《劳动保障监察条例》第二十四条	
	12	用人单位是否违反劳动合同法有关建立职工名册规定	《劳动合同法实施条例》第三十三条	
	13	用人单位在招用人员过程中是否提供虚假招聘信息、发布虚假招聘广告、招用无合法身份证件的人员、以招用人员为名牟取不正当利益或进行其他违法活动	《就业服务与就业管理规定》第六十七条	
	14	用人单位是否阻挠职工依法参加和组织工会或者阻挠上级工会帮助、指导职工筹建工会	工会法第五十一条、《劳动保障监察条例》第二十九条	
	15	用人单位是否对依法履行职责的工会工作人员无正当理由调动工作岗位，进行打击报复	工会法第五十二条第一款、《劳动保障监察条例》第二十九条	
	16	职工是否因参加工会活动而被解除劳动合同或工会工作人员因履行工会法规定的职责而被解除劳动合同	工会法第五十三条、《劳动保障监察条例》第二十九条	

续表

类型	序号	随机抽查事项	法律依据	备注
劳动合同及招用工管理	17	用人单位是否妥善保存录用人员的录用登记材料或者伪造录用登记材料	《禁止使用童工规定》第八条	
工作时间和休息休假	18	用人单位是否违法延长劳动者工作时间	劳动法第九十条、《劳动保障监察条例》第二十五条	
	19	用人单位是否依法安排职工休年休假或对不休假职工支付年休假工资报酬、赔偿金	《职工带薪年休假条例》第七条、《企业职工带薪年休假实施办法》第十五条第二款	
特殊劳动保护	20	单位或个人是否为不满16周岁的未成年人介绍就业	《禁止使用童工规定》第七条	
	21	职业中介机构是否为不满16周岁的未成年人介绍就业	《禁止使用童工规定》第七条、《就业服务与就业管理规定》第七十四条	
	22	无营业执照、被依法吊销营业执照的单位以及未依法登记、备案的单位是否为不满16周岁未成年人介绍就业	《禁止使用童工规定》第九条	
	23	用人单位是否在有毒物品作业场所使用童工	《禁止使用童工规定》第六条第一款	
	24	用人单位是否使用童工	劳动法第九十四条、未成年人保护法第一百二十五条、《禁止使用童工规定》第六条第一款、《就业服务与就业管理规定》第六十七条	
	25	用人单位是否存在使用童工经劳动保障部门责令限期改正后，逾期不将童工送交其父母或者其他监护人的情形	《禁止使用童工规定》第六条第二款	
	26	无营业执照、被依法吊销营业执照的单位以及未依法登记、备案的单位是否使用童工	《禁止使用童工规定》第九条	
	27	娱乐场所是否招用未成年人	未成年人保护法第一百二十五条、《娱乐场所管理条例》第五十二条	
	28	用人单位是否有下列行为之一：安排未成年工从事矿山井下、有毒有害、国家规定的第四级体力劳动强度的劳动或者其他禁忌从事的劳动；未对未成年工定期进行健康检查	劳动法第九十五条、未成年人保护法第一百二十五条、《劳动保障监察条例》第二十三条	

续表

类型	序号	随机抽查事项	法律依据	备注
特殊劳动保护	29	用人单位是否有下列行为之一：对怀孕7个月以上的女职工延长劳动时间或安排夜班劳动；女职工产假不满法定天数；安排哺乳未满1周岁婴儿的女职工延长劳动时间或者安排夜班劳动	劳动法第九十五条、《劳动保障监察条例》第二十三条、《女职工劳动保护特别规定》第十三条第一款	
高温劳动保护	30	用人单位是否在高温条件下违反规定安排劳动者作业	《防暑降温措施管理办法》第二十一条第一款	*依据部门职责分工确定
	31	用人单位是否按规定支付高温津贴	《防暑降温措施管理办法》第二十一条第二款	
工资支付和最低工资标准	32	用人单位是否有下列行为之一：未按照劳动合同的约定或者国家规定及时足额支付劳动报酬；低于当地最低工资标准支付劳动者工资；安排加班不支付加班费	劳动法第九十一条、劳动合同法第八十五条、《劳动保障监察条例》第二十六条、《保障农民工工资支付条例》第五十三条	
	33	用人单位是否依照劳动合同法第八十二条、第八十七条规定，向劳动者每月支付两倍的工资或者赔偿金	《劳动合同法实施条例》第三十四条	劳动合同法第八十二条 用人单位自用工之日起超过一个月不满一年未与劳动者订立书面劳动合同的，应当向劳动者每月支付二倍的工资。用人单位违反本法规定不与劳动者订立无固定期限劳动合同的，自应当订立无固定期限劳动合同之日起向劳动者每月支付二倍的工资 劳动合同法第八十七条 用人单位违反本法规定解除或者终止劳动合同的，应当依照本法第四十七条规定的经济补偿标准的二倍向劳动者支付赔偿金
	34	是否以实物、有价证券等形式代替货币支付农民工工资	《保障农民工工资支付条例》第五十四条	
	35	是否编制工资支付台账并依法保存，或者向农民工提供工资清单	《保障农民工工资支付条例》第五十四条	
	36	是否扣押或者变相扣押用于支付农民工工资的银行账户所绑定的农民工本人社会保障卡或者银行卡	《保障农民工工资支付条例》第五十四条	
	37	施工总承包单位是否按规定开设或者使用农民工工资专用账户	《保障农民工工资支付条例》第五十五条	*依据部门职责分工确定

续表

类型	序号	随机抽查事项	法律依据	备注
工资支付和最低工资标准	38	施工总承包单位是否按规定存储工资保证金或者提供金融机构保函	《保障农民工工资支付条例》第五十五条	
	39	施工总承包单位、分包单位是否实行劳动用工实名制管理	《保障农民工工资支付条例》第五十五条	*依据部门职责分工确定
	40	分包单位是否按月考核农民工工作量、编制工资支付表并经农民工本人签字确认	《保障农民工工资支付条例》第五十六条	*依据部门职责分工确定
	41	施工总承包单位是否对分包单位劳动用工实施监督管理	《保障农民工工资支付条例》第五十六条	*依据部门职责分工确定
	42	分包单位是否配合施工总承包单位对其劳动用工进行监督管理	《保障农民工工资支付条例》第五十六条	*依据部门职责分工确定
	43	施工总承包单位是否实行施工现场维权信息公示制度	《保障农民工工资支付条例》第五十六条	*依据部门职责分工确定
	44	建设单位是否按约定及时足额向农民工工资专用账户拨付工程款中的人工费用	《保障农民工工资支付条例》第五十七条	*依据部门职责分工确定
	45	建设单位或者施工总承包单位是否存在拒不提供或者无法提供工程施工合同、农民工工资专用账户有关资料的情形	《保障农民工工资支付条例》第五十七条	*依据部门职责分工确定
社会保险	46	用人单位（包括有缴纳社保义务的劳务派遣单位和用工单位）是否办理社会保险登记	社会保险法第七十七条、第八十四条、《劳务派遣暂行规定》第八条、第十八条、第十九条	
	47	用人单位（包括有缴纳社保义务的劳务派遣单位和用工单位）是否按时足额缴纳社会保险费	社会保险法第七十七条、第八十六条、《劳动保障监察条例》第十一条、《社会保险费征缴暂行条例》第五条、第十八条、《社会保险费征缴监督检查办法》第三条、《劳务派遣暂行规定》第八条、第十八条、第十九条	
	48	缴费单位因伪造、变造、故意毁灭有关账册、材料或者不设账册，致使无法确定社会保险费缴费基数，经核定征收后是否迟延缴纳社会保险费	《社会保险费征缴暂行条例》第二十四条	*依据部门职责分工确定
	49	用人单位向社会保险经办机构申报应缴纳的社会保险费数额时，是否瞒报工资总额或者职工人数	《劳动保障监察条例》第二十七条第一款	

续表

类型	序号	随机抽查事项	法律依据	备注
社会保险	50	缴费单位是否按规定公布本单位社会保险费缴纳情况，将缴费明细告知劳动者本人	《社会保险费征缴暂行条例》第十七条、《社会保险费征缴监督检查办法》第十四条、《实施〈中华人民共和国社会保险法〉若干规定》第二十四条	
	51	从事劳动能力鉴定的组织或者个人是否存在以下情形之一：提供虚假鉴定意见、提供虚假诊断证明、收受当事人财物	《工伤保险条例》第六十一条、《社会保险基金行政监督办法》第三十三条第二款	
	52	单位或个人是否以欺诈、伪造证明材料或者其他手段骗取社会保险待遇	社会保险法第八十八条、《劳动保障监察条例》第二十七条第二款、《失业保险条例》第二十八条、《工伤保险条例》第六十条、《社会保险基金行政监督办法》第三十二条	
	53	社保经办机构、社保服务机构、用人单位或个人是否骗取社会保险基金支出	社会保险法第八十七条、《劳动保障监察条例》第二十七条第二款、《工伤保险条例》第六十条、《社会保险基金行政监督办法》第三十一条	
就业与人力资源服务	54	单位或个人是否未经许可擅自从事职业中介活动	就业促进法第六十四条、《人力资源市场暂行条例》第四十二条第一款、《网络招聘服务管理规定》第三十二条第一款、《就业服务与就业管理规定》第七十条	
	55	经营性人力资源服务机构开展人力资源服务外包等人力资源服务业务是否履行备案义务	《人力资源市场暂行条例》第四十二条第二款	
	56	经营性人力资源服务机构设立分支机构、办理变更或注销登记是否按规定提交书面报告	《人力资源市场暂行条例》第四十二条第二款、《网络招聘服务管理规定》第三十二条第二款	
	57	经营性人力资源服务机构是否发布不真实、不合法的招聘就业信息	就业促进法第六十五条、《人力资源市场暂行条例》第四十三条、《网络招聘服务管理规定》第三十四条第一款	
	58	从事网络招聘服务的人力资源服务机构是否违法设置限制人力资源流动的条件	《网络招聘服务管理规定》第三十四条第二款	
	59	从事网络招聘服务的人力资源服务机构是否依法履行信息审查义务	《网络招聘服务管理规定》第三十四条第二款	

续表

类型	序号	随机抽查事项	法律依据	备注
就业与人力资源服务	60	经营性人力资源服务机构是否建立健全内部制度、保存服务台账、按规定提交经营情况年度报告	《人力资源市场暂行条例》第四十四条、《网络招聘服务管理规定》第三十三条	
	61	经营性人力资源服务机构是否明示营业执照、服务项目、收费标准、人力资源服务许可证、监督机关及监督电话等事项	《人力资源市场暂行条例》第四十四条、《网络招聘服务管理规定》第三十三条、《就业服务与就业管理规定》第七十一条	
	62	职业中介机构是否为无合法证照的用人单位提供职业中介服务	就业促进法第六十五条、《就业服务与就业管理规定》第七十四条	
	63	职业中介机构是否伪造、涂改、转让职业中介许可证	就业促进法第六十五条、《就业服务与就业管理规定》第七十四条	
	64	职业中介机构是否扣押劳动者居民身份证等证件	就业促进法第六十六条第一款、《就业服务与就业管理规定》第七十四条	
	65	职业中介机构是否向劳动者收取押金	就业促进法第六十六条第二款、《网络招聘服务管理规定》第三十五条第二款、《就业服务与就业管理规定》第七十四条	
	66	从事网络招聘服务的人力资源服务机构是否依法进行信息收集、使用、存储、发布	网络安全法第六十四条第一款、个人信息保护法第六十六条、《网络招聘服务管理规定》第三十六条	
	67	以网络招聘服务平台方式从事网络招聘服务的人力资源服务机构是否按规定履行核验、登记以及招聘信息、服务信息保存义务	电子商务法第八十条、《网络招聘服务管理规定》第三十七条	
	68	从事船员劳务派遣业务的船员服务机构是否将船员劳务派遣业务的信息报劳动保障行政部门备案	《船员条例》第五十八条	
	69	船员服务机构在提供船员服务时，是否提供虚假信息，欺诈船员	《船员条例》第五十九条	*依据部门职责分工确定
	70	从事船员劳务派遣业务的船员服务机构是否依法与相关劳动者或者船员用人单位订立合同	《船员条例》第六十条	
	71	职业中介机构是否建立服务台账，或虽建立服务台账但未记录服务对象、服务过程、服务结果和收费情况	《就业服务与就业管理规定》第七十二条	
	72	职业中介机构在职业中介服务不成功后是否向劳动者退还所收取的中介服务费	《就业服务与就业管理规定》第七十三条	

续表

类型	序号	随机抽查事项	法律依据	备注
就业与人力资源服务	73	职业中介机构是否有下列行为之一：发布的就业信息中包含歧视性内容；为无合法身份证件的劳动者提供职业中介服务；介绍劳动者从事法律法规禁止从事的职业；以暴力胁迫欺诈等方式进行职业中介活动；超出核准的业务范围经营等违反法律法规规定的行为	《劳动保障监察条例》第二十八条第一款、《就业服务与就业管理规定》第七十四条	
	74	人力资源服务机构是否采取欺诈、暴力、胁迫或者其他不正当手段，以招聘为名牟取不正当利益，介绍单位或者个人从事违法活动	《人力资源市场暂行条例》第四十三条、《网络招聘服务管理规定》第三十五条第一款	
	75	人力资源服务机构、劳务派遣单位或者非法从事人力资源服务、劳务派遣业务的单位或个人是否违反职业教育法规定，组织、安排、管理学生实习实训	职业教育法第六十六条第三款	*依据部门职责分工确定
	76	用人单位是否存在发布招聘信息不真实、不合法的情形	《人力资源市场暂行条例》第四十三条、《网络招聘服务管理规定》第三十四条	
	77	人才中介服务机构是否存在不依法接受检查或者提供虚假材料、不按规定办理许可证变更等手续的行为	《人才市场管理规定》第三十三条	
	78	单位或个人是否存在未经依法授权从事人事代理业务的行为	《人才市场管理规定》第三十四条	
	79	人才中介服务机构是否存在超出许可业务范围接受代理业务的行为	《人才市场管理规定》第三十五条	
	80	用人单位是否存在以民族、性别、宗教信仰为由拒绝聘用或者提高聘用标准、招聘不得招聘人员、向应聘者收取费用或者采取欺诈等手段谋取非法利益的行为	《人才市场管理规定》第三十六条	
	81	用人单位在国家法律、行政法规和国务院卫生行政部门规定禁止乙肝病原携带者从事的工作岗位以外招用人员时，是否将乙肝病毒血清学指标作为体检标准	《就业服务与就业管理规定》第六十八条	
	82	用人单位是否及时为劳动者办理就业登记手续	《就业服务与就业管理规定》第七十五条	

续表

类型	序号	随机抽查事项	法律依据	备注
外国人就业	83	外国人是否拒绝检查就业证、擅自变更用人单位、擅自更换职业、擅自延长就业期限	《外国人在中国就业管理规定》第二十八条	
	84	外国人和用人单位是否伪造、涂改、冒用、转让、买卖就业证和许可证书	《外国人在中国就业管理规定》第二十九条	
职业技能培训和职业技能考核鉴定	85	企业是否依法对本单位的职工和准备招用的人员实施职业教育、提取和使用职工教育经费	就业促进法第六十七条、职业教育法第六十四条	*依据部门职责分工确定
	86	职业学校、职业培训机构是否通过人力资源服务机构、劳务派遣单位或者非法从事人力资源服务、劳务派遣业务的单位和个人组织、安排、管理学生实习实训	职业教育法第六十六条第二款	*依据部门职责分工确定
	87	实施职业技能培训的民办学校是否有民办教育促进法第六十二条的情形	民办教育促进法第六十二条	民办教育促进法第六十二条涉及情形：（一）擅自分立、合并民办学校的；（二）擅自改变民办学校名称、层次、类别和举办者的；（三）发布虚假招生简章或者广告，骗取钱财的；（四）非法颁发或者伪造学历证书、结业证书、培训证书、职业资格证书的；（五）管理混乱严重影响教育教学，产生恶劣社会影响的；（六）提交虚假证明文件或者采取其他欺诈手段隐瞒重要事实骗取办学许可证的；（七）伪造、变造、买卖、出租、出借办学许可证的；（八）恶意终止办学、抽逃资金或者挪用办学经费的
	88	社会组织或个人是否违反国家有关规定擅自举办、参与举办实施职业技能培训的民办学校或者在民办学校筹设期内招生	民办教育促进法第六十四条、《民办教育促进法实施条例》第六十五条	

续表

类型	序号	随机抽查事项	法律依据	备注
职业技能培训和职业技能考核鉴定	89	职业技能培训机构或者职业技能考核鉴定机构是否违反国家有关职业技能培训或者职业技能考核鉴定规定	《劳动保障监察条例》第二十八条第一款、《国务院关于取消一批职业资格许可和认定事项的决定（国发〔2016〕68号）》及国务院关于清理规范各类职业资格的相关决定	国务院相关决定：国务院关于取消和调整一批行政审批项目等事项的决定（国发〔2014〕27号）、国务院关于取消和调整一批行政审批项目等事项的决定（国发〔2014〕50号）、国务院关于取消和调整一批行政审批项目等事项的决定（国发〔2015〕11号）、国务院关于取消和调整一批行政审批项目等事项的决定（国发〔2015〕41号）、国务院关于取消一批职业资格许可和认定事项的决定（国发〔2016〕5号）、国务院关于取消一批职业资格许可和认定事项的决定（国发〔2016〕35号）、国务院关于取消一批职业资格许可和认定事项的决定（国发〔2016〕68号）
	90	实施职业技能考核鉴定的考核鉴定机构是否依法备案	《劳动保障监察条例》第二十八条第二款	2018年新修订的劳动法第六十九条，将原规定“由政府批准的考核鉴定机构”修改为“由经备案的考核鉴定机构”
	91	实施职业技能培训的民办学校是否存在《民办教育促进法实施条例》第六十二条的情形	《民办教育促进法实施条例》第六十二条	《民办教育促进法实施条例》第六十二条涉及情形：（一）利用办学非法集资，或者收取与入学关联的费用的；（二）未按时、足额履行出资义务，或者抽逃出资、挪用办学经费的；（三）侵占学校法人财产或者非法从学校获取利益的；（四）与实施义务教育的民办学校进行关联交易，或者与其他民办学校进行关联交易损害国家利益、学校利益和师生权益的；（五）伪造、变造、买卖、出租、出借办学许可证的；（六）干扰学校办学秩序或者非法干预学校决策、管理的；（七）擅自变更学校名称、层次、类型和举办者的；（八）有其他危害学校稳定和安全、侵犯学校法人权利或者损害教职工、受教育者权益的行为的

续表

类型	序号	随机抽查事项	法律依据	备注
职业技能培训和职业技能考核鉴定	92	实施职业技能培训的民办学校是否存在《民办教育促进法实施条例》第六十三条的情形	《民办教育促进法实施条例》第六十三条	《民办教育促进法实施条例》第六十三条涉及情形：（一）违背国家教育方针，偏离社会主义办学方向，或者未保障学校党组织履行职责的；（二）违反法律、行政法规和国家有关规定开展教育教学活动的；（三）理事会、董事会或者其他形式决策机构未依法履行职责的；（四）教学条件明显不能满足教学要求、教育教学质量低下，未及时采取措施的；（五）校舍、其他教育教学设施设备存在重大安全隐患，未及时采取措施的；（六）侵犯受教育者的合法权益，产生恶劣社会影响的；（七）违反国家规定聘任、解聘教师，或者未依法保障教职工待遇的；（八）违反规定招生，或者在招生过程中弄虚作假的；（九）超出办学许可范围，擅自改变办学地址或者设立分校的；（十）未依法履行公示办学条件和教育质量有关材料、财务状况等信息披露义务，或者公示的材料不真实的；（十一）未按照国家统一的会计制度进行会计核算、编制财务会计报告，财务、资产管理混乱，或者违反法律、法规增加收费项目、提高收费标准的；（十二）有其他管理混乱严重影响教育教学的行为的
	93	单位或个人是否未经批准擅自设立实施职业技能培训的中外合作办学机构或者以不正当手段骗取中外合作办学许可证	《中外合作办学条例》第五十一条	

续表

类型	序号	随机抽查事项	法律依据	备注
职业技能培训和职业技能考核鉴定	94	实施职业技能培训的中外合作办学机构是否在筹备设立期间招收学生	《中外合作办学条例》第五十二条	
	95	实施职业技能培训的中外合作办学者是否虚假出资或者在中外合作办学机构成立后抽逃出资	《中外合作办学条例》第五十三条	
	96	实施职业技能培训的中外合作办学机构是否未经批准增加收费项目或者提高收费标准	《中外合作办学条例》第五十五条	
	97	实施职业技能培训的中外合作办学机构是否存在管理混乱、教育教学质量低下，造成恶劣影响的情形	《中外合作办学条例》第五十六条	
	98	实施职业技能培训的中外合作办学机构是否发布虚假招生简章，骗取钱财	《中外合作办学条例》第五十七条	
劳务派遣	99	劳务派遣单位与被派遣劳动者订立的劳动合同是否载明劳动合同必备条款	劳动合同法第五十八条第一款、第九十二条、《劳务派遣行政许可实施办法》第三十二条	
	100	劳务派遣单位是否与劳动者签订二年以上固定期限劳动合同	劳动合同法第五十八条第二款、第九十二条、《劳务派遣行政许可实施办法》第三十二条	
	101	被派遣劳动者在无工作期间，劳务派遣单位是否按照所在地人民政府规定的最低工资标准，向其按月支付报酬	劳动合同法第五十八条第二款、第九十二条、《劳务派遣行政许可实施办法》第三十二条	
	102	劳务派遣单位派遣劳动者，是否与用工单位签订劳务派遣协议，或者协议内容是否约定派遣岗位和人员数量、派遣期限、劳动报酬和社会保险费的数额与支付方式以及违反协议责任	劳动合同法第五十九条第一款、第九十二条、《劳务派遣行政许可实施办法》第三十二条	
	103	劳务派遣单位是否将劳务派遣协议的内容告知被派遣劳动者	劳动合同法第六十条第一款、第九十二条、《劳务派遣行政许可实施办法》第三十二条	

续表

类型	序号	随机抽查事项	法律依据	备注
劳务派遣	104	劳务派遣单位是否克扣用工单位按照劳务派遣协议支付给被派遣劳动者的劳动报酬	劳动合同法第六十条第二款、第九十二条、《劳务派遣行政许可实施办法》第三十二条	
	105	劳务派遣单位是否向被派遣劳动者收取费用	劳动合同法第六十条第三款、第九十二条、《劳务派遣行政许可实施办法》第三十二条	
	106	劳务派遣单位是否向设立该单位的用工单位或者其所属单位派遣劳动者	劳动合同法第六十七条、第九十二条、《劳务派遣行政许可实施办法》第三十二条	
	107	用工单位是否根据工作岗位的实际需要与劳务派遣单位确定派遣期限，或者将连续用工期限分割订立数个短期劳务派遣协议	劳动合同法第五十九条第二款、第九十二条	
	108	用工单位是否向被派遣劳动者收取费用	劳动合同法第六十条第三款、第九十二条	
	109	用工单位是否存在未依法履行劳动合同法第六十二条第一款规定义务的情形	劳动合同法第九十二条	劳动合同法第六十二条 用工单位应当履行下列义务：（一）执行国家劳动标准，提供相应的劳动条件和劳动保护；（二）告知被派遣劳动者的工作要求和劳动报酬；（三）支付加班费、绩效奖金，提供与工作岗位相关的福利待遇；（四）对在岗被派遣劳动者进行工作岗位所必需的培训；（五）连续用工的，实行正常的工资调整机制
	110	用工单位是否将被派遣劳动者再派遣到其他用人单位	劳动合同法第六十二条第二款、第九十二条	
	111	用工单位是否设立劳务派遣单位向本单位或所属单位派遣劳动者	劳动合同法第六十七条、第九十二条	
	112	单位或个人是否未经许可，擅自经营劳务派遣业务	劳动合同法第五十七条第二款、第九十二条、《劳务派遣行政许可实施办法》第三十一条	

续表

类型	序号	随机抽查事项	法律依据	备注
劳务派遣	113	劳务派遣单位是否存在《劳务派遣行政许可实施办法》第三十三条第（一）（二）（三）项的情形	《劳务派遣行政许可实施办法》第三十三条	《劳务派遣行政许可实施办法》第三十三条涉及情形：（一）涂改、倒卖、出租、出借《劳务派遣经营许可证》，或者以其他形式非法转让《劳务派遣经营许可证》的；（二）隐瞒真实情况或者提交虚假材料取得劳务派遣行政许可的；（三）以欺骗、贿赂等不正当手段取得劳务派遣行政许可的
	114	用工单位是否在临时性、辅助性或者替代性岗位以外的岗位上使用被派遣劳动者	劳动合同法第六十六条第一款、第二款、第九十二条	
	115	劳务派遣用工数量是否超过规定比例	劳动合同法第六十六条第三款、第九十二条、《劳务派遣暂行规定》第四条	
	116	用工单位决定使用被派遣劳动者的辅助性岗位，是否履行了《劳务派遣暂行规定》第三条第三款的法定程序	《劳务派遣暂行规定》第三条第三款、第二十二条	《劳务派遣暂行规定》第三条第三款用工单位决定使用被派遣劳动者的辅助性岗位，应当经职工代表大会或者全体职工讨论，提出方案和意见，与工会或者职工代表平等协商确定，并在用工单位内公示
	117	用工单位是否违法退回被派遣劳动者	劳动合同法第九十二条、《劳务派遣暂行规定》第十二条、第十三条、第二十四条	
妨碍行政执法	118	是否按照《劳动保障监察条例》第三十条规定，配合劳动保障监察执法	《劳动保障监察条例》第三十条	《劳动保障监察条例》第三十条涉及情形：（一）无理抗拒、阻挠劳动保障行政部门依照本条例的规定实施劳动保障监察的；（二）不按照劳动保障行政部门的要求报送书面材料，隐瞒事实真相，出具伪证或者隐匿、毁灭证据的；（三）经劳动保障行政部门责令改正拒不改正，或者拒不履行劳动保障行政部门的行政处理决定的；（四）打击报复举报人、投诉人的

续表

类型	序号	随机抽查事项	法律依据	备注
妨碍行政执法	119	用人单位是否违反《工伤保险条例》规定，拒不协助对事故进行调查核实	《工伤保险条例》第六十三条	

人力资源社会保障部关于发布《人力资源社会保障数据中心及网络系统运行监控规范》等3项行业标准的通知

人社部函〔2022〕126号

各省、自治区、直辖市及新疆生产建设兵团人力资源社会保障厅（局），部属有关单位：

《人力资源社会保障数据中心及网络系统运行监控规范》（LD/T 07—2022）、《人力资源社会保障灾备中心建设和运维管理规范》（LD/T 08—2022）、《人力资源社会保障信息系统运行维护平台建设规范》（LD/T 09—2022）3项行业标准已经我部审核批准，现予以发布，自2022年12月1日起实施。标准全文登载在人力资源社会保障部门户网站“政务公开—规划财务—标准”栏目下。

人力资源社会保障部

2022年9月30日

人力资源社会保障部关于开展公共就业创业服务示范城市创建活动的通知

人社部函〔2022〕133号

各省、自治区、直辖市及新疆生产建设兵团人力资源社会保障厅（局）：

为进一步健全就业公共服务体系，推进全方位公共就业服务，促进服务提质增效，更好服务稳就业保就业，我部决定开展公共就业创业服务示范城市创建活动。现就有关事项通知如下：

一、总体要求

以习近平新时代中国特色社会主义思想为指导，深入贯彻党的二十大精神，落实党中央、国务院关于稳就业保就业决策部署，通过公共就业创业服务示范城市创建，深入总结和全面展示公共就业创业服务的显著成效和特色做法，着力健全就业公共服务体系，完善服务制度，优化服务措施，打造服务信息平台，提升服务水平，提高劳动力市场供需匹配效率，切实增强人民群众在就业创业领域的获得感、幸福感、安全感，更好促进重点群体就业创业，全力推动实现高质量充分就业。

二、创建对象

直辖市下辖的区（县）、副省级城市、地级市。

三、创建名额

“十四五”期间，全国创建公共就业创业服务示范城市100个左右，分1~2批次认定。

四、创建原则

创建示范活动坚持公开、公平、公正；坚持自愿申报、先创后评；坚持严格执行创建示范标准和评估认定程序。

五、创建标准

（一）服务体系健全。以城市为中心、覆盖城乡的服务体系健全，服务网点布局合理，设施设备配置齐全，人力资源市场、零工市场建设科学、运行规范。公共就业创业服务人员数量充足、结构合理、素质优良。公共就业创业服务经费纳入同级财政预算，资金保障到位。政府购买公共就业创业服务机制健全，形成多元化、多主体服务供给格局。

（二）服务制度规范。劳动者求职、用人单位招聘全程服务制度健全、项目丰富、流程统一，根据服务对象特点针对性提供就业服务。失业登记管理服务制度、重点群体实名制管理服务制度、就业援助制度、创业服务制度完善并落实到位。创业者都能享受开业指导、政策咨询、创业培训等“一条龙”服务。市场信息发布制度完善，杜绝虚假招聘信息、歧视性招聘要求。以就业为导向、面向全体劳动者的职业技能培训机制健全，培训就业实现有机衔接。建立公共就业创业服务质量评价体系和绩效考核制度。

（三）服务方式便捷。制定发布就业创业服务清单，对就业登记、失业登记、职业指导、职业介绍、就业援助提供精准化服务。窗口单位作风扎实，执行首问负责制，关联业务实现协同办理，现场经办业务实现“一门、一窗、一网、一次”办理。全面应用互联网、手机App、小程序、自助一体机等经办业务，提供预约服务、上门服务、代理服务、线上服务等便民措施。

（四）服务手段智能。建立全市统一的就业创业业务经办平台，实现失业登记、就业援助等核心业务全程信息化管理，就业创业政策受理、审核、实施一体化办理。建立智能招聘平台，联网发布全市招聘岗位、见习、培训等信息，信息真实有效。业务经办数据、招聘岗位信息及时全量向上集中，实现业务协同和数据共享。开展就业领域大数据分析，定期发布市场供求信息，为分析就业形势、制定就业政策提供支撑。

（五）服务成效明显。公共就业创业服务质量、效率和满意度全面提升，创造出一批有特色、可复制、可推广的典型经验。城镇新增就业任务完成较好，失业水平较低，就业形势总体稳定。人力资源市场秩序规范，劳动者和用人单位供需对接顺畅，城市就业环境公平、创业氛围良好。

六、创建程序

（一）组织申报。具备创建积极性、公共就业创业服务工作基础较好的城市，自愿向所在省份人力资源社会保障厅（局）申报参与创建。各省（区、市）申报城市数量不超过所辖地级市数量的一半。申报城市名单及申报材料（申报表见附件）由各省（区、市）人力资源社会保障厅（局）汇总后于2022年11月30日前报送人力资源社会保障部。

（二）推动创建。各省（区、市）人力资源社会保障（局）加强对申报城市的工作指导，推动申报城市达到公共就业创业服务示范城市创建示范标准。

（三）评估验收。创建期间，人力资源社会保障部将制定印发公共就业创业服务示范城市评估标准、名额分配表。创建1年后，先由各省（区、市）人力资源社会保障（局）对照评估标准，对申报城市进行初审，根据示范城市分配名额，择优推荐示范城市，在本省（区、市）公示后报送人力资源社会保障部（报送材料要求另行通知）。人力资源社会保障部组织有关方面对各省（区、市）推荐的示范城市进行评估，提出拟确定的全国公共就业创业服务示范城市名单。

（四）公示认定。人力资源社会保障部在官网公示拟确定的全国公共就业创业服务示范城市名单。对公示无异议的城市，认定命名为“全国公共就业创业服务示范城市”。

（五）监督管理。示范城市就业领域出现违法违规违纪问题并造成恶劣社会影响、创建工作被证实达不到创建标准以及产生其他应当撤销示范命名情形的，将予以撤销命名。

七、工作要求

（一）提高认识。各地要高度重视公共就业创业服务示范城市创建工作，将其作为就业创业工作的重要内容，认真制定工作方案，广泛开展动员，充分调动城市参与示范创建的积极性，有计划、有步骤地推进示范创建活动。

（二）加强指导。各地要认真组织好本行政区域范围内示范城市的创建申报、初审和推荐工作，对申报城市加强业务指导和跟踪管理，及时总结经验，及时报送创建工作进展。有条件的省份，可在政策、资金上对申报城市予以适当倾斜。

（三）严格程序。各地要严格按照创建示范标准和程序组织开展创建工作，组织申报、评选推荐过程坚持公开公平公正，严格把关、严肃纪律，不增加基层工作负担，确保推荐对象的先进性、示范性、代表性，接受各方监督，做到社会公认。

（四）大力宣传。各地要采取线上线下多

种方式，通过公众号、广播电视、网站、报刊、工作简讯等多种方式，广泛宣传公共就业创业服务示范城市创建活动的动态、经验、成效和典型，充分发挥先进典型的示范引领作用，努力营造良好舆论氛围。

附件：全国公共就业创业服务示范城市申报表（略）

人力资源社会保障部

2022 年 10 月 27 日

人力资源社会保障部关于开展2023年全国公共就业服务专项活动的通知

人社部函〔2022〕143号

各省、自治区、直辖市及新疆生产建设兵团人力资源社会保障厅（局）：

为全面贯彻落实党的二十大精神和党中央、国务院关于稳就业决策部署，进一步健全就业公共服务体系，推进实施提升就业服务质量工程，促进高质量充分就业，现就2023年全国公共就业服务专项活动有关事项通知如下：

一、总体要求

以习近平新时代中国特色社会主义思想为指导，全面贯彻落实党的二十大精神，坚持以人民为中心，强化就业优先政策，扎实做好稳就业各项工作，统筹推进常态化疫情防控与线上线下招聘等就业服务活动，着力打造“10+N”公共就业服务专项活动品牌，为劳动者求职就业和用人单位招聘用工搭建平台，促进劳动力市场供需匹配，推进稳就业工作。

二、活动安排

（一）春风行动暨就业援助月。1—3月，以辖区内农村劳动力、困难人员以及用工企业为服务对象，由各级人力资源社会保障部门联合当地工业和信息化、民政、交通运输、卫生健康、乡村振兴、疾控、工会、共青团、妇联、残联等部门开展，在元旦春节期间集中为服务对象开展引导有序外出就业、就近就业创业、兜底安置等就业帮扶。

（二）职引未来——大中城市联合招聘高校毕业生专场活动。3—5月和9—11月，以应届高校毕业生及离校未就业高校毕业生为重点对象，由各级人力资源社会保障、教育部门和有关高校联合开展，为高校毕业生求职择业和用人单位招聘人才提供精准对接服务。

（三）民营企业招聘月。4月，以民营企业为重点对象，由各级人力资源社会保障部门联合当地教育、退役军人、工会、工商联等部门开展，充分发挥民营企业吸纳就业主渠道作用，支持重点群体就业。

（四）百日千万网络招聘专项行动。5—8月，以高校毕业生、农民工、城镇失业人员、脱贫劳动力和有招聘需求的各类用人单位为重点对象，由各级人力资源社会保障部门牵头开展，搭建全国统一、多方联动的网络招聘平台，以优质高效服务助推稳就业保就业。

（五）离校未就业高校毕业生服务攻坚行动。7—12月，以2023届离校未就业高校毕业生及往届未就业高校毕业生为重点对象，针对未就业毕业生和失业青年求职需求，开展政策落实、权益保护、困难帮扶系列服务，由各级人力资源社会保障部门开展，促进有就业意愿的离校未就业高校毕业生就业创业。

（六）金秋招聘月。10—11月，以招聘需求较大的民营企业、中小企业等用人单位为重点对象，由各级人力资源社会保障部门联合当地民政、退役军人、工会、工商联开展，帮助企业解决招工稳岗难题，促进人力资源供需对接。

（七）职引未来——全国人力资源市场高校毕业生就业服务周。11 月下旬至 12 月上旬，以 2024 届高校毕业生、往届有就业意愿的离校未就业高校毕业生及“三支一扶”计划等基层服务项目期满未就业人员为重点对象，由各级人力资源社会保障部门开展，组织发动各类人力资源服务机构，为高校毕业生提供市场化就业服务。

（八）职引未来——中央企业面向西藏青海新疆高校毕业生专场招聘活动。2023 年 9 月—2024 年 6 月，以西藏、青海、新疆和四川、云南、甘肃涉藏州县等地未就业高校毕业生、2024 届高校毕业生为重点对象，由人力资源社会保障部联合教育部、国务院国资委、有关中央企业开展，举办专场招聘活动。

三、工作要求

（一）加强组织领导。各地要充分认识开展公共就业服务专项活动的重要意义，将其作为学习贯彻党的二十大精神的具体举措和推动实现高质量充分就业的重要抓手。人力资源社会保障部门要发挥牵头作用，联合其他部门形成工作合力，制定详细工作方案，强化经费保障，向社会公开活动安排，组织开展好各类各项活动。有条件地区就业援助月和春风行动可分开执行。

（二）拓宽活动渠道。各地要动员社会各方面力量，丰富活动内容，充分利用官网、微信、网络直播等手段提供线上就业服务，结合疫情防控要求有序组织线下活动，同步提供政策宣传解读、岗位归集发布、人岗精准对接、职业指导和权益维护等多样化就业服务。各地在做好全国性专项活动的基础上，可根据实际需要开展本地化专项服务活动。

（三）做好安全保障。各地要加大信息审核力度，确保用人单位资质和招聘信息真实有效，严格防止求职人员信息泄露。落实安全责任，制定线下招聘活动现场安全工作方案及突发事件应急预案，消除安全隐患。严格遵守疫情防控要求，结合各地疫情防控实际情况，及时调整专项活动线上线下开展形式，确保活动顺利举行。

（四）注重宣传引导。各地要重点打造“职引未来”青年就业服务品牌，丰富内容和形式。各项活动提前做好活动预告，活动期间及时跟踪报道，运用新闻媒体、微博微信、广播电视等渠道，开展形式多样、内容丰富的宣传活动。我部将通过部官网、官微、中国劳动保障报等媒介，宣传各地创新举措和亮点做法，扩大活动社会知晓度和参与度。

附件：2023 年全国公共就业服务专项活动安排

人力资源社会保障部

2022 年 12 月 1 日

附件

2023年全国公共就业服务专项活动安排

序号	名称	时间	开展部门	活动对象
1	春风行动暨就业援助月	1—3月	各级人力资源社会保障部门联合当地工业和信息化、民政、交通运输、卫生健康、乡村振兴、疾控、工会、共青团、妇联、残联等部门	农村劳动力、困难人员以及用工企业
2	职引未来——大中城市联合招聘高校毕业生专场活动	3—5月 和9—11月	各级人力资源社会保障、教育部门和有关高校	应届高校毕业生以及离校未就业高校毕业生
3	民营企业招聘月	4月	各级人力资源社会保障部门联合当地教育、退役军人、工会、工商联等部门	民营企业
4	百日千万网络招聘专项行动	5—8月	各级人力资源社会保障部门	高校毕业生、农民工、城镇失业人员、脱贫劳动力和有招聘需求的各类用人单位
5	离校未就业高校毕业生服务攻坚行动	7—12月	各级人力资源社会保障部门	离校未就业高校毕业生及往届未就业高校毕业生、登记失业青年
6	金秋招聘月	10—11月	各级人力资源社会保障部门联合当地民政、退役军人、工会、工商联	招聘需求较大的民营企业、中小企业等用人单位
7	职引未来——全国人力资源市场高校毕业生就业服务周	11月下旬— 12月上旬	各级人力资源社会保障部门	2024届高校毕业生、往届有就业意愿的离校未就业高校毕业生及“三支一扶”计划等基层服务项目期满未就业人员
8	职引未来——中央企业面向西藏青海新疆高校毕业生专场招聘活动	2023年9月— 2024年6月	人力资源社会保障部联合教育部、国务院国资委、有关中央企业	西藏、青海、新疆和四川、云南、甘肃涉藏州县等地未就业高校毕业生、2024届高校毕业生

人力资源社会保障部关于发布《人力资源供求信息收集和发布基本要求》行业标准的通知

人社部函〔2022〕145号

各省、自治区、直辖市及新疆生产建设兵团人力资源社会保障厅（局），部属有关单位：

《人力资源供求信息收集和发布基本要求》推荐性行业标准已经我部审核批准，标准编号是：LD/T 06—2022，现予以发布，自2023年1月1日起实施。标准全文登载在人力资源社会保障部门户网站“政务公开—规划财务—标准”栏目下。

人力资源社会保障部

2022年12月10日

人力资源社会保障部
关于颁布《全国技工院校专业目录（2022年修订）》的通知

人社部函〔2022〕146号

各省、自治区、直辖市及新疆生产建设兵团人力资源社会保障厅（局）：

为贯彻落实《技工教育“十四五”规划》（人社部发〔2021〕86号），适应行业产业结构升级、国家职业分类及职业资格更新调整，满足技工院校深化教学改革和规范教学管理的需要，我部对2018年颁布的《全国技工院校专业目录》进行了修订，形成了《全国技工院校专业目录（2022年修订）》（以下简称《目录》），现予以颁布。

本次修订全面反映了近年来国家对职业院校开设相关专业培养技能人才的要求，广泛征集吸收国务院有关部门、地方、行业企业和技工院校意见，依据《中华人民共和国职业分类大典（2022年版）》《国家职业资格目录（2021年版）》等，对专业对应职业（工种）、职业资格（职业技能等级）等内容进行了全面调整。《目录》涵盖了15个专业大类，330个专业。

各地人力资源社会保障部门要做好技工院校专业建设规划，根据经济社会发展和学校办学实际科学设置专业，避免盲目和重复建设，并加强对技工院校专业设置和日常教学活动的管理和指导。各技工院校要以《目录》为基本依据，规范专业设置、招生和教学安排，做好全国技工院校电子注册和统计信息管理系统录入工作。

各技工院校、行业组织可根据产业发展、教学实际等及时提出增补专业建议。省级人力资源社会保障部门可定期征集增补专业建议，组织专家对其合理性、可行性和必要性等进行研究论证后，于每年11月集中向我部提交本地区增补专业建议（见附件）。我部组织专家充分调研论证，确定年度增补专业，并于次年4月向社会公布。各地在实施过程中有任何问题和建议，请及时报告我部职业能力建设司。有关技术性问题，可咨询我部教材办公室。

附件：技工院校新增专业建议表（略）

人力资源社会保障部

2022年12月13日

人力资源社会保障部办公厅
关于发挥人力资源服务机构作用
助推劳务品牌建设的通知

人社厅发〔2022〕9号

各省、自治区、直辖市及新疆生产建设兵团人力资源社会保障厅（局）：

为贯彻落实《人力资源社会保障部、国家发展改革委等20部门关于劳务品牌建设的指导意见》（人社部发〔2021〕66号），更好发挥人力资源服务机构作用，助推劳务品牌高质量发展，现就有关工作通知如下：

一、进一步提高思想认识。劳务品牌建设事关更加充分更高质量就业，事关乡村振兴和共同富裕，是促进和稳定就业的重要抓手，是人力资源服务机构发挥作用的重要领域。各地要高度重视，把助推劳务品牌建设作为发展人力资源服务业的重要内容，充分发挥人力资源服务机构匹配供需、精准高效的专业优势，主动寻找结合点、发力点和突破点，努力为劳务品牌高质量发展提供优质高效的人力资源支撑。

二、开展劳务品牌专项招聘。广泛组织动员各类人力资源服务机构开展劳务品牌从业人员就业推荐活动，搭建交流对接、合作发展平台，促进劳务品牌用工信息供需匹配。引导各类人力资源服务机构、人力资源服务产业园、人才市场集中举办劳务品牌专场招聘活动。强化线上求职招聘服务，鼓励招聘网站设立劳务品牌专区，发动有招聘需求的劳务品牌企业发布岗位信息，为高校毕业生、农民工等重点群体在劳务品牌领域就业择业打造服务平台。组织人力资源服务机构为劳务品牌企业送政策、送信息，帮助及时精准享受各项惠企利民政策。

三、助推劳务品牌提质增效。支持人力资源服务机构面向劳务品牌从业人员，开发特色培训产品和培训服务，加强与技工院校、职业培训机构和企业合作，对符合条件的人力资源服务机构开展劳务品牌从业人员相关技能培训的，按规定纳入补贴性职业技能培训范围，提升劳务品牌从业人员的就业技能。鼓励人力资源服务机构主动对接劳务品牌企业，在人员招聘、职位发布、简历筛选、聘用签约、绩效考核等环节，提供人力资源管理咨询、高级人才寻访等专业服务。支持人力资源服务机构积极引荐知名专家、企业家、创投人士为劳务品牌项目提供创业指导、投融资等专业支持，推动劳务品牌转型升级、向价值链高端延伸。

四、助力劳务品牌集聚发展。在有条件的人力资源服务产业园安排一定比例的场地，吸纳劳务品牌企业入驻，鼓励产业园对符合条件的劳务品牌企业优先给予入园补贴、房租物业费减免等扶持奖补政策。各级人力资源服务产业园要积极开展政策咨询、供需对接、职业发展、展示交流等活动，充分发挥产业园平台的集聚、孵化、培育功能。支持人力资源服务机构参与劳务品牌产业园区的建设运营工作，举办劳务品牌创新创业大赛，推动劳务品牌加快形成规模效应。加强各地区人力资源服务产业园协同联动，为劳务品牌龙头企业跨区域发展提供一体化服务。

五、服务劳务品牌市场拓展。依托东西部协作机制、对口支援机制，建立健全劳务品牌从业人员长期稳定的劳务输出渠道，对参与或开展有组织劳务输出的人力资源服务机构，符合条件的按规定给予就业创业服务补助。统筹城乡人力资源流动配置，畅通劳务品牌从业人员流动渠道，引导高校毕业生等各类人才返乡创业。支持人力资源服务机构在国家乡村振兴重点帮扶县和劳务品牌项目比较集中的地方建立子公司、分支机构，就近就地提供专业的人力资源服务，提升劳务品牌从业人员输出的组织化程度和就业质量。鼓励人力资源服务龙头企业与知名劳务品牌企业强强联合，通过全国人力资源服务网络，为劳务品牌企业拓展市场提供全程跟踪服务。鼓励优质人力资源服务机构探索以服务入股的合作方式深度参与劳务品牌建设。

六、培育发展人力资源服务特色劳务品牌。积极引导人力资源服务机构立足当地资源、结合市场需求、依托产业项目、发挥专业优势，领办创办一批有特色、有口碑、有规模的劳务品牌。支持人力资源服务机构主动发现和培育劳务品牌，建立人力资源服务特色劳务品牌项目库和人才库。鼓励有条件的地方利用人力资源服务业发展资金等现有经费渠道开展项目培育、品牌打造和诚信体系建设。深入实施西部和东北地区人力资源市场援助计划，将劳务品牌建设纳入重点支持范围，组织脱贫地区的人力资源服务特色劳务品牌从业人员到发达地区短期培训、实地观摩，不断提升业务能力和素质水平。鼓励有条件的地方把劳务品牌用工需求纳入人力资源市场供求信息监测范围，通过政府购买服务等形式，编制劳务品牌人才需求目录，及时面向社会发布。

七、切实加强组织实施。各地要进一步提高政治站位，立足职能职责，采取切实措施，围绕劳务品牌建设的发现培育、发展提升、壮大升级等方面主动作为，周密筹划开展相关活动。充分发挥各类人力资源服务机构、人力资源服务产业园、专业性行业性人才市场和行业协会作用，加强与劳务工作站、服务站联动，形成合力。注重发现和培树典型经验，加大宣传引导力度，积极组织人力资源服务机构参与劳务品牌发展大会等展示交流活动，营造有利于劳务品牌高质量发展的良好氛围。

人力资源社会保障部办公厅

2022 年 3 月 8 日

人力资源社会保障部办公厅 国家税务总局办公厅关于特困行业阶段性实施缓缴企业社会保险费政策的通知

人社厅发〔2022〕16号

各省、自治区、直辖市及新疆生产建设兵团人力资源社会保障厅（局），国家税务总局各省、自治区、直辖市和计划单列市税务局：

为贯彻党中央、国务院决策部署，抓好特困行业纾困政策落实，现就阶段性实施缓缴企业职工基本养老保险费、失业保险费、工伤保险费（以下简称“三项社保费”）相关事项通知如下：

一、适用范围。缓缴适用于餐饮、零售、旅游、民航、公路水路铁路运输企业三项社保费的单位应缴纳部分。上述行业中以单位方式参加社会保险的有雇工的个体工商户以及其他单位，参照企业办法缓缴。对职工个人应缴纳部分，企业应依法履行好代扣代缴义务。

以个人身份参加企业职工基本养老保险的个体工商户和各类灵活就业人员，2022年缴纳费款有困难的，可自愿暂缓缴费，2022年未缴费月度可于2023年底前进行补缴，缴费基数在2023年当地个人缴费基数上下限范围内自主选择，缴费年限累计计算。

二、实施期限。企业职工基本养老保险费缓缴费款所属期为2022年4月至6月。失业保险费、工伤保险费缓缴费款所属期为2022年4月至2023年3月，在此期间，企业可申请不同期限的缓缴。已缴纳所属期为2022年4月费款的企业，可从5月起申请缓缴，缓缴月份相应顺延一个月，也可以申请退回4月费款。缓缴期间免收滞纳金。

三、办理流程。在缓缴期限内，企业可根据自身经营状况向社会保险登记部门申请缓缴三项社保费。新开办企业可自参保当月起申请缓缴；企业行业类型变更为上述行业的，可自变更当月起申请缓缴。

四、资格认定。各省要本着方便、快捷、不增加企业事务性负担的原则审核。社会保险登记部门审核企业是否适用缓缴政策时，应以企业参保登记时自行申报的行业类型为依据。现有信息无法满足划分行业类型需要的，可实行告知承诺制，由企业出具所属行业类型的书面承诺，并承担相应法律责任。

五、补缴费款。企业原则上应在缓缴期满后的一个月内补缴缓缴的失业保险、工伤保险费款；缓缴的企业职工基本养老保险费最迟于2022年底前补缴到位，期间免收滞纳金，税务部门应及时提醒企业补缴。企业可根据实际需要，提前申报缴纳缓缴的费款，税务部门应及时征收。企业依法注销的，应当在注销前缴纳缓缴的费款，相关部门按照注销流程及时办理。

六、待遇处理。缓缴期限内，职工申领养老保险待遇的，企业应先为其补齐缓缴的企业职工基本养老保险费。缓缴失业保险费不影响企业享受阶段性降低失业保险费率和稳岗返还政策、不影响参保职工享受技能提升补贴政策、不影响参保失业人员享受失业保险金或失业补助金等相关待遇。缓缴工伤保险费不影响企业享受阶段性降低工伤保险费率政策和职工享受工伤保险待遇。

各省人力资源社会保障、税务部门要高度重视、精心组织，简化办事流程，大力推行“网上办”等不见面服务方式。各地要加强指导监督，健全内控机制，切实防范风险。要建立信息沟通协调机制，参保企业自行向税务部门申报缴费的地区，税务部门要按月将缓缴企业名称、统一社会信用代码、企业行业类型、缓缴险种及属期、缓缴期限、缓缴金额、人数等信息传递给社会保险经办机构；税务部门按照社会保险经办机构传递的缴费信息进行征收的地区，社会保险经办机构要按月将上述缓缴信息传递给税务部门。各省要加强工作调度，按季将政策落实情况分别报送人力资源社会保障部、国家税务总局，在执行中遇有重大情况和问题，要及时报告。

人力资源社会保障部办公厅
国家税务总局办公厅
2022 年 4 月 25 日

人力资源社会保障部办公厅　教育部办公厅关于做好2022年中小学幼儿园教师公开招聘工作的通知

人社厅发〔2022〕21号

各省、自治区、直辖市及新疆生产建设兵团人力资源社会保障厅（局）、教育厅（教委、教育局）：

为深入贯彻习近平总书记关于教育的重要论述，落实党中央、国务院“稳就业”“保就业”的决策部署，促进高校毕业生就业和基层教师队伍建设，推动教育事业高质量发展，现就做好2022年中小学幼儿园教师公开招聘工作通知如下。

一、统筹谋划教师招聘，促进高校毕业生就业。2022届普通高校毕业生规模、增量创历史新高，就业形势复杂严峻。各地要高度重视，统筹谋划中小学幼儿园教师公开招聘工作，稳定招聘规模，促进高校毕业生在中小学幼儿园就业。鼓励各地在省级或市级层面统一组织中小学教师招聘。落实基层事业单位公开招聘倾斜政策，进一步鼓励和引导更多高校毕业生到基层中小学幼儿园任教。

二、精准测算义务教育学校和高中岗位需求，加强紧缺学科教师补充。各地要充分掌握城镇乡村不同区域、不同学校的岗位需求，精准招聘所需学科教师。要落实“双减政策”，拿出一定的招聘名额，有针对性地加强思想政治、音乐、体育、美术、科学、劳动、心理健康、特殊教育等紧缺学科教师招聘补充，着力解决教师队伍学科结构性矛盾。要结合高考改革选课走班的要求，加大力度补充普通高中紧缺学科教师，满足教育发展需要。

三、补足配齐幼儿园教师，支持学前教育发展。各地要落实《幼儿园教职工配备标准（暂行）》，加强对各类幼儿园教职工配备情况的动态监管，加大幼儿园教师公开招聘力度。要根据当地经济社会发展水平和学前教育发展的实际情况，落实幼儿园教师工资待遇保障政策，确保教师工资及时足额发放、同工同酬，依法依规足额足项为教职工缴纳社会保险和住房公积金。

四、强化职业学校教师配备，推动职业教育高质量发展。各地要重点支持职业教育改革，根据地方特色产业发展需求设置相应职业学校（含技工院校，下同）教师岗位。职业学校公开招聘教师时，有职业技能等级要求的岗位可以适当降低学历要求，或不再设置学历要求；以技能操作或技能指导履行职责任务的岗位，实际操作能力测试在考试中的比重原则上不低于50%；高层次、高技能人才可以按规定通过直接考察的方式公开招聘，建设高素质“双师型”教师和一体化教师队伍。

五、严格师德考察和招聘条件，把好教师招聘入口关。各地招聘中小学幼儿园教师，要充分发挥党组织的领导和把关作用，严格教师准入的思想政治素养和师德考察，把入职前涉罪信息查询作为必要环节。招聘的教师要符合新时代中小学幼儿园教师职业行为十项准则要求，无刑事犯罪记录和其他不得聘用的违法记录；符合教师法、《教师资格条例》等法律法规规定的学历标准、普通话水平、身体条件和心理条件，取得中小学、幼儿园教师资格证书。

对于在2021年及2022年中小学（含幼儿园、中等职业学校）教师资格考试中受疫情影响考生（2021年及2022年中小学教师资格考试（NTCE）笔试成绩单或面试成绩单“受到疫情影响”栏标注为“是”），可以参加教师招聘，通过教师招聘的可以先上岗从事辅助性教育教学工作，再参加考试并取得教师资格。中小学幼儿园凡在2022年12月31日前招聘受疫情影响高校毕业生的，不得将取得上述教师资格作为限制性条件。高校毕业生参加公办中小学幼儿园公开招聘被聘用从事教育教学相关工作的，在订立聘用合同时应当按规定约定1年试用期，试用期内未取得相应教师资格的，应当依法解除聘用合同；高校毕业生与用人单位签订劳动合同的，按照劳动合同法等法律法规处理劳动关系。地方教育行政部门要会同相关部门落实好先上岗的高校毕业生各项待遇保障，督促中小学幼儿园依法为其缴纳社会保险费等，切实维护其合法权益。

六、创新基层招聘办法，拓展乡村振兴人才来源。积极引导高校毕业生到乡村学校任教。在坚持公开招聘基本制度的基础上，适当放宽国家乡村振兴重点帮扶县乡村中小学幼儿园招聘条件，可以拿出一定数量岗位面向本县市或者周边县市户籍人员（或者生源）招聘；招聘本科以上高校毕业生，可以结合实际情况，采取面试、直接考察的方式公开招聘；可以根据应聘人员报名、专业分布等情况适当降低开考比例或不设开考比例，划定成绩合格线。深入推进“特岗计划”，优化招聘实施工作，一次性招聘未完成计划的省份，可以按规定依次递补聘用或组织二次招聘；各地可结合实际在国家通用语言教育相对薄弱的原“三区三州”等民族地区，开展学前教育阶段本地“特岗计划”试点。

各地要尽快启动教师公开招聘工作，通过多种途径广泛推介招聘信息，倒排招聘报名、考试、考察、体检等时间表，在落实落细各项防疫措施、确保安全的前提下，加快招聘进度，力争在8月1日前完成教师招聘任务。请各省（区、市）教育行政部门会同人力资源社会保障部门抓紧开展工作，及时报送工作进展情况。在教师公开招聘工作结束后，报送《2022年中小学幼儿园教师岗位招聘毕业生情况统计表》。

附件：2022年中小学幼儿园教师岗位招聘毕业生情况统计表（略）

人力资源社会保障部办公厅
教育部办公厅
2022年6月6日

人力资源社会保障部办公厅　财政部办公厅关于做好2022年高校毕业生“三支一扶”计划实施工作的通知

人社厅发〔2022〕22号

各省、自治区、直辖市及新疆生产建设兵团人力资源社会保障厅（局）、财政厅（局）：

为贯彻落实党中央、国务院关于进一步引导鼓励高校毕业生到基层工作的决策部署，按照《中共中央组织部、人力资源社会保障部等十部门关于实施第四轮高校毕业生“三支一扶”计划的通知》（人社部发〔2021〕32号）部署安排，2022年继续选拔招募高校毕业生到基层从事“三支一扶”（支教、支农、支医和帮扶乡村振兴）服务，现就有关工作通知如下。

一、充分认识实施“三支一扶”计划的重要意义。高校毕业生“三支一扶”计划是引导高校毕业生向基层一线流动、助力推进乡村振兴的民生工程，是为基层输送和培养青年人才、改善基层人才队伍结构的人才工程，是引领高校毕业生树立科学就业观、积极面向基层就业的就业工程。各地要充分认识“三支一扶”计划的重要意义，进一步提高政治站位，聚焦加快推进乡村人才振兴和农业农村现代化建设对青年人才的需求，扎实推进2022年实施工作，加强部门间沟通协调，健全服务保障机制，努力提升项目实施质量，更好发挥示范引领作用，积极引导鼓励高校毕业生到基层工作。

二、优化选拔招募结构。2022年，中央财政支持招募“三支一扶”人员3.4万名，鼓励有条件的地方结合实际适当扩大招募规模。贯彻巩固脱贫攻坚成果同乡村振兴有效衔接的决策部署，招募计划向乡村振兴重点帮扶县、脱贫县、易地扶贫搬迁大型和特大型集中安置区所在县倾斜，向革命老区、民族地区、边疆地区等艰苦边远地区倾斜，对国家乡村振兴重点帮扶县实行计划单列。紧贴全面实施乡村振兴战略需要，深入挖掘基层事业发展急需紧缺岗位，积极拓展乡镇（流域）水利管理、乡村建设助理员、野生动植物保护等服务岗位。招人难、留人难的艰苦边远地区，可适当放宽专业要求，降低开考比例，提高本地户籍毕业生比例。优先招募脱贫户、零就业家庭毕业生和已参加规范化培训医学专业毕业生。

三、持续强化培养使用。继续实施“三支一扶”人员能力提升专项计划，2022年中央财政支持培训8 000人次，其中乡村振兴主题培训5 000人次，并按3 000元每人次标准给予补助。各地要认真落实专项培训计划，明确要求，精心组织，严格执行培训管理相关规定，高质量完成专项培训任务。要健全全服务周期的培训制度，完善岗前、在岗和离岗前培训体系，推动“三支一扶”人员纳入行业培训范围，创新对口交流、跟班学习等培训形式，丰富党史学习教育、政治理论学习和

“最美”人物经验交流等培训内容，加强思想政治引领，提升专业技术水平。要强化岗位锻炼，积极推广导师制、一帮一、传帮带等结对帮扶做法，择优推荐担任乡镇团委副书记和河（湖）长助理、林（场）长助理、基层供销社主任助理等，为“三支一扶”人员锻炼成长提供有利条件。

四、提升服务保障水平。2022 年，中央财政按照东部地区每人每年 1.2 万元、中部地区 2.4 万元、西部地区 3 万元（西藏、新疆南疆四地州 4 万元）和一次性安家费每人 3 000 元的标准给予补助。各地要加大资金支持力度，按照有关规定缴纳基本养老、基本医疗、工伤保险，结合实际创造条件缴纳住房公积金、办理补充医疗和人身意外伤害险等、发放艰苦边远地区津贴。推动基层服务单位加强工作生活保障，参照本单位人员标准给予相应补助。按月足额发放工作生活补贴，保障达到当地乡镇机关或事业单位从高校毕业生中新聘用人员试用期满后工资收入水平。

五、做好日常管理服务。“三支一扶”人员原则上安排在乡镇基层单位，服务期间不得借调离岗。要加强平时、年度和期满考核工作，可参照当地绩效考核实际对考核优秀、合格人员给予一定奖励。要加强动态管理，及时上报“三支一扶”人员信息并做好管理信息系统动态更新，开展在岗情况、工作生活补贴发放情况检查。要强化日常服务，按规定做好户口迁移、人事档案转递、党团关系转接等工作，定期组织走访、座谈、慰问活动等，及时掌握“三支一扶”人员的思想动态和工作生活情况。

六、促进服务期满流动。要以促进“三支一扶”人员扎根基层成长成才为重点，完善期满流动政策，畅通流动渠道，创新流动服务。落实公务员定向考录、事业单位专项招聘、住院医师规范化培训等支持政策。要在县乡基层事业单位公开招聘中拿出一定数量或比例的岗位对服务期满考核合格的人员进行专项招聘，并增加工作实绩在考察中的权重，聘用后可以不再约定试用期。要积极拓宽基层留人、用人渠道，组织开展多种形式的专场招聘活动，深挖基层各类工作岗位，并将有创业意愿的纳入创业引领行动等项目，按规定落实扶持政策。符合条件人员可同等享受应届毕业生相关政策，以及考研初试加分政策。加强对服务期满人员的跟踪培养，建立联系服务机制，在职称评定、进修学习等方面予以优先。

各地要高度重视，加强组织领导，结合新冠肺炎疫情防控实际，统筹安排 2022 年实施工作，推动工作不断提质增效。要把握时间节点，按时推进公告发布、招募选拔、培训上岗及期满考核等工作，原则上各地要在 8 月底前完成人员招募工作。要加强中央补助资金管理和绩效评价，6 月 15 日前按下达招募计划申报资金预算，加快执行进度，提高资金使用效益，人力资源社会保障部会同财政部将根据各地工作实效建立补助名额动态调整机制。要及时总结经验，发掘先进典型，强化宣传引导，积极营造良好氛围。工作中相关信息和建议可及时向人力资源社会保障部人力资源流动管理司反馈。

人力资源社会保障部办公厅
财政部办公厅
2022 年 6 月 7 日

人力资源社会保障部办公厅关于开展2022年离校未就业高校毕业生服务攻坚行动的通知

人社厅发〔2022〕23号

各省、自治区、直辖市及新疆生产建设兵团人力资源社会保障厅（局）：

按照《国务院办公厅关于进一步做好高校毕业生等青年就业创业工作的通知》（国办发〔2022〕13号）要求，为进一步做好离校未就业高校毕业生就业促进工作，现决定在全国集中开展离校未就业高校毕业生服务攻坚行动。现就有关工作通知如下：

一、总体要求

以习近平新时代中国特色社会主义思想为指导，坚决贯彻党中央、国务院决策部署，把促进高校毕业生就业摆在稳就业保就业工作重要位置，以实名服务为支撑，强化政策落实、权益维护、困难帮扶，为有就业意愿的未就业毕业生和失业青年提供针对性服务，确保工作不断档、服务不断线，确保高校毕业生等青年就业局势总体稳定。

二、行动主题

服务攻坚促就业　筑梦青春赢未来

三、行动时间

2022年7月—12月

四、服务对象

2022届离校未就业高校毕业生，35岁以下登记失业青年。以下统称为未就业毕业生。

五、主要措施

（一）提早衔接未就业毕业生实名信息。各省级人力资源社会保障部门要提早与教育部门和高校对接，尽快获取未就业毕业生实名信息，7月底前全部完成信息移交。6月底前，部里将全面开放未就业毕业生求职登记小程序，各地人力资源社会保障部门要加大宣传推广力度，同步开放线上线下求助渠道，允许未就业毕业生在户籍地、常住地、求职地进行失业登记或求职登记。

（二）集中开展公共就业服务公开行动。6月底前，地市及以上人力资源社会保障部门要充分运用各种渠道，发出公开信或服务公告，集中推介求助途径、招聘渠道、机构目录、政策服务清单。重点亮出未就业毕业生求职登记小程序、失业登记全国统一服务平台等求助途径，亮出公共招聘网站、诚信人力资源服务机构等招聘渠道，亮出公共就业人才服务机构、档案管理服务机构等名录，亮出就业创业、人才引进、档案接收等政策服务清单。

（三）健全完善实名帮扶机制。各地人力

资源社会保障部门要建立未就业毕业生实名台账，通过走访摸排、数据比对，摸清其就业失业状态、学历专业、求职意向、服务需求等信息。对有就业意愿的，至少提供1次职业指导、3次岗位推介、1次技能培训或就业见习机会；对有创业意向的，提供创业培训、创业服务和政策扶持；对暂无就业意愿的，做好状态记录，及时跟进服务。

（四）高频举办公共就业服务专项活动。按照“10+N”公共就业服务专项活动要求，接续举办百日千万网络招聘、大中城市联合招聘、金秋招聘月、就业服务周、中央企业专场招聘等活动。用好线上招聘平台，常态化发布岗位信息，广泛应用直播带岗、空中宣讲、无接触面试等新模式，并加快岗位信息省级集中、全国联网发布。落实疫情防控常态化要求，有条件的地方尽可能组织线下招聘活动。未就业毕业生较为集中的地市级以上城市，每周至少举办1次专业性招聘活动，每月至少举办1次综合性招聘活动。

（五）大力推进政策快办助力就业行动。切实抓好国务院办公厅关于进一步做好高校毕业生等青年就业创业工作文件的配套落实，充分释放政策效力促进毕业生就业创业。扩大毕业生就业创业一件事“打包办”范围，分类推出基层就业、企业吸纳、自主创业、灵活就业、培训见习等政策礼包，推动税收优惠、创业担保贷款、资金补贴等政策集中兑现。加快毕业生就业政策网上办，通过数据比对主动筛选政策对象，实施直补快办、无感智办，切实提升政策获得感、满意度。

（六）协调推动公共部门岗位加快落地。积极协调有关部门，加快推进事业单位公开招聘工作，加快“三支一扶”等基层服务项目招募，合理安排考试时间，尽快开展笔试面试。抓紧部署中小学幼儿园教师招聘，力争8月1日前完成，指导受疫情影响严重地区落实部分教师资格“先上岗、再考证”阶段性政策。

（七）组织实施困难毕业生就业结对帮扶。聚焦脱贫家庭、低保家庭、零就业家庭以及残疾、较长时间未就业等有特殊困难的未就业毕业生，组织党员干部、服务机构结对帮扶，制定“一人一策”帮扶计划。优先推荐岗位，优先落实政策，优先组织培训见习，及时提供专业化职业指导服务，促进尽快就业创业，对确实难以市场就业的，提供公益性岗位兜底安置。

（八）持续强化毕业生就业权益保障。加大人力资源市场秩序清理整顿，坚决查处黑职介、假招聘、售卖简历和证书以及其他侵害求职者人身财产权益的违法违规行为。加强劳动就业政策法规宣传，规范企业招聘行为，对各类用人单位特别是国有企事业单位出现无故解约、就业歧视等行为的，要及时约谈、及时纠正。

（九）组织开展“平凡岗位　精彩人生”典型宣传活动。挖掘一批服务重大战略、投身生产一线、主动创业创新、扎根城乡基层的高校毕业生典型，推出系列新闻宣传，组织开展事迹报告，全方位展示新时代高校毕业生就业创业的精神风貌。通过典型示范和朋辈引领，引导毕业生树立正确的就业观、职业观、成才观，从实际出发选择职业和工作岗位，多渠道就业创业、建功立业。

六、工作要求

各地人力资源社会保障部门要将行动实施作为高校毕业生就业工作的重要抓手，落实属地责任，细化实施方案，明确工作措施、时间安排和保障机制。要加强部门间协调配合，聚合政策服务资源，充分调动人力资源服务机构和行业协会参与积极性。要加强宣传引导，开展形式多样、内容丰富的宣传活动，扩大行动知晓度和参与度。要强化跟踪调度，及时汇总并动态报送任务完成、工作进展、典型经验、意见建议，年底前及时报告行动总结。

部里将从7月起，对求职登记小程序求助毕业生联系服务情况进行日调度，对各地未就业毕业生信息衔接工作进行周调度（7月底前填写工作进展汇总表，见附件2），对未就业毕业生实名联系和帮扶进度进行半月调度，并会同有关媒体开设行动宣传专栏。

附件：1. 青春新赛道　就业新航程—致2022届高校毕业生的一封信（略）

2. 离校未就业高校毕业生信息衔接工作进展汇总表（略）

人力资源社会保障部办公厅

2022年6月10日

人力资源社会保障部办公厅
关于单独划定部分专业技术人员职业资格考试合格标准有关事项的通知

人社厅发〔2022〕25号

各省、自治区、直辖市及新疆生产建设兵团人力资源社会保障厅（局），中共海南省委人才发展局，各副省级市人力资源社会保障局：

为深入贯彻党中央、国务院关于实现巩固拓展脱贫攻坚成果同乡村振兴有效衔接的决策部署，加强乡村振兴人才队伍建设，经商有关部门同意，人力资源社会保障部决定在国家乡村振兴重点帮扶县等地区单独划定部分专业技术人员职业资格考试合格标准（以下简称单独划线）。现就有关事项通知如下。

一、单独划线的职业资格考试项目及实施范围

（一）执业药师、通信（初、中级）、计算机技术与软件（初、中、高级）、社会工作者（初、中、高级）、经济（初、中、高级）、卫生（初、中级）、审计（初、中、高级）、统计（初、中、高级）、银行业专业人员（初、中级）、翻译专业资格（二、三级）等10项职业资格考试在国家乡村振兴重点帮扶县、西藏自治区、四省涉藏州县、新疆维吾尔自治区南疆四地州、甘肃临夏州、四川凉山州、乐山市峨边县、马边县及金口河区单独划线。

（二）出版（初、中级）职业资格考试针对从事少数民族语言文字出版工作的人员单独划线。

上述职业资格考试结束后，人力资源社会保障部会同有关部门研究确定单独划线的合格标准，在中国人事考试网（www. cpta. com. cn）向社会公布。

二、证书申领及发放

（一）在单独划线地区报名参加相关职业资格考试的人员，未达到全国合格标准，在规定的考试成绩有效期内，全部科目达到单独划线地区合格标准的，发放单独划线职业资格证书或成绩合格证明。

（二）在单独划线地区之外报名参加相关职业资格考试，到单独划线地区工作的人员，未达到全国合格标准，在规定的考试成绩有效期内，全部科目达到单独划线地区合格标准的，可向当地省级考试管理机构申领单独划线职业资格证书或成绩合格证明。

（三）从事少数民族语言文字出版工作的出版专业技术人员，未达到全国合格标准，在规定的考试成绩有效期内，全部科目达到出版职业资格考试单独划线合格标准的，发放“从事少数民族语言文字出版工作”出版专业技术人员职业资格证书。

（四）单独划线的职业资格证书或成绩合格证明按现行证书管理程序印制发放。已推行职业资格电子证书的，可在中国人事考试网查询下载相应的职业资格电子证书或成绩合格证明。

三、证书效力

（一）执业药师、通信（初、中级）、计算机技术与软件（初、中、高级）、社会工作者（初、中、高级）、经济（初、中、高级）、卫生（初、中级）、审计（初、中、高级）、统计（初、中、高级）、银行业专业人员（初、中级）、翻译专业资格（二、三级）等考试的单独划线职业资格证书或成绩合格证明，在相应省（区、市）的单独划线地区有效。

（二）高级审计师、高级统计师、高级经济师的单独划线成绩合格证明，自考试合格之日起5年内有效；高级社会工作师的单独划线成绩合格证明，自考试合格之日起3年内有效。

（三）单独划线的出版（初、中级）职业资格证书，在从事少数民族语言文字出版工作时有效。

四、违纪违规行为处理

报考人员在报名考试和申领证书时须如实填报相关信息，如提供虚假信息、虚假证明材料或者以其他不正当手段，取得单独划线职业资格证书或成绩合格证明等，按照《专业技术人员资格考试违纪违规行为处理规定》（人力资源社会保障部令第31号）第十条处理。

五、其他事项

本通知自2023年1月1日起实施。2022年单独划线工作参照《人力资源社会保障部办公厅关于在“三区三州”等深度贫困地区单独划定护士等职业资格考试合格标准有关事项的通知（试行）》（人社厅发〔2019〕77号）执行，依据该通知取得的单独划线职业资格证书或成绩合格证明，在原有范围内继续有效。

各地人力资源社会保障部门要会同行业主管部门统筹做好职业资格考试报名、资格审核、证书发放等工作，有关考试机构要及时调整优化考试报名系统，确保政策落实落地。进一步加强政策宣传和解读，让专业技术人员充分了解政策，吸引更多优秀专业技术人才到基层建功立业。

人力资源社会保障部办公厅
2022年6月21日

人力资源社会保障部办公厅关于颁布社区事务员（劳动保障专理员）等42个国家职业技能标准的通知

人社厅发〔2022〕26号

各省、自治区、直辖市及新疆生产建设兵团人力资源社会保障厅（局），国务院有关部委、直属机构人事劳动保障工作机构，中央军委政治工作部兵员和文职人员局，有关行业组织（集团公司）人事劳动保障工作机构：

根据《中华人民共和国劳动法》有关规定，我部组织制定了社区事务员（劳动保障专理员）等42个国家职业技能标准，现予颁布施行。原相应国家职业技能标准同时废止。

附件：42个国家职业技能标准目录

人力资源社会保障部办公厅

2022年6月27日

附件

42个国家职业技能标准目录

序号	职业编码	职业名称
1	3-01-01-02	社区事务员（劳动保障专理员）（试行）
2	3-01-01-06	城市管理网格员
3	4-01-03-04	二手车经纪人
4	4-02-02-09	汽车救援员（试行）
5	4-03-02-06	营养配餐员（试行）

6	4-03-02-08	咖啡师
7	4-07-02-01	风险管理师（试行）
8	4-07-02-02	科技咨询师（试行）
9	4-07-03-01	职业指导员
10	4-07-03-05	职业培训师
11	4-08-08-20	形象设计师
12	4-09-10-05	插花花艺师
13	4-10-03-01	美容师（皮肤管理师）
14	4-13-02-06	音响调音员
15	4-14-01-02	健康照护师（试行）
16	4-14-01-03	呼吸治疗师（试行）
17	4-14-04-01	防疫员（试行）
18	4-14-04-02	消毒员（试行）
19	6-09-01-04	毛笔制作工
20	6-10-03-04	水煤浆制备工（试行）
21	6-10-03-05	工业型煤工（试行）
22	6-15-07-01	炭素煅烧工
23	6-15-07-02	炭素成型工
24	6-15-07-03	炭素焙烧工
25	6-16-01-09	矿井通风工（试行）
26	6-16-01-13	矿山生产集控员（试行）
27	6-16-02-01	石油勘探工（试行）
28	6-16-02-02	钻井工
29	6-16-02-03	钻井协作工（试行）
30	6-16-02-04	井下作业设备操作维修工
31	6-16-02-06	油气水井测试工（试行）
32	6-16-02-07	石油开采工（试行）
33	6-16-02-08	天然气开采工（试行）
34	6-16-02-10	天然气处理工
35	6-16-02-11	油气输送工

36	6-16-02-12	油气管道维护工
37	6-17-09-02	金属轧制工
38	6-17-09-07	金属材精整工
39	6-23-03-06	航空附件装配工（试行）
40	6-28-01-03	汽轮机运行值班员（试行）
41	6-28-01-06	电气值班员（试行）
42	6-31-01-09	工程机械维修工（堆场作业机械维修工）

注：以上职业技能标准内容可在人力资源社会保障部官网查询。

人力资源社会保障部办公厅
关于扎实做好失业保险待遇发放工作的通知

人社厅发〔2022〕27号

各省、自治区、直辖市及新疆生产建设兵团人力资源社会保障厅（局）：

为扎实做好失业保险待遇申领和发放工作，进一步畅通待遇申领渠道，切实保障好参保失业人员基本生活，现就有关事项通知如下：

一、建立失业保险待遇申领渠道信息推送机制

各地要推动经办机构通过手机短信、本地自行开发的失业保险待遇申领App或微信、支付宝等有关渠道，按月对新发生的失业保险停保人员主动发送信息，告知全国和本地申领渠道，使参保失业人员最大化知晓申领方式。失业保险待遇全国统一申领入口网址为si.12333.gov.cn。

二、根据疫情形势变化建立失业保险待遇直发模式

各地要在疫情常态化防控条件下，根据疫情形势变化，因时因势探索主动发放失业保险待遇的经办新模式。指导所属经办机构调整业务流程，改造信息系统，搭建“线上审核”通道，开展社银合作，通过后台数据比对，直接向符合条件的参保失业人员发放失业保险待遇，努力让失业人员在最困难时得到帮扶。

三、健全审核结果及时反馈机制

对失业人员的线上或线下申领信息，各地要加快审核，在规定时限内办结。对审核结果要通过短信或原申领渠道及时反馈。审核通过的，要告知待遇发放期限和标准；审核不通过的，要准确告知原因。

四、持续提升失业保险经办服务便捷性

各地要多措并举，切实取消证明材料、申领时限、捆绑条件、附加义务，实现失业人员仅凭身份证或社保卡即可申领失业保险待遇。要确保落实申领失业保险金同步办理失业登记或发放后办理失业登记，申领失业补助金无需办理失业登记。不得要求失业人员先培训再领金，不能以不参加培训为由停发失业保险待遇。对失业人员领金期间从事灵活就业的，不得停发失业保险待遇。

五、加强组织实施

各地要充分认识做好失业保险待遇发放工作的重要性，切实提高政治站位，树牢底线思维，增强主动服务意识，全面落实失业保险待遇。要优化经办流程，完善信息系统，加强数

据共享，加快发放进度，切实提高保障的可及性、时效性。要加大宣传力度，提高政策知晓度，最大限度让参保失业人员应知尽知、应享尽享。在推进工作中遇到的问题，及时向部失业保险司报告。

人力资源社会保障部办公厅

2022年6月30日

人力资源社会保障部办公厅 国家邮政局办公室关于颁布安检员（邮件快件安检员）国家职业技能标准的通知

人社厅发〔2022〕28 号

各省、自治区、直辖市及新疆生产建设兵团人力资源社会保障厅（局）、邮政局：

根据《中华人民共和国劳动法》有关规定，人力资源社会保障部、国家邮政局共同制定了安检员（邮件快件安检员）国家职业技能标准，现予颁布施行。

附件：安检员（邮件快件安检员）国家职业技能标准目录

人力资源社会保障部办公厅
国家邮政局办公室
2022 年 7 月 7 日

附件

安检员（邮件快件安检员）国家职业技能标准目录

序号	职业编码	职业名称
1	4-07-05-02	安检员（邮件快件安检员）

注：该职业技能标准内容可在人力资源社会保障部官网查询。

人力资源社会保障部办公厅
国家密码管理局办公室关于颁布
密码技术应用员国家职业技能标准的通知

人社厅发〔2022〕29号

各省、自治区、直辖市及新疆生产建设兵团人力资源社会保障厅（局）、密码管理局：

根据《中华人民共和国劳动法》有关规定，人力资源社会保障部、国家密码管理局共同制定了密码技术应用员国家职业技能标准，现予颁布施行。

附件：密码技术应用员国家职业技能标准目录

人力资源社会保障部办公厅
国家密码管理局办公室
2022年7月6日

附件

密码技术应用员国家职业技能标准目录

序号	职业编码	职业名称
1	4-07-05-06	密码技术应用员

注：该职业技能标准内容可在人力资源社会保障部官网查询。

人力资源社会保障部办公厅　民政部办公厅 中国残联办公厅关于颁布康复辅助技术咨询师 国家职业技能标准的通知

人社厅发〔2022〕30号

各省、自治区、直辖市及新疆生产建设兵团人力资源社会保障厅（局）、民政厅（局）、残联：

根据《中华人民共和国劳动法》有关规定，人力资源社会保障部、民政部、中国残联共同制定了康复辅助技术咨询师国家职业技能标准，现予颁布施行。

附件：康复辅助技术咨询师国家职业技能标准目录

人力资源社会保障部办公厅
民政部办公厅
中国残联办公厅
2022年7月8日

附件

康复辅助技术咨询师国家职业技能标准目录

序号	职业编码	职业名称
1	4-14-03-06	康复辅助技术咨询师

注：该职业技能标准内容可在人力资源社会保障部官网查询。

人力资源社会保障部办公厅 工业和信息化部办公厅关于颁布计算机程序设计员等6个国家职业技能标准的通知

人社厅发〔2022〕31号

各省、自治区、直辖市及新疆生产建设兵团人力资源社会保障厅（局），工业和信息化主管部门、通信管理局：

根据《中华人民共和国劳动法》有关规定，人力资源社会保障部、工业和信息化部共同制定了计算机程序设计员等6个国家职业技能标准，现予颁布施行。

附件：6个国家职业技能标准目录

人力资源社会保障部办公厅
工业和信息化部办公厅
2022年7月12日

附件

6个国家职业技能标准目录

序号	职业编码	职业名称
1	4-04-05-01	计算机程序设计员
2	4-04-05-07	服务机器人应用技术员
3	6-04-05-00	非织造布制造工
4	6-20-05-08	阀门装配调试工
5	6-20-99-00	增材制造设备操作员 L
6	6-25-04-10	智能硬件装调员

注：1. “L”代表绿色职业。
2. 以上职业技能标准内容可在人力资源社会保障部官网查询。

人力资源社会保障部办公厅 文化和旅游部办公厅关于颁布旅行社计调国家职业技能标准的通知

人社厅发〔2022〕32号

各省、自治区、直辖市人力资源社会保障厅（局）、文化和旅游厅（局），新疆生产建设兵团人力资源社会保障局、文化体育广电和旅游局：

根据《中华人民共和国劳动法》有关规定，人力资源社会保障部、文化和旅游部共同制定了旅行社计调国家职业技能标准，现予颁布施行。

附件：旅行社计调国家职业技能标准目录

人力资源社会保障部办公厅
文化和旅游部办公厅
2022年7月11日

附件

旅行社计调国家职业技能标准目录

序号	职业编码	职业名称
1	4-07-04-03	旅行社计调

注：该职业技能标准内容可在人力资源社会保障部官网查询。

人力资源社会保障部办公厅
中央网信办秘书局
工业和信息化部办公厅
关于颁布电子商务师等2个国家职业技能标准的通知

人社厅发〔2022〕33号

各省、自治区、直辖市及新疆生产建设兵团人力资源社会保障厅（局）、网信办、工业和信息化主管部门、通信管理局：

根据《中华人民共和国劳动法》有关规定，人力资源社会保障部、中央网信办、工业和信息化部共同制定了电子商务师等2个国家职业技能标准，现予颁布施行。

附件：电子商务师等2个国家职业技能标准目录

人力资源社会保障部办公厅
中央网信办秘书局
工业和信息化部办公厅
2022年7月12日

附件

2个国家职业技能标准目录

序号	职业编码	职业名称
1	4-01-02-02	电子商务师
2	4-13-99-02	在线学习服务师

注：以上职业技能标准内容可在人力资源社会保障部官网查询。

人力资源社会保障部办公厅 市场监管总局办公厅 统计局办公室 关于发布机器人工程技术人员等职业信息的通知

人社厅发〔2022〕35号

各省、自治区、直辖市及新疆生产建设兵团人力资源社会保障厅（局）、市场监管局、统计局，国务院各部委、各直属机构人事劳动保障工作机构，中央军委政治工作部兵员和文职人员局，各中央企业、有关社会组织人事劳动保障工作机构：

根据《中华人民共和国劳动法》有关规定，为贯彻落实《国务院关于推行终身职业技能培训制度的意见》提出的“紧跟新技术、新职业发展变化，建立职业分类动态调整机制，加快职业标准开发工作”要求，加快构建与国际接轨、符合我国国情的现代职业分类体系，我们面向社会持续公开征集新职业信息。经专家评估论证、书面征求中央和国家机关有关部门意见、面向社会公开征求意见等程序，此次遴选确定了机器人工程技术人员等18个新职业信息，现予发布。

附件：机器人工程技术人员等职业信息

人力资源社会保障部办公厅
市场监管总局办公厅
统计局办公室
2022年7月18日

附件

机器人工程技术人员等职业信息①

一、机器人工程技术人员

定义：从事机器人结构、控制、感知技术和集成机器人系统及产品研究、设计的工程技术人员。

主要工作任务：

1. 研究、开发机器人结构、控制、感知等相关技术；
2. 研究、规划机器人系统及产品整体架构；
3. 设计、开发机器人系统，制订产品解决方案；
4. 研发、设计机器人功能与结构，以及机器人控制器、驱动器、传动系统等关键零部件；
5. 研究、设计机器人控制算法、应用软件、工艺软件或操作系统、信息处理系统；
6. 运用数字仿真技术分析机器人产品、系统制造及运行过程，设计生产工艺并指导生产；
7. 制订机器人产品或系统质量与性能的测试与检定方案，进行产品检测、质量评估；
8. 提供机器人相关技术咨询和技术服务，并指导应用；
9. 制订机器人产品、系统、工艺、应用标准和规范。

二、增材制造工程技术人员

定义：从事增材制造技术、装备、产品研发、设计并指导应用的工程技术人员。

主要工作任务：

1. 运用数字化逐层堆积原理，研究开发增材制造技术与方法；
2. 运用增材制造的复杂结构制造能力，设计产品结构；
3. 研发增材制造专用成型头、检测与监控核心功能部件等；
4. 设计、集成增材制造装备，进行可靠性测试；
5. 研发增材制造分层切片、路径优化、工艺仿真和过程控制等工艺软件；
6. 研发产品的增材制造工艺，指导产品生产制造；
7. 检测、评估增材制造产品质量；
8. 制订增材制造材料、装备、工艺、应用标准和规范。

三、数据安全工程技术人员

定义：从事数据安全需求分析挖掘、技术方案设计、项目实施、运营管理等工作的工程技术人员。

主要工作任务：

1. 收集、分析数据安全保护需求，提供数据安全技术咨询服务；
2. 制订数据安全工程技术解决方案，实现对数据处理全流程的安全保护；
3. 统筹数据安全技术方案的具体实施、运营，对技术方案的落地实施负责；
4. 监测、分析和解决数据安全保护相关技术问题；

① 此次发布的新职业的职业编码及有关职业标识等，拟在新版国家职业分类大典中予以确定。

5. 综合分析、评估数据安全保护技术有效性，并对数据安全保护技术进行持续优化改进。

四、退役军人事务员

定义：在退役军人服务中心（站）从事退役军人政策咨询、信访接待、权益保障、安置服务、就业创业扶持等事务办理的人员。

主要工作任务：

1. 组织退役军人思想政治教育相关活动；
2. 受理、审查、核实和上报退役军人困难申请，开展困难帮扶援助；
3. 接待、办理退役军人和其他优抚对象来信来访，协助解决信访诉求，代办属于退役军人事务部门职权范围内的信访事项；
4. 收集、分析退役军人就业创业需求，开展退役军人职业技能教育培训及相关服务；
5. 采集、整理、分析和报送退役军人思想政治、帮扶援助、权益维护和就业创业扶持等信息数据；
6. 为辖区内退役军人建档立卡，常态化联系退役军人，开展走访慰问。

五、数字化解决方案设计师

定义：从事产业数字化需求分析与挖掘、数字化解决方案制订、项目实施与运营技术支撑等工作的人员。

主要工作任务：

1. 收集、分析产业数字化需求，提供数字化技术咨询服务；
2. 运用新一代信息通信技术和数字化技术，设计数字化业务场景和业务流程，提出并制订数字化项目架构的技术解决方案；
3. 编写数字化项目招投标等技术文件；
4. 编写数字化项目技术交底提纲；
5. 监测、分析和解决数字化项目实施及运营中的技术问题；
6. 检查、验收数字化项目质量，撰写质量分析报告。

六、数据库运行管理员

定义：对系统所使用的数据库进行维护及管理等工作的人员。

主要工作任务：

1. 安装配置数据库，并进行性能监控，故障诊断、排除等日常维护；
2. 制订、实施与完善数据库的备份还原、复制、镜像等容灾方案；
3. 提出并实施优化数据库性能及数据库集群方案；
4. 研究和实施可靠的监控手段，分配权限、信息脱敏保护等；
5. 制订和改进应急预案、策略和相关流程。

七、信息系统适配验证师

定义：从事信息系统基础环境、终端、安全体系、业务系统的适配、测试、调优、数据迁移、维护等工作的人员。

主要工作任务：

1. 分析信息系统适配过程中不同技术路线特性；
2. 制订信息系统异构适配移植方案；
3. 部署基础环境、外设、终端、安全体系、业务系统，对异构组件进行编译；
4. 运用适配方法及工具，对系统软硬件产品组合进行适配功能验证、性能验证和参数调优；
5. 分析和处理在适配过程中因环境差异导致的问题；
6. 提供信息系统适配技术咨询和技术支持。

八、数字孪生应用技术员

定义：使用仿真技术工具和数字孪生平台，构建、运行维护数字孪生体，监控、预测并优化实体系统运行状态的人员。

主要工作任务：

1. 安装、部署数字孪生平台，搭建并维

护数字孪生体的开发环境、运行环境及验证环境；

2. 应用数字化仿真建模技术及工具，导入、配置、构建数字孪生模型，部署并维护数字孪生模型；

3. 应用机器学习、增强现实、虚拟现实、混合现实等技术，建立数字孪生模型与物理实体的数据映射关系；

4. 运用虚拟调试、自适应优化和数字化模拟验证技术，进行数字孪生体调试优化及功能验证；

5. 应用数字孪生平台，采集并处理物理实体数据，驱动数字孪生体；

6. 进行数字孪生体的维护更新、优化升级，提供诊断、预测预警建议。

九、商务数据分析师

定义：从事商务行为相关数据采集、清洗、挖掘、分析，发现问题、研判规律，形成数据分析报告并指导他人应用的人员。

主要工作任务：

1. 采集、清洗企业商务数据，建立商务数据指标体系；

2. 分析、挖掘商务数据，产出数据模型；

3. 撰写、制作、发布可视化数据和商务分析报告；

4. 提供数据应用咨询服务；

5. 分析、总结及可视化呈现业务层面数据应用情况；

6. 监控数据指标，识别、分析业务问题与发展机会，提出解决策略。

本职业包含但不限于下列工种：

贸易数据申报师　智能商务策划师

十、碳汇计量评估师

定义：运用碳计量方法学，从事森林、草原等生态系统碳汇计量、审核、评估的人员。

主要工作任务：

1. 审定碳汇项目设计文件，并出具审定报告；

2. 现场核查碳汇项目设计文件，并出具核证报告；

3. 对碳汇项目进行碳计量，并编写项目设计文件；

4. 对碳汇项目进行碳监测，并编写项目监测报告；

5. 对碳中和活动进行技术评估，编制碳中和评估文件。

十一、建筑节能减排咨询师

定义：应用节能减排技术，从事建筑及其环境、附属设备测评、调适、改造、运维等工作的咨询服务人员。

主要工作任务：

1. 受建筑业主、投资主体委托或指派，收集项目建筑使用功能、能源资源需求、环境质量需求等工程资料；

2. 运用建筑能源与环境仿真模拟软件和检测设备，测评传统建筑、新能源和可再生能源建筑设计方案实施的能效和排放（含碳排放）情况，编写测评报告；

3. 编制建筑节能减排优化运行方案，验证方案效果，并提出调整改进意见；

4. 检查、测试、验证建筑竣工验收和运行阶段的设备系统运行效果，测评建筑能效，出具测评报告，提出建筑与系统调适改进方案；

5. 为建筑设计、施工、运营、质检、设备生产与制造等单位提供建筑节能减排等咨询服务；

6. 采集、整理、分析项目资料和效果，调整相关软件和模型，优化建筑及其系统和设备运行管理方式。

十二、综合能源服务员

定义：从事客户用能情况诊断，综合能源方案策划，并组织实施和运维管理的人员。

主要工作任务：

1. 分析、预测、开发综合能源市场；

2. 对接客户，梳理客户能源使用需求，

使用能效诊断技术分析客户用能效率等情况；

3. 调查客户项目外部能源环境；

4. 分析项目的内外部情况及冷、热、电、气等多种能源供应、使用以及能效等状况，策划、制订综合能源利用节能降耗方案；

5. 按客户委托，进行项目工程建设的启动、计划、组织、执行、控制管理，验收新投入和检修后的设备；

6. 巡视、检查、维护综合能源系统及其附属设备，处理设备异常及故障，填写运行日志和技术记录。

本职业包含但不限于下列工种：

综合能源运维员

十三、家庭教育指导师

定义：从事家庭教育知识传授、家庭教育指导咨询、家庭教育活动组织等的人员。

主要工作任务：

1. 开展家庭教育法律法规及政策宣传，传授立德树人家庭教育科学理念、知识和方法；

2. 指导家长履行家庭教育主体责任，进行家庭教育规划并开展家庭教育；

3. 指导家长树立和传承优良家风，指导其他家庭成员协助和配合家长优化家庭教育环境；

4. 提供家庭教育问题解决方案和咨询建议；

5. 策划、组织开展家校社协同育人的实践活动。

十四、研学旅行指导师

定义：策划、制订、实施研学旅行方案，组织、指导开展研学体验活动的人员。

主要工作任务：

1. 收集研学受众需求和研学资源等信息；

2. 开发研学活动项目；

3. 编制研学活动方案和实施计划；

4. 解读研学活动方案，检查参与者准备情况；

5. 组织、协调、指导研学活动项目的开展，保障安全；

6. 收集、记录、分析、反馈相关信息。

十五、民宿管家

定义：提供客户住宿、餐饮以及当地自然环境、文化与生活方式体验等定制化服务的人员。

主要工作任务：

1. 策划当地自然人文环境、休闲、娱乐与生活方式体验活动，推广销售民宿服务项目；

2. 受理预订，与客户沟通，了解个性化服务需求，策划制订服务项目与方案；

3. 介绍民宿服务项目与设施，协调指导员工提供接待、住宿、餐饮、活动等服务项目；

4. 检查项目服务质量，协调处理客户诉求，保证服务质量；

5. 分析民宿运营中物料采购、损耗情况，整理、分析民宿运营数据，控制运维成本；

6. 整理记录客户信息、消费项目与习惯，搜集分析客户体验反馈，维护客户关系；

7. 制订民宿及服务项目应急预案，检查维护安全设施和设备，组织实施紧急救护。

十六、农业数字化技术员

定义：从事农业生产、农村生活数字化技术应用、推广和服务活动的人员。

主要工作任务：

1. 收集农业生产案例，分析数字化需求，提供农业数字化解决方案的素材和数据；

2. 组织实施农业数字化解决方案，为用户提供现场指导和技术培训；

3. 编写农业数字化生产或服务的技术资料，推广农业数字化生产和服务；

4. 讲解、示范数字化农业生产机具、设施及软件的操作、维护、保养方法；

5. 指导农业生产经营的数字化，为生产安排、产品销售、质量控制等问题解决的数字化提供咨询；

6. 指导农业生产规范的数字化，为农产品品质安全、农业生态环境安全、农业职业安全等问题解决的数字化提供咨询；

7. 指导数字乡村建设，为有关部门采集数据提供组织指导服务。

十七、煤提质工

定义：以煤为原料，操作干燥窑、热解窑、提质煤冷却器、急冷塔等设备，提高煤品质的生产人员。

主要工作任务：

1. 操作筛分、输送设备，将煤送入干燥窑，调控温度、压力和水含量制成干燥煤；

2. 操作热解窑，将干燥煤输送至热解窑低温热解，调控温度和压力等工艺参数，制成提质煤；

3. 操作冷却、分离等设备，将煤气、焦油、粉尘等分离；

4. 操作脱硫设备，将煤气中的二氧化碳、硫化物脱去；

5. 操作冷却系统，将提质煤活化，制成提质焦粉；

6. 检查维护生产设备，发现并处理生产中的异常现象和故障；

7. 记录并保存生产数据。

十八、城市轨道交通检修工

定义：使用制动测试台、车轮轮缘尺、红外热像仪、扭矩扳手、液压起道器等检测设备和维护工器具，检修及维护保养城市轨道交通设备和设施的人员。

主要工作任务：

1. 使用扭矩扳手、双踪示波器、液压起道器等工器具和设备，拆装、调试城市轨道交通设备和设施；

2. 使用车轮轮缘尺、车轮轮径尺、水准仪、轨距尺、红外热像仪、绝缘电阻测试仪、土壤电位梯度测量仪、桥梁挠度检测仪等工器具和设备，检修城市轨道交通机械、电气等设备和设施，测量、调整参数；

3. 进行现场巡检，发现并判断城市轨道交通机械、电气等设备和设施故障；

4. 使用制动测试台、阀类测试台、继电保护校验箱、超声波探伤仪、钢轨磨耗测量仪、裂缝综合测试仪等工器具和设备，处理城市轨道交通机械、电气等设备和设施的故障、伤损；

5. 使用管路清洗机、保压测试台、液压捣固机等设备，维护和保养城市轨道交通机械、电气等设备和设施；

6. 使用、驾驶城市轨道交通设备，检测城市轨道交通机械、电气等设备和设施的性能。

本职业包含但不限于下列工种：

城市轨道交通车辆检修工　城市轨道交通机电检修工　城市轨道交通线路检修工　城市轨道交通桥隧检修工　城市轨道交通站台门检修工　城市轨道交通自动售检票检修工

人力资源社会保障部办公厅 公安部办公厅关于颁布电子数据取证分析师国家职业技能标准的通知

人社厅发〔2022〕36号

各省、自治区、直辖市及新疆生产建设兵团人力资源社会保障厅（局）、公安厅（局）：

根据《中华人民共和国劳动法》有关规定，人力资源社会保障部、公安部共同制定了电子数据取证分析师国家职业技能标准，现予颁布施行。

附件：电子数据取证分析师国家职业技能标准目录

人力资源社会保障部办公厅
公安部办公厅
2022年7月18日

附件

电子数据取证分析师国家职业技能标准目录

序号	职业编码	职业名称
1	4-04-05-08	电子数据取证分析师

注：该职业技能标准内容可在人力资源社会保障部官网查询。

人力资源社会保障部办公厅 中国民用航空局综合司关于颁布航空运输地面服务员国家职业技能标准的通知

人社厅发〔2022〕37号

各省、自治区、直辖市及新疆生产建设兵团人力资源社会保障厅（局），民航各地区管理局，各运输航空公司：

根据《中华人民共和国劳动法》有关规定，人力资源社会保障部、中国民用航空局共同制定了航空运输地面服务员国家职业技能标准，现予颁布施行。

附件：航空运输地面服务员国家职业技能标准目录

人力资源社会保障部办公厅
中国民用航空局综合司
2022年7月16日

附件

航空运输地面服务员国家职业技能标准目录

序号	职业编码	职业名称
1	4-02-04-02	航空运输地面服务员

注：该职业技能标准内容可在人力资源社会保障部官网查询。

人力资源社会保障部办公厅 应急管理部办公厅关于颁布消防员国家职业技能标准的通知

人社厅发〔2022〕38号

各省、自治区、直辖市及新疆生产建设兵团人力资源社会保障厅（局）、应急管理厅（局）：

根据《中华人民共和国劳动法》有关规定，人力资源社会保障部、应急管理部共同制定了消防员国家职业技能标准，现予颁布施行。

附件：消防员国家职业技能标准目录

人力资源社会保障部办公厅
应急管理部办公厅
2022年7月17日

附件

消防员国家职业技能标准目录

序号	职业编码	职业名称
1	3-02-03-01	消防员

注：该职业技能标准内容可在人力资源社会保障部官网查询。

人力资源社会保障部办公厅 农业农村部办公厅关于颁布水生动物饲养工等3个国家职业技能标准的通知

人社厅发〔2022〕39号

各省、自治区、直辖市及新疆生产建设兵团人力资源社会保障厅（局）、农业农村（农牧）厅（局、委）：

根据《中华人民共和国劳动法》有关规定，人力资源社会保障部、农业农村部共同制定了水生动物饲养工等3个国家职业技能标准，现予颁布施行。

附件：3个国家职业技能标准目录

人力资源社会保障部办公厅
农业农村部办公厅
2022年7月15日

附件

3个国家职业技能标准目录

序号	职业编码	职业名称
1	5-04-02-01	水生动物饲养工
2	5-05-03-03	太阳能利用工 L
3	6-01-02-00	饲料加工工

注：1. “L”代表绿色职业。
2. 以上职业技能标准内容可在人力资源社会保障部官网查询。

人力资源社会保障部办公厅 农业农村部办公厅 国家林业和草原局办公室关于颁布草坪园艺师国家职业技能标准的通知

人社厅发〔2022〕40号

各省、自治区、直辖市及新疆生产建设兵团人力资源社会保障厅（局）、农业农村（农牧）厅（局、委）、林业和草原主管部门：

根据《中华人民共和国劳动法》有关规定，人力资源社会保障部、农业农村部、国家林业和草原局共同制定了草坪园艺师国家职业技能标准，现予颁布施行。

附件：草坪园艺师国家职业技能标准目录

人力资源社会保障部办公厅
农业农村部办公厅
国家林业和草原局办公室
2022年7月15日

附件

草坪园艺师国家职业技能标准目录

序号	职业编码	职业名称
1	4-09-10-02	草坪园艺师

注：该职业技能标准内容可在人力资源社会保障部官网查询。

人力资源社会保障部办公厅　教育部办公厅财政部办公厅关于加快落实一次性扩岗补助政策有关工作的通知

人社厅发〔2022〕41号

各省、自治区、直辖市及新疆生产建设兵团人力资源社会保障厅（局）、教育厅（教委、教育局）、财政厅（局）：

为贯彻落实国务院关于进一步加大稳岗力度的部署要求，发挥失业保险助企扩岗作用，鼓励企业积极吸纳大学生就业，现就加快落实一次性扩岗补助政策有关事项通知如下：

一、对招用毕业时间为2022年1—12月且取得普通高等学校毕业证书的普通高校毕业生，签订劳动合同，并为其缴纳失业保险费1个月以上的企业，可以按每招用1人不超过1 500元的标准发放一次性扩岗补助。政策执行至2022年12月底。

二、各地可采取“免申即享”的方式，按照“方便、快捷、规范、安全”的原则，主动向符合条件的企业发放一次性扩岗补助。可按月将本地新参保人员信息与部省人社业务协同平台提供的“普通高校应届毕业生身份核验接口”比对，确认参保人为毕业年度普通高校毕业生的，将一次性扩岗补助资金发放至用人企业对公账户，对没有对公账户的企业，可将资金发放至当地税务部门提供的该企业缴纳社会保险费账户。

省级人力资源社会保障部门也可以通过组织下发部端比对的信息加快发放。要在每月20日前，按照《人力资源社会保障部关于调整社会保险联网指标和加强数据上报工作的通知》（人社部函〔2021〕158号）要求，将本省（区、市）上月失业保险参保全量信息上传至人力资源社会保障部社保联网监测系统。人力资源社会保障部会同教育部开展全国新参保人员与2022年度普通高校毕业生实名信息比对后，将符合参保及毕业年度普通高校毕业生身份的信息数据下发各省（区、市）。各省（区、市）要组织经办机构及时下载审核，在数据下发30日内向符合条件的企业发放一次性扩岗补助。

人力资源社会保障部部省内部业务协同平台将在7月30日前向各省（区、市）提供“普通高校应届毕业生身份核验接口”，各省（区、市）要积极主动进行对接，在10个工作日内完成对接。

三、各地失业保险经办机构要开设服务窗口，便于企业自行申请一次性扩岗补助。对企业所招用的毕业年度普通高校毕业生参加失业保险情况，经办机构要通过本地信息系统核实。毕业年度普通高校毕业生身份，经办机构可协调同级教育部门予以认定，或通过人力资源社会保障部部省内部业务协同平台“普通高校应届毕业生身份核验接口”进行核验。经办机构要在收到企业申请后30日内办结。

四、要强化事后核查，统筹推进一次性扩

岗补助畅通领、安全办。省级人力资源社会保障部门要于每月 20 日前向人力资源社会保障部上报一次性扩岗补助发放数据，支持部端开展全国信息比对核查。对部端比对下发的身份不实、跨省（区、市）重复享受等疑点数据，各地要立即核实，对于不符合条件的企业，及时追回所发一次性扩岗补助，按规定追究其相应责任。

五、1 名毕业年度普通高校毕业生的就业参保信息和身份只能由一户企业用于享受一次性扩岗补助，不能重复使用。一次性扩岗补助和一次性吸纳就业补贴政策不能重复享受。各地不得超出现有政策规定提高政策享受门槛，增加限制条件，要让招用毕业年度普通高校毕业生并符合相关条件的企业尽可能享受政策红利。

六、一次性扩岗补助所需资金从失业保险基金“其他支出”科目中列支。

加快落实一次性扩岗补助政策是促进高校毕业生就业、稳定当前就业局势的重要举措。各地人力资源社会保障、教育、财政部门要高度重视、主动作为，加强协调配合，形成工作合力，采取有力措施推动政策落实落地。要强化宣传引导，多渠道投放政策信息，尽快让企业知悉运用政策。人力资源社会保障部门信息化综合管理机构、经办机构间要明确职责分工，切实做好信息上报核查工作。省级人力资源社会保障、教育、财政部门要加强业务指导、工作调度、信息支持。要及时总结推广好做法，发挥典型示范带动作用，扩大工作效果。要按月将政策落实情况报送人力资源社会保障部，在执行中遇有重大情况和问题，及时报告。

人力资源社会保障部办公厅
教育部办公厅
财政部办公厅
2022 年 7 月 25 日

人力资源社会保障部办公厅　民政部办公厅关于颁布劝募员国家职业技能标准的通知

人社厅发〔2022〕43号

各省、自治区、直辖市及新疆生产建设兵团人力资源社会保障厅（局）、民政厅（局）：

根据《中华人民共和国劳动法》有关规定，人力资源社会保障部、民政部共同制定了劝募员国家职业技能标准，现予颁布施行。

附件：劝募员国家职业技能标准目录

人力资源社会保障部办公厅
民政部办公厅
2022年8月3日

附件

劝募员国家职业技能标准目录

序号	职业编码	职业名称
1	3-01-01-05	劝募员

注：该职业技能标准内容可在人力资源社会保障部官网查询。

人力资源社会保障部办公厅
住房和城乡建设部办公厅
农业农村部办公厅
国家林业和草原局办公室关于颁布
园林绿化工国家职业技能标准的通知

人社厅发〔2022〕44 号

各省、自治区、直辖市及新疆生产建设兵团人力资源社会保障厅（局）、住房和城乡建设厅（局、委）、农业农村（农牧）厅（局、委）、林业和草原主管部门：

根据《中华人民共和国劳动法》有关规定，人力资源社会保障部、住房和城乡建设部、农业农村部、国家林业和草原局共同制定了园林绿化工国家职业技能标准，现予颁布施行。

附件：园林绿化工国家职业技能标准目录

人力资源社会保障部办公厅
住房和城乡建设部办公厅
农业农村部办公厅
国家林业和草原局办公室
2022 年 8 月 3 日

附件

园林绿化工国家职业技能标准目录

序号	职业编码	职业名称
1	4-09-10-01	园林绿化工 L

注：1. “L”代表绿色职业。

2. 该职业技能标准内容可在人力资源社会保障部官网查询。

人力资源社会保障部办公厅
国家发展改革委办公厅　财政部办公厅
国家税务总局办公厅关于进一步做好
阶段性缓缴社会保险费政策实施工作
有关问题的通知

人社厅发〔2022〕50号

各省、自治区、直辖市及新疆生产建设兵团人力资源社会保障厅（局）、发展改革委、财政厅（局），国家税务总局各省、自治区、直辖市和计划单列市税务局：

为进一步落实好《关于扩大阶段性缓缴社会保险费政策实施范围等问题的通知》（人社部发〔2022〕31号）要求，切实发挥阶段性缓缴社会保险费政策效果，促进保市场主体保就业保民生，现就有关问题通知如下：

一、自2022年9月起，各省、自治区、直辖市及新疆生产建设兵团（以下统称地区）可根据本地区受疫情影响情况和社会保险基金状况，进一步扩大缓缴政策实施范围，覆盖本地区所有受疫情影响较大、生产经营困难的中小微企业、以单位方式参保的个体工商户、参加企业职工基本养老保险的事业单位及各类社会组织，使阶段性缓缴社会保险费政策惠及更多市场主体。

二、阶段性缓缴社会保险费政策到期后，可允许企业在2023年底前采取分期或逐月等方式补缴缓缴的社会保险费。补缴期间免收滞纳金。

三、各地社会保险经办机构在提供社保缴费查询、出具缴费证明时，对企业按照政策规定缓缴、补缴期间认定为正常缴费状态，不得作欠费处理。企业缓缴期间，要依法履行代扣代缴职工个人缴费义务。已依法代扣代缴的，职工个人缴费状态认定为正常缴费。同时，要主动配合当地相关部门，妥善处理与职工落户、购房、购车以及子女入学资格等政策的衔接问题。

四、要结合本地实际，进一步加大政策宣传解读力度，针对不同行业、不同企业以及灵活就业人员特点，提高宣传的针对性和精准度，确保政策“应知尽知”。通过适时发布缓缴数据信息、采访报道企业典型案例等方式，加强政策实施效果宣传。

五、要进一步优化经办服务，对符合缓缴

政策要求的市场主体，积极主动对接，分类做好服务保障。要健全部门协作机制，加强数据共享，简化办事流程，实现企业“即申即享”，减轻企业事务性负担。

各级人力资源社会保障、发展改革、财政、税务等部门要进一步加强配合，更好发挥工作合力，促进阶段性缓缴社会保险费政策取得实效。政策实施过程中遇到的新情况和新问题，要及时报告。

人力资源社会保障部办公厅
国家发展改革委办公厅
财政部办公厅
国家税务总局办公厅
2022 年 9 月 19 日

人力资源社会保障部办公厅关于进一步做好人力资源服务许可告知承诺制工作的通知

人社厅发〔2022〕51号

各省、自治区、直辖市及新疆生产建设兵团人力资源社会保障厅（局）：

近年来，按照党中央、国务院关于深化"证照分离"改革部署要求，各级人力资源社会保障部门持续推行人力资源服务许可告知承诺制，不断优化人力资源市场营商环境，激发了人力资源服务领域市场主体发展活力。为进一步规范实施人力资源服务许可告知承诺制，提高市场主体办事的便利度和可预期性，现就做好有关工作通知如下：

一、明确适用范围和对象。各级人力资源社会保障部门依法对申请从事职业中介活动的人力资源服务许可事项实行告知承诺，对申请人承诺其已具备法定条件的，经形式审查后当场作出审批决定。申请人可自主选择是否按照告知承诺制方式办理行政许可，未选择告知承诺制的仍按照一般程序办理。申请人有较严重不良信用记录或者曾有虚假承诺等情形的，在信用修复前不适用告知承诺制。

二、规范工作流程。省级人力资源社会保障部门要结合工作实际，研究制定或优化完善人力资源服务许可告知承诺办事指南、告知承诺书（相关格式文本参考样式参见附件1-2），并通过政府门户网站、政务服务平台、服务场所等渠道公布，方便申请人查阅、使用。各级人力资源社会保障部门对申请人自愿签署告知承诺书并按要求提交材料的，应当场作出审批决定。不得擅自增加受理限制条件、增设办理环节，不得要求申请人重复或额外提供申请材料。

三、加强事后核查。省级人力资源社会保障部门要结合工作实际，制定人力资源服务许可告知承诺事项核查办法，明确核查部门、时间、方式以及免予核查的情形等内容，重点对企业承诺情况进行检查。各级人力资源社会保障部门可利用政务信息共享平台、人力资源市场管理信息系统等实施在线核查。开展现场核查的，要优化工作程序，加强业务协同。在核查监管中发现违反承诺的要责令限期整改，逾期未改或整改不到位的要依法给予撤销人力资源服务许可等处罚。

四、强化信用监管。各级人力资源社会保障部门要建立完善告知承诺信用信息归集共享机制，依法依规将履行承诺情况纳入信用记录，并实施相应激励或惩戒措施。根据履行承诺的具体情形，可在入驻人力资源服务产业园、政府购买人力资源服务等方面，对相关机构予以支持或限制。要建立健全异议处理、信用修复等机制，及时受理和处置人力资源服务机构的异议申请，鼓励失信主体积极纠正其失信行为。

五、推进工作协同。各级人力资源社会保

障部门要加强对实施人力资源服务许可告知承诺制工作的统筹调度。在实行相对集中行政许可权改革或者综合行政执法改革的地区，要按照省级人民政府制定的改革方案明确相关部门的审批、监管职责，建立实施告知承诺制工作的协同对接机制，及时共享有关数据信息，实现行政审批与核查监管工作的有效衔接，促进服务质量与监管效能同步提升。

六、加强组织实施。各级人力资源社会保障部门要严格落实工作要求，认真研究解决存在问题，加强工作制度和长效机制建设。要适时开展业务培训，确保经办人员准确掌握制度规程，提升业务办理能力。要加快推进信息化建设，提升告知承诺事项网上申请办理、在线核查监管等工作效能。要及时公开人力资源服务机构承诺事项等信息，公布投诉举报渠道，广泛开展社会监督，强化政策宣传解读，营造良好工作氛围。

附件：1. 人力资源服务许可告知承诺办事指南

2. 人力资源服务许可告知承诺书

人力资源社会保障部办公厅

2022 年 9 月 23 日

附件 1

人力资源服务许可告知承诺办事指南
（参考样式）

一、适用范围

本办事指南适用于通过告知承诺制方式办理人力资源服务许可事项。申请人可自主选择是否采用告知承诺制方式办理行政许可，未选择告知承诺制的仍按照一般程序办理。申请人有较严重不良信用记录或曾有虚假承诺等情形的，在信用修复前不适用告知承诺制。

二、审批依据

（一）《中华人民共和国就业促进法》；

（二）《人力资源市场暂行条例》；

（三）《就业服务与就业管理规定》；

（四）《人才市场管理规定》；

（五）《网络招聘服务管理规定》；

（六）国务院关于深化“证照分离”改革有关文件；

（七）地方有关法规（各地可根据具体情况确定）。

三、审批部门

登记注册所在地人力资源社会保障部门或综合行政审批部门（以下统称行政审批部门）。

四、许可方式

告知承诺制。

五、法定条件

（一）有明确的章程和管理制度；

（二）有开展业务必备的固定场所、办公设施和一定数额的开办资金；

（三）有一定数量具备相应职业资格的专职工作人员。

六、提交材料及承诺事项

（一）提交材料

1. 开展职业中介活动申请书；

2. 告知承诺书。

委托办理的，还应提供人力资源服务机构法定代表人及委托代理人的身份证明、委托书。

（二）承诺事项

申请人应承诺具有有效合法的营业执照，有明确的章程和管理制度，有开展业务必备的固定场所、办公设施和一定数额的开办资金，有一定数量具备相应职业资格的专职工作人员，符合申请人力资源服务许可的有关规定条件。

七、办理基本流程

（一）申请。申请人向行政审批部门提出申请，提交申请书、承诺书。

（二）告知。行政审批部门向申请人告知取得人力资源服务许可的法律依据、许可条件、需要提交的材料、告知承诺事项、申请人承担的法律责任以及监管措施等。

（三）承诺。申请人承诺符合取得人力资源服务许可的条件，签署承诺书，自愿承担违反承诺的法律责任。

（四）审批。行政审批部门对申请人提交的材料及承诺事项进行形式审查，当场作出审批决定。符合条件的，颁发人力资源服务许可证；不符合条件的，作出不予批准的书面决定并注明理由。

八、办理时限

当场作出审批决定。

九、办理方式

线下：行政审批部门窗口；

线上：人力资源市场管理信息系统或地方政务服务系统。

十、收费依据及标准

免费办理。

十一、送达方式

自行领取或者邮寄（邮费自理）许可证，具体送达方式由申请人自主选择确定。

十二、申请人权利和义务

申请人权利和义务的具体内容参见《中华人民共和国行政许可法》、《中华人民共和国就业促进法》、《人力资源市场暂行条例》等有关规定。

十三、办公时间、地址、联系方式及投诉渠道

具体由各地行政审批部门公布。

附件 2

人力资源服务许可告知承诺书
（参考样式）

一、基本信息

（一）审批部门

名称：________________

联系方式：________________

（二）申请人

名称：________________

统一社会信用代码：________________

法定代表人姓名：________________

法定代表人证件类型：________________

证件编号：________________

联系方式：________________

（三）委托代理人

姓名：________________

委托代理人证件类型：________________

证件编号：________________

联系方式：________________

二、行政审批部门告知

按照人力资源服务许可告知承诺制工作要求，行政审批部门就有关事项告知如下：

（一）审批依据

1.《中华人民共和国就业促进法》；

2.《人力资源市场暂行条例》；

3.《就业服务与就业管理规定》；

4.《人才市场管理规定》；

5.《网络招聘服务管理规定》；

6. 国务院关于深化“证照分离”改革有关文件；

7. 地方有关法规（各地可根据具体情况确定）。

（二）申请条件

1. 有明确的章程和管理制度；

2. 有开展业务必备的固定场所、办公设施和一定数额的开办资金；

3. 有一定数量具备相应职业资格的专职工作人员。

（三）提交材料

1. 开展职业中介活动申请书；

2. 告知承诺书。

委托办理的，还应提供人力资源服务机构法定代表人及委托代理人的身份证明、委托书。

（四）承诺事项

申请人应承诺符合申请人力资源服务许可的有关规定条件，并提交有关材料。

（五）违诺责任

1. 在办理人力资源服务许可证后，将通过核查或者日常监管等方式，对履行承诺情况进行检查。发现违反承诺的，责令限期整改；逾期未改或整改不到位的，依法给予撤销人力资源服务许可等处罚。

2. 根据违反承诺的具体情形，在入驻人力资源服务产业园、政府购买人力资源服务等方面予以限制。

三、申请人承诺

____（机构名称）____申请人力资源服务许可，现就有关事项郑重承诺如下：

（一）所提交的申请材料真实、合法、有效。

（二）已知晓行政审批部门告知的全部

内容。

（三）已达到取得人力资源服务许可的法定条件，具体是：

1. 章程和管理制度方面：______________

____

2. 开展业务必备的固定场所、办公设施和一定数额的开办资金方面：______________

____

3. 专职工作人员方面：______________

____

（四）愿意承担作出虚假承诺的法律责任，以及告知的各项惩戒措施。

（五）上述陈述是申请人真实意思的表示。

（以下内容为二选一）

□1. 由法定代表人作出承诺

法定代表人签字：　行政审批部门（章）：

年　月　日　年　月　日

□2. 由委托代理人作出承诺

委托代理人签字：　行政审批部门（章）：

年　月　日　年　月　日

（本文书一式两份，行政审批部门与申请人各执一份）

人力资源社会保障部办公厅 交通运输部办公厅关于颁布轨道交通调度员（城市轨道交通行车调度员）国家职业技能标准的通知

人社厅发〔2022〕53号

各省、自治区、直辖市及新疆生产建设兵团人力资源社会保障厅（局）、交通运输厅（局、委）：

根据《中华人民共和国劳动法》有关规定，人力资源社会保障部、交通运输部共同制定了轨道交通调度员（城市轨道交通行车调度员）等2个国家职业技能标准，现予颁布施行。

附件：2个国家职业技能标准目录

人力资源社会保障部办公厅
交通运输部办公厅
2022年10月7日

附件

2个国家职业技能标准目录

序号	职业编码	职业名称
1	4-02-01-06	轨道交通调度员（城市轨道交通行车调度员）
2	4-02-02-06	公路收费及监控员

注：以上职业技能标准内容可在人力资源社会保障部官网查询。

人力资源社会保障部办公厅关于印发《国有企业科技人才薪酬分配指引》的通知

人社厅发〔2022〕54号

各省、自治区、直辖市及新疆生产建设兵团人力资源社会保障厅（局），党中央有关部门办公厅（室），国务院有关部委、直属机构办公厅（室），全国人大常委会办公厅、全国政协办公厅秘书局，国家监委、最高人民法院、最高人民检察院办公厅，有关民主党派中央办公厅（室），有关人民团体办公厅（室）：

为贯彻落实党的二十大精神，加强和改进政府对企业工资分配的宏观指导和服务，引导国有企业完善科技人才薪酬分配制度，我们制定了《国有企业科技人才薪酬分配指引》，现印发给你们，供做好国有企业科技人才薪酬分配工作参考。请你们高度重视国有企业科技人才薪酬分配工作，加强对企业的指导服务，抓好《国有企业科技人才薪酬分配指引》的宣传培训，总结推广企业好的做法和经验，充分发挥国有企业示范引领作用，有效激发科技人才创新活力。

人力资源社会保障部办公厅
2022年11月9日

国有企业科技人才薪酬分配指引

第一章　总　　则

第一条　为贯彻落实党中央、国务院关于加强科技创新、完善科技人才激励机制的决策部署，引导国有企业建立完善科学的科技人才薪酬分配制度，加大科技人才薪酬分配激励力度，充分调动科技人才创新活力，促进企业科技创新，根据国家有关法律法规和政策，制定本指引。

第二条　本指引所称科技人才是指企业中具备较强的科学思维和创新能力，掌握某个领域专业知识、技能，从事科研、生产等工作的人员。主要包括从事科学研究、工程设计、技术开发、科技服务、科技管理、技能操作等科技活动的人员。

第三条　科技人才薪酬分配应遵循以下原则：

（一）坚持服务国家创新驱动发展战略。围绕国家科技创新需求，重点加大对承担前瞻性、战略性、基础性等重点研发任务的科技人才激励力度，为科技人才创新创造提供有力支持和保障。

（二）坚持生产要素按贡献参与分配。建立健全劳动、知识、技术、管理和数据等生产要素按贡献参与分配的机制，实行以增加知识价值为导向的分配办法，薪酬分配向科技人才倾斜。

（三）坚持市场化薪酬分配改革方向。充分发挥市场在薪酬分配中的决定性作用，完善市场化薪酬分配机制，科学评价科技人才贡献，按贡献决定科技人才报酬，更加科学地运用市场化手段做好科技人才薪酬分配。

（四）坚持当期激励与长期激励相结合。实行科技人才分类管理、分类激励，结合不同科技人才特点，建立完善当期薪酬激励与股权等中长期激励相结合的分配机制，充分激发科技人才创新活力。

第四条 加强企业科技人才薪酬分配与工资总额管理的有机结合，确保薪酬分配符合国家关于工资总额管理政策规定。

第二章 科技人才薪酬制度体系

第五条 科技人才薪酬制度体系包括岗位评价和职级评定、绩效管理、薪酬结构、薪酬水平确定和调整、中长期激励等制度。

第六条 岗位评价和职级评定为科技人才薪酬体系的基础，具体包括基于岗位分析的岗位价值评估体系和基于能力评测的职级评定体系。

岗位价值评估是在工作分析的基础上，根据岗位所要求的技术水平高低、创新要求难易、劳动强度大小以及市场稀缺程度等因素，对岗位价值进行系统衡量和评价。

职级评定是在岗位序列划分基础上，对同一岗位序列的不同职位按照能力素质等级划分的职级体系。其中，能力素质既包括专业知识与技能等显性素质，又涵盖个性品质、特质、动机等隐性素质。

第七条 科技人才绩效管理是通过设置绩效目标，引导督促科技人才按照既定目标实施并完成任务，最后评价其任务产出结果的过程。绩效管理一般包括绩效目标设定、绩效实施、绩效考核、绩效反馈、结果运用、绩效改进等六个环节。

第八条 科技人才薪酬结构一般分为当期薪酬和中长期激励。当期薪酬一般由岗位基本薪酬和绩效薪酬组成。岗位基本薪酬主要根据岗位相对价值和科技人才能力等级确定，相对固定。绩效薪酬按照科技人才实际贡献确定，相对浮动。当期薪酬中还可设置科技人才岗位津贴、补贴等作为岗位基本薪酬的补充。根据企业实际和岗位特点，还可采取其他特殊薪酬形式。

第九条 综合考虑企业发展战略、发展阶段、经济效益、市场薪酬水平、外部环境和国家工资分配政策等因素，科学制定企业科技人才薪酬策略，合理确定科技人才薪酬水平。

第十条 根据企业经营战略调整、人才队伍变化和外部市场环境变化，定期对本企业薪酬制度和薪酬水平进行评估，根据评估情况适时完善薪酬制度和调整科技人才薪酬水平。

第十一条 按照国家规定并结合企业实际对科技人才实行中长期激励，中长期激励一般可分为股权型激励、现金型激励和创新型激励三类。

股权型激励主要包括股票增值权、限制性股票、股票期权等。现金型激励主要包括任期激励收入、岗位分红、项目分红、科技成果转化收益激励、利润分享等。创新型激励主要包括项目跟投、合伙人机制等。

第十二条 围绕薪酬、福利、环境、认可度、荣誉、发展和幸福等激励因素，实行全面薪酬策略。建立完善企业福利制度，健全科技人才培训制度，畅通科技人才职业发展通道，完善科技创新荣誉奖励制度等。加强对科技人才的人文关怀，创建“报国为民”“自强不息”“开拓创新”等优良企业文化，弘扬科学家精神、主人翁精神，营造宽松的科研创新环境，增强科技人才获得感、归属感和幸福感。

第三章　岗位、职级评定和绩效管理

第一节　岗位评价

第十三条　根据工作岗位性质和职责不同，岗位序列可分为管理、技术、技能、营销等类别。其中，科技人才主要分布在技术和技能序列岗位，从事科技管理工作的科技人才可列入管理序列，也可根据承担的工作职责情况按技术序列管理。

第十四条　根据企业实际可将技术序列岗位进一步细化为研究、设计、工程、工艺、质量等岗位中类。技能序列岗位可细化为加工、维修、检测、调度等岗位中类。规模较大或管理精细化程度较高的企业可将岗位中类再细分为岗位小类。

第十五条　岗位价值评估方法包括要素计分法、排序法和配对对比法等。技术技能岗位价值评估一般采取要素计分法，工作性质单一、岗位较少的企业可采取排序法、配对对比法。

第十六条　要素计分法是根据预先规定的衡量要素，由企业组成专业岗位评价委员会或评价小组对岗位的主要影响因素逐一进行评比、估量和打分，加总得出各个岗位分数，再按照分数从高到低绘制岗位价值散点图，将得分相近的岗位作为同一等级，依次划分岗位等级。

评价要素主要包括知识技能、创新、劳动强度、市场稀缺等。评价时对各要素赋予权重，明确各要素不同要求条件下的分值，再根据各岗位不同要求进行打分。同一岗位序列的不同岗位一般应在统一要素计分体系内评分。

第二节　职级评定

第十七条　岗位等级确定后，根据企业科技发展战略、人才发展需求等开展基于能力的职位等级评定，形成职级体系。

第十八条　职位等级设置主要考虑企业发展阶段、规模、科技人才素质结构等因素。初创期、规模较小的企业每个岗位序列一般可划分3~5个职级，发展成熟、规模较大的企业可以划分5~7个职级或更多。

第十九条　技术类岗位序列可参考国家关于职称层级有关规定进行设置，也可结合企业实际按照首席工程（研发、设计、工艺等）师、资深师、主任师、高级师、主管师、助理师、技术员等进行设置。

技能类岗位可按照首席技师、特级技师、高级技师、技师、高级工、中级工、初级工、学徒工等进行设置。

高等级的职位要适当控制数量和比例，首席类职位一般不得超过企业科技人才总数的5%。

第二十条　职位等级确定后，科学界定各层级职位的能力素质（任职资格）要求，包括学习能力、专业知识水平、技术水平、创新能力、执行力、承压力、项目跟踪和控制力、风险识别及成本分析控制力、团队影响力等，每个等级应明确需要达到的最低能力素质要求。

第二十一条　岗位和职位等级确定后，相应确定每个岗位序列各职位薪酬等级。企业组织架构和岗位相对简单的，一个职位等级可对应一个薪酬等级，复杂的可一个职位等级再细分多个薪酬等级。

对特殊人才难以明确岗位设置的，可直接基于能力评测确定其薪酬等级。

第三节　绩效管理

第二十二条　坚持共通性与特殊性、水平业绩与发展潜力、定性与定量评价相结合，以职业属性和岗位要求为基础，健全科学的人才分类评价体系，对科技人才应结合岗位特点分类实行绩效考核，为科技人才营造相对宽松、宽容的创新环境，鼓励科技人才自由探索。

第二十三条　科技人才绩效管理应克服唯论文、唯职称、唯学历、唯奖项等倾向，依据能力、实绩、贡献评价人才，注重考察各类科技人才的专业性、创新性和实际贡献。

基础研究人才主要采取同行评价的方式，加强学术团体等第三方评价、国际同行评价。应用研究和技术开发人才、技能人才主要突出市场评价，由市场、用户和专家等第三方深度参与评价。

第二十四条 绩效管理可根据科技人才的工作性质和岗位特征，分类侧重考核不同的内容和指标：

（一）对于从事基础研究类的科技人才，结合基础性研究技术路线不确定性、研发失败风险高等特点，着重评价其提出和解决重大科学问题的原创能力、重大原创性贡献、成果的科学价值、学术影响和研究能力等，一般以科技人才取得的阶段性成果、证实证伪的结论、下一步研究路径等作为考核指标。

（二）对于从事应用研究和技术开发类的科技人才，结合应用研究技术工作一般具有较为明确市场导向和技术路线的特点，着重评价其技术创新与集成能力、取得的自主知识产权和重大技术突破、成果转化、对产业发展的实际贡献等，一般以研发工作的技术指标先进性、研发效率、成果的市场价值和应用实效等作为考核指标。

（三）对于从事技能操作类的科技人才，着重评价其实际操作能力和水平，一般以工作效率、工作质量和解决技能操作难题等作为考核指标。

第二十五条 遵循不同类型科技人才成长发展规律，统筹考虑科技人才行业特点、岗位特征、技术周期等因素，科学合理设置评价考核周期，突出中长期目标导向，注重过程评价和结果评价、短期评价和长期评价相结合。

适当延长基础研究人才、青年科技人才等评价考核周期，原则上以 1 年作为考核周期，特殊的可以 3 至 5 年作为一个周期，鼓励持续研究和长期积累。

第二十六条 结合行业属性、经营特点、科技人才类型、企业文化等因素，创新绩效考核方式方法，可单独选择或综合运用目标与关键成果法（OKR）、360 度绩效考核、关键绩效指标法（KPI）、平衡积分卡法（BSC）等方式开展绩效考核。

第二十七条 研发创新型企业可探索使用目标与关键成果法（OKR）对科技人才进行绩效管理。企业根据发展实际明确具有挑战性的战略目标，通过自下而上由科技人才结合企业战略目标提出需要完成的关键成果，经过内部充分磋商讨论达成共识。目标与关键成果确定并实施后，一般采取每周调度会、季度质询会等形式，对实施情况进行反馈和评估，回顾目标、评估结果、分析原因、总结经验，为下一周期绩效管理持续提升做好准备。

目标与关键成果法（OKR）实施应重反馈、轻考核，其完成情况不与薪酬、晋升、奖惩等直接挂钩。企业可配套采取 360 度绩效考核加强对科技人才的日常绩效管理，通过外部评价、同事互评、上下级互评、自我评价等形式重点考核工作态度、工作过程、工作进度等，考核结果与薪酬挂钩。

第四章　当 期 薪 酬

第一节　岗位基本薪酬

第二十八条 岗位基本薪酬以岗位、能力作为主要依据且更加侧重能力，结合岗位职级体系，采取宽带薪酬或等级薪酬形式。对实行扁平化管理的企业，可简化和淡化职位等级，采取宽带薪酬形式，以更好地体现同职级科技人才不同能力、贡献的差别。对职位等级划分较细的企业，可采取突出纵深的等级薪酬形式，更多体现不同职级薪酬标准。

第二十九条 岗位基本薪酬根据本地区经济社会发展水平、企业经营状况、岗位评价结果、市场薪酬对标等确定，具体可按照以下步骤确定：

（一）根据岗位评价和职级评定结果，将价值度相近的岗位归为一个薪酬等级，将薪酬等级自下而上排序。

（二）根据市场薪酬价位、本企业历史薪

酬水平等确定最高、最低和关键岗位的薪酬等级的薪酬标准。

（三）采取等差数列（薪酬标准差别相对较小）或等比数列（薪酬标准差别相对较大）等方式，确定每个薪酬等级的薪酬标准。

（四）结合企业科技人才能力、年龄结构、人员资历分布等因素，同一薪酬等级再横向划分具体的薪酬档次或薪酬区间。

第三十条 根据企业岗位基本薪酬表，综合考虑个人岗位、能力、职务职级、职称或技能等级、学历、工作年限等相关因素，确定科技人才个人岗位基本薪酬。岗位基本薪酬一般按月发放。

第三十一条 企业可根据实际建立科技人才津贴、补贴制度，设立科技类的津贴、补贴项目作为岗位基本薪酬的补充，也可将一般普惠性津贴、补贴调整优化为科技创新、技能提升等津贴、补贴项目。

对战略性、关键性领域核心岗位和承担重大科技项目、专项攻关任务，以及作出重大突出贡献的科技人才，可设置特定岗位津贴、专项任务津贴等。

第二节 绩效薪酬

第三十二条 绩效薪酬是体现科技人才业绩贡献差别的浮动薪酬单元，根据个人绩效考核结果确定发放，具体形式有绩效工资、项目奖金、年终奖金等。

规模较小、组织架构简单的企业绩效薪酬一般采取直接确定至个人的方式。规模较大、组织架构复杂的企业一般采取分层次确定。

第三十三条 绩效薪酬分配一般以绩效考核结果为依据，按照以下程序确定发放：

（一）根据履行出资人职责机构或母公司核定的年度工资总额预算，统筹考虑岗位基本薪酬以及津贴补贴等固定部分的发放情况，确定可发放的绩效薪酬总额。

（二）根据企业内部各部门或项目组目标任务完成情况及考核结果、技术或项目难度以及战略贡献度、科技人才数量等，由企业确定各部门或项目组的绩效薪酬总额。采取直接确定的，根据个人绩效考核结果一次性直接分配至个人。绩效薪酬总额应统筹考虑其他非科技人才绩效薪酬分配。

（三）企业内部各部门或项目组根据个人绩效考核情况，包括承担的技术角色、技术难度、工作量和贡献度、工作投入度等，确定各科技人才的绩效薪酬。

绩效薪酬按照绩效考核周期，根据绩效考核结果可按年度、半年度、季度或者项目进度发放。

第三十四条 根据不同类型科技人才特点，科学合理确定岗位基本薪酬和绩效薪酬的比例关系。

从事基础研究类的科技人才岗位基本薪酬占总薪酬的比例原则上应达到60%以上。

从事应用研究类的科技人才绩效薪酬占总薪酬的比例原则上应达到50%以上，其中从事直接面向市场的应用研究、技术销售等工作的科技人才可不设岗位基本薪酬单元，实行单一的绩效薪酬结构，但薪酬支付应符合国家关于最低工资标准等要求。

第三十五条 企业符合以下情形的，可按照国家关于国有企业重大科技创新薪酬分配激励有关政策设立激励项目，据实计入工资总额，不作为工资总额基数：

（一）对承担财政资金投入科研项目的企业，提取的间接费用可按规定全部用于绩效支出。现有工资总额难以满足的，可在科研项目间接费用范围内，按照国家规定向参与项目的科技人才发放奖金。

（二）对承担国家重大科技项目任务、引进高层次技术技能人才且符合国有企业重大科技创新薪酬分配政策适用条件的企业，可按照国家规定设立科技项目专项奖金、高层次人才“薪酬包”等。

第三节 特殊薪酬制度

第三十六条 企业对核心关键科技人才、高层次科技管理人才、短期难以衡量产出效果的研究开发人员等，可实行年薪制，根据职责、责任、难度以及业绩和实际贡献等，参考市场价位薪酬水平确定。

第三十七条 企业可探索建立科技人才回溯薪酬制度，科学评价从事原创技术探索、基础研究科技人才的贡献，对其历史贡献在薪酬分配激励中未体现或未充分体现部分予以薪酬补偿。

第三十八条 企业对短期或阶段性聘用的科技人才、项目科技顾问、在线网络办公等工作相对灵活的科技人才，可实行即时薪酬制，通过数字化手段实时计量科技人才工作量和工作成果，按照项目或日、小时及时支付科技人才相应薪酬。

第五章 中长期激励

第三十九条 企业可按照国家有关规定对符合条件的科技人才实行股权激励。综合考虑科技人才岗位价值、实际贡献、承担风险和服务年限等因素，重点激励在自主创新和科技成果转化中发挥主要作用的关键核心技术人才。

第四十条 企业实施科技成果转化的，可按照国家规定实行项目收益分红、岗位分红以及发放奖励和报酬。其中，按照国家规定分红激励每次激励人数一般不超过本企业在岗职工总数的30%，参与分红的技术技能人才占总分红人数比重一般不低于60%。

第四十一条 初创型或发展遇到瓶颈的企业可探索实施科技人才超额利润分享计划，更好激发科技人才对促进企业成长、脱困、转型和发展的重要作用。发展成熟型企业、经济效益良好的企业可在按照工资效益联动机制确定的工资总额内，薪酬分配向科技人才倾斜，一般不再实施超额利润分享。

第四十二条 企业拓展新产业、新业态、新商业模式，或者投资周期较长、业务发展前景不明朗、具有较高风险和不确定性的创新业务，可实施科技人才项目跟投，实行企业与科技人才利益共享、风险共担。

第四十三条 企业可探索实施事业合伙人机制，将关键核心技术人才作为事业合伙人，对其实行有充分市场竞争力的薪酬，并可按照国家规定实行股票增值权等股权激励。企业可结合实际设立合伙人董事席位，吸收合伙人参与公司决策和日常经营管理。

第四十四条 企业按照国家规定实行的项目收益分红、岗位分红等中长期激励和科技成果转化收益激励，发放的激励收入可据实计入工资总额，不作为工资总额预算基数。其他现金型激励按照工资效益联动机制纳入工资总额统一管理。

第六章 薪酬水平确定及调整

第四十五条 企业通过开展行业市场对标、标杆企业岗位对标，结合企业薪酬策略，科学确定科技人才薪酬水平，加大科技人才特别是关键核心技术人才的激励，增强企业人才市场竞争力。

第四十六条 企业可根据人力资源社会保障部、国家统计局以及上市公司、协会商会、权威咨询机构等发布的薪酬数据进行薪酬市场对标分析。根据企业实际和岗位特点，可委托专业机构定向细分行业领域中某个或多个同类企业，进行更加精准的薪酬对标。

第四十七条 企业根据发展战略和阶段，选择合适的企业作为市场对标对象，合理确定薪酬对标分位值。企业薪酬策略结合企业不同发展阶段或企业经营特点等，一般可选择领先型（总体薪酬水平处于市场75分位以上）、匹配型（总体薪酬水平围绕市场50分位波动）、滞后型（总体薪酬水平围绕市场25分位波动）、混合型（按不同部门、岗位和人才分层分类确定薪酬水平），科技型企业实践中一般采取混合型策略。

第四十八条 企业基于可获得的市场薪酬数据，可采取居中趋势分析法、离散分析法、回归分析法等方式开展岗位市场对标。

第四十九条 企业在确定内部不同群体薪酬水平时，原则上科技人才薪酬水平和增长速度不低于同职级管理人员，领军科技人才的薪酬水平最高可高于本企业高级管理人员。

对于企业发展至关重要的战略科学家、顶尖领军人才等特殊关键核心技术人才，可不限于岗位薪酬框架，实行“一人一议”的协议开放薪酬，对标市场 90 分位值以上，可上不封顶。

第五十条 企业内部工资总额分配应向科技人才集中的子企业或机构倾斜，工资总额增量优先用于科技人才激励，合理提高科技人员薪酬水平。

第五十一条 定期评估企业科技人才薪酬策略和水平，结合地区和行业薪酬水平、物价指数等变动情况以及科技人才诉求，评估科技人才现有薪酬水平是否与其岗位职责、绩效表现相匹配，不相匹配的应予以调整。

薪酬水平调整一般以 1 至 3 年为周期进行调整，也可每半年调整一次。企业薪酬水平调整分为普遍调整和个别调整、岗位基本薪酬调整和薪酬总水平调整。

第五十二条 薪酬水平普遍调整一般根据企业未来发展目标、年度经营、人工成本情况，参考地区和行业平均薪酬水平、标杆企业薪酬水平、人力资源社会保障部门发布的工资指导线和地区物价水平变化等进行调整。

第五十三条 薪酬水平个别调整一般根据科技人才的职位、业绩、能力等变化进行调整，对于一些特殊科技人才或重大贡献科技人才可根据实际即时调整。

第七章 附 则

第五十四条 本指引主要为国有企业科技人才薪酬分配提供参考。

国有企业可参照本指引，结合企业实际，深化内部薪酬分配制度改革，完善科技人才薪酬分配制度体系，进一步分层分类细化有关内容，提升薪酬分配激励的精准性、公平性和有效性，充分激发科技人才的创新活力。

第五十五条 其他企业科技人才薪酬分配可参照本指引实施。

案例 1

建立绩效与薪酬协调联动机制
以薪酬分配变革激发科技人才价值创造力

某机车制造公司是我国交通装备制造行业的骨干企业，是高档铁路客车、城市轨道交通车辆的重要生产基地和出口基地，拥有相关国家工程技术研究中心、国家工程实验室、博士后科研工作站等国家级研发实验机构，并设立多个海外研发中心。

一、科技人才队伍情况

公司全部职工 1.4 万余人，其中，科技人才为 3 300 余人，拥有国家级专家 16 人、省部级专家 42 人，高级职称人员占比达 25%，研究生及以上学历占比达 12%，科技人才发展是公司人才队伍建设的重中之重。

二、主要做法经验

结合企业生产经营特点和科技人才队伍状况，在绩效评价、薪酬分配等机制变革中实施“组合拳”，为企业高质量发展提供了强力支撑，有关重大科技创新不断实现突破，盈利能力稳步提升。

（一）实施考评体系变革，实现从保住“最低线”到争创“最高位”的转变。重新架构了组织绩效评价体系。一是在指标设置上，建立以“3321”为框架的指标体系，划分产出、关联产出及非产出 3 类单位，制定产出类、能力提升类、基础责任类 3 类绩效指标，每个单位均设置 T1/T2 两级目标，并量身定做 1 套指标。指标体系更加突出投入产出效能和基础能力提升，注重分类考核、差异化管理，由保证不越低线转为追求更高目标。二是在指标结果评价上，由原来同板块各单位强制正态分布变为自己跟自己比，跟历史业绩、最高目标比，无论各单位既有条件和管理基础是优还是劣，均可实现自我进步。各单位“主动经营”的积极性进一步提升，提高了工作质量和工作效率。

（二）业绩深度联动“工资包”，实现从习惯“要工资”到积极“挣工资”的转变。为有效发挥薪酬分配的杠杆作用，建立了“工资包”薪酬兑现模式。在工资总额预算范围内，构建了以业绩工资+基础工资为导向的部门“工资包”激励模式，业绩工资包鼓励各单位高目标引领，兑现额度与各单位年度组织绩效得分实现线性计算，充分体现贡献多、薪酬多的正向激励，变“要工资”到“挣工资”。基础工资包遵循“增人不增资，减人不减资”原则，鼓励提升劳动效率，引导实现优员增效，变“要人”到“要活”。工资包模式的推行有效发挥了薪酬分配的正向激励作用，实现了各单位在完成业绩指标过程中的高目标引领。

（三）搭建“橄榄型”绩效评价模型，实现从注重“均衡性”到识别“价值体”的转变。为充分激发团队成员的价值贡献，搭建了更加科学合理的全员绩效评价模式。一是通过对标世界一流企业实践及分析人力资源活力曲线呈正态分布的特征，优化了绩效结果的强制分布比例，将原来的 A：25%、B：35%、C：40%调整成 A：10%、B：80%、C：10%，精准识别“价值创造”群体，从组织视角关注绩效表现优异和待改进的两端群体。二是强化对绩效评价结果的应用，对绩效表现优异的职工（前 10%）升职加薪，对绩效表现较差的职工（后 10%）降职降薪，连续 2 年绩效结果为 C 的职工实施岗位淘汰。

（四）构建“双因四驱”全员激励模型，实现从端平“一碗水”到激活“一池水”的转变。对薪酬分配模式进行了变革。一是在“工资包”激励模式下，公司赋能并授权各单位自主实施二次分配，层层传递以价值创造引导价值分配的理念。二是开展岗位价值评估，运用全球权威、领先的 IPE 工具（国际职位评估系统）对全部岗位进行“称重”，实现了不同岗位的精准价值定位。三是依据组织绩效、个人绩效及岗位价值评估结果，运用管理学“保健+激励”双因素理论，搭建了“组织绩效+个人绩效+岗位价值+个人能力”的四轮驱动激励模型，实现同层级、同岗位、不同能力、不同业绩人员的薪酬差异化。同层级技术人员收入差距最高达 3.4 倍，管理人员最高达 2.5 倍，精准激励了“价值创造”群体，让高绩效人员得到相匹配的“价值认可”。

案例2

建立“贡献、职级、岗位”挂钩的三位一体的科技人才薪酬分配体系

某信息技术科技公司主要从事软件设计与开发、SAAS系统开发、自动化控制系统开发与集成、自动化工程、软件销售、技术支持和服务等，在部分行业和领域信息化技术研发处于领先地位。

一、科技人才队伍情况

公司全部职工8 000余人，平均年龄33岁，科技人员占比93%，研发人员占比70%，硕士以上学历占比46%。公司建立了一支核心技术研发主力军，其中：自主可控及信创技术人员占比超过12%，人工智能、量子等前沿技术人员占比约8%，大数据、云技术及基础设施研发人员占比超过5%，形成了一支技术领先、业务精通、市场经验丰富的高素质、复合型科技人才队伍。

二、主要做法经验

坚持“薪酬激励靠贡献”、“以业绩为导向，合理拉开差距”的总体原则，结合公司发展战略和业务发展阶段，建立以价值贡献为导向的分配机制，鼓励和支持科技人才积极创新，初步形成了与“贡献、职级、岗位”挂钩的三位一体的科技人才薪酬分配体系。

（一）与贡献挂钩——强调价值贡献，明确薪酬分配规则。一是企业内部各组织薪酬总量与组织绩效强挂钩，涵盖各类组织的收入规模、利润水平、风险管控、发展质效等经营成果，合理体现各类组织对公司整体发展的效益贡献。二是强化绩效奖金分配的考核导向，职工浮动的绩效薪酬分配与7档强制分布的考核结果强关联，分别对应不同的浮动比例，从而合理拉开差距，激励头部、鞭策尾部，全面实现薪酬能上能下。如实施尾部鞭策机制，原则上对年度绩效考核排名后5%的职工予以降薪。三是针对战略性重点项目、重点人群设置专项奖励，如创新推出“战略军功制”，激励成功攻克技术难关或率先取得重大突破的杰出团队和个人，给予专项绩效积分，与晋升、薪酬等直接挂钩；挂钩项目签单、交付、回款等重要节点，对战略爬坡成果实现充分激励、精准分配。

（二）与职级挂钩——“以能定级，以级付薪”。构建了横向覆盖“研发、生产运维、技术、解决方案与咨询、产品与运营、市场与销售、流程与项目管理、专业职能”共8个一级岗位序列和31个二级岗位中类，纵向贯通“助理级、初级、中级、高级、资深、专家、高级专家、权威”共8层能级和24层职级，其中技术、研发岗位序列可具体见表1。职工职级晋升与绩效积分、专业能力评估、关键经历强挂钩，打破论资排辈和平均主义。薪酬通过挂钩职级体系，在各专业能力发展通道上实现薪酬随职级变化进行调整。同时，兼顾各地区、各技术领域、市场竞争力水平和历史因素，采用宽带薪酬的管理模式实现统一、规范管理，即通过明确各职级薪酬水平、各级级差，以及职级与薪酬的宽幅对应关系，构建矩阵式、动态化的定薪、调薪策略，并分阶段、分步骤应用到全体职工，实现平稳套改。

表 1　　部分岗位职位体系和岗位基本薪酬示意表

<table>
<tr><th rowspan="2">职位等级</th><th colspan="2">研发</th><th colspan="3">技术</th><th rowspan="2">薪酬等级</th><th colspan="7">宽带薪酬档次</th></tr>
<tr><th>基础技术研发</th><th>应用技术研发</th><th>通用程序设计</th><th>信息系统测试</th><th>信息系统维护</th><th>一档</th><th>二档</th><th>三档</th><th>四档</th><th>五档</th><th>六档</th><th>七档</th></tr>
<tr><td>24 级</td><td rowspan="2">权威</td><td></td><td></td><td></td><td></td><td rowspan="3">八级</td><td rowspan="3">60 000</td><td rowspan="3">65 000</td><td rowspan="3">70 000</td><td rowspan="3">75 000</td><td rowspan="3">80 000</td><td rowspan="3">85 000</td><td rowspan="3">90 000</td></tr>
<tr><td>23 级</td><td rowspan="2">权威</td><td rowspan="3">权威</td><td></td><td></td></tr>
<tr><td>22 级</td><td rowspan="3">高级专家</td><td></td><td></td></tr>
<tr><td>21 级</td><td rowspan="4">高级专家</td><td></td><td></td><td rowspan="3">七级</td><td rowspan="3">41 600</td><td rowspan="3">42 600</td><td rowspan="3">45 600</td><td rowspan="3">47 600</td><td rowspan="3">49 600</td><td rowspan="3">51 600</td><td rowspan="3">53 600</td></tr>
<tr><td>20 级</td><td rowspan="2">高级专家</td><td rowspan="3">高级专家</td><td></td></tr>
<tr><td>19 级</td><td rowspan="3">专家</td><td rowspan="3">高级专家</td></tr>
<tr><td>18 级</td><td rowspan="3">专家</td><td rowspan="3">六级</td><td rowspan="3">30 800</td><td rowspan="3">32 600</td><td rowspan="3">34 400</td><td rowspan="3">36 200</td><td rowspan="3">38 000</td><td rowspan="3">39 800</td><td rowspan="3">41 600</td></tr>
<tr><td>17 级</td><td rowspan="3">专家</td><td rowspan="3">专家</td></tr>
<tr><td>16 级</td><td rowspan="3">资深</td><td rowspan="3">专家</td></tr>
<tr><td>15 级</td><td rowspan="3">资深</td><td rowspan="3">五级</td><td rowspan="3">21 800</td><td rowspan="3">23 300</td><td rowspan="3">24 800</td><td rowspan="3">26 300</td><td rowspan="3">27 800</td><td rowspan="3">29 300</td><td rowspan="3">30 800</td></tr>
<tr><td>14 级</td><td rowspan="3">资深</td><td rowspan="3">资深</td></tr>
<tr><td>13 级</td><td rowspan="2">高级</td><td rowspan="3">资深</td></tr>
<tr><td>12 级</td><td rowspan="2">高级</td><td rowspan="3">四级</td><td rowspan="3">15 800</td><td rowspan="3">16 800</td><td rowspan="3">17 800</td><td rowspan="3">18 800</td><td rowspan="3">19 800</td><td rowspan="3">20 800</td><td rowspan="3">21 800</td></tr>
<tr><td>11 级</td><td rowspan="2">中级</td><td rowspan="2">高级</td><td rowspan="2">高级</td></tr>
<tr><td>10 级</td><td rowspan="2">中级</td><td rowspan="2">高级</td></tr>
<tr><td>9 级</td><td rowspan="2">初级</td><td rowspan="2">中级</td><td rowspan="2">中级</td><td rowspan="3">三级</td><td rowspan="3">11 600</td><td rowspan="3">12 300</td><td rowspan="3">13 000</td><td rowspan="3">13 700</td><td rowspan="3">14 400</td><td rowspan="3">15 100</td><td rowspan="3">15 800</td></tr>
<tr><td>8 级</td><td rowspan="2">初级</td><td rowspan="2">中级</td></tr>
<tr><td>7 级</td><td rowspan="2">助理</td><td rowspan="2">初级</td><td rowspan="2">初级</td></tr>
<tr><td>6 级</td><td rowspan="2">助理</td><td rowspan="2">初级</td><td rowspan="3">二级</td><td rowspan="3">8 000</td><td rowspan="3">8 600</td><td rowspan="3">9 200</td><td rowspan="3">9 800</td><td rowspan="3">10 400</td><td rowspan="3">11 000</td><td rowspan="3">11 600</td></tr>
<tr><td>5 级</td><td></td><td rowspan="2">助理</td><td rowspan="2">助理</td></tr>
<tr><td>4 级</td><td></td><td></td><td rowspan="2">助理</td></tr>
<tr><td>3 级</td><td></td><td></td><td></td><td></td><td rowspan="3">一级</td><td rowspan="3">4 000</td><td rowspan="3">4 500</td><td rowspan="3">6 400</td><td rowspan="3">6 900</td><td rowspan="3">7 200</td><td rowspan="3">7 700</td><td rowspan="3">8 000</td></tr>
<tr><td>2 级</td><td></td><td></td><td></td><td></td><td></td></tr>
<tr><td>1 级</td><td></td><td></td><td></td><td></td><td></td></tr>
</table>

（三）与岗位挂钩——体现责任的重量，加大对关键岗位的激励力度。对于支撑公司发展的关键岗位角色进行精准激励，对底层技术基础研发人才、精通前沿科技的尖端人才、既懂科技又具备管理能力的干部人才以及兼具业务和科技素养的复合型人才进行重点关注和资源倾斜，通过“向市场看齐”的宽带薪资标准和“与市场接轨”的差异化薪酬结构，保持公司对核心关键岗位人才的吸引力，从而短期实现激励价值产出、长期有利于企业稳健发展。

案例 3

构建能力素质模型
实现科技人才“以能定薪”

某电子器件科技公司主要从事环保节能的电源及磁性元件研发、生产、销售，主要产品包括开关电源适配器、动力电池充电器、音响电源、LED 照明电源，产品广泛使用于液晶显示器、液晶电视、可视电话、便携计算机等领域。凭借优秀的科技研发队伍和较高的管理水平，公司始终保持快速发展态势，在行业中处于领先地位。

一、科技人才队伍情况

公司全部职工 2 300 余人，其中研发人员占到 40%，高级技术技能人员占 30%，博士 30 余名，行业顶尖科技人才 10 余名。

二、主要做法经验

综合评估人才队伍现状和发展需求，公司借助科学的管理手段来提升企业管理水平，建立了一套定制式的、能落地的能力素质模型，公平客观公正评价科技人才能力，实现对科技人才的科学选拔、配置和激励。

（一）建立基于能力素质模型的职级体系。在建立能力素质模型的过程中，采取归纳法建模，即通过访谈调研方法，比较分析目标群体中高绩效与一般绩效者在工作中表现出的不同特质，挖掘并归纳出实现绩效优异所需要的个人素质，进而形成能力素质模型。如公司对技术开发工程师岗位从素质、知识技能、客户导向、领导力四个维度搭建能力素质模型，对职工进行综合评价。四个评价维度涵盖了职工工作能力、工作态度和职业素养等多个方面，归纳出各能力等级的差异特质，实现对职工评价的针对性和全面性相结合。具体见表 2。

表 2　　技术开发工程师能力素质模型示意表

类别		能力素质要点		职位等级能力素质分数				
				P1（技术员）	P2（助理工程师）	P3（主管工程师）	P4（高级工程师）	P5（主任工程师）
素质模型	素质	1	学习能力	1	3	4	5	5
		2	沟通能力	1	3	4	5	5
		3	抗压能力	1	2	3	4	5
		4	执行力	1	2	4	5	5
能力模型	知识技能	5	专业知识	1	2	3	4	5
		6	关联知识	0	1	2	3	4
		7	技术能力	0	1	2	3	5
		8	业务能力	0	2	3	4	5
		9	项目计划能力	1	2	3	4	5
		10	项目控制能力	1	2	3	4	5

续表

类别		能力素质要点		职位等级能力素质分数				
				P1（技术员）	P2（助理工程师）	P3（主管工程师）	P4（高级工程师）	P5（主任工程师）
能力模型	知识技能	11	风险与管控能力	0	2	3	4	4
		12	度量与数据分析	0	2	2	4	4
	客户导向	13	敏捷项目管理	0	2	3	3	5
		14	成本分析与控制	0	1	2	4	5
	领导力	15	团队影响力	0	1	2	4	5
		16	带人能力	0	1	2	4	5

说明：能力素质分数0~5代表在该项能力上需达到的程度等级，分值越高，表示要求相应的能力越强，各等级的程度定义由企业按照岗位要求，结合能力素质辞典进行描述确定。

（二）基于技能、知识和胜任力的薪酬的确定。在构建了基于能力素质模型的职级体系后，建立基于能力的科技人才薪酬体系。

1. 确定薪酬等级。采取宽带薪酬，将企业30个职位等级对应至17个薪酬等级，具体薪酬等级见图1。

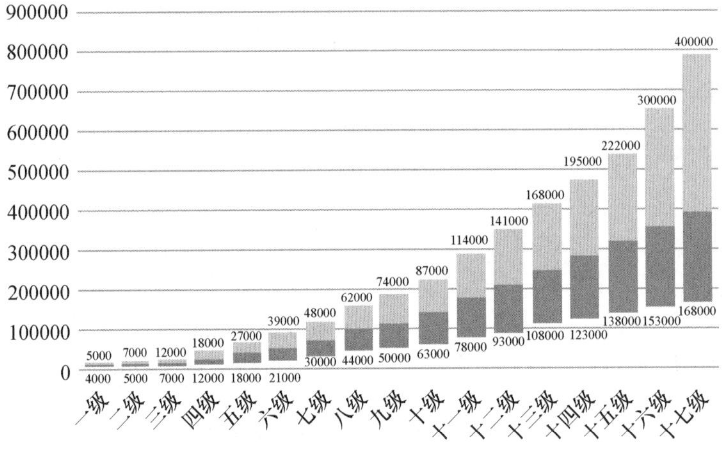

图1 薪酬等级云梯图

2. 开展薪酬市场对标。企业将职位等级作为自变量（x），各职位等级对应的薪酬中位值作为因变量（y），分别将本企业薪酬中位值与市场调查数据进行回归分析，通过回归曲线观察本企业薪酬与市场调查数据的差距，为确定薪酬宽幅提供依据，具体见图2。

3. 确定薪酬宽幅。确定薪酬宽幅一般有两种方法，可以根据市场调查薪酬中位值上下浮动20%作为每个薪酬等级对应的薪酬区间，也可以根据市场调查薪酬最大及最小值确定本企业的薪酬宽幅。

4. 确定科技人才薪酬水平。企业对每位科技人才的能力素质进行评定，套入相应的薪酬等级确定其薪酬。同时，在此过程中，可分析科技人才在各要素上的具备程度、体现方式、存在问题等，决定是否要修正能力素质模型，从而使能力素质模型更切近实际。

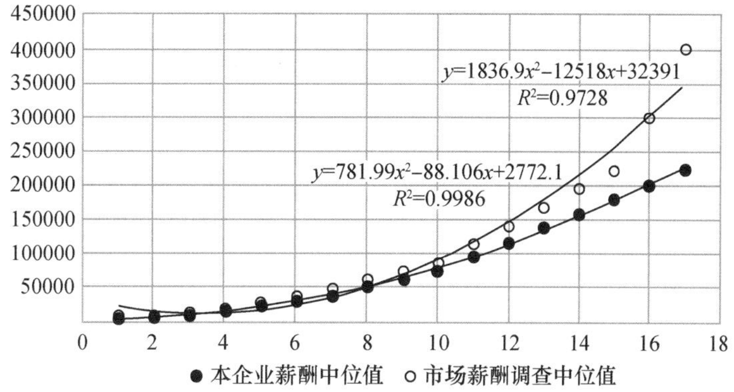

图 2 回归曲线对比图

案例 4

实行科技人才岗位分红激励 更加充分体现岗位价值

某通信科技研究公司是一家专门从事微波通信装备研究、开发和生产的大型科技企业，是我国微波通信技术的行业引领者。公司坚持走自主创新之路，持续推进信息技术、人工智能等新兴领域的攻关，实现多项行业领域重大科技创新突破。

一、科技人才队伍情况

公司全部职工 7 300 人，其中科研人员占比 22%、生产制造人员 49%。科研人员中，高级及资深技术人员占 20%，中级技术人员占 45%。生产制造人员中，技师及以上技能人才占比达 30%，是公司研发制造的中坚力量。

二、主要经验做法

公司建立了科学的岗位体系，基于岗位配套建立薪酬激励、绩效考核、轮岗交流等相关制度。同时，建立了完整的任职资格体系，以及基于任职资格的能力评价、培训发展等制度体系，在此基础上对科技人才实施岗位分红。

（一）实施的业绩条件。公司近 3 年累计净资产增值额为 26 亿元，远超过近三年年初净资产总额 10%，实施当年年初未分配利润为 9 887 万元，符合《国有科技型企业股权和分红激励暂行办法》的有关要求。

（二）激励对象的确定。激励对象强调向承担技术创新和价值创造的关键部门、关键岗位、关键职级上的骨干职工倾斜。具体为：一是根据公司科技创新体系中的创新主体，确定激励的部门范围；二是根据岗位体系及岗位价值度，确定激励的岗位范围；三是根据任职资格评价和人岗匹配程度，确定激励的人员范围。

根据岗位价值度测评，选取专业技术类三级、四级、五级岗位，管理类四级岗位等高等级岗位工作为公司重点领域、重要专业岗位。按此激励范围，首期激励岗位共计 74 个，占总岗位数量的比例为 16%。在首期激励岗位中，专业技术类岗位占比 77%。首期激励对象共计 510 人，占职工总人数的比例为 7%。在首期激励对象中，专业技术类人员占比 85%。

（三）激励总额的确定方式。激励总额以净利润、净利润增加额作为提取基数。计算公式为：岗位分红权激励总额 = 净利润×a%+净利润增加额×b%，计提比例 a%挂钩当年的净利润，分别取固定值 3%、2%、1%；计提比例 b%挂钩当年的净利润增加额。分别取固定值 30%、35%、40%，引导企业做大利润增量。

（四）岗位分红权额确定方式。在确定整体岗位分红权激励的基础上，按照选择激励岗位的相对价值系数和业绩考核系数核定激励个人的分红权额，既体现岗位工作对组织的价值，同时对职工的实际业绩贡献予以充分认可。

根据激励岗位的相对价值系数确定个人岗位分红系数，根据职工年度考核结果确定个人考核系数，根据当期激励的总人数、激励总额等因素核定激励个人的分红权额，具体公式为：个人分红权额 = 个人分红系数×分红权值，其中：个人分红系数 = 个人岗位系数×个人考核系数，分红权值 = 分红激励总额/Σ 个人分红系数。

（五）个人岗位分红权额发放方式。分红权实施期间，激励对象年度岗位分红权所得的 70%在考核结束后予以支付，30%延期至下一年度考核后发放。下一年度考核结果为合格及以上的，兑现全部延期额度；考核结果为合格以下或因各种原因未参加考核的，不兑现延期额度。

案例 5

建立科技人才项目跟投激励机制
实现利益共享　风险共担

某智能电子设备公司是物联网领域高科技企业，高度重视科技创新，年研发投入强度在 10%以上。公司形成了以“存储计算、智能感知、智能控制、物联网系统/平台和 IoT 应用生态”为主要业务的物联网产业布局，在物联网、高端存储、智能传感、微纳制造等方面取得一系列科研与产业化成果。

一、科技人才队伍情况

公司全部职工 5 万余人，其中科技人才占全部职工总数的 50%左右。公司将科技人才分为专业技术、技术支持和技术技能序列，人数分别占科技人才总数的 52%、25%和 23%，45 岁以下中青年专业技术人员占比 75%。

二、主要经验做法

公司针对创新业务、需持续投入的业务以及关系到国家战略需求的业务，通过设立专业子公司或对既有子公司增资扩股等方式实施核心科技人才项目跟投，建立了利益共享、风险共担的长效机制，也打开了公司进一步成长的新空间。在保持控股地位进而确保对相关业务的控制力、国有资产和整体利益不受损失的同时，通过跟投机制激发核心科技人才进行创新业务发展，充分发挥国有资本的竞争和管理优势，带动并促进跟投企业的发展。

（一）跟投平台设计。为便于对跟投职工所持公司股权进行统一管理，提高股权流转及股东决策效率，保障公司股权稳定性，跟投职工通过组建有限合伙企业作为跟投平台参与投资，跟投方式为职工间接持股跟投业务子公司，即跟投职工先行出资成立3家有限合伙企业，作为有限合伙人与公司下设管理咨询公司共同出资设立职工跟投平台，最终以职工跟投平台持有各项跟投业务子公司的股权。公司出资设立的管理咨询公司担任职工跟投平台普通合伙人，对外执行职工跟投平台（有限合伙企业）的事务。

职工跟投平台每年吸纳新的科技人才或已有优秀科技人才进行增资，跟投平台的职工持股比例每年相应会有调整，表现优秀者在股权份额上可以后来居上，表现较差的职工即使初始份额高，后续无法获得增资的资格，总体持股比例也会被稀释。

（二）跟投参与对象。参与跟投的职工根据公司主体分为A计划与B计划，A计划由公司的高层管理人员和核心科技人才组成，以确保跟投职工与公司创新业务牢牢绑定，形成共创共担的业务平台。B计划由跟投业务子公司的高级管理人员与核心科技人才组成，参与跟投某一特定业务或项目，以进一步激发跟投业务子公司职工的创造性和拼搏精神，建立符合高新技术企业行业惯例的高风险和高回报的人才吸引、人才管理模式。通过服务年限、岗位层级等维度的考量确认纳入跟投计划的职工范围，确保对核心科技人才的绑定。

（三）激励收益分配。对于创新业务，激励收益中具有较大吸引力的是增值而非分红。如果创新业务子公司发展壮大，符合独立上市条件的，核心科技人才持有的原始股收益会产生较大的激励效果。公司也会视创新业务的具体发展情况，考虑进行整体回购，回购的价格为公允价格。公允价格优先参考12个月内外部投资者投资创新业务子公司时的估值确定，如果没有外部价格，会聘请独立第三方进行评估。

（四）跟投退出机制。不论跟投平台是以直接或间接的方式持有创新业务子公司的股权，创新业务子公司的权益原则上只能由公司或子公司的职工持有。不论何种原因，一旦职工与公司或子公司的劳动关系解除或终止，该职工所持有的创新业务子公司权益不再保留，按事先约定的条件退还其权益对应的价格，或由该职工按照事先约定的条件将其持有的权益转让给公司指定的主体。创新业务子公司的权益只能转让给公司指定主体，其他核心科技人才、跟投平台其他股东或合伙人无条件放弃跟投计划份额及其对应的创新业务子公司权益的优先购买权或其他任何类似权利。职工之间不得买卖、赠送、出质或以其他方式转移、处置其持有的权益。

（五）跟投决策机制与管理方式。为了确保跟投机制在实施过程中能够科学高效、合法合规决策，公司成立了跟投方案执行管理委员会，负责职工跟投方案的执行和日常管理，下设“跟投管理小组”辅助日常工作。跟投方案执行管理委员会成员由董事会授权薪酬委员会选任及解聘。公司总部管理部门具体负责持股平台日常管理，包括办理公司设立、变更、注销手续、文档管理等。

人力资源社会保障部办公厅　共青团中央办公厅关于建立青年仲裁员志愿者联系企业活动常态化长效化工作机制的通知

人社厅发〔2022〕55号

各省、自治区、直辖市及新疆生产建设兵团人力资源社会保障厅（局）、团委：

2021年，按照党史学习教育“我为群众办实事”实践活动要求，我们组织开展了“法治人社　志愿青春”千名青年仲裁员志愿者联系万家企业活动。活动期间，共组织1 500多名青年劳动人事争议仲裁员为1.4万多家企业提供人力资源社会保障领域法律政策宣传咨询、劳动用工指导、劳动争议预防调解工作机制建设等有针对性的志愿服务，在提高企业自主预防化解劳动争议能力、促进劳动关系和谐、稳定市场主体、维护就业稳定等方面取得了明显成效。为贯彻党的二十大关于完善劳动关系协商协调机制、把青年工作作为战略性工作来抓的精神，落实“我为群众办实事”实践活动常态化长效化工作要求，进一步引领带动广大青年仲裁员参与志愿服务，服务人民群众特别是青年群体更稳定就业，现就建立青年仲裁员志愿者联系企业活动常态化长效化工作机制通知如下。

一、推进志愿者队伍建设。各省（自治区、直辖市）人力资源社会保障部门调解仲裁机构要通过广泛动员、自愿申请，遴选政治素质高、专业功底好、服务意识强的专职青年仲裁员组成专项志愿者队伍。要组织做好志愿者注册工作，建立青年仲裁员志愿者名册，加强志愿者培训，组织开展经验交流，不断提高志愿者专业素质，增强服务意识，提升服务水平。各省（自治区、直辖市）团委青年志愿者工作机构要积极将青年仲裁员志愿者队伍纳入当地青年志愿者协会组织体系，在志愿者管理、培训、交流等方面给予支持。

二、建立联系企业名册。各地要指导仲裁员志愿者结合办案实际，以劳动争议易发多发的非公有制中小微企业为主，根据企业基本经营状况、用工特点、服务需求等选择确定联系企业，可结合实际向新就业形态劳动者较多的平台企业、受疫情影响较为突出的困难企业倾斜。要制定联系企业名册，并根据企业情况和志愿服务开展情况进行动态更新。

三、拓展志愿服务内容。丰富服务内容，在原有普法讲座、送法入企等基础上，积极探索用工体检、以案释法、主题沙龙、网络课堂、普法短视频等服务项目，进一步畅通与联系企业的沟通渠道，有针对性地补齐企业在人力资源社会保障法律政策理解适用方面的短板，帮助企业梳理解决劳动用工管理中的重点难点问题。探索开展“一揽子”“菜单式”“点单式”等服务，鼓励各地打造特色志愿服务品牌。

四、强化志愿服务管理。各地要成立联合工作组，地（市）级确定具体负责工作人员，结合本地区实际分级分类制定志愿者服务计划和服务事项清单，打造常态化志愿服务项目。保证服务频次，每季度至少开展 1 次志愿服务。鼓励应用信息化方式加强志愿服务信息记录，按照相关要求记录仲裁员志愿者参与项目、服务对象、服务内容、活动时长等内容。加强纪律约束，厘清仲裁机构依法履行办案职责与提供志愿服务的界限，严格执行回避等制度规定。

五、完善激励保障机制。加强工作统筹，将志愿服务活动与调解仲裁队伍建设、行风建设有机结合。各地要共同制定细则，对志愿服务组织工作、志愿服务质效进行考核评价，作为培养选拔优秀人才的重要参考。积极协调相关部门选树表现突出的组织单位和志愿者，并作为其他评先选优的优先推荐对象。

六、加强协调联动。贯彻党中央、国务院关于稳定市场主体稳就业决策部署，将志愿服务与助企纾困相结合。在提供志愿服务过程中，主动了解企业生产经营困难和相关服务需求，积极协调人力资源社会保障系统就业、社会保险、技能培训、人力资源服务等机构，加强与工会、工商联、企联、律协等部门沟通协调，整合职能优势为企业提供有针对性的打包式帮扶服务。探索将志愿服务活动纳入中小企业服务月等工作事项，综合发挥促进企业发展、维护社会和谐的作用。

七、做好总结宣传。各地要定期对志愿服务工作进行调度，开展服务对象满意度调查，了解联系企业对志愿服务的评价以及意见建议，及时调整完善，确保活动取得应有效果。要定期发布志愿服务情况，借助新媒体手段积极展示志愿服务活动成效，推广活动中创造出的经验做法，宣传涌现出的先进典型，发挥“放大示范”效应，营造良好氛围。

人力资源社会保障部调解仲裁司将会同团中央青年志愿者行动指导中心加强督促指导，推动青年仲裁员志愿者联系企业活动不断取得新成效。

人力资源社会保障部办公厅
共青团中央办公厅
2022 年 11 月 11 日

人力资源社会保障部办公厅
关于推进社会保险经办管理服务
标准化规范化便利化的意见

人社厅发〔2022〕59号

各省、自治区、直辖市及新疆生产建设兵团人力资源社会保障厅（局）：

近年来，各级人力资源社会保障部门坚决贯彻落实党中央、国务院“放管服”改革、优化营商环境的决策部署，持续推进人力资源社会保障领域行风建设，建成全国统一的社会保险公共服务平台，社会保险管理服务水平不断提高。为深入贯彻落实党的二十大精神和习近平总书记关于完善覆盖全民的社会保障体系重要讲话精神，按照《国家标准化发展纲要》和国务院加强政务服务管理要求，进一步提高社会保险经办管理服务标准化规范化便利化水平，推动经办模式转型，优化群众办事体验，提出如下意见：

一、总体要求

（一）指导思想。以习近平新时代中国特色社会主义思想为指导，全面贯彻落实党的二十大和二十届一中全会精神，按照党中央、国务院决策部署，立足新发展阶段，完整、准确、全面贯彻新发展理念，构建新发展格局，坚持以人民为中心的发展思想，以社会保险服务运行标准化为基础，以服务供给规范化为保障，以企业和群众办事便利化为目标，持续提升社会保险经办服务效能，不断增强群众获得感、幸福感、安全感，更好满足人民日益增长的美好生活需要。

（二）工作目标。“十四五”时期，社会保险高频服务事项无差别受理、同标准办理，全国统一的服务标准全面建立；社会保险经办管理服务体系更加健全，服务场所实现综合窗口全覆盖；推动社会保险公共服务事项“网上办、掌上办、就近办、一次办、一卡办”，推进跨层级、跨地域、跨部门、跨业务协同，主动适应属地政务服务一体化要求，全国社会保险服务标准化规范化便利化水平大幅提升。

（三）基本原则。

坚持以人民为中心。聚焦企业和群众反映强烈的烦心事揪心事，优化服务流程，精简要件材料，提供更加优质高效的社会保险公共服务。

坚持统一规范。加强整体谋划，坚持全国“一盘棋”，落实统一的经办管理服务标准，规范机构设置、人员配备，构建全国统一的社会保险经办管理服务体系。

坚持协同高效。适应政务服务一体化要求，以全局、整体的思路整合资源，打破部门间业务壁垒，推动跨层级、跨地区、跨部门协同管理。

坚持智慧便捷。推动社会保险管理服务模式创新和转型升级，提升管理服务集约化、智能化、精细化水平，提升服务便利度。

坚持公平可及。推进社保领域基本公共服务均等化、普惠化，坚持传统服务方式与智能化服务创新并行，为老年人、残疾人等特殊群体提供多元化的高质量服务。

二、推进社会保险经办管理服务标准化

（四）推进服务事项目录标准化。各地区要依据全国人力资源社会保障系统公共服务事项目录，及时编制、动态调整全省实施的社会保险服务事项基本目录，在省级政务服务平台和社会保险公共服务平台发布。明确依申请办理社会保险公共服务事项政务服务属性，主动配合将相关事项纳入政务服务事项范围，实现服务事项数据同源、联动管理。适应社会保险统筹层次变化，逐步推动实现统筹区域内服务范围统一，服务事项目录同源发布。

（五）推进服务事项实施清单标准化。部级制定“跨省通办”办事指南，明确事项名称、办理方式、办理材料、结果送达、办事时间、办事机构及地点等框架性要求，各地要结合本地实际进一步细化完善。各地区要在名称、编码、依据、类型等基本要素“四级四同”基础上，推进服务事项受理条件、办理流程、申请材料、办结时限等全省统一，分批推动实现全部服务事项“省内通办”。推进社保经办数字化转型，实现流程由业务驱动向数据驱动转变，形成更加标准清晰的业务流程图、经办规程、操作手册和办事指南。加强与属地各部门协同，推动实现跨部门协作流程、数据、事项标准化，加快与政务服务平台对接和数据实时调用，有效支撑政务服务一体化。

（六）健全和推广全国统一的社会保险经办服务技术标准。实施基本公共服务标准体系建设工程，完善社会保险标准化体系，加快服务流程、设施设备、人员配备等软硬件国家、行业标准制修订。推动各地标准化机构和组织建设，鼓励各地开展社会管理和公共服务综合标准化试点，强化社会保险标准与政务服务标准协同配套，推动社会保险地方标准与国家标准、行业标准有机衔接。强化标准实施应用，建立政策实施配套标准制度，在法规和政策文件制定时积极应用标准，持续完善标准实施效果评估机制。

三、推进社会保险经办管理服务规范化

（七）统筹经办管理服务资源。加强人力资源社会保障系统内部资源统筹整合，加快推进养老、工伤、失业保险“多险合一”经办，推动社保经办机构由分险种管理向流程化管理模式转变。按照《人力资源和社会保障事业发展“十四五”规划》要求，有条件的地区要加强协调、先行先试，推动建立与养老保险全国统筹相适应的经办管理服务体系，逐步建成垂直管理的经办组织架构。适应政务服务中心一体化管理要求，主动对接属地政务服务，推动前台服务与属地政务服务融合，单设服务场所的要按照统一要求提供规范化服务。

（八）规范经办力量配置。适应社会保险统筹层次和事权调整变化，全面增强省级社保经办管理能力和各级社保经办机构服务能力，配齐配强经办管理和服务人员。制定适应业务经办、风险防控的人员配置标准规范。强化经办队伍建设，推动经办力量由前台向中后台倾斜，根据服务对象规模、服务事项数量、服务时限要求、服务质量标准、信息系统支撑能力，全面增强中后台审核经办和风险防控力量。各地通过政府购买服务等方式提供服务的，要加强人员管理和培养，增强人员队伍的稳定性。

（九）规范线上线下经办服务。规范线下服务窗口设置，落实《社会保险服务综合柜员制实施指南》行业标准，分险种单设机构要协调设立统一服务大厅和前台，或通过业务系统授权、平台对接等方式委托政务服务综合窗口统一受理。设置“办不成事”反映窗口，提供兜底服务。提升网上办事深度，加快完善全国统一的社会保险公共服务平台，持续完善省级平台，推进“跨省通办”“一网通办”服务事项对接，推动与属地政务服务平台对接。优化网上办事指南和操作说明，提供在线导办

帮办、智能客服等方式辅助在线办理。线上线下并行提供服务，推进服务事项、办事指南等在线上线下服务渠道同源发布、同步更新，满足企业和群众的多样化办事需求。

四、推进社会保险经办管理服务便利化

（十）推进高效便捷服务。按照“应上尽上”原则推动社会保险服务“网上办、掌上办、不见面办”，以电子社保卡为服务载体，发挥第三方平台渠道优势，实现在线服务更加泛在可及。继续深化社会保障卡在社会保险服务领域全面应用。新增一批高频“跨省通办”事项，完善异地代收代办、多地联办业务规程，加快部省数据联动，实现跨省业务联动、状态联查、服务联通、监管联管。合理利用银行、基层平台资源，推动城乡居民养老保险等高频服务事项以委托受理、授权办理、帮办代办等方式下沉办理，拓展服务渠道，打造城区步行 15 分钟、乡村辐射 5 公里服务圈，推动服务“就近办”。

（十一）提升智慧精准服务。加强本地区跨部门数据共享，全面推行告知承诺制，推行容缺受理和免申即办。加快推进数字驱动服务，以需求为导向开展在线业务、待办业务、业务经办周期分析和数据挖掘，优化全过程、全方位管理服务流程。组织对服务对象精准“画像”，实现对服务诉求的实时感知和提前预测，把握和预判公众办事需求，提供个性化的主动服务。

（十二）优化特殊集成服务。深入推进社会保险服务与税务、市场监管、医疗保障等部门关联性强、办事需求量大、企业和群众获得感强的政务服务事项集成化办理，加强跨部门、跨层级数据流转，实现更多“一件事”打包办。坚持传统服务方式与智能化服务创新并行、协同发展，实现线上办理的服务事项，要同步提供线下窗口办事服务，提供“同质同效”办事服务。加强无障碍环境建设和改造，推进服务平台及移动端适老化、无障碍改造，为老年人、残疾人等特殊群体提供便利服务。鼓励各地开展延时错时服务。

五、工作要求

（十三）加强组织领导。各级人力资源社会保障部门要高度重视社会保险经办管理服务标准化规范化便利化工作，进一步提高政治站位，加强组织领导，有步骤、有计划地推动工作开展。要加强与组织、编制、财政等部门的沟通协调，及时研究解决遇到的困难和问题。经办机构分设的，要明确牵头部门，加强协调配合，细化实施方案。

（十四）加强规范指导。各地要进一步强化工作指导，全面落实统一的管理服务标准规范，提供优质高效经办服务。对 2022 年底实现服务场所综合窗口全覆盖，加快推动高频服务事项无差别受理、同标准办理，实现“多险合一”经办等重点工作要强化指导调度。

（十五）强化试点示范。围绕精细管理、标准化建设、完善经办体系、打造服务品牌等方面，全力打造高标准社会保险经办管理服务标准化规范化便利化建设示范点，发挥试点示范带动辐射作用。及时总结典型案例和经验做法，按照可学习、能复制、易推广的要求，选树一批典型样本，以点带面、示范推广。

人力资源社会保障部办公厅
2022 年 11 月 19 日

人力资源社会保障部办公厅
关于进一步做好职称评审工作的通知

人社厅发〔2022〕60号

各省、自治区、直辖市及新疆生产建设兵团人力资源社会保障厅（局），国务院各部委、各直属机构人事部门，有关中央企业人事部门：

为贯彻落实党的二十大和中央人才工作会议精神，持续深化职称制度改革，努力破解职称评审中的“一刀切”、简单化问题，根据中共中央办公厅　国务院办公厅《关于深化职称制度改革的意见》，现就做好职称评审工作有关事项通知如下。

一、动态调整职称评审专业。国家职称系列保持总体稳定，职称评审专业实行动态调整。通用性强、人才规模较大的评审专业由人力资源社会保障部会同有关行业主管部门研究设立。省级人力资源社会保障部门可会同省级有关行业主管部门，围绕国家重大战略需求和产业发展需要设立新评审专业。具有职称评审权的用人单位可结合本单位发展实际设立新评审专业，按管理权限报人力资源社会保障部门备案。探索将大数据、区块链、云计算、集成电路、人工智能、技术经纪、创意设计等新职业纳入职称评审范围。支持各地围绕特色产业、重点产业链设立特色评审专业，开展专项评审，通过“一产一策”“一链一策”，实现产业链、人才链、创新链融合发展。省级人力资源社会保障部门应建立职称评审专业目录，实行清单式管理。

二、科学制定职称评审标准。以破“四唯”和立“新标”为突破口，以激发专业技术人才创新活力为目标，坚持“先立后破”，力避“一刀切”、简单化，突出品德、能力、业绩导向，分系列分专业修订职称评审标准，建立体现思想品德、职业道德、专业能力、技术水平、学术影响力、创新成效、决策咨询、人才培养、公共服务等多维度的评价指标，形成并实施有利于专业技术人才潜心研究和创新的职称评审标准。逐步开发专业技术类新职业标准，促进新职业标准与职称评审标准相衔接。鼓励从职业标准、技术标准、行业标准中提炼职称评审标准，将工作绩效、创新成果、解决实际问题能力等作为评价的核心内容。根据不同学科领域特点探索建立能够识别有天赋、有潜力人才的评价标准。

三、合理设置论文和科研成果要求。卫生、工程、艺术、中小学教师等实践性强的职称系列不将论文作为职称评审的主要评价指标，评价标准中不得简单设立论文数量、影响因子等硬性要求。对研究系列人才，聚焦原创成果和高质量论文，注重评价原创性贡献、学术影响力和研究能力，淡化论文数量要求。各职称系列逐步将论文“必选”转变为成果“多选”，建立“菜单式”评价指标体系。推广代表性成果制度，标准开发、技术推广、技术解决方案、创新突破、高质量专利、成果转化、理论文章、智库成果、文艺作品、教案、病历等业绩成果均可作为代表性成果参加职称评审。探索通过学术委员会认定、同行专家评审、第三方机构评价、国际同行评价等方式，提高代表性成果评价的权威性。各级人力资源社会保障部门配合有关行业主管部门严厉打击论文代写代发、虚假刊发等违纪违规行为，鼓励科研人员把高质量论文发表在国内科技期刊上。对于抄袭、剽窃、不当署名等学术不端行为，按照《科研失信行为调查处理规则》等有关规定处理，撤销取得的职称，记入职称申报评审诚信档案库，情节严重的在一定期限内取消职称及岗位晋升资格。

四、减少学历、奖项等限制性条件。各职称系列对申报人学历只作基本要求，不具备规定学历但业绩显著、贡献突出的，可由2名以上具备正高级职称的同行专家推荐破格申报，法律法规另有规定的除外。除涉及公共安全、人身健康的系列或专业外，从事专业与所学专业不一致的，可允许按照本人长期从事专业申报职称。非全日制学历与全日制学历、职业院校毕业生与同层次普通学校毕业生在职称评审方面享有同等待遇。技工院校中级工班、高级工班、预备技师（技师）班毕业，可分别按照中专、大专、本科学历申报相应系列职称。不得将科研项目、经费数量、获奖情况、论文期刊层次、头衔、称号等作为职称评审的限制性要求。

五、完善同行评价机制。建立专业性、自律性的职称评审委员会，开展公平公正、代表性强、权威性高的同行评价。高端人才可实行国际同行评价，职称分组评议可采取小同行评价。发挥学术共同体在同行评价中的作用，鼓励对成果本身进行直接性同行评价。建立职称评审专家推荐遴选、培训考核、信用记录、退出惩戒等制度。加强职称评审专家库建设，遴选专业技术水平高、贴近科研生产一线、业内公认的专家担任评审专家。加大对评审专家履职尽责的考核力度，考核结果作为遴选专家的重要依据，探索建立同行评价责任追究机制。进一步规范各级职称评审委员会核准备案工作，未经备案的职称评审委员会，评审结果不纳入全国职称评审信息查询验证系统。

六、畅通职称评审绿色通道。取得重大基础研究和前沿技术突破、解决重大工程技术难题或在经济社会各项事业中作出重大贡献的专业技术人才，引进的海外高层次人才、急需紧缺人才，可采取“一事一议”“一人一策”的方式直接申报高级职称。海外归国人员、党政机关交流或部队转业安置到企事业单位从事专业技术工作的人员，首次申报职称时可根据专业水平和工作业绩并参照同类人员评审标准，直接申报相应职称。探索国防和科技等特殊领域人才职称评审专门办法。

七、开展好职称“定向评价、定向使用”。以国家乡村振兴重点帮扶县为主体，在县以下基层开展职称“定向评价、定向使用”。由各地单独制定职称评审条件，适当放宽学历、科研要求，主要考察职业道德、实践能力、工作业绩、任务完成情况、群众认可度等内容。“定向评价”可采取单独分组、单独评审的方式。取得的职称限定在基层有效，评审结果由人力资源社会保障部门按管理权限备案。“定向评价、定向使用”的中高级岗位实行总量控制、比例单列、专岗专用，不占各地专业技术岗位结构比例，与常设岗位分开设置、单独管理。各地人力资源社会保障部门会同行业主管部门加强对“定向评价”数量、结构的宏观调控。

八、发挥用人单位主体作用。根据单位类型和岗位特点有序下放职称评审权限，向用人单位授予更多的职称评审自主权。支持国家实验室开展高级职称自主评审。具有职称评审权的单位结合目标任务、岗位职责、绩效考核等分类制定职称评审标准，科学合理明确论文、科研成果等要求。鼓励通过同行评价、技术技能竞赛、揭榜挂帅、服务对象评价等多元评价方法识别人才，促进评用结合。用人单位要切实履行好推荐申报主体责任，对申报人员的品德、能力、业绩情况的真实性负责。国家重点实验室、国家技术创新中心、科技领军企业、行业龙头企业等可推荐本单位技术负责人直接评定相应层级职称。支持科学中心、创新高地采取更加灵活的职称评聘机制。用人单位要切实履行好主体责任，用不好授权、履责不到位的要问责。

九、优化职称评审服务。进一步畅通外籍人才、港澳台人才、自由职业人才、高技能人才、农村实用人才职称申报渠道。优化职称评审工作流程，寓管理于服务之中，减少申报材料和证明材料。加强职称评审信息化建设，推行职称电子证书，加快实现职称评审结果全国查询验证。持续开展清理“四唯”专项行动，对职称申报、推荐和评审中存在的“四唯”做法，要及时约谈整改。加强职称评审备案管理、巡视巡查、信息公开、数据监测等工作，畅通投诉举报渠道，主动接受社会监督。严肃处理职称评审中“说情打招呼”“圈子评审”等现象，营造风清气正的职称评审环境。

持续推动职称评审破“四唯”、立“新标”是进一步深化职称制度改革的重要举措。各地各有关单位要以习近平新时代中国特色社会主义思想为指导，全面贯彻党的二十大对人才工作的新部署新要求，进一步提高政治站位，坚持党管人才原则，提高思想认识，深入基层一线，加强调查研究，切实采取管用有效的措施推动改革任务落实落地落细。2023 年 6 月底前完成各系列评审标准修订工作。2023 年底前，系统梳理本地区设置的职称评审专业，形成职称评审专业目录，向社会公布。职称制度改革推进过程中遇到的重要问题及时向人力资源社会保障部报告。

人力资源社会保障部办公厅

2022 年 11 月 30 日

人力资源社会保障部办公厅关于印发加强和改进新时代中国特色企业新型学徒制工作方案的通知

人社厅发〔2022〕62号

各省、自治区、直辖市及新疆生产建设兵团人力资源社会保障厅（局）：

为深入贯彻党的二十大精神，落实中共中央办公厅、国务院办公厅印发的《关于加强新时代高技能人才队伍建设的意见》要求，探索中国特色学徒制，在总结前期工作的基础上，研究制定了《加强和改进新时代中国特色企业新型学徒制工作方案》，现印发给你们，请结合实际推进工作。

人力资源社会保障部办公厅

2022年12月26日

加强和改进新时代中国特色企业新型学徒制工作方案

为深入贯彻党的二十大精神，落实中共中央办公厅、国务院办公厅印发的《关于加强新时代高技能人才队伍建设的意见》要求，探索中国特色学徒制，进一步做好企业新型学徒制工作，在总结各地实践基础上，制定本工作方案。

一、总体目标。以习近平新时代中国特色社会主义思想为指导，全面贯彻党的二十大精神，以高质量发展为引领，健全终身职业技能培训制度，加强和改进企业新型学徒制。按照政府引导、企业为主、培训院校（包括技工院校、职业院校、职业培训机构和企业培训中心等，下同）参加的原则，通过企校双制、工学一体等方式，组织开展高质量学徒培训，支持企业职工提高岗位技能。到“十四五”期末，基本实现学徒培养规范化、标准化，培育一批优质学徒培养单位和师徒，开发遴选一批优质学徒培训课程和教材数字资源等，促进学徒培训规模和质量有效提升，为中国式现代化提供技能人才支撑。

二、广泛发动企业做好动员组织工作。各级人力资源社会保障部门要与财政、国资、工会、工商联等部门协同合作，加强政策法规宣传解读，引导企业按照年度用工计划总量或技能岗位员工总量的一定比例设立学徒岗位，确定学徒培训数量，有计划地组织开展学徒培训。支持引导有技能人才培养能力的企业特别是产教融合型企业，建有高技能人才培训基地、技能大师工作室、技能根基工程培训基地、公共实训基地的企业和培训院校率先带头开展企业新型学徒制培训。支持大型企业集团、产业链龙头企业、连锁企业等依托具备培训条件的企业培训中心开展学徒培训。中小微企业、新兴行业企业可探索由所属行会商会牵头组织，建立跨企业培训中心或采取企业联合组班方式开展学徒培训。企业和培训院校可以设置专门岗位，安排专职或兼职人员负责学徒培训，做好学徒组织管理服务工作。鼓励企校联合建设企业新型学徒制培训中心、企业新型学徒制研究中心等，加强对学徒培训工作的研究和组织实施。

三、明确企业新型学徒的培养目标。企业新型学徒制培训对象主要是与企业至少签订1年以上劳动合同的技能岗位员工，由企业结合生产实际自主确定。企业可联合培训院校共同分析企业技能岗位需要、职工成长成才需求，研究制定学徒培训的职业（工种）计划。学徒培训的职业（工种）原则上应有培训标准（包括国家职业技能标准、职业培训包或经备案的行业企业培训评价规范、企业培训方案、职业技能培训课程标准等，下同）。培训目标以符合企业岗位需求的中高级技能人才为重点。培训期限结合学徒培训目标、技能形成规律等确定，一般为1至2年，特殊情况可延长到3年。培训期限长于劳动合同剩余期限的，企业应与学徒协商续延劳动合同期限。培训方式以工学一体为主，通过实施工作项目、完成工作任务、解决工作问题等，提升学徒专业素质和解决问题能力。

四、组织进行学徒信息登记。企业新型学徒培养的主要职责由所在企业承担。企业确定培训对象后，应与学徒签订培养协议，约定培训目标、培训内容与期限、培训方式、质量考核标准、双方责任、违约责任以及其他需要明确的事项。企业委托培训院校承担学徒的部分培训任务，应与培训院校签订合作协议，约定培训的方式、内容、期限、费用、双方责任及其他需要明确的事项。依托职业技能培训实名制管理系统对学徒进行信息登记，技工院校、职业院校应按规定对学徒进行登记注册。要建立学徒培训台账，记录参训人员培训情况，对无法完成培训的学徒应及时反馈记录。

五、精心开发学徒培训课程。探索将学徒培训课程设置为主要包括通用素质、专业基础、专业技能三部分，科学合理安排学时总量和课程结构。企业和培训院校可依据培训标准开发学徒培训课程大纲、教学设计和配套教学资源库。在确保培训质量前提下，可结合岗位实际构建工学一体的弹性学制、学分制课程体系。积极推动世界技能大赛先进理念的转化应用，鼓励知名专家、教练和获奖选手等参与学徒培训课程开发和开展名师带徒活动。加强教材规范化管理，通用素质必修课程须在人力资源社会保障部发布的全国职业培训规划教材目录（以下简称目录）中选用，通用素质选修课程、专业基础课程、专业技能课程原则上在目录中选用。省级人力资源社会保障部门可结合实际制定本地区职业培训规划教材目录。对全国和省级职业培训规划教材目录中没有的教材，可在职业培训教材信息库中选用，严禁使用盗版、盗印教材。

六、建设优质师资队伍和学徒培训场所。探索建立学徒导师培养和选拔制度。企业和培训院校应根据学徒培养目标做好企业导师和院校导师选拔工作，合理配比师徒数量。组织开展师资研修、培训成果展示、教学能力竞赛、培训教学资源开发等活动，促进师资双向交流学习，共建共享优质教学资源。鼓励支持各类高技能人才担任学徒导师，并作为评优评先和晋升技能等级的参考条件。充分发挥企业与培训院校各自优势，建设具有工学一体化特色的培训场所，并以此为依托建设培训服务网络。培训场所应具备技能培训所需设备设施等条件，可充分利用车间班组、技能大师工作室等开展培训。开展线上培训所使用的网络平台应具备学员实名注册、签到、学习、测试等功能，实现学习过程可记录、可统计、可查询、可追溯。

七、做好考核评价工作。建立教学质量评价体系和考核制度，对学徒培训教学过程进行规范管理。对已实施技能等级认定的职业（工种），学徒培训后可直接参加技能等级认定。企业可按规定将学徒技能评价融入日常生产活动中，灵活运用过程化考核、模块化考核和业绩评审、直接认定等多种方式，对学徒进行考核定级。学徒期满经考核合格，可获得相应的证书（包括培训合格证书、毕业证书、职业资格证书、职业技能等级证书等，下同）。

八、健全完善支持保障政策。企业按照与培训院校签订的合作协议，向培训院校支付学徒培训费用，所需资金可从企业职工教育经费列支；符合有关规定的，可获得政府职业培训和职业技能鉴定补贴。支持企业设置带徒津贴，引导高技能人才发挥传帮带作用。企业对学徒开展在岗培训、业务研修、购置教学设备与设施等企业内部发生的费用，可按规定从企业职工教育经费中列支。学徒在学习培训期间，企业应当按照劳动合同约定支付工资。各地可结合实际，联合财政部门基于不同的学时数量、技能等级、培训成本等差异对学徒培训予以支持保障。企业和培训院校获得的政府培训补贴资金可按规定自主开支使用。

九、强化培训过程管理和监督检查。人力资源社会保障部门要加强对学徒培训的过程管理，将学徒登记注册、培训过程督导检查、培训结果考核要求落到实处。拟申领政府培训补贴的企业应在开展培训前将有关材料报所在地人力资源社会保障部门备案，纳入补贴性培训实名制信息管理，实现从报名、开班、培训、证书发放、资金申请到补贴发放等全过程网上管理。建立培训真实性完备性审核制度，实行开班审核。严格按规定使用和审核拨付培训补贴资金，紧盯培训补贴资金发放等重点环节，切实保障培训资金安全和使用效能。对存在管理不规范、虚假培训、套取骗取资金等情况的，依法依规依纪严肃处理。

十、加强学徒培训工作指导服务。加强对企业和培训院校的指导服务，在职业培训有关网站设置专栏专区，指导交流企业新型学徒制有关工作，引导更多企业和培训院校开展学徒培训。多渠道多方式加强对企业新型学徒制政策措施的宣传解读，发掘各类企业和培训院校开展企业新型学徒制培训的有效措施方法，宣传推广典型做法，营造良好氛围。拓展国际合作渠道，加强对学徒通用素质、数字技能和绿色技能培训的交流合作，支持符合条件的青年学徒参与青年国际实习交流计划。

人力资源社会保障部办公厅关于开展“公共就业服务进校园”活动的通知

人社厅函〔2022〕16号

各省、自治区、直辖市及新疆生产建设兵团人力资源社会保障厅（局）：

高校毕业生是宝贵的人才资源。做好高校毕业生就业工作，事关毕业生个人前途，事关毕业生家庭幸福，事关国家长远发展。为深入贯彻党中央、国务院关于高校毕业生就业工作的决策部署，进一步提升毕业生就业服务质量，促进其顺利就业，人力资源社会保障部决定启动开展“公共就业服务进校园”活动。现就有关要求通知如下：

一、总体要求

以习近平新时代中国特色社会主义思想为指导，全面贯彻党的十九大和十九届历次全会精神，坚持目标导向、问题导向，汇集专业资源，凝聚各方合力，注重精准施策，推动公共就业服务向前延伸、提质增效，满足毕业生多层次、全方位、精准化服务需求，为促进毕业生及早实现就业创业、更好保障改善民生提供有力支撑。

二、活动主题

就业服务进校园　精准帮扶在身边

三、活动时间

2022年3月至6月

四、服务对象

2022届高校毕业生

五、重点任务

（一）政策宣传进校园。组织开展就业政策宣传活动，以政策公告、现场宣讲等多种形式，汇总发布本地毕业生就业政策清单，重点涵盖资金补贴、创业担保贷款等就业扶持政策，劳动关系、社会保险等权益保障政策，职称评定、户口档案、住房保障、专项奖补等人才流动政策，虚假招聘、就业歧视、求职陷阱等风险案例提示。政策清单要列明政策内容、经办机构、经办流程，确保看得懂、算得清、用得上。

（二）招聘服务进校园。积极挖掘岗位信息，动态归集发布岗位信息清单，重点涵盖本地区重点企业、重大项目和“专精特新”小微企业招用工信息，机关事业单位、基层服务、重大专项人员调配等公共部门岗位，以及科研助理、实习见习等岗位，及时提供相关高校。岗位信息要包括需求特征、职位类别、工作地点、薪酬待遇等关键要素，确保真实有效。发布方式要结合疫情防控，统筹线上线下，合理安排行业、专业招聘及线下招聘场次。

（三）就业指导进校园。组织专业力量开

展对大学生的职业指导，讲清世情国情和就业形势，介绍相关行业在经济社会发展中取得的成就、面临的机遇和挑战，帮助毕业生坚定信心，增强成才报国动力。提供职业能力测评、生涯规划、职场适应、职场导航、就业训练营等服务，合理引导预期，帮助毕业生掌握求职技巧。增加职业体验活动，引导毕业生进园区、进企业、进市场，提升职业认知。

（四）创业服务进校园。遴选优质创业课程、创业师资进校园，支持高校开展创业教育，对有创业意愿的毕业生及时组织创业培训。加大创新创业政策落实力度，主动为创业者提供项目开发、方案设计、风险评估、开业指导、融资服务、跟踪扶持等“一条龙”创业服务，落实场地优惠、创业政策支持。组织毕业生参加“中国创翼”、“互联网+”等创业创新大赛，提供项目、资源对接平台。

（五）职业培训进校园。对接市场需求，创造条件为毕业生开设中短期技能培训班，增加新职业、新技能等培训，特色办班、因材施教，按规定落实好毕业年度毕业生参加职业技能培训相关政策。开展职业资格制度和人才评价改革咨询，统筹职业资格考试和职业技能等级认定时间，为毕业生提供便利。组织“大国工匠”、“技能大师”为毕业生展绝活、授经验、传心得，引导毕业生增强职业精神、实现技能就业。

（六）困难帮扶进校园。加强对零就业家庭、低收入家庭、残疾等毕业生就业帮扶，加大岗位推介力度，做好心理辅导和思想疏导。开展求职创业补贴发放回头看，对尚未兑现的要及时发放，对因各种变故新增的困难毕业生，要及时补发。加大对中西部地区、少数民族等毕业生就业支持，组织好中央企业面向西藏青海新疆毕业生专场招聘和东西部就业协作。

六、保障措施

（一）加强组织领导。各地要切实提高政治站位，把促进高校毕业生就业作为重大政治责任，把公共就业服务进校园活动作为重要手段，高度重视，加强领导，抓紧制定工作方案，明确工作措施和时间进度。协调有关部门提早发布机关事业单位岗位招录计划，优化考试录用时间。要突出工作重点，对毕业生规模较大、就业去向落实率相对较低的高校特别是三四线城市非重点高校，加大倾斜支持。要创新思路举措，丰富服务内容，打造本地化特色服务品牌，确保活动取得实效。

（二）调动各方资源。凝聚人社系统合力，就业、社保、劳动关系、人才人事等领域要密切配合、同向发力。用好专业力量，组织就业政策法律专家、人力资源经理人、职业指导师、创业指导师等提供专业化服务。发挥机构作用，组织各类公共就业人才服务机构、人力资源服务机构、产业园区、创业孵化基地，为毕业生提供针对性服务。对公共就业创业服务机构及其与高校开展的招聘活动，落实好就业创业服务补助政策。

（三）强化宣传引导。各地要紧扣公共就业服务进校园活动主题，广泛依托传统和新兴媒介，开展形式多样、内容丰富的专题宣传活动，扩大活动影响力。重点宣传国家支持毕业生就业创业的政策措施，推广一批地方特色做法，讲述毕业生就业创业典型故事，传递党和政府、社会各界关心关怀，引导毕业生自立自强，多渠道就业创业。

活动期间，各地要及时总结工作推进情况和取得成效，梳理存在的困难问题，提出相关工作建议，于7月10日前将活动进展情况报就业促进司。

人力资源社会保障部办公厅
2022年2月14日

人力资源社会保障部办公厅关于成立首批技工教育和职业培训教学指导委员会的通知

人社厅函〔2022〕24号

各省、自治区、直辖市及新疆生产建设兵团人力资源社会保障厅（局），有关行业组织、中央企业人事劳动保障工作机构：

为深入贯彻习近平总书记关于大力发展技工教育的重要指示精神，落实《技工教育"十四五"规划》有关要求，促进技工教育和职业培训高质量发展，进一步发挥好相关专业专家作用，我部决定成立首批技工教育和职业培训教学指导委员会。现将有关事项通知如下：

一、技工教育和职业培训教学指导委员会（以下简称教指委）由人力资源社会保障部主管，是对相关专业（职业）领域技工教育和职业培训工作进行研究、咨询、指导和服务的全国性、非营利性、非常设性专家组织。

二、教指委委员是在有关单位推荐的基础上，按照思想政治素质好、专业素质和理论水平高、教学工作或实际工作经验丰富、组织协调能力强等标准，结合各地技工教育和职业培训实际工作情况，从技工院校、职业培训机构、行业企业和研究机构等单位的专家中遴选确定的。其他推荐人选纳入技工教育和职业培训教育教学专家智库。

三、首批成立智能制造与智能装备类、数字与信息技术类、新能源与交通运输类、康养生活服务类和现代商贸流通类5个教指委，各教指委委员15人，设主任委员1人、副主任委员1人，秘书长1人。教指委委员由人力资源社会保障部选聘，聘期五年，实行动态调整机制，其中第一年为预聘期，预聘期内工作合格后转为正式委员，并发放聘书。

四、教指委的主要工作是：围绕服务制造业和实体经济发展需要，对技工院校及职业培训机构探索推进工学一体化技能人才培养模式等教学工作进行研究、咨询、指导、评价和服务。具体包括：开展技能人才需求分析，提出技能人才培养要求；参与技工教育和职业培训工学一体化专业（课程）建设、教材建设和数字资源建设，指导技工教育和职业培训教学改革与教学实施；参与教学质量评价，指导师资培训、技能竞赛、实训基地建设；组织开展行业企业调研、课题研究、专业教学及职业培训研修交流活动等。

五、各委员所在单位要积极支持教指委工作，主任委员、副主任委员、秘书长所在单位应对教指委的日常工作提供必要的工作条件和人员、经费等保障支持。委员所在单位要按规定为委员履职提供支持保障和工作便利。教指委委员要廉洁自律、勤勉履职，结合自身业务专长积极主动参与相关工作，发挥专家权威作用。

六、人力资源社会保障部设教指委工作办

公室，负责综合协调和日常工作。教指委工作办公室设在人力资源社会保障部技工教育和职业培训教材工作委员会办公室。

附件：首批技工教育和职业培训教学指导委员会组成人员名单（2022—2026年）（略）

人力资源社会保障部办公厅

2022年2月28日

人力资源社会保障部办公厅
关于组织开展2022年度全国人社
窗口单位业务技能练兵比武活动的通知

人社厅函〔2022〕31号

各省、自治区、直辖市及新疆生产建设兵团人力资源社会保障厅（局），部属各单位：

为深入贯彻习近平新时代中国特色社会主义思想，打造一支政策通、业务精、作风硬的高素质人社干部队伍，自2019年以来，全国人社系统持续组织开展窗口单位业务技能练兵比武活动（以下简称练兵比武活动），涌现出一批“人社知识通”“岗位练兵明星”等学习典型，学政策、钻业务、强技能、优服务的良好氛围蔚然成风。练兵比武活动已成为各级人社部门抓窗口建设、促队伍发展、为群众办实事的重要抓手。为持续加强人社窗口单位队伍建设，推进练兵比武活动常态化开展，现就组织开展2022年练兵比武活动通知如下：

一、加强领导，部门联动。要将练兵比武活动作为加强窗口单位队伍建设、打造一流人社服务的重要举措，作为加强系统行风建设的重要内容。要不断细化完善牵头单位与参与单位密切协作的工作机制，认真落实新冠肺炎疫情防控工作要求，按照练兵比武活动总体方案（见附件），结合本地实际，制定细化实施方案，明确工作任务、具体要求、经费保障、激励措施等。

二、常态练兵，扩大效应。依托全国人社业务技能练兵比武在线学习平台（简称全国在线学习平台，网址：https://bw.rsbsyzx.cn），常态化开展“日日学、周周练、月月比”活动。探索多样化正向激励措施，坚决杜绝强制打卡、简单排名、通报考核等情形，鼓励引导干部职工自主参与“日日学、周周练、月月比”，推动实现新进人员必学、新出政策必学、窗口人员必学。积极引导企事业单位、人力资源服务机构和社会公众等利用平台了解学习人社政策，扩大人社政策服务宣传面和知晓度。

三、精心比武，突出实效。鼓励支持各单位、各层级综合运用线上比、现场比、工作中比等方式开展技能比武，以比促练、以练促用。突出效果导向，切实提升系统干部职工灵活运用法规政策解决实际问题、提升服务效能的能力，做到不仅知其然，更要知其所以然。鼓励各地创新方式方法，借助电视台、网络媒体、短视频平台等融媒体宣传优势和特点，打造面向社会的精品比武节目等活动，扩大社会影响力。

四、强化宣传，典型带动。建设练兵比武“能手库”，广泛宣传报道“人社服务标兵”“人社知识通”“岗位练兵明星”等学习典型的先进事迹，有效发挥典型引领作用。各地要将这些典型用在吃劲处，搞好传帮带，带动更多干部职工学标兵、当能手、争创一流人社服务。

各地在练兵比武活动中形成的好做法好经验或遇到的问题，请及时向我部报告。

附件：2022 年度全国人社窗口单位业务技能练兵比武活动总体方案

人力资源社会保障部办公厅

2022 年 3 月 14 日

附件

2022 年度全国人社窗口单位业务技能练兵比武活动总体方案

一、活动目的

推进练兵比武活动常态化制度化开展，持续巩固窗口人员全覆盖、人社业务全囊括、线上线下有机融合、社会知晓度不断提高的良好局面。扎实培养一支政策通、业务精、作风硬的高素质人社干部队伍，培树更多“人社知识通”“业务一口清”。

二、活动主题

练兵比武强技能，人社服务树新风。

三、参加范围

各级人社窗口单位工作人员参加，实现部、省、市、县（区）、街道（乡镇）、社区（村）全覆盖。鼓励非窗口单位工作人员和社会公众参加。

四、内容与形式

（一）内容。以习近平新时代中国特色社会主义思想为指导，贯彻落实党的十九大和十九届历次全会精神，具体内容涵盖党的基本路线、方针、政策和最新理论成果，就业创业、社会保险、人才人事、劳动关系、综合服务规范等方面，重点考察对人社法规政策理解运用能力、解决问题能力、沟通协调能力等。录制发布“练兵比武案例视频讲座”“重点试题精讲”等内容，辅助学员更好理解掌握政策要义，做到“知其道求其效”。各地可结合工作实际和信息化建设情况，将业务经办系统操作能力纳入范围。

（二）形式

1. “日日学、周周练、月月比”

依托全国在线学习平台（https://bw.rsbsyzx.cn），探索多样化激励措施，发动人社系统干部职工自主学习，积极引导企事业单位、人力资源服务机构和社会公众了解学习人社政策。

对坚持学习且效果良好的学员，由平台分别给予“日日学之星”“周周练达人”和“月月比能手”称号。

2. 全国统一在线比试

2022 年 9 月底前，部组织全国统一在线比试。每省 50 名选手参加：各省自主确定 15 名选手，另推荐 100 人名单，部通过随机抽签程序抽取 35 名选手。

参加统一在线比试的选手，应同时符合下列条件：

（1）截至 2022 年 8 月 31 日，至少需获得 1 次“日日学之星”称号，“周周练”累计积分不低于 1 000 分。

（2）未参加过各年度练兵比武省际邀请赛、区域赛（吉林赛区）、全国赛（含晋级赛、决赛，不包括 2021 年度全国统一在线比试），未参加过 2019 年度全国人社法治知识竞赛（含晋级赛、决赛）。

（3）未获得过全国“人社知识通”称号。

各地要认真审核自主确定和推荐的所有人员名单。如自主确定名单（15 名）和被抽签选中名单（35 名）中出现不符合上述条件的，则取消该选手参赛资格且不再递补。

全国统一在线比试个人成绩排名全国前 50 的选手，授予全国“人社知识通”称号；各省内排名前 3 的选手，授予全国“岗位练兵明星”称号（如与全国“人社知识通”重复，依次顺延）。

部将建立练兵比武“能手库”，主要包括 2019 年以来全国练兵比武赛事活动有关获奖人员。鼓励支持各省份建立本省练兵比武“能手库”，相关信息可同步到部“能手库”。

3. 省内技能比武

各省份可根据工作实际，综合运用线上比、现场比、工作中比等多种方式，开展多样化技能比武活动。鼓励创新方式方法，借助各类媒体宣传优势，探索打造群众喜闻乐见、通俗易懂的技能比武电视栏目、知识竞答等活动，加强与企业群众的交流互动，增强人社政策法规、干部队伍形象的社会宣传效应。

五、工作安排

2022 年度练兵比武活动自本方案公布之日起正式启动。

（一）修订大纲题库

1—2 月份，部属各单位修订完善大纲和题库。

3 月底，公布新修订的练兵比武大纲题库（2022 年版）。

8 月底前，对练兵比武大纲进行增补。

（二）岗位练兵

3 月中下旬，部公布“日日学、周周练、月月比”活动具体规则。

4 月 1 日起，开展“日日学、周周练、月月比”活动，活动贯穿全年。

（三）比武活动

1. 省内比武

各省份通过多种形式，组织开展省内技能比武。活动贯穿全年。

2. 全国统一在线比试

8 月底前，部公布统一在线比试规则；

9 月初，各省份向部里报送自主确定的 15 名选手和 100 人推荐名单；

9 月中旬，部组织抽签并确定参赛选手名单；

9 月底前，举行全国统一在线比试。

六、奖项设置

（一）团体奖项

特等奖 1 名、一等奖 5 名、二等奖 10 名、三等奖 16 名：按各省份全国统一在线比试团体成绩确定。

（二）个人奖项

1. 全国“人社知识通”称号 50 名：全国统一在线比试个人成绩前 50 的选手。

2. 全国“岗位练兵明星”称号 96 名：全国统一在线比试各省内排名前 3 的选手，每省 3 名，共计 96 名。

部为获奖团队颁发奖牌，为获奖选手颁发奖章、证书，并按规定发放奖金。各地可按规定对获奖团队和个人给予奖励。

七、组织机构

练兵比武活动由部行风办会同法规司具体牵头负责，部属有关单位参加，负责活动的总体设计、统筹协调和推动实施。

设立命题组、练兵组、赛务组、裁判组。

命题组由部行风办、法规司牵头，部属有关单位参加，负责练兵比武大纲和题库的制定、修订、完善、审核以及相关比赛试题命制等工作。

练兵组由部行风办、法规司会同事业中心牵头，负责优化完善全国在线学习平台，组织“日日学、周周练、月月比”活动。

赛务组由部行风办、法规司会同考试中心组成，负责全国统一在线比试组织实施工作。

裁判组由部属有关单位负责同志参加，负责对全国统一在线比试选手答题作出裁决。

人力资源社会保障部办公厅关于确定2022年专家服务基层示范团项目和国家级专家服务基地的通知

人社厅函〔2022〕39号

各省、自治区、直辖市及新疆生产建设兵团人力资源社会保障厅（局），北京市人才工作局、中共海南省委人才发展局：

为进一步发挥各类专家对巩固拓展脱贫攻坚成果、助力乡村全面振兴、服务基层发展的重要作用，在各地申报的基础上，今年我部遴选确定了60个专家服务基层示范团项目和第八批16家国家级专家服务基地（名单附后）。现就有关事项通知如下。

一、精心组织实施示范团项目。各地要严格按照确定的主题，针对基层实际需求，精心设计服务内容，组织邀请对口专家，切实抓好组织实施，提升服务活动精准性、实效性。认真细致做好专家与基层单位对接工作，帮助基层单位、人才、群众与专家建立长期联系，发挥好服务活动的长效持久作用。在疫情防控常态化背景下，服务活动要提早谋划，做好备选方案，实施过程中严格落实当地防疫要求，采取多种形式灵活开展服务。加大对参加服务活动专家关心关爱力度，为他们提供良好的工作生活条件，在组织开展表彰先进、休假疗养等工作中，将积极参加服务活动并作出贡献的专家纳入范围并加大倾斜力度。

二、加强国家级专家服务基地建设。各地要及时通知基地依托单位，按照申报方案抓好各项建设工作。加强工作指导督促，健全完善基地管理办法和运行机制，建立定期考核机制，充分发挥基地在承载服务活动、助力乡村振兴、推动地方发展中的重要平台作用。基地作为桥梁纽带，要在结合当地需求深入开展各项服务活动的同时，有计划地重点联系一批当地急需紧缺的专家，建立长期合作关系，用好专家智力、技术、信息、管理等资源，增强本地区内生发展动力。

三、严格遵守财务规定用好活动经费。人力资源社会保障部对每个示范团项目和每家基地分别给予10万元和20万元经费支持。各地要严格按照项目申报计划开展工作，确保经费专款专用，厉行节约反对浪费，提高资金使用效益。经费执行中，严格遵守财政资金相关管理规定。资金未使用完的，要作出专项说明，并将结余经费退回我部。我部将对部分服务团开展和基地建设情况进行督促检查，评估工作成效。

四、加大宣传力度打造服务品牌。各地要进一步加大宣传力度，及时发现总结工作中的经验做法和先进典型，积极向主要中央媒体、《中国组织人事报》等部属媒体和当地媒体供稿，多平台多形式宣传专家助力乡村振兴、服务基层发展的成效经验，宣传广大专家无私奉献的先进事迹，努力营造良好社会氛围，鼓励引导更多专家服务基层发展，共同打造人社部门专家服务基层工作的品牌。

各地要进一步提高政治站位，增强责任担当，加强统筹谋划，在组织实施好示范服务团项目和国家级专家服务基地建设工作的同时，更大力度组织实施好本地区专家服务基层工作。每个示范服务团项目结束后，于1个月内向我部留学人员和专家服务中心报送工作总结、服务现场影像图片资料及说明；全年工作完成后，于2022年11月20日前，报送本年度专家服务基层工作成效总结、经费决算报告以及本地区组织开展的专家服务基层活动、省级专家服务基地建设有关情况材料。

附件：1. 2022年专家服务基层示范团项目（略）

2. 第八批国家级专家服务基地名单（略）

人力资源社会保障部办公厅

2022年3月31日

人力资源社会保障部办公厅
关于做好2022年度劳动出版“技能雏鹰”
奖（助）学金评定发放工作的通知

人社厅函〔2022〕41号

各省、自治区、直辖市及新疆生产建设兵团人力资源社会保障厅（局）：

为进一步贯彻落实《技工教育“十四五”规划》（人社部发〔2021〕86号），激发技工院校学生技能学习热情，引导技工院校学生坚定走技能成才、技能报国之路，我部决定继续开展劳动出版“技能雏鹰”奖（助）学金［以下简称奖（助）学金］评定发放工作。现就有关工作通知如下：

一、奖励对象

2022年度奖（助）学金共计60万元人民币，奖励200名品学兼优的技工院校在校学生，其中奖学金、助学金名额各为100人，奖（助）学金标准为每人3 000元人民币。

（一）申请奖学金的学生应具备以下条件：

1. 热爱祖国，遵纪守法，诚实守信，品行端正。

2. 勤奋好学，刻苦钻研，成绩优异，原则上2021年度总成绩（2021年春季和2021年秋季学期）在本专业名列前三。

3. 原则上在校期间曾获得省级及以上技能大赛名次，或获得省级及以上表彰和荣誉称号。

4. 2022年度应届毕业生和往届奖（助）学金获得者不参加评选。

（二）申请助学金的学生应具备以下条件：

1. 热爱祖国，遵纪守法，诚实守信，品行端正。

2. 勤奋好学，刻苦钻研，成绩良好。

3. 家庭经济困难，未享受国家或地方助学金。优先考虑受疫情影响的家庭经济困难学生。

4. 2022年度应届毕业生和往届奖（助）学金获得者不参加评选。

二、名额分配

我部根据各地经济发展情况、技工院校数量以及在校学生数量，确定2022年度奖（助）学金名额分配方案（见附件1）。省级人社部门应根据当地技工院校情况，本着尽可能扩大奖（助）学金覆盖学校范围的原则，组织技工院校申请，每所院校申请奖学金和助学金的学生合计人数不超过2名。

三、组织实施

（一）我部职业能力建设司、中国人力资源和社会保障出版集团有关人员组成奖（助）学金评审委员会（以下简称评审委员会），负责奖（助）学金评定和发放管理工作，评审委员会办公室设在中国人力资源和社会保障出版集团。

（二）省级人社部门指定相关职能部门专人负责指导技工院校做好奖（助）学金申请和发放等工作，并对奖（助）学金的落实情况进行监督检查。

（三）各有关院校负责对申请奖（助）学金的学生进行资格审核、推荐，并做好相关资料收集、报送以及奖（助）学金发放等具体工作。

四、评定发放程序

（一）申请

1. 院校组织符合条件的学生提出申请，分别填写《2022 年度劳动出版“技能雏鹰”奖学金申请表》和《2022 年度劳动出版“技能雏鹰”助学金申请表》（见附件 2、3，以下简称《申请表》）。

2. 院校逐项审核《申请表》中各项内容的真实性，确定推荐人选，并在全校范围内进行公示，公示时间不少于 5 个工作日。

3. 院校负责人根据申请学生品学等综合情况，按《申请表》要求撰写推荐信。

（二）审核

1. 院校报送材料。院校汇总《申请表》（含推荐信）、公示材料（加盖院校公章，并附公示实地场景照片）、相关成绩和获奖证明等，一并报送至省级人社部门。材料以扫描件或照片形式通过电子邮箱报送，同时寄送纸质材料以备案存档。

2. 省级人社部门审定。省级人社部门审核确定各技工院校报送的材料准确无误后，在《申请表》上加盖公章，汇总报送至评审委员会办公室。材料以扫描件或照片形式通过电子邮箱报送，同时寄送纸质材料以备案存档。

3. 评审委员会核定。评审委员会对各地报送的全部材料进行核定，确定获奖（受助）学生名单并正式公布。

（三）发放

1. 中国人力资源和社会保障出版集团按照获奖（受助）学生名单，将奖（助）学金汇款至学生所在院校，并寄送证书。

2. 院校收到奖（助）学金和证书后，应及时举办奖（助）学金发放仪式，向获奖（受助）学生颁发奖（助）学金和证书，获奖（受助）情况应载入学生档案。

五、工作要求

（一）加强组织领导。省级人社部门要高度重视奖（助）学金评定发放工作，指定相关职能部门专人负责，并指导有关技工院校做好奖（助）学金的评定发放工作，发给学生的奖（助）学金不得用于抵扣学生在校期间的其他费用。请于 2022 年 4 月 10 日前将本地区负责此项工作的联系人名单和联系方式传真至评审委员会办公室。

（二）按时报送材料。省级人社部门应严格按照奖（助）学金评定发放程序，根据《2022 年度劳动出版“技能雏鹰”奖（助）学金评定发放工作流程图》（见附件 4，以下简称《流程图》），在规定时间内报送相关材料，确保材料齐全、内容准确无误。各地、各技工院校上报的材料应按《流程图》中标注的顺序排列并装订，全部纸质材料均使用 A4 纸张，如有图片及音像资料，请将电子版发送至评审委员会办公室联系人邮箱。

（三）注重宣传报道。省级人社部门要做好奖（助）学金获奖（受助）学生典型励志事例的收集、整理工作，利用各种媒体进行宣传报道。我部将在部门户网站、《中国劳动保障报》、《职业》杂志、中国人力资源和社会保障出版集团官网等相关媒体上公布获奖（受助）学生名单，对获奖（受助）学生突出事迹、取得的成绩以及工作情况进行追踪报道，适时召开获奖（受助）学生座谈会，在全国技工院校范围内开展相关宣传活动。

奖（助）学金相关文件可登录中国人力资源和社会保障出版集团网站（www.class.com.cn）查阅下载。各地、各技工院校在材料填报过程中如遇问题，请与评审委员会办公室联系。

附件：1. 2022年度劳动出版“技能雏鹰”奖（助）学金名额分配表（略）

2. 2022年度劳动出版“技能雏鹰”奖学金申请表（略）

3. 2022年度劳动出版“技能雏鹰”助学金申请表（略）

4. 2022年度劳动出版“技能雏鹰”奖（助）学金评定发放工作流程图（略）

人力资源社会保障部办公厅

2022年4月1日

人力资源社会保障部办公厅关于发布41个国家基本职业培训包的通知

人社厅函〔2022〕46号

各省、自治区、直辖市及新疆生产建设兵团人力资源社会保障厅（局）：

为贯彻落实《国务院关于推行终身职业技能培训制度的意见》（国发〔2018〕11号）和《“十四五”职业技能培训规划》（人社部发〔2021〕102号）精神，深入实施职业技能培训标准化工程，做好国家基本职业培训包开发应用工作，进一步增强培训针对性和有效性，不断提高培训质量，我部组织编制了41个职业（工种）国家基本职业培训包，现予发布。

国家基本职业培训包由指南包、课程包和资源包三个子包构成，是集培养目标、培训要求、培训内容、课程规范、考核大纲、教学资源等为一体的职业培训资源总和，可在“中国职业培训在线”（http://px.class.com.cn）平台查询使用。在实施过程中的需求和意见建议，请及时向我部反馈。

附件：41个国家基本职业培训包目录

人力资源社会保障部办公厅

2022年4月2日

附件

41个国家基本职业培训包目录

序号	职业（工种）名称	职业编码
1	收银员	4-01-02-04
2	医药商品购销员	4-01-05-02
3	物流服务师	4-02-06-03
4	网约配送员	4-02-07-10
5	客房服务员	4-03-01-02

续表

序号	职业（工种）名称	职业编码
6	中式面点师	4-03-02-02
7	西式烹调师	4-03-02-03
8	西式面点师	4-03-02-04
9	营养配餐员	4-03-02-06
10	茶艺师	4-03-02-07
11	咖啡师	4-03-02-08
12	建筑信息模型技术员	4-04-05-04
13	智能楼宇管理员	4-07-05-03
14	保洁员	4-09-08-01
15	园林绿化工	4-09-10-01
16	保育员	4-10-01-03
17	美容师	4-10-03-01
18	美发师	4-10-03-02
19	美甲师	4-10-03-03
20	保健按摩师	4-10-04-02
21	婚姻家庭咨询师	4-10-05-03
22	计算机维修工	4-12-02-01
23	电子竞技运营师	4-13-05-03
24	全媒体运营师	4-13-05-04
25	健康照护师	4-14-01-02
26	公共营养师	4-14-02-01
27	健康管理师	4-14-02-02
28	眼镜验光员	4-14-03-03
29	眼镜定配工	4-14-03-04
30	无人机驾驶员	4-99-00-00
31	农艺工	5-01-02-01
32	农业经理人	5-05-01-02
33	数控铣工	6-18-01-02
34	机床装调维修工（数控）	6-20-03-01
35	物联网安装调试员	6-25-04-09
36	砌筑工	6-29-01-01
37	钢筋工	6-29-01-04
38	电梯安装维修工	6-29-03-03
39	装配式建筑施工员	6-29-99-00
40	起重装卸机械操作工（汽车吊司机）	6-30-05-01
41	电工	6-31-01-03

人力资源社会保障部办公厅关于公布429种国家级技工教育和职业培训教材目录的通知

人社厅函〔2022〕52号

各省、自治区、直辖市及新疆生产建设兵团人力资源社会保障厅（局）：

根据《技工院校教材管理工作实施细则》（人社厅发〔2021〕12号）有关要求，经我部技工教育和职业培训教材工作委员会组织遴选和审核，共有429种国家级技工教育和职业培训教材评审合格，现予以公布。请指导本地区技工院校和职业培训机构做好教材选用工作。

人力资源社会保障部办公厅

2022年4月12日

（《429种国家级技工教育和职业培训教材目录》略）

人力资源社会保障部办公厅 中华全国总工会办公厅 中国企业联合会办公室 中华全国工商业联合会办公厅 关于表扬2021年度工作突出基层劳动人事争议调解组织的通报

人社厅函〔2022〕64号

各省、自治区、直辖市人力资源社会保障厅（局）、总工会、企业联合会/企业家协会、工商业联合会，新疆生产建设兵团人力资源社会保障局、总工会、企业联合会/企业家协会、工商业联合会：

为贯彻习近平总书记关于“坚持把非诉讼纠纷解决机制挺在前面”“坚持和发展新时代‘枫桥经验’”重要指示精神，落实《关于印发〈劳动关系“和谐同行”能力提升三年行动计划〉的通知》（人社部发〔2020〕64号）要求，2021年以来，人力资源社会保障部会同全国总工会、中国企联、全国工商联共同开展了首批打造百家金牌劳动人事争议调解组织活动。活动期间，各地按照“预防为主、基层为主、调解为主”的工作方针，精心组织，密切配合，积极推进基层劳动人事争议调解组织（以下简称调解组织）建设。

各类调解组织积极探索，勇于创新，最大限度地把矛盾纠纷化解在基层、解决在当地，取得了明显成效。企业劳动争议调解委员会发挥构建和谐劳动关系“第一道防线”作用，以党建引领劳动争议处理，协助企业健全劳动关系双方沟通对话机制，畅通劳动者利益诉求表达渠道，加强与仲裁、诉讼程序有效衔接。乡镇（街道）调解组织发挥劳动人事争议调解主渠道作用，强化机构队伍建设，加大基础保障力度，积极融入地方党委政府牵头的社会矛盾纠纷多元预防调处化解综合机制，提升“互联网+调解”服务水平。行业性、区域性调解组织发挥行业影响力、区域带动力优势，建立健全劳动人事争议分类处理机制和小微型企业劳动争议协商调解机制，多元联动快速处理重大争议案件。2021年，全国基层调解组织共办理争议案件115.7万件，涉及劳动者145.4万人，结案涉及金额194.7亿元，进一步发挥了预防调解在劳动人事争议处理中的前端性、基础性作用。

为鼓励先进、宣传榜样，人力资源社会保障部、全国总工会、中国企联、全国工商联决定，对2021年度工作突出的北京市劳动争议调解委员会等106家调解组织予以通报表扬。希望受表扬的调解组织发扬成绩，再接再厉，切实发挥典型引路、先行先试作用。希望各地人力资源社会保障、工会、企联和工商联等部门及时总结经验、推广做法，进一步强化争议预防调解，持续做好调解组织建设等工作，为防范化解劳动关系风险，维护劳动者合法权益，构建和谐劳动关系，维护社会稳定作出新的更大贡献！

附件：2021 年度工作突出基层劳动人事争议调解组织名单（略）

人力资源社会保障部办公厅
中华全国总工会办公厅
中国企业联合会办公室
中华全国工商业联合会办公厅
2022 年 4 月 20 日

人力资源社会保障部办公厅 中央网信办秘书局关于开展技术技能类“山寨证书”网络治理工作的通知

人社厅函〔2022〕73号

各省、自治区、直辖市及新疆生产建设兵团人力资源社会保障厅（局）、党委网信办：

为贯彻落实《人力资源社会保障部关于开展技术技能类“山寨证书”专项治理工作的通知》（人社部函〔2022〕25号）要求，维护广大人民群众的合法权益，维护社会诚信和经济社会秩序，保障国家职业资格和职业技能等级制度体系规范运行，人力资源社会保障部和中央网信办决定开展技术技能类“山寨证书”网络治理工作。现就有关事项通知如下：

一、工作目标

针对面向社会开展的与技能人员和专业技术人员相关的培训评价发证（含线上）活动，聚焦虚假宣传、夸大宣传问题，聚焦故意混淆概念、误导社会的炒作问题，聚焦媒体报道、群众反映强烈的问题，坚决关停一批违法违规账号和平台，清除一批违法违规网页和信息，为广大人民群众营造诚信、公正的培训考证的社会舆论氛围。

二、工作任务

此次网络治理工作，重点针对以下情况进行审核、监测和处置。

（一）违规使用“中华人民共和国”“中国”“中华”“国家”“全国”等字样的；

（二）违规使用“职业资格”“执业资格”“人员资格”“岗位合格（凭证）”“专业技术职务”“职业技能鉴定”“职业技能等级”等字样的；

（三）使用“政府主推”“×××部”“原×××部”“代考”“包过”“不过包退”“速成”“上岗必须”“×天拿证”“零基础包拿证”“挂靠”“挂证”“轻松月入过万”“高薪入职”“毕业推荐高薪工作”“内部推荐”等字样的；

（四）违法使用中华人民共和国国徽标识的；

（五）其他涉嫌故意混淆概念、渲染求职焦虑、误导社会进行炒作等情况。

三、工作要求

（一）加强组织协调。各地网信部门与人社部门要加强合作，结合本地实际，细化网络治理工作实施方案，明确目标任务。人社部门加强线索通报，网信部门加大处置力度，不断完善工作机制。

（二）压实平台责任。督促重点网站平台预先梳理风险点，排查问题漏洞，强化技术手段，完善工作机制，加强内容审核管理，及时清理违法违规信息。

（三）强化处置曝光。加强对网站平台和账号上的培训考证宣传活动的审核监测，及时处置一批违法违规网站平台和账号，查办一批典型案例，组织新闻媒体适时开展宣传曝光，形成震慑效应。

人力资源社会保障部办公厅
中央网信办秘书局
2022 年 4 月 29 日

人力资源社会保障部办公厅
关于启用新版技工院校毕业证书的通知

人社厅函〔2022〕76号

各省、自治区、直辖市及新疆生产建设兵团人力资源社会保障厅（局）：

为落实习近平总书记关于大力发展技工教育的重要指示精神，支持技工院校毕业生各项政策待遇落实，根据《技工教育“十四五”规划》（人社部发〔2021〕86号）部署安排，决定在全国技工院校启用新版（2022年版）毕业证书，现将有关事宜通知如下：

一、启用新版毕业证书

技工院校毕业证书是技工院校对学业期满、思想品德合格、完成规定的全部课程且成绩合格学生颁发的毕业凭证。新版毕业证书（证书样式见附件1）在保持技工院校毕业证书管理体系、证书编号规则、证书印制与颁发管理流程、证书质量要求等方面不变的基础上，根据技工教育事业发展需要，对证书中部分内容进行了适当的调整完善。新版技工院校毕业证书将于2022年9月1日起正式启用。

二、新版毕业证书调整的部分内容

（一）证件号码。采用“证件名称+号码”规则填写（附件2）。我国大陆地区毕业生填写“居民身份证”及号码，我国香港特别行政区和澳门特别行政区毕业生填写“港澳居民来往内地通行证”及号码，我国台湾地区毕业生填写“台湾居民来往大陆通行证”及号码。外籍毕业生填写“护照”及号码。

（二）学习专业。根据《全国技工院校专业目录》（2018年修订）所列专业，或按照全国技工院校信息管理系统中记录的目录外专业，填写毕业生所修专业。

（三）培养层次。根据学生实际情况，选择填写中级工班、高级工班、预备技师（技师）班。

（四）学习形式。根据学生实际情况，选择填写全日制或者非全日制。

具体填写方式，参考技工院校毕业证书填写说明（附件3）和填写示例（附件4）。

三、增加毕业证书查询网址信息

为方便用人单位辨识证书真伪，增强证书的权威性，在2022年版技工院校毕业证书的底部新增了“中华人民共和国人力资源社会保障部技工院校毕业证书查询网址：http://www.mohrss.gov.cn”的内容。

四、其他

（一）老版证书的处理。2010版证书母版由各省级人力资源社会保障部门做封存处理，印好未用的空白证书，除少量存档外，其余由保管单位按照保密文件销毁程序，全部销毁。

（二）新版证书的印制。人力资源社会保障部将下发新版空白证书的印刷母版，由省级人力资源社会保障部门使用本省（区、市）的印刷母版分别组织印制。

（三）新版证书颁发和管理。为体现政策连续性，对于新版证书颁发、管理和质量要求等方面，请各地继续按照《人力资源社会保障部办公厅关于技工院校证书发放管理有关工作的通知》（人社厅发〔2010〕15号）要求执行。

各地要做好新版毕业证书的印制、核发、验印、保存及其他管理工作，确保新版证书在2022年秋季学期顺畅、有序启用。

附件：1. 2022年版技工院校毕业证书式样（3种）（略）
2. 技工院校毕业证书编号构成说明（略）
3. 2022年版技工院校毕业证书填写说明（略）
4. 2022年版技工院校毕业证书填写示例（略）

人力资源社会保障部办公厅
2022年5月10日

人力资源社会保障部办公厅关于做好国家级（康养）高技能人才培训基地建设有关工作的通知

人社厅函〔2022〕78号

江苏省、浙江省、河南省、海南省、重庆市、云南省、陕西省人力资源社会保障厅（局）：

为贯彻落实新修订的职业教育法精神，深入实施康养职业技能培训计划，进一步发挥国家级（康养）高技能人才培训基地（以下简称基地）示范引领带动作用，加快培养托育、护理、康养、家政等方面技能人才，现就做好基地建设有关工作通知如下：

一、大规模开展康养职业技能培训。各地人力资源社会保障部门要结合本区域康养人才需求，指导基地积极面向康养机构职工、康养相关专业院校毕业生和有意愿从事康养服务的各类劳动者开展高标准、高质量、示范性职业技能培训。要做好培训需求分析，科学规划培训项目和招生班次，制定有针对性的系统化课程实施方案，设置多层次、模块化、高质量的技能培训课程体系。基地年培训规模原则上应不少于5 000人次，其中高级工以上培训不少于1 000人次。

二、加强培训标准化建设。我部编制发布了家政服务员、养老护理员、育婴员、保育师、健康管理师、健康照护师等国家基本职业培训包，是集培养目标、培训要求、培训内容、课程规范、考核大纲、教学资源等为一体的职业培训资源总和。基地要积极应用，规范配备师资、培训场所设备、教学资料等，确保配套教材、数字资源等与课程规范相匹配，做好培训考核组织实施工作，提高培训规范性、针对性和有效性。基地可结合实际创新优化培训机构设置、课程内容、教学和考核方式等。鼓励探索阶段性考核成绩与职业技能等级评价贯通方式，推进职业技能培训与评价有机衔接。

三、灵活创新培训形式。基地要与康养机构深度合作，推行企业新型学徒制和工学一体化技能人才培养模式，与康养机构共商教学形式，提供个性化解决方案。着力解决工学矛盾，对工作任务重的职工，理论课程培训可采取集中授课或网络学习模式，实操课程培训可结合工作任务和岗位训练等灵活实施。可结合实际探索翻转课堂等课上课下、线上线下相结合的教学实施方法，以及弹性学制、学分制教学管理方式，提高培训便利性和实效性。

四、健全完善培训规范化管理制度。基地应建立健全覆盖培训各阶段的规范管理制度，主要包括培训前需求分析、制定课程实施方案，培训中落实培训课程教案、关注日常培训效果反馈，培训后做好效果总结评估等，促进培训整体质量提升。做好培训后跟踪服务，为学员提供可持续的阶梯性培训。实行职业技能培训实名制管理，为学员建立职业培训电子档案，逐步实现参训情况、考核评价结果、补贴申领等情况网上可查，为学员就业工作和参加培训提供便利。

五、发挥示范引领带动作用。鼓励各地以基地为核心，联合康养机构、院校、行业协会等组建康养职业技能培训联盟（集团），实现需求、培养、评价、就业、提升协同联动的工作机制。各地可以基地师资为重点，统筹相关机构师资等组建康养类职业培训专家队伍，建设康养职业技能培训师资研修中心和企业实践基地，组织师资培训和研修交流活动。及时梳理基地工作经验亮点特色，积极组织开展康养职业培训包应用研讨交流、现场观摩学习、教师教学能力展示等活动。鼓励其他康养类培训机构参照基地管理建设要求开展工作，促进本区域康养技能人才培养能力水平提升。

六、加大支持保障力度。我部适时组织开展推进康养类国家基本职业培训包应用系列活动，吸纳基地优秀师资等人员组建国家基本职业培训包专家委员会。国家基本职业培训包和配套数字资源可在“中国职业培训在线”平台（http://px.class.com.cn）查看学习。各地人力资源社会保障部门要发挥政府资金引导作用，支持基地等优质康养机构开展培训和就业重点群体等参加培训。根据基地在培训促就业、促发展方面取得的成效，积极协调争取地方政府进一步加大支持投入，把基地建设纳入地方财政预算，为基地健康可持续发展提供有力保障，推动工作高质量发展。

人力资源社会保障部办公厅
2022 年 5 月 13 日

人力资源社会保障部办公厅关于做好2022年技工院校学生资助工作的通知

人社厅函〔2022〕81号

各省、自治区、直辖市及新疆生产建设兵团人力资源社会保障厅（局）：

为全面实施中等职业教育国家奖学金、免学费、国家助学金等资助政策，加强和规范技工院校学生学籍管理工作，现就做好2022年全国技工院校学生资助工作通知如下：

一、按时保质做好学籍注册与管理

（一）按时保质注册学籍。各级人力资源社会保障部门要指导技工院校及时采集新生信息，建立学籍档案，将学籍档案数据及时录入“全国技工院校信息管理系统”（以下简称信息系统）。要认真履行审核把关职责，依托信息系统及时审核审批合规的学籍信息。要确保在2022年5月30日、10月20日前，分别完成春季学期、秋季学期新生学籍注册和审核审批工作。

（二）加强异动学籍管理。要指导技工院校对休学、退学、转学、复学的学生认真核实原因，并于学生学籍异动发生之日起10个工作日内，在信息系统中完成学籍异动处理。对学生个人信息发生变更的，要及时更新完善。对于学籍异动变更处理不及时的技工院校，要发现一例及时办理。学生学籍基本信息可通过学籍查询系统（http://rsrc.mohrss.gov.cn/jxxxcx/）公开查询。

（三）定期清理重复学籍。各级人力资源社会保障部门要将重复学籍的清理工作作为日常督导核查的重点内容，持续加强监管。要指导技工院校对信息系统中提示的重复学籍学生及时进行核实，查清重复学籍学生是否在本校实际就读。学生确在本校实际就读的，应积极联系重复学籍的学校及时注销该生学籍；未在本校实际就读的学生，要及时注销学籍。

二、精准开展学生资助申报和管理

（一）做好学生受助申请与认定工作。认真贯彻落实《财政部办公厅　教育部办公厅　人力资源社会保障部办公厅　人民银行办公厅关于进一步规范和加强学生资助管理工作的通知》（财办教〔2021〕72号）文件精神，切实做好技工院校学生资助管理工作。各级人力资源社会保障部门和技工院校要按照《教育部等六部门关于做好家庭经济困难学生认定工作的指导意见》（教财〔2018〕16号）、《财政部　教育部　人力资源社会保障部　退役军人部　中央军委国防动员部关于印发〈学生资助资金管理办法〉的通知》（财教〔2021〕310号）等文件精神和地方实施细则要求，认真开展免学费和助学金的申报受理、评审公示和数据录入等工作。国家助学金原则上按学年申请和评定，每学期动态调整，要按照学生自愿申报、学校和学生资助管理机构组织审核等程序做好相关工作。

（二）聚焦重点对象提高资助精准度。资助工作要进一步向特殊困难群体倾斜，对原建档立卡贫困家庭学生、最低生活保障家庭学生、特困供养学生、孤儿、烈士子女、家庭经济困难残疾学生及残疾人子女等特殊困难群体要重点予以保障，各地可结合实际给予较高档次（标准）资助。尤其要对“边缘易致贫户”、“因病因灾因意外事故等刚性支出较大或收入大幅缩减导致基本生活出现严重困难户”家庭的学生予以关心关注，及时纳入资助保障范围。

（三）按时保质完成资助申报审批工作。技工院校要按时做好学生申报材料的信息核对与数据上传等工作。对于审核通过的学生名单要进行不少于5个工作日的校内公示，公示时严禁涉及学生个人敏感信息和隐私。各级人力资源社会保障部门要对院校提交的受助学生名单认真核实，及时审批；在2022年6月10日、10月30日前，依托信息系统分别完成春季学期、秋季学期享受免学费和助学金政策学生的申报审批工作。

（四）切实加强资助资金管理。各级人力资源社会保障部门要指导技工院校切实加强资助资金专用账户的管理，确保资金安全、专款专用。国家助学金应通过中职学生资助卡、社会保障卡等方式发放给受助学生，提高发放效率。要建立健全资助资金发放台账，保管好相关档案。要主动与财政部门沟通协商，妥善合规地处理好资助结余资金。

（五）强化信息系统的使用。要全面使用信息系统进行资助管理，不断提高经办和监管效能。要定期比对核实信息系统中的数据，确保信息系统中在校学生人数、免学费和助学金申报学生人数与实际情况相符。因未将全部学生在信息系统中注册、未将全部享受免学费和助学金学生在信息系统申报，或申报审批不及时导致信息系统中数据少于实际人数，其产生的中央补助资金缺口由相关省（自治区、直辖市）、地市和技工院校自行负责。

三、做好国家奖学金评审工作

要将国家奖学金评审工作作为技工院校开展立德树人、资助育人工作的重要抓手做好做实。要坚持品学兼优、技能导向的原则，按照规定要求及时下达分配名额并对学校的评审结果进行审核、汇总。技工院校要组织好校内政策宣讲、申请受理、推荐公示、组织评审、材料填报等各项工作。

四、工作要求

（一）提高责任意识和风险防范意识。要从讲政治、保稳定、防风险的高度进一步提高思想认识，提高信息系统风险防控能力，及时部署年度学生资助各项工作，压实学校主体责任，确保精准资助、应助尽助。技工院校学生资助工作实行学校法人代表负责制，校长是第一责任人，对学校学生资助工作负主要责任。要指导技工院校按规定完善机构和人员配备，指定专人具体负责资助工作。

（二）强化监督检查。要严格审查学校办学资质，规范学生学籍管理，坚决杜绝“双重学籍”、超学制年限资助等问题，加强对“一校两牌”“联合招生”“学籍异动”等情况的监管。要组织开展年度学生资助的日常检查和专项核查工作，及时掌握资助政策落实情况。对于挤占挪用、弄虚作假套取学生资助资金等违法违规行为，要依据有关法律法规追究责任，严肃处理。我部将择时开展全国技工院校学生资助管理专项核查工作。

（三）加强业务培训与政策宣传。要加大对学生资助工作人员的政策和业务培训力度，持续提高政策水平和业务经办能力。要指导技工院校通过学校网站、家长会、班会、校园开放日等多种形式开展学生资助政策的宣传宣讲，使广大学生和家长及时了解资助政策。

（四）注重资助育人。要将资助与育人更加紧密地联系起来，不断创新资助育人的形式和内容。要加强学生的诚信教育，要求学生或监护人如实提供家庭经济情况，及时告知家庭经济变化情况。要着力培养受助学生自立自强、知恩感恩、勇于担当的良好品质。要综合运用“报刊网微”等多种渠道广泛宣传资助政策和国家奖学金获得者的先进事迹，树立学生身边的榜样，引导青年学生走品学兼优、技能成才之路。

人力资源社会保障部办公厅
2022 年 5 月 20 日

人力资源社会保障部办公厅关于印发《技工院校公共基础课程方案（2022年）》的通知

人社厅函〔2022〕82号

各省、自治区、直辖市及新疆生产建设兵团人力资源社会保障厅（局）：

为贯彻落实新修订的职业教育法，按照《人力资源社会保障部　国家发展改革委　财政部关于深化技工院校改革大力发展技工教育的意见》（人社部发〔2021〕30号）要求，深化技工院校公共基础课程改革，进一步提升技工院校学生综合素质，培养德智体美劳全面发展的高素质技能人才，特制定《技工院校公共基础课程方案（2022年）》，现印发给你们。请指导技工院校认真贯彻实施，开齐开足开好公共基础课程，不断提升人才培养质量。

人力资源社会保障部办公厅

2022年5月23日

技工院校公共基础课程方案（2022年）

为贯彻落实新修订的职业教育法，按照《人力资源社会保障部国家发展改革委财政部关于深化技工院校改革大力发展技工教育的意见》（人社部发〔2021〕30号）要求，深化技工院校公共基础课程改革，进一步提升技工院校学生综合素质，培养德智体美劳全面发展的高素质技能人才，特制定本方案。

一、适用范围

本方案适用于技工院校学制教育各办学层次，涵盖初中起点中级班、初中起点高级班［含高级工班、预备技师（技师）班］，以及高中起点高级班［含高级工班、预备技师（技师）班］。

二、课程设置

（一）课程类别。技工院校公共基础课程由必修课程、选择性必修课程和选修课程构成。

必修课程，由国家根据学生全面发展的需要设置，所有学生必须全部修习。包括思想政治、语文、历史、数学、英语、数字技术应用、体育与健康、美育、劳动教育等9门课程。

选择性必修课程，由国家根据学生职业发展的需要安排内容，各学校根据专业技能人才培养需要选择具体课程、安排教学，所有学生必须完成规定学时。包括通用职业素质、物理、化学等课程。其中，物理、化学为相关专业的必修课程，该专业的学生必须修习。

选修课程包括两部分，一部分由国家根据学生继续学习和个性化发展的需要安排内容，另一部分由各学校根据自身办学条件、办学特色、学生多样化需求以及当地经济社会发展的需要设置，包括地方特色课程等。

（二）学时。初中起点中级班公共基础课程的学时不低于900学时，初中起点高级班公共基础课程的学时不低于1 300学时，高中起点高级班公共基础课程的学时不低于600学时。各学校可根据专业技能人才培养需要在规定的范围内适当调整，但须保证学生完成规定学时。

（三）课程结构与学时。根据不同教学层次和生源情况，技工院校公共基础课程设置及学时安排如下。

1. 初中起点中级班

课程名称	必修课程学时	选择性必修课程学时	选修课程学时
思想政治	144		36
语文	144	54	
历史	72		18
数学	72	18	18~36
英语	72	18	18~36
数字技术应用	72		
体育与健康	72	36	36~72
美育	18		36
劳动教育	48		18~36
通用职业素质		90	18~36
物理/化学		36	18~36
其他		18	18~36
合计	714	270	

2. 初中起点高级班［含高级工班、预备技师（技师）班］

教学阶段	课程名称	必修课程学时	选择性必修课程学时	选修课程学时
中级阶段	思想政治	144		36
	语文	144	54	
	历史	72		18
	数学	72	18	18~36
	英语	72	18	18~36
	数字技术应用	72		
	体育与健康	72	36	36~72
	美育	18		36
	劳动教育	48	18~36	
	通用职业素质		90	18~36
	物理/化学		36	18~36
	其他		18	18~36
	小计	714	270	
高级阶段	思想政治	144		18~36
	语文	36		18
	历史			36
	数学	36	18	36
	英语	72		18~36
	数字技术应用			36~72
	体育与健康	36	36	36~72
	美育			36
	劳动教育			18~36
	通用职业素质			18~36
	其他		18	18~36
	小计	324	72	
合计		1038	342	

3. 高中起点高级班［含高级工班、预备技师（技师）班］

课程名称	必修课程学时	选择性必修课程学时	选修课程学时
思想政治	144		18~36
语文	36	36	18~36
历史			36
数学	36	18	36

续表

课程名称	必修课程学时	选择性必修课程学时	选修课程学时
英语	72	18	18~36
数字技术应用	72		18~36
体育与健康	36	36	36~72
美育	18		36
劳动教育	48		18~36
通用职业素质		90	18~36
其他		18	18~36
合计	462	216	

其中，体育与健康的必修内容和选择性必修内容，须在校期间持续开设。物理是机械类、电工电子类、建筑类等相关专业的必修课程；化学是化工类、农业类、轻工类、医药类等相关专业的必修课程。“其他”课程包含开学第一课、中华优秀传统文化、安全教育等。

三、课程内容确定的原则

（一）思想性。全面贯彻党的教育方针，落实立德树人的根本任务，充分反映习近平新时代中国特色社会主义思想，全面体现社会主义核心价值观，有机融入中华优秀传统文化、革命文化、社会主义先进文化、法治意识、国家安全、历史使命、社会责任、民族团结、生态文明、劳动意识、健康意识、审美观念等教育，充分体现中国特色，推动课程思政建设，促进全员育人、全程育人、全方位育人。

（二）基础性。面向技工院校全体学生，依据其发展核心素养，遵循其身心发展规律，结合其学业基础，精选其终身学习和职业生涯发展必备的基础知识与技能，进一步夯实其科学文化基础，打牢其成长的共同基础。

（三）选择性。适应国家技能人才培养需要，在夯实基础的前提下，充分考虑不同地区、不同专业，以及学生的不同发展需求，结合课程特点，分类分层设计可选择的课程内容，满足学生个性化学习需要。

（四）职业性。突出技工教育和劳动教育特色，加强公共基础课程与专业课程的融通、衔接和配合，积极对接世界技能大赛相关标准，强化课程内容与职业生活的联系。选择与技能人才职业生涯密切相关的教学内容，有机融入劳模精神、劳动精神和工匠精神教育，培育学生职业精神，提高通用职业素质。适应学生不同的职业发展需求，分类分层设计课程内容。

（五）时代性。充分反映马克思主义中国化最新成果，以及当代社会进步和学科发展前沿，优化课程结构，对接新技术、新产业、新业态、新模式，体现先进的教育思想和教育理念，紧密联系学生生活经验，及时更新课程内容。

四、课程实施与评价

（一）科学编制课程标准与教材。课程标准研制应遵循本方案的总体要求，明确课程的育人价值，确定课程目标，明确课程内容标准，以指导和规范教材编写、教学实施、资源建设。教材编写要以课程标准为依据，围绕课程目标，符合技能人才成长规律和学生认知特点。教材内容要导向正确、科学先进、编排合理、表现生动。

（二）合理实施课程教学。学校在人力资源社会保障部门的指导下，依据本方案和课程标准，结合技能人才培养目标、办学条件、学生特点和职业发展需要，开齐国家规定的公共基础课程，开足规定学时，并合理实施教学。教师要准确把握课程教学要求，做好课程教学设计，合理运用各类教学资源，推动教学方式方法改革创新。

（三）积极开发使用课程资源。鼓励学校自主或参与开发各类课程资源，并进行共建共享。课程资源建设注重教与学并重、现代信息技术的运用，助力教师实施教学，支持学生开展自主学习、协作学习、探究学习等学习方式，提升教与学的效果。

（四）完善课程评价机制。课程评价应以本方案、课程标准为基本依据。对接技能人才培养目标，重点考核学生运用知识分析与解决实际问题的能力，关注学生职业素质提升。丰富评价形式，鼓励采用学生评价、教师评价、企业评价等多主体评价，过程性评价与终结性评价相结合等多元评价方式。

五、条件保障

（一）加强教师队伍建设。根据课程实施需要，配足配齐公共基础课程专任教师。支持学校聘用具有专业特长的兼职教师。加强师德师风建设，坚定教师理想信念，提升教师品德修养。完善技工院校教师培训制度，鼓励和支持教师参加各级各类培训，提高教学能力。推动教师教育理念、教学观念、教学方法以及教学评价等方面的改革，充分调动教师的积极性和创造性。

（二）加强教学设施建设。根据课程实施需要，进一步完善技工院校公共基础设施、图书资料、教学设备建设标准，改善教学环境与教学条件。配齐计算机室、多媒体教室、活动室等专用教室与体育场馆，保障公共基础课程的开设。积极探索将公共基础课与专业课、生产实习、校园文化结合，创设学习实践环境，设置教学设施。

（三）完善课程实施管理。各级人力资源社会保障部门负责本地区技工院校公共基础课程设置与课程标准实施的统筹规划与管理监督，把课程开设与实施情况作为考核学校工作的重要内容。学校要进一步健全公共基础课程管理制度，全面落实本方案和课程标准，保证开齐开足公共基础课程。各级教学教研机构要加强课程实施的培训和指导。

人力资源社会保障部办公厅关于进一步加强工伤保险基金管理有关工作的通知

人社厅函〔2022〕85号

各省、自治区、直辖市及新疆生产建设兵团人力资源社会保障厅（局）：

为切实贯彻落实《人力资源社会保障部〈关于印发社会保险基金管理提升年行动方案〉的通知》（以下简称“提升年行动方案”）要求，做好工伤保险基金管理各项工作，确保基金安全，现就有关要求通知如下：

一、进一步规范工伤保险政策执行。全面梳理工伤保险待遇支出项目，建立健全待遇支出项目清单，及时清理规范不符合国家规定自行确定的支出范围（标准）和自行制定的待遇支出项目。加快推进各省（自治区、直辖市，以下简称省）待遇支出项目统一规范，进一步明确省级和市（地）级相关政策措施制定和实施权限。

二、加强工伤认定管理。各地要进一步完善工伤认定制度，严格按照《工伤保险条例》、《工伤认定办法》的规定开展工伤认定工作，严格申请材料审核，加强对拟认定工亡案件的调查核实、审核把关，严格按照规定程序作出结论，严防欺诈骗保行为。优化工伤认定流程和服务事项，通过经办服务大厅、网上服务等多种渠道，为工伤职工提供优质高效便捷服务，进一步提升工伤认定服务效率和水平。

三、严格劳动能力鉴定管理。各地要进一步完善劳动能力鉴定制度，严格落实国家关于劳动能力鉴定风险防控体系，对伪造劳动能力鉴定材料或者违规出具结论的，发现一起，严肃查处一起。借助信息化手段提升劳动能力鉴定风险防控能力，实现劳动能力鉴定与工伤认定、工伤保险经办、病残津贴审核发放等部门内部信息共享和业务协同，加强与卫生健康、医保等部门和医疗卫生机构的信息共享，利用大数据等技术手段，有效防范劳动能力鉴定各个环节风险，防范鉴定材料造假和骗取鉴定结论行为。部里将根据“提升年行动方案”统一部署，年内对劳动能力鉴定管理工作开展专项检查。专项检查方案另行通知。

四、不断提升工伤保险经办管理服务水平。全面排查工伤保险各经办环节存在的漏洞和薄弱环节，全面梳理工伤保险管理服务工作风险点。特别是要做好工伤保险服务协议管理工作，全面履行对服务协议机构的管理责任。今年将在全国范围内组织开展工伤保险医疗、康复、辅助器具配置协议机构专项检查工作，检查分为自查和抽查两个阶段，自查阶段各省要制定本省自查方案，细化实化检查内容，形成自查报告和风险清单，并抓好整改落实。自查结束后上报本省自查报告和整改情况，部里将根据各省自查情况适时开展抽查，相关工作方案另行通知。

五、统筹推进适应工伤保险省级统筹的省级集中社会保险信息系统建设。实现工伤认定、劳动能力鉴定、工伤保险经办信息在信息系统内部流转、业务协同办理，减少材料重复提交，防范伪造材料风险。建立与工伤保险协议医疗机构、工伤康复机构和辅助器具配置机构的直接结算通道，支持完成工伤认定的参保职工持社会保障卡（含电子社保卡）直接结算，减少手工报销风险。按照国务院政务服务“跨省通办”、人社信息化便民服务创新提升行动相关要求，加快推进工伤事故备案、工伤异地居住（就医）申请、工伤职工异地就医结算、工伤认定申请、劳动能力鉴定申请等工伤保险服务“跨省通办”“一网通办”服务事项落地。

六、建立健全基金支出动态管理机制。要结合本省实际，加强对本省和各市（地）基金重大支出项目或费用情况进行分析，深入研究工伤保险基金支出监控需求，建立监控指标体系，制定监控规则。根据梳理出的工伤保险管理服务工作风险点及监控规则，合理确定阈值，建立预警机制。利用信息系统进行实时监控，以大额、高频次支出为重点，大力实施数据稽核，依托业务生产数据开展常态化数据筛查比对，及时发现、锁定异常数据，强化事后监管。省级人社部门要加强对地（市）基金管理指导和明确工作要求。对地（市）运行情况进行动态监测，建立评价和考核机制，将考核结果在省人社系统内进行通报。

七、加大各方协同建立工伤保险基金风险管理联动机制。加强与财政、公安、司法、交通、应急、卫生健康、医疗保障等部门以及服务协议机构的沟通协同，推动建立工伤保险基金管理联动长效机制，综合施策，加强“全天候”基金管理，确保基金安全。

各地要从讲政治的高度落实好社保基金管理提升年各项工作要求，全面推进工伤保险基金管理各项工作。政策、经办、信息化管理机构要加强配合，强化人防、制防、技防、群防“四防”协同，加大工作合力，严防基金“跑冒滴漏”，形成社保政策、经办、信息、监督“四位一体”的基金管理态势。建立联合分析工伤保险基金要情、开展风险排查的工作机制，常态化开展疑点数据筛查核查工作。要结合当地实际，抓好本省工伤保险领域的措施落地，做好问题整改，年终形成情况报告报部工伤保险司。

人力资源社会保障部办公厅

2022 年 5 月 26 日

人力资源社会保障部办公厅
关于印发《人力资源社会保障部
2022 年政务公开工作要点》的通知

人社厅函〔2022〕86 号

部属各单位：

《人力资源社会保障部 2022 年政务公开工作要点》已经部领导同意，现印发给你们，请认真贯彻落实。

人力资源社会保障部办公厅

2022 年 5 月 31 日

人力资源社会保障部 2022 年政务公开工作要点

人力资源社会保障部 2022 年政务公开工作的总体要求是：坚持以习近平新时代中国特色社会主义思想为指导，全面贯彻党的十九大和十九届历次全会精神，贯彻落实党中央、国务院决策部署和政务公开工作要求，坚持以人民为中心的发展思想，坚持稳中求进工作总基调，服务部中心工作，加强公开工作谋划，夯实公开工作基础，提升公开工作质量，更好发挥以公开促落实、强监管、聚民心功能，助力人力资源和社会保障事业平稳健康发展，以实际行动迎接党的二十大胜利召开。

一、以公开助力事业平稳健康发展

（一）加强人社领域重要政策信息公开。认真贯彻落实中央经济工作会议精神和《政府工作报告》部署，全面落实“六稳”“六保”工作要求，紧紧围绕 2022 年人力资源和社会保障中心工作，聚焦全力以赴稳就业保就业、深化社会保障制度改革、加强人才人事工作、构建和谐劳动关系、助力推进乡村振兴、人社系统行风和信息化建设等重点工作，依法依规做好信息公开，精准解读政策措施，为经济社会发展营造良好氛围。

（二）加强对稳市场主体稳就业的信息公开。加大对受疫情影响重的行业、企业的支持政策公开力度，着力宣传解读促进就业创业、实施阶段性缓缴社会保险费、阶段性降低工伤和失业保险费率、失业保险稳岗返还等政策，稳定市场预期，提振市场主体信心，增强发展动力和民生保障。

（三）建立健全政策直通机制。加大定点推送、精准推送力度，与企业群众利益密切关联的政策措施，出台后应做到第一时间进企业、进社区、进学校、进大厅，第一时间让企业群众知晓、让经办机构知晓。加大政策培训工作力度，重点对基层窗口开展政策培训，动态公开各项利企惠民政策规定及经办流程，提升人社系统工作人员政策理解、咨询辅导等能力。

二、提高政策公开质量

（四）推进规章集中公开。巩固人社领域规章集中公开成果，建立健全规章动态更新工作机制，高质量发布人社领域现行有效规章正式版本，稳步推进人社领域规章历史文本收录工作，建立完善人社领域规章数据库，在部门户网站逐步公开。

（五）开展行政规范性文件集中公开。系统梳理我部主动公开、现行有效行政规范性文件，2022年底前通过部门户网站政府信息公开专栏集中公开并动态更新，完善查询功能，方便群众查询使用。

（六）加强政策集中公开成果运用。发挥政策集中公开成果的积极作用，以完整准确、动态更新的现行有效制度体系，为办理政务服务事项、编制各类权责清单提供基本依据。加强政策集中公开成果的推广使用，运用政府网站和政务新媒体，继续办好“人社政策待遇‘看得懂算得清’”“人社日课”等品牌栏目，采用图片图表、音频视频、卡通动漫等通俗易懂、生动活泼的形式，把人社惠民好政策送到群众身边。

（七）优化政策咨询服务。加大政策咨询窗口建设力度，继续做好部本级12333、窗口服务热线及实体服务大厅的政策咨询服务工作，解读好群众关心关注的问题，不断提高咨询服务质量。建设政策问答栏目，围绕人社领域各类高频政策咨询事项确定问答口径，完善政策问答库。

三、夯实公开工作基础

（八）规范执行政府信息公开制度。在公开工作中增强规范意识，完善政府信息公开保密审查制度，明确审查程序和责任。坚持一稿一审、先审后发，对拟公开的政府信息依法依据严格做好保密审查，重点对保密审查程序的完整性、公开范围的适当性和公开内容的准确性进行确认，并建立审查记录，防止泄露国家秘密、工作秘密和敏感信息，防范数据汇聚引发的泄密风险。认真执行政府信息公开行政复议案件审理制度，依法依规办理好涉及我部政府信息公开行政复议案件。

（九）科学合理确定公开方式。准确把握不同类型公开要求，综合考虑公开目的、公开效果、后续影响等因素，科学合理确定公开方式。公开内容涉及社会公众利益调整、需要广泛知晓的，可通过互联网等渠道公开。公开内容仅涉及部分特定对象，或者相关规定明确要求在特定范围内公示的，要选择适当的公开方式，防止危害国家安全、公共安全、经济安全、社会稳定或者泄露个人隐私、商业秘密。

（十）加强公开平台建设。严格落实网络意识形态责任制，加强政府网站和政务新媒体管理，确保政府网站和政务新媒体安全平稳运行。2022年底前，部属政府网站和政务类移动客户端全面支持互联网协议第6版，加快推进部属政府网站和政务新媒体适老化及无障碍改造。加强政务新媒体矩阵建设，促进系统上下协调联动，及时准确传递党和政府权威声音。规范高效办理“中国政府网网民留言”“部长信箱”。

四、强化工作指导监督

（十一）严格落实主体责任。严格落实信息发布、政策解读和政务舆情回应主体责任制。各单位在发布重大政策时，要同步做好宣传解读工作，主动解疑释惑、积极引导舆论、有效管理预期。充分评估政策本身可能带来的各种影响，以及时机和形势可能产生的附加作用，避免发生误解误读。加强舆情监测和风险研判，做好引导工作，更好回应人民群众和市场主体关切。

（十二）抓好工作落实。各单位要对照本要点提出的重点任务，结合职能职责细化工作措施，梳理形成工作台账，明确责任和时限要求，逐项推动落实。贯彻落实情况，将纳入部政府信息公开工作年度报告予以公开，接受社会监督。办公厅要加强日常指导监督，确保公开工作平稳有序开展。

人力资源社会保障部办公厅　教育部办公厅民政部办公厅关于做好高校毕业生城乡基层就业岗位发布工作的通知

人社厅函〔2022〕89 号

各省、自治区、直辖市及新疆生产建设兵团人力资源社会保障厅（局）、教育厅（局、教委）、民政厅（局）：

为深入贯彻党中央、国务院关于高校毕业生就业工作的决策部署，广泛开发城乡基层就业岗位，积极拓展高校毕业生就业空间，确保高校毕业生就业形势总体稳定，现就做好高校毕业生城乡基层就业岗位发布工作通知如下：

一、总体要求

以习近平新时代中国特色社会主义思想为指导，坚持把高校毕业生就业作为就业工作重中之重，结合实施乡村振兴战略、加强基层治理体系和治理能力现代化建设，聚合资源、挖掘潜力、协同推进，多渠道、多形式、多领域归集发布一批适合高校毕业生就业的城乡基层岗位，推动拓宽高校毕业生就业空间、助力毕业生成长成才与完善基层社会管理治理和服务水平互促共进。

二、重点任务

（一）广开基层就业门路。本通知所指的城乡基层就业岗位，包括通过基层机关事业单位招录（聘）、各类市场主体创造、基层服务项目招募、有关部门根据实际开发，面向2022届高校毕业生及往届未就业毕业生的基层就业岗位。要结合乡村振兴、基层治理、产业发展，坚持因需设岗，用好现有各类资金、政策渠道，积极开发劳动社保、社区管理服务、医疗卫生、养老服务、农业科技、社会救助、社会工作、中小企业服务等岗位。要主动开展调查摸底，及时掌握本地基层机关事业单位、企业等用工主体岗位空缺情况，全面收集招募（聘）计划，向社会动态发布。要实施好基层服务项目，规范公益性岗位开发，有条件的地方可探索县聘乡用、乡镇（街道）聘村（社区）用等方式开发临时性岗位，为毕业生提供更多基层就业渠道。

（二）规范岗位招聘流程。要加强部门间协调配合，根据招聘计划安排，按照“公开、公平、公正”的原则，有序组织开展招聘工作，合理安排招录时间。招聘岗位要向社会公开发布，注明岗位名称、薪酬待遇、条件要求、报名方式、服务期限、工作内容和地点等信息，重点面向2022届毕业生及往届未就业毕业生进行招聘。公共部门岗位招聘结果要向社会公示，公示结果无异议的，按规定办理录（聘）用手续或在当地人力资源社会保障部门进行就业登记和劳动用工备案。相关岗位招录（聘）已有规定的，按有关规定执行。

（三）落实相关扶持政策。各地要结合实际完善落实支持政策，积极引导高校毕业生到城乡基层就业创业。对高校毕业生到基层就业的，按规定落实学费补偿和助学贷款代偿、高定工资、职称评聘等专项支持政策。对到城乡基层企业或社会组织就业、灵活就业、自主创业的，按规定落实税费减免、社会保险补贴、创业补贴、创业担保贷款等政策。对参加基层服务项目的，按规定落实考研初试加分、定向招录、事业单位专项招聘等政策。要畅通政策申请渠道，简化优化流程，加快政策兑现，充分释放政策激励引导的效力。

（四）强化跟踪服务保障。对到城乡基层就业创业的毕业生，要做好档案转递、社保缴纳、劳动权益维护等服务保障。畅通后续成长发展渠道，将其纳入当地人才政策扶持范围，加强教育管理和激励关怀，对表现优秀的，在职务职称评聘、人才项目选拔、升学进修深造等方面予以适当倾斜。鼓励用人单位对本单位服务期满毕业生，按政策积极留用，对未留用毕业生要落实免费就业指导、岗位推荐、创业指导等就业服务，促进其尽早实现就业。

三、工作要求

（一）加强组织领导。支持毕业生到城乡基层就业创业，对于拓展高校毕业生就业空间、保持就业大局稳定具有重要意义。各地要把做好高校毕业生城乡基层就业岗位发布工作纳入本地就业工作总体安排，高度重视，精心组织，研究制定本地岗位发布工作方案，细化完善支持举措，明确专人负责，切实抓好实施推进。

（二）加大工作保障。要做好工作统筹安排，建立由人力资源社会保障、教育、民政等部门各司其职、协同推进的工作机制，做好资金测算，用好现有各类资金渠道，争取各方资金支持，确保各类招聘按照时间节点顺利推进。人力资源社会保障部门要主动对接有关部门和地区，积极调动市场力量，做好岗位摸排、信息发布、实施推进、政策落实等工作，同时省级人力资源社会保障部门要依托官网官微、公共招聘网站、人社服务 App 等开设岗位信息发布专区。教育部门要做好高校毕业生动员，主动向高校毕业生推送城乡基层岗位信息。民政部门要广泛发动城乡社区拓宽高校毕业生就业岗位。

（三）强化宣传引导。要结合工作推进实施进度，广泛依托传统媒体和新兴媒介，高频次发布岗位信息、招聘公告、招聘成效等，扩大工作知晓度。主动发掘一批扎根城乡基层、建功立业的优秀高校毕业生典型，运用青年人喜闻乐见的方式强化宣传推广，引导毕业生面向城乡基层就业创业，营造良好社会氛围。

（四）抓好信息上报。各地要明确一名工作联络人员，于 6 月 30 日前将联络人员信息、岗位信息发布专区网址链接报送人力资源社会保障部全国人才流动中心。从 6 月份起按季度填写信息汇总表（见附件），并形成工作进展情况，内容包括岗位归集数量、进展和取得成效，存在的困难问题以及工作建议，于下季度初 5 日内分别报送人力资源社会保障部全国人才流动中心、教育部高校学生司、民政部基层政权建设和社区治理司。

附件：高校毕业生城乡基层就业岗位发布工作信息汇总表（略）

人力资源社会保障部办公厅
教育部办公厅
民政部办公厅
2022 年 6 月 12 日

人力资源社会保障部办公厅
国家发展改革委办公厅　商务部办公厅
国家乡村振兴局综合司　全国妇联办公厅
关于进一步加强家政劳务品牌建设的通知

人社厅函〔2022〕90号

各省、自治区、直辖市及新疆生产建设兵团人力资源社会保障厅（局）、发展改革委、商务厅（局）、乡村振兴局、妇联：

为深入贯彻党中央、国务院关于巩固拓展脱贫攻坚成果同乡村振兴有效衔接的部署安排，持续深化实施家政服务劳务对接助力乡村振兴行动，充分发挥家政劳务品牌带动作用，引导更多农村劳动力特别是农村妇女到家政服务领域就业，扩大家政服务有效供给，推动家政服务提质扩容。现就加强家政劳务品牌建设有关事项通知如下：

一、加强分类指导，壮大提升家政劳务品牌规模

各地人力资源社会保障部门要会同相关部门、行业协会广泛开展家政劳务品牌摸底调查，全面掌握本地区劳务品牌数量、分布和基本运营情况，建立本地区家政劳务品牌台账，形成指导目录，实施动态管理，培育一批有特色、有规模、有影响力的家政劳务品牌。坚持分类培育，指导已形成相对成熟运营体系的家政劳务品牌，进一步规范管理服务，不断扩大市场影响力；指导具有一定知名度、从业人员规模较大、还未形成固定品牌名称的，进一步聚焦品牌特点，尽快确定劳务品牌名称，聚力品牌化发展；指导具有一定从业人员基础，但技能特点不突出、分布较为零散的拟开发家政劳务品牌，聚焦地域和行业特征，逐步形成劳务品牌。

二、畅通对接渠道，支持家政劳务品牌开展劳务输出

在东西部协作、对口支援以及本地区劳务协作中，为家政劳务品牌搭建对接渠道，支持家政劳务品牌在家政服务劳务对接助力乡村振兴行动、家政兴农行动中发挥作用。支持家政劳务品牌对接国家乡村振兴重点帮扶县和易地扶贫搬迁集中安置区，引导中西部地区防止返贫监测对象、脱贫劳动力特别是女性劳动力到家政服务领域就业。搭建“政府部门+家政劳务品牌+家政劳务输出基地”模式，开展家政服务劳务输出。引导和组织家政劳务品牌开展跨地区交流合作，发挥家政劳务品牌龙头企业引领作用，鼓励和引导家政劳务品牌建立行业内、区域内合作联盟。

三、加强技能培训，提升家政劳务品牌质量

实施职业技能提升行动、康养职业技能培

训计划、国家乡村振兴重点帮扶县职业技能提升工程，对从业人员开展技能培训，按规定落实好职业技能培训补贴、职业技能鉴定补贴、生活费补贴等政策。鼓励各类培训机构、职业院校开展家政劳务品牌相关职业技能培训，按规定纳入补贴性职业技能培训范围。支持东部地区家政劳务品牌在中西部协作地区建立劳务培训基地，开展订单定向培训。完善家政劳务品牌相关职业技能等级认定、专项职业能力考核等多元化评价方式。加强家政劳务品牌技能带头人培养，对符合条件的给予高技能人才培养补贴。通过举办各类家政服务职业技能竞赛，以赛带训，提升家政服务从业人员技能。

四、加强规范引导，推动家政服务劳务品牌健康发展

加强标准化建设，发挥行业主管部门、行业协会、龙头企业的作用，围绕家政服务培训、服务机构分级评价、家政服务信息化等领域，加强标准制修订工作，完善家政劳务品牌标准体系，提高家政服务标准化水平。鼓励和支持家政劳务品牌加强规范化建设，优化品牌名称、标识等要素，支持有条件的注册申请商标专利。鼓励有条件的家政劳务品牌向员工制家政企业转型，推动家政服务职业化、规模化发展。鼓励行业协会、行业联盟、社会团体建立行业内信用承诺制度，开展诚信评价，倡导家政劳务品牌开展诚信经营自律承诺行动。将家政劳务品牌纳入家政服务企业和家政服务员信用记录。

五、加强统筹协调，用足用好相关支持政策

各地人力资源社会保障、发展改革、商务、乡村振兴部门和妇联组织要加强工作协调配合，加大工作力度，共同推进家政劳务品牌建设。要统筹用好人力资源社会保障部、国家发展改革委等20部门《关于劳务品牌建设的指导意见》政策措施，推动家政劳务品牌发展。落实“领跑者”行动、家政服务劳务对接助力乡村振兴行动、家政兴农行动等相关支持政策。统筹用好巩固拓展脱贫攻坚成果同乡村振兴有效衔接相关政策措施和稳就业相关政策措施，按规定对符合条件的家政劳务品牌给予扩大就业、技能培训、社保补贴、稳岗返还等政策支持。对新创业的家政劳务品牌按规定落实税费减免、创业培训补贴、一次性创业补贴、创业担保贷款及贴息等政策。充分考虑新冠肺炎疫情防控常态化对家政服务行业的影响，加大对家政劳务品牌助企纾困政策支持力度。

六、加强推广宣传，不断扩大家政劳务品牌影响力

各地要积极开展家政劳务品牌推广工作，注重发挥典型引路作用，定期开展品牌征集评选活动，广泛开展品牌推介交流活动。引导家政劳务品牌积极参与全国乡村振兴职业技能大赛等竞赛活动，不断扩大和提升品牌影响力。利用网络、报纸、杂志、广播电视等媒体平台，广泛开展家政劳务品牌宣传报道，吸引更多劳动者到家政服务领域就业创业，引导广大人民群众放心、安心使用家政服务产品。

各省级人力资源社会保障厅（局）请于12月15日前将家政劳务品牌建设和家政服务劳务对接助力乡村振兴行动开展情况报送人力资源社会保障部农民工工作司。

附件：家政劳务品牌建设台账（略）

人力资源社会保障部办公厅
国家发展改革委办公厅
商务部办公厅
国家乡村振兴局综合司
全国妇联办公厅
2022年6月14日

人力资源社会保障部办公厅
关于阶段性缓缴农民工工资保证金
有关事项的紧急通知

人社厅函〔2022〕99号

各省、自治区、直辖市及新疆生产建设兵团人力资源社会保障厅（局）：

为深入贯彻党中央、国务院关于高效统筹疫情防控和经济社会发展决策部署，落实6月15日国务院常务会议要求，加力支持纾困稳岗，经商住房和城乡建设部、交通运输部、水利部、银保监会、铁路局、民航局同意，现就阶段性缓缴农民工工资保证金有关事项通知如下：

一、施工企业暂缓存储农民工工资保证金，缓缴期限自2022年7月1日起至2022年9月30日止。缓缴期结束后，确需延长缓缴期限的，经本地区根治拖欠农民工工资工作领导小组批准，可作适当延长并报我部备案。

二、要按照本通知要求，尽快制定本地区缓缴具体操作办法，主动向社会公布。会同有关主管部门加强对缓缴落实情况的监督检查，确保政策真正落实落地。

三、加强对工程建设领域农民工工资支付情况的日常监管，依法维护农民工工资报酬权益。对缓缴政策实行过程中拖欠农民工工资的，依法依规予以惩戒并作为实行农民工工资保证金差异化存储的重要依据。

房屋市政、铁路、公路、水路、民航、水利领域之外的其他工程项目农民工工资保证金，参照本通知执行。

请于2022年10月31日前，将本地区阶段性缓缴农民工工资保证金政策落实情况（缓缴金额等）报人力资源社会保障部劳动保障监察局。

人力资源社会保障部办公厅

2022年6月24日

人力资源社会保障部办公厅关于开展人力资源服务机构稳就业促就业行动的通知

人社厅函〔2022〕105号

各省、自治区、直辖市及新疆生产建设兵团人力资源社会保障厅（局），各副省级市人力资源社会保障局：

为贯彻党中央、国务院关于稳就业、保居民就业决策部署，充分发挥人力资源服务机构匹配供需、专业高效优势，人力资源社会保障部决定开展人力资源服务机构稳就业促就业行动。现就有关工作通知如下：

一、进一步提高政治站位。就业是最大的民生，服务就业是人力资源服务业的立身之本、发展之基。各地要紧紧围绕就业谋划推动人力资源服务业发展，把服务就业的规模和质量作为衡量行业发展成效的首要标准，创新思路和抓手，广泛动员组织各类人力资源服务机构，不断扩大市场化就业服务供给，为就业大局稳定和经济社会发展贡献力量。

二、大规模开展求职招聘服务。组织各类人力资源服务机构，通过线上线下结合、跨区域协同等方式，针对多样化就业需求开展联合招聘，加大服务力度和招聘频次。鼓励人力资源服务机构积极拓展各类线上求职招聘服务模式，为劳动者精准推送就业信息，打造更优、更便捷的线上招聘服务平台，满足各类求职者就业择业需求。指导人力资源服务机构高效统筹疫情防控和就业服务，有序开展日常招聘和小型化、灵活性专场招聘活动，安全有序举办线下招聘活动。

三、全力促进高校毕业生就业。组织国家级人力资源服务产业园、国家级人才市场和人力资源服务机构，广泛收集机关事业单位、各类企业、重大项目等高校毕业生需求计划，集中推荐优质就业岗位。持续举办“国聘行动”、“全国人力资源市场高校毕业生就业服务周”、人力资源服务进校园进企业等专项活动，重点帮扶脱贫家庭、低保家庭、零就业家庭等高校毕业生就业创业。鼓励各类人力资源服务机构开展形式多样的政策宣讲、职业指导、职业能力测评、模拟实训、职业体验等活动，引导高校毕业生树立正确的职业观、就业观和择业观，提高就业能力和职业素质。支持经营状况良好、管理规范、社会责任感强的人力资源服务机构设立见习岗位，申请成为就业见习基地或创业见习基地，符合条件的给予相应补贴。

四、积极助力农民工稳定就业。依托东西部协作、对口支援机制，鼓励和引导各类人力资源服务机构开展专项招聘、供需对接等劳务协作服务，帮助农民工外出务工和就近就业。实施西部和东北地区人力资源市场建设援助计划，增强当地市场化就业服务能力。支持人力资源服务机构联合技工院校、职业培训机构和用人单位，积极开发优化技能培训产品和项目，向劳动者提供贯穿职业生涯全过程的就业培训和服务，缓解就业结构性矛盾。鼓励人力资源服务机构积极参与劳务品牌建设，培育发展一批吸纳就业能力强、富有地方特色的人力资源服务类劳务品牌。鼓励各地探索培育县域人力资源服务机构，立足当地开展有特色的劳务输出。支持人力资源服务机构与脱贫地区特别是国家乡村振兴重点帮扶县和易地扶贫搬迁安置区，广泛开展对接合作，通过设立子公司、分支机构等多种方式，形成常态化就业帮扶合作机制。

五、着力保障重点领域用工。组织引导优质人力资源服务机构广泛参与政府部门、社会组织开展的各类援企稳岗活动。聚焦制造业、服务业等重点领域、重点企业、重点项目，搭建人力资源服务供需对接平台，支持人力资源服务机构开展“组团式”“一条龙”“点对点”用工保障服务，按规定参与稳岗扩岗、以训稳岗、重点群体专项培训等工作。引导人力资源服务机构与重点行业企业深度合作，共同发展面向相近领域的人力资源服务技术和产品。针对受疫情影响严重、经营较为困难的地区和行业企业，有组织地开展人力资源服务机构助企纾困活动，提供劳动用工管理、薪酬管理、社保代理等服务，帮助落实各项惠企利民扶持政策。

六、创新发展灵活用工服务。支持人力资源服务机构在法律法规、政策允许的范围之内，创新运用数字技术，搭建区域间、企业间共享用工调剂平台，对行业相近、岗位相似的企业提供劳动力余缺调剂等服务。鼓励各类人力资源服务机构为餐饮、快递、家政、制造业等劳动密集型企业，提供有针对性的招聘、培训、人力资源服务外包等专业服务，维护好劳动者就业权益和职业安全。支持人力资源服务机构开发适应就业多样化需求的灵活就业平台，广泛发布短工、零工、兼职及自由职业等各类需求信息，拓宽就业渠道，为劳动者居家就业、远程办公、兼职就业创造条件。有条件的地方可选择交通便利、人员求职集中的地点设立零工市场，通过政府购买服务等方式委托符合条件的人力资源服务机构管理运营，组织劳务对接洽谈、政策法律咨询、生活服务等活动。

七、积极支持人力资源服务机构发展。广泛宣传国家和各地减税降费、稳岗补贴等稳就业促就业政策，提高人力资源服务机构的政策知晓度，加大政策落实力度。对开展促就业工作成效突出的人力资源服务机构，按规定落实减免场地租金、给予奖励补贴、选树诚信服务机构等政策措施。对提供求职招聘、保障用工、劳务对接等相关服务的机构，按规定落实就业创业服务补助政策。对符合条件的人力资源服务机构开展劳务品牌从业人员相关技能培训的，按规定纳入补贴性职业技能培训范围。国家级人力资源服务产业园要带头减免房租、物业等收费，做到应降尽降、应免尽免。对受疫情等因素影响出现困难的人力资源服务机构要加强帮扶，及时协调落实相关政策，帮助其尽快渡过难关。

八、加强人力资源市场供求信息监测。实施人力资源市场“一线观察”项目，建立健全信息采集渠道，完善定期监测与快速调查相结合的工作机制，及时准确反映就业形势和行业态势。支持各地组织人力资源服务产业园和有代表性的人力资源服务机构，通过抽样调查、形势研判等方式，定期发布人力资源市场供需状况。鼓励具有全国或区域服务网络的人力资源服务机构依托自有求职招聘信息和数据库，开展市场供需、人员薪酬等分析预测，为劳动者求职、用人单位招聘用工提供参考。

各地要高度重视、精心组织人力资源服务机构稳就业促就业行动，加强统筹调度，充分调动各类人力资源服务机构、行业协会等多方力量，增强稳就业促就业实效性。开展清理整顿人力资源市场秩序专项行动，坚决防止和纠正就业歧视，打击违法违规行为，维护劳动者就业权益。及时总结工作中的经验做法，遴选典型案例，通过多种形式宣传推广，营造良好社会氛围。各地有关工作情况和成效，请于12月31日前报送人力资源社会保障部流动管理司。

人力资源社会保障部办公厅
2022年6月30日

人力资源社会保障部办公厅关于国有企业新设企业或机构增人增资有关政策规定意见的函

人社厅函〔2022〕119号

各省、自治区、直辖市及新疆生产建设兵团人力资源社会保障厅（局），党中央有关部门办公厅（室），国务院有关部委、直属机构办公厅（室），全国人大常委会办公厅、全国政协办公厅秘书局，国家监委、最高人民法院、最高人民检察院办公厅，有关民主党派中央办公厅（室），有关人民团体办公厅（室）：

为进一步贯彻落实《国务院关于改革国有企业工资决定机制的意见》（国发〔2018〕16号），明确关于新设企业或机构等情况可以合理增加工资总额的有关规定，现提出如下意见：

一、国有资本发起设立国有一级企业或者国有企业新设立并取得营业执照的子公司、分公司、分支机构的，可以按照新设企业或机构合理增加工资总额。有关新设企业或机构应积极落实聚焦主业等要求。关闭、划出企业或机构应当按照相同原则，根据减少人员上年度实发工资相应核减工资总额。

二、根据新设企业或机构新增人员数量（不含企业集团内部调整至新设企业或机构的现有人员），统筹考虑离退休人员等自然减员因素，参考企业现有职工平均工资水平、市场薪酬价位等因素，合理确定应当增加的工资总额。

三、新设企业或机构核定增人增资期限自取得营业执照当月起计算，原则上为12个月。确因特殊原因长期未开展经营的，经履行出资人职责机构（或其他企业主管部门，下同）同意，期限可自开始经营当月起计算。根据企业特点、生产经营及效益状况等，期满后仍难以通过工资效益联动机制满足企业设立初期增人增资需要的，经履行出资人职责机构同意可适当延长期限，但最长不得超过36个月。

四、新设企业或机构在实行增人增资政策期间，已实现一定营收、盈利的，集团公司按照工资效益联动机制编制企业整体工资总额时，应在核算企业整体经济效益中合理剔除新设企业或机构产生的效益，按同口径计算经济效益增减幅度。关闭、划出企业或机构按照相同原则处理。

五、除国家有明确规定外，企业不得在按照工资效益联动机制确定的工资总额外，以新增内设机构或部门、新扩建项目、招聘人员、引进人才、人员晋级晋职、设立津补贴和奖励等各种名义额外核增或单列工资总额。

人力资源社会保障部办公厅

2022年7月29日

人力资源社会保障部办公厅关于2022年国有企业招聘高校毕业生增人增资有关意见的函

人社厅函〔2022〕132号

各省、自治区、直辖市及新疆生产建设兵团人力资源社会保障厅（局），党中央有关部门办公厅（室），国务院有关部委、直属机构办公厅（室），全国人大常委会办公厅、全国政协办公厅秘书局，国家监委、最高人民法院、最高人民检察院办公厅，有关民主党派中央办公厅（室），有关人民团体办公厅（室）：

为贯彻落实党中央、国务院关于稳就业的有关要求，鼓励和支持国有企业2022年扩大高校毕业生招聘规模，现提出以下意见：

国有企业根据党中央、国务院关于稳就业的有关要求，积极扩大高校毕业生招聘规模，按照工资效益联动机制确定的工资总额难以满足扩大高校毕业生招聘需求的，经履行出资人职责机构或其他企业主管部门同意，统筹考虑企业招聘高校毕业生人数、离退休减员情况和现有职工工资水平等因素，2022年可给予一次性增人增资，核增部分据实计入工资总额并作为下一年度工资总额预算基数。

人力资源社会保障部办公厅
2022年9月5日

人力资源社会保障部办公厅关于同意在天津职业技术师范大学增挂“全国技工院校师资研修中心”牌子的函

人社厅函〔2022〕137号

天津市人力资源和社会保障局：

你局《关于天津职业技术师范大学成立“全国技工院校教师进修中心”等三个机构的请示》（津人社局报〔2022〕17号）收悉。经研究，同意在天津职业技术师范大学增挂“全国技工院校师资研修中心”牌子，开展技工院校师资研修和技工教育发展研究工作。

请你局高度重视，加强领导，指导天津职业技术师范大学健全全国技工院校师资研修中心工作机制，完善管理制度，加强工作人员队伍建设，落实工作经费。请天津职业技术师范大学加强全国技工院校师资研修中心专家队伍建设，明确工作职责，提供优质的师资研修、理论研究和技术支持服务，为推进技工教育发展作出新的更大贡献。

人力资源社会保障部办公厅

2022年9月14日

人力资源社会保障部办公厅关于与中国银行股份有限公司合作开展金融助企稳岗扩岗有关事项的通知

人社厅函〔2022〕164号

各省、自治区、直辖市及新疆生产建设兵团人力资源社会保障厅（局）：

为贯彻落实党中央、国务院关于做好“六稳”“六保”工作决策部署，更好发挥金融助力企业稳定和扩大就业岗位支持作用，人力资源社会保障部会同中国银行股份有限公司设立稳岗扩岗专项贷款，重点面向实体经济和劳动密集型小微企业，支持其稳定岗位扩大就业。现就有关事项通知如下：

一、支持范围

稳岗扩岗专项贷款支持吸纳就业人数多、稳岗效果好且用工规范的小微企业。包括但不限于经各地人力资源社会保障部门认定的稳岗扩岗优质企业，就业弹性大、民生关联度高的养老、托育、家政、餐饮、外卖配送等行业企业，“用工难、用工贵”问题突出的稳产保供企业，吸纳高校毕业生、返乡入乡人员、退役军人、登记失业人员、城乡就业困难人员等群体较多的企业。

二、认定标准

申请稳岗扩岗专项贷款的小微企业原则上应符合以下标准：1. 企业成立1年以上；2. 用工人数不少于10人；3. 上年度用工人数未减少且申请贷款时用工人数不低于上年末水平；4. 按时足额支付职工工资、缴纳各项社会保险费等。具体标准由各地人力资源社会保障部门会同中国银行各一级分行协商确定，可结合当地实际情况适当放宽认定标准。

三、业务流程

符合条件的企业，可向当地中国银行分支机构提交稳岗扩岗专项贷款申请，当地人力资源社会保障部门协助中国银行核实企业吸纳带动就业情况，中国银行按照有关规定独立审贷、自主贷款。各地人力资源社会保障部门原则上应建立稳岗扩岗专项贷款推荐企业名单，及时向当地中国银行分支机构推荐吸纳带动就业情况符合申请标准的企业，由中国银行进行授信评审放贷。

四、贷款政策

中国银行将开通稳岗扩岗专项贷款便捷审批通道，为稳岗扩岗专项贷款企业提供人民币贷款，单户授信额度最高3 000万元，给予原则上不超过4%的优惠贷款利率。对持续增加用工、稳岗扩岗突出的企业，各地人力资源社会保障部门可与当地中国银行各分支机构协商加大利率优惠力度，提供信用授信、提高授信额度和无还本续贷等差异化支持。

五、贷后管理

中国银行将定期开展贷后检查和监测预警，进行资金流向监控，确保信贷资金用于生产经营领域。各地人力资源社会保障部门协助中国银行核实企业在贷款期内吸纳带动就业情况。定期评估稳岗扩岗专项贷款推荐企业名单，对不符合条件的企业予以动态退出。

六、工作要求

各地人力资源社会保障部门要加强企业用工服务，详细了解企业稳岗扩岗融资需求，及时推送至当地中国银行分支机构，有条件的地方可在签订保密协议的前提下，与中国银行建立信息交换共享机制。要遵守有关法律法规，对涉及国家秘密和企业、商业秘密的资料数据等严格保密，不得将有关内容透露给第三方。要综合运用各类渠道，广泛开展多形式宣传，让更多企业知晓政策、申请办理。鼓励各地通过签订合作协议、共同举办创业活动等方式，持续深化政银合作关系，推动稳岗扩岗专项贷款不断增量扩面。

请各省级人力资源社会保障部门收到本通知后，会同中国银行各一级分行制定本地区具体实施方案，明确申请标准、受理机构、办理流程、职责分工和工作要求等，并报人力资源社会保障部。

人力资源社会保障部办公厅
2022 年 11 月 14 日

人力资源社会保障部办公厅 财政部办公厅 国家税务总局办公厅 关于公布个人养老金先行城市（地区）的通知

人社厅函〔2022〕169号

各省、自治区、直辖市人力资源社会保障厅（局）、财政厅（局），国家税务总局各省、自治区、直辖市、计划单列市税务局：

为贯彻落实《国务院办公厅关于推动个人养老金发展的意见》（国办发〔2022〕7号），根据《人力资源社会保障部 财政部 国家税务总局关于报送个人养老金先行城市的通知》（人社部函〔2022〕62号）要求，在各省（自治区、直辖市）申报的基础上，经研究，确定了个人养老金先行城市（地区）名单，现予以公布。自本通知印发之日起，在先行城市（地区）所在地参加职工基本养老保险或城乡居民基本养老保险的劳动者，可参加个人养老金。

请各省（自治区、直辖市）人力资源社会保障厅（局）会同财政厅（局）、税务局等相关部门，统筹做好本地区先行城市（地区）个人养老金宣传和落地实施各项工作，及时发现并妥善处理先行工作中遇到的情况和问题，总结先行经验，为个人养老金全面落地实施打好基础。

附件：个人养老金先行城市（地区）名单

人力资源社会保障部办公厅
财政部办公厅
国家税务总局办公厅
2022年11月17日

附件

个人养老金先行城市（地区）名单

序号	省（自治区、直辖市）	先行城市（地区）
1	北京市	北京市
2	天津市	天津市
3	河北省	石家庄市
		雄安新区
4	山西省	晋城市
5	内蒙古自治区	呼和浩特市
6	辽宁省	沈阳市
		大连市
7	吉林省	长春市
8	黑龙江省	哈尔滨市
9	上海市	上海市
10	江苏省	苏州市
11	浙江省	杭州市
		宁波市
12	安徽省	合肥市
13	福建省	福建省
14	江西省	南昌市
15	山东省	青岛市
		东营市
16	河南省	郑州市
17	湖北省	武汉市
18	湖南省	长沙市
19	广东省	广州市
		深圳市
20	广西壮族自治区	南宁市
21	海南省	海口市
22	重庆市	重庆市
23	四川省	成都市
24	贵州省	贵阳市
25	云南省	玉溪市

续表

序号	省（自治区、直辖市）	先行城市（地区）
26	西藏自治区	拉萨市
27	陕西省	西安市
28	甘肃省	庆阳市
29	青海省	西宁市
30	宁夏回族自治区	银川市
31	新疆维吾尔自治区	乌鲁木齐市

人力资源社会保障部办公厅
国家发展改革委办公厅
国家乡村振兴局综合司
关于进一步推进东西部人社协作的通知

人社厅函〔2022〕173号

各省、自治区、直辖市及新疆生产建设兵团人力资源社会保障厅（局）、发展改革委、乡村振兴局：

东西部协作是巩固拓展脱贫攻坚成果和全面推进乡村振兴的重要力量，是支持西部地区建设，推动区域协调发展、协同发展、共同发展，缩小发展差距，实现共同富裕的重要举措。为贯彻党中央、国务院关于深化东西部协作的决策部署，切实发挥人社部门在东西部协作中的作用，现就进一步推进东西部人社协作有关事项通知如下：

一、工作目标

进一步健全东西部人社协作体制机制，创新协作方式，强化服务保障，提升协作效率，构建集劳务协作、品牌打造、技能培训、技工院校建设、人才交流于一体的东西部人社协作新格局，扎实巩固拓展人社脱贫攻坚成果，助力全面推进乡村振兴。

二、工作任务

（一）创新协作方式。各地要充分发挥区域间互补优势，积极整合帮扶资源，丰富协作形式。西部地区要指导国家乡村振兴重点帮扶县、大型易地搬迁安置区等重点地区与结对帮扶县（市、区）在就业、技工教育和技能培训、人才引智等方面加强工作联动。东部地区要将劳务协作、技能提升、人才支援等列入东西部协作重要内容，加大资金、资源、项目投入。鼓励结对关系调整前的东西部协作结对地区通过市场化方式继续保持协作关系。有条件地区可与劳动力流动较多的其他地区建立健全市场化协作机制。

（二）健全东西部劳务协作机制。西部地区要摸清本地脱贫人口和防止返贫监测对象外出务工意愿，建立有意愿外出人员清单；东部地区要挖掘本地区企业用工需求，动态归集发布适合脱贫人口和防止返贫监测对象的就业岗位，形成岗位需求清单。依托东西部协作机制，搭建完善用工信息对接平台，推动输出地、输入地信息共享、培训协同、高效对接。优化完善劳务协作机制，对受疫情、重大自然灾害影响的输出地及时开展劳务协作定向援助，对输入地及时分流承接压力，结合实际调整劳务协作目标任务。东部地区要落实稳岗责任，努力将脱贫人口稳在企业，稳在岗位。对吸纳协作地区脱贫人口和防止返贫监测对象就业成效明显的企业，可给予一定支持。加大易地扶贫搬迁就业帮扶力度，强化精准就业培训和劳务对接，依托东西部协作机制有序组织搬迁劳动力外出务工。按照已形成的协作帮扶关系，以国家乡村振兴重点帮扶县为重点，开展乡村与街道的精准对接，帮助愿意从事家政服务的农村转移劳动力直达家政社区服务网点就业。

（三）着力发展劳务品牌。各地要充分发挥东西部劳务协作作用，健全劳务品牌建设机制，扩大劳务品牌就业规模和产业容量，提高就业质量。鼓励各地积极参加劳务品牌发展大会，建成一批具有鲜明地域特色、过硬技能特征和良好市场口碑的劳务品牌，进一步带动就业创业，助推地区产业发展。鼓励东西部协作地区为家政劳务品牌搭建对接渠道，支持家政劳务品牌在家政服务劳务对接助力乡村振兴行动中发挥作用。

（四）促进就业帮扶车间稳固发展。各地要进一步发挥东西部人社协作机制在建立、稳定和发展就业帮扶车间方面的作用，全面摸底排查就业帮扶车间运营情况，做到基础底数清、政策落实清、经营状况清，确保完成就业帮扶车间数量稳定在 3 万个以上、吸纳脱贫人口和防止返贫监测对象就业数量稳定在 40 万人以上的年度目标。积极推动帮扶车间发展成为吸纳就业的产业，把易地搬迁安置区配套帮扶车间作为重点，支持帮扶车间扩大生产规模、延长产业链条，推动从单一生产类型、单一产业环节向综合工厂转型，促进聚集发展，提高产业集中度。

（五）大力实施以工代赈。各地要将以工代赈作为促进脱贫群众就近就业增收、提高劳动技能的一项重要举措。要在政府投资的重点工程项目和农业农村基础设施建设领域中，按照“应用尽用、能用尽用”的原则，大力实施以工代赈，充分挖掘工程项目用工潜力，为当地脱贫人口和防止返贫监测对象等群体提供规模性务工岗位。东部地区要充分发挥优势，积极吸纳西部省份外出务工人员参与当地工程项目建设，推动更多帮扶项目按照以工代赈方式实施，充分吸纳脱贫人口和防止返贫监测对象、农民工等重点群体务工就业。以工代赈项目要广泛组织脱贫人口和防止返贫监测对象和其他就业困难群体参与务工，合理确定劳务报酬发放标准和规模，尽可能提高以工代赈项目劳务报酬发放比例，最大程度发挥“赈”的作用。各地要统筹各类培训资金和资源，联合施工单位对以工代赈务工人员开展劳动技能培训和安全生产培训，帮助其掌握实际操作技能。

（六）加强技工教育培训协作交流。各地要建立健全以促进就业和适应产业发展、满足市场需求为导向的技工教育培训体系。西部地区要依托现有资源，新建、改（扩）建一批技工院校和职业培训机构，鼓励各级各类企业举办或参与举办技工院校，支持民办技工教育发展，不断提升自主发展能力。东部地区要鼓励本地技工院校、企业与西部地区技工院校开展校校合作、企校合作，扩大在西部地区招生和培训规模；支持各类培训机构到西部开展职业技能培训，推动培训资源共建共享，加大对搬迁群众的技能培训力度，提升训后上岗率。

（七）强化人才协作和智力支持。各地要通过实施人才双向挂职、“组团式”人才支援、柔性引才等方式，持续为脱贫地区人才队伍注入新力量。东部地区要加大人才选派力度，选派教育、医疗、产业、科技、管理等领域专业技术人才到西部地区开展帮扶工作；要鼓励各类专家到西部开展专题讲座、现场指导、技术咨询等活动，扶持基层重点领域、特殊区域和关键岗位专业技术人才培训工作，为西部培养培训一批急需紧缺和骨干专业技术人才。西部地区要加大政策保障力度，为帮扶人才提供便利和支持。

（八）持续深化东西部协作考核评价。各地要对照东西部协作考核评价发现的问题，扎实推进整改落实，助力协作地区牢牢守住不发生规模性返贫的底线。强化协作帮扶责任落实，定期组织开展对接调研，共同协调研究谋划推动重点工作。各地人力资源社会保障、发展改革、乡村振兴部门要优化对接机制，加强统筹协调和工作配合，推动协作帮扶顺利开展。东部地区要谋划推动好重大发展项目，提供强有力的协作支持。西部地区要强化发展主体责任，为帮扶项目落地创造良好条件。

三、工作要求

（一）加强组织领导。各地人力资源社会保障、发展改革、乡村振兴部门要加强协调联动，落实帮扶责任，积极拓展帮扶领域、健全帮扶机制、优化帮扶方式，因地制宜开展各类对接活动。要准确把握东西部协作工作方向，聚焦协作重点，坚持以发展的办法创新深化协作帮扶，不断提升协作工作质量水平。省级人力资源社会保障部门每年 12 月 15 日前将年度工作推进和落实情况报送人力资源社会保障部乡村振兴办。

（二）强化服务保障。鼓励劳务输出人数较多的地区，在劳务输入地建立综合性务工服务站（点），进一步强化输出输入联络对接，实地了解外出务工脱贫人口和防止返贫监测对象在输入地的就业状况、生活情况，做好后续跟踪服务，确保输得出、稳得住。东部地区输入地要畅通脱贫人口和防止返贫监测对象流入渠道，帮助其方便就业、稳定就业、维护合法权益，将在本地务工的脱贫人口和防止返贫监测对象全部作为工作对象，纳入稳岗就业服务范围。

（三）营造良好氛围。各地人力资源社会保障部门要牵头梳理总结东西部人社协作典型经验，充分利用网络、电视等多种媒体，广泛开展宣传，并及时报人力资源社会保障部乡村振兴办。我们将通过简报、报纸、官微等途径，摘登宣传各地经验做法。

人力资源社会保障部办公厅
国家发展改革委办公厅
国家乡村振兴局综合司
2022 年 11 月 23 日

人力资源社会保障部　国家卫生健康委关于坚决打击对新冠肺炎康复者就业歧视的紧急通知

人社部明电〔2022〕8号

各省、自治区、直辖市及新疆生产建设兵团人力资源社会保障厅（局）、卫生健康委：

就业是民生之本。近期，部分地方出现滥用“健康码”等检测查询工具，对新冠肺炎康复者实施就业歧视问题，严重侵害劳动者平等就业权益，社会反响强烈。为依法保障新冠肺炎康复者平等就业权益，现就有关事项通知如下：

一、科学认识新冠肺炎病毒传播机理。最新医学研究表明，呼吸道飞沫和密切接触是新冠肺炎病毒传播的主要途径，新冠肺炎患者经治疗后病毒核酸检测阴性，并达到解除隔离管理、出院标准，其日常工作、学习或生活接触不会导致新冠病毒传播。

二、规范新冠病毒核酸检测查询。除因疫情防控需要并科学合理设置新冠病毒核酸检测信息查询期限外，任何单位和个人不得擅自非法查询相关检测结果。

三、依法维护新冠肺炎康复者就业权益。要毫不动摇坚持“外防输入、内防反弹”总策略和“动态清零”总方针，落实就业促进法、传染病防治法、《人力资源市场暂行条例》，切实维护新冠肺炎康复者平等就业权益。严禁用人单位发布或委托发布含有新冠肺炎病毒核酸检测历史阳性等歧视性内容的招聘信息。严禁用人单位、人力资源服务机构以曾经新冠肺炎病毒核酸检测阳性为由，拒绝招（聘）用新冠肺炎康复者。严禁用人单位在劳动者入职和用工过程中对新冠肺炎康复者实施就业歧视。严禁用人单位随意违法辞退、解聘新冠肺炎康复者。支持劳动者对就业歧视侵权问题向人民法院提起诉讼。

四、依法查处、曝光相关就业歧视违法行为。要进一步畅通投诉、举报渠道，严格落实首问负责制，及时有效处理劳动者合理合法诉求。加强排查检查，对用人单位、人力资源服务机构或其他单位和个人非法查询核酸检测结果、超过合理期限设置查询期限、对新冠肺炎康复者实施就业歧视的，要依据职责分工快查快办，采取行政约谈、通报曝光、行政处理、行政处罚等有力举措，发现一起严肃处理一起。对招聘信息中含有相关歧视性内容的，劳动保障监察机构要依照《人力资源市场暂行条例》第43条之规定，从重处理处罚。对涉及其他就业歧视情形或非法使用核酸检测信息的，要依照相关法律规定予以处理。

五、加强宣传引导。人力资源社会保障部门要加强对用人单位和人力资源服务机构的普法宣传，增强市场主体的法治意识和守法自觉。卫生健康主管部门要采取有效举措开展多种形式的科普宣传，最大限度消除对新冠肺炎病毒传播的误解，坚持科学防治，从源头上防止过度防疫和层层加码“一刀切”。对查处的涉及新冠康复者就业歧视典型问题，要主动公开曝光，回应社会关切，形成警示震慑效应。

六、强化责任落实。要加强督促指导和监督检查，对发现的失职失责行为，要限期督促纠正，依法依规对相关单位和责任人员追责问责。人力资源社会保障部、国家卫生健康委将适时对各地区落实情况进行明察暗访，推动各项要求落实落地。

各地区要对抓好本通知的贯彻落实作出专门部署，在落实中遇到的重大问题，要及时报告。

人力资源社会保障部

国家卫生健康委

2022 年 7 月 29 日

六、联合发文

国家发展改革委等部门印发《关于促进服务业领域困难行业恢复发展的若干政策》的通知

发改财金〔2022〕271号

各省、自治区、直辖市人民政府，新疆生产建设兵团，国务院各部门、各直属机构：

《关于促进服务业领域困难行业恢复发展的若干政策》已经国务院同意，现印发给你们，请认真组织实施。

国家发展改革委　财政部
人力资源社会保障部　住房城乡建设部
交通运输部　商务部　文化和旅游部
卫生健康委　人民银行　国务院国资委
税务总局　市场监管总局
银保监会　民航局
2022年2月18日

关于促进服务业领域困难行业恢复发展的若干政策

按照党中央、国务院决策部署，为帮助服务业领域困难行业渡过难关、恢复发展，在落实好已经出台政策措施的基础上，经国务院同意，现提出以下助企纾困扶持政策措施。

一、服务业普惠性纾困扶持措施

1. 延续服务业增值税加计抵减政策，2022年对生产、生活性服务业纳税人当期可抵扣进项税额继续分别按10%和15%加计抵减应纳税额。

2. 2022年扩大“六税两费”适用范围，将省级人民政府在50%税额幅度内减征资源税、城市维护建设税、房产税、城镇土地使用税、印花税（不含证券交易印花税）、耕地占用税和教育费附加、地方教育附加等“六税两费”的适用主体，由增值税小规模纳税人扩展至小型微利企业和个体工商户。符合条件的服务业市场主体可以享受。

3. 鼓励各地可根据条例授权和本地实际，2022年对缴纳房产税、城镇土地使用税确有困难的纳税人给予减免。符合条件的服务业市场主体可以享受。

4. 2022年加大中小微企业设备器具税前扣除力度。中小微企业2022年度内新购置的单位价值500万元以上的设备器具，折旧年限为3年的可选择一次性税前扣除，折旧年限为4年、5年、10年的可减半扣除。企业可按季度享受优惠，当年不足扣除形成的亏损，可在以后 5 个纳税年度结转扣除。符合条件的服务业市场主体可以享受。

5. 2022 年延续实施阶段性降低失业保险、工伤保险费率政策。对不裁员、少裁员的企业继续实施普惠性失业保险稳岗返还政策，在 2022 年度将中小微企业返还比例从 60%最高提至 90%。符合条件的服务业市场主体可以享受。

6. 2022 年被列为疫情中高风险地区所在的县级行政区域内的服务业小微企业和个体工商户承租国有房屋，2022 年减免 6 个月租金，其他地区减免 3 个月租金。各地可统筹各类资金，对承租非国有房屋的服务业小微企业和个体工商户给予适当帮扶。鼓励非国有房屋租赁主体在平等协商的基础上合理分担疫情带来的损失。对减免租金的房屋业主，2022 年缴纳房产税、城镇土地使用税确有困难的，鼓励各地可根据条例授权和地方实际给予减免。因减免租金影响国有企事业单位业绩的，在考核中根据实际情况予以认可。

7. 2022 年引导银行用好 2021 年两次降低存款准备金率释放的 2.2 万亿元资金，发挥好货币政策工具的总量和结构双重功能，优先支持困难行业特别是服务业小微企业和民营企业。

8. 2022 年发挥好支持普惠小微的市场化工具引导作用，对地方法人银行普惠小微贷款余额增量的 1%提供激励资金，用好 4 000 亿元再贷款滚动额度，引导金融机构加大对困难行业特别是服务业领域的倾斜力度。鼓励金融机构对符合续贷条件的服务业市场主体按正常续贷业务办理，不得盲目惜贷、抽贷、断贷、压贷，保持合理流动性。

9. 2022 年继续推动金融系统减费让利，落实好贷款市场报价利率（LPR）下行、支农支小再贷款利率下调，推动实际贷款利率在前期大幅降低基础上继续下行，督促指导降低银行账户服务收费、人民币转账汇款手续费、银行卡刷卡手续费，减轻服务业小微企业和个体工商户经营成本压力。

10. 采取切实有效措施制止乱收费、乱摊派、乱罚款行为，研究实施专项整治行动方案，完善整治涉企乱收费协同治理和联合惩戒机制，防止对服务业的各项助企纾困政策效果被“三乱”抵消。鼓励服务业行业采取多种手段开展促销活动。

二、餐饮业纾困扶持措施

11. 鼓励有条件的地方对餐饮企业免费开展员工定期核酸检测，对企业防疫、消杀支出给予补贴支持。2022 年原则上应给予餐饮企业员工定期核酸检测不低于 50%比例的补贴支持。

12. 引导外卖等互联网平台企业进一步下调餐饮业商户服务费标准，降低相关餐饮企业经营成本。引导互联网平台企业对疫情中高风险地区所在的县级行政区域内的餐饮企业，给予阶段性商户服务费优惠。

13. 允许失业保险、工伤保险基金结余较多的省份对餐饮企业阶段性实施缓缴失业保险、工伤保险费政策，具体办法由省级人民政府确定。符合条件的餐饮企业提出申请，经参保地人民政府批准可以缓缴，期限不超过一年，缓缴期间免收滞纳金。

14. 引导金融机构加强与餐饮行业主管部门信息共享，运用中小微企业和个体工商户的交易流水、经营用房租赁以及有关部门掌握的信用信息等数据，提升风险定价能力，更多发放信用贷款。鼓励符合条件的餐饮企业发行公司信用类债券，拓宽餐饮企业多元化融资渠道。

15. 鼓励政府性融资担保机构为符合条件的餐饮业中小微企业提供融资增信支持，依法依约及时履行代偿责任，积极帮助受疫情影响企业续保续贷。支持有条件的地方向政府性融资担保机构注资、提供融资担保费用补贴。

16. 鼓励保险机构优化产品和服务，扩大因疫情导致餐饮企业营业中断损失保险的覆盖面，提升理赔效率，提高对餐饮企业的保障程度。鼓励有条件的地方给予保费补贴。

17. 鼓励餐饮企业为老年人提供助餐服务，地方结合实际因地制宜对老年人助餐服务给予适当支持。不得强制餐饮企业给予配套优惠措施。

三、零售业纾困扶持措施

18. 鼓励有条件的地方对零售企业免费开展员工定期核酸检测，对企业防疫、消杀支出给予补贴支持。2022年原则上应给予零售企业员工定期核酸检测不低于50%比例的补贴支持。

19. 中央财政通过服务业发展资金，支持开展县域商业体系建设。加强政策支持，发挥市场机制作用，推动“一个上行（农产品上行）”和“三个下沉（供应链下沉、物流配送下沉、商品和服务下沉）”。

20. 中央财政继续通过服务业发展资金，支持10个省（自治区、直辖市）进一步加强农产品供应链体系建设，完善农产品流通骨干网络等。

21. 允许失业保险、工伤保险基金结余较多的省份对零售企业阶段性实施缓缴失业保险、工伤保险费政策，具体办法由省级人民政府确定。符合条件的零售企业提出申请，经参保地人民政府批准可以缓缴，期限不超过一年，缓缴期间免收滞纳金。

22. 对于各地商务主管部门推荐的应急保供、重点培育、便民生活圈建设等名单企业，鼓励银行业金融机构加大信贷支持，适当降低贷款利率，鼓励有条件的地方给予贷款贴息。引导金融机构加强与零售行业主管部门信息共享，运用中小微企业和个体工商户的交易流水、经营用房租赁以及有关部门掌握的信用信息等数据，提升风险定价能力，更多发放信用贷款。鼓励符合条件的零售企业发行公司信用类债券，拓宽零售企业多元化融资渠道。

23. 鼓励政府性融资担保机构为符合条件的零售业中小微企业提供融资增信支持，依法依约及时履行代偿责任，积极帮助受疫情影响企业续保续贷。支持有条件的地方向政府性融资担保机构注资、提供融资担保费用补贴。

四、旅游业纾困扶持措施

24. 2022年继续实施旅行社暂退旅游服务质量保证金扶持政策，对符合条件的旅行社维持80%的暂退比例，鼓励有条件的地方进一步提高暂退比例。同时，加快推进保险代替保证金试点工作，扩大保险代替保证金试点范围。

25. 允许失业保险、工伤保险基金结余较多的省份对旅游企业阶段性实施缓缴失业保险、工伤保险费政策，具体办法由省级人民政府确定。符合条件的旅游企业提出申请，经参保地人民政府批准可以缓缴，期限不超过一年，缓缴期间免收滞纳金。

26. 加强银企合作，建立健全重点旅游企业项目融资需求库，引导金融机构对符合条件的、预期发展前景较好的A级旅游景区、旅游度假区、乡村旅游经营单位、星级酒店、旅行社等重点文化和旅游市场主体加大信贷投入，适当提高贷款额度。

27. 政府采购住宿、会议、餐饮等服务项目时，严格执行经费支出额度规定，不得以星级、所有制等为门槛限制相关企业参与政府采购。

28. 鼓励机关企事业单位将符合规定举办的工会活动、会展活动等的方案制定、组织协调等交由旅行社承接，明确服务内容、服务标准等细化要求，加强资金使用管理，合理确定预付款比例，并按照合同约定及时向旅行社支付资金。

29. 鼓励银行业金融机构合理增加旅游业有效信贷供给。建立重点企业融资风险防控机制。引导金融机构合理降低新发放贷款利率，对受疫情影响生产经营困难的旅游企业主动让利。鼓励符合条件的旅游企业发行公司信用类债券，拓宽旅游企业多元化融资渠道。

30. 对符合条件的、预期发展良好的旅行社、旅游演艺等领域中小微企业加大普惠金融支持力度。发挥文化和旅游金融服务中心的积极作用，建立中小微旅游企业融资需求库。鼓励银行业金融机构对旅游相关初创企业、中小微企业和主题民宿等个体工商户分类予以小额贷款支持。

五、公路水路铁路运输业纾困扶持措施

31. 2022年暂停铁路运输企业预缴增值税一年。

32. 2022年免征轮客渡、公交客运、地铁、城市轻轨、出租车、长途客运、班车等公共交通运输服务增值税。

33. 2022年中央财政对符合要求的新能源公交车，继续按照既定标准给予购置补贴，且退坡幅度低于非公共领域购置车辆。

34. 2022年中央财政进一步加大车辆购置税收入补助地方资金力度，支持公路、水运和综合货运枢纽、集疏运体系建设等。

35. 鼓励有条件的地方根据实际需要统筹安排资金，用于存在困难的新能源出租车、城市公交运营等支出。

36. 加强信息共享，发挥动态监控数据作用，引导金融机构创新符合道路水路运输企业特点的动产质押类贷款产品，盘活车辆、船舶等资产。鼓励金融机构按市场化原则对信用等级较高、承担疫情防控和应急运输任务较重的交通运输企业加大融资支持力度，相关主管部门提供企业清单供金融机构参考。鼓励符合条件的交通运输企业发行公司信用类债券，拓宽交通运输企业多元化融资渠道。

六、民航业纾困扶持措施

37. 2022年暂停航空运输企业预缴增值税一年。

38. 地方可根据实际需要，统筹中央对地方转移支付以及地方自有财力，支持航空公司和机场做好疫情防控。

39. 统筹资源加大对民航基础设施建设资金支持力度。中央财政继续通过民航发展基金对符合条件的航空航线、安全能力建设等予以补贴。继续通过民航发展基金等对符合条件的中小机场和直属机场运营、安全能力建设等予以补贴，对民航基础设施贷款予以贴息，对机场和空管等项目建设予以投资补助。鼓励地方财政对相关项目建设予以支持。

40. 研究协调推动中国航空油料集团有限公司与上游企业协商取消航空煤油价格中包含的海上运保费（2美元/桶）、港口费（50元/吨）等费用。

41. 鼓励银行业金融机构加大对枢纽机场的信贷支持力度。鼓励符合条件的航空公司发行公司信用类债券，拓宽航空公司多元化融资渠道。对受疫情影响严重的航空公司和民航机场注册发行债务融资工具建立绿色通道。

七、精准实施疫情防控措施

42. 认真落实严格、科学、精准的疫情防控措施，坚决防止和避免“放松防控”和“过度防控”两种倾向，有效恢复和保持服务业发展正常秩序。一是建立精准监测机制，运用大数据手段建立餐厅、商超、景点、机场、港口、冷链运输等服务业重点区域、重点行业从业人员库，落实重点人员和高风险岗位人员核酸检测频次，做到应检尽检。二是提升精准识别能力，确保疫情在服务业场所发生时全力以赴抓好流调“黄金24小时”。三是强化精准管控隔离，科学精准定位服务业重点、高危人群，对密切接触者和密接的密接进行集中隔离医学观察，对其他人员按照相关规定进行分类管理。四是推广精准防护理念，餐饮、零售、旅游、交通客运、民航等行业和相关服务场所工作人员做到疫苗应接尽接，建立工作人员每日健康监测登记制度，增强从业人员和公众疫情防控意识。

43. 严格落实国务院联防联控机制综合组防疫政策“五个不得”的要求，即不得禁止低风险地区人员返乡；不得随意扩大中高风险地区范围；不得随意将限制出行范围由中、高风险地区及所在区（县）扩大到所在地市；不得擅自对低风险地区人员采取集中隔离管控、劝返等措施；不得随意延长集中隔离观察

期限。在此基础上，进一步对服务业行业提出精准防疫要求。一是不得突破疫情防控相应规定进行封城、封区，不得非必要、不报批中断公共交通。二是不得非经流调、无政策依据对餐厅、商超、景区景点、电影院及相关服务业场所等实施关停措施、延长关停时间。三是不得在国务院联防联控机制政策要求基础上擅自增加对服务业的疫情防控措施。确有必要采取封城封区、中断交通等措施或在现行基础上加强疫情防控力度的，须报经国务院联防联控机制同意后实施。各省级人民政府要统筹本地区疫情防控措施总体要求，针对服务业行业特点，建立疫情防控措施层层加码问题反映、核实、纠正专项工作机制。

八、保障措施

发展改革委要切实发挥牵头作用，加强统筹协调，做好形势分析，加大协调推动有关政策的出台、执行落实工作力度，强化储备政策研究；国务院各有关部门要各司其职、加强配合，加大政策宣传贯彻力度，抓紧出台具体政策实施办法，及时跟进解读已出台政策措施，及时协调解决政策落实过程中的难点、堵点问题，及时回应社会诉求和关切。

各地区要结合实际情况和服务业领域困难行业特点，把握好政策时度效，抓好政策宣传贯彻落实，及时跟踪研判相关困难行业企业恢复情况，出台有针对性的专项配套支持政策，确保政策有效传导至市场主体，支持企业纾困发展。

各有关行业协会要充分发挥联系企业的桥梁和纽带作用，指导帮助企业用足用好相关纾困扶持措施，加强调查研究，及时了解和反馈行业发展动态、难点问题、企业诉求和政策落实情况。

国家发展改革委等部门印发《养老托育服务业纾困扶持若干政策措施》的通知

发改财金〔2022〕1356号

各省、自治区、直辖市及计划单列市人民政府，新疆生产建设兵团，国务院各部门、各直属机构：

促进养老托育服务健康发展，解决好“一老一小”问题，对保障和改善民生、促进人口长期均衡发展具有重要意义。受新冠肺炎疫情等因素影响，养老托育服务业面临较多困难。为切实推动养老托育服务业渡过难关、恢复发展，更好满足人民群众日益增长的养老托育服务需求，经国务院同意，现提出以下政策措施。

一、房租减免措施

（一）养老服务机构和托育服务机构（以下简称养老托育服务机构）属于中小微企业和个体工商户范畴、承租国有房屋的，一律免除租金到2022年底。其中承租国有经营用房的，各地区可在此基础上研究出台进一步减免措施。教育、科研等系统的有关单位和机构出租房屋的，鼓励其对养老托育服务小微企业和个体工商户进行租金减免。出租人减免租金的可按规定减免当年房产税、城镇土地使用税，对减免养老托育小微企业和个体工商户承租人房屋租金的出租人，鼓励国有银行按照其资质水平和风险水平给予优惠利率质押贷款等支持。因减免租金影响国有企事业单位业绩的，在考核中根据实际情况予以认可。

（二）鼓励非国有房屋租赁主体在平等协商的基础上合理分担疫情带来的损失。非国有房屋减免租金的出租人可同等享受上述各项政策优惠。有条件的地方要采取管用举措，支持非国有房屋出租人减免租金。

（三）鼓励各地探索将街道社区公共服务设施、国有房屋等物业以适当方式转交政府集中改造利用，免费或低价提供场地，委托专业化养老托育服务机构经营。对存在房屋租金支付困难的养老托育服务机构，鼓励合同双方通过平等协商方式延期收取。探索允许空置公租房免费提供给社会力量供其在社区为老年人开展助餐助行、日间照料、康复护理、老年教育等服务。

二、税费减免措施

（四）2022年，各地对符合条件的养老托育服务机构按照50%税额顶格减征资源税、城市维护建设税、房产税、城镇土地使用税、印花税（不含证券交易印花税）、耕地占用税和教育费附加、地方教育附加等“六税两费”。

（五）养老托育服务机构可按规定享受《关于养老、托育、家政等社区家庭服务业税费优惠政策的公告》（财政部　税务总局　发

展改革委　民政部　商务部　卫生健康委公告2019年第76号）规定的税费优惠政策。

（六）养老托育行业纳税人可按规定享受按月全额退还增量留抵税额、一次性全额退还存量留抵税额的留抵退税政策。

（七）严格落实养老托育服务机构用电、用水、用气、用热按居民生活类价格执行的政策，鼓励地方2022年视情给予进一步减免优惠。落实对受疫情影响封闭管理的养老托育服务机构用电、用水、用气“欠费不停供”政策，设立6个月费用缓缴期，并可根据本地实际进一步延长，缓缴期间免收欠费滞纳金。养老托育服务机构申请办理电、水、气、热等业务，实行限时办结制度。

三、社会保险支持措施

（八）延续实施阶段性降低失业保险、工伤保险费率政策。对不裁员、少裁员的养老托育服务机构，实施普惠性失业保险稳岗返还政策。

（九）受疫情影响经营出现暂时困难的养老托育服务机构，可申请阶段性缓缴养老保险、失业保险、工伤保险单位缴费部分，缓缴期间免收滞纳金。对符合条件的养老托育服务机构，“免申即享”缓缴职工医保单位缴费3个月，缓缴期间免收滞纳金。

（十）以个人身份参加企业职工基本养老保险的养老托育服务机构从业人员、养老服务从业人员等各类灵活就业人员，2022年缴纳费款确有困难的，可自愿暂缓缴费，2022年未缴费月度可于2023年底前进行补缴，缴费基数在2023年当地个人缴费基数上下限范围内自主选择，缴费年限累计计算。

四、金融支持措施

（十一）开展普惠养老专项再贷款试点，支持金融机构通过融资信用服务平台网络向普惠养老服务机构提供贷款，根据试点情况，在对政策进行评估完善后进一步扩大试点范围。

（十二）引导商业银行等金融机构继续按市场化原则与养老托育领域的中小微企业（含中小微企业主）和个体工商户自主协商，对其贷款实施延期还本付息，努力做到应延尽延，延期还本付息日期原则上不超过2022年底。

（十三）鼓励地方结合财力实际，给予养老托育服务机构贷款贴息支持，缓解养老托育服务机构融资困难。

（十四）鼓励政府性融资担保机构按市场化原则为养老托育服务机构提供融资增信支持，积极为受疫情影响企业提供融资担保支持。支持地方结合财力实际向政府性融资担保机构注资、提供融资担保费用补贴。

（十五）养老服务机构的综合责任保险承保机构，2022年对养老服务机构提升理赔效率、应赔尽赔。鼓励地方通过政府购买服务，按照竞争择优原则，为托育服务机构提供相关保险。对2022年被列为疫情中高风险区所在的县级行政区域内的养老托育服务机构，鼓励保险机构在风险可控、市场化和商业自愿前提下，根据实际情况适当延长保单到期日或延期收取保费。

（十六）支持符合条件的养老企业发行公司信用类债券，拓宽养老企业多元化融资渠道。

五、防疫支持措施

（十七）地方各级人民政府应在物资调配、转运隔离、医疗救治等疫情防控工作部署方面对养老托育服务机构予以倾斜，提供技术支持和必要保障。

（十八）地方各级人民政府根据疫情防控规定组织辖区内养老托育服务机构定期开展核酸检测，并视情况增加检测频次。养老托育服务机构按规定储备必备防疫物资，引导公益慈善组织为养老托育服务机构捐赠防疫物资。

（十九）对因疫情防控要求实施封闭管理、无法正常运营的养老托育服务机构的防疫物资、消杀支出，地方人民政府可给予适当支持。

（二十）地方各级民政部门视疫情情况，除涉及安全管理情况外，适度考虑疫情对养老服务机构满意度评价的影响，合理调整运营补贴发放条件，推动及时足额发放运营补贴。

六、其他支持措施

（二十一）中央预算内投资加大对养老托育设施建设支持力度，将养老托育设施建设项目纳入地方政府专项债券支持范围。鼓励各地优先通过公建民营方式，引导运营能力强的机构参与养老托育设施建设和运营，减轻养老托育服务机构建设投入成本，提升服务质量。

（二十二）地方各级人民政府组织心理医生、社会工作者等团队，通过现场或视频方式，根据需要及时为不具备心理咨询条件的养老服务机构提供心理疏导服务，帮助缓解入住老年人及员工因长期封闭出现的焦虑等心理健康问题。

（二十三）鼓励餐饮企业为不具备餐饮自制能力的养老服务机构和居家养老的老年人提供助餐服务，地方可结合实际因地制宜对老年人助餐服务给予适当支持。

（二十四）鼓励家政企业积极参与规范化居家上门养老托育服务，有效提升社区居家养老托育服务水平。鼓励地方探索对参与养老托育服务的家政企业给予适当支持。

（二十五）支持养老托育服务机构探索新业态、发展新模式。地方各级人民政府引导养老托育服务机构线上线下融合发展，支持养老领域企业发展智慧养老模式，帮助对接互联网医疗、康复辅助器具制造等资源，提供智慧化服务；支持托育服务机构创新服务形式，发展互联网直播互动式家庭育儿服务，鼓励开发婴幼儿养育课程、父母课堂等，拓展线上服务。有条件的地方可结合实际探索发放养老托育服务消费券。

（二十六）支持养老托育服务机构依托职业院校共建产教融合实训基地，中央预算内投资按照“十四五”教育强国推进工程有关要求予以支持。探索工学一体化的培训模式，推动解决养老托育行业用工难问题。

各地区要结合实际情况和养老托育服务业领域特点，抓好政策贯彻落实，明确各项政策措施申请条件和实施路径，充分发挥全国一体化政务服务平台“助企纾困服务专区”等数字化平台作用，及时跟踪研判相关困难行业恢复情况，出台有针对性的专项配套支持政策，确保政策有效传导至市场主体。各有关部门要各负其责、加强配合，及时协调解决政策落实中的难点堵点问题，主动回应社会关切。国家发展改革委、民政部、国家卫生健康委等部门牵头统筹协调，会同相关方面做好政策解读和宣传引导，加大力度推动政策措施细化落实，不断做好行业运行形势分析和政策储备研究。充分发挥行业组织桥梁纽带作用，做好相关指导服务工作，反馈行业发展共性问题和政策落实情况。

国家发展改革委
教育部　科技部
民政部　财政部
人力资源社会保障部
住房城乡建设部
卫生健康委
人民银行
国务院国资委
税务总局
市场监管总局
银保监会
2022 年 8 月 29 日

科技部等七部门关于做好科研助理岗位开发和落实工作的通知

国科发区〔2022〕185号

各有关单位：

为深入贯彻习近平总书记关于高校毕业生就业工作的重要指示批示精神，落实党中央、国务院有关任务部署和《国务院办公厅关于进一步做好高校毕业生等青年就业创业工作的通知》（国办发〔2022〕13号）要求，现就做好科研助理岗位开发、吸纳2022届高校毕业生就业工作有关事项通知如下。

一、总体要求

（一）重大意义。科研助理是指从事各类科研项目辅助研究、实验（工程）设施运行维护和实验技术、科技成果转移转化、学术助理、财务助理以及博士后等工作的人员。科研助理岗位是科研队伍的重要组成部分，是完善科研治理体系、提升科技创新治理能力的重要抓手。鼓励各类创新主体开发科研助理岗位吸纳高校毕业生就业，既是促进就业的有力手段，也是深化科技管理改革、构建与科技计划相适应的专业化支撑队伍的重要举措，更是提升高校、科研院所、企业创新能力的有效途径，对推进科技创新支撑引领现代化经济体系建设和高质量发展具有重大意义。

（二）工作思路。以习近平新时代中国特色社会主义思想为指导，进一步提高政治站位，落实“三新一高”要求，切实增强“时时放心不下”的责任感使命感紧迫感，担当作为、攻坚克难，以钉钉子精神贯彻落实好党中央、国务院关于“稳就业”“保就业”决策部署，统筹推进科技研发、高新技术企业成长、高新技术产业发展和科研助理岗位开发工作，尤其重点关注脱贫家庭、低保家庭、零就业家庭以及有残疾的、较长时间未就业的高校毕业生，发挥科技计划和创新基地平台依托单位的引领作用，强化央地协同，广泛动员部署，充分挖掘岗位资源，做实做细服务，加大保障力度，大幅增加科研助理岗位数量。

二、主要任务

（一）部属高校、中央院所、中央企业等单位加大科研助理岗位开发力度。各部属高校、中央级科研院所、中央企业等在所承担的各级科技计划项目和建设布局的各类重大创新基地平台中，积极吸纳高校毕业生参与科研工作，合理设置新的科研助理岗位。认真梳理已开发的科研助理岗位，充分利用尚未吸纳毕业生和因人员流动而产生空缺的有关岗位，最大限度吸纳高校毕业生就业。

（二）国家高新区和自创区主动作为开发科研助理岗位。充分发挥国家高新区和自创区集聚带动就业效能，落实《科技部办公厅关于做好国家高新区、自创区稳增长稳市场主体保就业促创业和2022年高校毕业生等青年就业创业工作的通知》要求，将科研助理岗位开发情况作为国家高新区考核的重要依据之一。积极动员国家高新区、自创区、农高区以及区内的高新技术企业、科技型中小企业、科技企业孵化器等设立科研助理岗位，组织引导承担各级科技计划项目的单位合理开发科研助理岗位，鼓励企业等单位自行组织的项目设立科研助理岗位。

（三）各地方积极开发科研助理岗位。各地方科技管理部门会同相关单位，结合实际，依托国家、地方各级科技项目和创新基地平台，面向省属高校、省属院所、新型研发机构、国家高新区外的高新技术企业、省级高新区以及除教育部、中科院、国资委之外其他中央单位在地方的分支机构等，加大科研助理岗位开发力度。各地方吸纳科研助理岗位任务完成情况将作为国务院对地方落实有关重大政策措施2022年度督查激励、省级高新区升级审核的重要参考。

三、保障措施

（一）加强组织领导。各部门、各地方要切实履行职责，组织本部门、本地区所属相关单位认真做好落实工作。部属高校、中央级科研院所、中央企业、国家高新区、国家自创区等要发挥带头作用，主动作为，积极开发科研助理岗位。各地区要结合本地实际，上下联动，形成合力，落实好开发科研助理岗位相关工作。

（二）发挥国家科技计划项目和创新基地平台依托单位的引领作用。国家科技计划项目包括国家重点研发计划、科技创新2030—重大项目、国家自然科学基金等，创新基地和平台包括国家实验室、国家重点实验室、国家技术创新中心、国家工程技术研究中心、国家临床医学研究中心、国家科技资源共享服务平台、大学科技园、科技企业孵化器，以及国家高新区、自创区、农高区、农业科技园、成果转移转化示范区、新一代人工智能创新发展试验区、可持续发展示范区、创新型城市、创新型县（市）等区域创新载体。强化上述项目和基地平台依托单位的主体责任，发挥示范带头作用，积极吸纳应届高校毕业生就业。鼓励各级科技计划项目和基地平台加大科研助理岗位开发力度。

（三）加强科研助理岗位服务保障。设立科研助理岗位的单位，应根据国家有关规定签订服务协议，为科研助理办理参加社会保险及住房公积金等。按照科研经费管理改革有关政策，中央财政科研项目完成任务目标并通过综合绩效评价后，结余资金留归项目承担单位使用，单位应将结余资金统筹安排用于科研活动直接支出，科研助理岗位经费可按规定从科研活动直接支出中列支。对于依托各级科技计划项目设立的科研助理岗位，科研项目经费中“劳务费”科目资金可按照有关规定用于科研助理的劳务性报酬和社会保险补助等支出。对于新立项项目，应结合科研助理的聘用情况认真测算经费需求，据实列支；在研项目如需调剂预算，可由项目承担单位按规定调剂。鼓励设立科研助理岗位的单位统筹相关经费渠道，配套专门资金为科研助理岗位提供长期稳定支持。

（四）加强信息报送和宣传力度。请各地方科技管理部门汇总本地区科研助理岗位开发和落实的工作进展情况，分别于6月30日、7月20日、8月10日、8月30日前报送科技部（报送内容和格式要求另行通知）。加大科研助理岗位宣传力度，动员各类媒体做好宣传工作。

科学技术部
教育部　财政部
人力资源和社会保障部
国务院国有资产监督管理委员会
中国科学院
国家自然科学基金委员会
2022年6月29日

教育部办公厅等七部门关于联合开展2023年度高校毕业生等重点群体促就业“国聘行动”的通知

教学厅函〔2022〕25号

各省、自治区、直辖市教育厅（教委）、科技厅（局）、人力资源社会保障厅（局）、国资委、团委、妇联、总台地方总站，各计划单列市教育局、科技局、人力资源社会保障局、国资委、团委、妇联，新疆生产建设兵团教育局、科技局、人力资源社会保障局、国资委、团委、妇联，各中央企业，部属各高等学校、部省合建各高等学校：

为学习贯彻党的二十大精神，落实党中央、国务院稳就业保就业决策部署，充分发挥国有企业稳岗促就业示范带动作用，千方百计促进高校毕业生等重点群体高质量充分就业，按照《国务院办公厅关于进一步做好高校毕业生等青年就业创业工作的通知》（国办发〔2022〕13号）部署要求，教育部、科技部、人力资源社会保障部、国务院国资委、共青团中央、全国妇联和中央广播电视总台决定联合开展2023年度高校毕业生等重点群体促就业“国聘行动”。现就有关事项通知如下。

一、行动时间

2022年11月至2023年6月。

二、行动主题

奋斗有我·国聘行动。

三、对象范围

2023届普通高校毕业生，2022届离校未就业毕业生等重点群体。

四、工作内容

（一）集中发布信息。中央企业和地方国有企业要健全招聘制度，梳理用人需求，明确招聘人数和岗位要求，积极开拓新的岗位资源，鼓励在国聘招聘平台（https://www.iguopin.com）、中智招聘平台（https://www.ciiczhaopin.com）、教育部国家大学生就业服务平台（https://24365.smartedu.cn）、中国人力资源市场网（http://chrm.mohrss.gov.cn）、中国公共招聘网（http://job.mohrss.gov.cn）、高校毕业生就业服务平台（http://job.mohrss.gov.cn/202008gx/index.jhtml）、团团微就业等线上平台集中发布岗位信息，举办专场招聘活动。有关招聘平台要切实履行社会责任，以就业信息互通、岗位资源共享、提供精准服务为目标，汇聚发布更多优质就业岗位。

（二）开展招聘宣讲。具备条件的地方、高校和企业等用人单位，可通过中央广播电视总台央视频等宣传渠道，持续开展招聘宣讲活动。各单位要充分发挥协同优势，组织区域性、行业性的集中招聘宣讲活动，扩大“国聘行动”影响力，带动非公单位积极参与，重点做好就业政策、企业品牌、人才需求、岗位前景、生产流程、工作生活场景等内容的宣传推广。

（三）统筹线下活动。各地各单位要结合新冠肺炎疫情防控形势，严格执行国务院应对新冠肺炎疫情联防联控机制综合组印发的《关于统筹做好高校毕业生校园招聘活动新冠肺炎疫情防控工作的通知》有关要求，稳妥有序推进线下专场招聘会、校园招聘活动开展，精准制定校园招聘活动疫情防控工作方案和应急预案，合理控制招聘活动规模，引导供需双方充分对接。

五、工作要求

（一）加强组织领导。教育部门和高校要积极组织动员高校毕业生参与本次活动，引导毕业生树立正确的就业观和择业观，为用人单位开展线上线下校园招聘提供便利。科技部门要联系调动广大科技型中小企业和高新技术企业，推动产业与人才互融互促，带动高校毕业生等就业。人力资源社会保障部门要组织各级公共就业人才服务机构，动员引导各人力资源服务机构发挥专业优势，提升服务质量，规范服务流程，维护市场秩序。国资部门要指导所监管企业充分挖掘岗位资源，更多以市场化手段发挥稳岗促就业示范带动作用。团组织要发挥密切联系青年优势，动员更多的青年求职者和企业家等参与“国聘行动”。妇联组织要从加强就业指导、挖掘就业岗位等方面入手，组织女企业家提供更多就业机会，帮助更多女性实现就业。

（二）严格招聘审查。各地各单位要加强对招聘信息的审核，要多利用数字技术严格审查招聘单位资质和招聘信息真实性、合法性，严厉打击虚假招聘。要加强对招聘流程的监管，扎实做好劳动权益保障，依法查处招聘过程中的虚假、欺诈和就业歧视等违法违规行为。不得将毕业院校、国（境）外学习经历、学习方式（全日制和非全日制）、本单位实习期限等作为限制性条件。要加强对个人信息的保护，杜绝求职者信息泄露等情况。

（三）做好宣传总结。各地要认真做好“国聘行动”宣传工作，运用新闻媒体、网络平台等渠道，广泛宣传促进高校毕业生等重点群体就业的政策措施，推广促就业典型经验做法，积极营造良好舆论氛围。要及时掌握工作进度成效，定期汇总招聘数据，做好阶段性工作总结，有关典型经验和做法及时报教育部、科技部、人力资源社会保障部、国务院国资委、共青团中央、全国妇联。

六、招聘平台联系人及联系方式（略）

教育部办公厅　科技部办公厅
人力资源社会保障部办公厅
国务院国资委办公厅
共青团中央办公厅　全国妇联办公厅
中央广播电视总台办公厅
2022 年 11 月 30 日

科技部办公厅　教育部办公厅　财政部办公厅　人力资源社会保障部办公厅印发《〈关于扩大高校和科研院所科研相关自主权的若干意见〉问答手册》的通知

国科办政〔2022〕5号

相关主管部门（单位）办公厅（室）：

按照中央改革办扩大高校和科研院所科研相关自主权若干意见落实情况督察要求，经商中央编办，科技部、教育部、财政部、人力资源社会保障部联合编制了《〈关于扩大高校和科研院所科研相关自主权的若干意见〉问答手册》。现将手册印发你们，并通过科技部官方网站公开，供落实自主权改革工作时参考。同时，请你们通过本部门（单位）官方网站转载手册，指导所属高校、科研院所做好自主权改革工作。

科技部办公厅
教育部办公厅
财政部办公厅
人力资源社会保障部办公厅
2022年2月18日

《关于扩大高校和科研院所科研相关自主权的若干意见》问答手册

一、主管部门在所属高校、科研院所制定完善章程过程中应发挥什么作用？

章程是高校和科研院所运行发展的基本准则。

对于高校，按照《高等学校章程制定暂行办法》（教育部令第31号），地方政府举办的高等学校的章程由省级教育行政部门核准，其中本科以上高等学校的章程核准后，应当报教育部备案；教育部直属高等学校的章程由教育部核准；其他中央部门所属高校的章程，经主管部门同意，报教育部核准。核准过程中主要对章程内容合法性、合理性、正当性、表述规范性和程序完备性等进行审查，并送章程核准专家委员会和部内相关司局征求意见。形成修改意见后反馈学校，与学校沟通并指导修改完善章程文本，提请教育部党组审议，通过章程核准书的形式印发。

对于科研院所，按照《关于扩大高校和科研院所科研相关自主权的若干意见》（国科发政〔2019〕260号）《关于中央级科研事业单位章程制定工作的指导意见》（国科发创〔2017〕224号）规定，科研事业单位主管部门要组织所属科研事业单位开展章程制定和完善工作，并派员参加科研事业单位章程起草小组。对于科研事业单位提交的章程及审核申请函、起草说明，主管部门应进行审核，并正式复函告知审核结果。涉及对章程条款、文字、内容进行修改的，主管部门应与科研事业单位沟通，提出修改意见。对章程制定中违反法规政策、逾越科研事业单位职责权限等情形，主管部门可要求科研事业单位修改后，重新申请审核。高校、科研院所发生更名、分立、合并、终止，或者战略定位、发展目标、管理体制变更等重大事项，应依据章程规定的程序，对章程进行修订，主管单位应对修订的章程进行审核。

二、高校和科研院所章程应包括哪些内容？

高等学校制定章程应当以中国特色社会主义理论体系为指导，以宪法、法律法规为依据，坚持社会主义办学方向，贯彻党的教育方针，遵循高等教育规律，推进高等学校科学发展；应当促进改革创新，围绕人才培养、科学研究、服务社会、推进文化传承创新、国际交流合作的任务，依法完善内部法人治理结构，体现和保护学校改革创新的成功经验与制度成果；应当着重完善学校自主管理、自我约束的体制机制，反映学校的办学特色。根据《高等学校章程制定暂行办法》（教育部令第31号）有关规定，高等学校章程应包含以下内容：

一是学校的登记名称、简称、英文译名等，学校办学地点、住所地。

二是学校的机构性质、发展定位，培养目标、办学方向。

三是经审批机关核定的办学层次、规模。

四是学校的主要学科门类，以及设置和调整的原则、程序。

五是学校实施的全日制与非全日制、学历教育与非学历教育、远程教育、中外合作办学等不同教育形式的性质、目的、要求。

六是学校的领导体制、法定代表人，组织结构、决策机制、民主管理和监督机制，内设机构的组成、职责、管理体制。

七是学校经费的来源渠道、财产属性、使用原则和管理制度，接受捐赠的规则与办法。

八是学校的举办者，举办者对学校进行管理或考核的方式、标准等，学校负责人的产生与任命机制，举办者的投入与保障义务。

九是章程修改的启动、审议程序，以及章程解释权的归属。

十是学校的分立、合并及终止事由，校徽、校歌等学校标志物、学校与相关社会组织关系等学校认为必要的事项等重大事项。

科研院所制定章程，要全面落实从严治党要求，把党的领导、党的建设贯穿章程制定全过程，加强领导和政治把关，确保党的建设内容得到充分体现；应依据相关法规、规划、政策，依照中央编办、主管部门关于本单位职责、机构、编制的文件要求。根据《关于中央级科研事业单位章程制定工作的指导意见》（国科发创〔2017〕224号）有关规定，科研事业单位章程应包含以下内容：

一是基本条款。包括单位名称、职能定位、发展目标、业务范围、举办单位、经费来源、领导体制、法定代表人变更程序、主要负责人任免程序等。

二是领导体制。实行院所长（院长、所长、主任等）负责制的科研事业单位，章程应明确党组织发挥政治核心作用。实行党委领导下的院所长（院长、所长、主任等）负责制或设立党组的科研事业单位，章程应明确党组织或党组发挥领导核心作用，统一领导本单位工作。

三是专项工作委员会。学术委员会、职称评审委员会、岗位聘用委员会、学位评定委员会等专项工作委员会的作用、职责，主任和委员的产生、组成，以及职称评审、岗位聘用、学位授予的规则和程序。

四是职工大会。职工全体大会或代表大会的职责、组成、产生机制以及议事程序。

五是科研管理制度。绩效评价、科技创新激励、科研成果转化奖励、职务发明成果转让收益分配等制度。

六是人事管理制度。管理岗位人员、专业技术岗位人员、工勤技能岗位人员的任职条件、职责、聘用解聘、考核和奖惩，内设机构负责人的主要职责和任免，学术带头人的任职条件、职责、任免和奖惩考核等。

七是财务资产管理制度。预算管理、财务管理、资产管理、审计监督等管理事项及规则。

同时，设有理事会的科研事业单位应明确理事会的地位、作用、产生机制，以及理事长和理事的产生、组成、任职资格等，并明确党组织在法人治理结构中的地位和作用。

三、高校和科研院所制定章程应履行哪些程序？

根据《高等学校章程制定暂行办法》（教育部令第 31 号）和《关于中央级科研事业单位章程制定工作的指导意见》（国科发创〔2017〕224 号）有关规定，高校和科研院所制定章程应履行以下程序：

1. 组织起草。高校、科研院所应成立章程起草小组，由本单位主要负责人牵头，成员包括本单位科研人员、管理人员代表以及举办单位代表、相关科研领域专家学者等，注重吸纳外部专家以及服务对象、政府部门等参与。章程起草过程中，应与举办单位及相关部门充分沟通协商。

2. 广泛征求意见。章程起草过程中，应广泛听取本单位内部各类人员，特别是科研人员、教师的意见。涉及单位战略定位、领域布局、发展目标、管理体制，以及关系管理岗位人员、专业技术岗位人员、工勤技能岗位人员切身利益的重大问题，应当采取多种方式征求意见、充分论证。高校章程还要征求学生、校友、共建单位等方面的意见。

3. 提交职工会议讨论。章程草案应提交职工全体会议或职工代表大会讨论。章程起草小组负责人应当就章程起草情况与重点问题，向全体职工或职工代表作出说明。章程草案经讨论后，在本单位公示，职工可对章程草案提出意见建议。

4. 提交审议。章程草案征求意见结束后，起草小组应将章程草案、起草说明，职工全体会议或职工代表大会的意见建议以及修改说明等，提交院（所）务会/校长办公会或党委（党组）会审议。

5. 审核备案。

地方政府举办的高等学校的章程由省级教育行政部门核准，其中本科以上高等学校的章程核准后，应当报教育部备案；教育部直属高等学校的章程由教育部核准；其他中央部门所属高校的章程，经主管部门同意，报教育部核准。高校章程经核准后报送登记管理机关告知性备案。

科研院所章程经院（所）务会或党委（党组）会审议后，报举办单位审核核准，举办单位相关司局应书面征求科技部政策法规与创新体系建设司意见，随函附章程起草说明、事业单位法人证书、“三定”职责等相关文件。章程起草说明应介绍组织起草阶段、征求单位职工意见阶段情况，以及提交院所会议审议情况，同时应明确章程内容不违反法律、法规和国家政策。科技部政策法规与创新体系建设司经组织专家咨询、征求相关方面意见后，将修改建议书面反馈，科研院所相应修改完善章程。科研院所章程经核准后报送科技行政管理部门、登记管理机关告知性备案。通过单位网站等渠道发布章程正式文本，向单位内部和社会公开。章程内容涉密的，严格按照国家保密有关规定执行。

四、如何保障高校、科研院所按照章程管理运行？

在高校、科研院所依照章程管理运行的过程中，主管部门应坚持简政放权与有效监管相结合，最大限度减少政府对高校和科研院所内部事务的微观管理和直接干预，加强对发展方向的总体把握，确保充分放权与有效承接、完善内部治理与加强外部监督、激励担当作为与严肃问责追责等有机结合、权力与责任相一致。

五、高校如何制定规划？

制定和实施发展规划属于高校办学自主权。教育部对直属高校发展规划制定与实施具有宏观层面的指导和督促义务。直属高校在学校党委领导下，成立编制工作领导小组和工作专班开展规划编制工作。教育部对学校规划文本进行审核，形成审核意见后反馈学校，学校根据教育部意见进行修改完善。学校规划文本经学校党委会全体会议审议通过，报教育部备案并向社会公布。教育部将探索建立规划执行报告和调整制度，强化对直属高校规划执行情况的监督检查，并推动各高校根据新形势新要求以及规划执行情况对规划进行适当调整。在规划收官阶段对各高校的规划执行情况进行考核，推动高校高质量执行规划。

六、科研院所应如何制定绩效目标及指标？

《中央级科研事业单位绩效评价暂行办法》（国科发创〔2017〕330号）《关于深化项目评审、人才评价、机构评估改革的意见》《关于扩大高校和科研院所科研相关自主权的若干意见》（国科发政〔2019〕260号）等文件对绩效指标制定工作要求等作出细化规定，科研事业单位绩效目标、指标、工作方案由科研事业单位研究提出，经主管部门审定后，由主管部门将绩效目标、指标报科技部备案。绩效指标应符合以下标准：

1. 导向明确。根据中央编办、主管部门关于本单位职责、机构、编制的文件以及科研事业单位章程等文件规定的职责定位，国家科技发展规划和政策，所属行业发展规划，以及相关领域科技创新趋势，设定绩效目标。对有条件的科研事业单位，探索实行合同管理制度，通过合同约定绩效目标。

2. 具体清晰。绩效目标和绩效指标应有时间节点，指向明确，内容具体清晰，定量指标、定性指标应可比对、可考核。

3. 科学可行。绩效目标应充分考虑科研活动规律与特点，与预算投资额或资金量相适应，经过充分调查、研究和论证，符合客观实际且科学可行。绩效指标数据口径规范、资料易于采集。

4. 分类制定。根据学科特点，不同类型的科研事业单位应分类制定绩效目标。五年综合绩效目标和年度绩效目标应有机结合、有序衔接，通过年度绩效目标的积累递进，实现五年综合绩效目标。

绩效目标包括预期产出、预期效果、服务对象及社会公众满意度等方面。主要应包括科技创新成果与水平，人才团队与条件平台建设，科研成果推广应用，科学传播、科技服务，科研组织方式与管理机制创新。

七、主管部门如何面向高校和科研院所开展绩效评价？

高校方面，教育部在学科评价、财政拨款等工作中将高校科研绩效作为评价因素。下一步，教育部将以创新质量和贡献为价值导向，按照分类评价、代表性成果评价、中长期评价等原则，采取定量与定性评价相结合、年度监测与中长期绩效评价相结合的方法，研究建立高校科研绩效评价体系。待条件成熟时，将组织高校开展试点，并会同相关部门研究使用绩效评价结果。

科研院所方面，按照《中央级科研事业单位绩效评价暂行办法》（国科发创〔2017〕330号），主管部门根据评价工作计划、实施方案和评价指标体系，组织或委托评估机构等，在核实科研事业单位自评价报告的基础上，按照绩效评价指标和评价标准，合理运用专家评议、市场评价、文献计量、案例分析、问卷调查等方法分析评价，形成初步结论。主管部门将评价初步结论反馈科研事业单位，参考科研事业单位提交的意见建议，研究形成部门评价报告。

开展高校和科研院所绩效评价过程中，主管部门应制定本部门绩效评价办法，组织所属高校、科研院所开展自评，对预算执行情况及政策和项目实施效果开展绩效自评，自评工作应做到内容完整、权重合理、数据真实、结果客观。主管部门汇总自评结果后，加强自评结果审核和应用，高校绩效评价报告报财政部，科研院所绩效评价报告报科技部、财政部、人力资源社会保障部。

八、科研院所绩效评价以多久为周期？

按照《关于扩大高校和科研院所科研相关自主权的若干意见》（国科发政〔2019〕260号）《关于深化项目评审、人才评价、机构评估改革的意见》规定，建立综合评价与年度抽查评价相结合的中央级科研事业单位绩效评价长效机制。以5年为评价周期，对科研事业单位开展综合评价。5年期间，每年按一定比例，聚焦年度绩效完成情况等重点方面，开展年度抽查评价。

九、科研院所绩效评价结果如何与机构编制管理工作衔接？

根据《中国共产党机构编制工作条例》，各级机构编制委员会办公室应当对机构编制执行情况和使用效益进行客观评估，评估结果作为改进机构编制管理、优化编制资源配置的重要依据。《机构编制管理评估办法（试行）》（中编委发〔2021〕2号）对相关评估工作作出明确具体规定。

部门（单位）履职尽责、履职效益等情况是机构编制管理评估的重要内容和指标。机构编制管理评估将充分利用科研事业单位绩效评价成果，减少重复劳动、提高评估效率。同时，加强与科研事业单位绩效评价工作的有机衔接，推进信息共享、数据共用、结果互信。

十、高校、科研院所优化调整内设机构是否仍需要审批？

高等学校方面，《高等教育法》明确规定，“高等学校根据实际需要和精简、效能原则，自主确定教学、科学研究、行政职能部门等内部组织机构的设置和人员配备”。教育部等中央部门所属高校自主管理内部机构优化调整事项，在实际工作中不需要报主管部门审批。同时，为贯彻落实《中国共产党机构编制工作条例》等有关文件精神，教育部要求直属高校制定校内机构编制工作的专门办法，进一步规范机构编制管理，严格程序，完善制度，依据权限科学合理设置学校内设机构。

科研机构方面，按照《机构编制事项备案办法》（中央编办发〔2013〕142号）规定，中央和国家机关部门内设处级机构的设立、撤销或者合并情况，由中央和国家机关各部门按年度向中央编办报送备案。党中央、国务院直属事业单位，由中央机构编制部门直接管理机构编制的群众团体机关，以及相关事业单位所属事业单位的机构编制事项备案，参照本办法执行。省级机构编制部门可以参照本办法，结合实际，制定相应办法。按照《关于扩大高校和科研院所科研相关自主权的若干意见》（国科发政〔2019〕260号）规定，科研院所在章程规定的职能范围内，根据国家战略需求、行业发展需要和科技发展趋势，按照精简、效能的原则，可自主设置、变更和取消单位的内设机构。

十一、重大科技项目负责人调整技术路线、参加人员的程序有哪些？

科技重大专项方面，《国家科技重大专项（民口）管理规定》（国科发专〔2017〕145号）明确规定：重大专项实施过程中，一是涉及重大专项实施方案目标、概算、进度、组织实施方式的重大调整等事项，由牵头组织单位提出建议，经科技部、发展改革委、财政部三部门审核后，报国务院批准。二是涉及重大专项阶段实施计划目标、分年度概算和年度预算总额的重大调整等事项，由牵头组织单位按程序报三部门。三是涉及重大专项阶段实施计划和年度计划其他一般性调整的事项，由牵头组织单位核准，报三部门备案。四是需要调整或撤销的一般性项目（课题），由专业机构提出书面意见，报重大专项牵头组织单位核准，并报三部门备案。

《进一步深化管理改革　激发创新活力　确保完成国家科技重大专项既定目标的十项措施》（国科发重〔2018〕315号）进一步明确：一是赋予重大专项科研人员更大的技术路线决策权。重大专项课题负责人具有自主选择和调整技术路线的权利，科研项目申报期间，以课题负责人提出的技术路线为主进行论证，科研项目实施期间，课题负责人可以在研究方向不变、不降低申报指标的前提下自主调整研究方案和技术路线，报项目管理专业机构备案。单位主管部门、项目管理部门充分尊重科研人员意见，牵头组织单位落实好服务、保障和监管责任。二是赋予科研单位科研课题经费管理使用自主权。直接费用中除设备费外，其他科目费用调剂权全部下放给课题承担单位，单位完善管理制度，及时为科研人员办理调剂手续。三是进一步落实重大专项概预算管理改革。在不突破阶段概算的前提下，牵头组织单位可及时申请分年度概算在年度间的调整，专项在分年度概算控制数内，结合评审结果，自主决定新立项课题预算安排。

重点研发计划方面，《科技部　财政部关于进一步优化国家重点研发计划项目和资金管理的通知》（国科发资〔2019〕45号）明确，赋予科研人员更大技术路线决策权。科研项目申报期间，以科研人员提出的技术路线为主进行论证；科研项目实施期间，科研人员可以在研究方向不变、不降低考核指标的前提下自主调整研究方案和技术路线，由项目牵头单位报项目管理专业机构备案。科研项目负责人可以根据项目需求，在申报期间按规定自主组建科研团队；结合项目进展情况，在实施期间按规定进行相应调整，并在遵守科研人员限项规定及符合诚信要求的前提下自主调整项目骨干、一般参与人员，由项目牵头单位报项目管理专业机构备案。

为进一步扩大科研人员自主权，国家重点研发计划项目调整按照分级分类原则进行处理，除项目（课题）牵头单位、负责人、实施周期、主要考核指标、项目撤销或终止等重大调整外，其他一般性调整均交由项目牵头单位自行审批实施，如技术路线调整、项目参与人员调整等事项无需报专业机构审批。如确需申请重大调整，由项目牵头单位通过国家科技管理信息系统提出项目调整申请，同时向专业机构报送正式书面申请材料。专业机构对项目牵头单位提出的相关调整事项进行审核和评估，进行必要的专家咨询或现场调研考察，研究提出处理意见，并按程序向项目牵头单位进行批复。

十二、项目实施期间实行“里程碑”式管理后，还有哪些过程性评估、检查、抽查？

科技重大专项方面，《进一步深化管理改革　激发创新活力　确保完成国家科技重大专项既定目标的十项措施》（国科发重〔2018〕315号）明确要求，对于重点核心任务攻关课题定期开展检查，一般性课题实施周期内原则上按不超过5%的比例抽查，实施周期三年（含）以下的自由探索类基础研究课题一般不开展过程检查。相对集中时间开展联合检查，避免在同一年度对同一课题重复、多头检查。

重点研发计划方面，根据《关于进一步优化国家重点研发计划项目和资金管理的通知》（国科发资〔2019〕45号）明确要求，实施周期三年以下的项目，一般不开展过程检查。项目管理专业机构提前制定年度检查工作方案，相对集中时间开展检查，避免在同一年度对同一项目重复检查、多头检查。同时，注重年度报告等已有信息的分析运用，尽量让科研人员少填报信息。根据《关于进一步完善国家重点研发计划项目综合绩效评价财务管理的通知》（国科办资〔2021〕137号），项目综合绩效评价取消评前审查。

十三、重大科技项目管理“减表”后还需要填报哪些表格？

科技重大专项方面，按照《科技部重大专项司关于进一步精简重大专项表格材料和加强信息系统建设与共享等工作的通知》（国科重函〔2019〕3号）规定，重大专项提交材料由24份精简为18份，25张基本信息类表格整合为重大专项项目（课题）申报立项阶段、过程管理阶段、综合绩效评价阶段基本信息表3张表格，实际填报内容减少约50%左右。新立项课题按照整合后的“一套表格”，分别在申报、过程管理和验收等三个阶段“一次性”填报基本信息，避免重复填报。目前，简化后的表格填报要求已经固化到国家科技管理信息系统重大专项相关管理模块中，支撑保障管理需求，形成长效机制。

重点研发计划方面，按照《关于进一步优化国家重点研发计划项目和资金管理的通知》（国科发资〔2019〕45号）规定，将现有项目层面填报的表格整合精简为项目基本信息表、项目（课题）目标及考核指标表、参加人员基本信息表、经费及人员投入情况、取得经济社会效益情况、项目牵头单位中央财政资金拨付情况表等6张表格；课题层面填报的表格整合精简为课题基本信息表、课题预算表、课题资金表、单位研究经费支出预算明细表、设备费-购置试制设备预算明细表等5张表格，实现“一表多用、一表多能”。

十四、高校和科研院所自主使用横向经费有哪些政策依据？

《关于进一步完善中央财政科研项目资金管理等政策的若干意见》规定：项目承担单位以市场委托方式取得的横向经费，纳入单位财务统一管理，由项目承担单位按照委托方要求或合同约定管理使用。

十五、如何执行国内差旅费包干制？

《国务院办公厅关于改革完善中央财政科研经费管理的若干意见》（国办发〔2021〕32号）、《国家重点研发计划资金管理办法》（财教〔2021〕178号）、《关于扩大高校和科研院所科研相关自主权的若干意见》（国科发政〔2019〕260号）规定：国内差旅伙食费、市内交通费已经实行包干制，要落实好现有政策；对难以取得发票的住宿费实行包干制的，要规范出差审批和费用发放程序，加强审核，在出差人员级别对应的住宿费标准以内发放包干费用，由出差人员统筹使用。

十六、如何判断科研仪器设备耗材等属于独家代理、生产？更灵活便利的采购方式有哪些？采购科研软件、材料的流程有哪些？

为判断采购标的是否为独家代理、生产，采购人可以调查拟采购标的相关产业发展、市场供给等情况，向供应商、相关专家或者行业组织了解相关情况。

根据《中华人民共和国政府采购法实施条例》等有关法律制度规定，目前我国政府采购有公开招标、邀请招标、竞争性谈判、竞争性磋商、询价和单一来源等6种采购方式，财政部还可以根据实际情况认定新的采购方式，采购人可根据法定适用情形和采购项目特点选择适宜的采购方式。如大型装备等采购需求客观、明确，且技术较复杂或者专业性较强的采购项目，一般采用招标、谈判（磋商）方式采购。如首购订购等不能完全确定客观指标，需由供应商提供设计方案、解决方案或者组织方案的采购项目，一般采用谈判（磋商）方式采购。属于依法应报财政部门申请变更采购方式的，要简化内部管理流程，提高运行效率。

采购科研软件（如软件包、数据处理工具）、材料应当执行政府采购有关规定。完整的采购程序包括编制采购预算，确定采购需求，编制采购实施计划，开展内部审查，执行采购程序，确定中标、成交供应商，签订采购合同，执行合同规定，按照合同约定进行履约验收并支付资金，妥善保存采购文件等步骤，具体采购活动还应当执行本系统、本部门、本单位采购科研软件、材料有关规定。

十七、如何判断科研急需的科研设备和耗材？科研急需的设备和耗材是否需要履行政府采购程序？

采购人应当建立健全政府采购内控管理制度，根据科研项目的实际需要和科研进度安排，结合相关产业国内外发展情况，市场供给是否紧缺等因素，自行确定是否为科研急需。对于因工作计划安排不当未及时开展采购活动、突击花钱采购等情况，不得认定为“科研急需”。

对于科研急需的设备和耗材，仍需执行政府采购程序，但可不进行招投标程序，高校、科研院所在依法获得财政部门批准后，可以变更采购方式。目前，财政部已对中央高校、科研院所科研仪器设备采取了特殊的管理政策，简化变更政府采购方式审批流程和申请材料，对于项目承担单位申请并符合要求的项目，财政部实行限时办结制度。自收到变更申请之日起，原则上在5个工作日内办结。同时，对采购进口科研仪器设备实行备案制管理，无须报财政部审核。

十八、项目临时聘用人员、研究生等不使用公务卡结算的，报销时需要哪些材料？

《关于进一步完善中央财政科技和教育资金预算执行管理有关事宜的通知》（财库〔2018〕96号）规定：中央财政科研项目中的临时聘用人员、研究生等不具备公务卡办卡资格的参与人员，因执行项目任务产生的差旅费等费用，经项目负责人和单位财务部门批准后，可不使用公务卡结算，但原则上不得使用现金，报销时是否还需要提供其他说明材料，应按照科研单位内部财务管理规定执行。

十九、博士研究生培养成本可由哪些主体分摊？是否可以在财政科研项目资金中列支？

国家建立以政府投入为主、受教育者合理分担培养成本、高等学校等博士研究生培养机构多渠道筹集经费的博士研究生教育投入机制。根据《关于进一步完善中央财政科研项目资金管理等政策的若干意见》以及《国务院办公厅关于改革完善中央财政科研经费管理的若干意见》（国办发〔2021〕32号），参与项目研究的博士研究生可以在科研项目经费中领取劳务费。

二十、赋予科研人员职务科技成果所有权或长期使用权试点改革的总体推进安排有哪些？

根据《赋予科研人员职务科技成果所有权或长期使用权试点实施方案》（国科发区〔2020〕128号），优先在开展基于绩效、诚信和能力的科研管理改革试点的中央部门所属高等院校和中科院所属科研院所，医疗卫生、农业等行业所属中央级科研机构，以及全面创新改革试验区和国家自主创新示范区内的地方高等院校和科研机构中，选择一批改革动力足、创新能力强、转化成效显著以及示范作用突出的单位开展赋权试点工作，试点时间为期三年。成果类型包括专利权、计算机软件著作权、集成电路布图设计专有权、植物新品种权，以及生物医药新品种和技术秘密等。对可能影响国家安全、国防安全、公共安全、经济安全、社会稳定等事关国家利益和重大社会公共利益的成果暂不纳入赋权范围，并推动建立赋权成果的负面清单制度。2020年10月，经有关部门和地方推荐，确定了40家开展试点工作的单位名单。下一步，科技部将会同有关部门深入分析40家试点单位在试点过程中形成的经验，总结出可复制可推广的改革举措，适时推广。

二十一、科技成果转化税收减免政策有哪些？

为进一步增强科技人员转化科技成果的获得感，财政部、税务总局、科技部等部门出台一系列科技成果转化收入和奖励的税收优惠政策。一是个人所得税优惠政策，包括《关于促进科技成果转化有关税收政策的通知》（财税字〔1999〕45号）规定，科研机构、高校转化职务科技成果以股权形式给个人奖励，个人暂不缴纳个人所得税，递延至取得股份分红或转让股权时，缴纳个人所得税；《关于科技人员取得职务科技成果转化现金奖励有关个人所得税政策的通知》（财税〔2018〕58号）规定，对依法批准设立的非营利性研究开发机构和高等学校根据《中华人民共和国促进科技成果转化法》，从职务科技成果转化收入中给予科技人员的现金奖励，可减按50%计入科技人员“工资、薪金所得”，依法缴纳个人所得税。二是企业所得税优惠政策，《中华人民共和国企业所得税法实施条例》规定，在一个纳税年度内，居民企业技术转让所得不超过500万元的部分，免征企业所得税；超过500万元的部分，减半征收企业所得税。三是增值税优惠政策，《关于全面推开营业税改征增值税试点的通知》（财税〔2016〕36号）规定，对纳税人提供技术转让、技术开发和与之相关的技术咨询、技术服务，免征增值税。

二十二、高校和科研院所如何自主组织公开招聘？

高校和科研院所可以按照《事业单位人事管理条例》（国务院令第652号，以下简称《条例》）规定的程序，制定招聘方案，设置岗位条件，发布招聘信息，自主组织公开招聘，规范聘后管理。其中，自主组织公开招聘是指高校和科研院所可根据需要，不参加由事业单位人事综合管理部门、主管部门统一组织的公开招聘考试，由单位自行组织。

二十三、高校和科研院所科研人员兼职创新、在职创业的配套政策有哪些？

高校和科研院所科研人员开展“双创”活动，可根据本单位制定的有关政策，在履行本单位岗位职责、不影响本职工作的前提下，经所在单位同意进行兼职创新、在职创办企业。兼职创新、在职创办企业人员继续享有参加职称评审、项目申报、岗位竞聘、培训、考核、奖励等各方面权利，工资、社会保险等各项福利待遇不受影响。经与人事关系所在单位协商一致，科研人员兼职创新或在职创办企业期间，可以实行相对灵活、弹性的工作时间。

兼职创新、在职创办企业人员可以在兼职单位或者创办企业申报职称。到企业兼职创新的人员，与企业职工同等享有获取报酬、奖金、股权激励的权利，国家另有规定的从其规定。兼职单位或创办企业应当依法为兼职创新、在职创办企业人员缴纳工伤保险费，其在人事关系所在单位外工作期间发生工伤的，依法享受工伤保险待遇，由相关单位或企业承担工伤保险责任。鼓励企业为兼职创新人员参加个人储蓄性养老保险提供补贴。

二十四、高校和科研院所选派科研人员到企业工作或者参与项目合作有哪些政策规定？

高校和科研院所根据开展“双创”活动需要，选派科研人员到企业工作或者参与项目合作，应与科研人员变更聘用合同，约定岗位职责、工作标准和考核、工资待遇等。派出单位、选派人员、派驻企业应当签订三方协议，约定选派人员的工作内容、期限、报酬、奖励等权利义务以及成果转让、开发收益等权益分配内容。合作期满，选派人员应当返回派出单位原岗位工作，或者由派出单位安排相应等级的岗位工作；所从事工作确未结束的，三方协商一致可以续签协议。选派人员在选派期间执行高校和科研院所人事管理政策规定和派出单位的内部人事管理办法，同时遵守派驻企业的规章制度。

选派人员在选派期间，与派出单位在岗同类人员享有同等权益，并与派驻企业职工同等享有获取报酬、奖金的权利，国家另有规定的从其规定。选派人员在派驻企业的工作业绩应纳入职称评审、岗位竞聘、考核奖励体系，派出单位可以按照有关规定对业绩突出人员在岗位竞聘时予以倾斜。建立健全高校和科研院所成果转化处置和收益分配政策，高校和科研院所转化科技成果依法获得的收入全部留归本单位，可按国家有关规定对完成或者转化职务科技成果作出重要贡献人员给予现金奖励，计入当年本单位绩效工资总量，但不受总量限制，不纳入总量基数。

二十五、高校和科研院所内设研发机构负责人是否可以享受科研人员相关政策？

按照《国务院关于印发实施〈中华人民共和国促进科技成果转化法〉若干规定的通知》（国发〔2016〕16号）规定，对于高校和科研院所聘用在管理岗位任职的内设研发机构负责人，是科技成果的主要完成人或者对科技成果转化作出重要贡献的，可以按照《促进科技成果转化法》的规定获得现金、股份或者出资比例等奖励和报酬。

按照《关于加强和改进教学科研人员因公临时出国管理工作的指导意见》（厅字〔2016〕17号）规定，直接从事科研任务的人员，开展科学研究、学术访问和参加国际会议等活动时，出国批次数、团组人数、在外停留天数根据实际需要安排，不列入国家工作人员因公临时出国批次限量管理范围。

按照《关于支持和鼓励事业单位专业技术人员创新创业的指导意见》（人社部规〔2017〕4号）规定，高校和科研院所的科技人员在履行岗位职责、完成本职工作的前提下，经征得单位同意，可以兼职到企业等从事科技成果转化活动，或者离岗创业。高校和科研院所应当建立制度规定或者与科技人员约定兼职、离岗从事科技成果转化活动期间和期满后的权利和义务。

二十六、高校和科研院所制订岗位设置和实施方案有哪些程序？

根据《事业单位人事管理条例》（国务院令第652号）等现行事业单位人事管理制度，国家建立事业单位岗位管理制度，明确岗位类别和等级，对事业单位岗位设置实行宏观调控，分类指导，分级管理。

高校和科研院所根据职责任务和工作需要，拟定岗位设置方案，按程序报主管部门审核、事业单位人事综合管理部门备案。其后，高校和科研院所应在核准的岗位总量、结构比例和最高等级限额内，制定岗位设置实施方案。制定方案应广泛听取职工对岗位设置实施方案的意见。

二十七、高校和科研院所增加高级专业技术岗位比例的程序有哪些？

高校和科研院所在符合《事业单位岗位设置管理试行办法》（国人部发〔2006〕70号）第27条规定的情形时，可申请变更本单位的岗位设置方案（含增加高级专业技术岗位比例）。按程序应报主管部门审核、事业单位人事综合管理部门备案。其中，国务院直属事业单位应报人力资源社会保障部备案，各省、自治区、直辖市政府直属事业单位的岗位设置方案报本地区人力资源社会保障厅（局）备案。

二十八、高校和科研院所设置创新型、流动性岗位需履行哪些程序？在人选产生、工资分配发放、职称评审等方面有哪些细化规定？

高校和科研院所可根据创新工作需要，按照国家或所在地政策设置创新型岗位和流动性岗位。设置创新型岗位的，按规定调整、变更岗位设置方案。

《关于进一步支持和鼓励事业单位科研人员创新创业的指导意见》（人社部发〔2019〕137号）规定，事业单位根据开展"双创"活动需要，可根据人事综合管理部门备案后的岗位设置方案，在专业技术岗位中自主设置创新岗位。现有岗位设置方案难以满足创新工作需求的，可以按规定申请调整岗位设置方案，也可以按规定申请设置特设岗位，不受岗位总量和结构比例限制。创新岗位人选可以通过内部竞聘上岗或者面向社会公开招聘等方式产生，任职条件要求具有与履行岗位职责相符的科技研发、科技创新、科技成果推广能力和水平。其中，高层次紧缺人才可通过直接考察的方式引进。事业单位可根据开展"双创"活动需要自主设置流动岗位，不纳入人事综合管理部门备案后的岗位设置方案，用于引进高层次紧缺人才。流动岗位人员由事业单位自主引进，不与事业单位建立人事关系，其薪酬由双方协商确定。事业单位应与流动岗位人员订立协议，明确工作期限、工作内容、工作时间、工作要求、工作条件、工作报酬、保密纪律、成果归属等内容。流动岗位人员通过公开招聘等方式被事业单位正式聘用的，其在流动岗位期间的工作业绩可以作为岗位聘用和职称评审的重要依据。

事业单位根据创新工作实际，可探索在创新岗位实行相对灵活、弹性的工作时间，便于科研人员合理安排利用时间开展创新工作。在创新岗位工作期间，取得的技术项目开发、科技成果推广和转化、科研社会服务成果，应作为科研人员职称评审、项目申报、岗位竞聘、考核、奖励的主要依据。事业单位绩效工资分配应向在创新岗位做出突出成绩的科研人员倾斜。对创新岗位科研人员，按照国家有关规定，经有关部门批准可实行协议工资、项目工资等灵活多样的分配方法。创新岗位科研人员依法取得的职务科技成果转化现金奖励，计入当年本单位绩效工资总量，但不受总量限制，不纳入总量基数。

二十九、高校和科研院所申请设置特设岗位的程序有哪些？

人力资源社会保障部、教育部《关于高校岗位设置管理的指导意见》（国人部发〔2007〕59号）规定，高等学校特设岗位的设置须经主管部门审核后，按程序报设区的市级以上政府人事行政部门核准。具体管理办法由各地、各部门根据实际情况制定。

三十、中央高校和科研院所如何调整绩效工资总量？

《国务院办公厅关于改革完善中央财政科研经费管理的若干意见》（国办发〔2021〕32号）规定，中央高校、科研院所、企业结合本单位发展阶段、类型定位、承担任务、人才结构、所在地区、现有绩效工资实际发放水平（主要依据上年度事业单位工资统计年报数据确定）、财务状况特别是财政科研项目可用于支出人员绩效的间接费用等实际情况，向主管部门申报动态调整绩效工资水平，主管部门综合考虑激发科技创新活力、保障基础研究人员稳定工资收入、调控不同单位（岗位、学科）收入差距等因素审批后报人力资源社会保障、财政部门备案。

《关于扩大高校和科研院所科研相关自主权的若干意见》（国科发政〔2019〕260号）规定，高校和科研院所可在绩效工资总量内，按国家有关规定自主确定绩效工资结构、考核办法、分配方式、工资项目名称、标准和发放范围。

三十一、高校和科研院所科研人员职务科技成果转化现金奖励是否纳入绩效工资总量管理？

《关于事业单位科研人员职务科技成果转化现金奖励纳入绩效工资管理有关问题的通知》（人社部发〔2021〕14号）规定：职务科技成果转化后，科技成果完成单位按规定对完成、转化该项科技成果做出重要贡献人员给予的现金奖励，计入所在单位绩效工资总量，但不受核定的绩效工资总量限制，不作为人力资源社会保障、财政部门核定单位下一年度绩效工资总量的基数，不作为社会保险缴费基数。

对接受企业或其他社会组织委托取得的项目，经当地科技主管部门认定属于职务科技成果转化的，项目承担单位按规定给予科研人员现金奖励，按上述规定执行；不属于职务科技成果转化的，从项目经费中提取的人员绩效支出，应在核定的绩效工资总量内分配，纳入单位绩效工资总量管理。

三十二、高校、科研院所在科研诚信建设方面应履行哪些主体责任？

根据《关于进一步压实国家科技计划（专项、基金等）任务承担单位科研作风学风和科研诚信主体责任的通知》（国科发监〔2020〕203号）等文件规定，从事科研活动的各类科研院所、高校、企业、社会组织等是科研作风学风和科研诚信建设第一责任主体，在承担国家科技计划（专项、基金等）任务时要将科研作风学风和科研诚信建设工作摆上重要日程，进一步加强制度建设，开展常态化管理，强化责任传导，确保科研作风学风和科研诚信建设各项要求落实到位。要严格执行信息报送制度，对重大科研作风学风和科研诚信问题的调查处理情况及结果须按要求报送所在地省级科技行政管理部门，涉及科技计划（专项、基金等）科研项目、创新基地、科技奖励、人才工程等的，应同时报送相关管理部门。每年年底要通过国家科研诚信管理信息系统报告本单位科研作风学风和科研诚信建设情况。要加强对本单位科研人员的日常教育引导，发现风险，纠正本单位人员科研作风学风、科研诚信、科技伦理等方面问题，及时对违背有关科技活动要求的行为开展调查，对违规失信相关责任人作出严肃处理。

工业和信息化部等十一部门关于开展“携手行动”促进大中小企业融通创新（2022—2025年）的通知

工信部联企业〔2022〕54号

各省、自治区、直辖市及计划单列市、新疆生产建设兵团中小企业主管部门、发展改革委、科技厅（局）、财政厅（局）、人力资源社会保障厅（局）、国资委、市场监管局、知识产权局、工商联；中国人民银行上海总部，各分行、营业管理部，各省会（首府）城市中心支行，各副省级城市中心支行，各银保监局：

为贯彻落实《中华人民共和国国民经济和社会发展第十四个五年规划和2035年远景目标纲要》以及《“十四五”促进中小企业发展规划》，推动大企业加强引领带动，促进产业链上中下游、大中小企业融通创新，现就开展“携手行动”促进大中小企业融通创新有关事项通知如下。

一、总体要求

（一）指导思想

以习近平新时代中国特色社会主义思想为指导，按照党中央、国务院决策部署，立足新发展阶段，完整、准确、全面贯彻新发展理念，构建新发展格局，通过部门联动、上下推动、市场带动，促进大中小企业创新链、产业链、供应链、数据链、资金链、服务链、人才链全面融通，着力构建大中小企业相互依存、相互促进的企业发展生态，增强产业链供应链韧性和竞争力，提升产业链现代化水平。

（二）行动目标

到2025年，引导大企业通过生态构建、基地培育、内部孵化、赋能带动、数据联通等方式打造一批大中小企业融通典型模式；激发涌现一批协同配套能力突出的专精特新中小企业；通过政策引领、机制建设、平台打造，推动形成协同、高效、融合、顺畅的大中小企业融通创新生态，有力支撑产业链供应链补链固链强链。

二、重点任务

（一）以创新为引领，打造大中小企业创新链

1. 推动协同创新。推动大企业、中小企业联合科研院所、高校等组建一批大中小企业融通、产学研用协同的创新联合体，鼓励承接科技重大项目，加强共性技术研发。推动各地依托大企业技术专家、高校院所教授学者等建立融通创新技术专家咨询委员会，面向中小企业开展技术咨询、指导等活动。在“创客中国”中小企业创新创业大赛设立赛道赛，通过大企业“发榜”、中小企业“揭榜”，促进大中小企业加强创新合作。（发展改革委、科技部、工业和信息化部、财政部及各地相关部门按职责分工负责，以下均需各地相关部门落实，不再列出）

2. 推动创新资源共享。引导大企业向中小企业开放品牌、设计研发能力、仪器设备、试验场地等各类创新资源要素，共享产能资源，加强对中小企业创新的支持。（发展改革委、国资委、全国工商联按职责分工负责）

3. 推动创新成果转化。推动各类科技成果转化项目库、数据库向中小企业免费开放，完善科研成果供需双向对接机制，促进政府支持的科技项目研发成果向中小企业转移转化。在科技计划设立中充分听取中小企业意见，并支持中小企业承担项目。鼓励大企业先试、首用中小企业创新产品，促进中小企业配套产品在首台（套）重大技术装备示范应用。（科技部、工业和信息化部、国资委、全国工商联按职责分工负责）

4. 推动标准和专利布局。推动大企业联合中小企业制定完善国家标准、行业标准，积极参与国际标准化活动，协同全球产业链上下游企业共同树立国际标准。引导大企业与中小企业加强知识产权领域合作，共同完善产业链专利布局。（工业和信息化部、国资委、市场监管总局、国家知识产权局、全国工商联按职责分工负责）

5. 推动绿色创新升级。推动大企业通过优化采购标准、加强节能减排技术支持等措施，引导推动产业链上下游中小企业深化低碳发展理念、提升资源利用效率，提升产业链整体绿色发展水平。（发展改革委、工业和信息化部、国资委、全国工商联按职责分工负责）

（二）以提升韧性和竞争力为重点，巩固大中小企业产业链

1. 协同突破产业链断点堵点卡点问题。梳理产业链薄弱环节和大企业配套需求，组织专精特新中小企业开展技术攻关和样机研发，引导中小企业精准补链。优先支持大中小企业联合申报重点产品、工艺“一条龙”应用示范等产业基础再造工程项目。营造更好环境，支持创新型、科技型中小企业研发。（科技部、工业和信息化部、国资委、全国工商联按职责分工负责）

2. 发挥大企业龙头带动作用。推动大企业建设小型微型企业创业创新基地、高质量现代产业链园区，帮助配套中小企业改进提升工艺流程、质量管理、产品可靠性等水平，通过股权投资、资源共享、渠道共用等带动中小企业深度融入产业链。鼓励大企业培育内部创业团队，围绕产业链创办更多中小企业。（发展改革委、工业和信息化部、国资委、全国工商联按职责分工负责）

3. 提升中小企业配套支撑能力。梳理专精特新“小巨人”企业产业链图谱，按产业链组织与大企业对接，助力中小企业融入大企业产业链。同等条件下，将为关键产业链重点龙头企业提供核心产品或服务的中小企业优先认定为专精特新“小巨人”企业，通过中央和地方财政加强对专精特新中小企业的支持力度。（发展改革委、工业和信息化部、财政部按职责分工负责）

4. 打造融通发展区域生态。发布产业转移指导目录，构建完善优势互补、分工合理的现代化产业发展格局，推动产业链供应链快速响应、高效协同，优化提升资源配置效率。培育先进制造业集群、中小企业特色产业集群，围绕经济带（圈）、城市群打造跨区域一体化产业链协同生态。（发展改革委、工业和信息化部按职责分工负责）

（三）以市场为导向，延伸大中小企业供应链

1. 加强供应链供需对接。开展大企业携手专精特新中小企业对接活动，推动各地举办大中小企业“百场万企”洽谈会，推动工业电商共同举办工业品在线交易活动，引导大企业面向中小企业发布采购需求，促进中小企业与大企业深化拓展供应链合作关系。充分发挥行业协会、商会、平台企业、企业信息查询机构作用，通过市场化机制促进大中小企业加强产品、技术供需对接，逐步建立跨产业、跨行业的供需对接机制和合作平台。（工业和信息化部、国资委、全国工商联按职责分工负责）

2. 完善供应链合作机制。引导平台企业

完善供应链上下游企业利益共享机制，营造“大河有水小河满，小河有水大河满”的生动发展局面。引导征信机构等社会化服务机构探索为大企业提供中小企业信用评价和风险管理服务，激发大企业合作积极性。引导大企业联合中小企业建立完善供应链预警机制，共同提升供应链稳定性和竞争力。（工业和信息化部、人民银行、国资委、全国工商联按职责分工负责）

（四）以数字化为驱动，打通大中小企业数据链

1. 发挥大企业数字化牵引作用。鼓励大企业打造符合中小企业特点的数字化服务平台，推动开发一批小型化、快速化、轻量化、精准化的“小快轻准”低成本产业链供应链协同解决方案和场景，推介一批适合中小企业的优质工业 APP。开展智能制造试点示范行动，遴选一批智能制造示范工厂和典型场景，促进提升产业链整体智能化水平。鼓励大企业带动中小企业协同开展技术改造升级，提升中小企业技术改造能力。（发展改革委、工业和信息化部、国资委、全国工商联按职责分工负责）

2. 提升中小企业数字化水平。深入实施中小企业数字化赋能专项行动，开展智能制造进园区活动，发布中小企业数字化转型水平评价标准及评价模型、中小企业数字化转型指南，引导中小企业深化转型理念、明确转型路径、提升转型能力、加速数字化网络化智能化转型进程。（工业和信息化部、财政部负责）

3. 增强工业互联网支撑作用。深入实施工业互联网创新发展行动计划，培育一批双跨工业互联网平台，推动垂直行业工业互联网平台拓展深化服务大中小企业融通的功能作用，推动各类生产要素的泛在连接、柔性供给和优化配置，加强对产业链大中小企业的数字化分析和智能化监测，促进产业链制造能力的集成整合和在线共享。（工业和信息化部、国资委、全国工商联按职责分工负责）

（五）以金融为纽带，优化大中小企业资金链

1. 创新产业链供应链金融服务方式。完善产业链供应链金融服务机制，鼓励金融机构结合重点产业链供应链特点开发信贷、保险等金融产品，加强供应链应收账款、订单、仓单和存货融资服务。（人民银行、银保监会按职责分工负责）

2. 推动直接融资全链条支持。引导各类产业投资基金加大对产业链供应链上下游企业的组合式联动投资，强化对产业链整体的融资支持力度，并发挥资源集聚优势，为中小企业提供各类增值服务。（发展改革委、工业和信息化部按职责分工负责）

3. 引导大企业加强供应链金融支持。推动大企业支持配合上下游中小企业开展供应链融资，助力缓解中小企业融资难融资贵。引导大企业加强合规管理，不得滥用市场优势地位设立不合理的付款条件、时限，规范中小企业账款支付。（工业和信息化部、人民银行、国资委、全国工商联按职责分工负责）

（六）以平台载体为支撑，拓展大中小企业服务链

1. 搭建专业化融通创新平台。鼓励各地培育大中小企业融通创新平台、基地，促进产业链上下游企业合作对接。引导大中小企业融通型特色载体进一步提升促进融通发展服务能力，为融通创新提供有力支撑。加强大学科技园及各类众创空间建设，促进各类创新要素高效配置和有效集成。（发展改革委、科技部、工业和信息化部按职责分工负责）

2. 推动各类平台强化融通创新服务。引导国家制造业创新中心、产业创新中心、技术创新中心将促进融通创新纳入工作目标，引导中小企业公共服务示范平台、制造业双创平台设立促进融通发展的服务产品或项目，加强对融通创新的服务支持。（发展改革委、科技部、工业和信息化部按职责分工负责）

3. 培育国际合作服务平台。搭建中小企业跨境撮合平台，依托大企业打造中小企业海外服务体系，带动中小企业共同出海，提高跨

国经营能力和水平，融入全球产业链供应链。（工业和信息化部、国资委、全国工商联按职责分工负责）

（七）以队伍建设为抓手，提升大中小企业人才链

1. 加强人才培养引进。实施专项人才计划，选拔一批创新企业家、先进制造技术人才和先进基础工艺人才。加大海外高层次人才引进力度，支持产业链上下游企业培养、吸引和留住骨干人才。组织实施制造业技能强基工程，健全制造业技能人才培养、评价、使用、激励制度，建设一支数量充足、结构合理、技艺精湛的制造业技能人才队伍。（工业和信息化部、人力资源社会保障部、国资委负责）

2. 推动人才共享共用。推动大企业自建或联合社会力量建立人才学院、网络学习平台、公共实训基地等，打造专业化开放共享培训平台，加强对产业链中小企业人才培养。鼓励大企业设立高技能人才培训基地和技能大师工作室，培养造就高技能领军人才，引领带动高技能人才队伍建设和发展。探索建立大企业、科研院所技术型专家人才到中小企业兼职指导和定期派驻机制。（工业和信息化部、人力资源社会保障部、国资委、全国工商联按职责分工负责）

3. 提升人才队伍融通创新能力。引导大企业开展人才交流、培训活动，加强大中小企业人才理念、技术、管理等方面交流。开设中小企业经营管理领军人才培训促进大中小企业融通创新主题班，帮助经营管理人员拓展融通发展视野、深化融通发展思维、提升融通对接能力。实施数字技术工程师培育项目，加快数字技术领域人才培养，推动数字经济和实体经济融合发展。谋划建设一批卓越工程师培养实践基地，面向融通创新需求打造卓越工程师培养模式。（工业和信息化部、人力资源社会保障部、国资委、全国工商联负责）

三、工作要求

（一）强化组织领导。各地区相关部门要健全大中小企业融通创新工作机制，制定完善本地区贯彻落实工作方案，绘制产业链图谱，建立重点企业库、补链固链强链项目库及需求清单，完善专家咨询机制，强化部、省、市、县联动，细化分解工作任务，加强协调调度，确保各项工作落地落实。（各有关部门负责）

（二）强化政策支持。各级财政可根据发展需要，通过现有渠道对大中小企业融通创新给予积极支持。推动国有企业制定向中小企业开放创新资源的激励措施，对推动大中小企业融通创新成效明显的相关团队予以工资总额支持，对取得重大成果的国有企业在年度考核中给予加分奖励，在任期考核中给予激励。鼓励地方探索实施大中小企业融通创新项目。（各有关部门负责）

（三）强化宣传引导。总结促进大中小企业融通创新的经验做法，择优宣传推介典型经验模式，提升促进融通创新工作水平。创新宣传方式方法，进一步推动深化融通创新理念，凝聚社会共识，营造合力促进大中小企业融通创新、产业链供应链补链固链强链的良好氛围。（各有关部门负责）

工业和信息化部
国家发展和改革委员会
科学技术部　财政部
人力资源和社会保障部
中国人民银行
国务院国有资产监督管理委员会
国家市场监督管理总局
中国银行保险监督管理委员会
国家知识产权局
中华全国工商业联合会
2022 年 5 月 12 日

工业和信息化部等十六部门关于促进数据安全产业发展的指导意见

工信部联网安〔2022〕182号

各省、自治区、直辖市及计划单列市、新疆生产建设兵团工业和信息化主管部门、网信办、发展改革委、教育厅（委、局）、科技厅（委、局）、公安厅（局）、国家安全厅（局）、财政厅（局）、人力资源社会保障厅（局）、国资委、税务局、市场监督管理局（委、厅）、知识产权局，各省、自治区、直辖市通信管理局，中国人民银行各分行、营业管理部、各省会（首府）城市中心支行，各银保监局，各证监局，有关企业：

数据安全产业是为保障数据持续处于有效保护、合法利用、有序流动状态提供技术、产品和服务的新兴业态。为贯彻落实《中华人民共和国数据安全法》，推动数据安全产业高质量发展，提高各行业各领域数据安全保障能力，加速数据要素市场培育和价值释放，夯实数字中国建设和数字经济发展基础，制定本意见。

一、总体要求

（一）指导思想。以习近平新时代中国特色社会主义思想为指导，全面贯彻落实党的二十大精神，立足新发展阶段，完整、准确、全面贯彻新发展理念，构建新发展格局，坚定不移贯彻总体国家安全观，统筹发展和安全，把握数字化发展机遇，以全面提升数据安全产业供给能力为主线，以创新为动力、需求为导向、人才为根本，加强核心技术攻关，加快补齐短板，促进各领域深度应用，发展数据安全服务，构建繁荣产业生态，推动数据安全产业高质量发展，全面加强数据安全产业体系和能力，夯实数据安全治理基础，促进以数据为关键要素的数字经济健康快速发展。

（二）基本原则。坚持创新驱动，强化企业创新主体地位，优化创新资源要素配置，激发各类市场主体创新活力。坚持以人为本，维护人民数据安全合法权益，依靠人民智慧发展产业，发展成果更多更公平惠及人民。坚持需求牵引，以有效需求引领产业供给，以深度应用促进迭代升级。坚持开放协同，注重更大范围、更宽领域、更深层次的开放合作，协同推进全产业链深度融合、共创共享。

（三）发展目标。到2025年，数据安全产业基础能力和综合实力明显增强。产业生态和创新体系初步建立，标准供给结构和覆盖范围显著优化，产品和服务供给能力大幅提升，重点行业领域应用水平持续深化，人才培养体系基本形成。

——产业规模迅速扩大。数据安全产业规模超过1 500亿元，年复合增长率超过30%。

——核心技术创新突破。建成5个省部级及以上数据安全重点实验室，攻关一批数据安全重点技术和产品。

——应用推广成效显著。打造8个以上重

点行业领域典型应用示范场景，推广一批优秀解决方案和试点示范案例。

——产业生态完备有序。建成 3～5 个国家数据安全产业园、10 个创新应用先进示范区，培育若干具有国际竞争力的龙头骨干企业、单项冠军企业和专精特新“小巨人”企业。

到 2035 年，数据安全产业进入繁荣成熟期。产业政策体系进一步健全，数据安全关键核心技术、重点产品发展水平和专业服务能力跻身世界先进行列，各领域数据安全应用意识和应用能力显著提高，涌现出一批具有国际竞争力的领军企业，产业人才规模与质量实现双提升，对数字中国建设和数字经济发展的支撑作用大幅提升。

二、提升产业创新能力

（四）加强核心技术攻关。推进新型计算模式和网络架构下数据安全基础理论和技术研究，支持后量子密码算法、密态计算等技术在数据安全产业的发展应用。优化升级数据识别、分类分级、数据脱敏、数据权限管理等共性基础技术，加强隐私计算、数据流转分析等关键技术攻关。研究大数据场景下轻量级安全传输存储、隐私合规检测、数据滥用分析等技术。建设和认定一批省部级及以上数据安全重点实验室，鼓励产学研用多方主体共建高水平研发机构、产业协同创新中心，开展技术攻关，推动成果转化。

（五）构建数据安全产品体系。加快发展数据资源管理、资源保护产品，重点提升智能化水平，加强数据质量评估、隐私计算等产品研发。发展面向重点行业领域特色需求的精细化、专业型数据安全产品，开发适合中小企业的解决方案和工具包，支持发展定制化、轻便化的个人数据安全防护产品。提升基础软硬件数据安全水平，推动数据安全产品与基础软硬件的适配发展，增强数据安全内生能力。

（六）布局新兴领域融合创新。加快数据安全技术与人工智能、大数据、区块链等新兴技术的交叉融合创新，赋能提升数据安全态势感知、风险研判等能力水平。加强第五代和第六代移动通信、工业互联网、物联网、车联网等领域的数据安全需求分析，推动专用数据安全技术产品创新研发、融合应用。支持数据安全产品云化改造，提升集约化、弹性化服务能力。

三、壮大数据安全服务

（七）推进规划咨询与建设运维服务。面向数据安全合规需求，发展合规风险把控、数据资产管理、安全体系设计等方面的规划咨询服务。围绕数据安全保护能力建设与运行需求，积极发展系统集成、监测预警、应急响应、安全审计等建设运维服务。面向数据有序开发利用的安全需求，发展数据权益保护、违约鉴定等中介服务。

（八）积极发展检测、评估、认证服务。建立数据安全检测评估体系，加强与网络安全等级保护评测等相关体系衔接，培育第三方检测、评估等服务机构，支持开展检测、评估人员的培训。支持开展数据安全技术、产品、服务和管理体系认证。鼓励检测、评估、认证机构跨行业跨领域发展，推动跨行业标准互通和结果互认。推动检测、评估等服务与数据安全相关标准体系的动态衔接。

四、推进标准体系建设

（九）加强数据安全产业重点标准供给。充分发挥标准对产业发展的支撑引领作用，促进产业技术、产品、服务和应用标准化。鼓励科研院所、企事业单位、普通高等院校及职业院校等各类主体积极参与数据安全产业评价、数据安全产品技术要求、数据安全产品评测、数据安全服务等标准制定。高质高效推进贯标工作，加大标准应用推广力度。积极参与数据安全国际标准组织活动，推动国内国际协同发展。

五、推广技术产品应用

（十）提升关键环节、重点领域应用水平。深度分析工业、电信、交通、金融、卫生健康、知识产权等领域数据安全需求，梳理典型应用场景，分类制定数据安全技术产品应用指南，促进数据处理各环节深度应用。推动先进适用数据安全技术产品在电子商务、远程医疗、在线教育、线上办公、直播新媒体等新型应用场景，以及国家数据中心集群、国家算力枢纽节点等重大数据基础设施中的应用。推进安全多方计算、联邦学习、全同态加密等数据开发利用支撑技术的部署应用。

（十一）加强应用试点和示范推广。组织开展数据安全新技术、新产品应用试点，推进技术产品迭代升级，验证适用性和推广价值。遴选一批技术先进、特点突出、应用成效显著的数据安全典型案例和创新主体，加强示范引领。开展重点区域和行业数据安全应用示范，打造数据安全创新应用先进示范区，集中示范应用并推广数据安全技术产品和解决方案。

六、构建繁荣产业生态

（十二）推动产业集聚发展。立足数据安全政策基础、产业基础、发展基础等因素，布局建设国家数据安全产业园，推动企业、技术、资本、人才等加快向园区集中，逐步建立多点布局、以点带面、辐射全国的发展格局。鼓励地方结合产业基础和优势，围绕关键技术产品和重点领域应用，打造龙头企业引领、具有综合竞争力的高端化、特色化数据安全产业集群。

（十三）打造融通发展企业体系。实施数据安全优质企业培育工程，建立多层次、分阶段、递进式企业培育体系，发展一批具有生态引领力的龙头骨干企业，培育一批掌握核心技术、具有特色优势的数据安全专精特新中小企业、专精特新“小巨人”企业，培育一批技术、产品全球领先的单项冠军企业。发挥龙头骨干企业引领支撑作用，带动中小微企业补齐短板、壮大规模、创新模式，形成创新链、产业链优势互补，资金链、人才链资源共享的合作共赢关系。

（十四）强化基础设施建设。充分利用已有资源，建立健全数据安全风险库、行业分类分级规则库等资源库，支撑数据安全产品研发、技术手段建设，为数据安全场景应用测试等提供环境。建设数据安全产业公共服务平台，提供创新支持、供需对接、产融合作、能力评价、职业培训等服务，实现产业信息集中共享、供需两侧精准对接、公共服务敏捷响应。

七、强化人才供给保障

（十五）加强人才队伍建设。推动普通高等院校和职业院校加强数据安全相关学科专业建设，强化课程体系、师资队伍和实习实训等。制定颁布数据安全工程技术人员国家职业标准、实施数字技术工程师培育项目，培养壮大高水平数据安全工程师队伍，鼓励科研机构、普通高等院校、职业院校、优质企业和培训机构深化产教融合、协同育人，通过联合培养、共建实验室、创建实习实训基地、线上线下结合等方式，培养实用型、复合型数据安全专业技术技能人才和优秀管理人才。推进通过职业资格评价、职业技能等级认定、专项职业能力考核等，建立健全数据安全人才选拔、培养和激励机制，遴选推广一批产业发展急需、行业特色鲜明的数据安全优质培训项目。充分利用现有人才引进政策，引进海外优质人才与创新团队。

八、深化国际交流合作

（十六）推进国际产业交流合作。充分利用双多边机制，加强数据安全产业政策交流合作。加强与“一带一路”沿线国家数据安全产业合作，促进标准衔接和认证结果互认，推动产品、服务、技术、品牌“走出去”。鼓励国内外数据安全企业在技术创新、产品研发、应用推广等方面深化交流合作。探索打造数据安全产业国际创新合作基地。支持举办高层次数据安全国际论坛和展会。鼓励我国数据安全领域学者、企业家积极参与相关国际组织工作。

九、保障措施

（十七）加强组织领导。充分发挥国家数据安全工作协调机制作用，将发展数据安全产业作为提高数据安全保障能力的基础性任务，央地协同打造数据安全产业链创新链。各部门要加强统筹协调，形成发展合力，确保任务落实。各地有关部门要强化资源要素配置，推动产业发展重大政策、重点工程落地。

（十八）加大政策支持。研究利用财政、金融、土地等政策工具支持数据安全技术攻关、创新应用、标准研制和园区建设。支持符合条件的数据安全企业享受软件和集成电路企业、高新技术企业等优惠政策。引导各类金融机构和社会资本投向数据安全领域，支持数据安全保险服务发展。支持数据安全企业参与“科技产业金融一体化”专项，通过国家产融合作平台获得便捷高效的金融服务。

（十九）优化发展环境。加快数据安全制度体系建设，细化明确政策要求。加强知识产权运用和保护，建立健全行业自律及监督机制，建立以技术实力、服务能力为导向的良性市场竞争环境。科学高效开展数据安全产业统计，健全产业风险监测机制，及时研判发展态势，处置突出风险，回应社会关切。加强教育引导，提升各类群体数据安全保护意识。

工业和信息化部
国家互联网信息办公室
国家发展和改革委员会
教育部
科学技术部
公安部
国家安全部
财政部
人力资源社会保障部
中国人民银行
国务院国有资产监督管理委员会
国家税务总局
国家市场监督管理总局
中国银行保险监督管理委员会
中国证券监督管理委员会
国家知识产权局
2023 年 1 月 3 日

工业和信息化部等十七部门关于印发“机器人+”应用行动实施方案的通知

工信部联通装〔2022〕187号

各省、自治区、直辖市及计划单列市、新疆生产建设兵团工业和信息化、教育、公安、民政、财政、人力资源社会保障、住房城乡建设、交通运输、农业农村、卫生健康、应急管理、市场监管、能源、邮政、药监、矿山安全监管、煤炭行业主管部门，国家矿山安全监察局各省级局：

现将《“机器人+”应用行动实施方案》印发给你们，请结合实际，认真贯彻落实。

工业和信息化部　教育部
公安部　民政部　财政部
人力资源社会保障部
住房城乡建设部
交通运输部　农业农村部
卫生健康委　应急部
市场监管总局　能源局
国防科工局　邮政局
矿山安监局　药监局
2023年1月18日

“机器人+”应用行动实施方案

当前，机器人产业蓬勃发展，正极大改变着人类生产和生活方式，为经济社会发展注入强劲动能。按照《中华人民共和国国民经济和社会发展第十四个五年规划和2035年远景目标纲要》总体部署，落实《“十四五”机器人产业发展规划》重点任务，加快推进机器人应用拓展，决定开展“机器人+”应用行动。为保证行动有序开展，特制定本实施方案。

一、总体要求

（一）指导思想

以习近平新时代中国特色社会主义思想为指导，全面贯彻党的二十大精神，完整、准确、全面贯彻新发展理念，加快构建新发展格局，着力推动高质量发展，统筹发展和安全，面向人民对美好生活向往以及经济社会数字化发展需要，坚持应用牵引、典型引领、基础支撑，发挥部门、地方、行业等多方作用，以产品创新和场景推广为着力点，分类施策拓展机器人应用深度和广度，培育机器人发展和应用生态，增强自主品牌机器人市场竞争力，推进我国机器人产业自立自强，为加快建设制造强国、数字中国，推进中国式现代化提供有力支撑。

（二）主要目标

到2025年，制造业机器人密度较2020年实现翻番，服务机器人、特种机器人行业应用深度和广度显著提升，机器人促进经济社会高质量发展的能力明显增强。聚焦10大应用重点领域，突破100种以上机器人创新应用技术及解决方案，推广200个以上具有较高技术水平、创新应用模式和显著应用成效的机器人典型应用场景，打造一批“机器人+”应用标杆企业，建设一批应用体验中心和试验验证中心。推动各行业、各地方结合行业发展阶段和区域发展特色，开展“机器人+”应用创新实践。搭建国际国内交流平台，形成全面推进机器人应用的浓厚氛围。

二、深化重点领域“机器人+”应用

面向社会民生改善和经济发展需求，遴选有一定基础、应用覆盖面广、辐射带动作用强的重点领域，聚焦典型应用场景和用户使用需求，开展从机器人产品研制、技术创新、场景应用到模式推广的系统推进工作。支持一些新兴领域探索开展机器人应用。

（一）经济发展领域

1. 制造业

研制焊接、装配、喷涂、搬运、磨抛等机器人新产品，加快机器人化生产装备向相关领域应用拓展。开发专业化、定制化的解决方案和软硬件产品，积累模型库、工艺软件包等经验知识，深度融合机器人控制软件和集成应用系统，推动在汽车、电子、机械、轻工、纺织、建材、医药等已形成较大规模应用的行业，卫浴、陶瓷、光伏、冶炼、铸造、钣金、五金、家具等细分领域，喷釉、修坯、抛光、打磨、焊接、喷涂、搬运、码垛等关键环节应用。推进智能制造示范工厂建设，打造工业机器人典型应用场景。发展基于工业机器人的智能制造系统，助力制造业数字化转型、智能化变革。

2. 农业

研制耕整地、育种育苗、播种、灌溉、植保、采摘收获、分选、巡检、挤奶等作业机器人，以及畜禽水产养殖的喂料、清污、消毒、疫病防治、环境控制、畜产品采集等机器人产品。开发专用操控系统、自主智能移动平台及作业部件，推动机器人与农田、农艺、品种相适应，实现信息在线感知、精细生产管控、无人自主作业、高效运维管理。打造丘陵山区、大田、设施园艺、畜牧水产、贮运加工等农业机器人应用场景。加快农林牧渔业基础设施和生产装备智能化改造，推动机器人与农业种植、养殖、林业、渔业生产深度融合，支撑智慧农业发展。

3. 建筑

研制测量、材料配送、钢筋加工、混凝土浇筑、楼面墙面装饰装修、构部件安装和焊接、机电安装等机器人产品。提升机器人对高原高寒、恶劣天气、特殊地质等特殊自然条件下基础设施建养以及长大穿山隧道、超大跨径桥梁、深水航道等大型复杂基础设施建养的适应性。推动机器人在混凝土预制构件制作、钢构件下料焊接、隔墙板和集成厨卫加工等建筑部品部件生产环节，以及建筑安全监测、安防巡检、高层建筑清洁等运维环节的创新应用。推进建筑机器人拓展应用空间，助力智能建造与新型建筑工业化协同发展。

4. 能源

研制能源基础设施建设、巡检、操作、维护、应急处置等机器人产品。推动企业突破高空、狭窄空间、强电磁场等复杂环境下的运动、感知、作业关键技术。推广机器人在风电场、光伏电站、水电站、核电站、油气管网、枢纽变电站、重要换流站、主干电网、重要输电通道等能源基础设施场景应用。推进机器人与能源领域深度融合，助力构建现代能源体系。

5. 商贸物流

研制自动导引车、自主移动机器人、配送机器人、自动码垛机、智能分拣机、物流无人机等产品。推动5G、机器视觉、导航、传感、运动控制、机器学习、大数据等技术融合应用。支持传统物流设施智能化改造，提升仓储、装卸、搬运、分拣、包装、配送等环节的工作效率和管理水平。鼓励机器人企业开发末端配送整体解决方案，促进机器人配送、智能信包箱（智能快件箱）等多式联动的即时配送场景普及推广。打造以机器人为重点的智慧物流系统，提升商贸物流数字化水平。

（二）社会民生领域

6. 医疗健康

研制咨询服务、手术、辅助检查、辅助巡诊、重症护理、急救、生命支持、康复、检验采样、消毒清洁等医疗机器人产品。围绕神经系统损伤、损伤后脑认知功能障碍、瘫痪助行等康复治疗需求，突破脑机交互等技术，开发用于损伤康复的辅助机器人产品。加快推进机器人和医学人工智能在基础理论、共性关键技术、创新应用等方面的突破，推动人工智能辅助诊断系统、机器人5G远程手术、脑机接口辅助康复系统等新技术新产品加速应用。推动机器人在医院康复、远程医疗、卫生防疫等场景应用。鼓励有条件有需求的医院使用机器人实施精准微创手术，建设机器人应用标准化手术室，研究手术机器人临床应用标准规范。加强机器人在患者院前管理、院内诊疗及院后康复追踪整体病程服务体系中的应用，助力智慧医疗建设。

7. 养老服务

研制残障辅助、助浴、二便护理、康复训练、家务、情感陪护、娱乐休闲、安防监控等助老助残机器人产品。加快推动多模态量化评估、多信息融合情感识别、柔顺自适应人机交互、人工智能辅助等新技术在养老服务领域中的应用，积极推动外骨骼机器人、养老护理机器人等在养老服务场景的应用验证。鼓励养老领域相关实验基地把机器人应用作为实验示范重要内容，研发推广科技助老新技术新产品新模式。研究制定机器人助老助残技术应用标准规范，推动机器人融入养老服务不同场景和关键领域，提升养老服务智慧化水平。

8. 教育

研制交互、教学、竞赛等教育机器人产品及编程系统，分类建设机器人服务平台。加大机器人教育引导，完善各级院校机器人教学内容和实践环境，针对教学、实训、竞赛等场景开发更多功能和配套课程内容。强化机器人工程相关专业建设，提升实验机器人产品及平台水平，加强规范管理。推进5G、人工智能、智能语音、机器视觉、大数据、数字孪生等技术与机器人技术融合应用，积极培育机器人校园服务新模式和新形态，深化机器人在教学科研、技能培训、校园安全等场景应用。

9. 商业社区服务

研制餐饮、配送、迎宾、导览、咨询、清洁、代步等商用机器人，以及烹饪、清洗、监护、陪伴等家用机器人，加强应用场景探索和产品形态创新，提高智能硬件与用户交互水平，增强机器人服务价值。推动机器人技术与5G、云计算、智能传感等新技术融合，实现自主导航、自动避障、人机交互、语音及视觉识别、数据分析等功能。积极推动机器人融入酒店、餐厅、商超、社区、家庭等服务场景，满足商业及社区消费体验升级需求，提升商业服务与生活服务的智慧化水平。

10. 安全应急和极限环境应用

研制矿山、民爆、社会安全、应急救援、极限环境等领域机器人产品。增强机器人立体视觉、室外导航定位、多维信息感知、灾害远程警示、机器人鉴权管控等功能，开发机器人对极寒、明火、高温高压、易燃易爆、高海拔低气压、有毒、高湿、积水、高粉尘、辐射、人流多变化大等复杂非结构化作业环境的适应性技术。推进智能采掘、灾害防治、巡检值守、井下救援、智能清理、无人化运输、地质探测、危险作业等矿山场景应用。推进危险化学品生产装置和储存设施现场巡回检查、值班值守、特殊作业等安全生产场景应用。推广炸药装药、生产制备、包装、装卸运输、在线检测等民爆行业场景应用。推动安保巡逻、缉私安检、反恐防暴、勘查取证、交通边防、治安管控、特战处置、服务管理等社会安全场景应用。加强防爆排爆、消防巡检、工程抢险、海洋捕捞、海上溢油及危化品船舶救援、自然灾害救援、安全生产事故救援、核应急安全救援等危险环境应用。推动空间、水下、深地等极限环境场景应用。

三、增强"机器人+"应用基础支撑能力

（一）构建机器人产用协同创新体系

鼓励产用共建机器人应用领域创新联合体、创新中心等创新机构。支持用户单位参与高转矩密度伺服电机、高动态运动规划与控制、人机交互等机器人产业链核心技术攻关，深入挖掘和释放潜在应用需求，共同开发先进适用的机器人产品和系统解决方案。开展覆盖产品设计、技术开发、工艺优化、批量生产和示范推广全过程的"一条龙"应用创新。鼓励产用共同参与特种机器人产业链"揭榜"推进活动，带动机器人企业协同攻关和成果转化。完善机器人技术支撑服务，积极推动产融对接、企业孵化、技术转移转化、备品备件服务、技术售后服务等。

（二）建设"机器人+"应用体验和试验验证中心

依托用户、机器人企业和系统集成企业，建设家用、商业、教育、医疗、养老等场景化应用体验中心，提升用户体验，扩大产品消费和推广。依托用户、机器人企业和第三方公共服务机构，建设具备机器人应用技术标准试验验证、质量检测、创新孵化等能力的试验验证中心，加大应用数据积累，提升机器人产品的安全性、稳定性、可靠性、易用性等水平。

（三）加快机器人应用标准研制与推广

依托有关标准化技术组织，建立跨行业机器人标准化工作合作机制，加强跨行业应用领域标准化工作的协调，推动跨行业标准互采。开展重点行业机器人应用工艺流程和专用算法模型、融合设备接口、应用数据安全、人机交互安全等标准的研制与推广。针对特定行业准入要求，加强机器人特殊安全要求和检测方法标准研究。开展机器人新产品通用技术规范、模块化设计与制造、应用安全与可靠性等标准化工作。推进机器人新兴技术领域专有安全基础标准、产品标准、方法标准等标准化工作。研究制定机器人伦理相关标准规范。加强标准应用实施。推动机器人应用标准国际化合作。

（四）开展行业和区域"机器人+"应用创新实践

鼓励行业主管部门结合应用行业发展规划、科技攻关和重点项目建设，开展各行业机器人产品创新和应用示范推广。指导和支持有条件、有需求的地区围绕特色优势产业，开展本地区"机器人+"应用行动。依托龙头企业和产业集群，开发开放机器人成熟、新兴和潜在应用场景，开展协同创新活跃、应用成效显著、推广价值较高的"机器人+"应用创新实践。

（五）搭建"机器人+"应用供需对接平台

建设"机器人+"应用供需对接平台，开展资源共享、信息互通、优势互补的供需对接活动。在成熟应用领域，遴选一批应用成效突出、具有较强影响力的标杆企业和典型场景，加强机器人高端产品供给，提升机器人应用深度和广度。在新兴应用和潜在需求领域，探索采用"揭榜挂帅"等方式征集机器人应用解决方案，以需求牵引促进供给创新。发布机器人重点技术和产品推广目录，推广线上应用展示样板间。

四、强化"机器人+"应用组织保障

（一）强化组织领导

发挥国家制造强国建设领导小组作用，建立多部门协同、央地联动的工作机制，成立协同推进方阵，分行业、分领域成立由主管部

门、行业组织、骨干企业、科研院所以及重点地区政府共同组成的联合工作组。加强对重点行业机器人应用相关规章制度和伦理的研究，开展机器人应用常态化监测跟踪，推动构建适应各行业机器人应用特点的监管体系。

（二）完善政策支持

各相关部门、各地方将机器人应用推广作为科技创新、行业规划、产业政策重点方向，统筹政策、资金、资源予以支持，加大对机器人创新应用的投入力度。科技部门会同机器人发展应用部门联合推动国家科技计划创新成果转化，引导机器人企业加大研发投入，加强知识产权保护。人社部门会同机器人发展应用部门适时开展机器人对就业影响的评估，及时促进受影响劳动者转岗就业。鼓励央企、国企开放机器人应用场景，建立容错机制，支持企业首购首用。

（三）深化宣传交流

各地方、有关企业和行业组织要及时跟踪、总结、评估应用行动过程中的新情况、新问题和新经验，总结示范带动作用强、可复制可推广的有效做法，宣传应用好典型经验。依托各行业相关大会展会，加强机器人应用成果交流与展示。指导相关单位编写“机器人+”应用年度报告，发布创新应用案例集。充分利用多双边合作机制，推进不同领域机器人产品和解决方案“走出去”，实现合作共赢。

（四）加强人才培养

培养引进机器人应用高端研发人才和标准化人才，加强人才国际交流，打造领军人才和创新团队。鼓励机器人企业、用户单位与普通高等院校、科研院所、职业院校等合作，共建人才实习实训基地，联合开展机器人应用人才培养，提供更多就业渠道。组织细分行业机器人应用技能竞赛，发现和培养更多机器人高素质技术技能人才。

民政部　教育部　财政部 人力资源社会保障部关于做好 2022 年普通高校毕业生到 城乡社区就业工作的通知

民发〔2022〕34 号

各省、自治区、直辖市民政厅（局）、教育厅（教委、教育局）、财政厅（局）、人力资源社会保障厅（局），新疆生产建设兵团民政局、教育局、财政局、人力资源社会保障局：

普通高校毕业生（以下简称高校毕业生）是城乡社区工作者和城乡社区服务人才的重要来源，引导高校毕业生到城乡社区就业是提高城乡社区工作队伍素质的重要途径。为贯彻落实《国务院办公厅关于进一步做好高校毕业生等青年就业创业工作的通知》（国办发〔2022〕13 号）要求，做好高校毕业生到城乡社区就业工作，发挥高校毕业生在城乡社区治理和服务中的积极作用，现提出如下意见：

一、总体要求

深入学习贯彻习近平新时代中国特色社会主义思想，坚持扩大就业与服务发展相结合、市场主导与政府引导相结合、政策支持与优化服务相结合，多渠道吸纳高校毕业生到城乡社区就业创业，为提高城乡社区治理和服务精准化精细化水平、推进基层治理体系和治理能力现代化建设提供人才支撑。

二、重点任务

（一）加强社区工作者队伍建设招录一批。各地要对照“十四五”期末每万城镇常住人口拥有社区工作者 18 人的发展目标和本地区社区工作者队伍建设年度规划目标，统筹社区专职工作人员现有空岗待招聘、因退休离职待招聘、新增待招聘等岗位需求，在科学研判的基础上拟订社区专职工作人员年度招聘计划，报当地党委和政府同意后组织实施。鼓励结合社区服务体系建设、新冠肺炎疫情社区防控等因素要求调整完善社区工作者队伍建设规划，及时补充社区工作力量。健全社区工作者职业体系，营造拴心留人的良好环境，引导高校毕业生扎根基层。原则上 2022 年所有新招聘岗位全部向高校毕业生开放，鼓励拿出较多数量岗位专门招聘有志热心服务群众的高校毕业生。鼓励具备条件的行政村积极吸纳高校毕业生到村担任村务工作者。

（二）发展城乡社区服务业吸纳一批。各地要贯彻落实《“十四五”城乡社区服务体系建设规划》，支持在社区提供养老、托育、家政、物业、健康等服务的机构（含企业、事业单位、社会组织，以下简称提供社区服务的机构）加快发展，增强吸纳高校毕业生就业能力。对上述机构中的小微企业，吸纳离校2年内未就业高校毕业生就业，与之签订1年以上劳动合同并为其缴纳社会保险费的，按规定落实社会保险补贴政策；对招用毕业年度高校毕业生并签订1年以上劳动合同的中小微企业，给予一次性吸纳就业补贴，政策实施期限截至2022年12月31日。高校毕业生在城乡社区服务领域创业的，按规定落实税费优惠、一次性创业补贴、创业担保贷款等政策。社区综合服务设施为相关提供社区服务的机构给予必要的场地支持。

（三）开发就业见习岗位募集一批。各地要组织提供社区服务的机构参与“百万就业见习岗位募集计划”，结合社区服务均等化、精细化、智能化发展趋势合理设置见习岗位条件，增强对高校毕业生吸引力，特别要鼓励具有一定就业容量和技术含量的企业、社会组织申报就业见习基地。要指导有条件的城乡社区组织因需设立就业见习岗位，并纳入本地区见习单位目录和见习岗位清单，广泛动员相关专业高校毕业生积极参与；城乡社区组织设立的就业见习岗位见习期一般为3~12个月，见习期满后可按规定同等条件下优先招录为社区专职工作人员；按规定落实就业见习补贴和激励推动政策。力争到2022年底，各地设立就业见习岗位的城乡社区占当地城乡社区总数的比例不低于5%。

（四）创新工作联动机制带动一批。各地要结合全面推动乡镇（街道）社会工作站建设，培育壮大社区社会工作人才队伍，力争年底前各地乡镇（街道）社会工作站覆盖率均达到50%，积极引导高校毕业生到乡镇（街道）社会工作站开展服务。鼓励教育发展基金会、高校教育基金会设立社区创新专项基金，支持高校毕业生组成社区创新团队，对接社区需求，发挥专业特长，积极参与社区建设、治理和服务实践；重点资助乡村产业振兴、社区信息化建设、社区疫情防控等融合潜力大、带动能力强的创新项目，资助期满后推动符合条件的社区创新团队转型创业。力争年底前实现社区创新专项基金和社区创新团队省级层面全覆盖。

（五）加强高校毕业生教育引导储备一批。各地要强化对在校大学生的理想信念教育和思想教育，引导高校毕业生将个人价值实现融入国家发展大局，树立科学的就业观和成才观。设立一批城乡社区实习实践基地，组织在校大学生到城乡社区开展实习实践、志愿服务、社会公益等活动，引导在校大学生了解城乡社区居民需求和工作实际，激发高校毕业生到城乡社区就业创业的热情。加强对在城乡社区就业高校毕业生的培训，增强其服务群众的工作本领，提升其专业技术能力，帮助其尽快完成角色转换，做好投身城乡社区一线砥砺磨炼、增长才干的职业准备。

三、工作要求

（一）强化组织保障。各地要将进一步引导和鼓励高校毕业生到城乡社区就业纳入当地就业、人才和城乡社区治理工作总体安排，建立部门各司其职、协同推进的工作机制。要统筹安排使用好就业创业、人才发展、城乡社区治理和服务等各方面资金，支持高校毕业生到社区就业创业。

（二）明确部门职责。民政部门要结合社区工作者队伍建设、城乡社区服务体系建设、乡镇（街道）社会工作站建设、社会组织培育管理等工作，积极促进高校毕业生到城乡社区就业。教育部门要加强对高校毕业生的教育引导，指导设立城乡社区实习实践基地，鼓励教育发展基金会、高校教育基金会设立社区创新专项基金。人力资源社会保障部门要积极支持“百万就业见习岗位募集计划”向城乡社区倾斜，按规定落实就业激励政策。财政部门要积极支持高校毕业生到城乡社区就业创业，按规定对欠发达地区予以倾斜支持。

（三）加强宣传引导。各地要通过“最美城乡社区工作者”、“最美基层高校毕业生”等宣传品牌，大力选树宣传扎根城乡社区、干事创业的优秀高校毕业生典型，按照有关规定对到城乡社区服务的优秀高校毕业生进行表彰奖励，营造将个人成长成才融入党和国家事业的鲜明导向。

（四）推动工作落实。各省级民政、教育、人力资源社会保障部门填写《2022年高校毕业生到城乡社区就业创业见习情况统计表》（见附件），于2022年7月10日、2023年1月10日分别报送民政部、教育部、人力资源社会保障部，对推动力度较大省份，视情在有关试点示范项目中予以倾斜。

附件：2022年高校毕业生到城乡社区就业创业见习情况统计表（略）

民政部
教育部
财政部
人力资源社会保障部
2022年6月6日

财政部　人力资源社会保障部关于下达 2022 年就业补助资金预算的通知

财社〔2022〕47 号

各省、自治区、直辖市、计划单列市财政厅（局）、人力资源社会保障厅（局），新疆生产建设兵团财政局、人力资源社会保障局：

为深入贯彻党中央、国务院决策部署，扎实做好“六稳”工作，全面落实“六保”任务，继续强化就业优先政策，根据预算法及预算法实施条例、《财政部　人力资源社会保障部关于印发〈就业补助资金管理办法〉的通知》（财社〔2017〕164 号）、《财政部　人力资源社会保障部关于〈就业补助资金管理办法〉的补充通知》（财社〔2019〕122 号）等规定，现下达各省（自治区、直辖市，含新疆生产建设兵团，以下统称省）2022 年中央财政就业补助资金（以下称就业补助资金）预算，具体金额见附件 1。现将有关事宜通知如下：

一、就业补助资金主要根据年末常住人口数、登记失业人数、就业困难人数、城镇新增就业人数、地方财政投入力度、资金结余消化力度、预算执行率、职业培训工作情况、绩效评价、财政困难程度和 2022 年重点工作等因素分配。2022 年主要重点工作为乡村振兴、高校毕业生就业和对高失业率地区、疫情影响严重地区等进行就业帮扶。

二、2022 年就业补助资金预算分配进一步体现激励约束机制，突出奖优惩劣，加强绩效评价结果应用，切实提高财政资金效益。对列入国务院办公厅 2021 年落实有关重大政策措施真抓实干成效明显地方名单的就业工作先进地区，予以资金奖励。对审计和督查检查中发现问题、绩效评价结果差、预算执行不到位、资金结余消化慢的地方，对资金适当扣减。

三、就业补助资金主要用于职业培训补贴、职业技能鉴定补贴、社会保险补贴、公益性岗位补贴、创业补贴、就业见习补贴、求职创业补贴、就业创业服务补助和高技能人才培养补助等支出。收入请列入 2022 年政府收支分类科目“1100248 社会保障和就业共同财政事权转移支付收入”，支出请列入“20807 就业补助”，项目代码 Z135080000005，并按支出用途分别列入相关项级科目。创业担保贷款贴息和补充创业担保贷款基金（原小额担保贷款贴息和补充小额担保贷款基金）不得从就业补助资金中列支。

四、就业补助资金列入直达资金管理，标识为“01 中央直达资金”，贯穿资金分配、拨付、使用等整个环节，且保持不变。按照财政资金直达机制工作要求，你省财政部门收到就业补助资金指标发文后，请抓紧商同级人力资源社会保障部门制定分配方案，在 2022 年 4 月 30 日前报财政部备案，并于收到指标发文三十日内完成按财政部反馈意见下达预算的整个流程。在报送的备案文件中，除反映资金分配结果外，还应当反映分配原则、分配办法、资金投向、预期效果等。在省内下达转移支付时，应单独下达预算指标文件，并保持中央直达资金标识不变。及时在指标管理系统中登录有关指标和直达资金标识，导入直达资金监控系统，确保数据真实、账目清晰、流向明确。

五、各省财政、人力资源社会保障部门要密切合作，按照财社〔2017〕164号文件、财社〔2019〕122号文件规定，合理安排就业补助资金投入。认真贯彻落实党中央、国务院关于稳就业保就业决策部署，以及巩固拓展脱贫攻坚成果推进乡村振兴的要求，加大对国家乡村振兴重点帮扶县的资金支持力度。密切关注就业领域的新情况、新问题，加强有针对性的指导，确保资金用在刀刃上。加强资金使用监督管理，严格按规定范围、标准和程序使用资金，加快预算执行进度，提高资金使用的规范性、安全性和有效性。

六、为进一步加强全过程预算绩效管理，切实提高财政资金使用效益，按照《中央对地方专项转移支付绩效目标管理暂行办法》（财预〔2015〕163号）相关要求，现一并下达你省2022年度就业补助资金区域绩效目标。请对照你省区域绩效目标做好绩效运行监控和绩效评价，确保年度绩效目标如期实现。同时，请参照中央做法，将你省绩效目标及时对下分解，做好本辖区内预算绩效管理工作。

附件：1. 2022年中央财政就业补助资金分配表（略）

2. 2022年中央财政就业补助资金区域绩效目标表（分发地方）（略）

财政部

人力资源社会保障部

2022年4月8日

财政部　人力资源社会保障部　税务总局 国家医保局关于印发《社会保险基金预算绩效管理办法》的通知

财社〔2022〕65号

人民银行，各省、自治区、直辖市财政厅（局）、人力资源社会保障厅（局）、医疗保障局，新疆生产建设兵团财政局、人力资源社会保障局、医疗保障局，国家税务总局各省、自治区、直辖市和计划单列市税务局，中央国家机关养老保险管理中心，中国农业发展银行：

为贯彻落实《中共中央　国务院关于全面实施预算绩效管理的意见》有关精神，进一步提升社会保险基金预算管理水平，我们制定了《社会保险基金预算绩效管理办法》。现予以印发，请遵照执行。

财政部
人力资源社会保障部
税务总局
国家医保局
2022年5月27日

社会保险基金预算绩效管理办法

第一章　总　　则

第一条　为全面实施社会保险基金预算绩效管理，建立科学、合理、规范的预算绩效管理体系，提高社会保险基金管理水平，根据《中华人民共和国预算法》、《中华人民共和国社会保险法》、《中华人民共和国预算法实施条例》、《中共中央　国务院关于全面实施预算绩效管理的意见》等有关规定，制定本办法。

第二条　本办法所称社会保险基金预算绩效管理，是指在社会保险基金预算管理全过程中融入绩效理念和要求，通过合理确定绩效目标、全面实施绩效运行监控、科学开展绩效评价和切实强化结果应用，进一步改善政策实施效果、提升基金使用效益、促进基金精算平衡、防范基金运行风险的预算管理活动。

第三条　社会保险基金预算绩效管理的对象是各项社会保险基金。包括：企业职工基本养老保险基金、城乡居民基本养老保险基金、机关事业单位基本养老保险基金、职工基本医疗保险（含生育保险）基金、城乡居民基本医疗保险基金、工伤保险基金、失业保险基金，以及根据国家法律法规建立并纳入预算管理的其他社会保险基金。

第四条 社会保险基金预算绩效管理的基本原则：

（一）统一领导，分级负责。中央统一领导社会保险基金预算绩效管理，各省（自治区、直辖市，以下统称省）具体负责本省社会保险基金预算绩效管理工作。加强总体设计，按照促进社会保险制度更加公平更可持续的要求，建立目标明确、管理规范、职责清晰的社会保险基金预算绩效管理制度、绩效指标体系和绩效管理系统。

（二）全程管理，全面覆盖。落实全面实施预算绩效管理要求，建立预算编制有目标、预算执行有监控、预算完成有评价、评价结果有应用的社会保险基金预算绩效管理链条，对社会保险基金预算编制、执行、调整、决算、监督实施全程绩效管理，将各项社会保险基金收入、支出、结余全部纳入预算绩效管理范围，实现预算和绩效管理一体化。

（三）突出共性，兼顾个性。绩效管理制度和指标体系适应社会保险基金管理特点。突出各项社会保险基金运行和管理的共性特征，强化预算绩效管理的统一性；兼顾不同社会保险基金项目的差异，体现预算绩效管理的针对性。

（四）激励相容，约束有力。健全绩效管理的激励约束机制，在资金安排或政策调整时注重对绩效评价结果的运用，加强对社会保险基金预算绩效管理工作的考核。

第五条 社会保险基金预算绩效管理由财政部门牵头，社会保险行政部门、社会保险经办机构和税务部门密切配合。财政部门主要负责牵头制定绩效管理办法、绩效评价方案和指标体系，审核并下达绩效目标，组织和指导绩效监控、绩效评价，审定绩效评价报告，反馈和应用绩效评价结果，推进绩效信息公开等工作。社会保险行政部门主要负责绩效目标初审、指导经办机构开展绩效监控和绩效评价、形成并向财政部门报送绩效评价报告、提出绩效评价结果应用建议等工作。社会保险经办机构和税务部门具体负责绩效目标制定、运行监控、绩效自评、结果应用等工作。相关部门要各司其职，形成合力。

第六条 中央层面负责制定全国社会保险基金预算绩效管理制度，推进社会保险基金绩效指标体系和绩效管理信息化建设，审核下达分省区域绩效目标，指导地方开展绩效管理相关工作，适时对各省开展绩效评价。

省级层面负责制定本省区域绩效目标并报中央层面审核后实施或分解下达至统筹地区，负责组织、协调、指导和考核等工作，并开展省级绩效评价。统筹地区具体负责本区域社会保险基金预算绩效目标管理、绩效运行监控、绩效评价和结果应用等工作。企业职工基本养老保险实行全国统筹后，各省绩效管理工作由省级层面承担。

第二章　绩效目标

第七条 制定社会保险基金预算绩效目标要全面贯彻落实党中央、国务院关于社会保险工作的重大决策部署，紧密结合国民经济和社会发展规划及社会保险事业发展相关专项规划等。整体绩效目标由中央层面统一制定。分省区域绩效目标由省级层面制定。分省区域绩效目标制定和调整应按程序报中央层面审核。将绩效目标设置作为社会保险基金预算安排的前置条件。

第八条 社会保险基金预算绩效目标按时间段分为总体目标和年度目标。总体目标主要结合党中央、国务院关于社会保险工作的总体部署，反映未来一定时期内社会保险政策预期实施效果。年度目标是实现总体目标的年度计划任务。

第九条 社会保险基金预算绩效指标是绩效目标的分解和细化，是衡量绩效目标实现程度的具体工具，采取定量与定性相结合的方式设定，涵盖决策、过程、产出、效益等方面。

（一）决策指标主要包括社会保险基金管理相关政策制定和调整完善等方面。

（二）过程指标主要包括社会保险基金管理相关政策执行、基金预算管理、风险防控等方面。

（三）产出指标主要包括基金收入和支出的数量、质量、时效、成本等方面。

（四）效益指标主要包括经济效益、社会效益、可持续发展、满意度等方面。

绩效指标选取应遵循可取、可比、可测、可用原则。

第十条 中央层面在部署社会保险基金预算时，同步下达指导性的社会保险基金预算分省区域绩效目标和指标。社会保险基金预算区域绩效目标的批复按照现行社会保险基金预算批复程序执行。

第三章 绩效运行监控

第十一条 绩效运行监控是在社会保险基金预算执行过程中，对社会保险基金绩效目标实现程度和预算执行进度进行跟踪、分析和监测的日常管理活动。

第十二条 绩效运行监控内容包括：绩效目标完成、预算执行进度、风险防控、财务管理与核算等情况。重点关注社会保险费收入完成、一般公共预算安排的财政补助收入到位、社会保险待遇支付、社会保险基金收支结余等情况。

第十三条 绩效运行监控由统筹地区组织开展，主要采用目标比较法，运用定量分析和定性分析相结合的方式，定期将绩效实现情况与预期绩效目标进行比较分析。绩效监控包括及时性、合规性和有效性监控等。

第十四条 统筹地区要及时纠正绩效监控中发现的问题，改进工作中的薄弱环节，确保绩效目标如期保质保量实现。

第四章 绩效评价、结果反馈及应用

第十五条 绩效评价是在社会保险基金年度预算执行完毕后，按照相关要求，运用科学、合理的绩效评价指标、评价标准和方法，依据设定的绩效目标，对目标实现程度、政策产出效果等进行客观公正的测量、分析和评判，形成评价结果的活动。

第十六条 绩效评价内容主要包括：社会保险基金预算管理工作开展、社会保险基金管理相关政策落实、社会保险基金可持续运行等情况。

第十七条 绩效评价包括统筹地区自评和上级部门绩效评价。统筹地区自评由同级财政部门牵头组织，要注重提高绩效自评质量。省级财政部门牵头组织对省以下统筹地区开展省级绩效评价。条件成熟时，财政部牵头组织开展全国绩效评价。

根据工作需要，绩效评价工作可委托中介机构、专家等第三方具体实施。

统筹地区自评和省级绩效评价采用定量与定性评价相结合的方式，具体评价方法以比较法为主。

第十八条 各统筹地区按要求分险种开展绩效自评工作，并于每年5月底前向省级层面报送上一年度绩效自评报告。各省按要求开展全省绩效评价工作，并于每年7月底前向中央层面报送上一年度本省绩效评价报告。

绩效自评报告和省级绩效评价报告要做到内容完整、数据真实、结果客观，及时发现存在的问题，未完成绩效目标或偏离绩效目标较大时要分析并说明原因，研究提出改进措施。

第十九条 省级层面要结合各统筹地区自评结果开展省级绩效评价，对各统筹地区实际绩效情况进行分析评价，提出有针对性的建议措施，并及时将评价结果反馈相关统筹地区。

第二十条 要强化绩效评价结果应用，将绩效评价结果作为完善社会保险基金管理相关政策、改进管理的重要依据，逐步在资金安排中应用绩效评价结果。对绩效评价中发现的问题要及时整改。

第五章　组 织 实 施

第二十一条　加大社会保险基金绩效信息公开力度，逐步推动社会保险基金预算重要绩效目标、绩效评价结果等绩效信息向同级人大报送并向社会公开，接受人大和社会各界监督。

第二十二条　中央层面按照部门职责开展对各省社会保险基金预算绩效管理工作的考核，建立考核结果通报制度，对预算绩效管理工作成效明显的给予表扬，对工作推进不力的进行约谈并责令限期整改。

第六章　附　　则

第二十三条　中央国家机关养老保险管理中心管理的社会保险基金预算绩效管理参照本办法相关规定执行。

第二十四条　各省可根据本办法并结合本省实际情况，制定具体实施办法。

第二十五条　本办法自 2023 年 1 月 1 日起实施。

本办法中社会保险行政部门是指人力资源社会保障行政部门和医疗保障行政部门，社会保险经办机构是指人力资源社会保障经办机构和医疗保障经办机构。

住房和城乡建设部　人力资源社会保障部关于修改《建筑工人实名制管理办法（试行）》的通知

建市〔2022〕59号

各省、自治区住房和城乡建设厅、人力资源社会保障厅，直辖市住房和城乡建设（管）委、人力资源社会保障局，新疆生产建设兵团住房和城乡建设局、人力资源社会保障局：

为了进一步促进就业，保障建筑工人合法权益，住房和城乡建设部、人力资源社会保障部决定修改《建筑工人实名制管理办法（试行）》（建市〔2019〕18号）部分条款，现通知如下：

一、将第八条修改为："全面实行建筑工人实名制管理制度。建筑企业应与招用的建筑工人依法签订劳动合同，对不符合建立劳动关系情形的，应依法订立用工书面协议。建筑企业应对建筑工人进行基本安全培训，并在相关建筑工人实名制管理平台上登记，方可允许其进入施工现场从事与建筑作业相关的活动。"

二、将第十条、第十一条、第十二条和第十四条中的"劳动合同"统一修改为"劳动合同或用工书面协议"。

本通知自公布之日起施行。

住房和城乡建设部
人力资源社会保障部
2022年8月2日

住房和城乡建设部办公厅
人力资源社会保障部办公厅
关于印发《建筑工人简易劳动合同（示范文本）》的通知

建办市〔2022〕58号

各省、自治区住房和城乡建设厅、人力资源社会保障厅，直辖市住房和城乡建设（管）委、人力资源社会保障局，新疆生产建设兵团住房和城乡建设局、人力资源社会保障局：

为规范建筑用工管理，保障建筑工人合法权益，更好地为建筑企业和建筑工人签订劳动合同提供指导服务，住房和城乡建设部、人力资源社会保障部根据《中华人民共和国劳动法》《中华人民共和国劳动合同法》《中华人民共和国建筑法》《中华人民共和国劳动合同法实施条例》《保障农民工工资支付条例》等法律法规及有关政策规定，制定了《建筑工人简易劳动合同（示范文本）》。现印发给你们，供建筑企业和建筑工人签订劳动合同时参考。

住房和城乡建设部办公厅
人力资源社会保障部办公厅
2022年12月23日

建筑工人简易劳动合同
（示范文本）

用人单位名称：______（以下简称甲方）
统一社会信用代码：____________
法定代表人或负责人：____________
电话：____________
住所：____________
联系地址：____________
劳动者姓名：________（以下简称乙方）
性别：______身份证号码：____________
电话：____________
联系地址：____________
劳动者紧急联系人信息
姓名：__________电话：__________
联系地址：____________
与劳动者关系：____________

根据《中华人民共和国劳动法》《中华人民共和国劳动合同法》《中华人民共和国建筑法》《中华人民共和国劳动合同法实施条例》《保障农民工工资支付条例》等有关法律法规，甲乙双方经平等自愿、协商一致订立本合同。

第一条　劳动合同的类别、期限、试用期

甲乙双方约定按以下第____种方式确定劳动合同期限：

1.1　以完成一定工作任务为期限：自____年____月____日起至____工作完成之日止。

1.2　固定期限：合同期限自____年____月____日起至____年____月____日止；乙方的试用期从____年____月____日至____年____月____日。

1.3　无固定期限：自____年____月____日起至依法解除、终止合同时止，乙方的试用期为____个月。

第二条　工作岗位、工作地点、工作内容和工作时间

2.1　工作岗位（工种）：____________

2.2　工作地点：____________

2.3　工作内容：____________

经双方协商一致后，甲方可对乙方的工作岗位、工作地点、工作内容进行调整，双方应书面变更劳动合同，变更内容作为本合同附件。

2.4　选择本合同第1.1款的，工作完成标准为：____________

2.5　工作时间：甲方应依照法律法规规定，合理安排工作时间，保证乙方每周至少休息一天。根据生产经营需要和乙方岗位实际情况，甲方可根据春节、农忙、天气等情况，在保障乙方劳动安全和身体健康前提下，经依法协商，合理安排乙方工作时间和休息时间。实行特殊工时制度的，应经人力资源社会保障部门审批后执行。

第三条　工资和支付方式

3.1　乙方工资由基本工资和绩效工资组成。甲方应通过施工总承包单位设立的农民工工资专用账户，将工资直接发放给乙方。

3.2　基本工资：根据甲方的工资分配制度与乙方的工作岗位情况，甲乙双方确定乙方基本工资按以下第____项执行，甲方每月____日前足额支付：

（1）月基本工资：____元，不足一个月的，以乙方月工资除以21.75天得出的日工资为基数，乘以乙方实际工作天数计算；

（2）日基本工资：____元；

（3）计件基本工资：____元（每平方米、立方米、米、吨、件、套……）。

3.3　绩效工资：

3.3.1　签订本合同时，在乙方对甲方安排其工作岗位的各项工作内容已有充分了解的前提下，甲方对乙方的工作按照以下标准进行考核，并按月支付乙方的绩效工资：

（1）乙方完成甲方安排各项工作的质量效率情况；

（2）乙方遵守甲方制定的各项安全管理规定情况；

（3）乙方专业作业能力等级；

（4）其他，请注明：____________。

3.3.2　绩效工资的计算方法和支付方式由甲乙双方根据工作岗位的要求另行约定，作为本合同附件。

3.4　乙方在试用期期间的工资为每月（日、件）____元。

3.5　在本合同有效期内，双方对劳动报酬重新约定的，应当采用书面方式并作为本合同的附件。

第四条　甲方的权利和义务

4.1　甲方有权依照法律法规和本单位依法制定的相关规章制度，对乙方实施管理，甲方应将相关规章制度告知乙方。

4.2　甲方应为乙方提供符合规定的劳动防护用品和其他劳动条件，办理好各项手续，并按照国家建筑施工安全生产的规定，在施工现场采取必要的安全措施，为乙方创造安全工作环境。

4.3　甲方应按照有关法律法规规定对女职工进行劳动保护，不得要求女职工从事法律

法规禁止其从事的劳动。

4.4 甲方应按国家和当地政府的有关规定，对乙方因工负伤或患职业病给予相应待遇。

4.5 甲方应按照规定为乙方创造岗位培训的条件，对乙方进行安全生产、职业技能、遵纪守法、道德文明等方面的教育。乙方参加甲方安排的培训活动视同出勤，甲方不得扣减乙方工资。

4.6 甲方应按规定为乙方办理社会保险，其中应由乙方个人缴纳的部分，由甲方代扣代缴。甲方可按项目参加工伤保险。按规定应缴存住房公积金的，甲方应为乙方缴存。

4.7 甲方应对乙方的出勤、工作效率等情况做好记录，作为计算乙方工资的依据。

第五条　乙方的权利和义务

5.1 乙方应具备本合同工作岗位要求的技能，符合有关部门和甲方对工作岗位的要求，乙方应如实向甲方告知年龄、身体健康状况等可能影响从事本合同工作的情况。

5.2 乙方与甲方签订本合同时，如与其他单位存在劳动关系的应如实告知甲方，否则甲方有权依法解除合同。

5.3 乙方应自觉遵守有关法律法规和甲方依法制定的规章制度，严格遵守安全操作规程，服从甲方的管理，按实名制管理要求考勤，按时完成规定的工作数量，达到规定的质量标准。

5.4 乙方应积极参加甲方安排的安全、技能等岗位培训活动，不断提高工作技能。

5.5 乙方对甲方管理人员违章指挥、强令冒险作业的要求有权拒绝，乙方对危害生命安全和身体健康的劳动条件，有权要求甲方改正或停止工作，并有权向有关部门检举和投诉。

5.6 乙方患病或非因工负伤的医疗待遇按国家有关规定执行。

5.7 乙方依法享有休息休假等各项劳动权益。

第六条　劳动纪律

6.1 乙方应遵守职业道德，遵守劳动安全卫生、生产工艺、工作规范和实名制管理等方面的要求，爱护甲方的财产。

6.2 乙方违反劳动纪律，甲方可根据本单位依法制定的规章制度，给予相应处理，直至依法解除本合同。

第七条　劳动合同的解除和终止

7.1 终止本合同，应当符合法律法规的相关规定。

7.2 甲乙双方协商一致，可解除本合同。

7.3 合同解除或终止前，甲方应结清乙方的工资。

7.4 任何一方单方解除本合同，应符合法律法规相关规定，并应提前通知对方。符合经济补偿条件的，甲方应按规定向乙方支付经济补偿。在甲方危及乙方人身自由和人身安全的情况下，乙方有权立即解除劳动合同。

第八条　劳动争议处理

甲乙双方因本合同发生劳动争议时，可按照法律法规的规定，进行协商、申请调解或仲裁。不愿协商或者协商不成的，可向劳动人事争议仲裁委员会申请仲裁。对仲裁裁决不服的，可依法向有管辖权的人民法院提起诉讼。

第九条　其他

9.1 甲乙双方可根据实际情况约定的其他事项如下：______________________________

____

____

____

____

9.2 甲方的规章制度、考评标准及相应工种的职责范围作为本合同的附件，与本合同具有同等法律效力。

9.3 本合同及附件一式____份，甲乙双方各执____份，自甲乙双方签字盖章之日起生效。

甲方（盖章）：　　　　乙方（签印）：

法定代表人（主要负责人）：

或委托代理人（签字或盖章）：

年　月　日　年　月　日

住房和城乡建设部办公厅 人力资源社会保障部办公厅 关于开展万名“乡村建设带头工匠”培训活动的通知

建办村函〔2022〕345号

各省、自治区、直辖市住房和城乡建设厅（委、管委）、人力资源社会保障厅（局），新疆生产建设兵团住房和城乡建设局、人力资源社会保障局：

为巩固党史学习教育“我为群众办实事”实践活动成果，坚持不懈为群众办实事办好事，进一步加强乡村建设工匠队伍建设，决定在培育乡村建设工匠的基础上，重点开展万名“乡村建设带头工匠”培训活动，带动乡村建设工匠职业技能和综合素质提升。现就有关工作通知如下。

一、培训对象和数量

乡村建设工匠主要是指在乡村建设中，使用小型工具、机具及设备，进行农村房屋、农村公共基础设施、农村人居环境整治等小型工程修建、改造的人员。本次培训活动主要针对乡村建设工匠中能组织不同工种的工匠承揽农村建房等小型工程项目，具有丰富实操经验、较高技术水平和管理能力的业务骨干，即“乡村建设带头工匠”，重点面向农村转移劳动力、返乡农民工、脱贫劳动力。各省根据实际需求确定培训人数，原则上每个省培训人数不少于500人。

二、培训组织

按照“部级统筹、省负总责、市县抓落实”的原则，由省级住房和城乡建设部门会同人力资源社会保障部门共同研究做好工作部署，根据国家职业分类大典“乡村建设工匠”任务要求，结合本地实际，组织编写培训大纲和培训教材，明确培训要求。

市县住房和城乡建设部门要认真梳理摸排本地“乡村建设带头工匠”情况，会同人力资源社会保障部门组织好培训活动。

三、培训内容和形式

（一）课时安排

培训课时由各地结合实际需求安排，原则上不少于24个课时，包括基础课、技能课与实训课等必要环节。

（二）培训内容

“乡村建设带头工匠”培训内容，要在乡村建设工匠一般培训课程基础上，强化工程项目管理、施工组织和施工安全、相关法律法规等内容，更好地落实农村低层住宅和限额以下工程建设质量安全“工匠责任制”。相应培训内容可在基础课、技能课、实训课中设置。

基础课设农房建设政策与法律法规、工程项目管理、农房结构与安全、建筑识图、建筑材料、建筑风貌等内容。

技能课设农房设计、测量与放线、地基处理与基础、砌体结构施工、框架结构施工、屋面施工、装饰装修施工、水电暖安装等技术内容。

实训课可结合技能课的教学内容，针对乡村建设工匠日常工作与工种类别，进行施工现场观摩学习和实操训练。

（三）结业考核

省级住房和城乡建设部门会同人力资源社会保障部门明确培训和考核要求，委托符合条件的机构进行考核，并对考核成绩合格者颁发培训结业证书，有关信息录入乡村建设工匠信息平台。

四、相关要求

（一）各地要高度重视“乡村建设带头工匠”培训活动，将提升“乡村建设带头工匠”专业技能和综合素养作为保障农房质量安全的重要手段，不断提升农房建设水平。各地要积极争取地方财政支持，做好培训活动经费保障，组织发动有意愿、有条件的技工院校、职业院校、职业技能培训机构承担培训任务，做好标准化、示范性培训。

（二）地方各级住房和城乡建设部门在农村危房改造信息系统“乡村建设工匠”模块中录入乡村建设工匠和“乡村建设带头工匠”基本信息、培训记录、工程业绩，建立从业信息数据库，做好与相应人力资源社会保障部门信息共享工作。人力资源社会保障部门要严格按照职业培训“两目录一系统”管理要求，加强培训过程管理，做好政策支持。

（三）请省级住房和城乡建设部门于2023年1月20日前，将开展“乡村建设带头工匠”培训情况报送住房和城乡建设部村镇建设司。

住房和城乡建设部办公厅
人力资源社会保障部办公厅
2022年10月19日

商务部等 11 部门办公厅关于抓好促进餐饮业恢复发展扶持政策贯彻落实工作的通知

商办服贸函〔2022〕154 号

各省、自治区、直辖市及新疆生产建设兵团商务、发展改革、民政、财政、人力资源社会保障、住房城乡建设主管部门，中国人民银行上海总部、各分行、营业管理部、各省会（首府）城市中心支行、各副省级城市中心支行，市场监管局（厅、委）、银保监局、证监局，国家税务总局各省、自治区、直辖市和计划单列市税务局，商务部驻各地方特派员办事处：

餐饮业是稳增长、促消费、扩就业、惠民生的重要领域，对促进形成强大国内市场具有重要作用。为深入贯彻党中央、国务院决策部署，落实全国稳住经济大盘电视电话会议精神和扎实稳住经济一揽子政策措施，推动《关于促进服务业领域困难行业恢复发展的若干政策》落地见效，促进餐饮业加快恢复发展，现就进一步做好有关工作通知如下：

一、科学界定扶持措施适用的市场主体

各地商务主管部门要积极配合相关政策部门，合理准确界定扶持政策适用的市场主体，实现应享尽享。原则上依法取得营业执照和食品经营许可（备案）相关证书，且食品经营主体业态为“餐饮服务经营者”的市场主体均可申请餐饮业扶持政策措施。有条件的地方可充分发挥政务服务平台优势，对上述餐饮市场主体（下称餐饮企业）推行“免申即享”。政府部门现有数据无法满足划分市场主体类型的，各地可结合实际，按规定实行告知承诺制，不增加市场主体事务性负担。

二、加快出台对定期核酸检测和防疫消杀补贴的措施

鼓励有条件的地方商务主管部门、财政部门根据本地疫情防控指挥机构对餐饮企业核酸检测、防疫消杀的要求，制定餐饮企业员工免费定期核酸检测、防疫消杀补贴具体措施，明确补贴范围、补贴比例、申请流程、办理窗口、申请材料清单等，提高审核效率，及时拨付补贴资金。有条件的地方可充分发挥政务服务平台优势，支持餐饮企业在线申报免费定期核酸检测人员名单，精准发放免费核酸检测电子抵扣券，并做好补贴资金拨付工作。

三、落实好社会保险助企纾困政策

各地商务主管部门要加强与人力资源社会保障部门、税务部门协调配合，支持餐饮企业稳岗扩岗，落实各项助企纾困政策。2022 年对餐饮企业延续实施阶段性降低失业保险、工伤保险费率政策。对不裁员、少裁员的餐饮企业，继续实施失业保险稳岗返还政策，提高返还比例。各省级商务主管部门要配合人力资源社会保障、财政、税务等部门，结合本地实际和基金承受能力，推动本省按规定制定阶段性

实施缓缴养老保险、失业保险、工伤保险费以及留工培训补助政策具体实施办法，加强部门信息共享和协调配合，以规范、安全、便捷为原则，提高服务质量和效率，优化审核流程，缩短办理时限，让更多餐饮企业享受政策红利。

四、拓宽企业融资渠道

各地商务主管部门要会同发展改革、人民银行、住房城乡建设、市场监管等部门，在保障数据安全和遵守征信管理要求基础上，依托已有共享交换平台，依法依规加强部门间餐饮企业数据共享管理，与金融机构、征信机构开展对接，更多发放信用贷款。各地人民银行、发展改革和证监等部门要开展信用类债券发行政策辅导，支持符合条件的餐饮企业发行公司信用类债券，拓宽多元化融资渠道。

五、增强融资担保功能

各地商务主管部门要配合财政、金融监管部门加强政策宣传和融资辅导，指导政府性融资担保机构为符合条件的餐饮企业提供融资增信支持，依法依约及时履行代偿责任，积极帮助受疫情影响企业续保续贷。有条件的地方财政部门可向政府性融资担保机构提供资本金注入、担保费用补贴等支持。

六、发挥好商业保险支撑作用

各地商务主管部门、银保监局要积极组织保险公司与餐饮企业、餐饮行业协会开展形式多样的交流对接活动，及时对接更新营业中断损失保险产品清单，加大宣传推广力度，鼓励餐饮企业自愿购买营业中断类保险。有条件的地方财政部门可对餐饮企业购买营业中断类保险给予适当补贴，有效减轻其资金压力。银保监局、商务主管部门要支持保险公司根据当前疫情形势和餐饮企业需求，提供保障方案灵活、理赔更加便捷的保险服务，提高餐饮企业的保险保障水平。

七、支持老年助餐消费

鼓励各地因地制宜，结合养老服务等工作，加大支持力度，通过政府购买服务等形式支持持证经营且具备餐饮服务食品安全量化等级的社会餐饮配送力量，提供老年人助餐、配餐服务。鼓励各地商务主管部门会同民政部门开展养老助餐供需对接，加强养老机构、社区养老服务机构供餐需求信息共享，引导餐饮企业主动对接养老机构、社区养老服务机构开展助餐合作，培育专业化养老供餐企业。鼓励未内设食堂的养老机构依法依规公开择优选择餐饮市场主体承担养老供餐服务。

八、加强政策宣传

各地商务主管部门要配合相关部门，在依法依规依职责督促指导餐饮企业做好疫情防控和安全生产工作的基础上，推动各项普惠性扶持政策落地见效，帮助餐饮外卖平台和餐饮企业衔接落实好已发布的商户服务费优惠措施，加快出台专项扶持政策的落实举措，为餐饮企业申请政策帮扶提供必要指导。各地商务主管部门要会同相关部门和县、镇街两级人民政府以及市场监管执法人员、网格管理员等，加大政策宣传力度，通过政府网站、政务新媒体、基层政务服务窗口等渠道，多形式、全方位地向辖区内餐饮企业宣传推广。各地举办促消费活动应坚持自愿参与原则，不得强制餐饮企业给予满减、返利等各种形式的配套优惠措施，不得以配套优惠措施为由设置活动参与门槛。

九、强化政策落实保障

各地商务主管部门要会同相关部门，制定政策落实清单，明确落实责任人、路线图和时间表，定期汇总本地具体落实举措，如未出台具体落实举措的，要说明理由；及时总结典型经验做法，报送有关情况；积极研究支持符合条件的餐饮企业参与当地疫情防控相关服务保障工作。商务部驻各地特派员办事处要积极推动、协助和督促各地开展上述工作，及时跟踪并上报进展情况。

商务部办公厅
发展改革委办公厅
民政部办公厅
财政部办公厅
人力资源社会保障部办公厅
住房和城乡建设部办公厅
人民银行办公厅
国家税务总局办公厅
市场监管总局办公厅
银保监会办公厅
证监会办公厅
2022 年 6 月 14 日

国家卫生健康委　教育部　科技部　工业和信息化部　财政部　人力资源社会保障部　住房和城乡建设部　退役军人事务部　市场监管总局　广电总局　体育总局　国家医保局　银保监会　国家中医药局　中国残疾人联合会关于印发“十四五”健康老龄化规划的通知

国卫老龄发〔2022〕4号

各省、自治区、直辖市、新疆生产建设兵团卫生健康委、教育厅（教委、局）、科技厅（委、局）、工业和信息化主管部门、财政厅（局）、人力资源社会保障厅（局）、住房和城乡建设厅（委、局）、退役军人事务厅（局）、市场监管局（厅、委）、广播电视局、体育行政部门、医保局、中医药局、残联，各银保监局：

为贯彻落实全国老龄工作会议精神，协同推进健康中国战略和积极应对人口老龄化国家战略，不断满足老年人健康需求，稳步提升老年人健康水平，促进实现健康老龄化，根据《中华人民共和国国民经济和社会发展第十四个五年规划和2035年远景目标纲要》《中共中央　国务院关于加强新时代老龄工作的意见》《国家积极应对人口老龄化中长期规划》《“健康中国2030”规划纲要》《健康中国行动（2019—2030年）》，我们制定了《“十四五”健康老龄化规划》。现印发给你们，请结合各地、各部门工作实际，认真贯彻执行。

国家卫生健康委　教育部
科技部　工业和信息化部
财政部　人力资源社会保障部
住房和城乡建设部　退役军人事务部
市场监管总局　广电总局　体育总局
国家医保局　银保监会
国家中医药局　中国残疾人联合会
2022年2月7日

“十四五”健康老龄化规划

“十四五”时期是我国全面建设社会主义现代化国家新征程的第一个五年，也是积极应对人口老龄化的重要窗口期，促进健康老龄化将进入新的发展阶段。为协同推进健康中国战略和积极应对人口老龄化国家战略，不断满足老年人健康需求，稳步提升老年人健康水平，根据《中华人民共和国国民经济和社会发展第十四个五年规划和2035年远景目标纲要》《中共中央　国务院关于加强新时代老龄工作的意见》《国家积极应对人口老龄化中长期规划》《“健康中国2030”规划纲要》《健康中国行动（2019—2030年）》等要求，制定本规划。

一、规划背景

（一）“十三五”时期取得的主要成就

“十三五”时期，在以习近平同志为核心的党中央的坚强领导下，卫生健康等部门砥砺创新，积极推进老龄健康事业，深化体制机制改革，各项工作取得了新的进展，为进一步提高老年人健康水平奠定了坚实基础。健康中国行动老年健康促进行动全面启动，各项工作顺利推进。包括健康教育、预防保健、疾病诊治、康复护理、长期照护、安宁疗护六个环节的老年健康服务体系初步建立，医养结合稳步发展。老年健康与医养结合服务纳入国家基本公共卫生服务，老年人基本医疗保障进一步加强，长期护理保险制度试点顺利推进，老龄健康产业规模不断扩大，智慧健康养老、中医药养生养老、森林康养等新模式、新业态不断涌现，科技助推老龄健康事业发展的动力强劲。截至2020年底，全国设有1个国家老年医学中心和6个国家老年疾病临床医学研究中心，2 642个二级及以上综合性医院设有老年医学科，设有安宁疗护科的医院510个，全国安宁疗护试点扩大到91个市（区），两证齐全（具备医疗卫生机构资质，并进行养老机构备案）的医养结合机构达到5 857家，床位数达158万张。2020年，我国人均预期寿命提高至77.9岁。老年人新冠肺炎疫情防控工作成效明显，充分体现了中国特色社会主义制度的优越性。

（二）“十四五”时期的形势挑战

我国是世界上老年人口规模最大的国家，也是世界上老龄化速度最快的国家之一。“十四五”时期，我国人口老龄化程度将进一步加深，60岁及以上人口占总人口比例将超过20%，进入中度老龄化社会。老年人健康状况不容乐观，增龄伴随的认知、运动、感官功能下降以及营养、心理等健康问题日益突出，78%以上的老年人至少患有一种以上慢性病，失能老年人数量将持续增加。相比老年人的健康需求，与健康老龄化相关的机构、队伍、服务和政策支持不足。老年健康促进专业机构缺乏，老年期重点疾病防控力量薄弱。老年医疗卫生机构发展不充分，康复医院、护理院、安宁疗护中心数量严重不足，存在较大的城乡、区域差距；医疗卫生机构的老年友善程度不高，老年人就医体验有待改善；老年医学及相关学科发展滞后，老年综合评估、老年综合征管理和多学科诊疗等老年健康服务基础薄弱；老年健康服务人员尤其是基层人员缺乏，老年人居家医疗以及失能老年人照护服务能力亟待加强；医养结合服务供给不足，居家、社区医养结合发展不充分；老年健康保障机制尚不完善，稳定的长期照护费用支付机制尚未全面建立。

（三）“十四五”时期的发展机遇

“十四五”时期，低龄老年人比重增加，

老年人受教育水平提高，健康需求日益旺盛，健康产品和服务消费能力不断增强。党的十九届五中全会作出实施积极应对人口老龄化国家战略的重大部署，为实现健康老龄化提供了根本遵循和行动指南。我国转向高质量发展阶段，经济实力显著增强，为实现健康老龄化提供了一定的物质基础。国家把保障人民健康放在优先发展的战略位置，深入实施健康中国行动，为实现健康老龄化提供了有利发展环境。我国促进健康老龄化的制度安排不断完善，医药卫生体制改革持续深入推进，疾控体系改革不断深化，医疗卫生领域科技创新能力持续增强，人工智能应用日益深入，互联网等信息技术快速发展，持续推动健康老龄化具备多方面优势和条件。

二、总体要求

（一）指导思想

以习近平新时代中国特色社会主义思想为指导，全面贯彻党的十九大和十九届历次全会精神，准确把握新发展阶段，深入贯彻新发展理念，加快构建新发展格局，落实全面推进健康中国建设和积极应对人口老龄化国家战略要求，坚持新时期卫生健康工作方针，从提高全人群、全生命周期健康水平出发，以满足老年人对健康的基本需求、兼顾多层次和多样化需求为目的，以体制机制的改革创新为根本动力，大力推进老龄健康服务供给侧结构性改革，把积极老龄观、健康老龄化理念融入经济社会发展全过程，深入开展老年健康促进行动，持续发展和维护老年人健康生活所需要的内在能力，促进实现健康老龄化。

（二）基本原则

1. 健康优先，全程服务。坚持健康至上，以老年人健康为中心，提供包括健康教育、预防保健、疾病诊治、康复护理、长期照护、安宁疗护等在内的老年健康服务。

2. 需求导向，优质发展。以老年人健康需求为导向，优化供给侧改革，推动老年健康服务高质量发展，增量与提质并重。构建优质高效的整合型医疗卫生服务体系，加大医养结合服务供给，促进医疗卫生与养老服务深度结合。

3. 政府主导，全民行动。发挥政府在促进健康老龄化工作中的主导作用，鼓励社会资本参与，构建多层次、多样化的老年健康服务体系。倡导个人和家庭积极参与，共同构建老年友好型社会。

4. 公平可及，共建共享。以保障全体老年人健康权益为出发点，不断深化体制机制改革，积极推动城乡、区域老年健康服务均衡发展，确保老年健康服务公平可及，由全体老年人共享。

（三）发展目标

到2025年，老年健康服务资源配置更加合理，综合连续、覆盖城乡的老年健康服务体系基本建立，老年健康保障制度更加健全，老年人健康生活的社会环境更加友善，老年人健康需求得到更好满足，老年人健康水平不断提升，健康预期寿命不断延长。

——老年健康服务机构数量增加，服务能力大幅提升，相关学科专业建设不断加强，服务队伍更加壮大，服务内容更加丰富，老年人享有健康服务的可及性进一步提高。

——居家社区机构健康服务协调推进，医养结合服务供给不断增加，供需均衡程度不断提高，服务质量不断提升，老年人健康生活质量持续改善。

——医疗卫生机构适老化水平不断提高，老年人看病就医服务流程不断优化，老年人就医体验不断改善，有利于老年人“就近就便”就医的环境基本建立。

——老年健康保障机制不断增强，科技和信息化支撑能力明显提升，相关制度、标准、规范基本建立，老年健康产业有序发展，老年健康产品市场提质扩容。

表　　　　主要指标

序号	主要指标	单位	2020 年	2025 年	性质
1	老年人健康素养水平	%	—	有所提高	预期性
2	65~74 岁老年人失能发生率	%	—	有所下降	预期性
3	65 岁及以上老年人城乡社区规范化健康管理服务率	%	—	≥65	预期性
4	65 岁及以上老年人中医药健康管理率	%	68.4	≥75	预期性
5	二级及以上综合性医院设立老年医学科的比例	%	31.8	≥60	预期性
6	综合性医院、康复医院、护理院和基层医疗卫生机构中老年友善医疗卫生机构占比	%	—	≥85	约束性
7	三级中医医院设置康复（医学）科的比例	%	78.0	≥85	约束性

三、主要任务

（一）强化健康教育，提高老年人主动健康能力

1. 拓展老年健康教育内容。在全社会开展人口老龄化国情教育，树立积极老龄观。引导老年人将“维护机体功能，保持自主生活能力”作为健康目标，树立“自己是健康第一责任人”的意识，强化“家庭是健康第一道关口”的观念，促进老年人及其家庭践行健康生活方式。普及营养膳食、运动健身、心理健康、疾病预防、合理用药、康复护理、生命教育、应急救助等老年健康知识，宣传维护感官功能、运动功能和认知功能的预防措施，不断提高老年人健康核心信息知晓率和健康素养水平。广泛开展关爱失智老年人的社会宣传与公共教育活动，提升公众的失智预防和失智照护水平。普及智能技术知识和技能，提升老年人对健康信息的获取、识别和使用能力。加强对老年健康政策、服务和产品的科普宣传。（卫生健康委、教育部、体育总局、中医药局按职责分工负责）

2. 形成多元化的老年健康教育服务供给格局。支持各类教育机构将老年健康教育纳入课程内容。鼓励开办医学专业的院校、医疗卫生机构等设置老年健康教育专属阵地，面向老年人及家属、照护者开设养生保健、照护技能培训等课程。依托全国开放大学、老年教育机构、社区教育机构、老年协会、城乡社区党群服务中心、基层医疗卫生机构、文化体育场馆等，提高城乡老年健康教育服务覆盖率。（卫生健康委、教育部、体育总局、中医药局按职责分工负责）

3. 创新老年健康教育服务提供方式。组织开展全国老年健康宣传周、世界阿尔茨海默病日等主题宣传活动。开发科普视频，建设开放共享的数字化国家级老年健康教育科普资源库。充分利用传统媒体、短视频、微信公众号、微博、移动客户端等多种方式和媒体媒介，传播老年健康相关知识，宣传老年健康达人典型案例。鼓励各地探索可行模式，充分发挥老年人在老年健康教育中的示范引领作用，增强健康教育效果。（卫生健康委、教育部、广电总局、体育总局、中医药局按职责分工负责）

专栏 1　　老年健康教育专项工程

实施老年健康素养促进项目。监测老年人健康素养和中医药健康文化素养状况，开展有针对性的健康教育活动，不断提高老年人健康核心信息知晓率和老年人健康素养水平。

开展老年健康宣传周活动。针对老年人主要健康问题，每年确定一个主题，在全国城乡组织开展老年健康宣传周活动，营造有利于老年人健康生活的社会环境。

（二）完善身心健康并重的预防保健服务体系

4. 提高基本公共卫生服务促进老年人健康的能力。建立综合、连续、动态的老年人健康管理档案，鼓励各地整合老年人健康体检信

息，优化老年人健康体检项目，提升健康评估和健康指导能力。推动地方积极开展老年健康与医养结合服务。将失能、高龄、残疾、计划生育特殊家庭等老年人作为家庭医生签约服务重点人群，拓展签约服务内涵，提高服务质量。到2025年，65岁及以上老年人城乡社区规范化健康管理服务率达到65%以上，65岁及以上老年人中医药健康管理率达到75%以上。（卫生健康委、中医药局按职责分工负责）

5. 完善老年人预防保健服务体系。依托疾病预防控制机构和各级各类医疗卫生机构，健全三级预防体系，构建慢性疾病综合防治服务体系。加强老年人群高血压、糖尿病、冠心病等重点慢性病以及阿尔茨海默病、帕金森病等神经退行性疾病的早期筛查、干预、分类管理和健康指导。推动老年人高发恶性肿瘤早期筛查，加强癌症早诊早治。实施老年口腔健康行动，开展口腔健康知识宣传和老年口腔健康公益活动。实施老年营养改善行动，制定老年人营养健康状况评价指南，指导各地制定为老助餐机构营养健康相关标准，启动老年人营养风险筛查试点。鼓励各地开展老年人视觉、听觉、骨骼健康管理服务。开展失能（智）预防与干预工作，减少、延缓老年人失能（智）发生。实施老年痴呆防治行动，制定《国家应对老年痴呆行动计划》，推动老年人认知功能筛查干预试点工作，建立老年痴呆早筛查、早诊断、早干预的综合防控机制。建立老年人突发公共卫生事件应急处置机制，加强老年艾滋病、结核病等重大传染病防控。加快无障碍环境建设和住宅适老化改造。推动在老年人集中场所安装自动体外除颤仪（AED）。（卫生健康委、住房和城乡建设部、中医药局按职责分工负责）

6. 开展老年人心理关爱服务。完善精神障碍类疾病早期预防及干预机制，扩大老年人心理关爱行动覆盖范围，针对抑郁、焦虑等老年人常见精神障碍和心理行为问题，开展心理健康状况评估、早期识别和随访管理，为老年人特别是有特殊困难的老年人提供心理辅导、情绪纾解、悲伤抚慰等心理关怀服务。鼓励设置心理学相关学科专业的院校、心理咨询机构等开通老年人心理援助热线，为老年人提供心理健康服务。加强全国社会心理服务体系建设试点地区的基层社会心理服务平台建设，提升老年人心理健康服务能力，完善老年人心理健康服务网络。（卫生健康委、教育部按职责分工负责）

专栏2　老年预防保健专项工程

> 开展老年人失能预防与干预工作。针对导致老年人失能的高风险因素，如衰弱、肌少症、营养不良、心脑血管疾病等，实施积极预防和干预。
>
> 实施老年心理关爱行动。总结推广老年人心理关爱工作经验，持续扩大覆盖范围，原则上每个县（市、区）都设有老年人心理关爱点。
>
> 实施老年营养改善行动。开展老年人营养风险筛查试点工作，对低体重高龄老年人进行营养干预。
>
> 实施老年口腔健康行动。开展老年口腔健康科普宣传，针对基层和偏远地区专业人员进行专业培训，开展老年口腔健康公益活动。

7. 推进体卫融合。加强城乡社区、医养结合机构健身设施建设，提高适老化程度。研究推广适合老年人的体育健身休闲项目、方式和方法，发布老年人体育健身活动指南。将运动干预纳入老年人慢性病防控与康复方案。充分发挥各级老年人体育协会的作用，指导老年人科学健身，组织开展适合老年人的赛事活动。（体育总局、卫生健康委、住房和城乡建设部按职责分工负责）

（三）以连续性服务为重点，提升老年医疗服务水平

8. 增强老年疾病诊治能力。在医疗机构推广多学科诊疗模式，加强老年综合征管理，对住院老年患者积极开展营养不良、跌倒、肺栓塞、误吸和坠床等高风险筛查，在二级及以上综合性医院、康复医院、优抚医院、护理院、医养结合机构开展老年综合评估服务，推动老年医疗服务从单病种模式向多病共治模式转变。强化基层医疗卫生机构老年人常见病、多发病和慢性病诊治能力，为老年人提供综

合、连续、协同、规范的基本医疗服务。推进老年医学专科联盟建设，通过专科共建、教育培训协同合作、科研和项目协作、中医与西医协作等多种方式，提升老年医疗服务能力和管理水平。（卫生健康委、中医药局按职责分工负责）

9. 加强康复和护理服务。充分发挥康复医疗在老年健康服务中的作用，为老年患者提供早期、系统、专业、连续的康复医疗服务，促进老年患者功能恢复。鼓励各地以基层医疗卫生机构为依托，积极开展社区和居家康复医疗服务。增强中医药康复服务能力，到2025年，三级中医医院设置康复（医学）科的比例达到85%以上。推广康复医师、康复治疗师、康复辅具配置人员团队协作模式。建立覆盖老年人群疾病急性期、慢性期、康复期、长期照护期、生命终末期的护理服务体系，完善以机构为支撑、社区为依托、居家为基础的老年护理服务网络。鼓励有条件的基层医疗卫生机构为老年患者提供居家护理、日间护理服务。（卫生健康委、中医药局按职责分工负责）

10. 发展安宁疗护服务。稳步扩大安宁疗护试点，完善安宁疗护多学科服务模式，提高临终患者生命质量。根据医疗卫生机构的功能和定位，推动相应医疗卫生机构合理开设安宁疗护病区或床位，按照“充分知情、自愿选择”原则，为疾病终末期患者提供疼痛及其他症状控制、舒适照护等服务，对患者及家属提供心理支持和人文关怀。发展社区和居家安宁疗护服务。建立医院、基层医疗卫生机构和家庭相衔接的安宁疗护工作机制和转诊流程。建立健全安宁疗护服务涉及的止痛、麻醉等药物配备和监管制度。（卫生健康委负责）

专栏3　安宁疗护服务发展专项工程

深入开展全国安宁疗护试点工作。稳步扩大全国安宁疗护试点，支持有条件的省市全面开展安宁疗护工作，完善安宁疗护服务模式，建立安宁疗护服务制度体系，提高老年人和疾病终末期患者生命质量。

建设安宁疗护培训基地。通过加强组织管理、完善培训制度、充实教学设施、壮大师资队伍、优化培训机构等措施促进安宁疗护培训向专业化、规范化迈进。

11. 创新连续性服务模式。鼓励康复护理机构、安宁疗护机构纳入医联体网格管理，建立畅通合理的转诊机制，为网格内老年人提供疾病预防、诊断、治疗、康复、护理等一体化、连续性医疗服务。加大居家医疗服务支持力度，鼓励有条件的医院和基层医疗卫生机构为有医疗服务需求且行动不便的高龄或失能老年人，慢性病、疾病康复期或终末期、出院后仍需医疗服务的老年患者提供家庭病床、上门巡诊等居家医疗服务，健全居家医疗服务的风险防控机制，完善价格等相关政策。鼓励医疗卫生机构应用互联网等信息技术拓展医疗、护理、康复等服务空间和内容。（卫生健康委、医保局、中医药局按职责分工负责）

（四）健全居家、社区、机构相协调的失能老年人照护服务体系

12. 支持居家（社区）照护服务。支持社区、机构为失能老年人家庭提供家庭照护者培训和“喘息”服务，组织协调志愿者对居家失能老年人开展照护服务。鼓励社会力量利用社区配套用房或闲置用房开办护理站，为失能老年人提供居家健康服务。鼓励社区卫生服务中心与相关机构合作，增加照护功能，为居家老年人提供短期照护、临时照护等服务。（卫生健康委负责）

13. 促进机构照护服务发展。在有条件的社区卫生服务中心、乡镇卫生院等基层医疗卫生机构增设护理床位或护理单元。支持医养结合机构开展失能老年人照护服务工作。支持具备服务能力和相应资质的机构将照护服务向社区和家庭延伸，辐射居家失能老年人。推进照护机构老年痴呆患者照护专区和社区老年痴呆患者照护点建设，满足老年痴呆患者照护服务需求。（卫生健康委负责）

（五）深入推进医养结合发展

14. 增加医养结合服务供给。以需求为导向，合理规划、建设和改建医养结合机构。支持规模较大的养老机构设置医疗卫生机构，并按规定纳入医保定点范围。激发市场活力，引导社会资本举办医养结合机构，推动建设一批

百姓住得起、质量有保证的集团化、连锁化医养结合机构。鼓励医疗资源富余的基层医疗卫生机构利用现有资源开展医养结合服务。（卫生健康委、医保局按职责分工负责）

15. 提升医养结合服务质量。健全医养结合标准规范体系。提升医养结合信息化水平，发展面向居家、社区和机构的智慧医养结合服务，开展老龄健康医养结合远程协同服务试点，为老年人提供优质高效的远程医疗服务。持续开展医养结合机构服务质量提升行动，推动医养结合机构规范开展医疗卫生服务和养老服务。在全国开展医养结合示范省、示范县（市、区）和示范机构创建活动。提升医养结合机构传染病防控能力，保障老年人生命安全和身体健康。（卫生健康委、工业和信息化部、市场监管总局、中医药局按职责分工负责）

（六）发展中医药老年健康服务

16. 提升老年人中医药健康管理水平。进一步发挥中医药健康管理在基本公共卫生服务项目实施中的独特优势，积极推进面向老年人的中医药健康管理服务项目，发挥中医药在老年预防保健、综合施治、老年康复、安宁疗护方面的独特作用。鼓励中医医师积极参与家庭医生签约服务，为老年人提供个性化中医药服务。不断丰富老年人中医健康指导的内容，加强老年人养生保健行为干预和健康指导。（卫生健康委、中医药局按职责分工负责）

17. 加强中医药健康养老服务能力建设。加快二级及以上中医医院老年医学科建设，加强中医药健康养老服务能力、人才培养能力、技术推广能力建设，提升老年人常见病多发病的中医药服务能力和水平。加强各省级中医治未病中心中医药老年健康服务能力建设，制订相关标准规范，培训推广中医适宜技术，提升中医药特色服务能力。（卫生健康委、中医药局按职责分工负责）

18. 加大中医药健康养生养老文化宣传。积极宣传适宜老年人的中医养生保健知识、技术和方法，推动优质中医药服务进社区、进农村、进家庭。积极开展中医健康体检、健康评估、健康干预以及药膳食疗科普等活动，推广太极拳、八段锦、五禽戏等中医传统运动项目，培养树立健康科学的生活方式和理念。（卫生健康委、广电总局、体育总局、中医药局按职责分工负责）

专栏 4　中医药老年健康服务专项工程

中医医院老年医学科建设。推动二级及以上中医医院开设老年医学科，完善老年医学科科室基础设施设备，提供老年健康服务。

中医药特色医养结合机构建设。在全国医养结合示范机构创建活动中，推动建设一批具有中医药特色的医养结合示范机构，为老年人提供中医体质辨识、诊断治疗、康复护理、养生保健、健康管理等中医药特色服务。

（七）加强老年健康服务机构建设

19. 加强老年医疗卫生机构建设。支持国家老年医学中心发展，布局若干区域老年医疗中心，加强国家老年疾病临床医学研究中心建设，打造老年健康促进、诊疗、科研高地。通过新建改扩建、转型发展，加强老年医院、康复医院、护理院（中心、站）以及优抚医院建设，鼓励公共医疗资源丰富的地区将部分公立医疗机构转型为康复、护理机构。提高基层医疗卫生机构的康复、护理床位占比。支持农村地区接续性医疗卫生机构建设，支持农村医疗卫生机构利用空置的编制床位开设康复、护理、安宁疗护床位。在城市社区建设以老年人为主要服务对象的护理站，为行动不便的失能、残疾、高龄、长期患病老年人提供上门医疗护理服务。支持社会力量参与社区护理站建设。加快安宁疗护机构标准化、规范化建设。开展老年健康服务机构（科室）规范化建设。（卫生健康委、科技部、退役军人事务部、中医药局按职责分工负责）

专栏 5　老年医疗卫生机构建设专项工程

康复医院建设。原则上，每个省会城市、常住人口超过 300 万的地级市至少设置 1 所二级及以上康复医院；常住人口超过 30 万的县至少有 1 所县级公立医院设置康复医学科；常住人口 30 万以下的县至少有 1 所县级公立医院设置康复医学门诊。

续表

护理院（中心）建设。原则上每个县（市、区）建成1个护理院（中心）。 安宁疗护服务网络建设。在每个国家安宁疗护试点市（区），每个县（市、区）至少设立1个安宁疗护病区，在有条件的社区卫生服务中心和乡镇卫生院设立安宁疗护病床。 老年健康服务机构（科室）规范化建设。在疾病预防控制机构、综合性医院、康复医院、护理院、安宁疗护机构等医疗卫生机构和老年医学科、康复医学科、安宁疗护科等相关科室中开展老年健康服务机构（科室）规范化建设。

20. 加强医疗卫生机构老年医学科建设。推动老年医学科临床专科能力建设。推动二级及以上综合性医院设立老年医学科，“十四五”期末，二级及以上综合性医院设立老年医学科的比例达到60%以上。启动老年医学科建设试点工作，遴选一批老年医学科建设试点医院，发挥示范带动作用，推动医疗卫生机构老年医学科高质量发展。（卫生健康委、中医药局按职责分工负责）

21. 建设老年友善医疗机构。加强老年友善医疗机构建设，从文化、管理、服务、环境等方面推进医疗卫生机构全面落实老年人医疗服务适老政策，切实解决老年人在运用智能技术就医方面遇到的困难，为老年人提供友善服务。到2025年，85%以上的综合性医院、康复医院、护理院和基层医疗卫生机构成为老年友善医疗机构。（卫生健康委、中医药局按职责分工负责）

（八）提升老年健康服务能力

22. 加强老年医学及相关学科专业建设。支持开办医学专业的院校和医疗卫生机构加强老年医学及相关学科专业建设，在人才引进、科研经费、教学经费等方面给予政策倾斜。引导普通高校、职业院校（含技工学校）、开放大学开设老年医学、药学、老年护理、康复、心理、安宁疗护等相关专业和课程，开展覆盖中、专、本、硕、博各阶段的学历教育，扩大招生规模。在公共卫生、临床医学、中医药等专业中开展老年医学内容的学习，加强老年健康相关复合型人才培养。（教育部、卫生健康委、中医药局按职责分工负责）

23. 加大老年健康专业人才培训力度。在内科和全科住院医师规范化培训中强化老年医学学科内容，继续推进老年医学专科医师规范化培训。组织开展全国老年健康专业人才培训，加强对老年医学科、安宁疗护科和医养结合机构卫生健康专业人才培训，加强老年护理专业护士培训，提升高水平老年医学专业人才在老年健康队伍中的比例。到2025年，培训老年医学科医师不低于2万人，培训老年护理专业护士不低于1万人，每名老年医学科医护人员、安宁疗护试点地区从事安宁疗护服务的医护人员至少接受一次专业培训。普遍加强临床医务人员的老年医学知识和技能培训，提升临床医务人员为老服务能力。实施老年医学领军人才支持项目，加强老年健康高层次人才培养。加强院校与医疗卫生机构人才培养培训合作，遴选一批国家级和省级老年健康人才培训基地。（卫生健康委、教育部、中医药局按职责分工负责）

24. 强化老年健康照护队伍建设。增加从事老年护理工作的医疗护理员数量，加大培训力度，开展职业技能培训和就业指导服务，培训一批老年方向的医疗护理员，充实老年健康特别是长期照护服务队伍。健全老年健康相关职业人才评价制度，完善以技术技能价值激励为导向的薪酬分配体系。加快培养服务于老年健康的社会工作者、志愿者队伍，通过入户、社区活动等形式为老年人提供便利可及、针对性强的健康服务。（卫生健康委、人力资源社会保障部、中医药局按职责分工负责）

专栏6　老年健康队伍建设专项工程

实施全国老年医学人才培训项目。对全国二级及以上综合性医院老年医学科和医养结合机构的1万名骨干医护人员，开展线下线上相结合的诊疗知识和技能培训。 实施安宁疗护服务能力提升培训项目。对国家安宁疗护试点市（区）从事安宁疗护工作的5 000名骨干医护人员开展在线培训，对2 000名骨干医护人员开展线下培训。

续表

实施全国医养结合人才能力提升培训项目。对全国医养结合机构的医护人员开展在线培训，拟培训20万人次。 实施老年医疗护理员培训项目。对一批相关人员开展以失能（智）照护知识和技能为主的培训。

25. 健全老年健康标准规范体系。发挥国家卫生健康标准委员会老年健康标准专业委员会作用，健全老年健康基础标准、老年医疗服务标准、老年公共卫生标准、老年社会支持标准、医养结合服务管理标准等。制订老年常见疾病诊疗指南和临床操作技术规范。（卫生健康委、中医药局按职责分工负责）

（九）促进健康老龄化的科技和产业发展

26. 加强老年健康科学研究。加强衰老机制的基础性研究，加强老年慢性病和共病诊疗技术、老年康复护理技术、老年功能维护技术等应用性研究，提升老年重大疾病防治水平。加强适宜技术研发推广，定期发布老年健康适宜技术产品目录，发展老年神经、睡眠等监测与干预相关技术及产品，发展适宜居家、社区应用的老年健康促进评估、诊断、监测技术与产品。支持老年健康技术研发基地和科研应用转化平台建设。（科技部、工业和信息化部、卫生健康委、中医药局按职责分工负责）

27. 推动老龄健康产业可持续发展。推动老年健康与养老、养生、文化、旅游、体育、教育等多业态深度融合发展，大力推动老年健康领域新产业、新业态、新商业模式发展。支持新兴材料、人工智能、虚拟现实技术等在老年健康领域的深度集成应用与推广。支持医疗卫生机构、企业、科研院所加强医工协同发展，研发老年人医疗辅助、家庭照护、安防监控、残障辅助、情感陪护、康复辅具等智能产品和可穿戴设备，提升产品的适老化水平，推进老年产品市场提质扩容。发展健康管理与服务、健康检测与监测等智慧健康养老服务。建立健全相关标准，规范老年用品和为老服务市场。加大监管力度，切实维护老年人权益。（科技部、工业和信息化部、卫生健康委、市场监管总局、中医药局、中国残联按职责分工负责）

28. 强化信息化支撑。建立老年健康数据的收集和发布机制。充分运用互联网、物联网、大数据等信息技术手段，创新服务模式，提升老年健康智能化服务质量和效率。依托国家全民健康信息平台，完善全国老龄健康信息管理系统，整合各类老年健康相关数据，实现信息共享，为服务老年人提供信息化支撑。（卫生健康委、工业和信息化部、中医药局按职责分工负责）

四、保障措施

（一）加强组织领导

各地要认真贯彻落实全面推进健康中国建设、积极应对人口老龄化国家战略部署，广泛宣传促进健康老龄化的重要意义，把“十四五”健康老龄化规划纳入经济社会发展总体规划，把推动老龄健康事业和产业发展作为深化供给侧结构性改革、改进民生福祉的重要抓手，健全党委领导、政府主导、部门协同、社会参与的工作机制，积极出台相关扶持政策，全面完成“十四五”健康老龄化规划的各项目标任务。各地要结合实际制定本地区的“十四五”健康老龄化规划实施办法。

（二）加大投入力度

按照事权和支出责任相适应的原则，把促进健康老龄化必要经费列入本级预算。拓宽经费筹资渠道，充分发挥彩票公益金、慈善捐助等多元资金的作用，提供普惠性老年健康和医养结合服务，促进城乡老年健康服务均等化。（财政部、卫生健康委按职责分工负责）

（三）完善保障体系

完善高血压、糖尿病门诊用药保障机制。将患慢性病需长期服药或患重特大疾病需长期门诊治疗导致自负费用较高且基本生活出现困难的老年人按规定纳入医疗救助范围。稳妥推进长期护理保险制度试点，建立适合我国国情的长期护理保险制度框架。鼓励商业保险公司开发老年人疾病保险、长期护理保险、意外伤害保险等专属保险产品。推进社保卡（含电

子社保卡）在老年人就医服务领域应用。（人力资源社会保障部、医保局、银保监会按职责分工负责）

（四）强化督导考核

充分发挥全国老龄办的综合协调作用，把促进健康老龄化的政策措施作为评价全国老龄委成员单位履职尽责情况的重要内容。完善信息统计和需求反馈机制，加强对规划实施的动态跟踪监测。建立健全监测检查评估评价机制，督查重大项目、重大工程实施情况，组织开展规划实施进度和实施效果的全面检查评估。（卫生健康委负责）

退役军人部　财政部　人力资源社会保障部　卫生健康委　医保局　中央军委后勤保障部关于印发《残疾退役军人医疗保障办法》的通知

退役军人部发〔2022〕3号

各省、自治区、直辖市退役军人事务厅（局）、财政厅（局）、人力资源社会保障厅（局）、卫生健康委、医疗保障局，新疆生产建设兵团退役军人事务局、财政局、人力资源社会保障局、卫生健康委、医疗保障局，军队各有关单位：

现将《残疾退役军人医疗保障办法》印发给你们，请遵照执行。

退役军人部　财政部
人力资源社会保障部
卫生健康委　医保局
中央军委后勤保障部
2022年1月5日

残疾退役军人医疗保障办法

第一条　为切实保障残疾退役军人的医疗待遇，根据《中华人民共和国退役军人保障法》、《军人抚恤优待条例》等法律法规的规定，制定本办法。

第二条　本办法适用于服现役期间因战、因公、因病致残被评定残疾等级和退役后补评或者重新评定残疾等级的残疾退役军人。

第三条　坚持待遇与贡献匹配、普惠与优待叠加原则，残疾退役军人按规定参加基本医疗保险并享受相应待遇，符合条件的困难残疾退役军人按规定享受医疗救助。

第四条　一级至六级残疾退役军人按照属地原则参加职工基本医疗保险，七级至十级残疾退役军人按照属地原则相应参加职工基本医疗保险、城乡居民基本医疗保险。鼓励残疾退役军人参加其他形式的补充医疗保险。

第五条　残疾退役军人在按规定享受基本医疗保障待遇的基础上，享受优抚对象医疗补助。各地要进一步健全完善优抚对象医疗补助制度，保障水平应当与各地经济发展水平和财政承受能力相适应，保证残疾退役军人现有医疗待遇不降低。

第六条 有工作单位的一级至六级残疾退役军人随单位参加职工基本医疗保险，按规定缴费；无工作单位的一级至六级残疾退役军人参加职工基本医疗保险，以统筹地区上一年度城镇单位就业人员平均工资作为缴费基数。

所在单位无力参保和无工作单位的一级至六级残疾退役军人由统筹地区退役军人事务部门统一办理参保手续。其单位缴费部分，经统筹地区医疗保障、退役军人事务、财政部门共同审核确认后，由残疾退役军人户籍所在地财政安排资金。

一级至六级残疾退役军人参加职工基本医疗保险个人缴费确有困难的，由残疾退役军人所在单位帮助解决；所在单位无力解决和无工作单位的，经统筹地区医疗保障、退役军人事务、财政部门共同审核确认后，由残疾退役军人户籍所在地财政安排资金。

移交政府安置军队离退休干部退休士官中的一级至六级残疾退役军人医疗保险按照国家有关规定执行。

第七条 有工作单位的七级至十级残疾退役军人，随单位参加职工基本医疗保险，按规定缴费。当地退役军人事务部门应当督促残疾退役军人所在单位按规定缴费参保，所在单位确有困难的，各地应当通过多渠道筹资帮助其参保。

未就业的七级至十级残疾退役军人，可按规定参加城乡居民基本医疗保险。其中纳入低保、特困人员救助供养范围的残疾退役军人，由其户籍所在地医疗保障部门通过医疗救助基金等对其参加居民基本医疗保险的个人缴费部分给予补贴。

未参加基本医疗保障制度的，以及参加上述基本医疗保障制度但个人医疗费用负担较重的残疾退役军人，按规定享受城乡医疗救助和优抚对象医疗补助政策。

第八条 残疾退役军人按规定在户籍所在地享受优抚对象医疗补助，医疗补助所需资金由当地退役军人事务部门根据本地经济发展水平、财政承受能力、残疾退役军人医疗费实际支出和服现役期间医疗保障水平等因素测算，经同级财政部门审核确定后，列入当年财政预算。各地应当通过财政预算安排、吸收社会捐赠等多种渠道，筹集医疗补助资金。医疗补助资金单独列账。

第九条 因战因公致残的残疾退役军人旧伤复发的医疗费用，参加工伤保险并依法认定为工伤的，按照《工伤保险条例》的有关规定解决。未参加工伤保险但医疗费用符合工伤保险诊疗项目目录、工伤保险药品目录、工伤保险住院服务标准的，有工作的由工作单位解决；所在单位无力支付和无工作单位的，从优抚对象医疗补助资金中解决。

因战因公致残的残疾退役军人旧伤复发，由其户籍所在地设区的市级以上人民政府退役军人事务部门组织医疗卫生专家小组进行确认，医疗卫生专家小组出具旧伤复发医学鉴定意见。因战因公致残残疾退役军人取得旧伤复发医学鉴定意见后，有工作单位的依据《工伤保险条例》相关规定申请工伤认定，无工作单位的按规定申请优抚对象医疗补助。

第十条 残疾退役军人到医疗机构就医时按规定享受优先挂号、取药、缴费、检查、住院服务，优先享受家庭医生签约和健康教育、慢性病管理等基本公共卫生服务。

残疾退役军人在优抚医院享受优惠体检和优先就诊、检查、住院等服务，并免除普通门诊挂号费。

残疾退役军人在军队医疗机构就医，凭残疾军人证与同职级现役军人享受同等水平的挂号、就诊、检查、治疗、取药、入院全流程优先，以及就诊场所、病房条件等优待，并免除门急诊挂号费。

第十一条 医疗机构应当公开对残疾退役军人优先、优惠的医疗服务项目；完善并落实各项诊疗规范和管理制度，合理检查、合理用药、合理诊疗、合理收费。医保定点医疗机构和工伤保险协议医疗机构应当严格执行医保和工伤保险药品、医用耗材、医疗服务项目等目录，优先配备使用医保和工伤保险目录内药品。

第十二条 残疾退役军人医疗保障工作由退役军人事务、财政、人力资源社会保障、卫生健康、医疗保障、军队后勤保障等部门管理并组织实施，各部门应当密切配合，切实履行各自职责。

第十三条 退役军人事务部门应当严格残疾退役军人的审核工作并提供有关资料，负责为所在单位无力参保和无工作单位的一级至六级残疾退役军人办理参加职工基本医疗保险等手续；组织发放优抚对象医疗补助，协调有关部门研究处理医疗保障工作中遇到的具体问题；组织因战因公致残残疾退役军人旧伤复发鉴定，及时向工伤保险行政部门提供残疾退役军人伤情等信息，配合工伤认定调查；对年老体弱、行动不便的残疾退役军人就医等给予协助；按照预算管理要求编制年度优抚对象医疗补助资金预算，报同级财政部门审核。

第十四条 各级财政部门按规定落实经费保障，并会同有关部门加强资金的监督。省级财政要切实负起责任，减轻基层压力。中央财政按规定对优抚对象医疗保障经费给予适当补助。

第十五条 人力资源社会保障部门应当做好参加工伤保险的因战因公致残残疾退役军人旧伤复发医疗费用支付工作。

第十六条 卫生健康部门应当组织医疗机构为残疾退役军人提供优质医疗服务；加强对医疗机构的监督管理，规范医疗服务，提高服务质量，保障医疗安全；支持、鼓励和引导医疗机构制定相关优待政策，落实优待措施。

第十七条 医疗保障部门应当将符合条件的残疾退役军人纳入职工基本医疗保险、城乡居民基本医疗保险、医疗救助制度覆盖范围；做好已参保残疾退役军人的医疗保险服务管理工作，按规定落实参保残疾退役军人相应的医疗保险待遇、医疗救助待遇。

第十八条 有关单位、组织和个人应当如实提供所需情况，积极配合残疾退役军人医疗保障的调查核实工作。

第十九条 各地应当积极完善基本医疗保险、大病保险、医疗救助、工伤保险、优抚对象医疗补助“一站式”费用结算信息平台建设，努力实现资源协调、信息共享、结算同步，减轻残疾退役军人医疗费用垫付压力。

第二十条 各地退役军人事务、财政、人力资源社会保障、卫生健康、医疗保障部门可以根据本办法并结合本地区实际情况制定实施办法，切实保障残疾退役军人医疗待遇的落实。

第二十一条 本办法由退役军人事务部会同财政部、人力资源社会保障部、国家卫生健康委、国家医保局以及中央军委后勤保障部解释。

第二十二条 本办法自印发之日起施行。2005年12月21日民政部、财政部、原劳动和社会保障部印发的《一至六级残疾军人医疗保障办法》同时废止。

审计署　人力资源社会保障部关于印发《审计专业技术资格规定》和《审计专业技术资格考试实施办法》的通知

审人发〔2022〕18号

各省、自治区、直辖市及新疆生产建设兵团审计厅（局）、人力资源社会保障厅（局），中央和国家机关各部委、各人民团体人事部门，中央军委审计署综合局，各中管金融企业、中央企业人力资源部门：

为加强审计专业人员队伍建设，完善审计人才评价工作机制，更好地适应审计工作高质量发展要求，根据《人力资源社会保障部　审计署关于深化审计专业人员职称制度改革的指导意见》（人社部发〔2020〕84号）和国家职业资格制度等有关规定，我们制定了《审计专业技术资格规定》和《审计专业技术资格考试实施办法》，现印发给你们，请遵照执行。

审计署
人力资源社会保障部
2022年7月5日

审计专业技术资格规定

第一条　为加强高素质专业化审计专业人员队伍建设，科学客观公正评价审计专业人员，推动审计工作高质量发展，根据审计专业人员职称制度改革要求和国家职业资格制度，制定本规定。

第二条　在国家机关、企事业单位、社会团体等组织中从事审计及相关工作的审计专业人员，适用本规定。

第三条　国家设置审计专业技术资格，分为初级、中级、高级三个级别，列入国家职业资格目录。

审计专业技术资格的英文名称为 Audit Qualifications（简称 AudQ）。初级审计专业技术资格及助理审计师的英文名称为 Assistant Auditor（简称 AAud）；中级审计专业技术资格及审计师的英文名称为 Proficient Auditor（简称 PAud）；高级审计专业技术资格的英文名称为 Senior Audit Qualification，高级审计师的英文名称为 Senior Auditor（简称 SAud），正高级审计师的英文名称为 Principal Auditor

（简称 PrAud）。

第四条 审计专业技术资格实行全国统一组织、统一大纲、统一命题的考试制度。

第五条 审计署、人力资源社会保障部共同负责审计专业技术资格制度的政策制定，并按职责分工对审计专业技术资格制度的实施进行指导、监督和检查。

第六条 审计署、人力资源社会保障部成立全国审计专业技术资格考试办公室，办公室设在审计署人事教育司，承担审计专业技术资格考试的日常管理工作。

审计署建立审计专业技术资格考试专家库，负责组织专家开展拟定考试大纲、考试命审题、考试阅卷及结果公布等工作，研究提出考试专业设置、考试科目调整、考试合格标准及免予考试政策等。人力资源社会保障部负责审定考试专业设置、考试科目、考试大纲及免予考试政策等，会同审计署开展考试质量评估。

第七条 凡遵守中华人民共和国宪法和法律法规，具备良好的审计职业道德和敬业精神，符合初级、中级、高级审计专业技术资格考试报名条件的人员，即可报名参加相应级别的考试。

应届毕业生可以凭所在院校开具的应届毕业证明作为符合相应学历条件，报名参加当年度审计专业技术资格考试。

第八条 具备国家教育部门认可的高中毕业（含高中、中专、职高、技校，下同）及以上学历，均可报名参加初级审计专业技术资格考试。

第九条 具备下列条件之一者，可以报名参加中级审计专业技术资格考试：

（一）高中毕业，取得初级审计专业技术资格，从事审计相关工作满 10 年；

（二）具备大学专科学历，从事审计相关工作满 5 年；

（三）具备大学本科学历或学士学位，从事审计相关工作满 4 年；

（四）具备双学士学位（包括第二学士学位），从事审计相关工作满 2 年；

（五）具备硕士学位或研究生学历，从事审计相关工作满 1 年；

（六）具备博士学位。

在审计及相关合规、稽核、内部控制、风险管理等岗位工作；或在会计、经济、统计、工程或教育科研等岗位工作，且有相关审计实践经验的；可以视同从事审计相关工作（下同）。

取得相应学历学位前后的审计相关工作年限合并计算，工作年限计算截止日期为考试年度的 12 月 31 日（下同）。

第十条 具备下列条件之一者，可以报名参加高级审计专业技术资格考试：

（一）具备大学专科学历，取得中级审计专业技术资格后从事审计相关工作满 6 年；

（二）具备大学本科学历或学士学位，取得中级审计专业技术资格后从事审计相关工作满 5 年；

（三）具备硕士学位或研究生学历，取得中级审计专业技术资格后从事审计相关工作满 4 年；

（四）具备博士学位，取得中级审计专业技术资格后从事审计相关工作满 2 年。

取得中级会计、经济、统计专业技术资格或工程师等相关专业中级职称，符合本条规定的学历、年限条件的，可以报名参加高级审计专业技术资格考试。

第十一条 初级、中级和高级审计专业技术资格考试实行相对固定的全国统一合格标准。根据审计人才队伍建设需要，人力资源社会保障部会同审计署可以单独划定相关地区、专业类别或科目的考试合格标准。

各省、自治区、直辖市人力资源社会保障行政主管部门会同审计机关，可以根据本地区人才需求状况，确定本地区本年度参加高级审计师职称评审的使用标准。

第十二条 初级、中级审计专业技术资格考试合格，由各省、自治区、直辖市人力资源社会保障行政主管部门颁发人力资源社会保障部统一印制或制作的审计专业技术资格证书，包含纸质证书和电子证书。纸质证书由人力资源社会保障部、审计署联合用印，电子证书使用人力资源社会保障部专业技术人员职业资格证书专用电子印章。达到全国统一合格标准的，证书在全国范围有效。达到单独划定地区合格标准的，证书载明有效区域，在证书载明区域内有效。

高级审计专业技术资格考试合格，由全国审计专业技术资格考试办公室颁发统一印制或制作的高级审计专业技术资格考试合格证明，包含纸质证明和电子证明。纸质证明由全国审计专业技术资格考试办公室用印，电子证明使用相应专用电子印章。达到全国统一合格标准的，在全国范围有效。达到单独划定地区合格标准的，证明载明有效区域，在证明载明区域内有效。从事审计相关工作的公务员具备合格证明，可以作为审计专业能力水平的证明，但不得参加专业技术人才职称评审。企事业单位、社会组织的审计专业人员取得合格证明，自考试合格之日起5年内可以参加高级审计师职称评审；达到当地当年度使用标准的，由所在省、自治区、直辖市的人力资源社会保障行政主管部门、审计机关发布通知，可以参加当地当年度高级审计师职称评审。

第十三条 通过考试取得初级审计专业技术资格，即具备助理审计师职称。通过考试取得中级审计专业技术资格，即具备审计师职称。参加高级审计专业技术资格考试合格取得高级审计专业技术资格并通过高级审计师职称评审，即具备高级审计师职称。具备高级审计师以上职称人员跨地区任职的，其职称应当按照当地职称管理部门认可的方式认定，鼓励跨地区审计职称互通互认。

企事业单位、社会组织等用人单位可以在审计相关工作岗位上聘用具备审计专业技术资格及相应职称的人员；可以在总审计师等审计管理岗位上优先聘用具备高级审计师职称以上人员。

第十四条 审计专业人员应当认真履行工作职责，按照专业技术人员继续教育的有关规定接受继续教育，不断提高专业能力和业务水平。用人单位应当按照规定对审计专业人员参加继续教育予以保障。

第十五条 获得审计专业博士学位人员经全国审计专业技术资格考试办公室审核，可以免予考试，取得中级审计专业技术资格。

第十六条 取得二级造价工程师职业资格证书，可对应初级审计专业技术资格，报考中级审计专业技术资格考试。

取得注册会计师全国统一考试合格证书、一级造价工程师职业资格证书，可对应中级审计专业技术资格，报考高级审计专业技术资格考试。

取得资产评估师、税务师职业资格证书，符合相应的学历、年限条件，可对应初级或中级审计专业技术资格，报考高一级审计专业技术资格考试。

第十七条 具备其他系列副高级职称以上资格，在审计相关工作岗位从事审计相关工作满2年，可以视作符合《审计专业人员职称评价基本标准》规定的学历、年限条件，报名参加高级审计专业技术资格考试，符合条件人员相应参加审计系列高级职称评审。

第十八条 从事审计相关工作的公务员参加高级审计专业技术资格考试取得合格证明，按照规定接受继续教育且未参加审计职称评审，后续首次转入企事业单位、社会组织等任职的，自转入企事业单位、社会组织等任职之日起5年内可以参加高级审计师职称评审。

第十九条 发现以不正当手段取得审计专业技术资格等行为，按程序撤销其审计专业技术资格。

第二十条 本规定施行前取得的初级、中级审计专业技术资格证书与按照本规定取得的证书效用等同。高级审计专业技术资格考试合格证明按照本规定施行。各地执行的考试报名和资格评价条件、职业资格与审计专业技术资格对应关系，与本规定不一致的按照本规定执行。

第二十一条 本规定由审计署、人力资源社会保障部按职责分工负责解释。

第二十二条 本规定自发布之日起施行。2002年6月6日人事部、审计署联合发布的《高级审计师资格评价办法（试行）》（人发〔2002〕58号）和2003年1月13日审计署、人事部联合发布的《审计专业技术初、中级资格考试规定》（审人发〔2003〕4号）同时废止。

审计专业技术资格考试实施办法

第一条 审计署考试中心负责审计专业技术资格考试的具体组织实施。审计署考试中心具体拟定考务工作细则、考场规则及相关工作标准和流程，由全国审计专业技术资格考试办公室（以下简称全国审计考办）审定。

各省、自治区、直辖市的人力资源社会保障行政主管部门人事考试机构承担本地区审计专业技术资格考试考务工作，按照专业技术人员资格考试考务工作有关规程组织实施考试。

第二条 全国审计考办负责组织全国审计专业技术资格考试巡考和监督检查。

各省、自治区、直辖市的人力资源社会保障行政主管部门、审计机关负责本地区考试工作的监督检查。

第三条 初级、中级审计专业技术资格考试均设《审计相关基础知识》和《审计理论与实务》2个科目。

高级审计专业技术资格考试设《高级审计实务》1个科目。

根据审计人才队伍建设需要，审计专业技术资格考试可以按程序分设专业类别。报名分专业类别的考试时，应试人员可以根据工作需要选择一个专业类别参加考试。

第四条 获得审计专业硕士学位人员报名参加初级、中级审计专业技术资格考试，可以免予考查《审计相关基础知识》科目。

第五条 审计专业技术资格考试原则上每年组织一次。

初级、中级审计专业技术资格考试成绩实行2年为一个周期的滚动管理方法，应试人员须在连续的两个考试年度内通过全部应试科目，方可取得相应级别审计专业技术资格证书。分专业类别的考试时间和考试成绩滚动管理周期可根据考试科目、方式、频次等调整。

第六条 考试报名证明事项实行告知承诺制，符合考试报名条件的应试人员按照考试机构规定的程序和要求报名，凭准考证和有效身份证件在指定的日期、时间、地点和考场参加考试。

中央和国务院各部门及所属单位、中央管理企业的人员按属地原则在工作地或居住地报名参加考试。港澳台居民、军队人员、外国籍人员在工作地或居住地就近报名参加考试。

第七条 考点原则上安排在设区的市以上城市的大中专院校、中考高考定点学校或考试机构建设的专门场所，优先安排在人事考试标准化考场、教育考试标准化考场进行。

考点在考试期间应当具备符合要求的信号屏蔽、视频监控等安全设备，制定应急预案，按要求建立有关部门单位参与的考试安全协调联动机制。无纸化考试考点应当具备足够数量的考点机、监考机、考试机等，并满足有关软、硬件和网络要求。

第八条 考试收费纳入行政事业性收费目录，包括上缴中央财政的考务费和补偿当地组织实施成本的考试费，一般由当地承担考务工作的人事考试机构向应试人员收取，按照行政事业性收费规范收支管理；审计署考试中心执收考务费汇缴至中央财政。考试收费标准按照国家有关规定确定。

第九条 审计署考试中心具体组织专家拟定考试大纲，全国审计考办审核，报人力资源社会保障部审定后发布。有关单位可以按照考试大纲要求组织编纂考试用书。

审计署考试中心按照考试大纲要求具体组织专家开展考试征题和命题，建立试题库，加强对参与考试工作专家的管理。全国审计考办按照考试大纲要求组织专家进行考试审题并审定试卷，规范工作流程，对考试专家库实行动态管理。

第十条 按照安全、科学、高效的原则，审计署考试中心具体组织考试阅卷工作，采取有效措施保障考试数据安全和阅卷结果科学，提高阅卷工作效率。全国审计考办组织进行考试阅卷结果验收，采取适当方式公布考试结果。

审计署考试中心建立考试结果反馈机制，开展考试结果分析，提升试题试卷质量。全国审计考办建立试题试卷质量评估和审查机制，研究提出考试专业类别设置、考试科目、大纲及考试方式调整等政策建议，坚持正确的考试评价导向，推动提升考试国际化水平，不断加强考试的科学性、针对性和实用性。

第十一条 审计署考试中心具体开展对各地人事考试机构审计专业技术资格考试相关考务工作的指导。

当地承担考务工作的人事考试机构具体开展当地考试报名、考点考场设置、考务培训与实施、考试期间试卷管理，以及违纪违规复核、成绩复查、证书信息变更等考务信息工作，会同当地审计机关开展资格审核。审计署考试中心总体组织试卷管理，对考务信息进行审核和规范管理，积极利用新技术方法提高信息化水平。

第十二条 坚持回避原则和考试与培训分开的原则。凡参与考试命（征）题、审题、阅卷等工作的专家及工作人员，不得报名参加当次相关科目的考试，不得参与或举办与考试内容相关的培训。

应试人员参加培训坚持自愿原则。

第十三条 考试相关工作、试题试卷等的涉密等级按照国家有关规定确定。各级考试实施机构会同有关部门切实做好考试各环节的安全保密工作，严防泄密和考试舞弊。

第十四条 参与考试组织实施的有关机构、专家及工作人员，应当严格执行专业技术人员资格考试有关的法律法规和规章制度，遵守考试工作纪律和保密规定。

第十五条 对违反考试工作纪律和有关规定的人员，依法依规给予处理处分；构成犯罪的，依法追究刑事责任。

第十六条 本办法自发布之日起施行。2003 年 1 月 13 日审计署、人事部联合发布的《审计专业技术初、中级资格考试实施办法》（审人发〔2003〕4 号）同时废止。

国家新闻出版署等关于印发《新闻专业技术人员继续教育暂行规定》的通知

国新出发〔2022〕8号

各省、自治区、直辖市新闻出版局、人力资源社会保障厅（局）、广播电视局、网信办，中央和国家机关各部委、各人民团体有关主管部门，中央军委政治工作部宣传局，中央各主要新闻单位：

现将《新闻专业技术人员继续教育暂行规定》印发给你们，请认真遵照执行。

国家新闻出版署
人力资源社会保障部
国家广播电视总局
国家互联网信息办公室
2022年4月25日

新闻专业技术人员继续教育暂行规定

第一章　总　　则

第一条　为进一步加强和规范新闻专业技术人员继续教育工作，不断提升新闻专业技术人员队伍素质，根据《干部教育培训工作条例》《专业技术人员继续教育规定》《新闻记者证管理办法》等，结合新闻工作实际，制定本规定。

第二条　在国家新闻出版、广播电视、网信主管部门批准设立的新闻单位从事新闻采编岗位工作，并持有新闻记者证的人员继续教育，适用本规定。

第三条　新闻专业技术人员继续教育工作坚持以习近平新时代中国特色社会主义思想为指导，牢牢把握党的新闻舆论工作职责使命，健全完善新闻专业技术人员教育培训机制，不断增强新闻专业技术人员脚力、眼力、脑力、笔力，培养造就一支政治坚定、业务精湛、作风优良、党和人民放心的新闻舆论工作队伍，为推动新时代党的新闻舆论工作提供人才保证和智力支持。

第四条　新闻专业技术人员继续教育工作遵循下列原则：

（一）服务大局，确保导向。紧紧围绕党的新闻舆论工作职责使命，深入开展马克思主义新闻观教育，把政治能力建设贯穿继续教育全过程，引导新闻专业技术人员始终坚持正确政治方向、舆论导向、价值取向，增强“四个意识”、坚定“四个自信”、做到“两个维护”。

（二）以人为本，按需施教。遵循新闻传播规律和人才成长规律，结合新闻专业技术人员岗位职责，加强职业道德教育，强化专业能力建设，引导新闻专业技术人员恪守职业操守、完善知识结构、全面提升岗位履职能力。

（三）改革创新，注重实效。创新方式方法，适应形势任务发展变化，建立健全继续教育培训内容更新机制，不断提高新闻专业技术人员继续教育的科学化水平，引导新闻专业技术人员运用所学知识指导实践、推动工作。

第五条 新闻专业技术人员享有参加继续教育的权利和接受继续教育的义务。新闻单位应当依照法律法规和国家有关规定，提取和使用职工教育经费，为本单位新闻专业技术人员参加继续教育提供保障和支持。新闻专业技术人员经所在单位同意，脱产或半脱产参加继续教育活动的，所在单位应当按照国家有关规定，保障工资、福利等待遇。

第二章 管理体制

第六条 新闻专业技术人员继续教育实行统筹规划、分级负责、分类指导的管理体制。

第七条 国家新闻出版署会同人力资源社会保障部负责对全国新闻专业技术人员继续教育工作进行综合管理和统筹协调，制定全国新闻专业技术人员继续教育政策，指导监督全国新闻专业技术人员继续教育工作的组织实施。

国家新闻出版署、广电总局、国家网信办根据职责分工，负责对本行业本领域新闻专业技术人员继续教育工作进行指导和监督。

第八条 各省级有关主管部门和人力资源社会保障部门，共同负责本地区新闻专业技术人员继续教育工作的综合管理和组织实施。

中央主要新闻单位经国家新闻出版主管部门批准后，可按要求自行组织新闻专业技术人员继续教育培训活动。

其他机关、企业、事业单位、社会团体等在各自职责范围内，依法做好本单位新闻专业技术人员继续教育的管理和实施工作。

第三章 内容与形式

第九条 新闻专业技术人员继续教育内容包括公需科目和专业科目。

公需科目包括新闻专业技术人员应当普遍掌握的政治理论、法律法规、职业道德等基本知识。专业科目包括新闻专业技术人员从事新闻工作必须具备并应当掌握的行业政策法规和新闻采访、媒体融合等专业知识，以及行业发展需要的新理论、新知识、新技术等。

国家新闻出版署、人力资源社会保障部统筹规划公需科目课程和教材建设，国家新闻出版署、广电总局、国家网信办会同人力资源社会保障部统筹规划本行业本领域继续教育专业科目课程和教材建设，定期发布继续教育公需科目指南、专业科目指南，对继续教育内容进行指导。

第十条 新闻专业技术人员可以选择参加继续教育的形式。具体形式有：

（一）参加省级以上有关主管部门、人力资源社会保障部门及其公布的继续教育机构组织的面授、网络等继续教育培训活动；

（二）参加国家教育行政主管部门承认的本科以上相关专业学历（学位）教育；

（三）承担省级以上有关主管部门或相关行业协会的新闻类研究课题，或承担国家级科研基金项目；

（四）在拥有国内统一连续出版物号、经国家新闻出版主管部门认定的学术期刊上发表新闻类或与工作相关的学术论文，公开出版与工作职责相关的学术著作、译著等；

（五）参加省级以上有关主管部门组织的新闻单位与高校互聘交流计划，担任高校有关课程（讲座）授课（报告）人；

（六）担任省级以上有关主管部门或相关行业协会组织的宣讲、巡讲，举办的培训班、学术会议、专题讲座等授课（报告）人；

（七）参加省级以上有关主管部门或相关行业协会组织的新闻类评比、竞赛等；

（八）参加省级以上有关主管部门组织的专项主题报道活动，所采写的作品（或提供的素材）在省级以上媒体主报、主屏、主频率或其所属新闻网站、新媒体平台首页首屏等刊播；

（九）参加所在单位或相关专业机构等组织的与本单位业务范围相关的专业类培训；

（十）省级以上有关主管部门、人力资源社会保障部门认可的其他继续教育形式。

第四章　学 时 管 理

第十一条　新闻专业技术人员参加继续教育的时间，每年累计应不少于90学时。其中，专业科目学时一般不少于总学时的三分之二。

新闻专业技术人员参加继续教育取得的学时，在全国范围内当年度有效，不得结转或顺延至下一年度。

第十二条　新闻专业技术人员参加本规定第十条规定形式的继续教育，其学时计算标准如下：

（一）参加省级以上有关主管部门、人力资源社会保障部门及其公布的继续教育机构组织的面授培训，每天按8学时计算。

（二）参加省级以上有关主管部门、人力资源社会保障部门组织的网络培训，按实际学时计算，每年最多40学时。

（三）参加国家教育行政主管部门承认的本科以上相关专业学历（学位）教育，获得学历（学位）当年度折算为40学时。

（四）独立承担省级以上有关主管部门或相关行业协会的新闻类研究课题，或独立承担国家级科研基金项目，课题结项的，当年度每项折算为40学时；与他人合作完成的，主持人每项折算为30学时，参与人每人每项折算为10学时。

（五）独立公开发表新闻类或与工作相关的学术论文，每篇折算为10学时；与他人合作发表的，每人每篇折算为5学时。每年最多折算为20学时。

（六）独立公开出版与工作职责相关的学术著作、译著等，每本折算为30学时；与他人合作出版的，第一作者每本折算为20学时，其他作者每人每本折算为10学时。每年最多折算为40学时。

（七）参加省级以上有关主管部门组织的新闻单位与高校互聘交流计划，担任高校有关课程（讲座）授课（报告）人，按实际授课（报告）时间的6倍计算学时。每年最多折算为50学时。

（八）担任省级以上有关主管部门或相关行业协会组织的宣讲、巡讲，举办的培训班、学术会议、专题讲座等授课（报告）人，按实际授课（报告）时间的6倍计算学时。每年最多折算为50学时。

（九）参加省级以上有关主管部门或相关行业协会组织的新闻类评比、竞赛等，获得优秀以上等次，获奖当年度每项折算为30学时，同一作品不累计计算。

（十）省级新闻单位新闻专业技术人员参加中央有关主管部门组织的专项主题报道活动，所采写的作品（或提供的素材）在中央媒体主报、主屏、主频率或其所属新闻网站、新媒体平台首页首屏等刊播，市级、县级新闻单位新闻专业技术人员参加省级以上有关主管部门组织的专项主题报道活动，所采写的作品（或提供的素材）在省级以上媒体主报、主屏、主频率或其所属新闻网站、新媒体平台首页首屏等刊播，每篇（条）折算为10学时。每年最多折算为20学时，同一作品不累计计算。

（十一）参加所在单位或相关专业机构等组织的与本单位业务范围相关的专业类培训，每年最多折算为30学时。

第十三条　新闻专业技术人员参加继续教育情况实行学时登记管理。学时登记实行分级负责、逐级审核，具体登记办法由国家新闻出版署、广电总局、国家网信办会同人力资源社会保障部分别制定。

省级有关主管部门每年将本地区新闻专业技术人员继续教育审核情况送同级人力资源社会保障部门备案。

第十四条 参加挂职锻炼或外派等重大专项工作的，由本单位出具证明，报省级有关主管部门备案，可视同参加继续教育；由于伤、病、孕等特殊原因无法在当年度完成继续教育学时的，由所在单位出具证明，可适当顺延完成。

第五章 继续教育机构

第十五条 国家新闻出版署、广电总局、国家网信办会同人力资源社会保障部指导加强新闻专业技术人员继续教育机构建设，推动构建分工明确、优势互补、布局合理、开放有序的继续教育培训体系。鼓励并引导行业协会、培训中心、高等院校等具备培训条件的单位参与新闻专业技术人员继续教育工作。

第十六条 继续教育机构每年须将培训方案、课程内容、授课师资等报当地有关主管部门审核。

第十七条 继续教育机构须具备与新闻专业技术人员继续教育相适应的教学设施、场所、师资队伍和管理力量，建立健全相应的组织机构和管理制度。

第十八条 继续教育机构应当认真组织实施新闻专业技术人员继续教育教学计划，严格执行有关学员、师资管理规定，严肃学习纪律，加强学风建设，根据考试考核结果如实出具新闻专业技术人员参加继续教育的证明。

第十九条 继续教育机构要突出政治引领，把提高政治觉悟、政治能力贯穿教学管理全过程，全面提升新闻专业技术人员政治素养、理论水平、思想作风和业务能力。

第二十条 建立继续教育师资库，建立健全符合新闻工作特点和新闻专业技术人员成长成才规律的师资动态管理机制。

第二十一条 各级有关主管部门、人力资源社会保障部门直接举办继续教育活动的，应当突出公益性，不得收取费用。

第二十二条 继续教育机构不得采取弄虚作假、欺诈等不正当手段招揽生源，不得以继续教育名义组织旅游或与培训无关的活动，不得以继续教育名义乱收费或只收费不培训，以及从事其他有关法律法规明令禁止的行为。

第六章 考核与监督

第二十三条 新闻单位应当建立本单位新闻专业技术人员继续教育与使用、晋升相衔接的激励机制，把新闻专业技术人员参加继续教育情况作为新闻专业技术人员考核评价、岗位聘用的重要依据。

第二十四条 新闻专业技术人员参加继续教育情况，应当作为聘任专业技术职务或者申报评定职称，以及新闻记者证年度核验、换发的重要条件。

第二十五条 省级以上有关主管部门、人力资源社会保障部门应当对新闻专业技术人员继续教育机构、新闻单位执行本规定的情况进行监督检查。

第二十六条 省级以上有关主管部门、人力资源社会保障部门应当定期组织或委托第三方评估机构对本地区新闻专业技术人员继续教育机构进行教学质量评估，评估结果作为评价继续教育机构办学质量的重要标准和承担下一年度继续教育任务的重要依据。

第二十七条 新闻单位违反本规定的，由省级以上有关主管部门责令改正。

第二十八条 新闻专业技术人员无正当理由不参加继续教育或者在学习培训期间违反学习纪律和管理制度的，所在单位可视情给予批评教育、不予报销或者要求退还培训费用等。

第二十九条 继续教育机构违反本规定的，由省级以上有关主管部门责令改正，并依法依规进行处理。

第七章 附 则

第三十条 中国人民解放军和中国人民武装警察部队所属新闻单位新闻专业技术人员继续教育工作，参照本规定执行。

第三十一条 本规定由国家新闻出版署负责解释。

第三十二条 本规定自 2023 年 1 月 1 日起施行。

国家新闻出版署　人力资源社会保障部
关于印发《新闻记者职业资格考试办法》
和《新闻记者职业资格考试实施细则》的通知

国新出发〔2022〕21号

各省、自治区、直辖市新闻出版局、人力资源社会保障厅（局），中央和国家机关各部委、各人民团体有关主管部门，中央军委政治工作部宣传局，中央各主要新闻单位：

现将《新闻记者职业资格考试办法》和《新闻记者职业资格考试实施细则》印发给你们，请认真遵照执行。

国家新闻出版署
人力资源社会保障部
2022年12月30日

新闻记者职业资格考试办法

第一章　总　　则

第一条　为深入贯彻习近平新时代中国特色社会主义思想和党的二十大精神，坚持和加强党对宣传思想工作的全面领导，落实党管宣传、党管意识形态、党管媒体的要求，加强新闻采编队伍管理，规范新闻采编秩序，促进党和国家新闻事业发展，依据《国务院对确需保留的行政审批项目设定行政许可的决定》和国家对职业资格管理的有关规定，制定本办法。

第二条　国家对新闻记者实行准入类职业资格制度，纳入全国专业技术人员职业资格制度的统一规划。

第三条　新闻记者职业资格考试，面向已入职新闻单位的从业人员，考评其是否具备从事新闻采编工作所必需的政治素养、业务能力和职业道德。

本办法所称新闻单位，是指国家有关主管部门依法批准设立并列入新闻记者证核发范围的单位。

第四条　中华人民共和国境内新闻单位从事新闻采编工作的人员，应当参加新闻记者职业资格考试合格并依法取得新闻记者证。

第五条　新闻记者职业资格考试实行全国统一考试制度，由国家统一组织、统一时间、统一大纲、统一试题、统一标准。

第六条 新闻记者职业资格考试应当坚持公平、公正、公开的原则，考试组织工作应当接受监察机关、保密机关和社会监督。

第二章 考试组织

第七条 新闻记者职业资格考试在国家新闻出版署、人力资源社会保障部的统一领导下进行，具体考务工作委托人力资源社会保障部人事考试中心组织实施。

各地考试工作由各省、自治区、直辖市新闻出版管理部门和人力资源社会保障行政部门共同负责。具体职责分工，由各地协商确定。

第八条 国家新闻出版署负责审定考试科目、考试大纲、考试题目，研究并建立考试题库。

人力资源社会保障部负责考试工作的组织实施，会同国家新闻出版署对考试进行检查、监督和指导，确定合格标准。

第三章 考试报名

第九条 报名参加新闻记者职业资格考试的人员，必须遵守中华人民共和国宪法和法律，拥护中国共产党领导和社会主义制度，认真学习宣传贯彻习近平新时代中国特色社会主义思想，坚决贯彻落实党的理论和路线方针政策，坚持正确政治方向、舆论导向、新闻志向、工作取向，热爱新闻工作，恪守职业道德。

第十条 报名参加新闻记者职业资格考试的人员，除应当具备本办法第九条所列基本条件外，还必须具备下列条件：

（一）具有完全民事行为能力；

（二）具有大学专科及以上学历；

（三）在新闻单位编制内或者与新闻单位签有劳动合同，新闻单位为非法人编辑部的人员，须为新闻单位的主管（主办）单位在编人员或者与主管（主办）单位签有劳动合同。

第十一条 有下列情形之一的人员，不得报名参加新闻记者职业资格考试，已经办理报名手续的报名无效，已经参加考试的考试成绩无效：

（一）受过刑事处罚的；

（二）被开除公职的；

（三）受党纪、政务处分期限未满的；

（四）被列入新闻采编不良从业行为记录并在限业期限内的；

（五）伪造学历、工作资历证明的；

（六）因严重失信行为被国家有关单位确定为失信联合惩戒对象并纳入国家信用信息共享平台的；

（七）国家新闻出版署、人力资源社会保障部规定的其他情形。

第十二条 参加考试的人员，须本人提出申请，经所在新闻单位审核同意，按照当地人力资源社会保障行政部门考试管理机构规定的程序和要求完成报名，凭准考证、身份证在指定的时间、地点参加考试。

中央单位主管、主办新闻单位的人员参加考试，实行属地管理原则。

第四章 考试内容

第十三条 新闻记者职业资格考试的内容和命题范围以国家新闻出版署公布的新闻记者职业资格考试大纲为准。

第十四条 新闻记者职业资格考试设置基础科目和专业科目，综合考核应试人员从事新闻采编工作应当具有的政治素养、业务能力和职业道德。

第五章 考试方式

第十五条 新闻记者职业资格考试原则上每年举行一次，具体考试日期按照人力资源社会保障部年度专业技术人员职业资格考试工作计划确定。

第十六条 新闻记者职业资格考试实行纸笔考试或者电子化考试。

第十七条 新闻记者职业资格考试实行全国统一评卷，统一确定合格分数线，考试成绩及合格分数线由人力资源社会保障部公布。

第六章　考试违纪处理

第十八条　应试人员在考试中存在违纪违规行为的，按照专业技术人员资格考试违纪违规行为处理规定处理；构成犯罪的，由司法机关依法追究刑事责任，并终身不得参加新闻记者职业资格考试。

应试人员及其他相关人员有违反治安管理行为的，由公安机关进行处理；构成犯罪的，由司法机关依法追究刑事责任。

第十九条　考试工作人员有违反工作纪律行为的，应当按照有关规定，视其情节、后果给予相应的处分；构成犯罪的，由司法机关依法追究刑事责任。

第七章　资 格 管 理

第二十条　国家新闻出版署建立新闻记者职业资格数据库和诚信档案，将参加新闻记者职业资格考试合格人员以及依据本办法第十八条作出相应处理人员的有关信息，录入新闻记者职业资格数据库和诚信档案，并为应试人员、新闻单位和新闻出版管理部门提供线上查询服务。

第二十一条　新闻记者职业资格考试合格的人员，由所在新闻单位按规定为其申领新闻记者证。

第二十二条　国家对新闻记者依法实行执业准入管理，由国家新闻出版署统一核发新闻记者证。

第八章　附　　则

第二十三条　本办法施行前已获得国务院有关部门认定的新闻采编从业资格或者持有有效新闻记者证的人员，视同通过新闻记者职业资格考试。

第二十四条　本办法由国家新闻出版署、人力资源社会保障部按职责分工负责解释。

第二十五条　本办法自 2023 年 7 月 1 日起施行。其他相关规定，凡与本办法不一致的，按照本办法执行。

新闻记者职业资格考试实施细则

第一条　根据《新闻记者职业资格考试办法》和有关法规规定，制定本实施细则。

第二条　国家新闻出版署成立全国新闻记者职业资格考试专家委员会，负责拟定考试大纲、考试命题、考试阅卷、提出考试合格标准等工作。

国家新闻出版署、人力资源社会保障部成立全国新闻记者职业资格考试办公室，设在国家新闻出版署，负责考试大纲、考试试题审定和考试监督检查等，承担考试日常管理工作。

第三条　新闻记者职业资格考试设立《新闻基础知识》和《新闻采编实务》2 个科目。

2 个科目考试在同一天上、下午分别进行，每个科目的考试时间均为 3 小时。

第四条　新闻记者职业资格考试成绩实行 2 年为一个周期的滚动管理方法，应试人员必须在连续的两个考试年度内参加全部应试科目考试合格，方可取得新闻记者职业资格考试成绩合格证明。合格证明由国家新闻出版署、人力资源社会保障部委托人力资源社会保障部人事考试中心制作发放。

第五条　新闻记者职业资格考试考点原则上设在直辖市和省会城市的大中专院校、中考高考定点学校或者考试机构建设的专门场所，优先安排在人事考试标准化考场、教育考试标准化考场进行。

第六条 新闻记者职业资格考试大纲在当年度考试6个月前向社会公布，保证应试人员及时了解考试要求，进行充分的学习、备考。

第七条 新闻记者职业资格考试坚持回避原则和考试与培训分开的原则。凡参与考试命审题、阅卷等工作的专家及工作人员，不得参加考试，也不得参与或者举办与考试内容相关的培训；参与考试组织实施的单位和机构，不得举办与考试内容相关的培训。

应试人员参加培训坚持自愿原则。

第八条 考试相关工作和试题试卷的秘密等级按照国家有关规定确定。各级考试实施机构会同有关部门切实做好考试各环节的安全保密工作。

第九条 参与考试组织实施的有关机构、专家及工作人员，应当严格执行专业技术人员资格考试有关法规规定，遵守考试工作纪律。

第十条 本细则由国家新闻出版署、人力资源社会保障部按职责分工负责解释。

第十一条 本细则自2023年7月1日起施行。其他相关规定，凡与本细则不一致的，按照本细则执行。

国家邮政局　人力资源社会保障部关于印发《邮政快递业职业技能提升工程实施方案》的通知

国邮发〔2022〕31号

各省、自治区、直辖市邮政管理局、人力资源社会保障厅（局），中国邮政集团有限公司、各主要快递企业：

为贯彻党的十九大、十九届历次全会和中央人才工作会议精神，落实党中央、国务院关于加强技能人才队伍建设的决策部署，实现邮政快递业技能人才建设与人力资源社会保障部等四部委《“十四五”职业技能培训规划》和人力资源社会保障部《“技能中国行动”实施方案》有效衔接，加快推进邮政快递业高质量发展和邮政强国建设，“十四五”期间，国家邮政局、人力资源社会保障部决定实施邮政快递业职业技能提升工程。现将《邮政快递业职业技能提升工程实施方案》印发给你们，请结合实际，建立工作机制，落实实施方案，统筹资金渠道，有序推进实施，确保工程推进质量和实施效果。

国家邮政局

人力资源社会保障部

2022年8月1日

邮政快递业职业技能提升工程实施方案

党中央、国务院高度重视技能人才队伍建设。习近平总书记多次作出重要指示批示，要求健全技能人才培养、使用、评价、激励制度，加快培养大批高素质劳动者和技术技能人才。“十三五”时期，邮政快递业发展迅猛，服务水平持续提升，为服务生产生活、促进消费升级、畅通经济循环等作出了积极贡献。但行业技能人才队伍建设总体上还存在规模结构不合理、职业技能不强、职业素质不高、支持服务体系不够完善等问题，与新时代技能人才队伍建设要求和邮政快递业高质量发展需求还不相适应。为深入贯彻落实习近平总书记关于技能人才队伍建设和邮政快递业发展重要指示批示精神，全面落实中央人才工作会议精神，衔接落实人力资源社会保障部等四部委《“十四五”职业技能培训规划》和“技能中国行动”有关要求，现就“十四五”时期实施邮政快递业职业技能提升工程制定如下方案。

一、总体要求

（一）指导思想。高举中国特色社会主义伟大旗帜，以习近平新时代中国特色社会主义思想为指导，深入贯彻党的十九大、十九届历次全会和中央人才工作会议精神，坚持党管人才，立足新发展阶段，完整、准确、全面贯彻新发展理念，构建新发展格局，推动高质量发展，以改革创新为动力，服务国家重大战略、区域协调发展战略，紧紧围绕中心、服务中心，聚焦行业技能人才队伍短板，全面加强行业技能人才工作，持续壮大队伍、优化结构、提升素质，加快建设知识型、技能型、创新型行业劳动者大军，大力弘扬劳模精神、劳动精神、工匠精神和“小蜜蜂”精神，积极营造劳动光荣、精益求精、尊重人才的社会风尚，为加快推动邮政快递业高质量发展和邮政强国建设提供有力的人才支撑和智力支持。

（二）建设目标。聚焦人才强国、人才强邮战略目标，努力造就一支适应新形势新任务、有理想守信念、敢担当讲奉献、技能精湛、素质优良的技能人才队伍。技能人才制度体系不断完善，人才规模不断壮大，队伍结构持续优化，就业创业能力明显提高，高技能人才不断涌现，支持服务更加有效，合法权益得到进一步保障，基本适应邮政快递业转型升级和高质量发展对技能人才的需要。到“十四五”期末，累计开展补贴性职业技能培训不少于100万人次；新增取得职业资格证书或职业技能等级证书不少于50万人次，其中新增高技能人才（取得高级工及以上职业资格证书或职业技能等级证书）10万人次。

二、主要任务

（一）强化行业职业体系建设。按照《中华人民共和国职业分类大典》，加快快递领域主体职业标准和评价规范的制修订工作，推动构建国家职业标准、行业企业工种岗位要求、专项职业能力考核规范等多层次职业标准。主动适应快递行业职业结构变化，加快快递新职业（工种）及国家职业标准开发，制定或修订颁布5个以上邮政快递业国家职业标准。完善行业人才信息服务，推进职业信息服务平台、数字资源建设。

（二）持续开展职业技能培训。完善行业技能人才培养、使用、评价、激励机制，持续增强技能人才发展动力和创新创造活力。大力推进终身职业技能培训制度，深入实施“151”邮政快递业从业人员职业技能提升行动（“十四五”期间，完成补贴性职业技能培训不少于100万人次，新增取得职业资格证书或职业技能等级证书不少于50万人次，新增高技能人才10万人次）。充分发挥企业主体作用，鼓励规模以上企业建立职业培训机构和技能大师工作室、兴办技工教育，广泛开展职工岗前培训、岗位技能提升培训，突出职业操守培训、高技能人才培训、安全技能提升培训、通用职业素质和数字技能普及型培训等，支持开展订单式、定向式及项目制培训。强化对行业吸纳就业的新生代农民工、返乡创业人员、城乡未继续升学初高中毕业生、退役军人等重点群体就业技能培训。鼓励应用“互联网+”“智能+”开展职业培训，推动培训方式变革创新。支持线上培训平台建设。积极探索行业急需的培训大纲、培训教材、职业培训包的开发和师资库建设，推进优质教育资源互通共享。

（三）落实职业培训补贴政策。结合实际将《中华人民共和国职业分类大典》中的快递职业（工种），纳入政府补贴培训目录。对院校毕业生和行业企业职工按规定给予职业培训补贴。参加企业新型学徒制培训的给予企业每人每年5 000元以上的职业培训补贴，由企业自主用于学徒培训工作。对符合条件的行业从业人员参加职业技能等级认定、专项职业能力项目培训的，可按规定纳入政府补贴性职业技能培训项目范围，落实职业培训和鉴定补贴。

（四）坚持德技双修全面培育。加强政治引领和法治教育，充分发挥行业党组织作用，增强技能人才的国家意识、大局意识、守法意识、诚信意识，提升技能人才职业道德和社会公德。坚持工学结合、知行合一、德技并修，大力弘扬劳模精神、劳动精神、工匠精神、“小蜜蜂”精神。以社会主义核心价值观为统领，把“爱岗敬业、诚实守信、服务群众、奉献社会”的职业道德教育纳入从业人员职业生涯全过程。推进邮政快递业核心价值理念与精益求精、严谨专注等工匠精神有机融合，培养德艺双馨、身心双健的高技能从业人员。加快推进从业人员信用建设，完善管理部门、行业协会、社会公众共同参与的监督和自律机制，积极营造良好诚信环境。

（五）推动健全人才评价体系。建立与国家职业资格制度相衔接、与终身职业技能培训制度相适应的行业职业技能等级制度。健全以职业资格评价、职业技能等级认定和专项职业能力考核等为主要内容的行业技能人才评价制度。建立健全关键岗位从业人员考评机制。健全行业从业人员技能等级认定组织实施机构，推动符合条件的快递企业自主开展技能等级评价，并将评价结果与技能人才使用、待遇挂钩；指导支持行业社会评价组织开展技能等级评价。鼓励地方紧密结合邮政快递新业态发展，组织开发专项职业能力考核项目。支持推动行业职业技能鉴定机构转型发展，委托行业职业技能鉴定机构承担行业人才综合支撑服务，为行业职业技能提升提供工作支撑。

（六）推进拓宽人才发展通道。加强从业人员职业规划引导，促进从业人员职业生涯多元化发展。完善职业发展通道，形成纵向有阶梯、横向可贯通的人才发展路径。鼓励行业企业建立高技能人才带头人制度，设立首席技师、特级技师等，提升行业技能人才职业发展空间，强化岗位“传帮带”。全面推行新型学徒制培训，通过企校双师带徒、工学交替，培养适合行业企业发展和岗位需要的高技能人才。支持行业高技能人才参加行业工程系列职称评审，进一步加强行业高技能人才与专业技术人才职业发展贯通，不断激发高技能人才创新活力。

（七）提升职业技能竞赛质量。坚持把职业技能竞赛作为提升快递小哥职业技能、助力快递小哥走技能报国之路的有力抓手，以赛代训引领职业技能培训发展，每两年举办一届全国邮政行业职业技能竞赛。健全完善行业职业技能竞赛制度，指导开展省、市级预赛，其中省级预赛原则上实现全覆盖。完善以企业练兵为基础、省级竞赛为主体、全国竞赛为龙头的行业技能竞赛体系，切实搭建好行业技能人才展示精湛技能、互相切磋技艺的平台。统筹利用传统媒体和新媒体，加强对行业竞赛活动和获奖选手的宣传力度，不断扩大影响，持续推动增强品牌效应。加强行业职业技能竞赛工作队伍建设，提高竞赛工作信息化管理水平，强化赛事成果转化和应用，推动企业重视人才、尊重人才、留住人才。

（八）推动完善激励保障机制。健全完善以国家奖励为导向、用人单位奖励为主体的技能人才表彰奖励体系。按照国家有关规定开展全国邮政行业评选表彰活动。加大对高技能人才在各级各类表彰中的倾斜力度。支持符合条件的邮政快递业技能人才参加全国技术能手评选。按照规定做好邮政行业技术能手推进计划遴选。引导行业企业在关键岗位、关键工序培养使用高技能人才，建立健全符合技能人才特点的工资分配制度。推动行业企业建立技能人才工资正常增长机制，强化工资分配的技能价值激励导向。鼓励企业与参训职工协商调整工作及培训时间，依法保障职工参训期间的工资福利待遇。推动高技能人才纳入城市直接落户范围，其配偶、子女按有关规定享受公共就业、教育、住房等保障服务。鼓励各地结合实际出台邮政快递业技能人才队伍建设相关激励保障政策，加大对快递小哥的关心关爱力度。

三、工作保障

（一）加强组织领导。各级邮政管理部

门、人力资源社会保障部门要牢固树立人才是第一资源的理念，把邮政快递业职业技能提升作为重要民生工程，提上重要议事日程，加强组织领导，健全工作机制。要加强多部门沟通协调，充分发挥行业协会、龙头企业和行业培训机构作用，引导帮带包括上下游在内的中小微行业企业开展职工培训；鼓励行业企业依托共建学院、行业人才培养基地等共建实训基地、职工培训中心、创新创业基地、专家（大师）工作室等，形成统筹协调、协同配合、信息共享、共同推进的工作格局。

（二）加大投入力度。建立健全多元化资金投入机制，拓宽资金投入渠道。统筹发挥好企业职工教育培训经费、就业补助资金、职业技能提升行动专账结余资金等各类资金的作用。有条件的地区可结合地方实际安排经费，对邮政快递业职业技能培训教材建设、职业培训包开发应用、师资和管理人员培训、职业技能培训公共服务平台运行、职业技能竞赛等基础性工作给予支持，对培训组织动员工作进行奖补。快递企业要按照有关规定足额提取和使用职工教育经费，其中60%以上用于一线职工的教育和培训。

（三）营造良好氛围。充分利用报刊、广播、电视、门户网站、政务微博、政务微信、手机客户端等平台和载体，大力宣传加强职业技能培训工作的方针政策。继续办好寻找“最美快递员”活动，持续开展“五一”劳动节行业优秀人才走访宣传活动，大力挖掘时代楷模、最美人物、身边好人，积极培树和宣传行业技能人才先进典型。通过多种载体渠道，充分展示新时代邮政快递人的风采，传播行业正能量、提升行业软实力，不断强化“劳动光荣、技能宝贵、创造伟大”的社会导向，积极营造有利于行业技能人才成长成才的良好环境。

国家中医药局　教育部
人力资源社会保障部　国家卫生健康委
关于加强新时代中医药人才工作的意见

国中医药人教发〔2022〕4号

各省、自治区、直辖市卫生健康委、中医药管理局、教育厅（教委）、人力资源社会保障厅（局），新疆生产建设兵团卫生健康委、教育局、人力资源社会保障局，中国中医科学院，北京中医药大学：

人才是中医药发展的第一资源。党的十八大以来，以习近平同志为核心的党中央把中医药工作摆在更加突出的位置，深入推进中医药人才队伍建设，推动构建院校教育、毕业后教育、继续教育有机衔接、师承教育贯穿始终的人才培养体系，实施人才工程，中医药人才规模快速增长，结构布局逐步优化，人才质量和使用效能显著增强。但也要看到，中医药人才还存在着总体规模不大、领军人才不足、基层人才缺乏、体制机制不活等问题，迫切需要采取有力措施，培养造就大批德才兼备的中医药人才，充分发挥人才的基础性、战略性、决定性作用。为全面加强新时代中医药人才工作，根据中央人才工作会议精神和《中共中央 国务院关于促进中医药传承创新发展的意见》等有关要求，现提出如下意见。

一、总体要求

（一）指导思想

以习近平新时代中国特色社会主义思想为指导，深入贯彻党的十九大和十九届历次全会精神，全面贯彻习近平总书记关于做好新时代人才工作的重要思想和中医药工作的重要论述，立足新发展阶段，贯彻新发展理念，服务构建新发展格局，推动高质量发展，深入实施人才优先发展战略，遵循中医药人才成长规律，着力创新人才发展体制机制，着力优化人才结构布局、强化人才能力素质，着力推动高层次和基层人才队伍建设，着力营造有利于人才脱颖而出的社会环境和发展氛围，为中医药振兴发展提供坚强的人才支撑和智力保障。

（二）基本原则

——坚持党管人才。健全党管人才领导体制和工作格局，创新党管人才方式方法，坚持为党育人、为国育才，将党的领导贯穿中医药人才工作全过程，为把握人才工作方向、全面推进人才兴业提供根本保证。

——坚持服务需求。面向健康中国战略，面向中医药振兴发展重大需求，面向中医药特色优势领域，面向人民生命健康，重点加强中医医疗服务、教育教学、科学研究、产业发展、文化传播、对外交流与合作等相关领域战略人才、领军人才和青年拔尖人才队伍建设，强化基层人才队伍建设，充分发挥人才的引领保障作用。

——坚持遵循规律。传承精华与守正创新并举，立德树人与能力提升并重，思维培养与技能培训结合，注重“读经典、跟名师、重实践、强素养”，注重吸收和融合先进科学技术和人文思想，注重事业造就人才、人才推动事业，着力培养造就德才兼备的新时代中医药人才。

——坚持深化改革。着力破除中医药人才培养、引进、使用、评价、激励、流动、保障等方面的体制机制障碍，加快形成有利于人才成长的培养机制，有利于人尽其才的使用机制，有利于人才各展其能的激励机制，有利于人才脱颖而出的竞争机制，努力营造人才发展的良好环境，激发人才积极性和创新创造活力。

（三）主要目标

到2025年，符合中医药特点的人才培养、评价体系基本建立，人才规模总量快速增长，区域布局、专业结构更趋合理，促进人才成长、吸引集聚的制度环境明显优化，培养造就一支基本满足中医药发展需求的人才队伍。实现二级以上公立中医医院中医医师配置不低于本机构医师总数的60%，全部社区卫生服务中心和乡镇卫生院设置中医馆、配备中医医师。

到2030年，中医药人才发展体制机制改革取得重大进展，人才梯队更加合理，高层次人才规模显著增加，基层人才队伍更加稳固，中医药人才中心和创新高地逐步建成，适应中医药高质量发展的人才制度体系基本形成。

到2035年，符合中医药特点的人才制度体系更加完善，中医药领域战略科学家、领军人才、创新团队不断涌现，人才对中医药振兴发展的引领支撑作用更加突出，对健康中国建设的贡献度显著提升。

二、加快培养集聚中医药高层次人才

（四）培养造就中医药领域战略科学家。在院士评选、国家重大人才工程等高层次人才评选中，探索中医药人才单列计划、单独评价，注重发现和推介中医药优秀人才。面向国家重大项目、国家实验室、全国重点实验室、国家重大人才计划等，吸引、发现、造就若干站在科技发展最前沿，在中医药相关领域具有权威性，能够进行方向性、全局性、前瞻性思考，具有卓越科技组织领导才能的战略科学家，引领发挥中医药科技原创优势，勇攀医学高峰。

（五）培育壮大领军人才队伍。实施中医药领军人才支持计划，持续支持岐黄学者等各类高层次人才培养项目，对领军人才实行人才梯队配套、科研条件配套、管理机制配套等特殊政策，培养造就一批中医临床大家和科技领军人才。实施多学科交叉创新团队建设专项，实行“揭榜挂帅”等立项机制，吸引汇聚行业内外和海内外相关学科优秀人才、团队，开展中医药重点领域、关键问题联合攻关，打造一批多学科交叉创新团队，培养一批多学科交叉创新人才。加强中医药重点学科建设，推动学科领域内外的学术交流协作与资源共享，打造一批高层次学科带头人和学科梯队。加强与人工智能、生物医学、哲学社会科学等相关领域的学科交叉融合，培育高层次复合型中医药人才。

（六）促进青年人才脱颖而出。把人才队伍建设重心放在青年人才上，建立健全对青年人才普惠性支持措施，在重点人才项目、重大科技立项等工程计划中设立青年人才支持专项，扩大支持规模，优化支持方式，促使更多青年人才快速成长、早担大任。加大优秀中医临床人才、青年岐黄学者等青年人才培养力度。充分发挥国医大师、全国名中医等名老中医药专家作用，扩大师带徒范围和数量，加强传承工作室建设，支持其招收有潜力的青年人才传承培养。加大中医药类专业博士后科研工作站布局和建设力度，加快培养青年科技人才。健全青年人才发现机制，为青年人才搭建干事创业平台。

（七）打造中医药人才发展高地。支持京津冀、长三角、粤港澳大湾区、黄河流域等中医药优势资源较为集中的区域建设中医药高层次人才中心和创新高地。国家中医药综合改革示范区应制定吸引集聚人才平台的布局方案，开展人才政策综合改革试点，打造具有国际竞争力和吸引力的人才示范区。充分发挥“双一流”建设高校、省部局共建高校和国家重大科研平台、医学中心等作用，调动高校、医院、科研院所和企业积极性，建设一批人才吸引集聚培育中心。实施中国中医科学院人才强院计划，深化人事制度、科研管理综合改革，高标准高水平建设创新型中医药科研院所和高等院校，发现和培养科技领军人才，培育青年拔尖人才。

三、夯实基层中医药人才队伍

（八）扩大基层人才供给。逐步扩大本科层次中医专业农村订单定向免费医学生招生规模。支持地方开展专科层次中医专业农村订单定向免费医学生培养和乡村医生学历提升。持续开展全国基层名老中医药专家传承工作室建设，到2025年，为每个二级以上县级中医医疗机构建立1~2个传承工作室，培养一批基层人才。面向基层医疗机构医师和乡村医生开展中医药知识技能全员培训，用5年左右时间实现人员培训全覆盖，培训一批“能中会西”的基层医生。

（九）推动人才向基层流动。强化基层医疗卫生机构中医药人员配备，在全科医生特设岗位计划中积极招收中医医师，鼓励退休中医医师和中医专长医师在基层执业。推广“县管乡用”“乡管村用”等人才管理模式，鼓励县域医共体、医联体内人才柔性流动，形成上级医院医师定期到医共体、医联体内基层医疗机构服务的长效机制。落实服务基层制度，中医医师晋升副高级职称应当有累计1年以上县级以下或对口支援的医疗机构提供服务的经历。到2025年，社区卫生服务站至少配备1名中医类别医师或能够提供中医药服务的临床类别医师，80%以上的村卫生室至少配备1名能够提供中医药服务的医务人员。

（十）改善基层人才发展环境。各地应完善基层中医药人才薪酬分配和待遇保障机制，完善基层医疗机构绩效工资总量调整机制，保障县乡医务人员合理待遇。增加基层医疗卫生机构中医药中高级专业技术岗位比例，各地可单独设立基层职称评审委员会或评审组，对基层一线中医药专业技术人员实行“定向评价、定向使用”。对本科及以上学历、经中医全科专业规范化培训合格并到基层医疗卫生机构工作的，可直接参加中级职称考试，考试通过的直接聘任中级职称。

四、大力推进西医学习中医

（十一）完善西医学习中医制度。逐步扩大临床医学类专业毕业生攻读中医专业学位招生规模。支持各地遴选建设西医学习中医培训基地，组织开展不同层级的西学中培训。综合医院、专科医院、传染病医院、妇幼保健等机构应支持西医医师接受中医药专业知识培训，逐步做到“能西会中”。允许经过系统培训且考核合格的西医医师，在执业活动中采用与其专业相关的中医药技术方法，参加中西医结合职称评聘。

（十二）实施西医学习中医专项。国家举办西医学习中医高级人才研修班，吸引相关领域院士、长江学者、杰青等高层次人才开展中医药研修学习；举办西医学习中医领军人才、骨干人才培训班，以中西医协同“旗舰”医院、“旗舰”科室为重点，面向综合医院、专科医院等医疗机构培养一批西学中领军人才和青年拔尖人才。省级卫生健康、中医药主管部门结合区域需求，分期分批开展本地西学中专项培训。力争用5~10年时间，培养一批高层次中西医结合人才。

五、统筹推进中医药重点领域人才队伍建设

（十三）强化中药专业技术人才培养。支持建设一批省级以上中药炮制等中药传统技术传承基地、工作室。加快中药材种植栽培、质量检测、品种鉴定、资源普查、产品研发、产业经营等中药产业人才培养，实现中药生产全链条人才培养。鼓励中药企业与高校合作培养

应用型中药专业人才。探索建立中医中药融通学科、专业，培养医药融通人才。

（十四）加强中医技师队伍建设。完善中医医学技术人员队伍体系，制定中医技师岗位标准和队伍建设措施，建立健全中医技师管理制度，在中医药专业技术人员职称序列中增设中医技师职称专业。各级中医医疗机构应根据临床需要，配备中医技师。支持全国有条件的地区先行先试。加强中医技师转岗培训和在职培训，逐步建成一支理论扎实、技术精良的中医技师队伍。

（十五）加快急需紧缺人才队伍建设。强化中医疫病相关学科专业建设，打造高水平的中医疫病防治队伍。紧密对接公共卫生、全科、精神科等紧缺医学人才，加快中医药相关领域人才培养。加强少数民族医药人才培养，国家和有关地方在制定实施中医药人才相关政策、重点项目时应向少数民族医药人才倾斜。加强中医护理人才队伍建设，强化中医医疗机构护理人员中医护理知识与技能培训。对接医（康）养结合、养老服务等领域，加快中医药技术技能人才培养。建强中医药传播人才队伍。推动中医药英才海外培养合作项目，培养造就一批外向型领军人才。加强中医药对外教育，发展各层次中医药留学生教育，吸引更多外国留学生学习中医药。

（十六）强化中医药管理人才队伍建设。建立中医药高端人才国情咨询研修长效机制，组建中医药发展战略智库。实施卫生健康、中医药主管部门管理干部培训计划，开展中医药治理能力提升轮训、高级研修。持续实施中医医院院长、科主任职业化培训，提升综合管理能力和业务水平。

六、医教协同深化中医药教育改革

（十七）改革中医药院校教育。突出中医药发展和区域经济社会发展需求导向，调整优化中医药学科专业和区域布局。推进中医药课程教材教法改革，强化学生中医思维、实践能力和创新能力培养。支持中医药院校加强中医药传统文化功底深厚、热爱中医的优秀学生选拔培养。加大中西部、省部局共建中医药院校支持力度，引导有条件高校稳步扩大中医药类专业博士招生计划。推进中医药类中国特色高水平高职学校和专业群建设。强化中医医院育人职能，核增临床师资、教育管理岗位，实施中医临床教学基地建设专项，支持建设一批国家中医临床教学培训示范中心。实施卓越中医药师资培训计划，以中医药经典理论教师、临床带教教师为重点，培养造就一批教学名师和优秀教学团队。

（十八）完善中医药人才培养模式。面向中医学类专业全面推行院校—师承教育相结合的教育模式，建立早跟师、早临床学习制度。制定中医师承教育管理办法，强化师承教育激励约束机制，实施多层次的师承教育项目。改革中医医师规范化培训模式，强化中医临床能力训练。完善中医药继续教育制度，加快知识更新，提升专业水平。

七、深化人才发展体制机制改革

（十九）拓宽中医医疗服务岗位。各级医疗机构按照机构设置基本要求，配齐配强中医药专业技术人员。三级综合医院按照要求设置中医门诊和中医病房，床位数不低于医院标准床位数的5%；有条件的医疗机构应建立中西医联合查房和会诊制度，鼓励临床科室配备一定数量的中医医师，允许中医医师在临床科室按照注册执业范围开展与其执业范围相符的诊疗活动。鼓励专科医院、传染病医院、妇幼保健等机构设置中医药相关科室，配备中医药专业技术人员。持续开展确有专长人员医师资格考核，支持有条件的医疗机构设置中医（专长）医师岗位，促进民间特色技术疗法的传承发展。

（二十）落实用人自主权。充分发挥用人单位主体作用，在人才培养、引进和使用等方面用好用足国家人才政策，加大高校、医疗机构、科研院所等企事业单位和社会组织的用人自主权。积极推进公立中医医院职称评审改革，稳慎下放职称评审权限。建立急需紧缺人才引进特殊支持政策，探索高层次人才、急需紧缺专业人才招聘绿色通道和职称直聘办法。

（二十一）加大薪酬激励力度。深化公立中医医院薪酬制度改革，完善薪酬水平核定机制，落实“两个允许”，合理确定人员支出占公立医院业务支出的比重，内部分配应鼓励使用中医药技术方法，建立体现中医药人员技术劳务价值的服务价格和医保支付方式。落实国家科研经费管理改革、科研成果转化等政策，完善科研项目经费拨付机制，支持高校、医疗机构、科研院所构建体现知识、技术等创新要素价值的科研成果转化机制，提高科研人员成果转移转化收益比例，对职务科技成果完成人和为成果转化作出重要贡献的其他人员按照有关规定给予奖励。支持和鼓励中医药机构科研人员按照有关规定离岗创业。鼓励开展基础研究，建立基础人才培养长期稳定支持机制，高校、科研院所应加强中医药基础理论、中医医史文献、中医经典等中医药基础学科建设和基础研究人才培养，在人才引进、学科建设、科研立项等方面给予优先支持，在薪酬分配、评先评优等方面予以倾斜和保障。

（二十二）完善人才评价体系。坚持破“四唯”与立“新标”相结合，以创新价值、能力、贡献为导向，分类建立中医临床、基础、科研人才评价标准。临床人才重点评价其临床疗效，把诊断准确率、治疗方案、病例分析、合理用药、诊疗质量、病人满意度、带徒情况等作为评价要素；基础人才重点评价其中医药基础理论研究和原创能力，把重大理论创新、重要学术专著、古典医籍挖掘成果等作为评价要素；科研人才重点评价其探索疾病规律、解决临床问题、用现代科学解读中医药学原理能力等，将主持重大科研项目、创新性代表作、科研成果产出及转化等作为重要评价要素。深化中医医师资格考试改革，强化中医思维和临床能力考核。各地人力资源社会保障、卫生健康、中医药主管部门要结合实际制定本地中医药人才分类评价标准，体现价值导向。

（二十三）健全表彰奖励机制。建立健全符合中医药行业特点、国家表彰和社会褒奖相结合的激励机制，加大向基层一线和艰苦地区倾斜力度。完善国医大师、全国名中医周期性评选表彰机制，定期评选表彰一批国医大师、全国名中医。

八、强化组织实施

（二十四）加强组织领导。各级中医药主管部门应完善党委统一领导，有关部门各司其职、密切配合，社会力量发挥作用的中医药人才工作新格局。各级教育、人力资源社会保障、卫生健康部门应加大对中医药教育改革、人才评价、人才队伍建设等方面的指导支持，会同中医药主管部门推动有关政策落实。国务院和地方中医药工作跨部门协调机制相关部门应在各自职责范围内健全和落实对中医药人才发展的政策保障机制，共同研究解决中医药人才工作的重点难点问题。坚持和加强党对公立中医医院的全面领导，加强公立中医医院领导班子和干部人才队伍建设。

（二十五）完善投入保障机制。建立持续稳定的中医药人才发展多元投入机制，加强人才发展经费支持力度。国家组织实施中医药特色人才培养工程（岐黄工程），支持开展领军人才、青年拔尖人才、基层人才培养和平台建设。各省、市、县应结合本地优势特色实施中医药人才队伍建设专项，培养满足区域中医药发展需求的各类中医药人才。

（二十六）营造良好氛围。坚持正确政治方向，强化思想政治引领，教育引导中医药人才弘扬崇高职业精神、恪守职业道德、遵守执业规范。选树中医药行业优秀人才模范和工作典型，加大宣传力度，增强中医药人才职业荣誉感，营造识才爱才敬才用才的良好发展环境。

国家中医药局　教育部
人力资源社会保障部
国家卫生健康委
2022年4月8日

中国残疾人联合会　教育部 人力资源社会保障部　财政部 文化和旅游部关于印发《“十四五”残疾人职业技能提升计划》的通知

残联发〔2022〕13号

各省、自治区、直辖市残联、教育厅（局）、人力资源社会保障厅（局）、财政厅（局）、文化和旅游厅（局），新疆生产建设兵团残联、教育局、人力资源社会保障局、财政局、文体广旅局：

《“十四五”残疾人职业技能提升计划》已经有关部门同意，现印发给你们，请认真贯彻执行。

中国残疾人联合会　教育部
人力资源社会保障部
财政部　文化和旅游部
2022年2月15日

“十四五”残疾人职业技能提升计划

为进一步提高残疾人职业技能水平，促进残疾人就业创业，保障和改善残疾人民生，依据《“十四五”残疾人保障和发展规划》、《“十四五”职业技能培训规划》，制定本计划。

一、总体要求

（一）指导思想

以习近平新时代中国特色社会主义思想为指导，全面贯彻党的十九大和十九届历次全会精神，坚持以人民为中心的发展思想，牢固树立新发展理念，以提升残疾人职业技能，促进残疾人就业创业为宗旨，大力开展残疾人职业技能培训，不断提升残疾人职业素质和就业创业能力，巩固拓展残疾人脱贫攻坚成果，促进残疾人就业增收。

（二）基本原则

统筹规划，完善机制。加强部门间协调配合，建立完善任务明确、分工负责、政策共享、运转协调的长效工作机制。

突出重点，分类培训。以就业年龄段未就业残疾人为重点，以就业技能培训为主，根据不同类别残疾人特点和需求，有针对性地组织类别化、多层次职业技能培训。

统筹资源、形成合力。发挥政府、残联组织、行业企业、社会机构等各方面作用，统筹政策和资金资源，采取政府购买服务等方式，有效增加培训供给，扩大培训范围。

（三）目标任务

适应残疾人实现就业和稳定就业的需要，大力开展残疾人职业技能培训，建立供给充足、载体多元、形式多样、管理规范的残疾人职业技能培训体系。以就业技能培训、岗位技能提升培训和创业创新培训为主要形式，到2025年，培训供给不断提升，基本满足残疾人各类职业培训需求。

二、主要内容

（一）大力开展就业技能培训。对残疾人中新成长的劳动力、城镇登记失业人员、初高中毕业生，以就业为导向，依托各级各类残疾人职业培训基地，以实际操作技能训练和职业素质培养为主，以达到上岗要求和掌握初级技能为目标，大力组织开展就业技能培训和劳动预备制培训。加强与用人单位对接，根据用人单位岗位需求，积极组织定岗、定单式培训，密切培训与就业的有效衔接。配合乡村振兴工作大局，结合当地产业优势，在农村残疾人中大力开展种植、养殖、加工、传统工艺等实用技术培训，提高就业增收能力。

（二）全面加强岗位技能提升培训。将在岗的残疾职工和灵活就业、自主创业的残疾人作为重点人群纳入职业技能培训补贴范围。发挥用人单位主体作用，指导其根据岗位提升与稳定就业需要，制定残疾职工职业培训计划；鼓励用人单位单独或与培训机构合作，采用岗前培训、学徒培训、在岗培训、脱产培训、业务研修、岗位练兵等方式，稳步提升残疾职工职业技能水平。残联组织要积极参与残疾人岗位技能提升培训工作，指导用人单位和培训机构将职业道德、质量意识、法律意识、安全环保、健康卫生、劳动保护和残疾人权益保障等要求列入培训内容，实现在岗在业残疾人技能水平和职业素养“双提升”。

（三）着力推进创业创新培训。组织有创业意愿和培训需求的残疾人以及创业初期的残疾人，依托残疾人职业培训基地和创业培训（实训）中心、创业孵化基地、众创空间、网络平台等，有针对性地开展多种形式的创业创新培训。培训要充分考虑残疾人自身特点和创业不同阶段需求，项目选择要紧密结合当地产业优势。培训内容要涵盖创业意识教育、创新素质培养、创业项目指导、开业指导、企业经营管理、无障碍法规等多个方面。组织残疾人创业创新带头人培训，进一步提高其技能水平、管理能力，树立残疾人创业典型。结合残疾人群体实际需求，有针对性地组织数字技能培训、新媒体营销技能培训等。

（四）精心组织中高技能人才培训。以在校残疾学生、自主创业成功的残疾人、非物质文化遗产传承人、在各级职业技能竞赛中获得优胜的技术能手、具备专利专长的残疾人人才为主要对象，开展中高技能人才新知识、新技术、新工艺等培训，进一步提高其技能水平和创新创造能力。完善激励机制，发挥残疾人中高技能领军人才在带徒传技、技能推动方面的作用；鼓励其参与技师、高级技师培训，参加各类职业技能竞赛、文化产业大赛。大力弘扬和培育工匠精神，坚持工学结合、德技并修，努力建设和打造一支残疾人技术技能人才队伍。

（五）周密安排用人单位和就业服务人员培训。对规模较大、可提供较多就业岗位的用人单位开展雇主培训，提高对残疾人群体就业能力的认识，改变用人观念。组织各级各类残疾人就业服务机构、人力资源服务机构、残疾人职业培训基地人员开展职业能力测评、职业咨询、职业指导、职业信息分析、职业生涯规划等专项就业服务技能提升培训，更好服务于残疾人群体。

三、政策措施

（一）完善残疾人职业培训扶持政策。制定残疾人职业技能培训服务与管理办法，规范培训流程，强化培训质量。完善购买残疾人职业培训服务政策，鼓励各类社会培训机构广泛参与残疾人职业培训。针对残疾人群体实际，特别是部分类别残疾人需要辅助教学人员等情况，合理确定残疾人职业培训补贴标准。支持残疾人结合自身实际需求，自主选择参加职业技能培训。残疾人劳动者在户籍地、常住地、求职地参加培训取得证书，按规定给予职业培训补贴。残疾人参加国内国际职业技能竞赛等实训，可按规定给予职业培训补贴（不含获奖人员奖金、差旅费、交通食宿费、工杂费等其他费用）。

（二）扩大残疾人职业培训供给。依托公共实训基地、普通高校、职业院校、特殊教育学校、职业培训机构、行业企业和社会组织等，结合地域特点和残疾人需求，通过挂牌认证的方式，加强各级残疾人职业培训基地的培育和建设。建立健全培训基地准入、退出和评估机制，实行分级动态管理。不断完善培训基地扶持政策。到 2025 年末，每个县（市、区）至少挂牌 1 家残疾人职业培训基地。以中高等职业院校、特殊教育学校为主要对象，结合职业技能培训实训共建共享行动，遴选和培育一批残疾人实习实训基地。支持盲人按摩、非遗传承等类别化培训基地建设。

（三）整合残疾人线上培训资源。推进残疾人职业技能培训模式创新，探索“互联网+职业培训”模式。加强对残疾人职业培训线上资源的统筹规划和支持引导，依托全国残疾人就业创业网络服务平台，通过开发、收集、购买等方式，多渠道组织优质课程资源，建立全国残疾人职业技能线上培训资源库。健全线上培训资源开发、使用、审核、评价、监督管理机制，不断扩大线上培训资源覆盖面。鼓励各地试点开展学习积分等形式的线上自主学习。推动优质线上培训资源向欠发达地区倾斜。推动残疾人职业技能培训线上线下共同发展。

（四）加强残疾人职业培训师资队伍培养。针对残疾人身心特点以及盲文、手语等特殊需求，加强残疾人职业培训师资队伍建设。依托普通高校和特殊教育学校，建设 5 家国家级残疾人职业培训师资研修基地。实施职业技能培训师资五年一周期的全员轮训制度。建立由残疾人职业培训基地教师、企业和个体从业者中的高技能人才、国际和国内残疾人职业技能大赛优胜者、劳动模范、岗位能手、农村致富带头人、自强模范、乡村振兴自强人才以及符合条件的技能劳动者组成的专兼职并存的残疾人职业技能培训师资库。

（五）规范管理残疾人职业培训。积极推进残疾人职业培训项目化、类别化、规范化，落实残疾人职业培训目录清单管理，建立培训机构、培训项目公示制度。执行开班申请、过程检查、资金使用、结业审核等各项制度，加强培训过程监管。建立学员满意度和第三方参与的培训质量评价制度。残疾人培训结束并通过结业考核，由培训机构发放培训合格证书。鼓励残疾人参加职业技能评价，考取相应职业技能等级证书或职业资格证书。通过网站、微信公众号等多种渠道公布培训监督电话，接受社会监督，妥善处理各种矛盾和纠纷。

（六）培育残疾人特色培训品牌。根据市场需求和残疾人特点，结合地域优势，积极培育残疾人培训项目品牌，鼓励各省（区、市）每 2 年推出 1 个优质专项职业技能培训项目。适应新业态发展，引导和鼓励开展电商客服、电商美工、电商运营管理、网络直播等新兴项目培训。扶持残疾人非遗、文创及保健（医疗）按摩等特色职业技能培训项目发展，打造一批优秀传统工艺和民族传统文化技艺培训项目。

（七）实施职业技能等级证书制度。支持普通职业院校招收具有接受普通教育能力的残疾学生。支持有条件的特殊教育学校单独或与职业院校合作开展残疾人职业教育。支持社会力量开展残疾人职业教育和培训。与有关院校合作试点开展学历证书和职业技能等级证书工作。建立健全残疾人学分银行基本流程和制度框架，探索残疾人职业技能培训与学历教育相结合的机制，为技术技能人才持续成长拓宽通道。

四、工作要求

（一）加强组织领导。建立在政府统一领导下，残联组织统筹协调，人力资源社会保障、财政、教育、文化和旅游等部门密切配合，社会力量广泛参与的工作机制。制定本省残疾人职业技能提升计划组织实施方案，明确各部门职责分工，压实省、市、县三级任务责任，确保落地见效。

（二）强化政策和资金保障。依据法规政策，严格落实残疾人劳动者培训相关政策。加强政府投入保障，鼓励社会捐赠支持。加强培训资金监管，切实保障资金安全和使用效益。

（三）实施信息化管理。依托全国残疾人就业和职业培训信息管理系统和全国残疾人就业创业网络服务平台，通过全国残疾人职业培训管理服务系统等信息化工作手段，对培训机构、培训项目、培训资金、培训人员和培训质量进行规范管理。开展提升计划实施情况年度监测，组织实施中期和终期评估；各地每年年底前向中国残联上报提升计划实施进展情况。

（四）推行培训就业全链条服务。各级残联所属残疾人就业服务机构要充分发挥职能作用，密切残疾人职业技能培训和就业创业的衔接，实现“职业能力评估——职业技能培训——就业岗位（创业项目）推荐——就业跟踪服务”等全链条就业服务。各地要加强残疾人就业创业指导服务，按规定落实创业担保贷款贴息、税费减免等扶持政策。加大与用人单位的协调推介力度，促进残疾人稳定就业。

（五）营造良好社会环境。充分利用各种平面和网络媒体，大力宣传各级党委、政府加强职业技能培训的方针政策以及针对残疾人群体的特别扶持措施，鼓励更多的社会力量参与残疾人职业培训工作，让更多的残疾人知晓。大力宣传残疾人技能人才典型事迹、残疾人通过技能提升和创业创新脱贫致富的成功案例。提高社会公众对残疾人就业创业能力的认识与接纳，引导更多残疾人树立“技能立业”理念，走出家门，参与职业技能培训，掌握一技之长，为就业创业奠定基础。

中国残疾人联合会　教育部
中央编办　国家发展改革委　财政部
人力资源和社会保障部　住房和城乡建设部
关于印发《残疾人中等职业学校设置标准》的通知

残联发〔2022〕35号

各省、自治区、直辖市残联、教育厅（教委）、编办、发展改革委、财政厅（局）、人力资源和社会保障厅（局）、住房和城乡建设厅（局），新疆生产建设兵团残联、教育局、编办、发展改革委、财政局、人力资源和社会保障局、住房和城乡建设局：

为深入贯彻党的二十大精神，落实《中华人民共和国职业教育法》、《残疾人教育条例》、《“十四五”特殊教育发展提升行动计划》和国家关于职业教育工作有关决策部署，特别是《教育部等四部门关于加快发展残疾人职业教育的若干意见》“修订《残疾人中等职业学校设置标准（试行）》”的要求，加快完善特殊教育保障机制，进一步加强残疾人中等职业学校基础能力建设和规范化管理，根据残疾人职业教育发展现状和实践需要，我们对2007年发布的《残疾人中等职业学校设置标准（试行）》进行了修订。现将修订后的《残疾人中等职业学校设置标准》印发给你们，请遵照执行。

附件：残疾人中等职业学校设置标准

中国残疾人联合会
教育部　中央编办
国家发展改革委　财政部
人力资源和社会保障部
住房和城乡建设部
2022年11月15日

残疾人中等职业学校设置标准

第一条　为保障残疾人受教育权利，促进残疾人中等职业教育发展，规范学校建设，保证教育质量，提高办学效益，根据《中华人民共和国职业教育法》、《残疾人教育条例》、

《国家职业教育改革实施方案》、《中等职业学校设置标准》、《关于加快发展残疾人职业教育的若干意见》和残疾人职业教育特点，特制定本标准。

第二条 本标准所称残疾人中等职业学校是指依法经国家主管部门批准设立，以初中毕业或同等学力的残疾人为主要招生对象，实施全日制学历教育及职业培训的中等职业学校。

第三条 设置残疾人中等职业学校，要遵循需要和可行相结合的原则，纳入当地教育发展规划，在地方教育行政部门统筹和指导下进行。

第四条 新建或改扩建残疾人中等职业学校，校址一般要选在交通便利、公共设施较完善的地方。学校环境要符合残疾人教育教学、校园安全和身心健康要求。

第五条 设置残疾人中等职业学校，须有学校章程和必需的管理制度，要依法办学。学校章程包括：名称、校址、办学宗旨、治理机构和运行机制以及教职工管理、学生管理、教育教学管理、校产和财务管理制度、学校章程修订程序等内容。

第六条 设置残疾人中等职业学校，须配备思想政治素质高和管理能力强，热爱残疾人事业，熟悉残疾人职业教育规律的学校领导。公办中等职业学校实行中国共产党基层组织领导下的校长负责制。校长应具有从事五年以上教育教学工作的经历，校长及教学副校长须具有高级专业技术职务，校级领导应具有大学本科及以上学历。

第七条 设置残疾人中等职业学校，须根据残疾人和职业教育特点，建立必要的教育教学和管理等工作机构。

第八条 设置残疾人中等职业学校，要有基本的办学规模。根据社会需要和残疾人的身心特点合理设置专业，常设专业一般不少于4个，学历教育在校生规模一般不少于300人，班额原则上为8~20人。

第九条 设置残疾人中等职业学校，须有与学校办学规模相适应、结构合理的专兼职教师队伍。专任教师要符合《残疾人教育条例》规定的基本条件，相关辅助专业人员应具备由职能部门认可的相应从业资质。教职工与在校生比例不低于1∶5，其中，每15名学生配备1名相关辅助专业人员（如生活辅导、就业指导、心理健康、康复训练、辅助科技和转衔服务等）。专任教师数不低于本校教职工总数的60%，专业课教师数不低于本校专任教师数的60%，“双师型”教师不低于本校专业课教师数的50%。专任教师中，具有高级专业技术职务人数不低于20%、具有专业背景的硕博士学位教师占比不低于10%。每个专业至少应配备具有相关专业中级以上专业技术职务的专任教师2人。学校聘请有实践经验的兼职教师应占本校专任教师总数的20%左右。

第十条 设置残疾人中等职业学校，须有与办学规模、专业设置和残疾人特点相适应的个性化校园、校舍和设施，且符合《无障碍环境建设条例》及《建筑与市政工程无障碍通用规范》等标准规范要求。

校园占地面积（不含教职工宿舍和相对独立的附属机构）：不少于30 000平方米，一般生均占地面积不少于70平方米。

校舍建筑面积（不含教职工宿舍和相对独立的附属机构）：不少于16 000平方米，一般生均建筑面积不少于35平方米。

体育用地：须有200米以上环形跑道的田径场，有满足残疾人教学和体育活动需要的其他设施和场地。

图书馆和阅览室：要适应办学规模，满足教学需要。适用印刷图书生均不少于30册，电子图书生均不少于30册，有盲文图书、有声读物和盲、聋生电子阅览室，报刊种类50种以上。教师阅览（资料）室和学生阅览室的座位数应分别按不低于教职工总数和学生总数的20%设置。

资源中心（教室）：要根据办学规模和本地区残疾人职业教育的需求建立适度大小的资源中心，根据残疾学生类别配备必要的教育教学、康复训练设施设备和资源教师、巡回指导教师及专业人员，为本校学生提供职业能力评估、个别化教学指导、考试辅助和转衔教育服务；同时为本地区的有关学校和机构提供残疾人职业教育指导、咨询和相关服务。

设施、设备与实训基地：必须具有与专业设置相匹配、满足教学要求的实训、实习设施和仪器设备，设施和仪器设备要规范、实用；每个专业要有相对应的校内实训基地和稳定的校外实训基地。要根据残疾学生的实际需要设置医疗服务、心理辅导、康复训练、专用检测等学习及生活所需专用场所和特殊器具设备。

信息化：要具备能够应用现代教育技术手段，实施教育教学与管理信息化所需的软、硬件设施、设备及适合各类残疾人学习的教育教学资源，并参照同类普通中等职业学校标准建设数字校园。

第十一条 设置残疾人中等职业学校，须具有符合国家和地方教育行政部门要求的教育教学基本制度。落实好立德树人根本任务，建立德技并修、工学结合、产教融合、校企合作的育人机制，根据职业教育国家教学标准，结合残疾人身心特点和就业市场需求，科学制订人才培养方案、设置课程，并根据国家政策推行 1+X 证书制度。

第十二条 学校办学经费应依据《中华人民共和国职业教育法》、《中华人民共和国残疾人保障法》、《残疾人教育条例》和有关法律法规，以举办者投入为主，企业、社会等多渠道筹措落实。地方应充分考虑残疾人职业学校班额小、教育教学成本高、无障碍建设维护支出多等实际情况，制定残疾人中等职业学校生均拨款标准（综合定额标准或公用经费定额标准），按时、足额拨付经费，不断改善学校办学条件。

第十三条 学校应落实学历教育与职业培训并举的法定职责，加强残疾人的职业培训，按照育训结合、内外兼顾的要求，面向在校残疾学生和社会残疾人开展职业培训，并积极承担当地特殊教育学校和融合教育机构的残疾人职业教育指导工作。

第十四条 本标准为独立设置的残疾人中等职业学校的基本标准，适用于各级政府部门、行业、企业举办的各类残疾人中等职业学校，民办和非独立设置的残疾人中等职业教育机构及融合教育机构可参照执行。新建的残疾人中等职业学校可根据需要设置不超过 3 年的建设期。省级有关部门可根据本地实际情况制定高于本标准的残疾人中等职业学校设置办法。

第十五条 本标准的主要指标应作为各地残疾人中等职业学校审批、检查、评估、督导的基本依据，有关内容纳入地方政府履行教育职责的督导范围。

第十六条 本标准自颁发之日起施行。2007 年中国残联、教育部制定的《残疾人中等职业学校设置标准（试行）》同时废止。

工作大事记

2022 年工作大事记

1 月 7 日 《人力资源社会保障部关于修改部分规章的决定》公布。《决定》对《劳动行政处罚听证程序规定》《就业服务与就业管理规定》《关于实施〈劳动保障监察条例〉若干规定》3 件规章的部分条款予以修改。

同日 国务院新闻办公室举行国务院政策例行吹风会，人力资源社会保障部副部长汤涛等介绍《“十四五”职业技能培训规划》有关情况，并答记者问。《规划》提出了“十四五”时期加强职业技能培训工作的目标、任务和保障措施。到 2025 年，要实现终身职业技能培训制度更加完善，共建共享职业技能培训体系更加健全，创新型、应用型、技能型人才队伍不断发展壮大，职业技能培训服务更加有效等四个主要目标。

1 月 11 日至 13 日 人力资源社会保障部党组成员、副部长俞家栋前往江西省余干县看望慰问“三支一扶”人员。

1 月 20 日 全国人力资源社会保障工作会议暨优质服务窗口和优质服务先进个人表彰大会以视频方式召开。会议深入学习贯彻党的十九届六中全会精神，落实中央经济工作会议部署，总结 2021 年工作，分析形势，研究部署 2022 年重点任务。会上，对人社系统优质服务窗口和优质服务先进个人进行了表彰。人力资源社会保障部党组书记、部长张纪南出席会议并讲话，部党组成员在主会场出席会议。

1 月 24 日 人力资源和社会保障法治工作电视电话会议召开。会议深入学习贯彻党的十九大和十九届历次全会、中央全面依法治国工作会议精神，落实全国人力资源社会保障工作会议要求，对全面推进法治人社建设进行部署。人力资源社会保障部党组成员、副部长俞家栋出席会议并讲话。

1 月 25 日 人力资源社会保障部党组成员、副部长汤涛走访慰问中国气象科学研究院、中国核电工程有限公司、中国航天科工集团的专家、高级工程师、高级技师，向他们致以新春祝福和诚挚慰问，并听取他们对人才工作的意见建议。

1 月 28 日 人力资源社会保障部召开年度工作总结暨党史学习教育总结大会，回顾工作，展示交流特色党建、特色业务，表彰在机关党建考核、民主评议党员中获得优秀等次的基层党组织、优秀共产党员和在年度考核中记三等功人员、优秀等次人员等。人力资源社会保障部党组书记、部长张纪南出席会议并讲话，部党组成员出席会议。

2 月 9 日 人力资源社会保障部出台《社会保险基金行政监督办法》。《办法》紧扣地方社会保险基金行政监督工作实际，健全社会保险基金监管体系，以零容忍态度严厉打击欺诈骗保、套保或挪用贪占各类社会保险资金的违法行为。《办法》自 2022 年 3 月 18 日起施行。

2 月 12 日 人力资源社会保障部在山东省菏泽市举办 2022 年春风行动现场推进活动暨春满齐鲁·乐业山东招聘活动启动仪式。人力资源社会保障部党组成员、副部长俞家栋出席活动并讲话。

2 月 17 日 人力资源社会保障部与云南省人民政府在昆明签署《共同推进新时代云

南省人力资源和社会保障事业高质量发展合作协议》。根据协议，双方将围绕实现更加充分更高质量就业、健全多层次社会保障体系、共建“技能云南”、加强人才培养引进使用、构建和谐劳动关系、提升人社公共服务水平等方面深化合作，人力资源社会保障部重点在政策扶持、先行先试、人才支撑等方面积极支持云南省人力资源社会保障事业高质量发展。人力资源社会保障部党组书记、部长张纪南，云南省委书记王宁，省委副书记、省长王予波出席签署仪式。

2月18日　人力资源社会保障部召开持续深化根治欠薪工作调度会，深入学习贯彻习近平总书记关于根治欠薪重要指示批示精神，调度各地根治欠薪和冬季专项行动进展，部署持续深化根治欠薪工作。人力资源社会保障部党组成员、副部长王少峰出席会议并讲话。

2月21日　人力资源社会保障部印发《关于降低或取消部分准入类职业资格考试工作年限要求有关事项的通知》，在不降低职业资格水平的前提下，适当降低注册城乡规划师、注册核安全工程师、监理工程师等13项职业资格考试工作年限要求，推动降低就业创业门槛。

同日　人力资源社会保障部与最高人民法院联合印发《关于劳动人事争议仲裁与诉讼衔接有关问题的意见（一）》，提出21条规定，促进裁审法律适用统一。

2月22日　人力资源社会保障部党组书记、部长张纪南到北京市西城区人力资源社会保障局走访慰问受表彰的全国人社系统优质服务窗口和优质服务先进个人代表，为受表彰代表颁发奖牌、奖章和荣誉证书并进行座谈。

2月24日　人力资源社会保障部副部长李忠以视频连线方式出席国际社会保障协会亚太社会保障论坛并发言，介绍中国政府坚持以人民为中心的发展思想，统筹推进疫情防控和经济社会发展、完善覆盖全民的社会保障体系、稳步提高社会保障水平、加强社保公共服务平台建设的有关措施，呼吁亚太地区各国秉持人类命运共同体理念，扩大社会保障覆盖面、提高社会保障便捷性、加强社会保障国际合作。

2月28日　人力资源社会保障部党组理论学习中心组召开集体学习会，深入学习习近平总书记关于社会保障工作系列重要论述，交流学习体会，研究贯彻落实措施。人力资源社会保障部党组书记、部长张纪南主持会议并讲话，部党组成员参加，中国社会保险学会会长胡晓义应邀参加。

3月1日　第46届世界技能大赛准备周线上会议开幕。人力资源社会保障部部长张纪南出席会议并致辞，人力资源社会保障部副部长汤涛出席会议。人力资源社会保障部、上海市政府和世界技能组织在随后的4天时间里，围绕简约安全精彩办赛，研究推进各项大赛筹办工作，共同推动技能运动发展。

3月2日　全国新职业和数字技术技能大赛组委会第二次会议在浙江省杭州市召开。大赛组委会常务副主任，人力资源社会保障部党组成员、副部长汤涛主持会议并讲话。大赛共设置人工智能训练师等20个比赛项目，绝大多数比赛项目与数字技术技能领域密切相关。

3月4日　人力资源社会保障部印发《推进技工院校工学一体化技能人才培养模式实施方案》，明确“五个一体化”主要工作任务，力争到“十四五”末实现“百千万”目标。

同日　第46届世界技能大赛准备周会议闭幕。人力资源社会保障部副部长汤涛出席会议并致辞。

3月8日　人力资源社会保障部、教育部、科技部等10部门联合印发《关于实施百万就业见习岗位募集计划的通知》，决定继续实施百万就业见习岗位募集计划，帮助高校毕业生等青年提升就业能力。

同日　人力资源社会保障部办公厅印发《关于发挥人力资源服务机构作用助推劳务品牌建设的通知》，要求各地人力资源社会保障部门把助推劳务品牌建设作为发展人力资源服务业的重要内容，充分发挥人力资源服务机构专业优势，积极为劳务品牌高质量发展提供优质高效的人力资源支撑。

3月15日　人力资源社会保障部、国家发展改革委等5部门联合印发《关于做好2022年脱贫人口稳岗就业工作的通知》，明确深化东西部劳务协作、加强省内劳务协作、促进就地就近就业等重点工作，进一步加大对脱贫人口就业帮扶的政策扶持力度。

3月17日　人力资源社会保障部党组理论学习中心组召开集体学习会，专题学习习近平总书记重要讲话和全国“两会”精神。会议传达学习全国“两会”期间习近平总书记重要讲话精神，传达学习《政府工作报告》特别是关于人社工作的任务部署，梳理人大代表、政协委员对人社领域的意见建议情况，对抓好贯彻落实提出明确要求。人力资源社会保障部党组书记、部长张纪南主持会议，部党组成员出席会议。

同日　人力资源社会保障部召开社会保险基金管理提升年行动动员部署会。人力资源社会保障部党组书记、部长张纪南作出批示，部党组成员、副部长李忠出席会议并讲话。

3月18日　人力资源社会保障部印发《关于健全完善新时代技能人才职业技能等级制度的意见（试行）》，健全技能人才培养、使用、评价、激励制度，畅通技能人才职业发展通道。《意见》指出，企业根据技术技能发展水平等情况，结合实际，在现有职业技能等级设置的基础上适当增加或调整技能等级。对设有高级技师的职业（工种），可在其上增设特级技师和首席技师技术职务（岗位），在初级工之下补设学徒工，形成由学徒工、初级工、中级工、高级工、技师、高级技师、特级技师、首席技师构成的职业技能等级（岗位）序列。

3月23日　人力资源社会保障部副部长汤涛视频会见世界技能组织主席汉弗莱斯和首席执行官霍伊，就第46届世界技能大赛筹办工作重要事项交换意见。

3月28日　人力资源社会保障部印发《关于加强企业招聘用工服务的通知》，部署做好企业招聘用工服务，支持做好“六稳”工作、落实“六保”任务。《通知》明确了企业招聘用工服务系列重点工作，包括优化信息发布服务、优化招聘组织服务、优化重点企业用工保障服务、优化涉企事项办理服务。

3月31日　人力资源社会保障部召开全国人力资源社会保障系统党风廉政建设工作座谈会。会议认真学习贯彻十九届中央纪委六次全会精神，总结人社系统2021年党风廉政建设工作，部署2022年工作任务。人力资源社会保障部党组书记、部长张纪南主持会议并讲话，部党组成员、副部长、机关党委书记王少峰，驻部纪检监察组组长、部党组成员张敏出席会议并讲话。

4月6日　国务院常务会议决定对特困行业实行阶段性缓缴养老保险费政策，加大失业保险支持稳岗和培训力度。

4月19日　人力资源社会保障部召开党组会议，传达学习习近平总书记在《求是》杂志上发表的重要文章《促进我国社会保障事业高质量发展、可持续发展》，就深刻领会文章精神、扎实抓好贯彻落实进行研究部署。人力资源社会保障部党组书记、部长张纪南主持会议，部党组成员出席会议。

4月19日至20日　由人力资源社会保障部主办的2022年金砖国家就业工作组第一次会议在线召开，围绕“绿色就业”“技能开发和终身学习”“新就业形态劳动者权益保护”三个议题展开讨论。人力资源社会保障部副部长俞家栋出席会议开幕式并致辞，金砖国家劳工就业部门、相关国际组织、社会伙伴以及金砖国家劳动研究机构代表参会。

4月24日　人力资源社会保障部召开全国人社宣传工作视频会议。人力资源社会保障部党组书记、部长张纪南作出批示，部党组成员、副部长李忠出席会议并讲话。

同日　人力资源社会保障部召开人力资源服务业高质量发展暨《人力资源服务》杂志

创刊座谈会。人力资源社会保障部党组书记、部长张纪南作出批示，部党组成员、副部长俞家栋出席会议并讲话。

4月25日　人力资源社会保障部会同财政部、国家税务总局联合印发《关于做好失业保险稳岗位提技能防失业工作的通知》，提出“两延续、两优化、三新增”组合政策，助力稳就业保民生。

同日　国家新闻出版署、人力资源社会保障部等4部门联合印发《新闻专业技术人员继续教育暂行规定》。《暂行规定》共7章32条，对新闻专业技术人员继续教育的总体原则、管理体制、内容形式、考核监督等作出了明确要求，自2023年1月1日起施行。

同日　国务院新闻办公室举行国务院政策例行吹风会，人力资源社会保障部副部长李忠等介绍《国务院办公厅关于推动个人养老金发展的意见》相关情况，并答记者问。推动个人养老金发展，是贯彻落实党中央、国务院构建多层次、多支柱养老保险体系和规范发展第三支柱养老保险要求的具体举措，对于满足人民群众多样化养老保险需要具有重要意义。

同日　人力资源社会保障部办公厅、国家税务总局办公厅联合印发《关于特困行业阶段性实施缓缴企业社会保险费政策的通知》，缓缴餐饮、零售、旅游、民航、公路水路铁路运输企业3项社保费单位应缴部分。

4月26日　国家专业技术人才知识更新工程指导协调小组会议召开。会议深入贯彻中央人才工作会议精神，总结工作，交流经验，部署实施新一轮知识更新工程重点任务。国家专业技术人才知识更新工程指导协调小组组长，人力资源社会保障部党组成员、副部长汤涛出席会议并讲话。

4月27日　国务院常务会议决定加大稳岗促就业政策力度，保持就业稳定和经济平稳运行。

5月7日　全国稳就业工作电视电话会议在北京召开。中共中央政治局常委、国务院总理李克强作出重要批示。批示指出，稳就业事关广大家庭生计，是经济运行在合理区间的关键支撑。当前就业形势复杂严峻，各地区、各部门要以习近平新时代中国特色社会主义思想为指导，认真贯彻落实党中央、国务院决策部署，加大就业优先政策实施力度，保持就业稳定和经济平稳运行。

5月10日　《闪亮的名字——最美基层高校毕业生发布仪式》在中央广电总台播出。发布仪式以“让青春之花绽放在祖国最需要的地方”为主题，20名“最美基层高校毕业生”围绕学习贯彻“志存高远、脚踏实地，不畏艰难险阻，勇担时代使命”要求，用亲身经历讲述了基层奉献、成长成才、至诚报国的感人故事。中央宣传部、人力资源社会保障部负责同志为他们颁发了“最美基层高校毕业生”证书。

5月12日　国务院新闻办公室举行国务院政策例行吹风会，人力资源社会保障部副部长俞家栋等介绍失业保险基金稳岗位提技能防失业政策有关情况，并答记者问。根据政策，在兜牢失业保障底线和确保基金运行安全的基础上，进一步加大对稳岗和培训的支持力度。

5月13日　人力资源社会保障部召开全国专业技术人才工作座谈会电视电话会议，深入学习贯彻习近平总书记关于做好新时代人才工作的重要思想，总结交流工作，分析形势任务，研究部署重点工作。人力资源社会保障部党组成员、副部长汤涛出席会议并讲话。

5月16日　人力资源社会保障部、财政部联合印发《关于2022年调整退休人员基本养老金的通知》，明确从2022年1月1日起，为2021年底前已按规定办理退休手续并按月领取基本养老金的企业和机关事业单位退休人员提高基本养老金水平，总体调整水平为2021年退休人员月人均基本养老金的4%。

5月18日　人力资源社会保障部召开全国人力资源流动管理工作电视电话会，深入学习贯彻习近平总书记重要指示批示精神，总结2021年工作，部署2022年重点任务。人力资源社会保障部党组成员、副部长俞家栋出席会议并讲话。

5月25日　人力资源社会保障部、中华全国总工会等4部门联合印发《关于开展2022年全国和谐劳动关系创建示范活动的通知》，国家协调劳动关系三方决定开展2022年全国和谐劳动关系创建示范活动。

5月31日　人力资源社会保障部、国家发展改革委等4部门联合印发《关于扩大阶段性缓缴社会保险费政策实施范围等问题的通知》，在落实特困行业缓缴企业职工3项社保费政策的基础上，以产业链供应链受疫情影响较大、生产经营困难的制造业企业为重点，进一步扩大实施范围。

同日　第十次中欧就业与社会事务对话会以视频方式举行，人力资源社会保障部副部长汤涛和欧盟就业、社会事务与融合总司总司长（副部级）乔斯特·科特出席开幕式并致辞。中欧双方还围绕“绿色转型对社会和就业的影响”进行了专题会谈。

6月1日　国务院常务会议部署加快稳经济一揽子政策措施落地生效，让市场主体和人民群众应知尽知、应享尽享；安排进一步加大困难群众救助帮扶力度，兜牢基本民生底线。

6月2日　人力资源社会保障部、工业和信息化部、国务院国资委联合印发《制造业技能根基工程实施方案》，聚焦制造业重点领域，明确6项重点任务，指导各地加快培养制造业高质量发展急需的高素质技能人才。

6月6日　人力资源社会保障部办公厅、教育部办公厅联合印发《关于做好2022年中小学幼儿园教师公开招聘工作的通知》，鼓励和引导更多高校毕业生到基层中小学幼儿园任教。

6月10日　人力资源社会保障部办公厅印发《关于开展2022年离校未就业高校毕业生服务攻坚行动的通知》，以2022届离校未就业毕业生和35岁以下失业青年为服务对象，提出9项措施集中开展服务攻坚。

6月12日　人力资源社会保障部办公厅、教育部办公厅、民政部办公厅联合印发《关于做好高校毕业生城乡基层就业岗位发布工作的通知》，推动各地聚合资源、深挖潜力、协同推进，多渠道、多形式、多领域归集发布一批适合高校毕业生就业的城乡基层岗位，推动拓宽高校毕业生就业空间。

6月14日　人力资源社会保障部办公厅、国家发展改革委办公厅等5部门联合印发《关于进一步加强家政劳务品牌建设的通知》，从加强分类指导、壮大提升家政劳务品牌规模，畅通对接渠道、支持家政劳务品牌开展劳务输出，加强技能培训、提升家政劳务品牌质量等6个方面扩大家政服务有效供给，推动家政服务提质扩容。

6月15日　人力资源社会保障部召开全国人社系统就业工作电视电话会议。会议深入贯彻习近平总书记关于就业工作的重要指示批示精神，全面落实中央经济工作会议和国务院稳住经济大盘、稳就业会议要求，总结工作，交流经验，分析形势，部署推进当前和下一阶段就业创业工作。人力资源社会保障部党组书记周祖翼出席会议并讲话，部党组成员、副部长俞家栋主持会议。

6月21日　人力资源社会保障部、教育部、财政部联合印发《关于推进企业吸纳就业社会保险补贴“直补快办”助力稳岗扩就业的通知》，明确实施企业吸纳就业社会保险补贴政策“直补快办”行动的4项重点工作。

同日　人力资源社会保障部召开全国专业技术人员职业资格考试工作电视电话会，深入学习贯彻习近平总书记关于做好新时代人才工作的重要思想，总结交流工作，分析形势任务，研究部署当前和今后一个时期职业资格考试重点工作。人力资源社会保障部党组成员、副部长汤涛出席会议并讲话。

同日　人力资源社会保障部办公厅印发《关于单独划定部分专业技术人员职业资格考试合格标准有关事项的通知》，决定在国家乡村振兴重点帮扶县等地区单独划定部分专业技术人员职业资格考试合格标准。

6月22日　人力资源社会保障部、民政

部等5部门联合印发《关于加强零工市场建设 完善求职招聘服务的意见》，明确了加强零工市场建设、完善求职招聘服务的9项重点工作。

6月24日 中华人民共和国第十三届全国人民代表大会常务委员会第三十五次会议决定，免去张纪南的人力资源和社会保障部部长职务，任命周祖翼为人力资源和社会保障部部长。

6月27日 中共中央政治局常委、国务院总理李克强到民政部、人力资源社会保障部考察，并主持召开座谈会。他强调，要以习近平新时代中国特色社会主义思想为指导，落实党中央、国务院部署，全面贯彻新发展理念，高效统筹疫情防控和经济社会发展，以更强责任担当推动经济加快恢复发展，保市场主体，稳住就业基本盘，切实保障民生。

6月30日 人力资源社会保障部办公厅印发《关于开展人力资源服务机构稳就业促就业行动的通知》，提出大规模开展求职招聘服务、全力促进高校毕业生就业、积极助力农民工稳定就业等具体措施，要求各地充分发挥人力资源服务机构优势，为就业大局稳定和经济社会发展贡献力量。

同日 人力资源社会保障部办公厅印发《关于扎实做好失业保险待遇发放工作的通知》，进一步畅通待遇申领渠道。

7月1日 人力资源社会保障部党组书记、部长周祖翼带队赴北京市，就互联网企业招聘用工，人力资源服务机构、公共就业服务机构有关情况开展调研，并座谈交流，听取意见建议。

同日 人力资源社会保障部会同有关部门召开全国“三支一扶”工作领导小组会议暨统筹实施基层服务项目工作协调小组会议，深入学习习近平总书记关于高校毕业生就业工作重要指示批示精神，贯彻落实党中央、国务院决策部署，交流高校毕业生基层服务项目实施情况，统筹推进2022年实施工作。人力资源社会保障部党组成员、副部长俞家栋出席会议并讲话。

7月5日 人力资源社会保障部召开全国技能人才评价工作暨技术技能类“山寨证书”专项治理工作电视电话会，总结交流技能人才评价工作，分析当前形势任务，研究部署当前和今后一个时期技能人才评价重点工作。人力资源社会保障部党组成员、副部长汤涛出席会议并讲话。

7月7日 人力资源社会保障部党组书记、部长周祖翼以“切实肩负起做好人社工作的时代责任”为主题，为党员干部讲党课。部党组成员出席。

7月8日 人力资源社会保障部在雄安新区召开京津冀人力资源社会保障事业协同发展第四次部省（市）联席会。人力资源社会保障部党组成员、副部长汤涛出席会议并讲话。

7月9日至10日 由人力资源社会保障部、农业农村部主办，中国农业科学院承办的“提升种业创新能力 助力种业振兴发展”专家创新大讲堂在北京举行。人力资源社会保障部党组成员、副部长汤涛出席开幕式。

7月11日 人力资源社会保障部、财政部联合印发《社会保险基金监督举报奖励暂行办法》，鼓励社会公众举报社会保险领域违法违规问题，维护社会保险基金安全。《暂行办法》自2023年1月1日起施行。

7月13日 国务院常务会议部署加力稳岗拓岗的政策举措，确保就业大局稳定。

7月14日 第八届金砖国家劳工就业部长会议以视频方式召开。人力资源社会保障部部长周祖翼主持会议并发言。会议讨论了绿色就业与可持续发展、技能开发以实现有韧性的复苏、新就业形态劳动者权益保护等议题，回顾了金砖国家劳动研究机构网络的研究成果，通过了《金砖国家劳工就业部长会议宣言》和《金砖国家新就业形态劳动者权益保护指南》等成果文件。

7月15日 人力资源社会保障部在山东省济宁市举行2022年世界青年技能日主题宣传活动启动仪式，组织开展系列宣传活动。人力资源社会保障部党组成员、副部长汤涛参加活动。

7月17日至19日　人力资源社会保障部王少峰、贾怀斌、卢爱红、张莹、薛虹、冯怡、莫荣、翟涛等8名同志出席中央和国家机关党代表会议。

7月19日　中央第四巡视组向人力资源社会保障部党组反馈巡视情况。组长陶治国分别向部党组书记、部长周祖翼和部党组领导班子反馈巡视情况。周祖翼主持向领导班子反馈会议并就做好巡视整改工作讲话。

同日　人力资源社会保障部、民政部、中国残联联合印发《关于开展就业援助"暖心活动"的通知》，决定在全国范围内组织开展就业援助"暖心活动"，集中为就业困难人员送岗位、送服务、送政策、送温暖，帮扶一批困难人员就业。

7月25日　人力资源社会保障部办公厅、教育部办公厅、财政部办公厅联合印发《关于加快落实一次性扩岗补助政策有关工作的通知》，对招用毕业时间为2022年1—12月且取得普通高等学校毕业证书的普通高校毕业生，签订劳动合同，并为其缴纳失业保险费1个月以上的企业，可以按每招用1人不超过1 500元的标准发放一次性扩岗补助。

7月26日至28日　人力资源社会保障部、欧盟和国际劳工组织以线上线下结合的形式举办"新就业形态与社会保障的未来"国际研讨会。人力资源社会保障部副部长俞家栋出席开幕式，介绍中国社会保障体系以及为保护新就业形态劳动者权益采取的政策措施。

7月28日　全国人力资源社会保障工作调度推进会以视频方式召开。会议深入学习贯彻习近平总书记在省部级主要领导干部专题研讨班上的重要讲话精神和关于人力资源社会保障工作的重要指示批示精神，认真贯彻落实党中央、国务院决策部署，总结工作，分析形势，调度推进重点任务。人力资源社会保障部党组书记、部长周祖翼主持会议并讲话，部党组成员在主会场出席会议。

7月29日　人力资源社会保障部办公厅印发《关于国有企业新设企业或机构增人增资有关政策规定意见的函》，明确关于新设企业或机构等情况可以合理增加工资总额的有关规定。

同日　人力资源社会保障部、国家卫生健康委联合印发《关于坚决打击对新冠肺炎康复者就业歧视的紧急通知》，切实维护新冠肺炎康复者平等就业权益。

8月2日至4日　人力资源社会保障部党组书记、部长周祖翼带队赴山西调研就业、社保和巩固拓展脱贫攻坚成果有效衔接乡村振兴有关工作。调研期间，深入天镇县考察脱贫人口就业帮扶、职业技能培训等工作。

8月10日　人力资源社会保障部、最高人民法院联合印发《关于加强行政司法联动保障新冠肺炎康复者等劳动者平等就业权利的通知》，明确加强就业歧视案件审理工作，保障新冠肺炎康复者等劳动者平等就业权利。

8月25日　中共中央宣传部举行"中国这十年"系列主题新闻发布会，人力资源社会保障部副部长李忠介绍党的十八大以来就业和社会保障工作进展与成效，并答记者问。新时代十年我国就业和社会保障工作取得历史性重大成就，有效改善了人民生活，为经济平稳运行、社会和谐稳定提供了有力支撑，为如期全面建成小康社会、实现第一个百年奋斗目标提供了有利条件。

8月26日　国务院根治拖欠农民工工资工作领导小组办公室和国家协调劳动关系三方会议共同召开会议，深入学习习近平总书记关于构建和谐劳动关系的重要指示批示精神，认真贯彻落实党中央、国务院决策部署，交流经验，分析形势，部署构建和谐劳动关系工作。人力资源社会保障部党组书记、部长周祖翼出席会议并讲话，部党组成员、副部长李忠主持会议。

同日　人力资源社会保障部召开全国社会保险基金安全警示教育大会。会议深入学习贯彻习近平总书记关于社会保障工作的重要论述，分析研判社保基金安全形势，部署警示教育月活动，扎实推进社会保险基金管理提升年行动。人力资源社会保障部党组书记、部长周祖翼出席会议并讲话，驻部纪检监察组组长、部党组成员张敏出席会议，部党组成员、副部长李忠主持会议。

同日　人力资源社会保障部党组举行理论学习中心组集体学习会，邀请全国人大常委会委员、全国人大监察和司法委员会副主任委员、中国法学会副会长徐显明围绕深入学习贯彻习近平法治思想作专题辅导报告。人力资源社会保障部党组书记、部长周祖翼主持会议，部党组成员出席。

8月30日　人力资源社会保障部、财政部、国务院国资委联合印发《国有企业工资内外收入监督管理规定》，加强对国有企业工资内外收入的监督管理，规范国有企业工资分配秩序。

9月1日至2日　人力资源社会保障部党组书记、部长周祖翼带队赴安徽调研就业、人才、乡村振兴等有关工作。

9月2日　人力资源社会保障部、教育部联合印发《关于进一步完善中小学岗位设置管理的指导意见》，深化中小学人事制度改革，发挥学校在用人上的主体作用，全面实行中小学教师聘用制度和岗位管理制度。

同日　2022年服贸会人力资源服务贸易高峰论坛举办，交流人力资源服务行业最新成果，对话人力资源服务贸易前沿趋势。人力资源社会保障部党组成员、副部长汤涛出席并致辞。

9月5日　人力资源社会保障部办公厅印发《关于2022年国有企业招聘高校毕业生增人增资有关意见的函》，明确国有企业根据党中央、国务院关于稳就业的有关要求，积极扩大高校毕业生招聘规模，按照工资效益联动机制确定的工资总额难以满足扩大高校毕业生招聘需求的，经履行出资人职责机构或其他企业主管部门同意，统筹考虑企业招聘高校毕业生人数、离退休减员情况和现有职工工资水平等因素，2022年可给予一次性增人增资，核增部分据实计入工资总额并作为下一年度工资总额预算基数。

9月7日　国务院常务会议部署加力支持就业创业的政策，拓展就业空间，培育壮大市场主体和经济新动能。

同日　中国劳动和社会保障科学研究院成立40周年暨劳动保障科研工作座谈会在北京召开。人力资源社会保障部党组书记、部长周祖翼出席会议并讲话。

9月9日　人力资源社会保障部部长周祖翼会见沙特驻华大使哈勒比，探讨推进两国人力资源和社会保障领域合作。

同日　人力资源社会保障部举行第四次宪法宣誓仪式。人力资源社会保障部党组书记、部长周祖翼监誓并讲话，部党组成员、副部长汤涛主持，部党组成员出席。新任职的司级干部、二级巡视员依法宣誓。

9月14日　人力资源社会保障部、财政部联合印发《国家级高技能人才培训基地和技能大师工作室建设项目实施方案》，明确2022—2025年继续实施国家级高技能人才培训基地和技能大师工作室建设项目。

9月19日　人力资源社会保障部办公厅、国家发展改革委办公厅等4部门联合印发《关于进一步做好阶段性缓缴社会保险费政策实施工作有关问题的通知》，进一步扩大缓缴政策实施范围，使阶段性缓缴社会保险费政策惠及更多市场主体。

9月21日　人力资源社会保障部召开全国人社网络安全和信息化工作电视电话会议，深入学习贯彻习近平总书记关于网络安全和信息化工作重要论述，分析研判形势，部署人社网络安全和信息化工作任务。人力资源社会保障部党组书记、部长周祖翼作出批示，部党组成员、副部长李忠出席会议并讲话。

9月22日　国家协调劳动关系三方召开和谐劳动关系创建示范经验交流会。会议深入学习贯彻习近平总书记关于构建和谐劳动关系的重要论述，总结和谐劳动关系创建工作取得的成绩，交流经验做法，研究部署当前和今后一个时期重点任务。人力资源社会保障部党组书记、部长周祖翼，部党组成员、副部长俞家栋出席会议。

9月23日　人力资源社会保障部办公厅印发《关于进一步做好人力资源服务许可告知承诺制工作的通知》，从6个方面进一步规范实施人力资源服务许可告知承诺制。

9月27日　《中华人民共和国职业分类大典（2022年版）》审定颁布会召开。会议审议通过了新版《中华人民共和国职业分类大典》。人力资源社会保障部党组书记、部长周祖翼出席会议并讲话，部党组成员、副部长汤涛主持会议。

9月29日　人力资源社会保障部召开高校毕业生等青年就业工作调度推进电视电话会，深入学习贯彻习近平总书记关于高校毕业生等青年就业工作重要指示批示精神，贯彻落实党中央、国务院有关决策部署，推进下一阶段高校毕业生等青年就业工作。人力资源社会保障部党组成员、副部长俞家栋出席会议并讲话。

10月5日　2022年世界技能大赛特别赛中国代表团首批团员从北京启程，赴瑞士参赛。启程前，人力资源社会保障部副部长汤涛为团员送行。

10月13日　人力资源社会保障部、中央政法委等9部门联合印发《关于进一步加强劳动人事争议协商调解工作的意见》，制定建立健全争议协商协调机制和保障该机制顺畅运行的政策措施，构建社会协同共治的“同心圆”。

10月16日至22日　人力资源社会保障部周祖翼、王少峰、李忠、俞家栋、魏丽丽等5名同志作为中央和国家机关出席党的二十大代表出席大会。

10月24日　人力资源社会保障部党组书记、部长周祖翼主持召开部党组扩大会议，传达学习党的二十大精神和党的二十届一中全会精神，研究贯彻落实措施。

10月26日　人力资源社会保障部、财政部等5部门联合印发《个人养老金实施办法》，加强个人养老金业务管理，规范个人养老金运作流程。

11月9日　人力资源社会保障部、国家发展改革委等5部门联合印发《关于进一步支持农民工就业创业的实施意见》，促进农民工及脱贫人口就业创业。

同日　人力资源社会保障部办公厅印发《国有企业科技人才薪酬分配指引》，加强和改进政府对企业工资分配的宏观指导和服务，引导国有企业完善科技人才薪酬分配制度。

11月10日　人力资源社会保障部部长周祖翼会见日本驻华大使垂秀夫，探讨加强两国人力资源和社会保障领域合作。

11月11日　人力资源社会保障部办公厅、共青团中央办公厅联合印发《关于建立青年仲裁员志愿者联系企业活动常态化长效化工作机制的通知》，进一步引领带动广大青年仲裁员参与志愿服务。

11月16日　2022年世界技能大赛特别赛中国代表团最后一批团员从北京启程，赴奥地利参赛。启程前，人力资源社会保障部副部长汤涛为团员送行。

11月17日　人力资源社会保障部、中央广电总台、国家乡村振兴局共同举办全国劳务品牌发展大会。大会以“匠心树品牌　劳动创未来”为主题，旨在搭建全国性、高层次平台，打造一批叫得响的劳务品牌，提高劳务品牌知名度、认可度和美誉度。人力资源社会保障部党组成员、副部长俞家栋出席会议并讲话。

11月24日　人力资源社会保障部召开全国城乡居民养老保险工作推进会，深入学习贯彻党的二十大精神和习近平总书记关于社会保障工作的重要论述，总结交流城乡居民养老保险工作，分析形势任务，研究部署当前和今后一个时期重点工作。人力资源社会保障部党组成员、副部长李忠出席会议并讲话。

11月25日　人力资源社会保障部举办学

习贯彻党的二十大精神专题辅导报告会。中央宣讲团成员、中央政策研究室副主任田培炎作宣讲报告。人力资源社会保障部党组成员参加报告会。

11 月 30 日　人力资源社会保障部办公厅印发《关于进一步做好职称评审工作的通知》，持续深化职称制度改革，破解职称评审中的“一刀切”、简单化问题，进一步激发专业技术人才创新活力。

12 月 5 日　人力资源社会保障部印发《关于实施人力资源服务业创新发展行动计划（2023—2025 年）的通知》，部署 2023—2025 年人力资源服务业创新发展行动计划实施，加快提升人力资源服务水平。

12 月 7 日　人力资源社会保障部副部长俞家栋在新加坡会见国际劳工组织总干事吉尔伯特·洪博，共同签署了《中华人民共和国人力资源和社会保障部与国际劳工组织通过就业领域南南合作推动全球发展倡议合作协议》。

12 月 19 日　人力资源社会保障部办公厅印发《关于推进社会保险经办管理服务标准化规范化便利化的意见》，推动经办模式转型，优化群众办事体验。

12 月 20 日　国务院常务会议部署持续做好稳就业保民生工作，兜牢民生底线。

12 月 26 日　人力资源社会保障部召开 2022 年世界技能大赛特别赛参赛总结视频会议。世界技能大赛中国组委会主任、人力资源社会保障部副部长汤涛出席会议并讲话，人力资源社会保障部副部长俞家栋主持会议并宣读《人力资源社会保障部关于表扬 2022 年世界技能大赛特别赛获奖选手和为参赛工作作出突出贡献的单位及个人的决定》。

12 月 30 日　中华人民共和国第十三届全国人民代表大会常务委员会第三十八次会议决定，免去周祖翼的人力资源和社会保障部部长职务，任命王晓萍（女）为人力资源和社会保障部部长。

国家新闻出版署、人力资源社会保障部联合印发《新闻记者职业资格考试办法》和《新闻记者职业资格考试实施细则》，加强新闻舆论工作队伍建设，推进传媒领域制度化规范化。